HISTÓRIA GERAL
DA CIVILIZAÇÃO BRASILEIRA

COLABORARAM PARA ESTE VOLUME

CÉLIA DE BARROS BARRETO, *da Faculdade de Filosofia, Letras e Ciências Humanas, Universidade de São Paulo* (Ação das sociedades secretas).

PEDRO MOACYR CAMPOS, *da Faculdade de Filosofia, Letras e Ciências Humanas, Universidade de São Paulo* (Imagens do Brasil no Velho Mundo *e subcapítulo* O reconhecimento por outros países *integrado no capítulo* O Reconhecimento do Império).

JOÃO CRUZ COSTA, *da Faculdade de Filosofia, Letras e Ciências Humanas, Universidade de São Paulo* (As idéias novas).

PEDRO OCTÁVIO CARNEIRO DA CUNHA, *do Museu Paulista* (A fundação de um império liberal).

SÉRGIO BUARQUE DE HOLANDA, *da Faculdade de Filosofia, Letras e Ciências Humanas, Universidade de São Paulo* (A herança colonial – sua desagregação).

CARLOS OBERACKER, *historiador, São Paulo* (Viajantes, naturalistas e artistas estrangeiros).

OLGA PANTALEÃO, *da Faculdade da Filosofia de Marília, São Paulo* (A presença inglesa *e subcapítulo* Mediação inglesa *integrado no capítulo.* O Reconhecimento do Império).

EURÍPIDES SIMÕES DE PAULA, *da Faculdade de Filosofia, Letras e Ciências Humanas, Universidade de São Paulo* (A organização do Exército Brasileiro).

AMARO QUINTAS, *da Faculdade de Filosofia do Recife* (A agitação republicana no Nordeste).

ARTHUR CÉZAR FERREIRA REIS, *historiador, Rio de Janeiro* (A ocupação de Caiena).

J. A. SOARES DE SOUZA, *historiador, Niterói* (O Brasil e o Prata até 1828).

DORIVAL TEIXEIRA VIEIRA, *da Faculdade de Ciências Econômicas, Universidade de São Paulo* (Política financeira – o primeiro Banco do Brasil).

HISTÓRIA GERAL DA CIVILIZAÇÃO BRASILEIRA

Sob a direção de *SÉRGIO BUARQUE DE HOLANDA*,
assistido por *PEDRO MOACYR CAMPOS*.

TOMO II
O BRASIL MONÁRQUICO

Volume 3

O PROCESSO DE EMANCIPAÇÃO

POR

Célia de Barros Barreto, Pedro Moacyr Campos, João Cruz Costa,
Pedro Octávio Carneiro da Cunha, Sérgio Buarque de Holanda,
Carlos Oberacker, Olga Pantaleão, Eurípides Simões de Paula,
Amaro Quintas, Arthur Cézar Ferreira Reis, J. A. Soares de Souza,
Dorival Teixeira Vieira

Introdução geral
Sérgio Buarque de Holanda

14ª EDIÇÃO

BB
BERTRAND BRASIL

Copyright © 1997, Editora Bertrand Brasil Ltda.

Copyright © 1997, direção da coleção, Herdeiros de Sérgio Buarque de Holanda (períodos colonial e monárquico)

Capa: Evelyn Grumach & Ricardo Hippert

Ilustração: "Vista do Rio de Janeiro tomada do aqueduto (Santa Teresa)" Litografia de J. M. Rugendas [c. 1826-1835].

Editoração: DFL

2012
Impresso no Brasil
Printed in Brazil

CIP-Brasil. Catalogação na fonte
Sindicato Nacional dos Editores de Livros, RJ

B83 14.ª ed. t. 2 v. 3	O Brasil monárquico, v. 3: o processo de emancipação/por Célia de Barros Barreto... [*et al.*]; introdução geral de Sérgio Buarque de Holanda. – 14.ª ed. – Rio de Janeiro: Bertrand Brasil, 2012. 460p.: il. – (História geral da civilização brasileira; t. 2; v. 3) ISBN 978-85-286-0198-5 1. Brasil – História – Império, 1822-1889. I. Barreto, Célia de Barros. II. Série.
97-1480	CDD – 981.04 CDU – 981"1822/1889"

Todos os direitos reservados pela:
EDITORA BERTRAND BRASIL LTDA.
Rua Argentina, 171 — 2.º andar — São Cristóvão
20921-380 — Rio de Janeiro — RJ
Tel.: (0xx21) 2585-2070 — Fax: (0xx21) 2585-2087

Não é permitida a reprodução total ou parcial desta obra, por quaisquer meios, sem a prévia autorização por escrito da Editora.

Atendimento e venda direta ao leitor
mdireto@record.com.br ou (21) 2585-2002

SUMÁRIO

LIVRO PRIMEIRO
O NOVO DESCOBRIMENTO DO BRASIL

Capítulo I – A herança colonial – sua desagregação 13
Aspirações de infidelidade à Coroa. – A vinda da Coroa e os estrangeiros no Brasil. – As duas faces de uma revolução liberal. – Tendências centralizadora e separatista. – Governo-Geral e autonomia territorial – A aniquilação dos corpos municipais. – O caso das corporações de ofícios. – Sobrevivência de uma ordem aristocrática. – Liberalismo e privilégios eclesiásticos. – Igualdade de direitos e "aristocracia da pele". – Condições reais e situação legal.

Capítulo II – Imagens do Brasil no Velho Mundo........................... 48
O selvagem. – O índio brasileiro. – Visão britânica. – Um precursor de Southey – Robert Southey. – James Henderson e *The Modern Traveller*. – De Pradt e Compagnoni. – Os alemães e a emigração para o Brasil. – Amalia Schoppe. – Traços comuns à visão européia do Brasil.

Capítulo III – A presença inglesa 75
Influência da civilização material inglesa. – Influência intelectual. – Inglaterra, Portugal, o "bloqueio continental" e os ultimatos franco-espanhóis. – A política inglesa e a partida da família real portuguesa. – Projetos ingleses de conquista na América do Sul. – Os portugueses, os ingleses e a necessidade de intercâmbio comercial. – A abertura dos portos. – Afluência de comerciantes ingleses para o Brasil. – Comboios mercantes e dificuldades de descarga e de alfândega. – Dificuldades no escoamento de mercadorias. – A remessa do produto das vendas para a Inglaterra. – O tratado de comércio de 1810. – O tratado de

paz e amizade. – O domínio britânico sobre o comércio exterior e interno brasileiro. – Influência britânica na vida política da Corte; a questão do Prata. – O interesse inglês na volta da família real para Lisboa.

Capítulo IV – Política financeira – o primeiro Banco do Brasil 115
O Tratado de Comércio Anglo-Lusitano. – A vinda da família real, a carestia e a elevação do nível de vida. – Transportes. – A tributação. – Expedientes monetários. – O Banco Público. – O primeiro Banco do Brasil. – O gradativo controle do Banco pelo Estado. – Defeitos da emissão bancária e a liquidação do primeiro Banco do Brasil.

Capítulo V – Viajantes, naturalistas e artistas estrangeiros 136
A vinda da Corte e a exploração planejada do território brasileiro. – Koster, Luccock, Graham, Mawe e Saint-Hilaire. – Exploradores alemães. – Freyreiss. – Sellow. – Maximiliano von Wied-Neuwied. – A Princesa Leopoldina e sua proteção às ciências naturais e às artes. – Pohl. – Natterer. – Mikan. – Von Martius e von Spix. – Von Langsdorff. – Schomburgk. – Poeppig. – Linden. – Viajantes. – Debret. – Tomás Ender. – Rugendas.

LIVRO SEGUNDO
O MOVIMENTO DA INDEPENDÊNCIA

Capítulo I – A fundação de um império liberal 153
1. *As origens* 153
Idéia de império. – A Corte no Brasil. – Abertura dos portos. – Império brasileiro – Influência inglesa. – Tráfico. – Naturalização da Corte. – Brasil-Reino. – Política externa. – Pan-americanismo. – A "terra incógnita". – 1817. – Últimos tempos de D. João no Brasil.
2. *A Revolução* 174
A revolução liberal. – Juramento da Constituição. – A Convenção da Praça do Comércio. – D. Pedro regente. – 5 de junho. – Bases. – Províncias. – Prenúncios. – O Fico. – José Bonifácio. – D. Pedro. – Os liberais do Rio. – O Conselho de Procuradores. – A convocação da Constituinte. – Independência de fato. – União subsistente. – Brasileiros nas Cortes. – Corrida final.

CAPÍTULO II – As novas idéias 203
As "idéias francesas" e a reforma de Pombal. – A vinda da Corte e a euforia cultural. – Silvestre Pinheiro Ferreira e o ecletismo. – O republicanismo. – O Imperador, a Constituição e a liberdade da burguesia. – A Constituinte. – A Revolução Pernambucana de 1824. – Evaristo da Veiga e a *transação*.

CAPÍTULO III – Ação das sociedades secretas 217
A Maçonaria. – Os princípios maçônicos e a ideologia burguesa do século XVIII. – A Maçonaria em Portugal. – A Maçonaria na América. – A Maçonaria no Brasil. – Revolução de 1817 em Pernambuco.

CAPÍTULO IV – A agitação republicana no Nordeste 235
1. *A importância de Pernambuco na região nordestina* 235
As idéias novas. – O Padre Manuel Arruda da Câmara. – O Areópago de Itambé. – O Seminário de Olinda e as idéias liberais. – A Conspiração dos Suassunas. – Ligações com Napoleão. – A denúncia da Inconfidência. – Razões da denúncia. – Sonegação de documentos. – A *intelligentzia* pernambucana. – Perpétuo silêncio. – Novas sociedades secretas. – O governo de Caetano Pinto de Miranda Montenegro. – Situação econômica de Pernambuco. – A influência ideológica e o sistema colonial português. – A elite atuante. – A preparação do movimento revolucionário de 17. – A explosão da revolta. – A constituição do Governo Provisório. – A atuação do Governo Provisório. – A repercussão da revolta. – Missão a Londres. – Missão aos Estados Unidos. – A contra-revolução. – A história militar da República. – A pátria em perigo. – A derrocada. – A Alçada e Luís do Rego. – *Finis patriae*. – O Governo de Luís do Rego. – Repercussão da revolução do Porto: a atuação da Junta de Goiana. – A convenção de Beberibe. – O perigo das juntas. – A insurreição do Pedroso. – Início do governo de Manuel de Carvalho.

2. *A Confederação do Equador* 259
O panorama político brasileiro e seu reflexo no Nordeste. – Os líderes republicanos. – A dança sobre o abismo. – A estrutura do novo Estado. – A repercussão nas outras províncias. – História militar da Confederação. – *Dies irae*.

CAPÍTULO V – A fundação de um império liberal: discussão de princípios 270
Imperador. – A questão do juramento prévio. – Reação. – A Assembléia de 1823. – A dissolução. – A outorga da Constituição. – A Constituição. – A doutrina do Poder Moderador. – A doutrina truncada.

LIVRO TERCEIRO
LUTAS EXTERNAS

CAPÍTULO I – A organização do Exército Brasileiro 301
  1. *O período colonial* 301
   As "companhias de assalto". – Brito Freire e a reorganização da capitania de Pernambuco. – A reforma do Conde de Óbidos. – Os Dragões de Minas Gerais. – As forças armadas na Bahia. – Formações de Infantaria e Cavalaria. – As reorganizações do Conde da Cunha e do Marquês do Lavradio. – João Henrique Boehm.
  2. *A migração da família real para o Brasil* 305
   A reorganização militar do Príncipe Regente. – Conseqüências militares da revolução de 1817. – O regresso a Portugal de D. João VI.
  3. *A Independência* 309
   A Guarda de Honra. – O batalhão do Imperador. – Os mercenários. – Jagunços e couraças. – Primeira tentativa de organicidade do Exército.
  4. *A Regência* 312
   A Guarda Nacional. – Redução dos efetivos. – A revolta dos Farrapos. – O decreto de 22 de fevereiro de 1839.

CAPÍTULO II – A ocupação de Caiena 315
   A colonização da Guiana. – Resistência luso-brasileira à penetração francesa. – Expansionismo contra expansionismo. – Conseqüência da "Revolução" na Guiana. – Precaução dos brasileiros ante a novidade revolucionária. – A invasão do reino e os preparativos para a destruição de Caiena. – A expedição. – A rendição. – Os problemas da conquista. – Pela manutenção da "conquista". – O primeiro Governo de Manuel Marques. –

Segunda fase do Governo de Manuel Marques. – Maciel da Costa e a administração civil. – A queda de Bonaparte e a devolução de Caiena.

Capítulo III. – O Brasil e o Prata até 1828 341
Missão secreta do Marechal Curado. – D. Carlota Joaquina. – A revolução de "Mayo". – A primeira invasão portuguesa. – A segunda invasão portuguesa. – Lecor, no governo. – A Cisplatina. – Sublevação e independência da Cisplatina.

LIVRO QUARTO
O PRIMEIRO REINADO

Capítulo I – O reconhecimento do Império 377
1. *Mediação inglesa* 377
A aclamação e o problema do reconhecimento inglês. – Negociadores brasileiros em Londres; auxílio de Canning. – Oposição da Santa Aliança ao reconhecimento; ação diplomática de Canning. – Rivalidade entre a Grã-Bretanha e os Estados Unidos. – O problema das tradicionais relações anglo-portuguesas. – O problema da sucessão ao trono português. – O interesse britânico em manter o tratado de 1810. – A abolição do tráfico de africanos. – O interesse de Canning em salvaguardar a Monarquia no Brasil. – Fracasso das negociações diretas entre Portugal e Brasil. – A Inglaterra reconhece a independência dos países hispano-americanos. – Missão de Stuart em Portugal. – Portugal reconhece a independência do Brasil. – O tratado de comércio anglo-brasileiro. – A revolta da Província Cisplatina. – A morte de D. João VI e a sucessão ao trono de Portugal. – Presença política e econômica dos ingleses no Brasil.
2. *O reconhecimento por outros países* 415
Estados Unidos. – América espanhola. – Áustria. – Estados alemães. – França. – Outros países europeus. – A Santa Sé.

Capítulo II. – A fundação de um império liberal: Primeiro Reinado, reação e revolução 431
1824. – Nativismo e nacionalismo. – Os Instrumentos da revolução. – Balanço.

O NOVO DESCOBRIMENTO DO BRASIL

LIVRO PRIMEIRO

CAPÍTULO I

A HERANÇA COLONIAL – SUA DESAGREGAÇÃO

Não parece fácil determinar a época em que os habitantes da América lusitana, dispersos pela distância, pela dificuldade de comunicação, pela mútua ignorância, pela diversidade, não raro, de interesses locais, começam a sentir-se unidos por vínculos mais fortes do que todos os contrastes ou indiferenças que os separam e a querer associar esse sentimento ao desejo de emancipação política. No Brasil, as duas aspirações – a da independência e a da unidade – não nascem juntas e, por longo tempo ainda, não caminham de mãos dadas. As sublevações e as conjuras nativistas são invariavelmente manifestações desconexas da antipatia que, desde o século XVI, opõe muitas vezes o português da Europa e o do Novo Mundo. E mesmo onde se aguça a antipatia, chegando a tomar colorido sedicioso, com a influência dos princípios franceses ou do exemplo da América inglesa, nada prova que tenda a superar os simples âmbitos regionais.

Por outro lado, embora ganhasse novo alento desde a instalação, no Rio de Janeiro, da Corte e, muito mais, depois da volta da família real a Lisboa, a malquerença que separa o americano do europeu não é, aqui, senão um dos componentes da obra de emancipação, tal como se há de processar. Essa malquerença entre súditos de um mesmo rei, filhos de uma só pátria, pudera chegar, em alguns casos, até a idéia da secessão. Mas eram casos esporádicos e de pouco eco fora dos círculos onde surgiram.

Aspirações de infidelidade à Coroa — Mais raros, ainda que altamente significativos, pois, além de envolverem um pensamento de infidelidade à Coroa, que é como se definia então a palavra "inconfidência", já parecem supor um desapego da velha cepa lusitana, são aqueles em que ao intento da secessão soma-se o da vassalagem a um príncipe estranho, com todas as conseqüências que desse ato possam resultar. Assim sucede já com os "patriotas" pernambucanos, de 1645 a 1647, que, doídos do desamparo em que parecia deixá-los El-Rei D. João IV, lembram-se de ir buscar a proteção de outro soberano católico, de preferência o da França.

O projeto não deve ser passageiro e, em todo caso, cabe no domínio dos possíveis para muitas autoridades coloniais. Sugere-o a preocupação causada em 1692 com as notícias recebidas de um confessado pelo reitor do Colégio de Olinda, acerca de manejos dos moradores da capitania, envolvidos, com os de Itamaracá, em uma trama para a entrega a el-rei da França daquelas terras. Levada ao conhecimento do governador, foi a denúncia transmitida a Antônio Luís Gonçalves da Câmara Coutinho, que de tudo deu ciência a Lisboa, conforme consta de documentação conservada em Portugal na Biblioteca da Ajuda.

Depois, no conhecido episódio de 1710, também em Pernambuco, novamente se cuida de um apoio francês ao plano da libertação da capitania. Passam-se outros vinte anos ou pouco menos e ressurgem, agora no Pará, informações sobre conjuras de gente de prol contra a soberania portuguesa e em favor da francesa. No negócio andaria metido, segundo foi dito em outro lugar desta obra,[1] o famoso Francisco de Melo Palhêta, famoso, aliás, por motivo diferente. O projeto parece retomado em 1755, e, então, pensa-se já na entrega de toda a Amazônia: diz-se até que os moradores principais teriam escrito sobre o assunto a S. M. Cristianíssima através de autoridades de Caiena.

O quase universal descrédito em que tinham caído no Setecentos os reinos ibéricos, e Portugal, naturalmente, ainda mais do que a Espanha, compadecia-se mal, para mazombos cultos, com a tutela tantas vezes arrogante e opressiva que exerciam os mesmos reinos em possessões imensamente maiores e mais ricas do que os territórios metropolitanos. Sobre que títulos se sustentaria a tutela, senão sobre pobres argumentos, cuja inconsistência as luzes do século vinham clareando? Reflexões dessa ordem faziam despertar e alastrar-se, entre homens letrados, mormente os que freqüentaram universidades européias, não apenas portuguesas, mas ainda francesas ou inglesas, a noção cada vez mais nítida das imensas potencialidades de uma terra que o obscurantismo cobiçoso da mãe-pátria queria para sempre jungida ao seu atraso e impotência.

Não era preciso muito mais para se verem levados a exagerar complacentemente as próprias capacidades, julgando a colônia plenamente amadurecida para as liberdades políticas e não apenas iguais os seus filhos,

---

[1] Cf. *História Geral da Civilização Brasileira*, tomo I, volume 2, p. 456.

porém em tudo superiores aos do reino europeu. Só ao primeiro relance iludiram a fidelidade e o aulicismo convencionais, quase se pode dizer profissionais, de tantos poetas brasileiros da época, em particular dos poetas inconfidentes de Minas. Não andavam longe, certamente, de pensar à maneira do grande confrade italiano que, depois de referir-se ao tipo de sobrançaria desdenhosa próprio da gente ibérica, irá perguntar no seu *Zibaldone*: "Mas quem leva em conta os espanhóis e os portugueses, quando se fala em povos civilizados?".[2] E uma vez senhores desse segredo ciosamente guardado, de que não dependiam de um povo realmente "civilizado", como esperar que lhes merecessem grande respeito os laços que ainda os tinham presos à Coroa e ao reino?

Ou podiam pensar como pensavam tantos estrangeiros ilustres, sobre o paradoxo do sistema colonial português, como pensará, e o dirá, outro poeta, este inglês e logo poeta coroado, que há de ser autor, aliás, da primeira história do Brasil digna de tal nome. Tratando da sujeição em que era tida toda a América lusitana, escreve, com efeito, Robert Southey, em carta de Lisboa, datada de 1800, que "galho tão pesado não pode continuar unido, por muito tempo, a tronco tão gasto".[3] No Brasil, seja como for, reflexões dessa ordem haveriam de ficar confinadas, ao menos antes de 1808, a uma camada muito rala de seus habitantes e, convém repeti-lo, a uma camada sem meios para vir a formar opinião geral e ativa.

Quando, em 1808, ou pouco depois, tende a cessar para a antiga colônia a condição de menoridade em que fora mantida, é de supor que também vão desaparecer as causas profundas do ressentimento nativista. Isso, porém, só em parte é verdadeiro.

A vinda da Coroa e os estrangeiros no Brasil   A vinda da Corte, se tem por onde afagar a vaidade brasileira, põe a descoberto, de outro lado, com o imenso séquito de funcionários, fâmulos e parasitas que a acompanham, a debilidade de um domínio que a simples distância aureolara, na colônia, de formidável prestígio. Além disso, a presença, agora, e naturalmente o convívio e trato forçado, de numerosos estrangeiros, nos ramos mais diversos de ocupação, hão de ajudar os naturais, mesmo quando procedam das classes ínfimas, a julgar os seus dominadores com melhor senso da realidade.

---

[2] GIACOMO LEOPARDI, *Tutte le Opere di... IV, Zibaldone*, II, ed. dos Classici-Mondadori (Milão, 1938), p. 1.094.
[3] Cf. MARIA ODILA DA SILVA DIAS, "Southey e o Brasil", *O Estado de S. Paulo*, 6-1-1962.

Entre as terras de origem desses estrangeiros, que de 1808 a 1822 se registram no porto do Rio, quase o primeiro lugar, em número, pertence a um país mais de imigração do que de emigração, exatamente à França, que, como já se viu, antes mesmo de Napoleão, e antes da Revolução, estivera muitas vezes na lembrança dos que desejavam um Brasil liberto do jugo lusitano. Quase o primeiro lugar, porque o primeiro cabia aos espanhóis europeus; estes, porém, eram, em grande parte, se não em regra, visitantes em trânsito para Montevidéu e Buenos Aires. Se algum se deixava ficar, fazia-o com medo das incertezas que anunciavam a instabilidade política platina. Os ingleses apresentam-se só em terceiro plano.

A classe média da colônia, formada praticamente de pés-de-chumbo, principia agora a enriquecer-se de elementos porventura mais ativos ou passa a acolher ofícios antes desconhecidos, numa espécie de cosmopolitismo de que, mesmo em épocas mais tardias, não se conhecerão muitos exemplos. Assim é que vemos tanoeiro e caixeiro dinamarqueses; lavrador escocês; marceneiro, caixeiro, copeiro suecos; colchoeiro e padeiro norte-americanos; sapateiro irlandês; boticário italiano. Da indicação de ofício de certo holandês chamado Boa consta vagamente: "questões referentes a castigos de escravos". E aparecem especializações profissionais por nacionalidades, de sorte que cozinheiros e livreiros são franceses; taverneiros, espanhóis; relojoeiros, suíços.

Contudo, encontra-se igualmente, entre franceses, grande variedade de profissões: as de pasteleiro, padeiro, confeiteiro, alfaiate, jardineiro, serralheiro, marceneiro, ferrador, destilador de licor, fabricante de rapé e também mascates, estes, talvez, da raça dos bufarinheiros alsacianos, que vão ser vistos na província fluminense bem mais tarde, durante a grande fase do café, a percorrer as fazendas com suas bugigangas e quinquilharias do Velho Mundo. No número desses adventícios figuram, de preferência, os comerciantes e oficiais mecânicos, os "maquinistas", em suma, cuja vinda em maior quantidade irá ser reclamada, depois da Independência, pelo Marquês de Barbacena, e que tanto contribuirão para a mudança dos nossos costumes citadinos. Mas há ainda os que são chamados a vir desenvolver nossa colonização rural, como, em 1819, os suíços de Nova Friburgo, ou como os alemães do Conselheiro Langsdorff, em 1823. Também não poderão ser esquecidos os membros da Missão Francesa, chamada a dar nova direção à atividade e ao gosto artístico dos brasileiros. E nem os muitos sábios estrangeiros que, pela mesma época, virão conhecer, para depois divulgá-las, as belezas e riquezas da terra.

A não ser no Quinhentos e, até certo ponto, no Seiscentos, nunca o nosso país parecera tão atraente aos geógrafos, aos naturalistas, aos economistas, aos simples viajantes, como naqueles anos que imediatamente se seguem à instalação da "Corte portuguesa no Rio e à abertura dos portos ao comércio internacional". O fato acha em si mesmo sua explicação. A contar de 1808, ficam enfim suspensas as barreiras que, ainda pouco antes, motivaram o célebre episódio daquela ordem régia mandando atalhar a entrada em terras da Coroa de Portugal de "certo Barão de Humboldt, natural de Berlim", por parecer suspeita a sua expedição e sumamente prejudicial aos interesses políticos do reino.

De modo que a curiosidade tão longamente sofreada pode agora expandir-se sem estorvo e, não poucas vezes, com o solícito amparo das autoridades. Nesses poucos anos foi como se o Brasil tivesse amanhecido de novo aos olhos dos forasteiros, cheio da graça milagrosa e das soberbas promessas com que se exibira aos seus mais antigos visitantes. Num intervalo de cerca de dois séculos, a terra parecera ter perdido, para portugueses e luso-brasileiros, muito de sua primeira graça e gentileza que agora lhe vinha restituída. Pois é bem certo que uma familiaridade demasiada nos faz muitas vezes cegos ao que há de insólito em cada coisa, mormente nessas coisas naturalmente complexas, como o são uma paisagem, uma sociedade, uma cultura.

Aí está um dos fatores do vivo interesse que, ainda em nossos dias, podem suscitar os escritos e quadros dos viajantes chegados do Velho Mundo entre o ano da vinda da Corte e, pelo menos, o do advento da Independência. De tão visto e sofrido por brasileiros, o país se tornara quase incapaz de excitá-los. Hão de ser homens de outras terras, emboabas de olho azul e língua travada, falando francês, inglês, principalmente alemão, os que se vão incumbir do novo descobrimento do Brasil.

Parece forçoso admitir que também os naturais do país se deixem empolgar, ao cabo, por uma recuperação contagiosa e que não se faz só em profundidade, mas também em amplitude, da Amazônia ao Prata, num tempo em que a frase ainda podia ter um significado político mais rigoroso. E, ainda, que o "descobrimento" contribui, a seu modo, para acelerar nosso processo de emancipação.

As duas faces de uma revolução liberal É verdade que, a contar de dado momento, esse processo enreda-se num debate, onde, do lado de cá, não estão mais vivamente interessados os brasileiros do que os portugueses reinóis. Para os últimos, e nem todos são obrigatoriamente absolutistas, o 7 de setembro vai constituir simples episódio de uma guerra civil de portugueses, iniciada em 1820 com a revolução liberal portuguesa, e onde se vêem envolvidos os brasileiros apenas em sua condição de portugueses do aquém-mar. O adversário comum está, agora, claramente nas Cortes de Lisboa ou, quando menos, em alguns dos homens ou algumas das resoluções das mesmas Cortes, e neste caso toda arma terá seu préstimo. Não lhes ocorre, não deve ter ocorrido sequer ao Príncipe D. Pedro que, precipitando a separação do Brasil, vão forjar uma perigosa arma de dois gumes.

Acontece que, representando abertamente um movimento antiabsolutista, a revolução portuguesa de 1820 também é, em certo sentido e desde os primeiros passos, um movimento antibrasileiro. Neste sentido, forçando o deslocamento da Casa Real para Lisboa, tende a despojar o Brasil de sua posição de centro do Reino Unido, em que se achara colocado e em que se conservou mesmo depois de liberta a mãe-pátria dos invasores. Isso já na etapa inicial da ação revolucionária. Na etapa seguinte, quando estão reunidas as Cortes, vai ocorrer o que aconteceu em todas as mudanças políticas sugeridas pelo modelo francês. Uma constituinte que aspire à unificação do poder em detrimento de tradicionais prerrogativas fixadas pelo uso, de veneradas desigualdades, de imunidades e franquias consagradas, em outras palavras, que tenda à criação de um todo nacional compacto e homogêneo, por onde melhor se distribuam as liberdades públicas, aponta naturalmente para regimes onde todas as partes hão de gravitar em volta de um eixo comum. A centralização, que neste caso se queria fazer em torno de Lisboa, é fruto necessário do próprio radicalismo das opiniões vitoriosas.

Ora, o que em Lisboa constitui obra de radicalismo, vai adquirir, no Rio de Janeiro, por força, o sabor do despotismo. E adquire-o até para os que, com igual sinceridade, abraçam os mesmos princípios liberais. O que da outra banda do oceano parece nitidamente um avanço no caminho da perfeição, quer dizer, da liberdade, da igualdade, da fraternidade, da simplicidade, da virtude, da razão, atingida através do governo do povo pelo povo (a palavra, mas só a palavra, "democracia", ainda não goza de seu moderno bom crédito), assemelha-se, desta banda, a um retrocesso. Os clamores cada vez mais estridentes do lado europeu contra tudo o que tenda a entorpecer a obra comum, e contra toda autoridade cujos privilégios não emanem de um claro mandato do povo, e é o caso em particular da autoridade do Príncipe Regente, que momentaneamente parece encabeçar as aspirações brasileiras, ecoam entre nós, bem ou mal, como se quisessem pura e simplesmente a restauração do estatuto colonial.

Não é para causar espanto se logo se institui uma espécie de aliança de razão entre os inimigos mais acerbos das Cortes, não obstante sua filiação e ideologias políticas díspares. Assim é que aos adeptos do absolutismo na Europa não andam longe de juntar-se os que, nesta porção do Novo Mundo, caminham, mesmo sem o sentir, por estradas que hão de levar ao divórcio completo entre ela e a metrópole. Nesse acordo tácito, porém, já podem ser vislumbrados o começo e o sinal da divisão. Uma vez que a nova praxe política pede, em Portugal, que se suprimam no Brasil regalias já alcançadas e irrevogáveis, é fatal que daí por diante os dois reinos devam tomar rumos distintos.

Parece justo que os naturais de um país desatado de compromissos firmes com o passado se queiram livres das antigas tiranias e opressões. Se em alguma parte existe alternativa possível ou, talvez, plausível para semelhante desejo, há de ser nas velhas monarquias da Europa e da Ásia. Explica-se, assim, que um radical convicto como Cipriano Barata possa, sem grande inconseqüência, desafiar a indignação dos liberais de Lisboa, acenando, como o fez perante as Cortes, e justamente em setembro de 1822, para a possibilidade de um Brasil independente e libertário, mas aliado, não obstante, da Áustria, reduto do Absolutismo.

Já agora a idéia nacional torna-se, aqui, um complemento obrigatório da idéia liberal. Tanto que, por contrapeso, o filho do reino vai ser, com poucas exceções, associado e, melhor, condenado aos princípios mais rançosos e caducos. Logo foi voz constante, escreveu uma testemunha de tais sucessos, "foi opinião feita, que por mais liberal que fosse o português em sua terra, no Brasil era profundamente *corcunda*".[4] Ainda que se tenda a exagerar a força, em todo aquele período, dos ciúmes e antagonismos de nacionalidade, e tem havido, sem dúvida, quem os exagerasse, principalmente quando lhes atribuem papel decisivo nos acontecimentos do Primeiro Reinado, é inegável que a presença portuguesa foi insistentemente encarada, entre numerosos brasileiros, como um perigo mortal para liberdades nascentes e mal seguras. Sobretudo quando esse perigo pareceu encarnar-se na pessoa de seu próprio Imperador e "defensor perpétuo".

Não é demasiado pretender, assim, que o longo processo de emancipação terá seu desfecho ineludível com o 7 de abril. É a partir de então que o ato de Independência ganha verdadeiramente um selo nacional. "A revolução de 1831, que trouxe a abdicação", dirá o autor das *Cartas de Erasmo*, dirigindo-se a D. Pedro II, "foi como a consagração da indepen-

---

[4] JUSTINIANO JOSÉ DA ROCHA. *Acção; Reação; Transação. Duas palavras acerca da Realidade Política do Brasil, por...* (Rio de Janeiro, 1855. Ty. Imp. e Const. de J. Villeneuve e Comp.), p. 13.

dência; aí a monarquia completou sua metamorfose e fez-se brasileira em vossa pessoa, senhor".

Tendências centralizadora e separatista   Quanto a outro processo, que por vezes, mas nem sempre, se deixa confundir com esse e que tem em mira uma unificação cabal das partes diferentes em que se dividia a Monarquia portuguesa deste lado do Atlântico, apesar dos governadores-gerais e vice-reis, já não será tão exato pretender que encontre seu término no final do Primeiro Reinado. Pois não é durante a Regência e, ainda, nos oito ou nove anos que se seguem à Maioridade que forças centrífugas latentes, capazes, sem um freio, de levar à desintegração do Império bragantino na América, se fazem mais ruidosamente manifestas? Se fosse possível marcar mais nitidamente o remate do processo tendente à unidade nacional, depois da dispersão, caberia talvez situá-lo por volta de 1848, ano em que os nossos liberais quebram os remos.

Não custava acreditar como provável e quase fatal, para a antiga América lusitana, uma sorte idêntica à dos antigos senhorios da Coroa de Espanha, que em muitos aspectos lhe são tão próximos. Mas justamente esse exemplo, longe de constituir para o Brasil um fator de dispersão, fora desde cedo invocado, e nunca o deixará de ser, como um modelo temível, que a todo preço convinha evitar. E nesse sentido não é demais dizer que significou antes um estímulo à nossa coesão e unidade.

Entre nós, a existência de forças centrífugas não precisou depender de exemplos de fora e nem é de data recente, quando se processa a emancipação. Suas raízes mergulham fundo nas próprias origens da atividade colonizadora, e seus efeitos não deixarão de patentear-se nem mesmo depois da chegada do Príncipe Regente.

Um observador atilado, o francês Horace Say, que veio em 1815, escreverá mais tarde, sem grande exagero, que o nome do Brasil constituía, de certo modo, a "designação genérica das possessões portuguesas na América do Sul, mas que não existia, por assim dizer, unidade brasileira". É certo, acrescentava, "que um governador-geral residiu na Bahia até meados do século passado e depois se transferiu para o Rio de Janeiro. Estava longe, contudo, de exercer autoridade ativa e influente sobre a área que vai do Amazonas ao Prata. O governo da metrópole mantinha comunicações diretas e freqüentes com cada uma das capitanias; a posição geográfica das que se acham no norte fazia com que se tornassem inevitáveis essas comunicações diretas".

Não haveria grande mudança, nesse particular, com a trasladação da família real para o Rio, e isso se deveu, segundo o mesmo escritor, à ausência de luzes e energias de parte do governo, a sua apatia, a sua incapacidade de praticar o bem ou o mal. O resultado é que no tempo do rei velho o país parecia organizado como uma "espécie de federação, embora a unidade nacional devesse, ao contrário, ser mais favorável aos progressos de toda ordem". Essa unidade, que a vinda da Corte e a elevação do Brasil a reino deixaram de cimentar em bases mais sólidas, estará a ponto de esfacelar-se nos dias que imediatamente antecedem e sucedem à proclamação da Independência. Daí por diante irá fazer-se a passo lento, de sorte que só em meados do século pode dizer-se consumada.

Quando se tenham em conta essas condições, já parecerá menos surpreendente o célebre discurso de Feijó, em 1822, diante do Congresso de Lisboa, e o padre paulista não pronunciará outro nas Cortes, onde nega a qualidade de mandatários do Brasil, sendo-o tão-somente das províncias que os elegeram, aos representantes americanos reunidos naquele recinto. "Não somos", diz, "deputados do Brasil (...), porque cada província se governa hoje independente."

Mesmo no Rio de Janeiro, e nos círculos mais chegados ao Príncipe D. Pedro, a idéia de uma constituição que assegure a unidade, respeitando o princípio federativo, não andará fora de cogitação. É compreensível que, a partir desse ponto, venha a surgir como solução ideal o modelo norte-americano. Mas o modelo norte-americano só se impõe, por isso que, além de participar do natural prestígio da América inglesa, responderia a uma realidade emergente ou até preexistente no país.

Não parecerá rigorosamente exato, aliás, querer que as instituições dos Estados Unidos se ajustem, em todos os pontos, a uma realidade preexistente entre nós. Como admiti-lo sem considerar a imensa distância entre os caminhos que levam à emancipação política dois povos de tão diversa origem e formação? Quanto à realidade emergente, pode-se dizer que está relacionada com a ruptura do velho "pacto social", como então se diz: outro ponto expressamente assinalado por Feijó em sua fala das Cortes e ainda por vários deputados à Constituinte brasileira de 23. Neste último caso, o debate é desencadeado sobretudo por uma emenda do Deputado Ferreira França ao artigo 2º do Projeto de Constituição, onde se enumeram as províncias do Império.

Constava do artigo 2º que o Brasil compreendia as ditas províncias e mais o Estado Oriental, este "por federação". A emenda Ferreira França, visando transformar a situação excepcional em regra geral, válida tanto para as primitivas capitanias portuguesas como para a Banda Oriental castelhana, rezava apenas: "Compreende *confederalmente* as províncias etc." Às razões de simetria que ditaram a proposta, semelhantes às de seus opositores que achavam esta menos compatível com o artigo 1º do mesmo projeto, quando quer o Império do Brasil "um e indivisível", irão somar-se outras, de maior peso, quando se tratar das províncias do Norte, ainda sujeitas a Lisboa.

    Referindo-se justamente a elas, ao Maranhão e ao Pará, pergunta o deputado Alencar, na mesma sessão de 17 de setembro, em que surgiu a emenda Ferreira França: "Suponhamos por um momento que estas duas províncias, que não entram em nosso pacto social, formam sua união à parte e nos dizem – queremos federação convosco para nossa maior segurança, porque temos direito a isso –, poderíamos nós subjugá-las?" Não, responde, ainda que se conheçam as desvantagens da desunião daquelas províncias. "Acaso teríamos forças para as obrigarmos a reunirem-se a nós, do mesmo modo que o resto do Brasil? Não, e nem direito." Logo adiante acrescenta: "Uma das razões (...) que desacreditaram as Cortes de Portugal foi o despotismo com que meia dúzia de deputados queriam decidir dos destinos do Império do Brasil: fujamos, pois, de imitá-los. Mostremos que não queremos forçar províncias que ainda não se reuniram a nós, que ainda não estão representadas na nossa assembléia."

A opinião de que, enquanto reino, o Brasil se achara livremente unido a Portugal por um pacto revogável e de que só o despotismo das Cortes o levara a julgar caduco semelhante pacto, fora, se não o móvel, a justificativa da emancipação. Ainda natural da vontade de independência, essa opinião passaria, por sua vez, a determinar, ao menos durante algum tempo, as relações entre as províncias brasileiras, atuais ou potenciais. Mas também seria de esperar que, rompido o primeiro pacto, esfriasse aos poucos, no Rio de Janeiro, o momentâneo prestígio daquele princípio federal, em suma, da idéia do *foedus*, agora já despojada de sua grande função. Tanto que, passados alguns anos, não hesitará o Império nascente em querer submeter e conservar a Cisplatina exatamente como as Cortes tinham querido amarrar o próprio Brasil ao reino europeu. Desse pecado de incoerência hão de ser acusados, então e depois, os que não souberam evitar a guerra no Prata.[5]

---

[5] São significativas, a respeito, estas palavras de Bernardo de Vasconcelos: "Se os nossos Ministros tivessem tratado a Cisplatina com a lealdade que cumpria, se tivessem feito ali

Ao mesmo tempo, enquanto a área fiel ao regente e ao Rio de Janeiro, de início restrita às partes do sul, principalmente ao Rio de Janeiro e mesmo a São Paulo, se amplia sobre províncias outrora recalcitrantes, a tendência centralizadora parece decorrer quase obrigatoriamente desse ímpeto expansivo. Reflete-se a transição na mudança de atitudes do próprio Príncipe. Este, nos primeiros momentos, parecera empolgado pelo plano de uma "federação", no Brasil, semelhante à que se instituíra com os Estados Unidos: é o que está expresso em mais de um documento do punho de D. Leopoldina, particularmente na carta que escreveu ao Imperador seu pai, Francisco I, em 23 de junho de 1822. Se assim pensava D. Pedro às vésperas da Independência, passados menos de nove anos, já às vésperas da Abdicação pensará exatamente o contrário: na sua famosa proclamação de Ouro Preto, de 22 de fevereiro de 1831, alertará os mineiros contra os que "escrevem sem rebuço e concitam os povos à federação".

Com o 7 de abril será chegada, porém, a vez de querer abater quase tudo quanto naqueles nove anos se cuidara de erigir. Não admira se voltem à tona, agora, ainda que temporariamente, as forças centrífugas que o Primeiro Reinado cuidara sempre de reprimir, como se desafiassem sua

---

guardar a Constituição e Leis, desistindo do projeto de conservar aquela Província como conquista, ter-se-iam perdido tantas vidas, derramado tanto sangue e consumido tantas cabeças?" Bernardo PEREIRA DE VASCONCELOS, *Carta aos Senhores Eleitores da Província de Minas Gerais, por...* 2ª edição, Rio de Janeiro, s. d., p. 6. Mais expressivo ainda é o depoimento de outro escritor, da família de um dos fundadores do Império: "A revolta da província Cisplatina contra o jugo prepotente do Brasil, representado na pessoa do 1º Imperador", escreve, "foi não só justa, mas até uma necessidade imperiosa e irremediável para aqueles povos. Foi uma guerra santa, como a brasileira de 1822. *A província de Cisplatina era tratada pelo Império como Portugal ou as Cortes portuguesas queriam tratar o Brasil em 1821 e 1822. As mesmas causas produziam os mesmos efeitos*; mas na questão do Império com a Cisplatina o antagonismo era maior, por causa da diferença de raça, de língua e de tradição, maior era a razão oriental e, portanto, maior a sem razão brasileira, ou antes imperial." Luiz Francisco da Veiga, *O Primeiro Reinado Estudado à Luz da Sciencia ou a Revolução de 7 de abril de 1831, justificada pelo Direito e pela História, por...* (Rio de Janeiro, 1877), p. 316. Do mesmo teor é o juízo de um estrangeiro, que se há de ocupar muitas vezes, e não gratuitamente, em exaltar as causas brasileiras: "Après l'explosion de ces sentiments de nationalité qui venaient d'éclater dans la bande orientale (...)", diz, "C'était le cas pour le Brésil d'accepter les faits accomplis, et de faire vis-à-vis de cette province si impatiente du lien qui la rattachait, à l'Empire précisément ce que le Portugal venait de faire vis-à-vis du Brésil même. Tel ne fut malheureusement l'avis de l'empereur don Pedro I; il se roidit contre les obstacles qu'il rencontrait, il prit à partie les provinces unies de la Plata, comme ayant fomenté l'insurrection, et il embarqua le pays dans une de ces guerres où les nationalités sont en jeu et dont l'issue est toujours mauvaise", M. Charles Reybaud, *Le Brésil, par...*, Paris, 1856, p. 33.

preservação. Há de consagrá-las, logo depois, o Ato Adicional, quando converte em assembléias legislativas os concelhos gerais das províncias. Tão justificada se apresentará então a medida que, por um momento, aliciará até os votos daqueles que se podiam julgar seus contrários.

> "Eu mesmo, que decerto não serei suspeito de tendências para um exagerado liberalismo", escreverá em suas Memórias o Arcebispo da Bahia e futuro Marquês de Santa Cruz, "não duvidei votar por ela na esperança de que as Assembléias Provinciais, longe de anarquizarem o País, poderiam antes prevenir ou conter o espírito revolucionário e a cisão, que de todos os lados ameaçavam o Império, interessando-se mais de perto nos melhoramentos materiais e morais de suas respectivas Províncias que, em verdade (mormente as do Norte), pouca ou nenhuma atenção mereciam dos Poderes Gerais do Estado."

Contudo, quase não cessa entre nós, daí por diante, a polêmica entre partidários da centralização e advogados mais ou menos explícitos da idéia federal. Note-se de passagem que estes não se podem gabar com melhores razões do que os primeiros de fidelidade às tendências da época. Com efeito, o princípio da monarquia centralizadora, a que tanto se apegará, no Brasil, o partido chamado "conservador", é paradoxalmente um princípio revolucionário, ou, melhor, é uma aspiração do absolutismo que, no entanto, só os revolucionários franceses tornarão exeqüível. E tão apaixonadamente a abraçarão, estes, que em 1793 o lema da nação *une et indivisible*, copiado trinta anos depois pelos nossos constituintes, que o inscreveram no art. 1º de seu projeto, vale bem o outro, mais celebrado, da *égalité et fraternité*.

Aos próprios "conservadores" brasileiros não há de escapar, por vezes, esse paradoxo. Dom Romualdo de Seixas, que votara em 1834 a favor das assembléias provinciais, ainda o tinha feito na certeza de seguir uma tradição respeitável. A completa centralização, que o primeiro Imperador insuflara e que hão de implantar mais tarde os políticos empenhados em fazer parar o "carro da revolução", era decididamente um invento moderno. Como conciliá-lo com os resíduos de costumes, privilégios e franquezas locais, próprios dos "velhos tempos góticos", segundo se expressa, para gabá-los, o mesmo arcebispo da Bahia, e que no Brasil ainda tinham meios de resistir às tentativas de fortalecimento do poder central?

Característicos do enlace que assim se trava entre um tradicionalismo fundamental e certas idéias dominantes entre os nossos liberais de 1831, os "liberais históricos", como depois se hão de chamar, são as curiosas cartas do Dr. Ricardo Gumbleton Daunt ao Barão Homem de Melo, que se acham manuscritas no Instituto Histórico e Geográfico Brasileiro. Irlandês de nascimento, mas paulista adotivo, tão apegado à terra de eleição que não hesita em opô-la, em nome de seu grande passado, à "semi-estrangeira Rio de Janeiro" e, de um modo geral, ao restante do país, o Dr. Daunt combate cerradamente a crença de que a unidade do Império se haveria de efetuar sem prejuízo das saliências e distintivos das várias partes. Em uma das suas cartas, a de 6 de agosto de 1856, diz da uniformidade de pensamento, de costume, de gosto, de caráter, que "é um presságio de decadência de qualquer grande Império, porque sendo em si uma coisa forçada e não natural só pode provir de indébita influência da Corte ou de qualquer centro, e é sempre indício de uma falta de seiva, de virilidade, nos povos assim uniformizados, que ficam dessa sorte preparados para o Despotismo".

Bem mais tarde, já nos últimos dias da Monarquia, quando novamente se levantar a bandeira da autonomia das províncias, não faltará quem assinale, da parte dos Conservadores, e já agora para combatê-lo, o cunho retrógrado de tal empresa. Assim é que, em 1889, um editorialista da *Sentinela da Monarquia*, órgão dos conservadores dissidentes de São Paulo, ousa lembrar ao Conselheiro Saraiva, acusado de andar fomentando um plano de descentralização ainda mais ambicioso do que o do projeto Ouro Preto, que o "federalismo é um prolongamento do feudalismo".

Não se tratava de opinião original da *Sentinela* ou, o que valeria o mesmo, de João Mendes de Almeida, seu diretor, mas saíra com todas as letras em artigo da *Revue des Deux Mondes*, único livro de que o messias liberal fazia leitura, segundo já o dissera de público. Entretanto, não estaria longe das idéias do jornal, que assim a justifica:

"Quando a revolução francesa destruía completamente os restos do sistema feudal, ninguém se lembrou de pôr a França, a título de progresso, no regime dos países de Estados. O federalismo é o sistema das localidades, corporações e classes, pretendendo uma certa soberania. A centralização política é a garantia única da integridade e do valor internacional da pátria, é também a âncora das liberdades públicas. Sob o regime da federação não haverá senão caudilhos nos diferentes Estados federados, oprimindo as minorias e avassalando os fracos."

Não entra certamente grande exagero no pretender que, já em 1831, a tendência para reduzir a esfera de ação político-administrativa do poder central se cobre de um novo lema, o da Federação, para sustentar, tanto quanto possível, um estado de coisas que procede, entre nós, das origens remotas da vida colonial. Apesar de todas as discrepâncias entre as instituições norte-americanas, tantas vezes invocadas no Império, e o que chamamos as nossas tradições nacionais, parece fora de dúvida que o localismo e a falta de nexo poderoso entre as várias unidades regionais concordavam melhor com essas tradições do que um regime fortemente centralizador. Por outro lado, pode-se pretender que os esforços do Governo de Lisboa visando a essa centralização, dentro da América lusitana, mesmo quando conduzidos com afinco, o que nem sempre se deu, só parcialmente se viram bem-sucedidos.

Governo-geral e autonomia territorial   Sabe-se como já o primeiro desses esforços, surgido com o estabelecimento do Governo-Geral na Bahia, sofrera embargos pelo menos de um dos donatários, de Duarte Coelho, por lhe parecer a este que contrariava os privilégios e as liberdades outorgadas com a primitiva doação. E também se sabe como El-Rei D. João III não teve dúvidas em ceder às boas razões do donatário, tanto que deixou sem efeito a obrigação que tinha Tomé de Sousa, pelo seu Regimento, de ir em visita à capitania de Pernambuco junto com o ouvidor-geral e provedor-mor.[6]

Ainda em 1671, no Regimento do Governador e Capitão-Geral do Estado do Brasil, concedido a Afonso Furtado de Mendonça, lembrava o então regente do reino que o Governo de Pernambuco e também o do Rio de Janeiro não recebiam provimentos da Bahia para a repartição dos moradores em ordenanças por companhias com os capitães e oficiais necessários, visto terem a esse respeito jurisdição própria. Da mesma forma, aos governadores de Pernambuco e do Rio de Janeiro achavam-se outorgados, por prazos certos, os provimentos das serventias, sempre que houvesse vagas de oficiais de justiça, fazenda ou guerra. Fazia questão, porém, de acentuar que um e outro estavam subordinados ao Governador-Geral, devendo-lhe obediência. E fazia-o expressamente para "evitar as dúvidas que até então tinham surgido entre o governo-geral do Brasil e os de Pernambuco e Rio de Janeiro, que pretendiam sua independência em relação ao primeiro".

As dúvidas, porém, não se apagaram tão cedo, nem as pretensões dos mesmos governos, que se tinham por isentos daquela subordinação. Mostraram-no as resistências opostas, por exemplo, às ordens mandando

---

[6] Cf. *História Geral da Civilização Brasileira*, tomo I, volume I, pp. 138 e segs.

ir os dinheiros dessas e outras capitanias para a Casa da Moeda que se criou em 1694. Em carta de 18 de fevereiro de 1696 ao Governador de Pernambuco, que se acha impressa entre os *Documentos Históricos* (vol. XXXVIII) da Biblioteca Nacional do Rio de Janeiro, estranhou D. João de Lencastre, com palavras ácidas e irônicas, a repugnância mostrada pelo mesmo governador em acatar-lhe as ordens nesse sentido, como se tivesse jurisdição isenta, e ainda mais o querer que razões de amizade pudessem servir para abrandar o vigor que punha no dar as mesmas ordens. Porque, diz, "a jurisdição dos Governadores do Brasil não é bem patrimonial das pessoas, senão obrigação justíssima do posto". "Isto falo como soldado...", acrescenta terminante.

A resistência, ao menos a resistência passiva, de muito governo de capitania, a ordens dos governadores-gerais e, depois, dos vice-reis, assim como o uso, que também estranha D. João de Lencastre, na carta citada a Caetano de Melo e Castro, de se comunicarem diretamente com a Corte, passando sobre a autoridade dos que deram homenagem de todo o Estado do Brasil a Sua Majestade, continuaria sendo regra constante. Desse traço da administração colonial há exemplo notável nos atritos surgidos entre D. Luís de Vasconcelos e Sousa e o Visconde de Barbacena, a propósito das devassas na Inconfidência Mineira, em que o último busca entravar as diligências determinadas pelo vice-rei, como se duvidasse de sua competência e jurisdição nessa matéria.

Não se trata, aliás, de atitude insólita: o mesmo D. Luís, em carta de 8 de janeiro de 1790, a Martinho de Melo e Castro, onde se queixa do Visconde, alude a caprichos freqüentes dos governadores de Minas, os quais, no caso de Luís da Cunha Meneses, o célebre Fanfarrão Minésio das *Cartas Chilenas*, teriam passado, muitas vezes, a "declamações vivas e públicas contra o vice-rei do Estado do Brasil". As palavras em que derrama sua acrimônia são quase as que serviram um século antes a D. João de Lencastre contra o então Governador de Pernambuco: sinal de que não sofrera grandes mudanças, neste ponto, o sistema de administração do Brasil. Não deixa, assim, de recordar que a homenagem prestada por ele, do Estado do Brasil, a Sua Majestade, era válida para todas as partes do mesmo Estado, e insiste também em que as obrigações do real serviço hão de prevalecer sobre parentescos e amizades. Transparece, em dado momento, um ressaibo contra as autoridades de Lisboa e até contra a Coroa, onde diz que não lhe consta existir nos livros da Secretaria do Governo da Capitania de Minas sinal de que Sua Majestade desaprovasse tamanhos atrevimentos, com o que só podia aumentar a audácia desses governadores.

Provinha de simples negligência a escassa atenção que pareciam receber no reino os caprichos dos governadores e capitães-gerais diante das autoridades que deviam responder por todo o Estado? Ou entraria aqui uma política deliberada, por onde se cuidasse antes do estabelecimento, na medida do possível, de veículos mais diretos entre o Governo da metrópole e as administrações das diferentes capitanias? O fato é que estas, independentes umas das outras, e todas do Governador-Geral ou do Vice-Rei, continuariam a corresponder-se com a mesma metrópole, dela recebendo ordens, recomendações ou consultas, como se não houvesse autoridade intermédia.

Um dos historiadores que mais se dedicaram a estes assuntos inclinou-se de preferência para o segundo alvitre, o da existência de uma política deliberadamente voltada para o fortalecimento das administrações locais, por acreditar que as desvantagens possíveis dessa espécie de fragmentação do poder na colônia eram obscurecidas pelo temor de que um regime com o seu centro de força na Bahia ou no Rio de Janeiro, em vez de Lisboa, oferecesse menos segurança contra as perspectivas de emancipação total do Brasil.[7] Nesse caso, longe de querer impedi-los, a metrópole favoreceria, ao contrário, os provincialismos que se opusessem à formação de um poderoso feixe de interesses, capaz de resistência à ação da metrópole.

O título de vice-rei que se atribuiu, sem interrupção desde 1714 até 1763, ao Capitão-General da Bahia e, depois de 1763, ao do Rio de Janeiro, só na aparência, ou passageiramente, significou uma mudança na política de Lisboa com relação ao Brasil. Na prática, e não obstante os dizeres dos decretos de nomeação e dos regimentos, o poder lato que se conferia aos vice-reis, subordinando-lhes todos os funcionários e oficiais do Estado, permanecia letra morta. As vantagens que, de fato, lhe cabiam eram, salvo a de isenção do inquérito de residência, meramente decorativas: a de precedência sobre os bispos e cerimônias públicas, coisa que não acontecia com os antigos governadores-gerais; e tratamento de Excelência; a guarda de honra mais aparatosa; a faculdade, em alguns casos, de conceder indultos e, com certas limitações, a de dar hábitos de Cristo, foros de cavaleiro-fidalgo e mais honrarias desse teor.

Contudo, o próprio Brandenburger, que frisa o pouco valor dessas regalias no plano administrativo, não deixa de chamar atenção para o efeito psicológico exercido sobre os povos pela presença dos vice-reis, e

---

[7] Clemens BRANDENBURGER, *Brasilien zu Ausgang der Kolonialzeit* (S. Leopoldo e Cruz Alta, s. d.), pp. 22 e segs.

que lhe parece fugir, em realidade, ao alvo do governo que os nomeou. Entre brasileiros teria essa presença a vantagem de um reconhecimento tácito, por parte da metrópole, daquilo justamente que a metrópole punha cuidado em dissimular: isto é, de que formado de partes tão desconexas e, muitas vezes, opostas umas a outras, o Brasil podia constituir-se, entretanto, numa unidade superior a tantos contrastes e particularismos, achando-se com isso em condições de armar-se contra a própria desagregação.

É possível que esse fato, além de outras heranças coloniais, inclusive a de relativa homogeneidade da população, vinda, afinal, das mesmas origens e cruzamentos, concorresse para a criação, mais tarde, de uma nacionalidade politicamente una. Mas nada obsta a que a unidade nacional seja, em mais alto grau, uma conquista do Império independente; conquista marcada pela energia com que deve o mesmo Império enfrentar forças tradicionalmente dispersivas até alcançar os extremos bem conhecidos que, entre nós, vai atingir a centralização monárquica.

Seria enganoso, neste ponto, querer pôr exagerada ênfase no paradoxo, já aqui assinalado, de convergirem os princípios liberais, mormente os do liberalismo exaltado e radical dos primeiros anos da Regência, com um localismo orgulhoso que deita raízes fundas e ainda bem vivas em nosso passado colonial. O que em grande parte tornará possível semelhante paradoxo é o fato de a posição tradicionalista, em geral inconscientemente tradicionalista, daqueles que se batem, no momento, pela maior autonomia das províncias, amparar-se na existência de modelos atuais e prestigiosos. Já havia o modelo das antigas colônias inglesas da América do Norte que tinham sido o foco principal da propagação do federalismo. Mas há ainda, e mais recente, o da Constituição belga de 1831, que muito depressa, e em toda parte,[8] passou a deslumbrar os adeptos da soberania popular, tomando o lugar que antes dela ocupara, para os mesmos espíritos, a Constituição espanhola de 1812. E é diretamente desse modelo belga que os nossos legisladores de 1834 tiram a idéia das assembléias de província, logo desmoralizadas e, afinal, freadas, pela lei interpretativa e pela reação conservadora.

A aniquilação dos corpos municipais   Parece inegável que, para realçar a posição das unidades territoriais mais amplas, sucessoras das primi-

---

[8] Em toda parte, exceto, escreve um historiador, "nos mais longínquos rincões da Europa latina e da América latina". J. A. HAWGOOD, "Liberalism and Constitutional Developments", *The Cambridge Modern History. X. The Zenith of European Power: 1870*, Cambridge, 1960, p. 191. Nesse ponto, ao menos o Brasil daqueles tempos não se incluiria entre os *remoter backwoods* da América Latina.

tivas capitanias, tendera-se a um amesquinhamento e até a uma nulificação dos corpos municipais, como se apenas nas primeiras se aninhasse o princípio da autonomia regional. Os passos iniciais nesse sentido correspondem naturalmente à liquidação progressiva do absolutismo reinol, começando por afetar as instituições ainda mal naturalizadas na terra ou de adaptação difícil às exigências da nova ordem de coisas. Atribui-se, de ordinário, aos homens de 1834 o aniquilamento dos corpos municipais que tamanha latitude de poderes tiveram nos séculos da colonização. O certo, porém, é que o declínio na importância dessas corporações já vinha implícito na própria Constituição, onde previa uma ingerência, ainda que mal determinada, nos negócios dos municípios. Depois da lei de 22 de setembro de 1828, que juntamente com o Tribunal da Mesa de Consciência e Ordens aboliu o de Desembargo do Paço, por onde se expediam objetos de economia municipal, impõe-se uma redefinição das atribuições dos concelhos, que equivaleria, em última análise, a limitá-las.

A tradicional indistinção, em nossas Câmaras, entre as funções políticas, jurídicas e administrativas, revelara-se claramente incompatível com os ideais dos tempos novos que exigem uma rigorosa divisão de tais funções. A lei de 1º de outubro de 1828, que reduz afinal as Câmaras, em seu artigo 24, a "corporações meramente administrativas", sem qualquer jurisdição contenciosa, vem atender, por um lado, e consagrar esses ideais. Por outro lado, deixa-lhes escassos recursos para cumprirem as obrigações antigas e as novas. É inevitável que, reduzidas, assim, à impotência, já não estejam mais à altura de fazer valer suas altas pretensões, que vêm de um passado morto. Tanto mais quando sua força antiga ia fundir-se na das províncias, dotadas agora de um legislativo absorvente.

Para muitos, os antigos concelhos deveriam equiparar-se facilmente às corporações celebradas pelos odiosos privilégios daqueles "velhos tempos góticos", que evocara D. Romualdo de Seixas. Querer agora restaurar tais privilégios não passaria, quando menos, de uma impertinência anacrônica. Explica-se assim a irritação com que o ministro do Império, José Lino Coutinho, qualificou de *altaneiro* e *criminoso* um ofício dos camaristas de Resende, onde se recusam a reconhecer no Governo o direito de repreender as municipalidades, em relatório lido em 1832 perante a assembléia geral legislativa, referida por J. B. Cortines Laxes em seu trabalho clássico sobre o Regimento das Câmaras.

O que denotava o ofício era, sem dúvida, um apego à lembrança dos tempos em que essas entidades se atribuíam o papel de "cabeças do povo", como ainda se intitula o Senado de S. Paulo nos últimos anos do

Setecentos, ou de "primeiros governos do mundo", segundo quer o "papel político" de Manuel Guedes Aranha, e até o, conforme consta de provisão de 18 de junho de 1677 à Câmara de Olinda, de representantes da pessoa de Sua Majestade, "não menos que os governadores ultramarinos", de sorte que não tinham estes autoridade alguma no seu pendão. Ao restringir o que restava de tamanha pujança, e agora em favor das assembléias provinciais, que passam a legislar sobre impostos, despesas e empregados municipais ou, não raro, julgam-se competentes para criar e revogar posturas, sem dependência de iniciativa das mesmas Câmaras, o Ato Adicional não fez senão reforçar uma situação de fato já existente e que se impusera cada vez mais, depois do estabelecimento do sistema representativo.

Já que se queria alargar tanto quanto possível as franquezas provinciais, era mister restringirem-se de modo correspondente ou, por assim dizer, esvaziarem-se, como se há de fazer em 1834, os privilégios municipais. É curioso notar como os mesmos homens que entenderam necessário separar do poder geral o que parecia competir antes ao provincial tratam de centralizar, por sua vez, nas assembléias de Província, o que pertencera ao Município. "O Ato Adicional descentralizou o poder provincial do geral. Assim convém a muitos respeitos. Centralizou-se o poder municipal nas assembléias provinciais. O poder geral não trata dos negócios provinciais. O poder provincial trata dos provinciais e dos municipais. O poder chamado municipal não é poder entre nós." Assim escreveu o Visconde do Uruguai. E escreveu ainda: "Não temos nas Províncias verdadeiras municipalidades. Foram entregues amarradas às Assembléias provinciais. Tem-se medo das câmaras municipais. Não se poderia com mais razão tê-lo das câmaras provinciais?"

De pouco vale associar a este ou àquele partido, mesmo admitindo que existisse consistência ou coerência de princípios em nossas organizações partidárias, a real iniciativa da mudança. A nulificação das câmaras foi atribuída constantemente aos liberais, só porque da fidelidade ao Ato Adicional, sem as reformas ou interpretações posteriores, eles farão uma espécie de bandeira de combate: a nação, propriamente, "não mudava" de política.[9] Dos conservadores, que em 1840 procurarão revigorar o

---

[9] A observação, feita muito mais tarde, depois da queda do Ministério Itaboraí, de 16 de julho de 1868, pertence a Belisário de Sousa. "A nação", diz, "não muda de política, nunca deseja espontaneamente e por seu próprio impulso passar de um governo ou partido para outro; dos farrapos, chimangos ou luzias para os sequaremas; dos conservadores para os liberais, progressistas ou ligueiros". F. BELISÁRIO SOARES DE SOUSA, *O Systema Eleitoral no Brasil. Como funciona, como tem funcionado, como deve ser reformado* (Rio de Janeiro, 1872), p. 15.

poder geral, dessa vez em detrimento das assembléias de provinciais, não se pode dizer, entretanto, que deram um só passo tendente a reerguer, de seu abatimento, os municípios. O que fizeram foi substituir à tutela ampla que os sujeitara uma outra, oportunista, pulverizadora e não menos asfixiante. A tutela, fosse qual fosse o seu cunho, afirmava-se independentemente das situações que se revezassem.

A decadência das instituições municipais entre nós insere-se assim no quadro mais largo da liquidação da herança colonial. Neste ponto parece ocioso tentar reabrir o debate em torno do poder das Câmaras no período colonial: "imenso", de uma amplitude de funções que ultrapassa consideravelmente os modelos reinóis, segundo quis parecer a João Francisco Lisboa, ou então medíocre, antes do mais adstrito a poderes meramente administrativos, como, em contraposição, pretendeu Capistrano de Abreu, todas as avaliações dessa ordem, dependentes, em regra, da perspectiva que se adote, servem mal a uma análise serena. Tanto mais quando, na falta de prática uniforme, não custa alinhar exemplos numerosos em abono de cada uma das opiniões em conflito. É fora de dúvida, no entanto, que mesmo descontados os exageros possíveis de João Lisboa, onde cuidou achar um tipo novo de concelho, incomensurável com o das pobres câmaras lusitanas da mesma época, o abatimento a que, depois da Independência e principalmente depois de 1834, se reduziu o sistema municipal faz realçar, pelo contraste, o papel que entre nós ele assumira em épocas anteriores.

O caso das corporações de ofícios   Por outro lado, institutos que no reino tinham crescido à sombra do poder municipal não encontram, ao menos em um caso, meios de prosperar com as condições de trabalho dominantes na América lusitana: o caso das corporações de ofícios. Quando a Constituição do Império, em seu artigo 179, § XXV, determinou que ficavam abolidas, e assim os seus "juízes, escrivães e mestres", com o que se julgava melhor resguardar a liberdade individual, não se pode pretender que dera um passo audacioso. No Brasil, em verdade, o edifício corporativo andara sempre longe de comprimir toda a vida econômica ou de abrigar, mesmo nas cidades maiores, a generalidade dos ofícios mecânicos. Spix e Martius, que entre 1817 e 1820 percorreram grande parte do país, notaram como, além de ser pouco severa a sua fiscalização por parte das autoridades, muito ofício era aqui praticado fora de qualquer norma, disciplina e sujeição. Como esperar a proliferação de grêmios, ao modo da Europa, em terras onde um senhor de escravo podia empregar seus negros e mulatos nas obras que bem entendesse, para negociar depois o produto de seu trabalho?

O artigo da Carta outorgada, mandando extinguir corporações, reproduz, aliás, palavra por palavra, o de n.º 17 do projeto discutido em 1823. Naquela ocasião tinha sido aprovado sem embaraço, e a única voz que se ergueu para combatê-lo viera, por sinal, do campeão, entre nós, do liberalismo econômico: é verdade que, em José da Silva Lisboa, o discípulo de Adam Smith já cedera muito lugar ao discípulo de Edmund Burke, constantemente à espreita de perigo de novas atrocidades revolucionárias.

Não acreditava, o futuro Cairu, em vagos direitos individuais na vida civil, mas sim em práticos direitos sociais, onde se fazem necessárias restrições à liberdade natural pelo interesse no bem público. Como sempre lhe sucede em situações semelhantes, presumia-se ele fundado na prática da Inglaterra, e ainda de escritores e estadistas "prudentes" do mesmo país, abominando a opinião mais corrente entre os economistas da França, que repeliam a conservação das corporações e mestranças de ofícios e artes mais gerais da sociedade. Mas tornavam-se infalíveis as perguntas: e o deixar-se estar? E a "mão invisível"? E toda a doutrinação, em suma, de Smith, que jamais poderia comportar tais distinções ou até contrastes entre a liberdade natural e o interesse no bem público? A resposta, convincente ou não, era de que o investigador da *Riqueza das Nações* só tinha objetado com tamanho vigor contra as mestranças, porque escreveu sob o influxo das doutrinas dos economistas franceses, muito em voga naquele tempo, e assim, "nessa parte tem sido argüido de erro, ainda pelos comentadores de sua imortal obra".

Silva Lisboa julgava muito possível uma espécie de composição entre duas coisas: entre a subsistência das corporações de ofício e o espírito do sistema da liberdade de indústria, que pretendia ele próprio professar. Pensava desse modo por julgar que aquelas não são monopólios no sentido estrito desta palavra, e que, achando-se estabelecidas, não convinha sua extinção de repente. Se entre nós fossem consideráveis os danos delas como no reino, onde por intermédio da Casa dos Vinte e Quatro exerceriam uma ridícula tirania sobre o trabalho do povo, então caberiam as medidas restritivas. Mas a verdade estava em que existiam aqui apenas uns poucos grêmios com mestres e escrivães de ofício, sob o controle das câmaras municipais, envolvendo certos atos religiosos, de sorte que alguns efetuavam suas festas anuais a santos que, na sua devoção pia, tinham como protetores. Convinha ocasionar descontentamento a tão devotas organizações? Que mal havia em que as deixassem em paz, mormente quando estavam sujeitos à concorrência dos artífices industriosos, e ainda "dos produtos importados de todos os países, em virtude de nossa grande carta da franqueza do comércio"? Parecia de boa razão que fossem mantidos, sem o vício do monopólio, estabelecimentos de que o público não se queixava.

O princípio da liberdade de indústria permaneceria intacto com a permanência das mesmas corporações, e nem parecia, ao economista baiano, que devesse ele ser atalhado em seus bons efeitos. Achava até que era necessário suprimirem-se medidas mais abertamente restritivas dessa liberdade, garantida pelo alvará de 4 de abril de 1808. A propósito, citava a da "despótica polícia" do Marquês de Aguiar, quando a infringiu, a requerimento da corporação dos sapateiros, empenhada em ver obstada a venda dos sapatos estrangeiros ou até a dos fabricados no país pelos escravos e livres que usavam dessa indústria doméstica. E se as corporações podiam em alguns casos (mas não no caso especial do Brasil) ser danosas à concorrência livre, tinham contudo esta superior vantagem, de sustentar a moralidade dos aprendizes, sujeitos aos mestres, e também o hábito da subordinação. Mesmo que não fosse preciso um aprendizado longo para o exercício de qualquer arte ordinária, acreditava ser benéfica a aquisição, pelo aprendiz, do costume de trabalhar, da reverência ao superior, da destreza manual, tendo em vista a perfeição e quantidade da obra, coisas que requerem um tempo diuturno.

Os argumentos de José da Silva Lisboa não devem ter parecido cabais a muitos dos seus colegas, tanto assim que, posto em votação, o artigo combatido viu-se aprovado tal qual, segundo se pode ler nos *Anais da Constituinte*. Mesmo a nós, eles hão de servir principalmente para ilustrar a pouca consistência das razões que se ofereciam contra a avalanche das novidades políticas ou econômicas. Ou ainda a das apologias que, mal ou bem, se oferecerão mais tarde para aquelas instituições já defuntas, quando nos mostram o juiz do povo, por exemplo, e os misteres a deliberar sob a égide da bandeira sagrada que reunia todos os oficiais do mesmo ofício, numa solidariedade comovedora. Não passam, em geral, esses quadros de idealizações piedosas e nostálgicas: nada prova, em todo caso, que apresentassem sequer uma vaga correspondência com a realidade.

Onde as antigas corporações podiam ter ainda uma missão positiva a cumprir era, sem dúvida, no terreno do auxílio mútuo. Aqui, levada a efeito sua abolição, as irmandades, em geral, tradicionalmente associadas a elas, e as Ordens Terceiras viram-se por algum tempo sem possíveis concorrentes. Já ao iniciar-se a Regência, porém, as sociedades de auxílio mútuo e beneficência principiam a surgir, prestando-se a socorrer os associados em caso de doença, a pagar os gastos de enterro e mesmo a prometer pensões às viúvas e órfãos, promessas estas "tão caridosas quanto imprudentes", escreverá o Barão de Ourém, por não se fundarem em cálculos sérios ou seguros. Às vezes cogita-se até em assistência judiciária e, mais raramente, em colocação para os sócios desempregados. Como o Código Penal de 1830 não exigisse intervenção da autoridade pública, salvo quando se tratasse de sociedades secretas, todas as demais associações escapavam, assim, a qualquer ação ou vigilância oficial, ainda que restrita à aprovação dos estatutos semelhantes a que tradicionalmente se exigira, e nem sempre com bom êxito,[10] das próprias confrarias religiosas.

Das novas sociedades, surgidas sob as condições favoráveis que propiciava um código generoso, citam-se, em particular, a dos músicos, nascida em 1844, e a de auxílio mútuo dos empregados da alfândega, fundada esta em 1836 e destinada a durar cerca de quinze anos. Só com a lei de 22 de agosto de 1860 se estabelecerá certa disciplina na constituição dessas sociedades e outras, fixando determinadas condições para sua existência e administração, assim como a necessidade de autorização do Governo imperial ou dos presidentes das províncias onde surgissem, além de algumas vantagens que se hão de especificar no Regulamento de 19 de dezembro de 1860. Aqui, como em muitos outros setores, a iniciativa privada cederá lugar ao poder público e, neste caso, especialmente, aos poderes geral e provincial.

Sobrevivência de uma ordem aristocrática — Em outro ponto importante, os princípios que surgirão à tona com a implantação do liberalismo, se não mudam fundamente as tendências herdadas do passado colonial, servem, contudo, para lhes dar direção diferente. Os brasileiros não seriam talvez infensos ao desenvolvimento aqui de uma ordem aristocráti-

---

[10] Aludindo em particular às confrarias do Rio de Janeiro, Monsenhor Pizarro afirma que geralmente se fundaram, nos tempos coloniais, sem precedência de autorização régia e do grão-mestrado das Ordens Militares, porque os bispos ultramarinos, apropriando-se de jurisdição que em muitas e reiteradas provisões lhes fora denegada, de facultar ereções de templos e irmandades no Brasil, teimaram sempre em erigi-los sem ter competência para tanto. A má vontade contra as confrarias e irmandades patenteia-se em mais de um passo da obra do mesmo cronista que, seja dito de passagem, fora deputado da Mesa de Consciência e Ordens, Procurador-Geral das Três Ordens Militares e Encarregado de lançar os hábitos das Ordens de Cristo e de Aviz. Em certa passagem pretende mesmo que seria preciso uma extensa dissertação para mostrar, à vista de documentos, o excesso de orgulho dessas corporações, onde se arrogavam "privilégios que nunca tiveram, nem consta que lhes fossem concedidos, em fraude dos direitos privativos dos párocos territoriais e até mesmo dos direitos dos ordinários locais". JOSE DE SOUSA AZEVEDO PIZARRO E ARAÚJO, *Memórias Históricas do Rio de Janeiro*, tomo VII (Rio de Janeiro, 1822), p. 270, nota 2.

ca sem as razões que em dado momento vão contrariá-lo, a começar pelas da Constituição do Império, onde estipula a abolição de quaisquer privilégios, além dos que se achassem essencial e integralmente ligados aos cargos por utilidade pública.

O igualitarismo que os nossos legisladores da época entendem professar volta-se muitas vezes contra a outorga de títulos, que parecem lembrar instituições caídas no geral descrédito, ainda que não devam esses títulos, como não devem, no Brasil, transmitir-se de pais a filhos. Entre aqueles mesmos que o Imperador julga lisonjear com tais distinções, não falta quem se recuse a recebê-los e, ao menos em um caso, como no de Gonçalves Ledo, a repulsa chega a fazer ruído e escândalo, D. Pedro não se mostra, nem por isso, menos parcimonioso do que el-Rei seu pai, no valer-se desse recurso que, gratificando uns pela fidelidade à Casa reinante, obriga outros à mesma fidelidade. Compreende-se que, dissolvida a Constituinte de 1823 e jugulada a revolução de 1824, justamente na hora em que o Imperador mais necessita de adeptos ou até cúmplices para seus desmandos, se acentue o abuso de semelhantes honrarias. "Nunca o João pariu tanto na plenitude e segurança de seu poder *autocrático*": o comentário desabrido, como tantos outros de José Bonifácio, pertence a uma carta de janeiro de 1826 que o "patriarca" exilado endereçara a Vasconcelos de Drummond, logo depois de uma dessas ninhadas de titulares novos, que incluía 19 viscondes e 22 barões de uma vez só.

Haveria seguramente, no meio dos nossos patriotas, os que queriam ver o vasto império americano tão ricamente adornado de ouropéis nobiliárquicos quanto o eram as velhas monarquias européias e, em particular, a antiga metrópole. Do contrário, como lhe seria dado igualar-se completamente a elas? Algumas diferenças, contudo, logo se hão de impor entre essa espécie de nobreza de emergência, que tão rapidamente se multiplica no Império recém-nascido, e a outra, a do reino, ainda firmada principalmente sobre a tradição. Em primeiro lugar, a própria ausência, aqui, de uma casta de fidalgos exclusivistas, encastelada nas suas prerrogativas, ciumenta de privilégios ancestrais, só pode vir a favorecer essa proliferação de titulares novos. Assim é que dois anos antes da abdicação de D. Pedro já se contarão mais marqueses, condes e barões no Brasil do que os tivera Portugal em 1803, quando foi reformado o quadro da nobreza. É claro, no entanto, que esse esbanjamento de mercês não pode contribuir vivamente para prestigiá-la.

Além disso, a tendência manifesta nos anos imediatamente anteriores ao da Independência e que ainda mais se afirma no reinado de D. Pedro em favor de certos títulos menos freqüentes no reino já não implicaria algum desejo de marcar a originalidade da Monarquia americana, comparada a Portugal? É interessante assinalar, por exemplo, que o título de barão, pouco usual, a esse tempo, entre portugueses, se torna relativamente comum no Brasil, já sob D. João, Príncipe e Rei. Depois, só no reinado de D. Pedro I chegarão a criar-se no Império 56 baronatos novos, sendo 10 deles com "grandeza", ao passo que em Portugal apenas 4 indivíduos recebem igual dignidade entre os anos de 1800 e 1833.

Outras razões, contudo, serviriam de explicação para esse fato. A principal pode prender-se à conveniência de serem poupados os melindres de fidalgos de mais alta prosápia, que gostariam de guardar só para si os velhos e ilustres títulos, largando os de menor estimação para uma aristocracia improvisada e sem raízes, verdadeira caricatura da nobreza de linhagem. A uma terra sem pesadas tradições, como era o Brasil, e cada vez mais eivada de doutrinas revolucionárias, essas baronias quadravam melhor, talvez, do que os graus superiores da nobreza. Aliás, mesmo no reino europeu, a vitória do Duque de Bragança, ex-Imperador brasileiro, irá servir, com a instauração de um regime liberal, para dar impulso a fenômeno semelhante. Com efeito, a partir de 1834 o título de barão há de assumir ali, pela primeira vez, relevo considerável na vida do país, de sorte que, entre aquele ano de 1834 e o de 1879, o número de baronatos concedidos sobe a 42.

Embora signifique um aumento considerável, esse número é, ainda assim, dez e onze vezes inferior ao dos titulares brasileiros da mesma categoria, que, em igual período ou, melhor, entre 1841 e 1879 – pois que durante a Regência não se concedem títulos –, alcança a soma de 491. Nesta soma estão incluídos os 55 barões que, além do título, recebem honras de grandeza. Até ao final do Império chegarão à cifra de 876, com e sem grandeza, os baronatos concedidos no Brasil a brasileiros e estrangeiros aqui domiciliados ou credores de recompensa por assinalados serviços à nação. Os viscondes – 235 em todo o período da monarquia – situam-se, numericamente, logo em seguida aos barões, o que é explicável quando se saiba que pertencem, uns e outros, a graus mais baixos na escala nobiliárquica, não abrangendo em si honras de grandeza: nos dois casos, a atribuição da mercê reclama decreto especial, desde que não venha especificada no ato de concessão, e isto poucas vezes sucede. Por conseguinte, o número de títulos que por si só e forçosamente acarretam aquelas honras há de ser muito menor: 3 duques, 47 marqueses, 50 condes.

Haveria ainda uma terceira diferença entre a nobreza brasileira e a lusitana, neste caso a nobreza lusitana que vai aparecer depois de 1834, em resultado do triunfo liberal, e que assim pode apresentar maiores afinidades com a nossa. A diferença tem, sobretudo, a ver com a diversa extração dos grupos sociais onde uma e outra se vão recrutar. No reino, segundo assinalou o historiador português Joel Serrão, a extinção das ordens religiosas, com a venda em hasta pública dos bens nacionais, oriundos em grande parte das agremiações extintas, condicionou e acelerou o enriquecimento de burgueses, os quais, uma vez promovidos a terra-tenentes, diligenciaram por nobilitar-se. Ao passo que, no Brasil, as concessões similares, se bem que não estejam teoricamente ligadas ao uso e posse da terra, e muitas vezes galardoem, como, aliás, em outros lugares, méritos políticos e militares, são feitas de preferência à mesma espécie de senhores rurais que, segundo já o dissera Antonil, bem podiam estimar-se quanto proporcionadamente se estimavam os títulos entre fidalgos da Europa.

Serviriam, assim, tais concessões para realçar, oficializando-o, de certo modo, um prestígio social já assente em longa tradição. Neste ponto, e não só neste, pode dizer-se que o Império, no Brasil, se mostrará mais conservador do que a monarquia liberal lusitana. A habilitação dos proprietários de terras para empregos honoríficos e, em particular, para os hábitos das Ordens Militares fora um dos expedientes de que constantemente se valera a Coroa portuguesa, na época do absolutismo, para chamar a si os ânimos dos senhores rurais, embora se especificasse muitas vezes, por exemplo, numa C. R., de 25 de outubro de 1622, que a lavoura não dará nobreza àquele que a não tenha de origem. No Império brasileiro, que não criou uma aristocracia de linhagem, ficará sem efeito a última ressalva, de modo que a mesma habilitação e, mais ainda, a "nobilitação" dos proprietários vão vigorar em cheio.

Nada proíbe, entretanto, que desde cedo e, por variadas formas, se tenha buscado entre nós prevenir um fortalecimento excessivo da aristocracia de base territorial. Neste caso, acham-se medidas tais como as da lei de 6 de outubro de 1835, que veda o estabelecimento de morgados, capelas ou quaisquer vínculos, segundo tendências já firmadas desde a fundação do Império liberal. Outros remédios que visam a remediar abusos resultantes das antigas e desordenadas concessões de sesmarias só moderadamente atendem, no entanto, às expectativas dos adeptos de reformas mais profundas, devido principalmente à timidez com que são aplicadas.

A circunstância de se terem mantido aqui e nacionalizado, depois da Independência, as velhas ordens honoríficas, denuncia bem como, ainda neste capítulo, os fundadores do Império do Brasil andaram longe, com poucas exceções, de querer fazer *tabua rasa* de todas as instituições herdadas da metrópole. Assim, antes mesmo da bula que criou no Brasil, em 30 de maio de 1827, a Ordem de Cristo desligada de Portugal, atribuindo aos Imperadores o grão-mestrado perpétuo, não somente dela, mas das Ordens de São Bento de Aviz e Santiago da Espada, não deixara D. Pedro de valer-se, neste ponto, das velhas concessões dos Pontífices romanos aos reis de Portugal. Ao menos com relação à Ordem de Cristo, pois foi bem mais circunspecto no tocante às outras, dela se serviu às vezes mais abundantemente do que o próprio D. João VI, pois em nenhum dos anos do reinado deste se fabricaram no Brasil tantos comendadores e cavaleiros como, por exemplo, no de 1825, em que sua safra foi, respectivamente, de 41 e 368, sem falar em uma grã-cruz.

É certo que, no conjunto, o número dos agraciados de D. Pedro será menor do que o dos que receberam as mercês de seu pai, o que em parte se torna compreensível quando se tenha em conta que o primeiro reinou menos tempo: 2.630 contra 4.084 cavaleiros, comendadores e grã-cruzes de Cristo. Ainda mais reduzido é o dos contemplados com as Ordens de São Bento de Aviz – 1.422 sob D. João e 104 sob D. Pedro – e de Santiago: 590 e 9. Em compensação não deixará o primeiro Imperador, ao lado dessas ordens militares, originariamente portuguesas, com natureza e caráter religioso, de instituir outras nacionais, como a do Cruzeiro, criada a 1.º de dezembro de 1822, e justamente para comemorar a fundação da Monarquia americana; a de D. Pedro I (decreto de 16 de abril de 1826), destinada a marcar de maneira distinta a época em que foi reconhecida a Independência do Brasil, e a da Rosa, de 17 de outubro de 1829, que tinha expressamente em vista perpetuar a memória de seu consórcio com D.ª Amélia de Leuchtenberg. Da primeira nomearam-se, no curso de seu reinado, 1.174 cavaleiros, oficiais, dignitários e grã-cruzes, e da última 178 cavaleiros, comendadores, dignitários, grandes dignitários e grã-cruzes. A de D. Pedro I, ainda que tivesse, na época, os seus estatutos organizados, não receberam estes assinatura, "por inconvenientes que sobrevieram", segundo consta do Decreto n.º 228, de 19 de outubro de 1842, que os mandará, afinal, observar e publicar com pequenas modificações. Isso não impedira, contudo, que já no Primeiro Reinado, conforme ainda reza o mesmo decreto, tivessem sido conferidos alguns graus da referida Ordem – que deveria constar de cavaleiro, no limite máximo de 100; comendadores, que não ultrapassariam de 50; e grã-cruzes, que chegariam a 12 – a diversos monarcas e a pessoas de distinta qualidade.

A criação dessas ordens honoríficas não deixa de ser alvo de críticas muitas vezes acerbas da parte dos que desejavam a Monarquia americana isenta de atavios que repugnavam ao liberalismo radical. Em Pernambuco, onde grassavam tradicionalmente as exaltações revolucionárias, arremete Frei Caneca, desde 1823, nas suas "Cartas de Pítia a Damão", contra a instituição da Ordem do Cruzeiro, "com que se tem engodado os fofos", diz, "e premiado os indignos". Passados alguns anos, o Marquês de Santa Cruz, com sua dupla autoridade de dignitário eclesiástico e de presidente da Câmara efetiva, sente-se no dever de acautelar os escrupulosos, que chegam a ver na venera qualquer coisa de voluptuoso e pouco moral. Entende o douto arcebispo que a rosa, alusiva a uma esposa legítima, fica acima da liga caída de um joelho de mulher. Esta explicação menos primorosa para a velha Jarreteira nem convencerá os nossos radicais, nem exalçará aos olhos dos estrangeiros as condecorações indígenas. A recusa da Rainha Vitória em receber a grã-cruz do Cruzeiro, que lhe quer conferir D. Pedro II logo que sobe ao trono, vai ser constantemente glosada por aqueles radicais e pelos republicanos como uma humilhação a que inutilmente se tinha exposto o país. Não servirão, sequer, para abafar suas críticas as explicações tardias que traz a Sua Majestade, nos últimos dias de 1842, o enviado especial Henry Ellis, pois o segredo guardado sobre o teor delas só ajuda a provocar rumores desvairados.

Mal se pode cuidar, em suma, que a despeito da generosa difusão de pomposos títulos, durante o Império, se tenha tentado dotar o Brasil de qualquer coisa parecida com um corpo de nobreza. O foro de fidalgo, originário, este, de Portugal, e que podia receber-se excepcionalmente aqui por herança, requeria, no entanto, o filhamento ou registro em livro especial da mordomia. É significativo, no entanto, que depois do Marquês de S. João da Palma, nomeado em 1825, não foi mais preenchido o cargo de Mordomo-Mor. O que correspondia bem ao pouco caso de D. Pedro II pelos títulos e condecorações, que tratava por embelecos, pretendendo desdenhar honras que se despem com a casaca.

Por sua vez, as ordens honoríficas herdadas da antiga metrópole logo mudarão aqui de natureza e caráter. Para começar, perderão o cunho religioso, o que é compreensível, uma vez que a Assembléia Geral negou beneplácito à bula de Leão XII, concedendo aos imperadores o grão-mestrado perpétuo delas. A razão da negativa estava, segundo expressões da comissão eclesiástica, nisto, que os soberanos de Portugal não tinham exercido no Brasil o direito de padroado em sua condição de grão-mestres da Ordem de Cristo, mas na sua qualidade de reis. Esse direito fora, por conseguinte, inerente à soberania, e devia caber, daí por diante, ao Imperador do Brasil, pela unânime aclamação dos povos e pela lei básica do país. Neste caso a bula papal tornara-se ociosa e até injusta, desde que se propunha firmar direitos que o Imperador já tinha sem ela.

Pelo Decreto n.º 321, de 9 de setembro de 1843, ficará determinado, em seu artigo 1.º, que as Ordens de Cristo, São Bento de Aviz e São Tiago da Espada serão tidas e consideradas como simplesmente civis e políticas. Dois outros decretos, os de n.ºs 4.144, de 5 de abril de 1868, e 4.203, de 13 de junho do mesmo ano, vão regular a concessão da Ordem de Aviz, que passa a remunerar exclusivamente serviços prestados à nação pelas forças de terra e mar.

A preservação da Ordem de Cristo, que se reveste entre nós de escasso significado, na medida em que representa instituição nobiliárquica e cavalheiresca de raízes medievais, ainda tem sua importância, apesar de tudo, apesar de recusado o beneplácito à bula sobre o grão-mestrado dos imperadores do Brasil, uma vez que jamais cessará de ser invocada como um dos pontos de apoio do padroado. De qualquer modo, assim como não haverá propriamente um corpo de nobreza, entre nós, mal se pode dizer – isso em virtude do mesmo padroado – que tenhamos durante o Império um corpo eclesiástico seguro de seus privilégios e de sua autonomia.

Liberalismo e privilégios eclesiásticos   Mas ainda por esse lado não é menos exato pretender que a Igreja está longe de sofrer grande mudança desde que começa a desagregar-se o sistema colonial.

Os princípios do liberalismo afetaram sem dúvida aquela organização e, individualmente, contaminaram muitos clérigos, como já vinha ocorrendo, aliás, desde antes da Independência. Tanto que, entre os estrênuos defensores da liberdade religiosa, na Constituinte de 1823, vemos distinguirem-se vários padres católicos, como Venâncio Henriques, Muniz Tavares ou Rocha França: um destes chega a admitir que não desejava ser perseguido se, abandonado algum dia da graça divina, passasse a outro credo religioso.

Mais tarde é entre sacerdotes católicos que mais vivamente se ergue entre nós a campanha movida contra o celibato clerical. O projeto apresentado à Câmara abolindo os impedimentos matrimoniais tem a assinatura de três eclesiásticos: um deles, Antônio Maria de Moura, posteriormente nomeado Bispo do Rio de Janeiro, não poderá, por esse e outros motivos – o do nascimento ilegítimo, o da epilepsia, parece ainda que a embriaguez contumaz –, alcançar confirmações da Santa Sé. Aqui, porém, não seria demais discernir, sob a cor aparente de filiação às novas idéias, uma tentativa para legalizar abusos longamente arraigados entre nosso clero: neste caso andava longe de parecer atrozmente revolucionário aos que se tinham, apesar de tudo, por bons católicos, e formavam estes a grande maioria da nação. Assim, não se pode estranhar o caso de certo deputado, chefe de família, de quem se dizia que, durante os debates suscitados pelo projeto, proclamou a intenção de casar com padres as suas três filhas, "que eram", dizia, "as próprias Graças".

Um fenômeno todo particular, mas não isolado, é, sem dúvida, o do Padre Diogo Antônio Feijó, em quem a mania de "descatolizar o país" pareceu a um ilustre prelado daqueles tempos a "bossa proeminente no organismo de seu crânio" e em quem a opinião adversa ao celibato dos sacerdotes se mesclava ao nativismo exacerbado, que em mais de uma ocasião quase o inclina a querer desligar-se da obediência a Roma.

Contudo, a duvidosa ortodoxia dos católicos do Brasil, notada por um grande número de viajantes estrangeiros, tinha suas raízes nas próprias peculiaridades de nossa formação colonial e não era autêntica inovação. Por outro lado, a exaltação nativista, de origens não menos remotas, era natural que se disseminasse facilmente pelas diferentes camadas sociais, desde os primeiros anos e decênios que se seguiram à Independência. Por que haveriam os padres e frades de constituir-se em exceção à regra comum? Um exemplo, entre muitos, desse nativismo está na ácida campanha movida pelos beneditinos do Rio e de todo o país, nos anos de 1832 a 34, contra a ingerência de delegados do Sumo Pontífice que em representação à Câmara eletiva não hesitam em qualificar de *autoridade estrangeira* nos esforços tendentes à reorganização de sua Ordem: as críticas, nesse caso, são dirigidas principalmente contra a atuação do Abade Fabbrini, encarregado dos negócios da Santa Sé.

O mesmo ponto de vista é freqüentemente adotado pelas camadas leigas dominantes. Já em 1826, tinha dito Bernardo Pereira de Vasconcelos que não precisava o Império de forasteiros a exercerem jurisdição eclesiástica sobre o povo. Em discurso pronunciado então na Câmara, lembrara o mesmo Vasconcelos a distância de duas mil léguas que nos separa de Roma como uma razão cabal para se guardarem aqui instituições religiosas diferentes. Aquilo que não é danoso para a Europa, acrescentava, "virá a ser ruinoso ao Brasil, isto é, o Brasil não deve ficar na mesma dependência em que se acham os Estados europeus da cúria romana".

A história da Igreja no Brasil imperial, que não pertence, aliás, ao presente capítulo, mostra como esse nativismo anti-romano, que a muitos pode apresentar-se como complemento indispensável do nativismo antilusitano, há de marcar fundo as nossas instituições, ainda que não chegasse aqui às suas conseqüências últimas. É em parte nele que se firmará o chamado regalismo do segundo Imperador.

Parece natural que, ao lado dessas tendências, provindas, em suma, de nosso passado colonial e, quando muito, enriquecidas no novo regime, outras, muito mais distintamente ligadas ao reformismo liberal, tivessem meios de vicejar. Mas ainda neste ponto o liberalismo brasileiro há de mostrar-se mais discreto, até durante a Regência, do que o português: de 1833, não tanto o de 1820. E isso, talvez, por efeito de um mais acentuado radicalismo de nosso clero. Em Portugal, o apoio dado por numerosos frades ao absolutismo de D. Miguel teria sido um dos fautores da extinção geral das Ordens, coisa que aqui não se dá.

No clamor levantado logo depois da Independência, visando à extinção de todos os foros privilegiados, segundo prática muito compreensível nas revoluções do tempo, deveriam naturalmente incluir-se os dos eclesiásticos. D. Pedro I, que, em seguida a aparentes hesitações, chegou a pender para a medida, deixará afinal de sancionar a lei que a regulava. É que não poderia abolir todos os foros sem extinguir igualmente o militar que, no momento, era conveniente manter: por coerência irá preservar-se ao menos por algum tempo, o privilégio pessoal dos clérigos. Só com o Código de Processo, inspirado em suma nos mesmos ideais que irão ditar o Ato Adicional, é que se firmará, ao cabo, o princípio da abolição dos foros privilegiados sem discrepância, inclusive, e expressamente, do eclesiástico, salvo nas causas mais puramente espirituais.

A idéia, por outro lado, de suspender-se o noviciado nas Ordens, idéia contemporizadora e que daria o mesmo efeito, apenas a prazo longo, da medida radical que de uma vez acabasse com os conventos, tinha sido rejeitada pelos constituintes de 23. Alegavam os partidários da idéia, entre outras coisas, que a admissão de noviços e por conseguinte o aumento no número de frades iriam servir de estorvo ao incremento absolutamente necessário da população livre do Império. Retrucavam-lhes os opositores e, afinal, vencedores que, se verdadeiro no caso dos religiosos, o estorvo também existia nos dos padres seculares, que ninguém, em juízo são, cuidava em suprimir. Note-se de passagem que, em nenhum desses dois casos, era verdadeiro o estorvo. A suspensão do noviciado há de vir no Brasil, mas só em 1855: morto o último frade, morreria também o último convento se, no intervalo, não viesse uma concordata proposta, e esta não há de vir. Prevalece a intenção radical, mas vestida de sã prudência. O mesmo, ou quase, hão de fazer em terreno bem diverso aqueles que, muito depois, se aferrarão à lei do Ventre Livre, sem querer sofrer que nela se insinuem maiores mudanças: morto o último escravo, dirão eles, ficará naturalmente extinta a escravidão.

Igualdade de direitos e "aristocracia da pele" Também esta idéia da libertação dos nascituros, que será vitoriosa em 1871, ou outras que visassem à melhoria na sorte dos cativos não andaram longe de ser abraçadas por alguns espíritos mais lúcidos dos primeiros decênios que se seguem à Independência, mesmo quando professavam, como José Bonifácio, opiniões moderadas. Só depois, com a grande expansão da lavoura do café no centro-sul do país, mormente na província fluminense, é que tendem a ser postergadas quaisquer medidas em prol da emancipação dos escravos ao mesmo tempo em que, por isso mesmo, passam a ganhar nova base econômica os esforços no sentido de uma acentuada centralização administrativa. De outro lado, esse desenvolvimento da escravatura irá ser obstáculo à expansão, entre brasileiros, de uma autêntica burguesia. O que teremos aqui, além de senhores e de escravos, e sem contar os mercadores e mecânicos, muitos destes estrangeiros, ou os negros e mestiços livres, é uma população branca, em grande parte supostamente branca, formada, quase toda, de possíveis candidatos à classe dominante.

Desde os graus inferiores dessa classe, que em dado momento podem achar acolhida no oficialato da guarda nacional, empolga-se vivamente o empenho de destacar-se por todos os modos, esquivando-se, para começar, aos trabalhos que sujam as mãos, da massa de negros, escravos, à qual são relegados esses trabalhos. Acima da raia divisória que forçosamente separa livres de escravos, pode-se talvez dizer que prevalece uma continuidade social isenta de intransponíveis barreiras. A menos que se admita a presença, talvez, de barreiras entre indivíduos legalmente livres e que só se distinguiriam pela cor da pele ou por outros traços físicos mais ou menos pronunciados: tenaz sobrevivência da separação entre os pretos escravos e os brancos europeus ou crioulos. Uma *color line*? Certo francês que escreveu nos anos em que no norte do hemisfério se travava a Guerra de Secessão e que via os nossos costumes e instituições sem a generosa simpatia que às vezes pode dissolver a acuidade da observação, assume a respeito uma posição bastante diversa da que hoje adotam os crentes mais fervorosos em nossa democracia social e "racial".

No Brasil, escreve, com efeito, Charles Expilly, a linha de demarcação é tão rigorosa quanto em Richmond ou em Nova Orleans. A lei "reconhece que os homens de cor são aptos ao exercício de empregos públicos. Nos postos mais elevados acham-se mulatos. E, no entanto, a lei e o preconceito são poderes distintos, que é mister não confundir". "Pouco importa", escreve ainda, "que a Constituição proclame a igualdade dos cidadãos; mais forte do que a Constituição, o preconceito erige uma barreira invencível — ao menos até aos dias de hoje — entre pessoas separadas pelos matizes da pele. Oferecem-se galões, condecorações ou títulos aos homens de cor, mas ninguém concerta aliança com eles."

Logo adiante acrescenta o mesmo autor: "O operário mais pobre não trocaria a cor de seu rosto, se for branca, pela de algum mestiço, ainda que a troca lhe devesse render milhões. De fato ele é Ilustríssimo Senhor, tanto quanto o advogado, o deputado, o negociante, e embora despojado dos bens da fortuna, considera-os de igual para igual. O mulato mais opulento, e os há senhores de riquezas principescas, é seu inferior; ele bem o sabe, e não duvidará em chamar-lhe a atenção para este ponto se o julgar necessário. Por miserável que seja, arrima-se na convicção de que pertence à aristocracia do país, a única aristocracia que conhece, a única de que verdadeiramente se gaba: a aristocracia da "pele".[11]

Depois de lembrar o lado grotesco dessa feroz tirania do preconceito em terra, onde só a sétima parte do povo pode julgar-se estreme de mistura com pretos ou índios, e onde três quartas partes constavam de pardos, ainda mais desprezadores que os brancos puros de todo indivíduo de tez um pouco mais escura do que a sua, passa o autor a traçar um quadro sombrio dessa sociedade, a sociedade brasileira, onde o homem de cor se acharia, segundo ele, condenado a só encontrar verdadeiras amizades entre pessoas de sua espécie. Faz-se ao cabo um arauto, quase simpatizante daquilo que nos anos da Regência e mesmo um pouco depois, se chamara *haitianismo*, e viria a ser uma rebelião sangrenta e formidável da raça humilhada: coisa fatal, a seu ver, se os costumes não se pusessem neste ponto mais de acordo com as leis.

Por falsas que se tenham revelado as previsões de Expilly e por exageradas ou vagas que fossem as impressões por ele formuladas, ao menos tão vagas quanto os seus dados numéricos, num tempo em que não se fizera ainda o primeiro censo regular no Império — primeiro censo, e este mesmo omisso no particular da composição étnica, só ocorrerá seis ou sete anos mais tarde — alguma coisa merece ser guardada do que observou.

Condições reais e situação legal   Uma delas é a distância que, no Brasil, separava as condições reais da situação legal do

---

[11] CHARLES EXPILLY, *Les Femmes et les Moeurs du Brésil*, Paris, 1864, pp. 253 e segs.

país. Por mais que fizessem os legisladores novos no sentido de dar expressão diferente à vida nacional, é indiscutível que os hábitos longamente estabelecidos se mostravam mais poderosos do que as intenções inovadoras. Mesmo nos meios naturalmente acessíveis a estas intenções, preservaram-se freqüentemente intactos, contra a avalanche revolucionária, muitos usos ancestrais, importados da antiga metrópole. O do beijo-mão, para citar um exemplo, que já em 1484 pudera surpreender, na Corte de Portugal, o fidalgo silesiano Nicolau de Popielovo, como coisa indecorosa e ignorada de outras nações cristãs, há de sustentar-se na do Brasil, com um breve intervalo de seis anos, até depois de 1871. Para D. Pedro I, tratava-se mesmo de uma espécie de privilégio, de que, por sinal, só os seus súditos pareciam verdadeiramente dignos de receber. Assim o fez saber a uma delegação lusitana que certa vez o visitou em São Cristóvão, onde pretendia cumprir a praxe.

A prova, contudo, de que ainda neste pormenor havia a vontade decidida de mudar o país, de acomodá-lo a novas normas, está na saraivada de críticas que se abateu sobre Araújo Lima, quando este, em 1837, restabeleceu o costume quase necessariamente interrompido desde a abdicação do primeiro imperante. A vontade de mudar existe sem dúvida entre as classes mais conscientes, ilustradas e ativas do povo, e é ela que se exprime abundantemente na legislação do Primeiro Reinado e da primeira parte da Regência. A lei e os preconceitos, como dirá Expilly, formam dois poderes diversos, mas, se uma nova legislação mal serve para construir uma nova nação, parece no entanto que terá sua valia quando, aquentada pelo calor revolucionário, ajuda a dissolver as convenções decrépitas, mais frágeis do que muito preconceito mantido pelo costume.

No Brasil, o processo de emancipação importou mais na medida em que destruiu inveteradas peias, que lhe embargavam o passo, do que pela introdução de práticas vigorosamente revolucionárias. Só por esse lado parece admissível, apesar de seu exagero, o dito de Armitage, de que o Império progredira mais em nove anos do que a Colônia em trezentos. Entre 1822 e 1831 ou, melhor, de 1808 até 1831 – a rigor até 1836 – é que se assinala uma fecunda transação – não se queira muito mais – entre o nosso passado colonial e as nossas instituições nacionais. Só depois, e mesmo durante o gabinete conciliador de Paraná, é que teremos a verdadeira reação monárquica. Neste ponto caberia rever o tríptico célebre de Justianiano José da Rocha.

Na época de D. Pedro I, que bem se poderia chamar de descolonização do Brasil, apesar da força efetiva ou presumida de chumbeiros e corcundas, insinuam-se no país transformações imprevistas e, não raro, irreversíveis. Algumas se naturalizam facilmente, outras virão tumultuar tradições renitentes. Só o tempo irá compor esses contrastes ou, melhor, apaziguá-los, na longa paz do Segundo Reinado.

CAPÍTULO II

IMAGENS DO BRASIL NO VELHO MUNDO

> "O mais verdadeiro estudo da história de nosso país será aquele que o considere paralelamente em constante ligação com o panorama da história universal, como parte do grande conjunto mundial, banhado pelas mesmas luzes que iluminaram outros povos e outros tempos, ameaçado pelos mesmos abismos, destinado a compartilhar, um dia, da mesma noite eterna e da mesma sobrevivência na tradição comum."
>
> J. Burckhardt,
> *Weltgeschichtliche
> Betrachtungen*

O ESFORÇO de compreensão da história do Brasil como parte efetiva da história universal não implicará apenas pesquisas no campo concreto das relações econômicas, dos interesses materiais de toda ordem, da concorrência entre as grandes potências em busca da expansão de sua esfera de influência. Levar-nos-á ele, também, ao mundo da imaginação, muito mais vago, movediço e fugidio, mas nem por isso menos significativo, e no qual surgem, desenvolvem-se, modificam-se, interpenetram-se, sucedem-se as idéias.

Neste mundo é que distinguimos um aspecto dotado de particular interesse para nós, no ponto a que chegamos, quando atinge seu termo o período colonial. Referimo-nos ao seguinte: qual a imagem, ou quais as imagens que se faziam do Brasil na Europa? Como se articulava o país no complexo das idéias dominantes no continente europeu, nas primeiras décadas do século XIX, quando nascia para a vida independente?

Tal quadro imaginário entrosa-se no panorama intelectual europeu, possibilitando-nos, assim, discernir várias maneiras, diversos matizes na visão do Brasil, todos eles, porém, intimamente relacionados com o pro-

---

Nota: Agradecemos aqui a gentileza dos Srs. Rubens Borba de Moraes e Sérgio Buarque de Holanda, sem cujas bibliotecas não poderíamos ter feito este capítulo.

cesso de desenvolvimento do Velho Mundo. Interesses de ordem econômica, pendores filosóficos, predileções exóticas, a insatisfação com a realidade social e a ânsia de fuga para algo de melhor, tudo se reflete na imagem européia da América e, portanto, do Brasil. Mais ainda: podemos afirmar ser a visão de toda a humanidade situada além do setor estritamente abrangido pela civilização do Ocidente europeu, que varia, segundo o momento, o local, e até as simpatias e antipatias. Teríamos, assim, a Europa encarando um outro Mundo, no qual se enquadraria o Brasil. Imenso revela-se o campo da pesquisa, se pretendermos chegar ao caleidoscópio da imagem brasileira, tal como o viam os europeus da primeira metade do século XIX, tanto mais quanto sequer se encontra, uma vez ultrapassada a esfera do elemento culto, uma precisa delimitação material do campo brasileiro. Este aparece, por vezes, mesclado ao restante da América, quando não associado a longínquas regiões; lembremos, por exemplo, uma obra publicada na França, em 1818, na qual, a despeito do título – *Beautés de l'histoire d'Amérique* –, incluem-se a Nova Zelândia, Taiti e outras ilhas oceânicas.

Concebemos com facilidade, nestas circunstâncias, quão vaga deveria ser, nas amplas camadas da população, a idéia de uma região chamada Brasil. E, numa fase de crescentes relações entre o país e a Europa, de interesses comerciais em franco desenvolvimento, de inícios da imigração – especialmente de alemães –, é claro que este fato apresenta um relevante significado. O grande número de viajantes que por aqui andaram contribuiu, é certo, para a divulgação de dados mais concisos, mas – não obstante – nem sempre corretos, acerca das terras brasileiras. Testemunha ele, todavia, a necessidade experimentada por alguns círculos de um mais estreito contato com tão imenso país que despertava para a independência.

Sem sombra de dúvida, tais viajantes constituíram-se num fator primordial para a elaboração da idéia do Brasil na Europa. Mas inevitável é considerarmos a existência de outra categoria de pessoas dignas de nota, a tal respeito: a daqueles que, sem terem saído da Europa, em alguma medida se preocuparam com o Brasil, escreveram sobre ele e contribuíram para lhe dar diferentes colorações no campo da imaginação européia. Tais autores, principalmente, são os que nos interessam no momento, embora sejamos forçados a recorrer também a alguns outros que aqui estiveram e que proporcionaram vários dados àqueles. No que concerne ao tempo, inevitável é remontarmos, ao menos, a meados do século XVIII, quando floresceram idéias e teceram-se polêmicas propícias ao enquadramento do Novo Mundo na esfera das cogitações européias.

A crítica social característica daquela época abria diferentes caminhos à idealização do continente americano. Um deles – que já vinha de longe – resultava das discussões atinentes ao progresso e à civilização. Admitindo-se o progresso como o mais alto benefício que a história pudesse apresentar ao homem, teríamos um ponto de vista negativo para a avaliação de um continente como a América, amplamente dominado pelo primitivismo de seus habitantes. Ao contrário, repelindo-se o progresso, fazia-se a crítica à sociedade européia e ver-se-ia o quadro da América indígena como algo em condições de lembrar o paraíso de uma humanidade inocente e pura, vivendo na intimidade da natureza. Um terceiro ângulo descobre-se, em fins do século XVIII, em ligação, aliás, com a idéia do progresso. Trata-se daquele em que se colocam os crentes no futuro da humanidade, mas que acham mais fácil realizá-lo em solo virgem, não maculado pelos vícios da sociedade européia. Na América achava-se a oportunidade para a concretização de seus ideais: repelia-se a tese da excelência do selvagem, via-se na América, assim, uma espécie de Terra Prometida, de continente do futuro. Paralelamente aos que assim sonham, há ainda outra corrente: a dos que procuram o concreto, distinguindo no Novo Mundo enormes possibilidades mercantis, oportunidades de incalculáveis lucros, dentro do movimento comercial a intensificar-se continuamente. Mais um pouco, e as modificações políticas do começo do século XIX, inclusive a independência da América Latina, deram novo alimento a toda uma literatura à qual, às antigas idéias acerca do continente americano, acrescentavam-se prognósticos e considerações relativos aos novos países. O interesse por estas terras aumentava: o Brasil, especialmente, atraía as atenções da Europa, tanto mais quanto – repetimos – já começava a se desenvolver a imigração, fonte de novos elementos para a imagem que se fazia deste mundo quase desconhecido.

Apoiando-nos em documentos de ordem literária, apenas, procuraremos delinear exemplos desta variedade de visões em que se enquadra o Brasil. Frisamos tratar-se tão-somente de alguns exemplos, suficientes, porém, para pôr-se em destaque a inexistência de um quadro único relativamente ao país. Lembremos, ainda, que era em função destes esboços imaginários que a Europa, quase sempre, pensava e agia frente ao Brasil. De certo ponto de vista, pensamos não exagerar se dissermos constituírem eles – paradoxalmente – a realidade brasileira aos olhos europeus.

O selvagem

Sem qualquer dúvida, os indígenas constituíam-se num dos mais importantes temas, a cuja volta se elaborava uma das facetas da imagem do Brasil. Participando do conjunto das populações pré-colombianas, foram abrangidos na polêmica acerca da América, no século XVIII, como nos demonstra exaustivamente A. Gerbi, em seu livro *La disputa del Nuevo Mundo*. Raynal, na *Histoire philosophique et politique des établissements et du commerce européen dans les deux Indes*, refere-se de maneira bem negativa aos habitantes da América, como se vê:

> "Os homens são menos fortes, menos corajosos; sem barba e sem pêlo; degradados em todos os indícios de virilidade, debilmente dotados deste sentimento vivo e poderoso, deste amor delicioso que é a fonte de todos os amores, que é o princípio de todos os apegos, que é o primeiro instinto, o primeiro núcleo da sociedade, sem o qual todos os outros laços factícios carecem de força e durabilidade (...) Tudo indica uma doença de que ainda se ressente a raça humana. A ruína deste mundo está ainda estampada na aparência de seus habitantes. Trata-se de uma espécie humana degradada e degenerada na sua constituição física, no seu talhe, no gênero de vida, no espírito pouco avançado em todas as artes da civilização."

Antes dele, toda a natureza americana, incluindo-se nela o indígena, fora alvo de violenta demonstração de inferioridade por parte do Corneille de Pauw, caracterizada por A. Gerbi como um "enciclopedista-padrão, reunindo de forma exemplar e típica a mais firme e cândida fé no progresso a uma completa falta de fé na bondade natural do homem".

Esta era, aliás, a atitude comum aos adeptos da teoria do progresso. Recorde-se, a título de exemplo, o que dizia Samuel Johnson, sempre empenhado em afirmar a superioridade do homem civilizado nas ocasiões em que se referia aos selvagens. Diversas são as passagens em que seu biógrafo Boswell põe o assunto em foco, tanto em *The Life of Samuel Johnson*, como no *Journal of a Tour to the Hebrides*, mas uma só menção é bastante para nos dar a medida de suas idéias, tal seja a seguinte: "Animava-nos a agradável convicção das comodidades da civilização e ríamos gostosamente dos despautérios daqueles absurdos visionários, que tentaram persuadir-nos das superiores vantagens de um estado da natureza."

No campo oposto, traçando um quadro idílico da vida primitiva, Rousseau era o defensor do selvagem. O estado em que o havia encontrado a Europa parecia – segundo ele – levar à conclusão de que melhor seria para a humanidade se pudesse ter permanecido para sempre em condições semelhantes àquelas, pois ali se encontrava a verdadeira juventude do mundo, e todos os progressos posteriores, aparentemente conduzindo à perfeição do indivíduo, realmente provocaram a decrepitude da espécie. Deste ponto de vista, a obra de colonização européia assumia o aspecto de verdadeiro crime. Assim é que, em 1756, R. Rolt, autor de uma *New and accurate history of South America*, verberava a obra dos portugueses no Brasil, manifestando-se com as seguintes palavras: "Os portugueses apresentaram os brasileiros como selvagens, sem qualquer noção de religião; e como canibais, sem qualquer senso de humanidade: mas isto se fazia para justificar suas invasões do país e os bárbaros massacres dos pobres habitantes; porque, não obstante o que os espanhóis, ou portugueses, possam ter dito, é claro que os índios não eram mais canibais, ou antropófagos, do que os próprios europeus."

No fim do século XVIII, a independência dos Estados Unidos desperta – especialmente na França – uma onda de interesse pelo Novo Mundo, pela América, "região do bom selvagem, feliz e livre, mais feliz e mais livre, em todo o caso, do que os chamados civilizados", na expressão de Daniel Mornet (*Les origines intellectuelles de la Révolution Française*). Publica-se, então, verdadeira massa de poemas, romances, dramas, tratados, dissertações que celebram a felicidade do homem da natureza e que o descobre nas florestas e prados do Novo Mundo. Frisante, entre todos, é Bernardin de Saint-Pierre, louvado inclusive por Humboldt, no tocante às suas descrições da paisagem americana. Na Alemanha, por sua vez, Goethe baseia-se em Montaigne e compõe, na linha de simpatia pelo indígena, uma canção de amor de um selvagem e um canto fúnebre de um prisioneiro.

A Revolução Francesa, em seguida, pusera no campo ativo dos acontecimentos camadas sociais até então praticamente ignoradas pela vida política. Naturalmente, atraem estas camadas o interesse dos intelectuais que, por extensão, ampliam ainda mais suas simpatias por populações e países distantes da Europa, mas que, à semelhança do que acontecera com o povo francês, poderiam ser bruscamente chamados a um papel de destaque no plano da história. O selvagem, as populações primitivas, o "arcadianismo" foram beneficiados com isso, não sendo demais lembrar que a teoria do progresso, ao contrário, tendia a deixar fora de consideração tanto as terras distantes quanto as camadas sociais inferiores. Bem logo, nos primeiros anos do século XIX, Chateaubriand, com *Atala* (1801) e os *Natchez* (1801-1826), divulgava a moda romântica do índio como personagem literário. A visão popular do assunto nos é proporcionada, em 1818, através das *Beautés de l'histoire d'Amérique*, numa passagem em que a própria banalidade não deixa de ser significativa, "pois trata-se de uma verdade hoje incontestável que, entre tantos inimigos que o cercam e que incessantemente ameaçam arruiná-lo, nenhum existe, mais terrível ao homem, do que o próprio homem..." A civilização, apesar de merecer certo respeito, tivera como resultado pôr em destaque a pureza dos primitivos, e o que se verificava em relação aos taitianos era, no fim de contas, válido para todos os contatos entre europeus e selvagens, como se vê: "... vemos um povo em sua primitiva inocência, que faz o mal, por vezes, mas sem o saber e acreditando seguir nisto apenas o instinto da natureza. Nada temos a censurar-lhes, nós que, malgrado as luzes da civilização, entregamo-nos a excessos desconhecidos dos selvagens e que, talvez em virtude desta mesma civilização, somente aprendemos a aperfeiçoar nossos vícios." Chegava ao cume a idealização do selvagem. Fenimore Cooper acrescentava-se a Chateaubriand, com seus românticos heróis, e a voga cresceu a ponto de, por um momento, embalar um espírito da estatura do Tocqueville.

O índio brasileiro   Relevante fora o papel do índio brasileiro para a elaboração da teoria do "bom selvagem", conforme demonstrou Afonso Arinos de Melo Franco em seu trabalho *O índio brasileiro e a Revolução Francesa*. Embora modestamente, coube-lhe também um lugar no movimento desencadeado nos inícios do século XIX. Ferdinand Denis, com seus trabalhos sobre o Brasil, e Alphonse de Beauchamp, adaptando para o francês a *História do Brasil* de Robert Southey, haviam contribuído para divulgar em certos círculos o interesse por assuntos brasileiros; facilmente se ajustava este interesse ao aborígine, visto do prisma romântico.

Dois exemplos do que então se publicou temos nas *Élégies brésiliennes*, de Édouard Corbière (1823) e no *Jakaré-ouassou*, de D. Gavet e P. Boucher (1830).

Corbière e Gavet (este na sua meninice) estiveram no Brasil, mas não com o intuito de colher dados acerca do país, colocando-se em categoria bem diversa da de F. Denis, que aqui residira durante alguns anos, procurara estudar o ambiente e conhecê-lo de maneira consciente, através de um contato imediato. Outro era o caso daqueles, para os quais o Brasil se constituía, acima de tudo, num estímulo para a imaginação. Corbière, aliás, diz-nos expressamente: "Amiúde vos entretive com minha viagem ao Brasil e com as profundas impressões por ela deixadas em minha imaginação. Outros vão procurar ouro no Novo Mundo; eu apenas trouxe recordações." E o *Jakaré-ouassou* é ainda mais explícito, como se vê:

"Ah! É no Novo Mundo que o poeta pode estudar sua arte; lá é que deve germinar bem forte e bem superior o seu pensamento criador: aí encontra ele o gracioso ao lado do arisco e do horrível; defronta-se com um quadro palpitante de vida, imenso, majestoso e ardente de poesia; cercam-no recordações de todo gênero, eletrizando-o, atormentando-o, a reclamar lágrimas, longos arrepios e os contos imorredouros, os cânticos sublimes! Que o gênio estremeça de alegria! Faça ele ressoar as cordas de uma nova lira num mundo novo! Nada de gasto, nada que lembre a lira européia deve se fazer ouvir numa região maravilhosa, onde tudo é novo, onde tudo é animado por uma seiva de fogo, onde o pensamento se eleva, engrandece-se na liberdade, virgem, ingênuo e belo."

Enquadram-se eles, e perfeitamente, no nosso tema, portanto. O primeiro traço a chamar a atenção, em ambos os casos, é o modo um tanto vago pelo qual se considera o Brasil, como que diluído em idéias gerais relativas a todo o continente americano. Isto, aliás, a despeito de considerável número de trabalhos sobre o país utilizados por Gavet e Boucher: Southey e Denis, por exemplo, surgem várias vezes em sua obra; Gonzaga, *poète brésilien*, é também aproveitado numa epígrafe, segundo a tradução francesa de E. de Monglave e P. Chalas, e é claro o amplo recurso ao *Caramuru*, de Santa Rita Durão, já existente em tradução francesa. De qualquer forma, Peru e Brasil colocam-se em pé de igualdade no prefácio de Corbière, ao se condenar o procedimento de espanhóis e portugueses na América; e, para o *Jakaré-ouassou*, "a América inteira é, realmente, uma região misteriosa. Estes povos, dos quais falamos, jamais foram conhecidos; provavelmente nunca o serão. Sabe-se apenas que, nas margens do Ohio e em outros lugares, encontram-se singulares tumbas, abrigando singulares ossadas". Ainda nesta obra há epígrafes extraídas de Chateaubriand (que escreveu apenas acerca da América do Norte) e, em dado momento, aplica-se ao Brasil a imagem da morte como uma grande e bela mulher branca, pálida e sem coração, tal como a imaginavam os indígenas norte-americanos, sempre segundo Chateaubriand.

O habitante primitivo, seja ele dos prados setentrionais, da costa do Pacífico ou da selva brasileira, é o centro principal de interesse. O que importa é exaltá-lo, em detrimento de uma Europa esgotada e curvada sob o peso de graves crimes. Desnecessário é ressaltar o caráter fictício deste selvagem. Encontramo-los sob nomes que em nada nos lembram a onomástica tupi-guarani, em Corbière; este, não obstante, pretendeu serem suas Elegias apenas a tradução de cânticos tecidos em torno de um herói brasílico, com a ressalva expressa quanto à segunda poesia, dada mais como uma bem livre imitação do que como uma tradução. Zelabar e Olinda, tais são os românticos amantes indígenas, cuja paixão é objeto das *Élégies brésiliennes*. Com tais nomes, nada de admirar se lhes escapem palavras deste teor:

> *Au sein des jeux de la paisible enfance*
> *J'ai vu s'enfuir ma première saison;*
> *Mais le repos fuit avec l'innocence,*
> *Et le désir naît avec la raison.*

Na luta contra os invasores europeus, inflama-se o sentimento patriótico dos donos da terra, que não ficam longe de uma paráfrase da "Marselhesa" ao exclamar:

> *Vous, à qui la patrie est chère,*
> *Réveillez-vous, repoussons l'étranger...*

A nobreza do selvagem brasileiro desperta o irrestrito entusiasmo de Corbière: desejaria o poeta, até mesmo, *enfanter des armés pour les venger de l'injustice des portugais*.

Idêntico é o tom do *Jakaré-ouassou*. Nesta *chronique brésilienne*, cujo entrecho se desenvolve em torno da luta entre os Tupinambás e o donatário Francisco Pereira Coutinho, com importante participação de Caramuru e Paraguaçu-Catarina, acumulam-se nos heróis aborígines todos os traços de bravura e elevação de caráter. "Eu, sofrer?" – exclamou um indígena moribundo. "Não, não mais sofro. Desde o dia em que fiz um tacape da árvore arrancada em terra dos inimigos, jamais me queixei da dor. Sofrer! – Isto é para as crianças ou para os europeus." "Os Tupinambás... na maioria, são homens robustos, bem-feitos e belicosos. Seu juízo é naturalmente sadio e justo; amam a verdade." Mais ainda: "O índio que atravessou uma floresta espalha à sua volta os perfumes de mil plantas; sua cabeleira é impregnada de aromas, seu hálito é fresco e puro."

Tal é, em seus traços principais, a imagem do Brasil para o romantismo francês: um país imenso, bem pouco conhecido, "limitado a este pelo oceano, a oeste pelo Peru e pela região das Amazonas", conforme dizia o autor das *Beautés de l'histoire d'Amérique*, repetindo, aliás, a própria Enciclopédia de Diderot-d'Alembert; nestas terras limitadas com o território das Amazonas, tocando à fantasia, portanto, os portugueses haviam indignadamente imposto seu domínio ao "nobre selvagem". No passado brasileiro, anterior à chegada dos europeus, rebrilhava a miragem de um paraíso, conspurcado depois pelos azares da história. Na verdade, "os que aportaram nas costas da América antes que o assassínio e a devastação lá houvessem marcado a passagem dos europeus deviam acreditar-se chegados dos bosques do Éden", a crermos em Corbière.

Havia no Brasil, é verdade, uma população branca, também; mas esta, uma vez ultrapassada a odienta fase de conquista e espoliação dos naturais, era pouco digna de nota, frente aos modelares índios, generosos, heróicos, justos. De fato, como se apresentavam os "portugueses do Brasil"? Poucas palavras eram suficientes para caracterizá-los, como vemos ao recorrer, mais uma vez, às tão instrutivas *Beautés de l'histoire d'Amérique*: "Estes portugueses, em geral alegres e amigos do prazer, parecem escrupulosamente apegados às cerimônias da religião e, sobretudo, ao culto da Virgem, cuja imagem se encontra por toda parte, protegida por um vidro. São numerosos os conventos e mosteiros. O clero, os monges, como os outros habitantes, e os escravos são os únicos que trabalham. Os homens são bem-feitos e quase todos usam espada e capa. As mulheres são muito belas, têm olhos negros, grandes e animados, enfeitam seus cabelos com fitas." Dentre as cidades, embora tivesse perdido a qualidade de capital, "San Salvador de Bahia" continuava a ser a mais importante, contribuindo bastante para seu prestígio entre os franceses, a associação de suas origens com o episódio de Caramuru-Paraguaçu.

Visão britânica

Bem mais concretos eram os pontos de vista predominantes na Grã-Bretanha a respeito do Brasil. Em começos do século XVIII, os móveis da política britânica – para nos servirmos das palavras de P. Muret, em *La prépondérance anglaise* – eram os de uma "sociedade em que o comércio era a preocupação fundamental e para a qual as cláusulas territoriais e políticas dos tratados apenas valem na medida em que servem aos interesses econômicos". "No fim de contas, em poucas palavras – escrevia Daniel Defoe, em 1728 – o comércio é a riqueza do mundo; o comércio determina a diferença entre o rico e o pobre, entre uma nação e outra; o comércio alimenta a indústria, a indústria gera o comércio."

Em 1703, já o Tratado de Methuen concedera aos ingleses uma série de vantagens concernentes ao comércio com o Brasil. Além disso, enorme era a importância do tráfico de contrabando, a ponto de ser tido como a empresa nacional por excelência na Inglaterra; ora, na América do Sul, o Brasil foi a principal base das operações deste tipo. Sólidos eram os motivos, portanto, para encarar a região especialmente do ponto de vista de seu interesse comercial, compreendendo-se bem as palavras de Richard Rolt, no prefácio à *New and Accurate History of South America* (1756): "O comércio tornou-se o estudo geral de todas as nações civilizadas. Assim sendo, é necessário mostrar como aquela parte do mundo foi descoberta, conquistada e colonizada; dar uma descrição especial de todas as suas divisões, com suas maiores cidades e rios; descrever suas produções, tanto naturais como artificiais etc." Bem entendido, a simples dedicatória já falava por si mesma, pois a obra se oferecia *to the right Honourable the Lords Commissioners of trade and plantations; and to the merchants of Great-Britain*.

Anos mais tarde, em 1776, o Brasil encontra seu lugar no famoso tratado *The Wealth of Nations*, de Adam Smith. Após dar um ligeiro esboço da história brasileira, no capítulo referente às colônias européias, faz o autor a crítica da política colonial ibérica, afirmando serem as colônias espanholas e portuguesas, na sua totalidade, além do mais "oprimidas por uma numerosa raça de frades mendicantes, cuja mendicidade, não só permitida, mas também consagrada pela religião, é uma pesada carga para o pobre povo, que é cuidadosamente ensinado que dar é um dever e que recusar a caridade é um pecado enorme. Acima de tudo, o clero é, em todas elas, o maior açambarcador de terras". O regime das Companhias de comércio, "após ter sido abandonado por todas as outras nações do mundo, em virtude de seu absurdo, tornou-se a política de Portugal, ao menos em relação a duas das maiores províncias do Brasil, Pernambuco e Marannon".

Ora, Adam Smith, conforme acentua J. B. Bury em seu *The Idea of Progress*, liga-se – embora indiretamente – à doutrina do progresso, pois "seu ensinamento, segundo o qual o livre intercâmbio comercial de todos os povos do mundo, sem os constrangimentos de políticas governamentais, acarretava a maior vantagem para todos, correspondia a um ideal de 'solidariedade' econômica da raça humana, que era um elemento no ideal de progresso". O sonho de liberdade abrangia, deste modo, também o campo econômico, associando-se ao progresso e, ao tornar-se uma verdadeira obsessão romântica, faria com que jovens ingleses vissem na América um campo ainda em condições de abrigar uma sociedade próxima da perfeição, sem que, por isso, buscasse modelo num paraíso primitivo. O Éden, que os entusiastas do "bom selvagem" viam num passado longínquo, era encarado no futuro entre os britânicos. E para isto, certamente, contribuía o elemento concreto proporcionado pela importância do aspecto comercial no desenvolvimento da Grã-Bretanha, em harmonia, aliás, com o empirismo característico do pensamento inglês.

Façamos, todavia, uma necessária ressalva. É claro que tais idéias também se encontravam fora da Grã-Bretanha; o próprio Adam Smith ligara-se aos fisiocratas da França, e neste país – segundo põe em destaque S. Zavala em seu trabalho *América nel espíritu francés del siglo XVIII* – uma *Dissertation sur les suites de la découverte de l'Amérique*, publicada em 1787, por *un Citoyen, ancien Syndic de la Chambre du Commerce de Lyon*, preconizava a concessão, por parte de Portugal, da liberdade de comércio com o Brasil.

Um precursor de Southey — O tumultuoso começo do século XIX determinou uma série de ângulos novos, na apreciação do Novo Mundo. Nota-se uma intensificação do interesse pela América do Sul, onde os ingleses praticamente expulsos das terras continentais européias, pela política napoleônica, punham grandes esperanças comerciais. *The times are south-american mad*, lemos na correspondência de Robert Southey, em 1806, e o estabelecimento da família real no Brasil acentuou ainda – como bem o demonstra a decisão de abertura dos portos – a significação do país para a classe mercantil britânica.

Em 1809 – note-se: no ano seguinte ao da chegada do Príncipe Regente ao Rio de Janeiro – Andrew Grant, um médico, publicou uma *History of Brazil*, dedicada *to the merchants of Great-Britain, trading to Brazil*, a qual se abre com as seguintes palavras:

> "Como as recentes transformações políticas na Europa naturalmente atraíram as atenções para o Novo Mundo, presumimos dispensar qualquer explicação para o fato de apresentar-se ao público este sucinto relato acerca de uma das mais interessantes colônias naquela parte do globo. A ciumenta e iliberal política, que em todos os tempos caracterizou o governo do Brasil, no concernente ao seu intercâmbio com estrangeiros, tornou difícil, até o momento, a obtenção de dados exatos relativamente às produções e ao comércio desta colônia. O autor, assim, confia em que as informações contidas nas páginas seguintes não podem deixar de ser bem recebidas pelo leitor em geral, e de ser altamente interessantes para todos os que se empenham em especulações comerciais."

Louvam-se o clima e a natureza, mas as referências aos aborígines nada revelam semelhante aos entusiasmos alhures encontrados, embora não se trace, também, um quadro negativo daquelas populações. Temos a impressão de uma busca de equilíbrio, de objetividade; mencionam-se as diferentes fontes – Hans Staden, Léry, autores holandeses, Raynal – para encerrar o assunto da seguinte forma: "Tais eram os brasileiros, no momento da descoberta de sua terra pelos portugueses: um povo tratável e engenhoso, pronto a aprender qualquer conhecimento que estes estivessem dispostos a introduzir em seu meio. Não tinham, é verdade, muita disposição para o trabalho, porque suas exigências eram poucas e facilmente satisfeitas. Enquanto foram bem tratados, não ofereceram objeção à tomada de suas terras pelos estrangeiros..."

Por outro lado, a crença na civilização, nos benefícios do progresso, põe-se em evidência, ao mesmo tempo que são condenados os lusos; tivessem estes, de fato, praticado uma política sábia, esforçando-se por curar os nativos de sua indolência, levando-lhes o gosto pela vida civilizada; tivessem eles, em poucas palavras, agido de molde a fazer com que indígenas e colonos se transformassem num único povo, e sua presença poderia ser encarada como uma bênção para uma das mais belas porções do globo. Mas o progresso acabaria por impor-se, de qualquer forma, a despeito dos portugueses, tanto assim que "apesar de estarem ainda em sua infância neste extenso país a literatura e a ciência, os poderes inatos à mente humana começaram a desenvolver-se, nos últimos tempos".

Sentimos, em tudo isto, o sopro do liberalismo de Adam Smith, levando o autor a reprovar insistentemente o procedimento colonial luso. "Em parte alguma do mundo – diz ele –, excetuando-se a China e o Japão, manifesta-se tanto ciúme diante da aproximação de navios estrangeiros ou se opõem tantos obstáculos ao desembarque quanto no Brasil." Sem qualquer dúvida, deve-se a este regime o aspecto apresentado pelo país: são comuns a indolência, desonestidade, espírito de vingança e excessos de toda espécie; e na capital, no Rio de Janeiro, "não somente as ciências, mas a literatura de qualquer tipo, são negligenciadas".

Como vimos, todavia, o futuro da terra não era tão sombrio, pois parecia animá-lo um novo espírito. A Revolução Francesa entusiasmava os jovens, de modo a tornar "não improvável que os restritivos e injuriosos regulamentos do Estado metropolitano acabassem por levá-los, em pouco tempo, a rebelar-se contra a autoridade de um cetro distante, se os recentes acontecimentos não houvessem forçado a transferência da sede do governo português para o Brasil". Além do mais, "não obstante os desencorajamentos, as ciumadas e as exações da metrópole, o espírito empreendedor parece ter gradualmente avançado, nos últimos anos", de modo que, "após a restauração da paz (...) o Brasil, sem dúvida alguma, separar-se-á definitivamente da metrópole..."

Robert Southey   No ano seguinte ao da publicação da obra de Grant, apareceu o primeiro volume da grande *History of Brazil*, de Robert Southey, cujo terceiro e último volume deveria trazer a data de 1819.

Reúnem-se na pessoa do autor todos os traços que temos procurado destacar, como condicionando a idéia do Brasil entre os britânicos. O ambiente à sua volta era de ânsia de liberdade e de interesse por terras longínquas. "Raramente – escreve F. Baldensperger em 1793-1794: *Climateric times for 'romantic' tendencies in English ideology* – numa longa história colonial, o interesse intelectual por distantes regiões foi tão acentuado quanto nestes tempos." Em 1794, Southey, Coleridge e outros, em cujos ideais, aliás, se distinguia o reflexo de Adam Smith – como opina J. Simmons na sua biografia do poeta –, imaginaram emigrar para a América do Norte, onde deveriam fundar uma colônia em harmonia com seus sonhos. Este plano jamais foi posto em prática, e os idealizadores da *Pantisocracy* – assim fora batizada a natimorta colônia – sequer deixaram o solo da Grã-Bretanha para erigi-lo. Mas o fato é suficiente para dar testemunho das esperanças postas no Novo Mundo, visto como uma esfera para a qual se afigurava possível uma fuga da Europa, ainda que apenas na imaginação.

As circunstâncias, mais tarde, levaram Southey a Portugal e à rica biblioteca de seu tio, o Reverendo Hill. O Brasil, por sua vez, não lhe era de todo estranho, pois entre seus amigos encontrava-se Henry Koster, conhecedor do país, a cujo respeito escrevera um livro de viagens. Pouco a pouco, assim, Southey aproximava-se de assuntos brasileiros, até que, ao decidir compor uma história de Portugal, incorporou a ela a história do Brasil; de toda a obra planejada, apenas esta última parte publicou-se, fazendo do poeta Robert Southey o primeiro historiador de relevo, no concernente ao nosso país.

Embora nunca houvesse visitado regiões tropicais, a natureza exuberante da América do Sul parecia exercer um certo fascínio sobre sua mentalidade impregnada de ideais românticos. Chegava a distinguir nela, seguindo uma tradição que se iniciara, na Grã-Bretanha, com Richard Hakluyt – e lembremos, aqui, o trabalho de Sérgio Buarque de Holanda, *Visão do Paraíso* –, até mesmo traços paradisíacos, como se vê: "Bela era a região e abundante de tudo quanto podia desejar o coração humano: a brilhante plumagem das aves deleitava os olhos dos europeus; exalavam as árvores inexprimíveis fragrâncias, destilando tantas gotas e sumos, que se entendeu que, bem conhecidas todas as virtudes destas plantas, nada impediria o homem de gozar de vigorosa saúde até extrema velhice. Se o paraíso terrestre existe em alguma parte, não podia ser longe dali."

Como sempre – parece haver unanimidade entre os autores a este respeito – os colonos portugueses não se vêem sob uma luz de admiração ou simpatia, bem ao contrário, até. Mas o selvagem, agora, é equiparado aos colonos, no aspecto sombrio com que o autor os apresenta. Leia-se o seguinte, por exemplo:

> "Percorrendo os seus anais (da história brasileira), mais freqüentes nos agitarão a indignação e a cólera do que esses sentimentos elevados que o historiador prefere excitar. Tenho de falar de selvagens tão desumanos, que pouca simpatia nos podem inspirar os sofrimentos por que tiveram de passar, e de colonos cujos triunfos pouca alegria nos podem causar, porque não menos cruéis eram eles do que os índios que guerreavam e, tão avarentos quanto bárbaros, perpetravam o maior dos crimes pelo mais vil dos motivos. Nem os poucos caracteres mais nobres que aparecem alcançaram renome que fosse além dos limites de sua própria religião e do seu idioma."

Se o passado brasileiro não se mostrava digno de encômios, o mesmo não sucedia ao futuro. Como tantos de seus contemporâneos – e apesar de ter deixado um dos mais famosos exemplos de atitude reacionária na política inglesa –, Southey jamais se desligou da doutrina do progresso. Compôs ele um trabalho sob o título *Sir Thomas More or Colloquies on the Progress of Society*, onde afirmava que "o mundo continuará a melhorar, assim como até aqui tem continuamente melhorado; e que o progresso do conhecimento e a difusão do cristianismo trarão consigo, quando os homens se tornarem tão cristãos na realidade quanto no nome, algo semelhante àquele estado utópico com o qual filósofos se têm comprazido em sonhar". Sem dificuldade inferimos caber ao Brasil um brilhante papel, em eras futuras. A transmigração da família real era um prenúncio de importantes acontecimentos, deixando entrever um porvir brilhantíssimo, diante do qual empalideceria até mesmo a significação da Índia, no plano da expansão portuguesa – eis o que lemos nas primeiras páginas da *History of Brazil*.

Era isto o que o levara, também, a querer ligar seu nome ao do país sul-americano, como confessa numa de suas cartas, dirigidas a C. H. Townshend: "Seria faltar à sinceridade que vos devo esconder que minha obra, daqui a longos tempos, se encontrará entre as que não são destinadas a perecer; que me assegurará ser relembrado em outros países que não o meu; que será lida no coração da América do Sul e transmitirá aos brasileiros, quando se tiverem tornado uma nação poderosa, muito de sua história que, doutra forma, teria desaparecido, ficando para eles o que para a Europa é a obra de Heródoto."

James Henderson e The Modern Traveller — O Brasil do presente, todavia, estava longe de merecer os entusiasmos do inglês médio, na época da independência. Aumentava o interesse pelo país, isto, sem dúvida alguma, após o restabelecimento da paz na Europa, em 1815. Os viajantes nos dão prova disto, entre eles James Henderson, autor de *A History of the Brazil* publicada em 1821 e apoiada, especialmente, na obra de *Southey* e na *Corografia Brasílica*, de Aires de Casal.

Este trabalho apresenta-se com o intuito de "comunicar novas informações relativamente a uma porção da América do Sul, agora mais do que nunca digna da atenção do mundo comercial, político e científico". Mas isto não impede sejam horríveis as impressões pessoais do autor em seus contatos diretos com o Brasil.

Esta tonalidade sombria marca a idéia que se fazia do país, na Grã-Bretanha. Sirva-nos de testemunho uma passagem extraída de uma obra de divulgação, tal seja *The Modern Traveller. A popular description, geographical, historical and topographical, of the various countries of the globe*, na qual dois volumes concedem ao Brasil e Buenos Aires. O que aí se lê, na verdade, não era de molde a estimular o turismo para este lado do Atlântico, como se vê: "As condições morais do povo, até a chegada do Príncipe Regente de Portugal, eram tão deploravelmente viciosas e degradadas quanto as circunstâncias políticas eram mofinas e desfavoráveis. Tudo o que é sublime na natureza inanimada, em contraste com tudo quanto é asqueroso na natureza humana, compreendia-se no aspecto e no caráter desta porção do Novo Mundo. As cidades pelas quais Abraão intercedeu, Chipre, Cartago, Creta e Esparta, se haviam juntado, diz um moderno viajante, no período em que começou meu contato com o país para formar a ordem social do Rio de Janeiro." A desaprovação, acrescenta ele, não era compensada por qualidades nacionais, fossem elas profundas ou mesmo aparentes. Em geral, não se pensava ser necessário manter aquela sombra de virtude, que é a hipocrisia. Vícios, que em outras regiões os homens têm o maior cuidado em esconder, viam-se circulando tão pública e desavergonhadamente quanto poderiam desejá-lo os maiores imorais. Não somente os negros e a populaça contemplavam-nos com apatia: o gosto moral e a simpatia das pessoas de melhor categoria compartilhavam tão bem da atmosfera geral que, ao mencionarmos com horror os maiores crimes – obrigados que éramos a presenciá-los –, muitas vezes aduziam algo com a intenção de defendê-los, mostrando-se tão surpresos com nosso modo de pensar como se houvéssemos falado de uma nova religião ou enxertado na antiga alguma perfeita fantasia. A vida de um indivíduo comum não valia dois dólares: por menos que isto qualquer covarde poderia alugar um bravo para liquidá-lo. A mais profunda ignorância e o extremo de imundície nos hábitos do povo completavam o revoltante quadro. As cerimônias da religião católica romana, enquanto isso, celebravam-se devidamente, e a superstição, como acontece nas cidades européias, fundia-se à mais grosseira volúpia. Os monges, "um bando ignorante e debochado", ao mesmo tempo ociosos e libertinos, enxameavam em todas as ruas. Tal era e, em certa medida, tal é o Brasil – aquela terra maravilhosa, cujos rios correm em leitos de ouro, onde as rochas rebrilham com seus topázios e as areias cintilam com diamantes – onde a natureza ostenta suas mais ricas vestes sob o esplendor do sol tropical e as aves de variadíssimas plumagens rivalizam com a esplêndida florescência das florestas.

Melancólico era o quadro, cujas carregadas tintas apenas em parte podem ser atribuídas à repugnância da Inglaterra protestante por um país em que predominava a Igreja Católica e cuja evangelização se fizera sob o influxo da odiada Companhia de Jesus.

De Pradt e Compagnoni   Nos mesmos anos, porém, outros prefeririam pôr em destaque as enormes possibilidades do país.

Dominique-Georges-Frédéric Dufour de Pradt (1759-1837) enquadra-se entre estes. Após desempenhar um papel de certo relevo durante o reinado de Napoleão – que o fez Arcebispo de Malines –, aderiu ele aos Bourbons, coadjuvando a política de Talleyrand; logo, contudo, retirou-se para sua terra natal, o Auvergne, dedicando-se a escrever acerca dos acontecimentos políticos de seu tempo.

Seus trabalhos apresentavam-se sob a forma de apanhados dos principais fatos, com correspondentes comentários dentro de limites fixos no tempo, resultando daí, por exemplo, *Des trois derniers mois de l'Amérique méridionale et du Brésil* (1817), *Les six derniers mois de l'Amérique et du Brésil* (1818) e *L'Europe et l'Amérique en 1821* (1822). Tais revistas de acontecimentos, segundo o autor, "destinadas a dispor num quadro bem determinado tudo quanto se verificou de importante (...) desembaraçaram o espírito da sobrecarga dos fatos insignificantes e fixam-no na parte substancial da história, que é o conhecimento verdadeiro do espírito do tempo, conhecimento indispensável, fora do qual perder-nos-emos". A América ocupa um honroso lugar no pensamento do autor, que lamenta o pouco caso em que era tido, na Europa, o desenvolvimento do Novo Mundo, como lema: "O acontecimento verificado no México é o mais importante deste século e de muitos outros: mereceu ele menos atenção do que a remoção de um prefeito ou do chefe de divisão de um ministério. Quem concede uma vista d'olhos, um momento de atenção à América? Temos a impressão de que ela não existe, ou de ser *chose légère*, como diz La Fontaine. Não se encontrariam em Paris sequer quatro pessoas ocupadas da América."

Sentimo-lo sob o influxo da idéia do progresso, ao encontrarmos todo um capítulo tratando *De la civilisation et de sa puissance, en L'Europe et l'Amérique en 1821*; Adam Smith, aí, é chamado "o Rousseau da economia social", que "iluminou os caminhos da administração, como Newton iluminara as rotas celestes, pois a economia política, sob a mão da escola por ele fundada, igualou os progressos que a astronomia devera a Newton". A civilização, enfim, triunfará sempre, pois a convicção do autor leva-o a afirmar acontecer à "civilização o mesmo que à justiça, que, embora viajando a curtas etapas, entretanto acaba por chegar". Facilmente associamos tal ponto de vista ao interesse pela América, continente em vias de abrir todas as portas à civilização, ao contrário da Europa, que apenas queria abrir-lhe metade das suas. É a idéia do mundo jovem, no caminho de impor-se ao mundo decadente. E nesta linha é que de Pradt vê o Brasil, não sem reconhecer, aliás, a enorme deficiência de suas informações, segundo lemos no início de *Des trois derniers mois de l'Amérique méridionale et du Brésil*.

A transmigração da família real surge-lhe como um fato de enormes proporções, uma vez que, no momento de sua efetivação, "tudo mudou em Portugal, no Brasil e talvez no mundo. O navio que levava o Rei de Portugal para o Novo Mundo levava em seus flancos novos destinos para o universo". Dom João, para ele, deveria ter visto suficientemente longe, para perceber o que se passava: o Brasil tornava-se a metrópole, tendo Portugal como colônia; o Príncipe Regente, se fosse suficientemente esclarecido, deveria fazer-se francamente brasileiro. "Em lugar de entreter-se em chorar por um Estado tão restrito quanto Portugal, uma grande alma teria agradecido ao Céu a necessidade que o levava a terras sem limites pelo seu espaço, sem limites em suas riquezas, sem barreiras nos novos destinos que a revolução da América está preparando para o universo. Vassalo, ou inferior a todo mundo na Europa, o rei do Brasil, desembarcando em terras americanas, adquiria enormes dimensões: entrava na política universal, em que, pelos seus Estados europeus, tão minúscula é sua posição."

A revolução pernambucana de 1817, de seu lado, deveria constituir-se numa advertência para o Príncipe, empenhado então numa aventura nefasta, tal fosse o avanço sobre Montevidéu. O Brasil não se sujeitaria a uma política contrária aos seus interesses, e "uma insurreição sufocada pode ocultar dez outras atrás de si. Onde perseguir, onde prender os agentes da insurreição, em regiões sem limites e sem polícia?" Bem entendido, a notícia do movimento de 1817 fora recebida com euforia pelos liberais da Europa, num momento em que a Santa Aliança se erguia como defensora do absolutismo e promotora da reação em todo o continente. Stendhal, por exemplo, desiludido em suas esperanças de uma revolução na Inglaterra, parecia consolar-se com o levante pernambucano. Assim é que lemos em seu Diário, no dia 1º de junho de 1817: "A admirável insurreição do Brasil, quase a maior coisa que poderia acontecer, traz-me as seguintes idéias:

1. A liberdade é como a peste. Enquanto não se jogar ao mar o último pestífero, nada de definitivo foi feito.

2. O único remédio contra a liberdade são as concessões. Mas é preciso empregar o remédio a tempo: vede Luís XVIII.

Não há Lordes ou névoa no Brasil."

No ano seguinte, em 1818, de Pradt encara como definida a situação entre o Brasil e Portugal: o Rei pode ser considerado como fixado na América, como tendo aí seu domicílio. Completara-se, por conseguinte, a metamorfose de Portugal em colônia e do Brasil em metrópole. E isto corresponde, mesmo, a algo mais do que independência. O Brasil, então, é "a parte principal da América, o país mais avançado da América meridional", correspondendo, no sul, aos Estados Unidos no norte. "Os progressos que este país diariamente fará, em população e em riquezas, aumentando incessantemente sua importância, aumentarão, com isso, a necessidade de não perdê-lo de vista."

Em 1821, dando como líquida a emancipação da América, de Pradt chegava – em seus sonhos – a um verdadeiro delírio. "A América – lemos agora – estende um de seus braços para o oriente, outro para o ocidente; em alguns dias, o Brasil e Buenos Aires abordam às margens da África; o mar do sul, com seus arquipélagos, oferece-lhe um caminho curto e fácil para os novos continentes e para a velha Ásia: esta situação é admirável. Imaginai o solo virgem da América revolvido e escavado pela mão das artes modernas, penetrado em todos os sentidos pelos viajantes, e contai, se vos for possível, as messes e os tesouros que daí sairão: é um espetáculo inebriante. Mas o ponto em que a emancipação da América vai ter um efeito direto e benfazejo sobre a Europa está na ruptura do tridente que se encontra nas mãos da Inglaterra: as mãos americanas libertarão os mares. Desde muito tem-se procurado um remédio à dominação do mar pela Inglaterra, e ei-lo descoberto, a América o fornecerá: a Europa inteira, com todas as suas marinhas, não pode lutar contra a Inglaterra sozinha; mas com a América livre, ela não mais precisará temê-la." Não podemos sopitar um sorriso, ao nos lembrarmos da posição do Brasil frente à Inglaterra, durante a era vitoriana... Contudo, de Pradt acaba despertando de seus devaneios, assinalando, numa observação ligeira, é verdade, que o Brasil, país de imensa extensão, não tem ainda sequer a centésima parte dos habitantes que pode alimentar e que somente está cultivado numa minúscula parcela. Quanto à sua posição frente a Portugal, após o regresso de Dom João a Lisboa, "é evidente que, considerando-se a situação do Brasil no meio da América emancipada e republicana, ele acabará por ficar independente e republicano".

Ora, se proclamou a independência, nem por isso o Brasil tornou-se uma república; além do mais, as atitudes de D. Pedro I, entrando em conflito com a Constituinte e dissolvendo-a, não se ajustavam às idéias de de Pradt, orientadas no sentido liberal. Daí resultarem novas considerações, publicadas em *L'Europe et Amérique en 1822 et 1823*, e que despertaram a indignação de Silva Lisboa, então Barão de Cairu: este respondeu com a *Contestação da história e censura de M. de Pradt sobre sucessos no Brasil*, opúsculo publicado em 1825 e através do qual conhecemos esta obra do Arcebispo de Malines. D. Pedro I, decepcionando o autor francês, é por ele incluído entre os reacionários como se vê: "O Imperador do Brasil tinha uma Assembléia Constituinte. Ele a expeliu com soldados e se fez ele mesmo a Constituinte: estava para receber a Constituição, ora a vai dar. Para chegar a este fim, fez o golpe de mão. Ei-lo na linha dos princípios de Laybach, que atribuem só ao Príncipe o direito de criação das instituições e de sua modificação..."

Nestas circunstâncias, pareciam desvanecer-se muitas das ilusões de de Pradt; confessa-nos ele, é fato, ao tratar da Assembléia Constituinte, que "estamos muito remotos deste país, para poder bem conhecer a natureza e o resultado de seu trabalho". E isto nos esclarece mais do que um simples juízo relativo a um fato particular: esta distância em relação aos fatos, certamente, explicava todos os arroubos e precoces entusiasmos de de Pradt, em seus vaticínios sobre o Brasil. Não falta um tom de melancolia, por fim, a uma passagem como esta: "Na América do Sul, as lutas para a surpresa do poder e as cabalas para derribar os que o possuem têm sido sucessivas por muito tempo: isto não houve nos Estados Unidos, desde a época de sua formação até o seu final estabelecimento... Donde pode vir esta diferença? É que nos países de pouca civilização a ambição com todos os seus furores se desprega, pisando as leis da natureza e da moral."

Outro corifeu da grandeza do Brasil foi o italiano Giuseppe Compagnoni de cuja obra tomamos conhecimento no volume de A. Gerbi, *La disputa del Nuevo Mundo*. Como de Pradt, coubera-lhe alguma importância política durante o período napoleônico, pois chegara a Conselheiro de Estado do reino da Itália (1810); com a Restauração, porém, foi obrigado a abandonar a vida pública, passando a viver à custa de seus trabalhos literários. De 1820 a 1823, publicou-se, sem indicação de autor, uma *Storia dell'America, in continuazione del Compendio della Storia universale del sig. Conte de Ségur*. Ora, era esta História da lavra de Compagnoni, que nela assumia uma posição de defesa do Novo Mundo, contra seus detratores do século XVIII.

Previa o autor italiano, para o Brasil, um porvir cheio de glórias, pois, "para converter-se no Estado mais poderoso do mundo e servir de contrapeso aos Estados Unidos", com vantagens muitíssimo maiores, não necessita de outra coisa a não ser uma boa administração; e parece já a ponto de obtê-la, posto que as grandes revoluções ocorridas na América Latina tendem, seguramente, "a dar às partes mais clássicas do Novo Mundo uma configuração moral de caráter muito mais acentuado que o das treze colônias".

Levando-se em conta a relativa popularidade de que gozaram as obras de de Pradt (e que é acentuada por G. Walter, em suas notas a *Le mémorial de St. Hélène*), seríamos tentados a supor que fossem elas conhecidas de Compagnoni. Todavia, esta hipótese parece carecer de fundamento, diante da omissão das lutas de independência da América Latina pelo autor italiano, que se satisfaz com uma simples referência ao assunto.

Os alemães e a emigração para o Brasil   Ângulo bem diverso do que até aqui temos visto era aquele sob o qual se via o Brasil a partir da Alemanha. As condições políticas e socioeconômicas do país favoreciam a emigração. O próprio Goethe, aliás, com o *Lied des Auswanderers*, ou com o *Wanderlied*, reflete o interesse pela busca da sorte em outras terras. O Brasil mesmo não lhe foi indiferente. Procurou informar-se a respeito da terra, tão interessante para seus estudos de ciências naturais, o que o levou a obras como a de Mawe e de Southey, ou, então, a instruir-se diretamente com os alemães que aqui haviam estado, especialmente Martius e Eschwege. Aumentou sua curiosidade o fato de ser uma alemã a Imperatriz brasileira, chegando a examinar a questão das relações comerciais, estranhando a "relutância do Brasil em aceitar influências estrangeiras", conforme destaca Wolfang Hoffmann-Harnisch em seus artigos intitulados *Goethe e o Brasil*. Em setembro de 1822, numa carta a C. F. L. Schulz, assim se manifestava o poeta: "O Brasil, esse continente imenso, desvenda-se cada vez mais à minha inteligência"; e, em 1825, tornava a compor uma poesia sobre temas brasileiros.

No Brasil, por outro lado, havia a consciência das vantagens resultantes da imigração alemã. Os teutos, fossem eles soldados mercenários ou camponeses, deviam ser, assim, atraídos para as plagas brasileiras. Daí os agentes que, na Europa, procediam à propaganda destinada a orientar para cá os alemães cansados de lutar contra a adversidade em seu próprio país; dentre eles, ficou famoso: Jorge Antônio von Schaeffer.

Isto contribuiu, certamente, para criar uma lenda da Terra da Promissão em favor do Brasil, como nos diz expressamente G. Schlichthorst, em seu depoimento acerca do Rio de Janeiro sob o Primeiro Reinado (*O Rio de Janeiro como é, 1824-1826*): "Propalou-se na Alemanha, oralmente e por escrito, uma opinião exagerada sobre este maravilhoso país. As falsíssimas promessas dos agentes gananciosos que avaliam a vida de um homem pela espórtula por ele recebida são, infelizmente, amiúde tomadas como verdadeiras. Não é, pois, de admirar que a tendência à emigração se tenha tornado, na Alemanha, tão geral e tão forte. Em verdade, entre os que tomam essa resolução desesperada, proporcionalmente há poucos com alguma coisa a perder; mas são justamente esses que merecem maior comiseração."

Ao que parece, as maravilhas contadas sobre as terras brasílicas realmente ecoaram na massa popular alemã, a julgarmos por uma série de canções em que a idéia paradisíaca se impõe logo à primeira vista e que foram reunidas por H. Semper, em seu trabalho *Auswanderer im Spiegel der Dichtung*, com o qual contribuiu para a obra coletiva, editada por Hermann von Freeden e Georg Smolka sob o título *Auswanderer. Bilder und Skizzen aus der Geschichte der deutschen Auswanderung*. "Quem ainda quiser viver feliz deve viajar para o Brasil",[1] lemos numa delas; "Para o Brasil, esta foi a solução, para o Paraíso do Oeste, onde com douradas laranjas cevam-se os indolentes bichos",[2] encontramos em outra; e até entre os alemães do Volga contava-se "Vamos para as terras brasílicas, que lá não há inverno algum!".[3] A mais conhecida de todas estas canções, porém, começava com o famoso verso "O Brasil não é longe daqui",[4] e ao seu som eram recebidos a bordo os emigrantes, conforme nos narra Schlichthorst.

Com o tempo, entretanto, as narrativas de dolorosas experiências sofridas por diversos colonos chegaram à Alemanha, delineando-se, paulatinamente, num quadro mais realista das condições do país. Quem tivesse sorte e trabalhasse com afinco poderia ter êxito; mas ninguém encontraria o Paraíso já pronto, à sua espera. Bem ao contrário, a situação estava longe de ser risonha e múltiplos eram os perigos a que se expunham os recém-chegados; em algumas canções, aliás, já se reflete a consciência deste estado de coisas.[5]

---

[1] Wer noch einmal will gluecklich legen
Der muss sich auf die Reis' nach, Brasilien begeben.

[2] "Nach Brasilien" klang die Losung,
Nach dem Paradies im Westen,
Wo mit gold'nen Pomeranzen
Sich die faulen Tiere maesten.

[3] Hin nach dem brasil'schen Ort,
Keinen Winter gibt sedort.

[4] Brasilien ist nich weit von hier.

[5] Dunkles Volk begafft die Fremden
Fragend: "Wollt ihr was, ihr Weissen?"
"Ei, wir wollen Urwald hauen
Und dann pflanzen in den Schneisen."

"Toren", fletscht der Neger spoettisch;
"Narrheit", hoehnt der braune Mahner;
"Boes Getier durchkraenzt die Waelder:
Schlangen, Tiger und Indianer".

Amalia Schoppe   Curioso testemunho desta nova visão temos num livro infantil, *Die Huette am Gigitonhonha, oder die Auswanderer nach Brasilien*,[6] de Amalia Schoppe (1791-1858).

A autora jamais esteve na América do Sul, conhecendo apenas a América do Norte, onde morreu e para onde emigrara seu filho. Não temos informações quanto à data da primeira edição, pois as referências encontradas (na *Deutsche Allgemeine Biographie* e na *Enciclopédia Brockhaus*) dizem respeito sempre à segunda edição, de 1852. A adaptação francesa, contudo, data de 1839, e nada nos leva a supor que a fama do livrinho fosse rápida, a ponto de determinar o aparecimento de uma versão francesa logo após a publicação do original alemão. De qualquer maneira, a Imperatriz do Brasil mencionada na história é uma alemã (dada pela versão francesa como sendo D. Amélia Leuchtenberg) e, provavelmente, assim, a data de composição do trabalho se enquadrasse nos últimos anos do Primeiro Reinado, dentro do nosso período, portanto.

A situação aflitiva da classe camponesa alemã é o ponto de partida para a emigração. E o Brasil surge como a grande oportunidade de uma vida melhor, tanto mais quanto se trata de uma terra abençoada, à qual somente faltam "mãos diligentes que trabalhem o solo". O governo brasileiro, cônscio desta deficiência, procura atrair os alemães, mas suas promessas raramente são cumpridas, resultando daí, na nova terra, um rosário de sofrimento para os que se deixaram levar pelos sonhos de riqueza fácil. Riemann, um idoso camponês, ao ver passar pela sua porta um grupo de emigrantes que caminham ao som da canção "O Brasil não é longe daqui", decide também abandonar a Alemanha, com toda a sua família. Após uma viagem em condições horrorosas, chegam ao Rio de Janeiro, a cujas belezas naturais, tantas vezes notadas pelos viajantes europeus, a autora não faz qualquer referência. Nada ameniza o ambiente desolador, pouco hospitaleiro, repulsivo mesmo, a não ser a presença de alguns alemães, sempre prontos a socorrer os compatriotas. Um deles resume em poucas palavras a paisagem humana da cidade: "... nesta terra todos pensam apenas em ter lucros, e os meios e caminhos para chegar a tal fim são completamente indiferentes a esta gente." A advertência, de fato, chegava um pouco tarde: um dos filhos de Riemann, Conrado, para conseguir as passagens para o Brasil, secretamente se vendera ao capitão do navio; ao chegar ao Rio, fora logo vendido como escravo. A escravatura de brancos, assim, existiria no país, segundo Amalia Schoppe, e sequer

---

[6] *A Cabana do Jequitinhonha ou os Emigrantes para o Brasil.*

o fato de ser um alemão – Dankwart – o secretário do governador foi de alguma valia para o cativo louro e de olhos azuis. Pelo sorteio, coube à família um lote no distrito diamantífero do rio Jequitinhonha (Gigitonhonha, no original). No fim de alguns anos, graças a um árduo trabalho, consegue o pequeno grupo criar condições de vida relativamente cômoda, afeiçoando-se, ainda, ao local. Uma das filhas de Riemann casa-se com um alemão, que aqui servirá como mercenário, e Conrado consegue a alforria, por intervenção direta da Imperatriz, compadecida de sua sorte. Tudo termina, enfim, num quadro de vida feliz, "às margens do belo rio Gigitonhonha".

Este traço, a possibilidade de uma nova vida, com o mínimo de contato com o ambiente propriamente brasileiro – verdadeiro mal necessário, ao qual só se fazem as referências inevitáveis –, parece-nos ser o que há de mais peculiar na narrativa de Amalia Schoppe. Encara-se o país, no fim de contas, como uma boa terra, desde que se consiga evitar o homem que nela antes se estabelecera.

Traços comuns à visão européia do Brasil — Quanto ao mais, *Die Huette am Gigitonhonha* exibe várias outras características da imagem do Brasil encontradas em outros autores já mencionados.

É comum entre eles, por exemplo, o julgamento desfavorável da colonização portuguesa, como já tivemos ocasião de ver. Ora, Amalia Schoppe escreveu quando o Brasil já era independente, mas não há a menor dúvida de que sua repulsa pela sociedade brasileira atinge as origens desta, levando-nos a recair no colono português. Podemos considerá-la, até, em sentido amplo, uma precursora de Handelmann, para o qual a única salvação do Brasil repousaria na imigração de agricultores europeus, o que equivale a descrer do elemento humano legado pelos séculos de domínio luso.

Unânimes são os autores no concernente à escravatura. Esta instituição era sempre posta em destaque, até mesmo – e talvez principalmente – em livros infantis, contrastando com as belezas e riquezas naturais do país. Lembramos, por exemplo, a seguinte estrofe de um pequeno volume intitulado *Papa's Log or a Voyage to Rio de Janeiro*:

"Here rich in commerce St. Sebastian stands,
Whitin the finest harbour of the globe:
Its hills are famed for gems and golden sands,
And nature decks them in her richest robe.
Coffee, tobacco, cotton strew the plains
And thro' the city negroes clank their chains."

O próprio de Pradt, geralmente tão inclinado em favor do Brasil, não pôde deixar de referir-se aos negros, embora apresente um quadro inverso do habitual. Deveras, quase sempre o escravo negro é dado como uma vítima, tratado em nível inferior ao dos animais, como se vê no *Précis sur la traite des noirs*, acrescentado como apêndice às *Élégies brésiliennes*, de Corbière. Havia, contudo, a lembrança de rebelião de escravos no próprio Brasil e nas Antilhas, onde o Haiti conseguira sua independência da França. Talvez, por esta razão, de Pradt opine da seguinte forma: "A situação do Brasil é singular e crítica (...). Há três populações, os portugueses, os brasileiros e os negros. Estes são numerosíssimos e, como por toda parte, são também objeto de terror das outras duas castas. Encontra-se no Brasil o resultado da enorme imprudência cometida com o acúmulo de negros num país: com o tempo, exige-se a defesa frente a eles, impedindo-os de se tornarem os senhores..."

Quanto à escravatura branca da narrativa de Amalia Schoppe, encontramo-la explicada, anos mais tarde, em outro trabalho alemão, *Georg, der Auswanderer, oder Ansiedlerleben in Sued Brasilien* de autor anônimo. Tratar-se-ia, pura e simplesmente, de "uma tolice maldosa, inventada por certas pessoas que acreditam prestar um serviço à pátria se dissuadirem da idéia de emigrar os pobres sofredores, conservando, assim, mão-de-obra barata para os fabricantes e grandes proprietários na Alemanha. Graças a Deus, ainda há pessoas bem-intencionadas com os pobres e sofredores e que percebem ser melhor a ida para um país estrangeiro do que a permanência na pátria, onde a miséria acabará por povoar os hospitais, cadeias e valhacoutos de malandros".

Comuns, ainda a autores ingleses, franceses e alemães, são os louvores à terra, ao clima e às riquezas, estas freqüentemente exageradas. S. Zavala menciona, por exemplo, a *Dissertation sur les suites de la découverte de l'Amérique*, para a qual a extensão, a agricultura, minas e população do Brasil elevavam-no ao mais alto grau de prosperidade, jamais alcançado por qualquer outra colônia européia no Novo Mundo. Como sempre, a respeito deste tópico, surgem passagens que denotam o caráter sumamente vago da idéia que se fazia do país, nas amplas camadas da população. Não raro, como se vê na *Histoire de l'Amérique méridionale*, de Dauthereau, publicada em 1826 – e referida por S. Zavala –, o Brasil não é superado por qualquer país do Novo Mundo, em riqueza metálica ou na variedade das produções vegetais. Veja-se, por outro lado, a caracterização da terra feita por um livro infantil inglês, de 1822, tal seja *Scenes in America for the Amusement and Instruction of Little Tarry-at-home Travellers*, de

Isaac Taylor: "A parte norte é sujeita a tempestades e inundações; mas o país, mais para o sul, é muito bonito, fértil e agradável." Ou, então, este dado relativo às riquezas minerais, extraído de *Beautés de l'histoire d'Amérique*: "As minas de ouro, cobre e ferro do Brasil fornecem vinte e quatro milhões: este produto excede o de todas as minas conhecidas." Às vezes descambamos para absurdos flagrantes, como é o caso do louvor feito pela mesma obra à rede hidrográfica brasileira: "Estas imensas correntes separam-no [ao Brasil] das províncias espanholas, servindo-lhe como que de 'boulevard' inferior. Lá estão as partes centrais da América portuguesa, tão rica de tantos tesouros descobertos ou ocultos, reservatório natural de uma multidão de rios, que se subdividem em inúmeros canais e que oferecem aos possuidores do Brasil rotas fáceis para penetrar até no coração do México."

Confusões havia também no próprio campo político, não sendo de todo descabida, aqui, a menção da lenda da República de São Paulo, no século XVIII. Contribuiu para divulgá-las a *Histoire de Nicolas I roy du Paraguai et empereur des mamelucs*, dada como impressa *à Saint Paul*, em 1756, e que se refere a esta "cidade que se formara, como a antiga Roma da escumalha de todas as Nações", em cuja principal igreja Nicolau fora coroado imperador. Trata-se de um conto, enfim – para usarmos a expressão de Rubens Borba de Moraes –, escrito com base nos acontecimentos verificados nas reduções do Paraguai. Mereceu certo crédito, porém, como inferimos da *New and Accurate History of South America*, de R. Rolt, onde destacamos o seguinte trecho: "A República de São Paulo é um pequeno Estado, situado cerca de 120 milhas a este do Paraguai e mais ou menos 30 milhas ao norte da Capitania de S. Vicente no Brasil; é cercada por inacessíveis montanhas e pela impenetrável floresta de Pernabacaba. Habitam-na espanhóis, portugueses, crioulos, mestiços, mulatos e negros; inicialmente viveram eles sem religião, sem leis, sem fé ou honestidade; mas a necessidade forçou-os a este tipo de governo. São em número aproximado de 4.000 e consideram-se um povo livre, com o nome de Paulistas, segundo sua capital; isto embora paguem ao rei de Portugal uma espécie de tributo, com os recursos obtidos em minas de ouro, amiúde encontradas nas montanhas e em cuja exploração se empregam numerosos índios escravos."

Das confusões não escapavam os viajantes, aqueles que aqui estiveram e puderam colher *in loco* suas observações. A título de exemplo, lembramos J. Henderson, o qual em sua *History of the Brazil* inclui o Paraguai no território brasileiro, constituindo a província de Paranna, com capital em Assunção. Neste caso, ao contrário do que acontece com os rios que chegam ao México, podemos encontrar uma explicação, ao menos. Deveras, grande parte do trabalho do viajante britânico fora calcada na *Corografia Brasílica*, do Padre Manuel Aires de Casal, circunstância esta, aliás, plenamente reconhecida por Henderson em seu prefácio. Ora, ao tratar dos limites do Brasil, nas primeiras páginas de sua Introdução, Casal distingue para o país uma "acepção geográfica e natural" e uma acepção política; de acordo com a primeira, limitá-lo-ia, "ao poente, o rio Paraguai, que corre de norte para o sul", o que corresponderia a incluir-se no território brasileiro boa parte do solo da República paraguaia, sob o nome de Província de Paranna, tal como o encontramos em Henderson. O *Modern Traveller*, de 1825, que procede de maneira semelhante, possivelmente tenha se baseado neste último.

E assim, visto ora como algo de vago e confuso, ora como a Terra da Promissão, ora como a sucursal do Inferno, como um Paraíso da natureza, como um excelente lugar para investimentos comerciais, como o centro das esperanças européias ou como uma terra de vagabundos e bandidos – quando não como simples objeto de curiosidade –, era que o Brasil tomava seu lugar entre as nações independentes. Um traço, porém, ligava todas estas imagens: a certeza das enormes possibilidades materiais do país, projetando-o como uma importante nação do futuro.

CAPÍTULO III

A PRESENÇA INGLESA

UMA das conseqüências mais importantes da vinda da família real portuguesa foi o fortalecimento no Brasil da influência britânica.[1] Da velha metrópole transferia-se para o Brasil a presença inglesa. As necessidades do governo português, primeiro, e depois os problemas iniciais do Brasil independente favoreceram a posição dos ingleses, que souberam aproveitar as circunstâncias para defender seus interesses, sobretudo comerciais.

Influência da civilização material inglesa

A penetração inglesa marcará o século XIX brasileiro. Predominam os ingleses em nosso mercado: trazendo mercadorias de toda espécie, levam matérias-primas, como algodão, e produtos agrícolas ou derivados da pecuária. Investem grandes capitais: em títulos de empréstimos do governo, em companhias mineiras, em estradas de ferro e em inúmeras outras empresas. Influem em todos os aspectos da vida brasileira. A eles deve-se a introdução do gosto pela residência em casas isoladas por jardins bem-tratados, e longe do centro da cidade, freqüentemente em contato direto com a natureza agreste; as transformações no interior mesmo das casas, com a adoção de cômodos, novos arranjos, novos móveis e melhor higiene; o refinamento das maneiras de comer, com o uso do garfo e faca; modificações na moda, não mente quanto às cores preferidas, como também quanto às fazendas e

---

[1] Usam-se no presente capítulo, indiferentemente, como sinônimos, os termos *Inglaterra* e *Grã-Bretanha*, embora o nome oficial do país já fosse, na época estudada, Reino Unido da Grã-Bretanha. Do mesmo modo aparecem como equivalentes *inglês* e *britânico*. Seguimos, assim, costume generalizado entre nós de considerar tais palavras como sinônimas e de chamar ao país simplesmente Inglaterra. Aliás, em documentos oficiais ingleses da época, emprega-se muitas vezes a palavra Inglaterra para designar o Reino Unido da Grã-Bretanha.

ao tipo de vestuário: os chapéus redondos, por exemplo, em lugar dos de três bicos. Os produtos ingleses, louças e porcelanas, cristais e vidros, panelas de ferro, cutelaria e uma infinidade de outros objetos conquistaram as casas brasileiras e nelas se instalaram como mercadoria de qualidade superior. Produtos da indústria inglesa, das mais variadas espécies, tornaram-se comuns nas lojas e armazéns das cidades. Remédios ingleses fizeram época: a magnésia, os calamelanos, os ungüentos de Inglaterra entraram nas farmácias brasileiras. Carruagens inglesas invadiram as cidades mais importantes. Surgiram ainda os machados e serras inglesas, muito superiores aos já existentes, diz John Luccock, em suas *Notas sobre o Rio de Janeiro*, tornando menos árduo o trabalho, particularmente nas derrubadas.

Influência intelectual   Mas os ingleses influíram também intelectualmente no nosso meio, através dos seus escritos em prosa ou verso, dos livros técnicos e científicos, dos colégios com novos métodos de ensino, dos professores de língua inglesa ou de outras matérias. A governanta inglesa, que apareceu logo em cidades como Rio de Janeiro, Bahia e Recife, foi veículo importante na transmissão dos costumes e do pensamento britânicos. E ainda não podemos esquecer a influência na vida política do país: na orientação da linha de conduta do governo ou na ação sobre as atitudes dos parlamentares, que dos ingleses copiaram a oratória, o teor dos discursos.

O século XIX, sobretudo em sua primeira metade, foi assim, no Brasil, o século inglês por excelência. E tudo isso começou com a chegada da família real portuguesa.

Inglaterra, Portugal, o "bloqueio continental" e os ultimatos franco-espanhóis   Os azares da luta entre a Grã-Bretanha e a França de Napoleão tinham acabado, em 1807, por alcançar Portugal, que se viu, então, numa crise de extrema gravidade. Em 1806, para alcançar a Grã-Bretanha, diretamente inacessível, Napoleão decretara, em Berlim, o bloqueio continental. O decreto, datado de 21 de novembro, proibia a entrada nos portos do Império Francês de navios vindos diretamente da Inglaterra ou de suas colônias. Medida já anteriormente aplicada, o bloqueio tinha agora sua finalidade mudada. Napoleão fazia dele uma arma ofensiva, arma de guerra: fechando os mercados do continente, procurava arruinar economicamente sua inimiga, para obrigá-la a render-se. Segundo sua expressão, "pretendia conquistar o mar pela potência da terra". Tomando, pois, novos rumos no tocante ao bloqueio, teve de desenvolver uma política tendente a unir o continente europeu. A eficácia da medida dependia da sua aplicação em toda a Europa, do controle exercido sobre os diferentes portos e vias de penetração da mercadoria inglesa. Até julho de 1807, o decreto não trouxera grandes resultados: a guerra impedia Napoleão de tirar maiores conseqüências do seu ato. Mas depois do acordo de Tilsit com Alexandre I, da Rússia, a situação mudou: o fechamento da Europa aos britânicos tornou-se aos poucos efetivo, e Portugal foi atingido.

A posição de Portugal era delicada. Por tradição e de longa data, era aliado da Grã-Bretanha. O grosso do seu comércio fazia-se com aquele país, e os ingleses tinham grandes interesses no território português. Oferecia um ponto de apoio para a frota britânica e servia de base para o comércio de contrabando inglês com o Império Francês. Lisboa era, em 1807, um dos portos mais ativos da Europa: centro do comércio neutro e do comércio indireto britânico. Desse porto, e de outros centros portugueses, mercadorias inglesas iam à Espanha e outros países do continente, França inclusive.

Isso não podia, evidentemente, satisfazer a política de Napoleão: era necessário, para os interesses franceses, que os portugueses modificassem sua posição, deixando a aliança inglesa e unindo-se ao grupo continental liderado pela França. Importava, antes de mais nada, que fechassem seus portos à Grã-Bretanha, fosse por meio de um acordo, fosse pela ocupação do pequeno reino. Portugal conhecia a situação que se tornou mais grave ainda quando a Espanha tomou posição ao lado da França; desde 1806 chegara a notícia da ameaça que pesava sobre seu território. Colocado entre sua fidelidade à velha aliança inglesa e seus interesses econômicos de um lado, e o temor de Napoleão, de outro, hesitava a Corte de Lisboa quanto à política a seguir.

As hesitações do Príncipe Regente D. João entre as duas correntes que lhe disputavam a preferência – uma favorável à França, outra aos ingleses – deram lugar a uma política dúbia que não satisfazia a ninguém, nem a Napoleão, nem à Grã-Bretanha.

A crise que se abriu com as exigências de Bonaparte e que começou a se agravar em agosto de 1807, quando foi entregue em Lisboa o primeiro ultimato franco-espanhol, punha em perigo a monarquia. Era preciso buscar meios para salvá-la. O Governo encontrou a solução na saída do Príncipe Regente e de toda a família real de Portugal para o Brasil: era a única aceitável. Portugal não tinha poderes para impedir uma invasão: o exército estava em péssimo estado e o país não tinha condições para resistir a um ataque das poderosas forças francesas. Poder-se-ia esperar o apoio inglês. E dos ingleses, através da palavra do seu representante em Lisboa, Lorde Strangford, veio a sugestão para que o Príncipe Regente e toda a sua família se retirassem para o Brasil, colocando-se fora do alcance de Napoleão. Tal conselho coincidia com a opinião de membros do Governo português, de modo que o projeto de transferência começou a ser encarado seriamente. À Grã-Bretanha foram pedidos apoio e garantia para a viagem. Ficou logo decidido que o Príncipe da Beira, D. Pedro, herdeiro do trono, iria primeiro, e o mais cedo possível; além de ser mais fácil do que a mudança de toda a família real, a partida do Príncipe da Beira valeria por uma advertência para a França e prepararia a saída de toda a Corte. Depois do Príncipe herdeiro, no caso de as tropas francesas entrarem no território português, o Príncipe Regente e a família real também embarcariam. Medidas preparatórias para a viagem foram iniciadas: navios foram concentrados em Lisboa e começaram a ser aparelhados para a travessia. Entretanto, o Príncipe D. João, pessoalmente contrário à partida do filho, nada decidia e a viagem foi sendo adiada, o que aborrecia e preocupava Strangford.

O agravamento da situação, depois de um segundo ultimato francês, datado de 25 de setembro, levou o Governo a assinar uma convenção secreta com a Grã-Bretanha, pela qual os dois países tomavam as medidas julgadas necessárias para "conciliar seus interesses e prover à segurança da amizade" que os unia. Assinada em 22 de outubro de 1807, a convenção determinava as medidas que seriam adotadas no caso de Portugal se ver obrigado, para evitar a guerra, a praticar atos de agressão contra a Grã-Bretanha. Previa que a Grã-Bretanha protegeria o Príncipe Regente de Portugal na sua viagem para o Brasil, se ele a fizesse, fornecendo uma escolta que o acompanharia durante toda a travessia do oceano; que a Grã-Bretanha ocuparia a ilha da Madeira, se o Príncipe Regente fosse forçado a fechar os portos aos ingleses, devolvendo-a a Portugal quando se assinasse a paz geral; que a Grã-Bretanha obrigava-se a não reconhecer como rei de Portugal outro Príncipe senão o herdeiro legítimo da Casa de Bragança. Cuidava o acordo de impedir que a marinha portuguesa, militar ou mercante, caísse em mãos francesas e previa que, depois de estabelecido no Brasil, o Governo português negociaria um tratado de auxílio e comércio com a Grã-Bretanha. Em artigo adicional previa-se que, no caso de se fecharem os portos portugueses a navios ingleses, seria estabelecido na ilha de Santa Catarina ou em outro ponto do Brasil um porto franco onde as mercadorias inglesas vindas em navios ingleses pudessem entrar livremente, pagando os mesmos direitos que pagavam no momento em Portugal. Ratificando a Convenção de 8 de novembro, o Príncipe Regente rejeitava o artigo adicional sob a alegação de que o assunto seria tratado no Brasil, se a Corte se mudasse realmente.

A Convenção previa, então, o embarque da família real para o Brasil, no caso de Portugal ser invadido. Mas D. João não se mostrava entusiasmado com a idéia. Esperava que as medidas anunciadas por Napoleão não passassem de ameaças, destinadas sobretudo a levar a Grã-Bretanha a mudar de atitude. Mas a situação evoluiu rapidamente. No dia 1.º de novembro, o ministro português em Paris, D. Lourenço de Lima, chegava a Lisboa trazendo de viva voz a mensagem violenta de Napoleão: Portugal deveria declarar guerra à Inglaterra imediatamente; a França já não aceitaria meias medidas e a sobrevivência do reino luso dependia de sua adesão às imposições francesas. A mensagem de D. Lourenço levou o Governo português a tomar medidas contra os ingleses. Os portos haviam sido fechados em 20 de outubro. Agora os vassalos ingleses foram expulsos do país, suas mercadorias e bens confiscados. E Lorde Strangford, representante inglês, assim como Gambier, Cônsul-Geral, foram convidados a deixar o país. É verdade que os ingleses pouco sofreram com essas medidas. Até fim de setembro, as atividades inglesas continuaram normalmente. Mas, depois da chegada do segundo ultimato francês, mudou a situação: aconselhados pelo Cônsul Gambier, os comerciantes ingleses trataram de salvaguardar seus interesses e deixar o país ameaçado. Dedicaram-se a uma atividade febril visando a reexpedir para a Inglaterra seus estoques de mercadorias, procurando receber as importâncias que lhes eram devidas e transferir seus capitais para a Grã-Bretanha. Depois, em meados de outubro, comboios de 60 e 80 navios deixavam Lisboa e Porto, respectivamente, levando os súditos ingleses, suas famílias, seus bens, grandes quantidades de vinho e algodão. Desse modo, os ingleses conseguiram salvar grande parte dos seus interesses em Portugal; foram atingidos os bens imóveis que não puderam vender-se em tempo e alguns créditos alcançados pelos decretos de novembro (e depois pelo confisco determinado por Junot). A demora portuguesa em atender as exigências da França dera assim aos ingleses tempo de salvar a maior parte dos seus bens. As medidas do começo de novembro tiveram, pois, um caráter ilusório. Com elas, D. João pensava apenas impedir a invasão do país pelas forças comandadas por Junot. A decisão, entretanto, viera tarde. Junot pusera-se em marcha já em fins de outubro; a guerra declarada pela França e o Tratado de Fontainebleau, de 27 de outubro, assinado entre França e

Espanha, decidiam a partilha de Portugal e do seu Império. No dia 22 de novembro, soube-se em Lisboa que as tropas de Junot estavam na fronteira, e no dia 23 caía como uma bomba a notícia levada pelo jornal francês *Moniteur*, a declaração de Napoleão de que a Casa de Bragança cessara de reinar.

Enquanto isso, os preparativos para o embarque prosseguiam mais ou menos lentamente. Mas a notícia de que Junot chegava a Abrantes apressou os responsáveis pela operação. D. João hesitava ainda e suas últimas vacilações foram vencidas por Strangford, que voltara a Lisboa e o convencera da necessidade de partir para o Brasil. A 29 de novembro saiu a frota, levando a família real, inclusive a Rainha D. Maria I, vários milhares de pessoas, papéis de Estado, tesouros da Coroa e outros bens avaliados em 80 milhões de cruzados. No dia 30, Junot entrava em Lisboa.

A hesitação de D. João prendera-se ao temor da travessia do Atlântico e também ao fato de que, saindo, abandonava Portugal ao seu destino, salvando, embora, a dinastia e a posse do Brasil. Sabia-se que a colônia americana poderia ser perdida, se Portugal passasse para a esfera francesa, pois os ingleses nunca consentiriam que se estendesse até o Brasil a influência francesa.

A política inglesa e a partida da família real portuguesa

A insistência de Strangford em convencer D. João a partir coadunava-se com a política britânica do momento. À Grã-Bretanha interessava grandemente impedir que a esquadra portuguesa caísse nas mãos de Napoleão e causava grande preocupação a Strangford e ao gabinete inglês ver os navios lusitanos concentrados no Tejo, à mercê dos franceses se estes entrassem em Lisboa. Daí a ação de Strangford lutando por convencer D. João. Interessava também à Grã-Bretanha que os franceses, ocupando o reino, não pudessem tirar o menor proveito das colônias portuguesas, especialmente do Brasil, nem estabelecer sua influência neste lado do Atlântico. Já na Convenção de 22 de outubro, ficara assentado, pelo art. 1º, que o Príncipe Regente de Portugal não permitiria a "assistência de nenhum oficial francês, quer pertencente ao serviço da França, quer ao de Portugal" no Brasil e na ilha da Madeira. A saída da família real da Europa, impedindo que D. João fosse aprisionado pelas forças napoleônicas, dava a solução para o problema do Brasil. O estabelecimento aqui da sede da Monarquia colocava o Brasil sob a influência britânica, sem necessidade de uma luta que a Grã-Bretanha não estaria em condições de sustentar, pois isso significaria dispersão de forças, e, em meados de 1807, o estado do país, do ponto de vista militar e financeiro, não era dos melhores.

Projetos ingleses de conquista na América do Sul   É verdade que projetos de conquista na América do Sul tinham sido tentados em 1806 e em começo de 1807. A ocupação de Buenos Aires por Sir Home Popham fizera-se por iniciativa deste, sem plano ou autorização do Governo. O entusiasmo despertado pelo ato, dadas especialmente as possibilidades de comércio que abria, contaminara o gabinete dirigido por Lorde Grenville. Um corpo expedicionário foi mandado reforçar os contingentes ingleses, planos foram feitos para a conquista do Chile e do México, planos grandiosos e sem base segura. As forças enviadas ao Prata tomaram Montevidéu, pois Buenos Aires já estava evacuada e o Comandante Craufurd, que deveria dirigir-se ao Chile, foi desviado para aquela cidade. Mas os ingleses, atacando novamente Buenos Aires, sob o comando de Whitelocke, em julho de 1807, perderam a luta e as posições no Rio da Prata, e Montevidéu foi evacuada no começo de setembro.

Mas em março desse ano, o gabinete Grenville foi substituído por um ministério *tory* chefiado pelo Duque de Portland. Com Canning agora na Secretaria dos Negócios Estrangeiros e Castlereagh na da Guerra e Colônias, todos os planos de conquista na América do Sul foram abandonados. Pretendiam os novos ministros concentrar o esforço bélico do país sobre o continente europeu. A Canning pareceu um desafogo a derrota de Whitelocke em Buenos Aires, e escrevendo a 12 de setembro só lamentava as perdas sofridas. Do mesmo modo, Castlereagh considerava fora de cogitação qualquer ato de conquista na América do Sul – fora demonstrada a sua inviabilidade – que acarretasse a disseminação dos recursos militares ingleses. Preferia que se ajudasse o estabelecimento da independência, que trazia o fim do monopólio comercial da Espanha, e, pela adoção da Monarquia, conseguir afastar a contaminação dos princípios jacobinos da Revolução Francesa. Nos movimentos de independência, apareceram os ingleses como auxiliares e protetores, colhendo os benefícios dessa posição. A mesma opinião foi manifestada por Arthur Wellesley (depois Duque de Wellington), em 8 de fevereiro de 1808, quando escreveu que "qualquer tentativa de conquistar as províncias da América do Sul visando uma futura sujeição à Coroa Britânica fracassará certamente; e o único meio de arrancá-las à Coroa da Espanha será por meio de uma revolução e pelo estabelecimento de governos independentes dentro delas". A Wellesley foi destinado o comando da única expedição organizada pelo gabinete, com destino à América, e que tinha por finalidade apoiar movimentos de independência das colônias espanholas, do México especialmente. A revolta dos espanhóis contra Napoleão mudou, porém, o rumo da política: Wellesley foi mandado à Espanha, e os ingleses não pensaram mais em expedições para a América Espanhola.

Quanto ao caso particular do Brasil, Castlereagh manifestara o desejo de evitar "a tarefa sem esperança de conquistar essa extensa região contra a vontade de seus habitantes". Para o gabinete inglês era preferível que mudasse de sede a Corte portuguesa, pois a Inglaterra tiraria, sem gastos ou danos, melhores proveitos.

Os portugueses, os ingleses e a necessidade de intercâmbio comercial
No momento, o essencial para a Grã-Bretanha era assegurar o comércio com as possibilidades de obter mais vultoso numerário. E as condições do comércio se tinham tornado bem pouco lisonjeiras na segunda metade de 1807. As exportações vinham sendo restringidas e estavam, em outubro, quase inteiramente suspensas; as importações contraíam-se progressivamente. Com a aplicação mais estrita do bloqueio continental, a partir de julho, as relações comerciais com os países europeus tornavam-se cada vez mais difíceis. As exportações para Portugal, por exemplo, atingidas pela crise portuguesa e pelo fechamento dos portos lusos, foram inferiores de 40% às de 1806, de sorte que vários negócios iam sendo prejudicados, especialmente o de bacalhau, privado agora do "único mercado importante que lhe estava aberto na Europa". Ao mesmo tempo, o mercado norte-americano também se restringia por causa da tensão criada entre os Estados Unidos e a Grã-Bretanha com o problema da navegação dos neutros. As restrições no comércio com os Estados Unidos agravaram-se, no fim do ano, de um lado, por causa das leis americanas de não importação e do embargo, que proibiam a importação de produtos ingleses e a saída de navios americanos para portos estrangeiros, e de outro por causa do retraimento dos comerciantes ingleses, temerosos de uma guerra entre os dois países.

Dificuldades graves atingiram comerciantes e industriais britânicos. A atividade comercial tinha seu curso normal interrompido: os navios, que não podiam chegar ao destino, voltavam ou mudavam de rumo; navios fretados ficavam vazios nos portos. Carregamentos tiveram de ser desembarcados e armazenados, imobilizando-se capitais; transferências de fundos tornaram-se difíceis. A crise atingiu o mercado de produtos tropicais, e grandes estoques de café e açúcar amontoaram-se, sem possibilidade de escoamento, pois o fechamento do mercado europeu coincidira com a chegada de grandes remessas das Antilhas.

A indústria foi duramente atingida e a crise agravou-se a partir de setembro. A diminuição das exportações teve como conseqüência a acumulação de estoques, a baixa dos preços, a restrição do trabalho, e, em algumas regiões, a demissão de operários. A indústria têxtil foi duramente alcançada, as fábricas de lã sofrendo mais que as de algodão. Na indústria metalúrgica, paralisadas completamente as exportações para o continente, operários perderam o emprego, falências multiplicaram-se. Também na indústria da cerâmica os negócios pioraram sensivelmente. Esboçava-se a inquietação social em conseqüência da crise industrial. Movimentos favoráveis à paz ocorreram em vários centros, e petições assinadas por grande número de médios e pequenos industriais, artesãos, operários foram enviadas ao Parlamento e ao Rei, solicitando medidas que pusessem fim à guerra, com grande inquietação para o governo.

Nessas condições, a notícia da saída da família real portuguesa para o Brasil foi recebida com satisfação pelo governo e com entusiasmo pelos comerciantes e industriais, que viam abrir a possibilidade na América portuguesa e através dela, na América espanhola, de novos mercados que poderiam substituir em parte os que se fechavam na Europa e Estados Unidos.

Antes mesmo de D. João chegar ao termo da viagem, começaram preparativos para o envio de mercadorias da Inglaterra para o Brasil. Foram tomadas medidas de comum acordo entre o governo inglês e o embaixador português Sousa Coutinho para se controlar a saída dos navios: o governo esperando impedir a repetição do excesso havido nas exportações com a notícia da tomada de Buenos Aires em 1806 e o ministro português visando a impedir o contrabando inglês no Brasil. Um sistema de licenças de comércio foi instituído: os navios deveriam estar munidos de duas licenças, uma concedida pelo *Privy Council*, outra pelo embaixador português, que ainda fazia o controle dos manifestos de carregamento. Os navios deviam dirigir-se à ilha de Santa Catarina. Este sistema incômodo funcionou até divulgar-se a notícia da abertura dos portos brasileiros.

A abertura dos portos

A abertura dos portos foi medida tomada por D. João logo depois da sua chegada à Bahia: a Carta Régia, de 28 de janeiro de 1808, abria o comércio com as nações estrangeiras, sendo permitida a importação "de todos e quaisquer gêneros, fazendas e mercadorias transportados em navios estrangeiros das potências que se conservavam em paz e harmonia com a Real Coroa", ou em navios portugueses. Os gêneros denominados molhados – vinho, aguardente, azeite doce – pagariam o dobro dos direitos a que até então estavam sujeitos; as outras mercadorias – gêneros secos – pagariam 24% *ad valorem*. Segundo a carta régia, podiam ser levados pelos estrangeiros os "gêneros e produções coloniais", exceto o pau-brasil e "outros notoriamente estancados".

A decisão, cuja importância não é preciso encarecer – bastando notar que ela quebrava o exclusivismo colonial e abria nova fase na história do Brasil –, favorecia as nações amigas, em especial a Grã-Bretanha, e dava orientação geral para o comércio.

Posteriormente, ato do Príncipe (11 de junho de 1808) estabelecia tarifas preferenciais para as mercadorias portuguesas: 16% *ad valorem* sobre os gêneros secos e 1/3 menos do que estava estabelecido para os molhados.

Esses atos regularam o comércio externo brasileiro, até o momento em que foi assinado o tratado anglo-português de comércio.

Afluência de comerciantes ingleses para o Brasil

Os interessados nos negócios com o Brasil começaram a movimentar-se na Inglaterra já em dezembro de 1807. Considerando o estado de paralisação em que se encontrava o comércio e os problemas que afligiam a indústria, as possibilidades de abertura de uma porta de saída atraíram numerosos mercadores. Em janeiro e fevereiro de 1808, algumas licenças foram concedidas pelo *Privy Council* para o envio de navios mercantes para os portos brasileiros. Foi a partir de março, porém, que os preparativos para as viagens se intensificaram e que os interesses se movimentaram intensamente. Numerosas casas de comércio fizeram saber, por meio de circulares, que se preparavam para desenvolver negócios com o Brasil e ofereciam seus préstimos a outros interessados, encarregando-se do transporte e venda de mercadorias em comissão. Eram comerciantes respeitáveis, muitos deles velhos interessados no mercado português ou espanhol, outros acostumados ao comércio com os Estados Unidos, agora paralisado. Alguns comunicavam, também por circulares, que iam abrir filiais no Brasil. O caso de R. Kirwan, de Londres. Pertenciam a diferentes cidades: Londres, Birmingham, Leeds, Manchester, Hull.

Numerosos industriais também se interessavam, enviando suas mercadorias por intermédio de agentes em comissão ou dirigindo-se a casas estabelecidas no Brasil. Assim, donos de metalúrgicas de Birmingham e Sheffield, de fábricas de fazendas de algodão e lã do Lancashire ou de indústria de vidros e cerâmica do Yorkshire.

Em junho de 1808, esses interessados no comércio do Brasil formaram, por sugestão do embaixador Sousa Coutinho, a *Associação dos Comerciantes que Traficam para o Brasil*, sob a presidência de John Princep. Reuniu logo a associação 113 membros e sua finalidade era defender os interesses dos seus associados, intervindo até junto a órgãos do governo.

Muitos comerciantes saíram da Inglaterra e vieram estabelecer-se no Brasil. Vinham uns como representantes de firmas inglesas, abrindo aqui filiais: o caso de John Luccock, da firma Lupton & Co., de Leeds, cuja situação se abalara devido às dificuldades do comércio com os Estados Unidos e Portugal. Alguns desses representantes eram jovens que normalmente faziam seu aprendizado comercial nos Estados Unidos; agora, com a paralisação dos negócios, foram encaminhados para o Brasil, onde as condições de trabalho eram muito diferentes. Entre esses achava-se Frederico Britain, correspondente de A. Gibbs, de Londres. Outros vinham por conta própria, na esperança de melhorar de vida e fazer sua independência econômica.

Ao lado desses comerciantes respeitáveis vieram muitos aventureiros e especuladores. Muniam-se de pacotilha comprada sem cuidado e traziam esperanças de riqueza fácil. Atrapalharam muito o comércio, mas muitos não demoraram em voltar para sua terra.

Esses ingleses dirigiram-se para diferentes portos do Brasil, predominantemente para o Rio de Janeiro. Heaton, no seu trabalho *A Merchant Adventurer in Brazil*, calcula em 100 o número de firmas inglesas existentes na capital brasileira em setembro de 1808, enquanto R. A. Humphreys indica, no seu livro *Liberation in South America*, a existência de 150 ou 200 "aventureiros" ingleses (isto é, homens dedicados a negócios) na mesma cidade, em agosto daquele ano. Os nomes de alguns desses comerciantes são conhecidos (mencionados por Gilberto Freyre, no seu livro *Ingleses no Brasil*, de acordo com jornais da época). Em 1808, já estavam estabelecidos: no Rio de Janeiro, Robert Kirwan & Cia., Valentin Chaplin & Cia., Burke & Marcher, Dyson, Irmãos & Finnie, Nathaniel Silkerk (regressou à Inglaterra em novembro de 1808), Rutherford, Manson & Cia. (falidos em 1811) e outros; em Recife, Thomas Stuart, Samuel Acton, George Thomas Michel, Samuel Preston, Johnston & Cia.; na Bahia, Guilherme Murray; no Ceará, William Wara. Luccock, no seu livro acima citado, fala de uma firma inglesa já estabelecida em S. Pedro do Rio Grande, em 1809.

Comboios mercantes e dificuldades de descarga e de alfândega

Entre 15 de janeiro e 24 de maio, 44 navios ingleses obtiveram licença do *Privy Council* para vir ao Brasil. O primeiro comboio com esse destino partiu em abril; em maio partiram dois comboios, com cerca de 50 navios, e entre julho e novembro saíam mais quatro comboios.

Segundo diz o inglês John Mawe, em suas *Viagens ao Interior do Brasil*, os melhores navios para a viagem entre a Grã-Bretanha e o Brasil eram os de cerca de 400 toneladas, rápidos, de boa navegabilidade, capazes de fazer o percurso em cinco ou seis semanas; navios menos rápidos podiam levar, na travessia, o dobro desse tempo, tornando a viagem fastidiosa.

Essas embarcações trouxeram tal quantidade de mercadorias, que logo abarrotaram o mercado. Conhecemos o que se passou no Rio de Janeiro. Ao chegarem os navios ao porto, começavam as dificuldades. Não havia cais suficiente onde pudessem atracar. As mercadorias eram transferidas para barcaças, que as descarregavam depois com o auxílio de um velho guindaste manual, movido por escravos. Em 1808, havia, fazendo o serviço, dois batelões pertencentes ao mesmo dono, que ainda tinha o monopólio de seu uso. Os trabalhos de desembarque eram lentos e os navios ficavam dias e dias esperando sua vez de descarregar, gastando grandes somas em taxas portuárias. Antes de inundarem o mercado com seus produtos, os navios congestionavam o porto.

Descarregadas, as mercadorias eram colocadas em armazéns pequenos, insuficientes para o comércio em grande escala e que logo ficavam superlotados. Os produtos que não cabiam nos armazéns eram deixados em galpões cobertos, na praia ou nas ruas, estragando-se com a poeira, o sol, a chuva. A passagem das mercadorias pela alfândega era morosa, sujeita a processos demorados e pouco adequados ao novo movimento do porto do Rio de Janeiro e ao formalismo dos funcionários. Item por item, tudo era conferido, não uma, mas duas vezes; cada peça recebia um selo com as armas de Portugal e era avaliada. A avaliação fazia-se arbitrariamente. John Luccock, que nos deixou relato desses processos em suas *Notas sobre o Rio de Janeiro* e em cartas, conta-nos que nem sempre preços constantes nas faturas eram considerados, valendo mais o "conhecimento" dos preços correntes pelos funcionários da alfândega; e que todas as vidraças para janelas, de qualquer tamanho, pagavam a mesma taxa; os vidros de mostarda pagavam sempre iguais direitos, ainda que de tamanhos e quantidades diferentes; diz ainda que sua firma costumava pôr sua marca comercial apenas em panos superfinos, mas depois os punha também em panos mais baratos, fazendo com que os funcionários os taxassem igualmente, não importando quão diferentes fossem os artigos. Contra as exigências, os abusos e as insuficiências reagiam os ingleses, ora por meio de propinas, ora chamando a atenção das autoridades inglesas ou brasileiras. E conseguiram ser atendidos, pois, em junho de 1809, Luccock escrevia que "os ingleses tinham-se tornado senhores da alfândega, que eles regulavam tudo e que ordens tinham sido transmitidas aos oficiais para que dessem particular atenção às indicações do Cônsul Britânico". Reclamavam também os ingleses contra o fato de que os impostos alfandegários deviam ser pagos imediatamente, em dinheiro, não sendo aceita outra forma de pagamento.

Terminada a operação de conferência e pagos os direitos devidos, as mercadorias eram colocadas fora da Casa da Alfândega, na rua mesmo, tudo misturado – fazendas finas, manteiga, peixe, óleo, ferros –, podendo então ser retirados. O trabalho de transporte no cais e nas Casas da Alfândega, nos armazéns, era feito por escravos vagarosos, desinteressados, o que acarretava demora maior.

Evidentemente, em 1808-1809, o aparelhamento do porto e os processos usados estavam longe de poder atender às necessidades de um comércio intenso como o que os ingleses inauguraram.

Melhoramentos foram, entretanto, introduzidos. O mesmo Luccock, falando do Rio de Janeiro em 1813, indica-nos algumas mudanças: tinham sido aumentados os "edifícios adjacentes à Alfândega, regulamentados os trapiches públicos e as licenças para depósito de gêneros em docas particulares"; também tinham melhorado os "processos de visita e desembaraço dos navios" e ainda eram aceitos "fiadores" e "assinantes" em lugar de pagamento imediato dos direitos. Tinham desaparecido todos os privilégios, inclusive o dos batelões usados na descarga dos navios. Os serviços corriam com "maior presteza e mais ordem".

Liberadas nas alfândegas, as mercadorias eram levadas aos armazéns e lojas para serem vendidas. Chegando ao Rio, os comerciantes ingleses beneficiaram-se com os decretos do Príncipe Regente que proibiam os brasileiros de ocupar duas ou mais casas, inclusive lojas e armazéns. Assim, puderam obter lugar para sua instalação, pagando, segundo Luccock, generosos aluguéis, pois não quiseram prevalecer-se das vantagens concedidas pelo Príncipe. Instalaram-se, de preferência, diz Gilberto Freyre, nas ruas vizinhas à alfândega – na própria Rua da Alfândega, na Rua Direita, na dos Pescadores, que eram vias mais largas. Também em Salvador e Recife instalaram-se nas vizinhanças da alfândega. Isto pela necessidade de ter facilitado o transporte de suas pesadas mercadorias e de ter espaço para sua instalação.

Dificuldades no escoamento de mercadorias De tudo trouxeram os ingleses desde as primeiras viagens: fazendas de algodão, lã e seda; peças de vestuário, alimentos, artigos de armarinhos, móveis, vidros, cristais, louças, porcelanas, panelas de ferro, cutelaria, quinquilharia, carruagens etc.

O mercado brasileiro abria-se no momento em que a maioria dos outros mercados tradicionais estava fechada para a Grã-Bretanha, de modo que os comerciantes ingleses logo exportaram quantidades enormes de mercadorias, acima da capacidade de absorção do mercado brasileiro. O desejo de solucionar o problema que se tornava angustiante, com a paralisação dos negócios, com o acúmulo de mercadorias, a estagnação dos capitais, é responsável pelo aspecto que tomaram as exportações para o Brasil em 1808-1809. Não se pode, parece-nos, explicar a situação, como quer Gilberto Freyre, na sua obra *Ingleses no Brasil*, atribuindo-a exclusivamente à competição entre negociantes decorrente do "sistema capitalista na sua forma cruamente individualista". Havia atrás de tudo uma necessidade de dispor de estoques grandes parados e de resolver a situação crítica nos negócios: essa a primeira causa da excessiva quantidade de mercadoria enviada. A isso juntaram-se depois as especulações, a aventura pura e simples. O depoimento de certo Joseph Rogerson, de Leeds, autor de um diário no qual indica a situação da indústria na sua região, em 1807-1808, citado por Heaton no seu trabalho *A Merchant Adventurer in Brazil*, é esclarecedor a esse respeito. Em 22 de fevereiro de 1808, dizia ele, um grupo de manufatureiros locais "está mandando mais de £ 10.000 de mercadorias para o Brasil: as pessoas 'aventuram' intensamente agora, pois não há outro mercado aberto para as fazendas".

Entre as mercadorias chegadas em 1808 vieram produtos próprios para o mercado, com os quais os brasileiros já estavam habituados. Foram trazidos por comerciantes interessados no mercado de Portugal e que já mantinham relações indiretas com o Brasil, antes de 1808. Vieram também bons produtos, mas não apropriados às necessidades e hábitos de consumo do Brasil: faziam parte de estoques destinados, na origem, a outros países, aos Estados Unidos, por exemplo, e que se conservaram invendáveis. E no meio disso vieram artigos absolutamente impróprios para o mercado, decorrendo o erro, de um lado, do desconhecimento das condições brasileiras, de outro, da vinda de aventureiros que traziam pacotilha comprada às pressas e a baixo preço. São famosas as indicações de artigos como patins para gelo, espartilhos para senhoras (de uso desconhecido aqui), instrumentos de matemática em quantidade capaz de "fornecer a nação européia mais esclarecida durante anos". Luccock, um dos representantes comerciais mais bem orientados entre os ingleses, recebeu carteiras e porta-notas, numa terra onde não existia papel-moeda e onde os homens nem sequer carregavam dinheiro, devido ao peso das moedas, deixando-o aos cuidados de escravos que os acompanhavam.

O abarrotamento do mercado, que logo se fez sentir, tornou difícil o escoamento das mercadorias. Isso se refletiu imediatamente nos preços dos produtos. Houve uma baixa grande de preços, agravada ainda pela pressa de alguns indivíduos em vender rapidamente sua mercadoria. Assim, boa cutelaria foi vendida por metade do preço corrente na Inglaterra; chapéus para homem de 26 sh. venderam-se a 4 sh.; meias de algodão de 7 sh. 6 d. caíram para 4 sh. 6 d.

Os comerciantes, preferindo embora o comércio de atacado, tiveram de conformar-se com as vendas a retalho. Isso foi uma decepção para muitos, pois vinham de sua terra, geralmente, com a intenção de fazer-se grandes comerciantes. Mas tiveram de aceitar a condição de retalhistas, se não quisessem perecer: os que não se adaptaram sofreram grandes perdas, tendo de liquidar tudo como puderam. Também a casa especializada num ou em poucos artigos não teve sucesso. Luccock, por exemplo, vindo ao Brasil, pensava, de acordo com sua firma, negociar com lãs ordinárias e lãs superfinas, esperando encontrar facilidade em vendê-las. Mas esse plano não pôde ser seguido por não responder à necessidade do meio, de modo que a casa passou a vender tudo o que firmas inglesas lhe mandassem em consignação: entendimentos foram feitos pela casa matriz, e Luccock acabou recebendo "algodão e chapéu de Manchester, lã, cachimbos e tabaco em pó de Leeds, vidro, louça e vestidos de algodão de Glasgow, linho da Irlanda, xales e lâminas de espada do mesmo exportador de Norwich, ferragens sortidas de Birmingham, meias de Nottingham e até manteiga e queijo de Cork". Isso dá uma idéia da diversidade de mercadorias que uma firma podia reunir e da diversidade de centros ingleses que se ligaram ao comércio brasileiro. Também os jornais da época, citados por Gilberto Freyre, dão conhecimento de outras lojas providas de mercadorias diversas: freios, selins, lanternas para carruagens eram vendidos ao lado de óculos de alcance, estojos de instrumentos matemáticos; escovas, pentes, navalhas, perfumes, sabonetes, graxas e óleos, ao lado de fazendas, manteiga, louças, ferro etc.

Soluções diversas foram adotadas para facilitar a venda das mercadorias encalhadas. A mais comum foi a hasta pública. Já em 1808, numerosos leilões foram feitos no Rio de Janeiro. O leiloeiro inglês ficou sendo figura importante nos meios cariocas. Diogo Birnie, Turner, Taylor & Cia., Diogo Gil, T. W. Stanfeld são nomes de leiloeiros que já apareciam nos anúncios de jornais de 1808. E os donos das mercadorias vendidas em leilão eram comerciantes que, desiludidos, iam embora, como talvez Nathaniel Silkerk, que anunciava leilão de suas mercadorias porque pretendia "sair para sua terra na primeira ocasião"; eram comerciantes que desejavam ver-se livres de estoques encalhados, eram aventureiros que dispunham de sua pacotilha para reunir logo qualquer lucro. Os leilões tiveram importância muito grande na difusão dos artigos ingleses.

Outra solução adotada foi a venda das mercadorias nas ruas, de casa em casa, por intermédio de agentes, verdadeiros mascates. Também se enviaram os artigos para cidades do interior, próximas e distantes do Rio. E ainda se reexportaram para as colônias espanholas, especialmente Buenos Aires: grande quantidade de artigos saiu assim para o sul, indo por sua vez abarrotar o mercado platino, onde nem sempre os negócios correspondiam à expectativa. No caso de reexportação, os comerciantes ingleses reclamavam contra os direitos a pagar: além dos 24% já pagos na entrada, e que não eram devolvidos, deviam pagar mais 4% de taxa de exportação. Em 1808, segundo Luccock, a intervenção de Sir Sidney Smith, comandante da esquadra britânica, apoiando o Cônsul J. Gambier, levou o governo a cobrar dos negociantes ingleses apenas uma taxa de trânsito de 4% para as mercadorias reexportadas, que seriam fiscalizadas, mas não desencaixotadas.

Das mercadorias que sobraram ainda, alguma foi recambiada para a Inglaterra.

Mesmo com essas medidas todas, somente em 1810 o mercado começou a adquirir um aspecto normal, com a absorção das mercadorias excedentes. E também, retirando-se os comerciantes menos respeitáveis, os desapontados, as condições de trabalho do grupo melhoraram: o negócio ficou nas mãos de um número menor, mais estável, ao qual ficaram possibilidades importantes de ganho. Luccock indica o pedido de £ 200.000 de fazendas de lã anualmente, sendo que seis casas dominavam o comércio, cabendo a cada uma razoável parcela de lucro. A firma de Luccock pôde vender anualmente cerca de £ 100.000.

De modo geral, o comércio com o Brasil apresentava dificuldades que se fizeram sentir desde 1808. Era um mercado restrito, pouco elástico, difícil de manter equilibrado. As primeiras importações tinham mostrado a pequenez do mercado. Aliás, diante do movimento comercial para o Brasil, um artigo publicado na *Edinburg Review*, em abril de 1808, mostrava justamente esse aspecto do mercado brasileiro, que não poderia absorver muito mais do que aquilo que já vinha da Inglaterra indiretamente através de Portugal. Segundo ele, o comércio com o Brasil só poderia desenvolver-se lentamente. As ocorrências já indicadas deram razão ao autor do artigo.

Depois, a continuação dos negócios foi mostrando outras dificuldades. A primeira delas era escolher a quantidade e a qualidade dos artigos próprios para o mercado.

Havendo falta de um produto na praça, faziam-se encomendas dele à Inglaterra: acontecia, porém, que vários comerciantes pediam a mesma coisa. Quando chegavam os produtos, o mercado não podia absorver tudo. Luccock, o nosso conhecido comerciante inglês, cita dois casos acontecidos com ele mesmo: em 1809, estando as casas do Rio de Janeiro em reforma, foram encomendadas grades de ferro na Inglaterra. Mas Luccock foi dos últimos a receber a encomenda, de modo que não pôde colocá-la e, ainda em 1814, tinha as tais grades encalhadas; e a única esperança de dispor delas era vendê-las a peso, como metal. Outro fato desses ocorreu em 1814: não havia sabão na praça, e em agosto chegou-lhe uma remessa que ele esperava vender a 160 rs. a libra; mas na mesma ocasião outra firma recebeu também sabão e só foi possível vender o produto a 80 rs., pois a oferta passou a ser maior que a procura.

Também o fator sorte influía na possibilidade de bom comércio; por exemplo, ter as mercadorias em navios que chegassem antes dos que traziam encomendas para os rivais e tê-las desembarcadas em primeiro lugar, pois quem recebia primeiro as mercadorias colocava-as logo, antes da competição iniciada. Dificuldade residia, ainda, na demora das relações com a Inglaterra: entre o envio de um pedido e a chegada da mercadoria podiam decorrer meses e então a oportunidade de colocá-la teria passado, a moda mudado e o produto ficava encalhado, com perda evidente.

No que diz respeito à qualidade dos produtos, só o conhecimento do mercado solucionou o problema da escolha. Certa mudança no gosto trouxe, por exemplo, a partir de 1809, melhoria na aceitação das fazendas finas.

Somente quando o mercado se estabilizou totalmente e o hábito de consumo de produtos ingleses se enraizou é que essas dificuldades diminuíram ou desapareceram.

Havia a considerar também os estragos sofridos pelas mercadorias por quebra, no transporte e desembarque, por mofo, por ferrugem, devidos ao clima. E não era desprezível o prejuízo em resultado de roubos. Nas primeiras viagens, com as mercadorias colocadas nas ruas, muita coisa foi roubada. Essa espécie de roubo diminuiu quando as condições do porto melhoraram, mas havia sempre roubo nas próprias lojas.

A remessa do produto das vendas para a Inglaterra

Realizadas as vendas, vinha a segunda parte do negócio para ser resolvida: a remessa do produto das vendas para a Inglaterra. O comerciante podia fazer sua remessa sob três formas diferentes. A primeira, por meio de letras de câmbio, a mais vantajosa, porque permitia o conhecimento imediato dos lucros e porque a transação encerrava-se mais rapidamente. Mas nem sempre havia letras disponíveis no Rio e isso embaraçava o negócio. A segunda forma de remessa consistia em mandar cargas de retorno. Essa forma de pagamento era apreciada, pois poderia permitir dois proveitos, um na venda de mercadorias exportadas, aqui, outro na venda dos retornos, lá. Favorecia este tipo de ajuste o fato de que no mercado brasileiro as compras nem sempre eram feitas com dinheiro; as transações comerciais faziam-se comumente por trocas em espécie. Em troca de cutelaria davam-se couros e algodão, trocava-se vidro por sebo etc. Mas os retornos que o Brasil podia fornecer eram produtos coloniais e matérias-primas: algodão, café, açúcar, cacau, tabaco, sebo, couros, peles, madeiras para tinturaria, cochonilha. Alguns desses produtos tinham sua entrada proibida na Inglaterra, sendo admitidos apenas para reexportação. Outros, permitidos na Inglaterra, tinham dificuldade em ser colocados. A disposição de todas essas mercadorias dependia das condições do mercado inglês, interno ou externo, muito variável até 1814, por causa da guerra. Muitas vezes os retornos escolhidos em função daquele mercado eram enviados em momentos favoráveis, mas, ao chegarem à Inglaterra, as condições estavam mudadas e então diminuíam ou desapareciam as possibilidades de lucros. Outras vezes, encontrando condições boas, os retornos davam bom ganho. Em 1809, por exemplo, sebo e peles brasileiros foram bem vendidos, dando bom dinheiro; o algodão pernambucano comprado a preços baixos permitiu lucros que compensaram uma perda de 20% sobre as mercadorias exportadas. Em 1810, os preços dos produtos coloniais abaixaram muito, ocasionando perdas nos negócios: os mesmos sebos e peles deram grandes prejuízos. E às vezes, como aconteceu em 1808-1809, especialmente por inexperiência dos interessados e pressa em resolver os negócios, os carregamentos eram mal escolhidos, aceitando os ingleses qualquer gordura como sebo, peles mal curtidas etc., e então o resultado era um desastre. Para obter lucro era necessário não somente que o negociante soubesse escolher os produtos de retorno, como também que ele tivesse a sorte de encontrar o mercado em boas condições à chegada do carregamento. Havia ainda influindo no resultado final das transações a possibilidade de encarecimento aqui dos produtos de retorno: a grande procura pelos ingleses fazia aumentarem os preços. Em 1808, por exemplo, os brasileiros aproveitaram a situação: os artigos do país foram adquiridos pelos ingleses por preços elevados. Ora, isso também contribuía para a diminuição das rendas ou para as perdas dos comerciantes britânicos, especialmente se os produtos chegavam à Inglaterra num momento de mau mercado.

Foi esta forma de remessa de ganhos que predominou.

A terceira modalidade de agir era enviar como retorno a moeda ou o ouro e as pedras preciosas. As moedas eram muito escassas no Brasil, dificilmente podendo pagar todas as importações. Podia-se pensar em receber o ouro mesmo, em pó ou em barras, mas sua exportação era proibida, só sendo possível a saída através de contrabando, o que constituía um risco para o exportador. Mas até 1813 foi um risco que valia a pena correr, e muitos comerciantes empenharam-se em obter ouro para exportar. Em 1813, as condições desse comércio mudaram: os preços do ouro aqui no Brasil, pela grande procura, tinham subido, o perigo de corsários americanos havia feito aumentar muito as taxas de seguro, e os produtos locais, muito procurados, tiveram seus preços aumentados na Inglaterra e avultara o suprimento de letras de câmbio sobre Londres. De modo que se tornou mais compensador fazer o envio através das letras de câmbio ou de mercadorias de retorno. Também, depois de 1814, com o fim da guerra, o valor do metal caiu em Londres: não compensava mesmo mandar ouro. Luccock, em sua correspondência, dá indicações sobre as transações com ouro, pelas quais se interessou; em três anos enviou ouro, em moeda, pó ou barra, avaliado em mais de £ 30.000. Além do ouro, interessavam também as pedras preciosas; mas neste campo os riscos eram muito grandes. Era difícil a quem não conhecia bem o ramo escolher as pedras e não ser enganado. Ocorria muitas vezes que as pedras enviadas para Londres, avaliadas lá corretamente, nada rendiam e só excepcionalmente produziam resultado bom. Por isso, alguns negociantes, como Luccock, prefeririam não enviar pedras preciosas como retorno.

O tratado de comércio de 1810 Todas essas dificuldades não impediram, entretanto, que o comércio anglo-brasileiro se firmasse.

Uma das condições que mais contribuíram para isso foi a assinatura do tratado de comércio de 1810 entre Portugal e Grã-Bretanha.

O tratado de 1810 foi o preço pago por Portugal à Inglaterra pelo auxílio que dela recebera na Europa. Segundo Canning, os ingleses recebiam, por esse tratado, "importantes concessões comerciais às expensas do Brasil", em troca de "benefícios políticos marcantes conferidos à Mãe Pátria". Liga-se o tratado, portanto, também, às circunstâncias da política européia. Realmente, as circunstâncias políticas na Europa, a dependência de Portugal relativamente à Inglaterra explicam o teor dos artigos do tratado. Do ponto de vista português, o tratado negociado então teria a finalidade de renovar os antigos acordos e conservar o auxílio inglês na defesa da Monarquia bragantina. Aliás, na carta de plenos poderes concedida a D. Rodrigo de Sousa Coutinho, o Príncipe Regente, "considerando o verdadeiro interesse que o rei da Inglaterra toma na conservação da Monarquia Portuguesa", nomeava o ministro para negociar com Lorde Strangford um tratado, "com o fim de conservar e estreitar cada vez mais as relações de aliança das duas monarquias, procurando a integridade desta"... O governo português tinha os olhos no território europeu da Monarquia ao negociar o tratado. Mas a Inglaterra tinha-os voltados para o Brasil. A abertura dos portos brasileiros dera-lhe possibilidade de dispor de novos mercados, de que ela, com a situação internacional, usufruía quase com exclusividade. O fim da guerra trar-lhe-ia competidores: era, pois, necessário garantir vantagens e direitos preferenciais para assegurar a posição adquirida. Daí a pressa do governo inglês em iniciar as negociações para o tratado previsto já em 1808.

O negociador inglês foi Lorde Strangford, que, já em 1807, por ocasião da crise portuguesa, propunha que se aproveitasse a oportunidade para assegurar concessões do Governo português, como a introdução das manufaturas de algodão inglesas nos domínios lusos e o estabelecimento de um comércio direto anglo-brasileiro, mediante a abolição do entreposto de Portugal e a abertura de casas comerciais britânicas no Brasil. O negociador inglês possuía, pois, opinião formada sobre o problema das relações com o Brasil e procurou fazê-la predominar. O negociador português, conhecido por suas inclinações anglófilas, não mostrou estar preparado para defender os interesses portugueses: desconhecia a situação real do Brasil, e não cuidou de deixar claros no tratado ou de defender pontos de interesse para o comércio de Portugal. À sua simpatia pelos ingleses atribuíram alguns os resultados das negociações. Realmente, Sousa Coutinho era o chefe da facção inglesa junto do Príncipe Regente, e suas inclinações devem ter influído na sua conduta no momento. Mas é preciso não esquecer que a Grã-Bretanha estava, em relação ao Governo português, em condições de impor sua vontade: o Governo português dependia dela para a defesa de Portugal na Europa. De modo que a vontade firme de Strangford não encontrou suficiente resistência da parte do Governo, a não ser num ou noutro ponto, como na questão referente ao comércio com a Ásia. É verdade que Strangford encontrou sempre, durante as negociações, alguma oposição partida de diferentes elementos. A maior oposição, liderada pelo Núncio papal, foi feita às cláusulas religiosas do tratado, referentes ao comércio da religião protestante pelos ingleses e à sua liberdade religiosa. Mas ele conseguiu vencer essa oposição, e suas propostas foram aceitas.

Antes do início das negociações, Strangford recebeu minuciosas instruções de Canning, que ele procurou seguir e cumprir inteiramente. Além disso, os próprios negociantes ingleses, orientados pela Associação de Comerciantes de Londres, opinaram e fizeram valer seus interesses. A iniciativa inteira das negociações coube a Strangford. O resultado foi um tratado extremamente favorável à Grã-Bretanha, que o Príncipe Regente assinou levado pela preocupação com a sorte de Portugal. Depois de assinado no Rio de Janeiro, foi enviado a Londres, de onde foi devolvido com algumas alterações. Revisto no Rio e resolvidas as questões apontadas pelo governo britânico, foram as decisões finais reunidas em dois tratados, um de comércio e navegação e outro de aliança e amizade, e uma convenção sobre o serviço de paquetes entre Brasil e Grã-Bretanha.

Vejamos os aspectos do tratado de comércio de maior interesse para o Brasil. Diz o seu preâmbulo que ele se funda "sobre as bases de reciprocidade e mútua conveniência". Na realidade, porém (e isso tem sido indicado pelos consentadores do tratado), o acordo não concedia tal reciprocidade. As cláusulas, mesmo quando falavam em concessões recíprocas, não estabeleciam igualdade de condições para as atividades dos súditos das duas monarquias. De qualquer modo, comparadas as situações e os interesses dos dois países, mesmo que fossem recíprocas todas as concessões, na prática acabariam sempre por favorecer os ingleses por causa da sua organização econômica superior. De modo geral, Portugal era tratado como a nação mais favorecida, enquanto a Grã-Bretanha recebia concessões mais extensas. Quanto às conveniências, foram as inglesas que receberam cuidado.

No que respeita ao comércio com o Brasil, o tratado estabelecia as regras que deviam orientar a atividade dos ingleses. A concessão essencial foi permitir a entrada de mercadorias inglesas, consignadas a vassalos britânicos ou portugueses, pagando apenas o direito de 15% *ad valorem*. Para garantir a importação nessa base, pelos portugueses, o decreto de 18 de outubro de 1810 mandou que as decisões anteriores, de 28 de janeiro e 11 de junho de 1808, fossem abolidas, estabelecendo que os comerciantes lusos pagassem 15% de direitos sobre as mercadorias inglesas que fizessem vir por sua conta. As mercadorias portuguesas, contudo, continuavam pagando 16% de direitos. E as mercadorias de outra origem continuavam pagando os 24% de taxa. Em troca de tal concessão, os portugueses recebiam na Grã-Bretanha tratamento igual ao da nação mais favorecida. Eram dados aos ingleses os direitos preferenciais que pretendiam, não somente no Brasil, aliás, como também nos portos portugueses da Europa, Ásia e África. Tal concessão teve resultados vários: impediu o desenvolvimento da indústria no Brasil, pois seus produtos não podiam concorrer com as mercadorias inglesas vendidas a preços muito baixos; deu à Grã-Bretanha a possibilidade de conquistar inteiramente o mercado brasileiro, conservando-o mesmo depois de terminada a guerra na Europa; permitiu que as fazendas de algodão inglesas competissem com outras vindas da Ásia, abrindo-se aqui importante mercado para as manufaturas inglesas de algodão.

O mesmo artigo do tratado (15), que concedia os direitos de 15%, estabelecia a maneira de cobrá-los: a pauta da alfândega daria as avaliações de todos os artigos, baseando-se nas "faturas juradas dos gêneros, mercadorias e artigos" importados e no preço corrente dos mesmos no lugar onde fossem introduzidos. A avaliação seria feita por "igual número de negociantes britânicos e portugueses, de conhecida inteireza e honra, com a assistência do Cônsul-Geral ou Cônsul de S. M. Britânica e do Superintendente ou Administrador-Geral da Alfândega ou dos respectivos deputados". A tabela de tarifas seria feita em todos os portos onde houvesse alfândega, e poderia ser revista, quando necessário e a pedido de comerciantes ingleses ou portugueses. Enquanto a nova pauta não ficasse pronta, dizia o art. 16, os direitos de 15% sobre as mercadorias seriam cobrados conforme os valores indicados nas tabelas em vigor, se nelas constassem, ou "conforme as faturas dos ditos gêneros e mercadorias que serão apresentadas e juradas pelas partes que as importarem". Era prevista a ação a seguir no caso de fraude nas faturas. Essas determinações sobre a maneira de avaliar as mercadorias para cobrança dos direitos respondiam a uma situação que existia, a da avaliação arbitrária dos artigos que se vinha fazendo, e contra a qual se queixavam os comerciantes ingleses do Rio de Janeiro, como já se disse acima. Ainda com referência à entrada das mercadorias, cuidava o tratado da questão dos danos causados a artigos depositados nas alfândegas, o seu art. 17 tornava o Governo português responsável pelas perdas e danos sofridos por qualquer carregamento de mercadorias tomado sob seu cuidado "com vistas de o comprar ou para qualquer outro fim", enquanto dito carregamento estivesse "entregue ao cuidado e guarda dos ofícios do referido Governo português". Teria novamente influído aqui a situação no Rio de Janeiro.

Ficava ainda assegurado aos vassalos de S. M. Britânica (art. 18) "o privilégio de serem assinantes para os direitos" que deviam pagar nas alfândegas portuguesas, "debaixo das mesmas condições e dando as mesmas seguranças que se exigem dos vassalos de Portugal". Desse modo, os comerciantes ingleses adquiriam o direito de pagar os impostos alfandegários com letras de prazo de 3, 6 e 9 meses, em lugar de pagar à vista e a dinheiro no momento da retirada das mercadorias. Também essa parece ter sido uma solução para as reclamações dos comerciantes ingleses do Rio de Janeiro, segundo os quais as exigências fiscais na alfândega serviam de entraves ao desenvolvimento dos seus negócios.

Ainda outro artigo, o 21, versava sobre pagamento de direitos, cuidando das reexportações. Artigos ingleses poderiam ser recebidos em todos os portos dos Domínios Portugueses onde houvesse alfândega – transformados em portos francos com esse fim – para serem reexportados a outros portos, portugueses ou não, pagando somente direitos reduzidos, despesas de reexportação e armazenagem. O mesmo era concedido aos produtos do Brasil entrados na Grã-Bretanha para reexportação.

Foi dado aos britânicos e também aos portugueses (art. 22) o direito de usar Santa Catarina como porto franco, para o comércio com os "Estados adjacentes aos Domínios Portugueses", isto é, especificamente, no pensamento inglês, a região do Rio da Prata.

Reconheciam-se também os direitos e privilégios dos vassalos de cada um dos países no território do outro. Veja-se o que se concedeu aos ingleses. O art. 7.º concedia-lhes o direito de viajar e residir nos territórios e domínios de Portugal, "de comprar casas e armazéns e de dispor da propriedade pessoal, de qualquer qualidade ou denominação, por venda, doação, troca ou testamento, ou por qualquer outro modo", sem qualquer obstáculo; concedia-lhes ainda o direito de não pagarem, sob qualquer pretexto, impostos ou tributos maiores do que os pagos pelos próprios vassalos portugueses. Não podiam ser obrigados à prestação de serviço militar.

Suas casas, tanto pertencentes à sua residência, como ao seu comércio, deveriam ser respeitadas.

Era-lhes concedida, apesar de toda a oposição que fora feita, a liberdade de religião (art. 12). Não poderiam ser "perturbados, inquietados, perseguidos ou molestados" por causa da sua religião, podendo gozar de inteira liberdade de consciência. Os vassalos de S. M. Britânica ou outros quaisquer estrangeiros "de comunhão diferente da religião dominante nos Domínios Portugueses" não seriam inquietados nas suas pessoas e propriedades, enquanto se conduzissem decentemente e de acordo com os costumes do país. Eram-lhes vedadas a pregação contra a Igreja Católica e a pregação de sua religião para obter conversões, sob pena de expulsão do país. E também a falta de respeito e propriedade para com os ritos e cerimônias da Igreja Católica poderiam ser punidos pela polícia civil (e não por tribunais religiosos), de acordo com a gravidade provada do delito, com multa, prisão em suas próprias casas ou expulsão do país. Era reconhecida a sua liberdade de culto, podendo eles manter igrejas e capelas, desde que não se distinguissem elas de casas comuns e não tivessem sinos. Permitia o mesmo artigo que os ingleses tivessem terrenos onde pudessem enterrar seus mortos e era-lhes dada a segurança para realizar funerais e sepultamentos. Daí a existência no século XIX, em tantas cidades brasileiras, especialmente nos portos, de cemitérios de ingleses.

Os comerciantes também recebiam garantias. Pelo art. 25, a Grã-Bretanha cedia o direito de criar feitorias ou corporações de negociantes britânicos nos Domínios de S. A. R., mas os comerciantes, individualmente, gozariam plenamente "de todos os privilégios e direitos que possuíam ou podiam possuir como membros de corporações comerciais". Também o comércio dos britânicos não poderia ser restringido ou embaraçado por companhia comercial que possuísse "privilégios e favores exclusivos nos Domínios de Portugal". Não poderia (art. 8°.) o comércio dos vassalos de S. M. Britânica nos Domínios Portugueses ser restringido por qualquer espécie de "monopólio, contrato ou privilégios exclusivos de venda ou compra". Os comerciantes ingleses conservavam "irrestrita permissão de comprar e vender", podendo ter lojas atacadistas ou retalhistas. A Coroa portuguesa conservava os seus monopólios – marfim, pau-brasil, urzela, diamantes, ouro em pó, pólvora e tabaco manufaturado. Conseqüência dessa resolução sobre os monopólios devem ter sido algumas das alterações havidas no porto do Rio de Janeiro, citadas por Luccock, e acima indicadas, como, por exemplo, o desaparecimento do privilégio das barcaças, que entravavam o desembarque de mercadorias, demorando-o e sujeitando os negociantes à vontade do dono delas quanto ao trabalho e ao preço; outros monopólios também haviam desaparecido em 1813, informava Luccock. Na aplicação deste artigo, a relação incompleta dos monopólios da Coroa criou dúvidas. Não se mencionavam na lista dos produtos, cujo comércio era direito exclusivo da Coroa, o sabão e as cartas de jogar, e ainda a expressão *tabaco manufaturado* excluía fumo seco ou em rolos. Atos posteriores do Príncipe Regente mandaram considerar como incluídos no tratado, por serem notoriamente direito exclusivo da Coroa e por incluir o contrato do tabaco e sabão em vigor, todos os artigos citados. Também foi posto pelos ingleses o problema do monopólio da Cia. de Agricultura das Vinhas do Alto Douro. Essas falhas indicam, na verdade, a falta de cuidado do negociador português ao discutir o tratado e o descuido do Governo português.

Ainda, pelo art. 7º do tratado, tinham os ingleses suas atividades garantidas contra visitas e buscas vexatórias, e seus livros e papéis ou contas ficavam isentos de exames e inspeções arbitrárias sobre qualquer pretexto. Nos casos de acusação de contrabando, traição e outros crimes, somente poderiam ser feitas visitas ou exames com "a sanção do competente magistrado e na presença do Cônsul da Nação". Isto era reciprocamente observado, valendo para os portugueses na Grã-Bretanha.

No que diz respeito à proteção da pessoa e do comércio do vassalo inglês, a maior concessão (art. 9º) foi a do Juiz Conservador da Nação Inglesa, verdadeiro privilégio de extraterritorialidade. A ele ficavam afetas todas as causas em que fossem parte interessada os vassalos ingleses: julgaria e decidiria "todas as causas que fossem levadas perante ele pelos vassalos britânicos" e sua autoridade e sentenças seriam respeitadas. Existiriam juízes conservadores nos portos e cidades onde houvesse tribunais de justiça. Magistrados especiais deveriam ser eleitos pelos ingleses que residiam ou comerciavam na cidade onde deviam ser estabelecidos; a escolha deveria ser ratificada pelo Príncipe Regente ou por seus sucessores; se não houvesse aceitação pelo Príncipe Regente, seria feita nova eleição. A demissão do juiz far-se-ia por um recurso ao Príncipe, "por meio do embaixador ou ministro britânico residente na Corte".

A concessão, exorbitante embora, não era novidade. Existia em Portugal, de onde se transportava para o Brasil. E, além do mais, antes mesmo da assinatura do tratado, D. João havia introduzido no Rio e na Bahia, pelo alvará de 4 de maio de 1808, o cargo de Juiz Conservador.

O que realmente chocava no artigo referente ao Juiz Conservador era o reconhecimento que o Governo luso fazia, publicamente, da superioridade da Justiça inglesa sobre a portuguesa. Concordava em que S. M. Britânica concedesse aos portugueses, em troca da conservadoria, a mais "escrupulosa observância àquelas leis pelas quais as pessoas e a propriedade dos vassalos portugueses residentes nos seus Domínios são asseguradas e protegidas"; e de cujos benefícios, com os outros estrangeiros, gozam pela "reconhecida eqüidade da Jurisprudência Britânica e pela singular excelência de sua Constituição". Muito mais propriamente do que a concessão do Juiz Conservador, pois o próprio Hipólito José da Costa, no *Correio Brasilienze*, concordava em que a justiça em Portugal era falha na sua prática, o que se julgou uma afronta foi a afirmação meio brutal da superioridade da justiça inglesa, aceita pelo Governo português.

Duas ou três outras cláusulas merecem ainda ser indicadas. Pelo seu art. 20, o tratado determinava que produtos brasileiros como "o açúcar, o café e outros produtos semelhantes aos das colônias britânicas", cuja entrada na Grã-Bretanha era proibida, podiam ser recebidos em todos os portos ingleses para reexportação. Nesse caso, seriam guardados em armazéns e pagariam somente direitos reduzidos e despesas de reexportação e armazenagem. Isso, favorecendo os portugueses, favorecia também os comerciantes britânicos do Brasil, pois seus retornos eram muitas vezes constituídos por esses produtos.

Reconhecia o tratado (art. 21) ao Príncipe Regente o direito de proibir a importação nos seus territórios de gêneros das Índias Orientais e Ocidentais Britânicas por "causa do mesmo princípio de polícia colonial que impede a livre admissão nos Domínios Britânicos de correspondentes artigos de produção do Brasil". No que respeita ao comércio com o Oriente, desejava o Governo português conservar para seus súditos os ganhos do comércio da Ásia. Em conseqüência dessa resolução, provavelmente, pôde manter-se e desenvolver-se um grande comércio entre o Brasil (Rio de Janeiro especialmente) e a Ásia (Goa e Macau).

As estipulações do tratado referentes à navegação deixaram também nas mãos dos ingleses o grosso do comércio de transporte marítimo do Brasil. Ficava estipulado que os "navios britânicos não pagariam direitos de porto mais elevados nos domínios portugueses do que os navios portugueses nos portos ingleses". No artigo 5º definia-se o que era entendido por embarcação inglesa e portuguesa para efeito do gozo dos direitos estipulados no tratado: a determinação de que seriam considerados portugueses os navios "construídos nos países pertencentes a S. A. R. o Príncipe Regente" excluía do comércio um número grande de navios comprados pelos portugueses no estrangeiro e nacionalizados, segundo a lei portuguesa. O tratado cuidava de outras questões, de ordem mais geral, ou referentes a outros problemas que não afetavam o Brasil. Não serão considerados aqui.

O acordo estabelecia, portanto, a maneira pela qual se faria o comércio entre Brasil e Grã-Bretanha. Suas determinações não eram todas inteiramente novas, algumas já tendo aparecido em tratados anteriores entre Portugal e Inglaterra. Assim, as decisões referentes à liberdade de religião e de culto, ao Juiz Conservador, às imunidades dos comerciantes ingleses apareciam já no tratado de 1654. Foram elas transportadas de Portugal para o Brasil. Dizia o tratado (art. 26) que todas as imunidades, favores, privilégios concedidos aos vassalos de uma das partes pelo governo da outra, por antigos tratados, decretos e alvarás, seriam conservados. Excetuava-se a faculdade concedida pelo artigo 23 do tratado de 1654, segundo a qual os navios de um dos dois países podiam conduzir mercadorias e gêneros pertencentes aos inimigos do outro, e que agora era revogada. Canning indicava as razões dessa exigência: não podia a Grã-Bretanha, no estado em que estavam as coisas na Europa e diante da sua política atual, aceitar o princípio de que "o navio livre faz as mercadorias livres". Neste caso pode-se verificar o cuidado com que o tratado foi elaborado pelos ingleses.

O tratado de comércio e navegação era "ilimitado quanto à sua duração", e as suas obrigações e condições eram perpétuas e imutáveis. Depois de 15 anos, contudo, poderia ser feita a revisão do tratado. Mas as cláusulas não poderiam ser mudadas por causa de nova mudança de sede da Monarquia para Portugal.

O tratado de paz e amizade   As estipulações do tratado de comércio foram completadas pelas do tratado de paz e amizade. Algumas das suas cláusulas referiam-se ao Brasil.

O artigo 6º, em lembrança da assistência concedida a D. João pela frota inglesa, em 1807, dava à Grã-Bretanha a faculdade de fazer comprar e cortar madeiras para construção de navios de guerra nos bosques, florestas e matas do Brasil (excetuando-se as florestas reais reservadas para a marinha portuguesa). Com a guerra e o bloqueio continental, a marinha inglesa não podia obter madeira para satisfazer suas necessidades: daí o interesse pelo fornecimento brasileiro. Outro ponto importante era a declaração do Príncipe Regente (art. 9º) de que a Inquisição nunca seria introduzida no Brasil.

Finalmente, pelo artigo 10, o Príncipe Regente concordava na abolição gradual do tráfico de escravos e concordava em permiti-lo apenas nas possessões portuguesas da África para o Brasil. E em troca do auxílio que a Grã-Bretanha prestasse na resolução dos casos de Olivença e dos limites do Brasil com a Guiana Francesa, proibiria o tráfico em Cacheu e Bissau, na costa ocidental da África, cedendo-lhe essas peças por cinqüenta anos, se ela lhe assegurasse a volta de Olivença e a posse do território da Guiana.

Os tratados foram ratificados por Portugal em 26 de fevereiro e pela Grã-Bretanha em 18 de junho de 1810. O tratado de paz foi anulado pelo Tratado de Viena, de 22 de janeiro de 1815.

Com essas concessões, firmou-se o comércio britânico no Brasil, sem que comerciantes de outros países pudessem fazer-lhe concorrência perigosa.

O domínio britânico sobre o comércio exterior e interno brasileiro

No período de 1808 a 1813, o comércio inglês com o Brasil teve lugar importante na vida econômica da Grã-Bretanha, ligando-se à história do bloqueio continental. Já vimos que, em 1808, a abertura dos portos brasileiros permitira o escoamento de grande quantidade de mercadorias, contribuindo para o reavivamento do comércio quase paralisado e para o desafogo do mercado e dando trabalho para certas indústrias. As exportações para o Brasil nesse ano atingiram £ 2.552.000. Às possibilidades que o Brasil poderia oferecer para o consumo de mercadorias britânicas, juntavam-se as possibilidades que oferecia como entreposto para um comércio com as colônias espanholas, especialmente com a região do Rio da Prata. Medidas foram tomadas pelo *Privy Council* para encorajar esse comércio: determinando, por exemplo, que o ministro britânico no Rio de Janeiro o autorizasse mediante a concessão de licenças. Assim, de 1º de agosto a 31 de dezembro de 1808, foram importadas no Brasil mercadorias no valor de £ 788.000, das quais £ 114.000 correspondiam a mercadorias trazidas a fim de serem reexportadas para Buenos Aires.

A abertura do Brasil e de alguns portos da América espanhola que se seguiram contribuiu, pois, para a parada da crise e a retomada das atividades: primeiro o comércio se refez, depois as indústrias o seguiram. A partir de abril, e principalmente no segundo semestre do ano, houve melhora na situação industrial, sobretudo em razão das encomendas para o Brasil e a América espanhola: assim, na indústria do algodão, onde a crise era mais grave, grandes encomendas de fazendas de algodão provenientes do Brasil chegaram a Londres; na indústria da lã, do linho aconteceu o mesmo; na pequena indústria metalúrgica, em Birmingham, Wolverhampton e Sheffield, a partir de julho, houve aumento da atividade por causa dos pedidos para o Brasil e a América espanhola. O renascimento do trabalho minorou a crise industrial que se desenvolvia na Inglaterra. Também produtores e comerciantes de bacalhau encontraram, no Brasil, bom mercado para seu produto.

É verdade que no fim do ano chegavam notícias de que o mercado brasileiro estava abarrotado, mas então a situação geral da Grã-Bretanha melhorara.

Além de oferecer o melhor mercado de que a Inglaterra pôde dispor em 1808, o Brasil pôde fornecer-lhe alguma quantidade de matéria-prima para a indústria de fiação e tecelagem: 5.100.000 lb. de algodão brasileiro foram enviadas daqui, e mais 1.652.000 lb. por intermédio de Portugal, concorrendo para diminuir um pouco a escassez do produto, derivada da falta de abastecimento do mercado inglês pelos Estados Unidos. Iniciado, esse comércio prosseguiu: no ano seguinte, entraram na Grã-Bretanha 18.000.000 lb. de algodão brasileiro, e em 1810, 20.000.000 lb. Tornava-se importante a contribuição brasileira no mercado britânico de algodão.

Também as relações com o Brasil contribuíram para o aumento das importações dos produtos coloniais pela Inglaterra. Este país tornava-se entreposto importante para esses produtos: açúcar, café, cacau, tabaco.

Os comerciantes britânicos interessados no Brasil foram adquirindo importância nos meios econômicos do seu país. Segundo indica Crouzet, no livro *L'économie britannique et le blocus continental*, os comerciantes interessados no Brasil conseguiram em 1810 e 1812 influenciar a política do Governo a respeito da exportação do algodão em rama. A exportação desse produto para o continente europeu estava proibida desde 1808. Mas no começo de 1810, tendo mudado a situação interna do mercado inglês, os *Brazil merchants*, seguidos depois pela Cia. das Índias Orientais e pelos importadores de algodão das Índias, que possuíam grandes estoques sem possibilidade de escoamento, começaram a fazer pressão sobre o Governo para modificação do ato proibitivo. O Governo acabou cedendo, e em 3 de março e 10 de abril de 1810 o *Board of Trade* decidiu permitir a exportação para os países do continente, por meio de licenças, exceto para França e Holanda. Depois, em junho de 1812, novamente atendendo a pedidos dos mesmos negociantes "brasileiros" (havia na Inglaterra estoque de algodão equivalendo a 18 meses de consumo e os do Brasil eram difíceis de vender), o *Board of Trade* autorizou a exportação para a França e Holanda, sob o regime de licenças, regime que durou até novembro do mesmo ano. Aliás, havia um interesse mais geral na concessão dessas licenças de exportação: a baixa dos preços do algodão brasileiro que então ocorria provocava uma diminuição do comércio com o Brasil. Assim, interessava melhorar as condições do algodão para impedir a queda daquele comércio.

A abertura do mercado brasileiro e de regiões da América espanhola fora um importante momento de crise na Inglaterra. Entretanto, os resultados puramente comerciais das transações foram decepcionantes. Os lucros esperados não se realizaram. O abarrotamento rápido do mercado, em 1808, causara perdas. Os comerciantes que chegaram primeiro, antes que o mercado ficasse superlotado, os que estavam já acostumados a comerciar com Portugal e conheciam bem as necessidades e gostos do consumidor brasileiro puderam realizar bons proveitos e ter lucros. Mas os que chegaram mais tarde, ou que não souberam escolher ou se preocuparam apenas em trazer mercadorias que tinham encalhadas sofreram perdas que alcançaram até 50 e 60%. E esses comerciantes que perderam foram numerosos. A demora em vender as mercadorias (houve artigos que demoraram dois ou três anos para serem vendidos), e a baixa dos preços, decorrente da grande oferta, foram fatores de perda. Do mesmo modo, os retornos não se mostraram compensadores. Já vimos que era freqüente os comerciantes ingleses receberem, por suas vendas, produtos coloniais, e sua transferência para o mercado britânico trazia problemas que podiam diminuir os proveitos obtidos ou agravar as perdas havidas. As vendas desses produtos de retorno dependiam da situação do mercado inglês, extremamente sensível também devido às condições da guerra. Houve muitos casos em que os interessados, terminadas as transações, não obtinham nem os preços de custo dos artigos manufaturados mandados para o Brasil. Daí as queixas feitas, diante das comissões de inquérito organizadas em 1812.

Outro aspecto interessante desse comércio iniciado pelos ingleses com o Brasil (e também com a América espanhola) foi fazer-se sobretudo na base do crédito. Era a maneira de poder ser desenvolvido. A situação do mercado interno inglês e a abertura repentina dos portos brasileiros tinham provocado, como vimos, grande exportação de manufaturas. Muitas casas de comércio envolveram-se em grandes negócios, e algumas fizeram transações acima de suas posses, endividando-se. Muitos industriais haviam vendido a prazo a comerciantes de Londres, Liverpool, Glasgow grandes quantidades de mercadorias. Em certos casos, pessoas de pouca fortuna, mas que pretendiam estabelecer-se por conta própria, conseguiram mercadorias de um industrial para vendê-las a longo prazo, no Brasil e noutros lugares da América do Sul, dando letras a 12 e 18 meses. A especulação desenvolveu-se grandemente, o crédito expandiu-se. Esperavam-se lucros fáceis e rápidos. Aconteceu, porém, o que já indicamos: o escoamento das mercadorias foi muito lento não só no Brasil, como em geral na América do Sul, os preços foram baixos e muita coisa ficou sem vender; além disso, os retornos custaram a chegar e geralmente chegaram sob a forma de produtos coloniais e matérias-primas difíceis de vender. Essa lentidão na chegada dos retornos obrigou as firmas a usarem mais largamente o crédito, na base do qual se haviam feito também os primeiros empreendimentos. Mesmo as casas mais sólidas não puderam fugir a isso, tendo elas por sua vez de recorrer ao crédito. Assim, quando uma crise financeira e comercial eclodiu no país em julho de 1810, muitas dessas firmas não puderam agüentar: suspensão de pagamento por casas comerciais, numerosas falências de casas exportadoras para a América do Sul se deram, arrastando não poucos estabelecimentos industriais. O fracasso das "aventuras" no Brasil e no resto da América do Sul foi um dos fatores mais importantes da crise de 1810. É sintomático, e é interessante notar, o fato de que muitas casas se salvaram das dificuldades com a chegada, em fins de julho, do paquete do Brasil, que trazia consideráveis remessas em dinheiro.

Vê-se, pois, a importância do comércio inglês com o Brasil, durante o bloqueio continental.

As dificuldades e a crise, entretanto, não destruíram o comércio inaugurado. As exportações continuaram mesmo em 1810. Aos poucos, o mercado brasileiro se fora normalizando, com a absorção das mercadorias enviadas em 1808-1809. A notícia dessa normalização determinou no verão de 1811 exportações importantes para o Brasil, primeiro; para Buenos Aires, depois. Também na primavera de 1812, grandes exportações foram assinaladas, provocando novo abarrotamento do mercado em menor escala, porém, menor do que o de 1808-1809. Nesse mesmo ano de 1812, depoimentos no Parlamento, feitos durante o inquérito sobre as Ordens em Conselho, indicam que, apesar das suas dificuldades, o comércio com o Brasil e América do Sul tendia a se regularizar e melhorar: "os especuladores tinham sido eliminados e o comércio estava nas mãos de casas respeitáveis" que "sabiam expedir mercadorias apropriadas aos gostos e necessidades locais". Os retornos continuavam sendo o grande problema, mas também melhorava a situação nesse lado.

Desse modo, fez-se a introdução do comércio britânico com o Brasil. Os resultados imediatos foram decepcionantes em muitos casos e aspectos, e muitas dificuldades surgiram. Mas os resultados posteriores foram importantes: a maneira como foram feitas as vendas no começo do empreendimento permitiu que as mercadorias inglesas chegassem a todas as camadas da sociedade e alcançassem pontos diferentes do território, criando mercado permanente para elas.

Depois de 1812, o comércio continuou mantendo nível importante durante todo o período que nos interessa. Em 1815, com o fim da guerra e reabertura do mercado europeu, diminuiu a exportação para o Brasil, mas ela retomou logo em seguida o ritmo anterior. Nessas trocas, a balança do comércio era favorável à Grã-Bretanha: o Brasil importava mais do que exportava, sendo "mercado importante para as manufaturas inglesas, mas fonte secundária para as importações". Na América Latina, o Brasil ocupava lugar predominante no comércio inglês: em 1812, as exportações para cá representaram 4/5 das exportações para toda a América Latina.

Além disso, esse comércio ocupava grande número de navios. A distância, a demora das viagens obrigavam ao uso de numerosos navios. Também se desenvolveu puro comércio de transporte, os navios ingleses levando produtos brasileiros destinados a outros países. Para atender às necessidades do comércio anglo-brasileiro, navios ingleses anteriormente empregados no tráfico de escravos foram usados na rota comercial Brasil-Europa.

A Inglaterra dominava no comércio exterior brasileiro e comerciantes ingleses passaram a dominar no comércio interno. Sobrepujaram os portugueses nesse comércio, o que provocou grande animosidade dos comerciantes lusos contra eles. Seus métodos de negociar, suas possibilidades, sua superioridade econômica davam-lhe vantagens. O uso dos anúncios em jornal, como bem indica Gilberto Freyre, em *Ingleses no Brasil*, não existente antes deles, permitiu a propaganda das suas mercadorias e concorreu para tornar conhecido e popular o artigo inglês. A propaganda, aliada aos preços baixos, foi fator importante na introdução do costume de comprar o produto inglês. A honestidade e pontualidade dos comerciantes ingleses despertaram a confiança neles. De modo que o comerciante inglês aqui estabelecido, depois de afastados os aventureiros e especuladores de 1808-1809, foi elemento importante para o estabelecimento da predominância comercial inglesa no Brasil. E foi responsável também por certa revolução nos hábitos comerciais.

Influência britânica na vida política da Corte; a questão do Prata

Da mesma maneira que se estabelecia o predomínio britânico no comércio brasileiro, exercia-se uma influência grande da Grã-Bretanha na vida política da Corte, pelo menos até 1814. Isto se deveu à situação de Portugal: o Príncipe Regente e seus auxiliares tinham sua atenção voltada para Portugal, cuja independência deviam à ajuda inglesa, e não se atreviam a descontentar a poderosa aliada. Facilitou essa influência, até 1811, a posição extremamente favorável aos ingleses de D. Rodrigo de Sousa Coutinho, principal e mais competente ministro de D. João. E também, até 1814, a influência do enviado inglês Lorde Strangford sobre o Príncipe Regente foi fator importante na orientação política da Corte portuguesa. Com sua firmeza britânica e sua capacidade diplomática, ele conseguiu que, em muitos assuntos importantes, predominasse o ponto de vista inglês. Depois de 1811, a morte de Sousa Coutinho pôs no Governo Antônio de Araújo e Azevedo, cuja orientação diferia completamente da de seu antecessor. Dificuldades surgiram nas relações entre o novo ministro e Strangford, especialmente por causa das discussões em torno da aplicação de certas cláusulas do tratado de 1810. Aos poucos, Araújo foi conseguindo impor-se a D. João e o ministro inglês acabou perdendo o contato com o Príncipe Regente, até que em 1814 não pôde mais manter sua posição e teve de deixar o Brasil, partindo em janeiro de 1815. A partida de Strangford e o término da guerra na Europa libertaram o Governo português da pressão inglesa. E de 1814 a 1821 houve um decréscimo da influência política britânica.

Ao considerarmos a questão da Prata, como se apresentou durante a estada de D. João no Rio de Janeiro, podemos acompanhar bem essa evolução da influência política inglesa sobre o Governo português no Brasil.

Já em 1808, logo depois da chegada da família real, começou a desenvolver-se o interesse português pela Banda Oriental. Nesse interesse devemos considerar, de um lado, as pretensões de D. João e seus ministros, que continuam a velha linha de conduta pela conquista da margem esquerda do Prata e, de outro, as pretensões de D. Carlota Joaquina, que via na situação da Espanha um pretexto para fazer-se regente das colônias espanholas da América.

Os planos do Governo português nasceram logo depois do estabelecimento da Corte no Rio de Janeiro: a Espanha, aliada à França contra Portugal, era uma nação inimiga. Oferecia-se, pois, ao Governo português excelente oportunidade para instalar-se no cobiçado Rio da Prata.

Quando se estudavam esses planos para a conquista da região do Prata e talvez das colônias espanholas, um novo elemento entrou em cena. Fernando VII da Espanha foi destronado por Napoleão e a notícia do acontecimento levou D. Carlota Joaquina a desenvolver uma política tendente a assegurar-lhe a regência das colônias espanholas da América. Isso complicou muito a situação, e a princípio a política da Princesa pareceu corresponder aos interesses de D. João. Depois, contudo, os limites das duas pretensões se estabeleceram. Sob o pretexto de defender os direitos espanhóis na América, D. João esperava poder ocupar para Portugal a Banda Oriental. E os interesses dos dois acabaram separando-se, até que D. João passou a negar apoio à sua mulher.

Desde o início, o Governo português procurou o apoio da Grã-Bretanha para seus planos, primeiro através do encarregado de negócios de

S. M. Britânica e depois de Lorde Strangford, que chegara ao Rio de Janeiro em julho de 1808. A primeira atitude dos dois representantes ingleses, ao terem notícia das pretensões portuguesas, foi de extrema reserva, pois não tinham instruções do seu Governo para agir. D. Carlota Joaquina, entretanto, foi apoiada e incentivada por Sir Sidney Smith, comandante da esquadra britânica do Atlântico Sul. As instruções do Governo inglês chegaram em setembro de 1808: Canning, que as redigira, desaprovava a política portuguesa. A situação na Península Ibérica tinha evoluído. A Espanha revoltara-se contra o domínio de Napoleão, e isso vinha mudar sua posição no cenário europeu, colocando-a ao lado da Grã-Bretanha. Em vista disso, o Governo inglês não podia apoiar a política portuguesa na América espanhola: "no presente estado das relações de S. M. com a Espanha", dizia Canning, "não podia apoiar qualquer desígnio hostil à paz e independência dos domínios espanhóis na América". Strangford deveria mostrar ao Príncipe Regente D. João a necessidade de suspender qualquer ação relativamente às colônias espanholas, considerando a existência, então, de interesses comuns a Portugal e Espanha na Europa. Em outro despacho, Canning desaprovava inteiramente a política de D. João e a de D. Carlota Joaquina, e ao Príncipe Regente Strangford devia dar a conhecer a atitude da Inglaterra.

Isso orientou a ação de Strangford, que levou ainda em conta a necessidade de manter a posição da Grã-Bretanha na América espanhola, nada permitindo ser realizado que pudesse modificá-la. O ministro inglês envidou todos os esforços e usou toda a sua habilidade para impedir a ação do Governo português e de D. Carlota.

No momento em que chegaram as instruções do Governo inglês, a atividade da princesa na defesa dos seus interesses constituía, no Rio, a parte mais importante da ação relativa às colônias hispano-americanas. Contra essa atividade, Strangford apoiou-se em D. João, a quem a conduta de D. Carlota Joaquina começava a inquietar e aborrecer. D. João acabou colocando-se numa posição contrária às pretensões de sua mulher, proibindo-lhe sair do Rio de Janeiro para ir a Buenos Aires, onde partidários a esperavam, alegando não se julgar com direito a intervir nas questões do Rio da Prata, em desacordo com a Grã-Bretanha e com o Governo estabelecido na Espanha. Ao mesmo tempo, pedia ao Governo britânico o afastamento de Sir Sidney Smith, cuja atuação favorável a D. Carlota era considerada indevida e extremamente impolítica. Desse parecer era Strangford que "protestou ao Foreign Office contra a interferência de Smith em negócios do Estado". O resultado desses protestos foi a retirada de Sir Sidney

Smith do Rio de Janeiro. Sem auxílio dele, o plano de D. Carlota Joaquina, como ela mesmo sentia, não podia ser realizado.

A causa de D. Carlota encontrou, aliás, outros elementos de oposição. Os manifestos que ela enviou às colônias espanholas não encontraram a receptividade esperada. Uma das razões disso era a desconfiança relativamente à posição de D. Carlota, cuja política podia estar sendo destinada a favorecer as pretensões portuguesas na América espanhola; outra razão, como a exprimia Liniers, Vice-Rei de Buenos Aires, era o fato de que, tendo sido jurado apoio a Fernando VII, proclamado rei pela Junta de Sevilha, não podiam ser reconhecidos a D. Carlota e ao seu irmão D. Pedro Carlos os direitos que eles pretendiam. O próprio partido que, em Buenos Aires, se opunha à Junta de Sevilha e que se aproximara de D. Carlota acabou por abandoná-la por causa de sua tendência profundamente absolutista. A impossibilidade de D. Carlota apresentar-se em Buenos Aires, no momento em que sua causa poderia ser lá vitoriosa, contribuiu também para o desmoronamento de seus planos.

Assim, mantinha-se inalterada a situação na América espanhola, a intervenção de Strangford tendo sido decisiva. Sua política foi aprovada por Canning. Resolvida a situação no Rio de Janeiro e temendo que a atitude de Sir Sidney Smith pudesse ter criado impressão falsa a respeito da posição da Grã-Bretanha relativamente à situação política das colônias espanholas, Strangford deu-se pressa em escrever aos governadores de Buenos Aires e Montevidéu, informando-os de que seu país "não favoreceria qualquer mudança nas autoridades estabelecidas na América espanhola, enquanto elas estivessem submissas a Fernando VII". Houve um momento, entretanto, em que Strangford chegou a considerar a conveniência para os interesses britânicos no Rio da Prata e para a satisfação de D. João, de se permitir ao Governo português a ocupação da Banda Oriental. Isso aconteceu depois que o Governo de Buenos Aires tomou medidas restritivas ao comércio inglês, em fins de 1809; afinal, o Governo de D. João mostrava-se muito mais liberal em sua política comercial do que a Espanha com suas restrições. Considerava ainda a necessidade de se estabelecer a política britânica em face da possibilidade de um movimento revolucionário no Prata, cujos sinais se tornavam cada vez mais patentes. E justamente na ocasião em que Strangford enviava tal comunicação a Londres, chegavam notícias da revolução de maio de 1810, em Buenos Aires. Todo o problema se levantou novamente: as ambições de D. Carlota Joaquina, as esperanças do Governo português de ter a Banda Oriental renasceram. A primeira ocasião de intervenção no Prata apareceu logo. À revolta de Buenos Aires opunha-se Montevidéu, cujo Governador, Javier Elío, julgava-se então o único verdadeiro representante das autoridades espanholas. Hostilidades iniciaram-se entre Buenos Aires e Montevidéu. D. João movimentou-se também, e, apesar da promessa feita a Strangford de não se imiscuir na questão, enviou tropas ao sul, não somente para socorrer Montevidéu, como também para defender seus interesses. Strangford, a quem os revolucionários de Buenos Aires haviam recorrido em busca de proteção, agiu energicamente: protestou contra o envio de tropas brasileiras e ofereceu sua mediação aos Governadores de Buenos Aires e Montevidéu. A intervenção teve êxito e um armistício foi assinado em 20 de outubro de 1811: as tropas de Buenos Aires deviam retirar-se, deixando a Elío a Banda Oriental, e as tropas brasileiras deveriam também sair. Mas a suspensão das hostilidades não durou muito. Um novo elemento entrou em cena: Artigas, protegido pela Junta de Buenos Aires, irrompeu com elementos revolucionários na Banda Oriental. Elío, ameaçado, pediu auxílio às tropas brasileiras, auxílio que foi concedido, determinando o reinício das hostilidades com Buenos Aires. Nova intervenção de Strangford determinou a assinatura de novo armistício entre as partes interessadas. O Tenente-Coronel Rademaker foi ao Prata com instrução da Corte portuguesa para negociar. Das negociações surgiu a assinatura de um armistício no dia 27 de maio de 1812. Pelos termos do acordo, as forças portuguesas e as de Buenos Aires deveriam retirar-se da Banda Oriental para dentro dos limites de seus países, considerados tal como eram no momento em que as tropas brasileiras tinham começado sua marcha; e o armistício somente poderia ser rompido com aviso prévio de três meses. Os termos do acordo não foram considerados inteiramente satisfatórios por Strangford, pois não proibiam as forças de Buenos Aires de atravessar o rio Paraná, deixando-lhes a possibilidade de intervirem em Montevidéu sem romper o armistício, pois, antes do avanço das tropas brasileiras, a cidade estava sob a jurisdição de Buenos Aires. Nada pôde ser feito para modificar o acordo, que permaneceu tal como fora assinado.

O papel decisivo da intervenção inglesa na negociação desse armistício é mostrado em nota publicada na *Gazeta do Rio de Janeiro*, de 15 de julho de 1812, em resposta a comentários feitos em Buenos Aires sobre o acordo e considerados desairosos para o Governo do Príncipe Regente e para a "energia e valor de suas tropas". Desmentindo afirmações feitas em Buenos Aires a respeito do armistício, dizia a nota que a essa "medida se prestou unicamente o Mesmo Senhor [D. João] por aderir às benéficas vistas e desejos manifestados pelo seu grande Aliado S. M. Britânica, facilitando quanto estava da parte de S. A. R. o feliz resultado do empenho em que se acha o Monarca de conseguir pela sua Mediação a desejada conciliação e tranqüilidade das Províncias do Rio da Prata, e poupando com a suspensão... aquela efusão de sangue a que repugnam os conhecidos sentimentos de humanidade de S. A. R". (*Apud Varnhagen, História Geral do Brasil*, V, p. 146.) Por essa nota, vê-se que o armistício foi concluído unicamente para atender aos desejos do Governo britânico, representado, no caso, por Strangford. Diz o Visconde de S. Leopoldo, em sua obra *Anais da Província de S. Pedro* (ed. 1839, p. 302, nota), que D. João ficou muito magoado com a conclusão desse armistício: uma das coisas "que mais o magoaram durante sua residência no Rio de Janeiro".

A ação de Strangford estava mais uma vez perfeitamente de acordo com a opinião do Governo de Londres. Em despacho de 29 de maio de 1812, Castlereagh mostrava claramente a posição do Governo britânico. Esperava-se em Londres que D. João compreendesse a necessidade de evacuar todas as possessões espanholas, Rio da Prata inclusive; e Strangford deveria fazer, se fosse o caso, séria representação ao "Príncipe Regente de Portugal para que desistisse de toda ameaça ou mostra de hostilidade contra qualquer das partes do Vice-Reino de Buenos Aires, abandonando toda a pretensão de interferir nos negócios da Espanha nessa parte do globo, em qualquer lugar onde sua intervenção não fosse manifestamente indispensável para a preservação da tranqüilidade dos seus próprios Domínios". A ação do Visconde Strangford antecipara o envio de instruções e em seu despacho da Castlereagh, de 7 de julho de 1812, mostrava-se satisfeito por ter agido de conformidade com as vistas do gabinete inglês. Quanto ao Príncipe Regente de Portugal, dizia Strangford, havia ele dito que desejava sempre "ser informado sobre os sentimentos do Governo britânico a respeito da linha de conduta que lhe seria conveniente seguir, tanto na administração política do seu próprio reino, como nas relações com outras Cortes para que ele imediatamente e implicitamente os adotasse". E S. A. R. considerava não haver nisso diminuição de sua dignidade como Soberano independente, pois a experiência lhe tinha ensinado que um completo acordo com as vistas da Grã-Bretanha era não somente a mais segura, como também a mais honrosa política que poderia seguir. (Webster, *Britain and the Independence of Latin America*, I, p. 170.) Palavras hábeis, exageradas talvez, mas que visavam a mostrar o total acordo do Governo português com a orientação geral da política inglesa. A atitude de D. João, a nosso ver, estava estritamente na dependência da situação de Portugal na Europa, cuja defesa ficara inteiramente nas mãos da Inglaterra. Assim, até o momento em que terminou a guerra na Europa, ele não hesitou em aceitar a interferência inglesa no seu Governo.

Enquanto esteve no Brasil, apesar de se ter desiludido com os revolucionários de Buenos Aires, cuja política o desagradava muito, Strangford defendeu a manutenção do armistício. Mas a situação da Banda Oriental estava longe de ser pacífica. Como Strangford previra, Buenos Aires aliando-se a Artigas havia ocupado Montevidéu, em 1814. Mas Artigas acabou por expulsar os "portenhos" e ficou dominando a cidade. A situação da Banda Oriental era quase anárquica. Bandos revolucionários perturbavam a fronteira brasileira e ameaçavam o Rio Grande; isso levou o Governo do Rio de Janeiro a concentrar tropas no sul. Nova oportunidade se abria para o Governo português tentar a conquista da região e podia-se prever a reabertura das hostilidades entre o Brasil e Buenos Aires. O Governo de D. João tinha uma razão para intervir e logo a invocou: a segurança da fronteira sul do Brasil, constantemente ameaçada pelos bandos de Artigas. No momento, contava também com melhores condições para agir no Prata. Lorde Strangford, que se opusera às primeiras tentativas de ocupação portuguesa na Banda Oriental, retira-se do Brasil, e sua saída dava a D. João maior liberdade de ação. O fim da guerra na Europa estava causando um declínio da influência britânica. O término da luta deixava Portugal livre da ameaça francesa e mais independente em relação à Inglaterra. Além disso, o Governo português pôde dispor então de efetivos de tropas numerosos libertados com o fim da luta européia e que vieram para o Brasil. Isso dava ao Príncipe Regente os elementos militares de que não pudera dispor anteriormente. O Governo de D. João não deixaria passar a oportunidade. Tropas sob o comando do General Carlos Frederico Lecor foram enviadas para a Banda Oriental, em 1816. A luta não foi fácil, mas, em janeiro de 1817, Montevidéu era ocupada pelos portugueses. Novamente a Grã-Bretanha tomou posição contra as pretensões portuguesas. Mas os protestos do representante inglês, Chamberlain, agora não tiveram efeito. Explicações foram-lhe dadas sobre a posição portuguesa: o principal objetivo da captura da Banda Oriental era defender a segurança da fronteira, sempre ameaçada pela presença próxima de Artigas que Buenos Aires não conseguia dominar e que a Espanha não estava em condições de enfrentar. Cabia ao Brasil procurar expulsá-lo; a ocupação da Banda Oriental não mais seria feita em nome do Rei de Espanha, mas em favor do Príncipe Regente; uma vez atingida a margem esquerda do Prata, os portugueses ficariam satisfeitos e não molestariam Buenos Aires, "a não ser em caso de defesa própria". A Buenos Aires que protestava contra a ocupação de Montevidéu, o ministro português respondia que as tropas brasileiras haviam "livrado o Brasil e as Províncias Unidas de um inimigo comum" e que o território era completamente independente das autoridades portenhas. Assim, Portugal ocupava a Banda Oriental do Uruguai.

Mas a Espanha, em dezembro de 1816, recorreu às potências européias – Áustria, França, Rússia e Inglaterra – para servirem de mediadoras diante da agressão portuguesa às possessões espanholas na América. A Inglaterra, segundo dizia Castlereagh, preferia um entendimento direto entre Portugal e Espanha e fez ver isso ao Governo português, esperando que este desse à Espanha as necessárias e satisfatórias explicações. No caso de não se realizarem tais entendimentos, Portugal deveria apresentar suas explicações aos mediadores europeus. Para demover Portugal, a Inglaterra indicava-lhe a possibilidade de enfrentar uma guerra contra a Espanha na Europa, com sério perigo para a sobrevivência do reino. E a Inglaterra estava disposta a retirar a garantia aos domínios portugueses, que os tratados asseguravam, se a Corte portuguesa "não pudesse dar uma explicação satisfatória para sua ação". Isso Chamberlain deveria dizer a D. João. A posição tomada pela Grã-Bretanha decorria, em grande parte, do temor de que a atitude portuguesa provocasse nova guerra na Europa e também da orientação política de Castlereagh, ainda muito aproximada da Santa Aliança. A resposta de Portugal à Inglaterra e ao enviado espanhol foi reforçar seus efetivos na Banda Oriental. E também não se deixou intimidar por outras medidas, com a pressão exercida pelos representantes das potências mediadoras no Rio de Janeiro.

Os poderes mediadores apresentaram, sob proposta do ministro britânico, as condições para a solução da pendência: entre elas estava estipulado que a Espanha receberia Montevidéu de volta, mediante o pagamento de uma indenização a Portugal e a ocupação imediata da Banda Oriental por tropas espanholas que assegurariam a ordem e a fronteira do Brasil. Portugal acabou aceitando, em maio de 1818, a mediação e os termos do acordo proposto. Mas a Espanha não respondeu à consulta que lhe foi feita, de modo que Portugal, em outubro, fez saber que se considerava sem nenhuma obrigação para com os países mediadores. A resposta da Espanha nunca chegou, e em junho de 1819, considerando que Portugal, ao aceitar os termos da mediação, cumpria a parte que lhe coubera, o Governo inglês restabeleceu a garantia anteriormente suspensa. A Inglaterra desaprovava a atitude de Fernando VII e afirmava que sua política em relação ao comércio colonial impossibilitava as potências mediadoras de cooperar para o restabelecimento de um "sistema tão ruinoso" na área do Rio da Prata. Desse modo, a Banda Oriental ficou finalmente nas mãos do Rei de Portugal e, posteriormente, em 1821, foi anexada ao Brasil com o nome de Província Cisplatina.

O interesse inglês na volta da família real para Lisboa

Enquanto se chegava a uma solução para o caso da Banda Oriental, modificavam-se, todavia, as condições internas do reino lusitano. A situação fazia-se muito perigosa para a estabilidade da dinastia e mesmo da Monarquia: os portugueses sentiam-se descontentes com sua posição de inferioridade no conjunto dos domínios lusitanos, com a ausência da Corte e com as medidas tomadas em favor do Brasil. Entre os ministros portugueses de D. João VI, um grupo era favorável à permanência da Corte no Rio, onde o Rei se acharia mais protegido contra uma possível pressão da Inglaterra, da França ou de qualquer outra potência. A partir de 1814, porém, buscaram convencer D. João a voltar ao reino, onde se fazia necessária a sua presença. À Inglaterra interessava, agora, a volta da família real para Lisboa. Mas o Rei só cogitou em voltar depois da revolução de 1820 no Porto. Ainda hesitou. Esperava, talvez, poder contar com a garantia inglesa para ver-se livre da revolução ou de suas conseqüências. Mas o Governo inglês fez-lhe saber que a garantia não envolvia o caso de revolução ou quaisquer negócios internos. Decidiu-se finalmente a embarcar quando a situação no Rio de Janeiro também se tornou insegura. Partiu para o velho reino a 25 de abril de 1821, mas os ingleses aqui guardaram seus interesses e suas vantagens. Fechava-se, assim, um capítulo curto mas importante de nossa história. As mudanças introduzidas sob o reinado de D. João VI tinham dado ao Brasil nova fisionomia política e econômica, abrindo o caminho para a Independência.

CAPÍTULO IV

POLÍTICA FINANCEIRA – O PRIMEIRO BANCO DO BRASIL

O ALVORECER do século XIX se apresentava cheio de incertezas para o reino de Portugal, que se via pressionado entre a Inglaterra e a França. Pelo Tratado de Badajós, em 1801, perdeu Olivença para a Espanha, então aliada de Napoleão. As vitórias napoleônicas, sucedendo-se e culminando com Austerlitz, provocaram ansiedade em Portugal, que percebeu não mais ser possível manter uma neutralidade duvidosa; a distribuição de tronos que Napoleão iniciara deu ao Príncipe Regente D. João VI a percepção nítida de que por pouco tempo se sustentaria a Coroa, a menos que se buscasse um esteio bastante seguro para sustentá-la, e este só poderia ser a Inglaterra. E continuou Portugal a oscilar entre o poderio napoleônico e a resistência britânica: procurou acordos secretos em Londres e, para tanto, abasteceu à sua própria custa, mais de uma vez, a esquadra inglesa, mas, por outro lado, pagou 10 milhões ao Imperador e chegou a lhe fornecer tropas para que sua neutralidade aparente se mantivesse.

A França, de um lado, simbolizava a força militar rápida e eficiente; mas, de outro lado, a Inglaterra representava o próprio capital que a tudo dava vida no reino lusitano. Tanto é assim que, quando o Príncipe Regente, pelo decreto de 22 de outubro de 1807, ordenou o fechamento de todos os portos do reino aos navios provenientes da Inglaterra e aos que a ele se destinassem e ordenou também a extradição dos ingleses residentes em Portugal, toda a economia lusitana sentiu-lhe os efeitos. Não só os navios portugueses foram hostilizados e capturados pela esquadra britânica, perturbando todo o comércio lusitano com as suas colônias, como também ocorreu grave crise econômica. O papel-moeda emitido pelo Governo depreciou-se quase na terça parte: cessaram o trabalho e todo o movimento industrial e comercial.

Londres, percebendo esta situação de fraqueza e instabilidade da Corte portuguesa, insistiu para que a mesma se retirasse para o Brasil e, quando as tropas de Junot iniciaram a invasão de Portugal, foi a Inglaterra que lhe facilitou a transmigração.

O apoio dado pela esquadra inglesa a Portugal, para que a sede do reino pudesse deslocar-se para a América e ficar, assim, livre da pesada manopla francesa, obrigava a Coroa a abandonar essa inconsistente política internacional de acomodações, para seguir uma diretriz clara e bem determinada de apoio incondicional à política inglesa. E a gratidão do soberano faria o resto, para melhor satisfazer o leão britânico. Assim foi que, desembarcando na Baía de Todos os Santos a 24 de janeiro de 1808, já a 28 abriu os portos do reino ao comércio de todas as nações amigas, primeiro ato de represália contra o Imperador da França. Concedia, assim, um privilégio à Inglaterra, na época a única potência da Europa capaz de manter e proteger uma possante marinha mercante.

O Tratado de Comércio Anglo-Lusitano   Este domínio econômico, começado em Portugal, vinha prolongar-se no Brasil, e pela magnanimidade e profundo reconhecimento lusitano deu origem ao Tratado de Comércio Anglo-Lusitano de 1810, que mandava cobrar 15% de direitos para as mercadorias transportadas pelo pavilhão inglês, enquanto as próprias importações de Portugal eram oneradas com 16%. Como a base das cobranças era *ad valorem*, provado o preço pelas faturas, as fraudes se multiplicavam pelas declarações inexatas, facilitando o contrabando e prejudicando mais ainda a tributação portuguesa.

Muitas críticas se têm feito a este tratado comercial, na maioria pouco lisonjeiras a D. João, mormente se nos lembrarmos de que a situação inglesa era de premência no tocante a víveres e matéria-prima, principalmente os primeiros, que, com facilidade, a esquadra poderia levar para as ilhas Britânicas. Mas esquecem esses críticos que estava em suas mãos fazer cessar a navegação inglesa, isto é, isolar o Brasil do resto do mundo.

O Brasil preparava sua independência política, sem conseguir uma libertação econômica, o que, num certo sentido, tornara-se inevitável, pois de um momento para outro haviam desaparecido o antigo privilégio de navegação entre Portugal e sua colônia e os próprios barcos em que o transporte se fazia; era em portos da Inglaterra que saíam e entravam mercadorias nos portos brasileiros.

Por um lado, a abertura dos portos e o tratado comercial de 1810 favoreceram o escoamento dos produtos ingleses manufaturados e imobilizados pelo bloqueio continental, abrindo à Inglaterra um novo mercado, até então vedado pelo monopólio comercial português; por outro, o Brasil passou a ser um dos celeiros abastecedores das tropas em luta, além de servir de seguro ponto de apoio inglês contra as idéias igualitárias que da República Francesa se espalhavam pela América, e das quais já havia resultado a emancipação das colônias americanas. Tanto assim é que a vinda da família real, facilitando depois a ascensão de Pedro I, permitiu que o Brasil se conservasse o único Império em meio a um mundo republicano.

O povo lusitano, abandonado à sua própria sorte, não tardou a se insurgir contra o invasor e, apoiado militarmente pela Inglaterra, levantou-se contra o exército de Junot, alcançando suas primeiras vitórias. Era a guerra peninsular que o Governo português no Brasil ver-se-ia obrigado a custear. A invasão da Guiana Francesa que D. João se apressou em executar e a guerra da Cisplatina logo após, atendendo à ambição espanhola de restabelecer uma monarquia americana, tão grata a D. Carlota Joaquina, e que parecia empresa fácil, dada a desorganização política platina, exigiam forte dispêndio, tanto maior quanto uma das armas do exército português, em operações na América, era o suborno.

A vinda da família real, a carestia e a elevação do nível de vida

A vinda da família real portuguesa para o Brasil teria causado talvez mais espanto do que entusiasmo. É fácil compreender a profunda perturbação que esta Corte cheia de si, com todos os foros de nobreza dirigente, carregando seus bens móveis, jóias, pratarias, sedas e damascos, viria trazer para a vida das cidades, principalmente o Rio de Janeiro; a nova capital, acanhada e incômoda, tinha de agasalhar a invasão da Corte de Lisboa, famélica, exigente, insaciável, de costumes inteiramente estranhos ao meio colonial. Novos serviços públicos avolumavam despesas, inexistentes até então. As fermentações nacionalistas encontraram, assim, novos motivos de justificação, pois, mais uma vez, a colônia continuou a ser o fornecedor de recursos, tão necessários ao reino português.

A impopularidade da campanha da Cisplatina, a profunda perturbação da vida social da Colônia, principalmente no Rio de Janeiro, o choque entre a elite dirigente adventícia e os naturais, perfeitamente caracterizado pelo "Ponha-se na Rua", provocaram agitações que obrigaram a Corte a despesas de policiamento; a revolução de 1817 seria, por fim, a concretização deste estado de instabilidade política, que caracterizou a vinda da Corte portuguesa. Esta agitação, alimentada pela América já independente e republicana, seria mais um motivo de apreensões e despesas, que se prolongaria por todo o Primeiro Reinado, terminando somente em 1849, com o fim da Revolução Pernambucana de 1848.

Se, de um lado, D. João VI beneficiou a terra com a revogação das restrições antes existentes sobre as indústrias no país, protegendo-as e estimulando-as, se isentou de imposto a matéria-prima que se importasse para as fábricas e se garantiu direitos a inventores e favoreceu a introdução de máquinas e novos instrumentos, se procurou por meio de prêmios e medalhas estimular agricultores e industriais, se fundou a Escola de Marinha, a de Artilharia e Fortificações, a Imprensa Régia, o Jardim Botânico, a Biblioteca Pública, a Academia de Belas-Artes, uma fábrica de pólvora e um Hospital do Exército, por outro lado, criou a Casa de Suplicação, o Desembargo do Paço, a Mesa da Consciência e Ordens, o Conselho da Fazenda, a Junta Real da Agricultura e Navegação, a Junta de Comércio, o Juízo dos Privilégios, a Superintendência da Câmara Real no Regimento das Mercês etc., repartições na maioria desnecessárias e inúteis, expedientes imediatistas para socorrer a chusma de fidalgos recém-vindos e em penúria.

A vida econômica brasileira, naquela época, era acanhadíssima e a vinda da Corte para cá acarretou-lhe graves perturbações. Com o enorme afluxo de indivíduos, resultante desse verdadeiro êxodo, o consumo geral aumentara extraordinariamente e, como os recursos de produção com que contava o Brasil eram escassos, a um forte aumento da procura de todos os bens e serviços correspondia um fraco aumento da oferta pela sua natural falta de elasticidade, elevando extraordinariamente os preços; de onde uma carestia manifesta e, em conseqüência, uma forte elevação do nível de vida.

Transportes   O acanhamento desse meio econômico ainda se acentuava pela exigüidade de transportes. A proibição da abertura de estradas deixava apenas como meio de circulação as trilhas dos cargueiros; daí a inexistência de correios e serviços regulares de diligências. A rede fluvial desempenhava o papel de estradas de penetração, facilitando o desbravamento dos sertões. Mas como a maioria de nossos rios não tem curso inteiramente navegável, o litoral ficava quase isolado e, pela grande dispersão entre os centros urbanos, havia um quase isolamento, apenas quebrado pela navegação de cabotagem, esta mesmo bastante exígua.

Somente após a vinda do Regente, o Brasil conheceu as primeiras estradas carroçáveis, no Rio de Janeiro. Assim as canoas e batelões pelos rios e as jangadas pelo mar eram, via de regra, os principais meios de transporte, auxiliados, no continente, pelas bestas de carga que, formando as tropas, demandavam o sertão, ligando as cidades litorâneas aos estabelecimentos do interior.

A tributação   A tributação da colônia, ao tempo da vinda de D. João, era defeituosa e incompleta. Devido à ausência de organização de aparelhamento fiscal, os impostos criavam-se mediante leis, decretos e alvarás do poder régio, ou mediante simples ordens e portarias das próprias autoridades locais. Seu lançamento diferia em número, qualidade e quantidade, de província a província, e a arrecadação e fiscalização eram imperfeitas. D. João, ao chegar, procurou melhorar as condições do Erário, mas o Tratado de Comércio Anglo-Lusitano contribuiu mais para uma evasão de rendas do que para a melhor arrecadação de impostos. Em 1808, criou-se a Décima Urbana – imposto territorial de 10% cobrado sobre o valor locativo dos imóveis – elevada logo no ano seguinte para duas décimas. Devido, porém, à necessidade de expansão da cidade do Rio de Janeiro, pelo aumento brusco das 15 mil pessoas (número aproximado) que vieram com D. João, viu-se o Governo obrigado a isentar de imposto, durante 10 e 20 anos, os terrenos para edificação ou os que fossem alterados e enxugados, em 1811. O imposto sobre a exportação, criado em 1808, pouco rendeu, uma vez que isenções se fizeram sentir necessárias para produtos de grande interesse ou exportações em grande escala. Em 1809, criou-se a Décima de Heranças e Legados, a Sisa dos Bens de Raiz e a Meia Sisa dos Escravos e apareceu a primeira tentativa de imposto de consumo, incidindo sobre o gado e a aguardente.

É preciso salientar uma preocupação social e econômica de melhoramento e progresso. Em 1810, um alvará isenta da obrigação de pagamento do imposto de exportação (e estabelece mesmo prêmios pecuniários e distinções honoríficas) os indivíduos que se destacassem na cultura de árvores de especiaria fina, na farmácia, tinturaria e artes. A isenção abrangia um período de dez anos, a começar da data de exportação, e estendia-se ao pagamento dos dízimos de produção, que vinham do período colonial e ainda eram cobrados, fazendo parte da receita provincial e, destarte, recolhido também pela sede do Governo. Tais medidas eram avançadas para a época e já revelavam a preocupação de saneamento do Rio de Janeiro.

Em 1812, por ocasião da criação do primeiro Banco do Brasil, devendo o Estado constituir-se acionista, foi instituído um imposto fixo de 12$800 anuais sobre lojas, armazéns ou sobrados em que se vendesse qualquer gênero por grosso e atacado ou a retalho e varejo; lojas de ourives, lapidários, carreeiros, funileiros, latoeiros, caldeireiros, cereeiros, estanqueiros de tabaco, boticários, livreiros, botequins e tavernas; só ficavam isentas as lojas de qualquer natureza estabelecidas em estradas, arraiais, capelas e pequenas povoações onde não houvesse juiz de paz.

Foi também por esse tempo que as tarifas alfandegárias se alteraram para 24% *ad valorem* e 16% para as nações favorecidas. A não ser a isenção de impostos de exportação para o comércio de cabotagem em 1821, visando a facilitar o intercâmbio de produtos nacionais, nada mais houve digno de nota até o período regencial.

Os agentes coletores e fiscais continuam a ser os antigos provedores do período colonial. Não há ainda, como já vimos, uniformidade nos impostos, havendo o caso de ser o mesmo imposto cobrado duas ou mais vezes, sob denominações diferentes, conforme verificamos com o imposto de transmissão de propriedade. Tal fato vai perdurar muito tempo ainda, até 1869, quando começarem a processar-se as primeiras uniformizações do sistema de impostos.

Mesmo os dízimos provinciais são cobrados em espécie e os impostos ou são fixos, como no caso do imposto de lojas, ou proporcionais, nos demais casos já vistos.

Não foi possível, nessa época, evitar completamente os erros acumulados durante a colônia. O simples fato de se manterem os órgãos fiscais trouxe como conseqüência uma arrecadação e fiscalização imperfeitas. O lançamento e a arrecadação, principalmente, diferiam em número, qualidade e quantidade, de província para província. Os impostos centrais eram criados mediante leis, decretos e alvarás do poder real; os provinciais, porém, dependiam unicamente de ordens e portarias das próprias autoridades locais.

Como não houvesse uma separação legal de competências em matéria de tributação, nem qualquer proibição de lançamento de tributos locais, a conseqüência inevitável era a existência paralela de impostos idênticos cobrados pela Corte, pelas províncias e mesmo pelos municípios. E esta superposição de impostos prolongou-se e se fez sentir em graus diversos, explicando a origem histórica de um dos mais sérios problemas da repartição de impostos.

De 1808 a 1822, considerando-se os Três Poderes, grande é o número dos impostos – assinalam-se 95 rubricas; sua criação decorria da necessidade de se expandirem os serviços públicos. Não há sistema de impostos no sentido exato; as diversas administrações fiscais, sem hierarquia bem definida, nem poderes tributários, separadas, lançam novos impostos que se acrescentam às contribuições do período colonial. A própria diversidade de denominação desses impostos prova suas mais variadas origens e naturezas. Ao lado dos impostos propriamente ditos, recebiam-se dízimos, quintos, laudêmios, subsídios, capatazias, emolumentos, foros etc.

Durante todo o Primeiro Reinado, nada se fará do ponto de vista tributário; continuarão a ser cobrados os mesmos impostos do Brasil de D. João VI; isto equivale a dizer que permanecerão a má distribuição dos tributos, a desigual e injusta tributação entre gêneros, as dificuldades na verificação da arrecadação e tomadas de contas. No Relatório do Ministério da Fazenda de 1831, por exemplo, é apontado o fato de ser o açúcar taxado cinco vezes, a aguardente oito, o tabaco seis, o gado seis, e o algodão três vezes.

Para não se dizer que o período foi completamente destituído de interesse, lembramos que, em 1828, a revisão tarifária determinou que os direitos de importação seriam fixados em 15% sobre todas as mercadorias estrangeiras, sem distinção de proveniência e em 1830 nova lei aumentou para 12% o dízimo de exportação.

Expedientes monetários O acanhamento do meio obrigava a Corte a grande limitação no lançamento e arrecadação do imposto, e, assim que eram criados, logo se fazia sentir a necessidade de limitações para evitar descontentamentos capazes de alterar a ordem pública.

Em conseqüência disso, a Corte portuguesa no Brasil, nem bem chegou, defrontou-se com despesas incomprimíveis, sem poder atender aos compromissos do Erário, uma vez que as fontes ordinárias de receita se mostravam insuficientes e inadequadas.

Era preciso, portanto, encontrar fontes extraordinárias. Os empréstimos públicos, entretanto, muito pouco podiam render. A prova se encontra na falta de receptividade para as ações do primeiro Banco do Brasil, desde que se soube ser o Governo o principal acionista. O acanhamento da economia nacional, por outro lado, impedia a existência de poupanças substanciais suscetíveis de se empregarem na tomada de títulos da dívida pública. A outra fonte extraordinária de receita seria a criação de papel-moeda, que exigiu a organização de um sistema monetário e a criação de um banco de emissão capaz de atender às novas solicitações do Erário, bem como a reclamações sobre a falta de numerário.

A dificuldade, devido à escassez de meios de pagamentos, ainda mais se acentuava com o estado anárquico da circulação metálica: em 1808, as peças coloniais, criadas pela lei de 19 de dezembro de 1695, de circulação exclusivamente limitada ao Brasil, eram cunhadas com 10% de acréscimo sobre as congêneres portuguesas, fato que ainda se agravava por uma falsificação oficial variável conforme as necessidades tributárias da Coroa. Havia, assim, peças coloniais de ouro de 4$000, 2$000 e 1$000 cuja oitava (3,58 g) valia 1$760 e as havia também de 1$777 7/9 a oitava. As peças coloniais de prata eram de $640 (2 patacas), $320 (1 pataca), $160 (meia pataca), $080 (4 vinténs) e $040 (2 vinténs). Ainda aí não havia uniformidade, pois em umas o marco de prata (248,7344 g) valia 7$600, enquanto em outras valia 8$250. Acrescentem-se a estas peças coloniais as moedas especiais de prata, criadas com o fito exclusivo de comprar ouro (1752), com circulação limitada, portanto, à região mineira; para isto, obedeciam a outra divisão – moedas de $600, $300, $150 e $075 com o marco de prata a 7$600. A circulação de moedas nacionais cunhadas na metrópole fazia-se com um acréscimo de 20%. Assim, as moedas de ouro de 4$000 valiam no Brasil 4$800, a meia moeda de 2$000 valia 2$400, o quartinho de 1$000 valia 1$200, o cruzado novo de $400 valia $480, o dobrão de 20$000 valia 24$000 e o meio dobrão de 10$000 valia 12$000. Mais tarde cunharam-se moedas nacionais com o timbre já ajustado a essa desvalorização; a dobra de 8 escudos valendo 12$800, a peça 6$400, a meia peça 3$200, o escudo 1$600, o meio escudo $800 e o cruzadinho $400. Para estas peças nacionais, a oitava de ouro era avaliada em 1$600. O próprio cobre tinha dois padrões, apesar de estar limitado o seu poder liberatório, pela lei de 8 de julho de 1729, a $100; havia peças coloniais de cobre de $040, $020, $010 e $005 cuja oitava valia $005, enquanto na região mineira a oitava era avaliada em $010. Esta desvalorização do cobre, a princípio limitada à região mineira, estendeu-se, a partir de 1799, a todo o Brasil, recunhando-se as peças, cuja oitava valia $005, pelo dobro do seu valor.

Acrescentem-se a esta circulação os pesos espanhóis comprados pela Casa da Moeda por $640 e recunhados a punção para $760, a partir de 1786, bem como o próprio ouro em pó e em barras que circulava como moeda desde 20 de março de 1734, e ter-se-á completado o quadro da circulação metálica por ocasião da vinda da família real portuguesa.

Além das moedas acima citadas, tidas como boas, circulavam moedas estrangeiras, principalmente a libra; as moedas coloniais não raro eram falsas, falsificação realizada pela própria Casa da Moeda: as de ouro de 4$000, por exemplo, em vez de 2 oitavas e 20 grãos, tinham apenas 2,25 oitavas e as de prata, de $640, apenas 5 oitavas de prata.

Havia, portanto, entre as moedas de ouro e prata, não uma única relação legal e sim várias. Embora não possamos fixá-las com exatidão, poderemos garantir que seis relações legais existiam, considerando-se apenas as moedas legítimas. A relação entre o ouro e a prata, para as peças coloniais de ouro de 1$760 a oitava, e as coloniais de prata de 7$800 o marco, era de 1:16,087; para as coloniais de ouro de 1$777 7/9 e as de prata de 7$600 o marco, a relação era de 1:16,25; para as coloniais de ouro de 1$760 a oitava e as coloniais de prata de 8$250 o marco de prata, a relação legal baixava para 1:14,821 e considerando-se a mesma moeda de prata e as coloniais de ouro de 1$777 7/9, a relação legal elevava-se a 1:14,971; considerando-se as peças nacionais de ouro de 1$600 a oitava e as coloniais de prata de 7$600 o marco, a relação legal era de 1:14,624, e considerando-se essas mesmas peças nacionais e as coloniais de prata de 8$250 o marco de prata, a relação baixava para 1:134,474.

Ambas as moedas de ouro e prata tinham giro ilimitado, bem como absoluta liberdade de cunhagem.

O primeiro cuidado de D. João, aqui chegando, foi lançar mão dessa circulação metálica, não tanto para reorganizá-la e sim para conseguir obter os recursos orçamentários de que tanto necessitava; mais uma vez punha-se em prática o nominalismo, corrente em Portugal, a idéia de que a autoridade do Estado bastava para dar à moeda o seu valor por uma simples alteração de timbre.

Assim foi que, no dia 1.º de setembro de 1808, um alvará régio declarava a completa liberdade de circulação, eliminando as barreiras que impediam o completo giro das moedas na região mineira e permitindo que a circulação especial dessa mesma região pudesse espalhar-se por todo o território, com o que aumentou ainda mais a confusão.

Nesse mesmo alvará, ordenava-se a recunhagem, a punção dos pesos espanhóis a $950 e proibia-se a circulação do ouro. No mês seguinte proibia-se que circulassem a moeda estrangeira, bem como os pesos espanhóis, não puncionados, em Minas Gerais, e determinava-se que as patacas espanholas de prata de $320 circulassem ao valor de $800.

Um alvará de 18 de abril de 1809 mandava recunhar a punção as moedas de cobre e prata da região mineira, elevando-lhe o valor para 8$250 o marco de prata, e que se dobrasse o valor nominal das moedas de cobre, nessa região. Em meio desse mesmo ano, autorizava-se a aceitação dos pesos espanhóis em pagamento de impostos pelo valor de $750. Convém, de passagem, observar que, com esta última determinação, o Estado lucrava $210 por peso recebido, uma vez que o recunhava a $960, valor nominal pelo qual girava.

Mais tarde, esses mesmos pesos foram aceitos a $800 e $820 em 1819, deixando ainda assim um lucro para o Erário de $160 e $140, respectivamente.

Não havia, nessas reformas sucessivas dos meios de pagamento da época, idéia diretriz alguma que norteasse a política monetária; eram elaboradas e postas em execução empiricamente como tentativas esparsas e desordenadas, fruto da desorientação resultante da desadaptação da Corte ao novo meio.

Em 1812, dado o vulto crescente das transações com a Inglaterra e devido ao fato de os próprios nacionais preferirem burlar a lei, realizando transações com a moeda inglesa, permitiu-se que o guinéu pudesse circular pelo seu valor comercial, isto é, a 3$733.

A percepção da inconveniência desses expedientes monetários e a necessidade premente de receitas para o custeio das inevitáveis despesas públicas teriam ditado a conveniência de criar um banco emissor.

O Banco Público

O Banco Público, criado pelo Alvará Real de 4 de agosto de 1808, foi seu precursor, com a finalidade de permutar por moedas as barras e o ouro em pó, a fim de evitar que os mesmos fossem remetidos para o exterior. Surgiram, então, as chamadas letras à vista da Junta da Fazenda, pois o ouro levado ao troco não era reembolsado em moeda, mas forneciam-se vales, correspondentes à quantia representada pelo valor das mesmas, os quais tinham poder liberatório, como se moeda fossem. Deste modo o Estado eliminava da circulação o ouro em pó e em barras, utilizando-o para atender a despesas orçamentárias.

A tentativa, entretanto, fracassou por duas razões: em primeiro lugar, pela dependência direta desse expediente da produção de ouro e, em segundo lugar, pela falsificação que favoreceu. A produção de ouro nessa época estava em decadência; avolumando-se em um crescendo contínuo até a metade do século XVIII, a produção aurífera brasileira decresceu rapidamente para encontrar-se em 1811-1820 aproximadamente no mesmo nível dos seus primórdios (1691-1700). Por conseguinte, o volume de ouro anualmente levado ao Banco Público era insuficiente para atender às necessidades do Erário; além disso, as letras da Junta da Fazenda, simples recibos de entrega de ouro, podiam facilmente ser falsificadas, e de fato o eram. Essa falsificação tinha um duplo efeito: em primeiro lugar, aumentava o volume da circulação, sem nenhum lucro para o Estado, e, por outro lado, facilitava a sonegação do ouro. Difícil de ser percebida, acarretava, além disso, um prejuízo para o Erário, pois os portadores de letras falsas reclamavam do Banco o ouro que não lhe haviam confiado. Tais razões determinaram a extinção do Banco Público, em 5 de setembro de 1812, bem como o reconhecimento das letras em circulação, em 21 de outubro do mesmo ano.

É natural, pois, que surgisse a idéia da fundação do primeiro Banco do Brasil, pelo Alvará Real de 12 de outubro de 1808.

Atribuiu-se esta iniciativa a D. Rodrigo de Sousa Coutinho, que só não assinou o alvará de sua criação por não ser o Ministro da Fazenda.

Se foi sua a iniciativa, não terá sido original a idéia. Era corrente, na época, utilizar-se o Estado dos bancos de emissão para atender a dívidas de guerra e a necessidades orçamentárias, em troca de certos favores, principalmente do monopólio ou quase monopólio de emissão; fora posta em prática tanto na Inglaterra quanto na França. Toda a atividade comercial e bancária tinha por fulcro o Banco da Inglaterra, considerado pelo Governo britânico seu mais seguro auxiliar nas lutas contra a Revolução Francesa e mais tarde contra Napoleão. O exemplo inglês fatalmente influenciaria o Governo luso, indicando-lhe a possibilidade de lançar mão de um banco emissor para atender às necessidades orçamentárias. Se alguma dúvida ainda houvesse, outro exemplo seria decisivo. O Banco da França, criado em janeiro de 1800, teve Napoleão à testa da lista de subscrições; sendo também, inicialmente, banco privado, tornou-se oficioso em 1805. Segundo as próprias palavras do Imperador, em 1806, o Banco não pertencia unicamente aos acionistas e sim também ao Estado, uma vez que este lhe dava o direito de cunhar moedas. Os acionistas não eram, portanto, seus proprietários exclusivos, pois o órgão emissor era de interesse nacional.

O primeiro Banco do Brasil

A criação do primeiro Banco do Brasil foi antes conseqüência dos acontecimentos internacionais da época. A cópia seria tanto mais justificável quanto eram absolutas a identidade de situação financeira e a necessidade de se atenderem as despesas extraordinárias de guerra.

Tanto assim é que o já referido alvará indicava como finalidade, em primeiro lugar, conseguir fundos necessários para a manutenção da própria Monarquia; secundariamente, facilitar o pagamento de soldos, ordenados, juros e pensões, engrandecendo, assim, o crédito público: e, por fim, animar e promover as transações mercantis, erigindo mais uma fonte de riqueza. Apenas este último constituía objetivo econômico, justificando nossa afirmação de que o sistema monetário, representado pelo papel-moeda, teria, por motivo determinante, não o desenvolvimento econômico da Nação e sim as múltiplas obrigações do Estado.

Em virtude desta terceira finalidade, principiou o primeiro Banco do Brasil como um banco de depósitos, descontos e emissão, banco misto, portanto. Com a duração prevista de vinte anos, constituía-se em sociedade particular, com um capital de 1.200 contos de réis, representado por 1.200 ações de um conto de réis e com autorização para aumento de capital. A responsabilidade do acionista era limitada ao montante da ação, o que acarretava a proibição da ação pignoratícia civil ou fiscal contra qualquer dos acionistas ou membros da diretoria.

A origem de quase todos os bancos de emissão deve-se, aliás, ao capital privado, incorporado sob a forma de ações; sociedades particulares por ações eram Riksbank da Suécia (depois transformado em Banco do Estado, em 1668), o Banco da Inglaterra, fundado em 1894, e o Banco da França. E depois do Banco do Brasil, outros se criaram, como o Banco Nacional da Áustria e o Banco da Noruega, ambos em 1817, frutos do capital privado. Além disso, em todos eles não havia ainda completa especialização de funções, sendo corrente o tipo da banco misto, onde à emissão se juntavam os depósitos e os descontos.

A administração do nosso primeiro estabelecimento bancário era exercida por uma assembléia de quarenta dos maiores capitalistas portugueses, seus acionistas, uma junta de dez membros, renováveis a metade cada ano, e uma diretoria de quatro membros, também renováveis no mesmo período. A diretoria era representada por quatro membros da Junta, encarregando-se cada um dos diretores de uma operação bancária. Só possuía direito de voto deliberativo cada portador de cinco ações ou mais.

Como banco comercial, encarregava-se do desconto de letras de câmbio, comissões por cobranças, adiantamentos e hipotecas, depósitos de valores, vencendo juros, e venda de produtos monopolizados pela Coroa. Suas operações monetárias constavam de emissão de notas bancárias e letras à vista ou a prazo fixo, operações cambiais de saque e remessa e operações de compra e venda de ouro e prata.

O sistema monetário, que assim se criava, consistia em moeda de papel conversível à vista em moeda metálica, ouro ou prata, tendo como nota mínima o valor de 30$000. Deste modo, evitava-se que as notas circulassem em pequenas transações, limitando-se a pagamentos elevados no comércio atacadista, quase não circulando no comércio varejista, onde as transações, muito pequenas, quase não davam margem ao seu giro.

Em certo sentido, esta medida é idêntica à que a maioria dos países tomou ao adotar o *Gold Bullion Standard* e o *Gold Standard Elastic*; a conversibilidade facultada apenas para grandes quantias limitou-se a pagamentos elevados, sendo praticável apenas para o comércio atacadista, enquanto as notas representativas de pequenas quantias continuaram a ser, praticamente, inconversíveis.

A cobertura desta emissão era representada pelo capital do Banco, por uma parte dos depósitos bancários a ele confiados e pelos lucros provenientes das comissões por cobranças, adiantamentos e hipoteca e pelos lucros resultantes da venda de produtos da Coroa e da compra e venda de ouro e prata.

Não se fixou nem limite de emissão, nem relação entre a cobertura e o montante das notas em circulação.

É curioso notar que, apesar da acentuada influência inglesa, já por nós apontada, aquela cobertura, a falta de limite de emissão e a inexistência da relação entre a cobertura e o montante das notas em circulação aproximavam nosso sistema monetário do francês. Julgamos que a razão disto se encontra na extrema carência de ouro e prata naquela época; a inexistência de espécies metálicas em quantidade suficiente para lastrear a moeda tornava impossível criar moeda representativa, tal como a libra.

Os sucessivos alvarás, mostrando-nos a situação legal do Banco, dão conta de uma certa resistência da praça do Rio de Janeiro à subscrição de ações, produto evidente de desconfiança. Assim, o Banco só funcionou em 11 de dezembro de 1809 com um capital de 100:000$000, quer dizer um ano e um mês após sua criação, com apenas 1/12 do montante das ações do Banco. Esta resistência continuaria durante mais três anos, pois, em 1812, o capital era de 126:$000$000; venderam-se apenas 26 ações em três anos.

A causa desta resistência talvez residisse nos constantes pedidos de numerários feitos pelo Governo ao Banco, sem nenhuma garantia, fato que se pode deduzir do Alvará Real de 27 de março de 1811, proibindo levantamentos ministeriais de dinheiro sem o envio de notas precatórias ao Banco.

O gradativo controle do Banco pelo Estado A resistência do público à compra das ações, inspirando cuidados ao Regente, levou à promulgação do alvará de 22 de agosto de 1812, onde se recomendava que os acionistas subscrevessem adicionalmente mais 1:000$000 cada um, para que fosse possível dobrar o capital do Banco; além disso, promoveu-se a venda das demais ações, oferecendo a Comenda da Ordem de Cristo aos súditos que mais ações adquirissem. Tal recomendação e mercê não bastaram para garantir o Banco, razão pela qual D. João fez publicar o alvará de 20 de outubro do mesmo ano, criando um imposto especial, o chamado Imposto do Banco, cuja renda destinar-se-ia à compra de ações, por conta do Governo. Desta sorte, o estabelecimento, que antes fora particular, passou a ser oficioso, uma vez que o Governo, tornando-se acionista, teve direito de voto e pôde colocar representantes seus na Assembléia, na Junta e mesmo na diretoria.

Tal passagem acompanhou a evolução geral dos órgãos emissores; o Estado, gradativamente, passou a exercer o controle dos bancos de emissão, quer mediante uma fiscalização indireta e moderada, quer mediante uma regulamentação mais rígida, quer, ainda, transformando-os em órgãos públicos.

Tais medidas permitiam, em 1813, elevar o capital do Banco para 397:000$000. Tendo o Imposto do Banco rendido 62:609$878, o Governo adquiriu 62 ações, ou seja, 1/6 do capital subscrito, permitindo-lhe grande controle sobre o Banco. Não aumentou o ritmo das vendas de ações, apesar de os dividendos líquidos de cada ação aumentarem de ano para ano, e do novo favor real, concedido ao Banco, do privilégio de cobrança executiva para as suas dívidas – alvará de 24 de setembro de 1814; naquele último ano venderam-se apenas 150 ações, das quais 59 pertenciam ao Governo. Em 1815, de 79 ações vendidas, 61 pertenciam ao Governo, e, em 1816, de 100 ações, 89 resultavam do rendimento do Imposto do Banco. Assim, em 1816, a venda de ações tinha conseguido para o Banco 690:000$000 de capital, sendo que 272:000$000 provinham do Imposto do Banco; pertencia, portanto, ao Governo a quarta parte do capital total.

A instalação de filiais do Banco do Brasil na Bahia e em S. Paulo, autorizada por Alvará Real de 16 de fevereiro de 1816, a elevação do Brasil à qualidade de reino, no ano anterior, e a relativa calmaria política, que nesse ano o mundo experimentou, após a derrota de Napoleão, o elevado dividendo distribuído e 189$607 por ação, estimularam a venda de ações; em 1817, elevaram-se a 499 as ações vendidas, das quais 63 pertencentes ao Governo. Atingia-se, assim, quase o limite fixado pela lei: 1.189:000$000 de capital.

Em 1818, por conseguinte, autorizou-se a elevação do capital do Banco para 2.400:000$000, isto é, o dobro do primitivo. Um alvará real criou, neste mesmo ano, uma carteira para a compra de ouro e prata, declarando privativo do Banco o direito de transporte desses metais, bem como o comércio do ouro em pó.

O alvará, que por oito meses proibia a exportação de moedas metálicas da Corte, iria generalizar a circulação das notas nas províncias, ainda mais se atentarmos ao fato de que tal proibição foi renovada em 20 de junho de 1820 e se manteve até 1826.

A venda das ações continuou em 1818, com 530 ações vendidas, sendo 75 pertencentes ao Governo; 318 em 1819, sendo 72 do Governo; 178 em 1820, sendo 16 do Governo.

O ano de 1821 iniciou-se, pois, cheio de apreensões quanto ao estado do Banco, o que obrigou o Príncipe Regente a declarar nacionais as dívidas do estabelecimento, garantindo-as com o produto das rendas públicas, venda dos diamantes e brilhantes do Real Erário e, se necessário, da própria prata, ouro e pedrarias da Coroa, por alvará de 23 de março de 1821. Esse alvará resultara do pânico provocado por um balanço publicado pelo diretor do Banco, Conselheiro José Antônio Lisboa, no mesmo dia, 23 de março de 1821. Por este balanço verificava-se o seguinte:

CRÉDITO DO BANCO

Efeitos de carteira (incluídos 419:311$000 de letras protestadas)	3.302:730$000
Moeda metálica	1.315:439$000
TOTAL	4.618:169$000

DÉBITO DO BANCO

Bilhetes emitidos na circulação	8.872:450$000
Quantias recebidas para saques	662:408$000
Depósitos a juros	244:842$000
Letras de Montevidéu, a pagar	229:842$000
Dividendos por pagar e outros credores	142:035$000
Depósitos públicos	482:084$000
TOTAL	10.633:712$000
Saldo contra o Banco	6.015:534$00C

E, se dos efeitos de carteira eliminarmos os 419:311$000 de letras protestadas e, portanto, más, o *deficit* se elevaria a 6.434:854$000.

Para este estado de coisas não contribuiu tão-somente a circunstância de haver-se tornado o Banco uma simples caixa suplementar do Tesouro; o descrédito fora também, em grande parte, devido ao procedimento incorreto de sua administração. Além da falta de ordem e de método na regularização do serviço e na escrituração, os seus diretores não demonstraram tino financeiro e chegou o povo a duvidar da probidade de alguns deles, os quais, com os fundos do Banco, descontavam letras em proveito próprio.

Em 1821, ao início do ano, o capital era de 2.215:000$000, tendo o Governo 500:000$000 em ações, ou seja, 22,57% do montante das ações, o que lhe facultava acentuado controle sobre o Banco.

Precisando D. João VI regressar a Portugal, mandou retirar dos cofres toda a soma em metais que fosse possível reunir, fenômeno que se agravou porque todos quantos deviam acompanhar S. M., reunindo a maior porção possível de notas, exigiram o seu troco em metal. O resultado foi que o encaixe se reduziu a 200:000$000. O pânico resultante da volta da família real para Portugal e o saque efetuado pela Coroa à sua retirada reduziram a 20 as ações vendidas aquele ano.

Viu-se então o Banco obrigado a adotar, em 28 de julho, uma forma especial de conversão; cada conto de réis levado a resgate seria trocado por 800$000 papel, 150$000 em moedas de prata e 50$000 em moedas de cobre; cada 100$000 seria trocado por 75$000 em notas, 15$000 em moedas de prata e 10$000 em prata; cada 50$000 seria trocado por 35$000 em notas, 10$000 em prata e 5$000 em cobre; deste modo, na melhor das hipóteses, o portador de 1:000$000 em notas do Banco, se conseguisse trocos sucessivos das quantias em papel que fosse recebendo, conseguiria, no final de 13 operações sucessivas, ficar com 45$000 em notas, 60$000 em moedas de prata e 35$000 em moedas de cobre. Era de fato a instituição do curso forçado.

Esta situação angustiosa continuou até 9 de outubro de 1822, após a Proclamação da Independência, quando uma portaria real ordenou que se fizesse, no Tesouro Nacional, escrituração separada das transações com o Banco do Brasil, porque, sendo este o maior credor do Estado, era conveniente ver o estado de suas contas e uma outra, de 15 do mesmo mês, ordenou a deflação, letra morta, uma vez que o Banco não tinha recursos suficientes para realizá-la.

Em 10 de abril de 1824, autorizou-se a elevação do capital do Banco a 3.600:000$000, visto terem sido subscritas em 1823 as últimas ações, atingindo o Banco quase o limite de capital, ou seja, 2.357:000$000.

Os elevadíssimos dividendos distribuídos em 1823 e 1824 fizeram com que se esgotassem rapidamente as novas ações, vendendo-se 305 em 1824 e 938 em 1825, com que se alcançou o limite de capital de 3.600:000$000. O Governo continuou a possuir os mesmos 500:000$000 de ações, e isso vale dizer que sua participação nos negócios diminuiu de importância, uma vez que passou a controlar apenas 13,89% do capital subscrito.

Continuando a ser o Banco o fornecedor principal de recursos para o Estado, pois custeava, em parte, as despesas com as lutas da Independência e, mais tarde, com a segunda guerra da Cisplatina, além das despesas de policiamento decorrentes dos constantes conflitos entre brasileiros e portugueses, principalmente a partir de 1828, a situação não podia melhorar. Aproveitou-se o Governo do término do prazo de contrato de funcionamento do Banco, para não lhe conceder a prorrogação, e decretou sua liquidação em 23 de setembro de 1829.

Durante sua existência, o primeiro Banco do Brasil não fizera mais do que promover uma política monetária inflacionista. Ano a ano, desde 1810, lançara novas quantidades de notas, salvo em 1812, ano quando não se fizeram novas emissões. Falhando a tentativa de obter apreciável receita pública mediante a tributação e tendo malogrado o artifício de se obterem recursos mediante mutações da moeda metálica, o apelo às emissões fez-se sentir cada vez mais. E, embora os acontecimentos mostrassem que este recurso não era remédio para a situação, persistia o erro.

Um forte aumento da emissão ocorrera em 1819, como conseqüência das despesas decorrentes da Revolução Pernambucana. Novo aumento fizera-se sentir durante a guerra da Independência e, por fim, a segunda guerra da Cisplatina provocou a maior das emissões, confirmando nossa idéia de que o Banco do Brasil fora criado e funcionava com a finalidade precípua de obter recursos extraordinários de receita pública. É curioso notar certo paralelismo entre o movimento da venda de ações e o das emissões. Não cabe atribuí-lo ao acaso, porque se manteve até à venda total das ações disponíveis. Por vezes, quando havia aumento nas vendas de ações, lançavam-se, no ano imediato, novas emissões. Parece-nos que, se, de um lado, as emissões atendiam a necessidade orçamentária, de outro, parte dos lucros do Banco era fictícia e resultava da distribuição do dinheiro proveniente de novas emissões.

Os resgates parciais efetuados normalmente de 1811 a 1813 não ocorreram entre 1815 e 1820, recomeçando a contar de 1821, com fortes oscilações, até a extinção do Banco.

O montante da moeda em circulação cresceu continuamente, em ritmo acelerado. As pequenas reduções de volume verificadas em 1812 e 1821, por muito ligeiras, podem ser consideradas acidentais. Iniciou-se um movimento deflacionista, em 1828, que continuou em 1829, por ocasião da liquidação do Banco.

A este crescimento contínuo das emissões correspondia contínua elevação do capital e do fundo de reserva, o que, a uma observação superficial, pode parecer índice do bom funcionamento bancário.

Este crescimento, porém, resultou das contínuas elevações de limite de capital: em 1818 dobraram-se as ações, em 1824 triplicaram-se.

Se, no entanto, relacionarmos as notas em circulação com o capital bancário, verificaremos que, começando em 1810 a ter um capital representativo de 75% da circulação (cobertura de 3/4), elevou-se a mesma, em 1811, a 117%, em 1812, a 287% e, em 1813, a 305%. Isto teria representado, na época, forte índice de solidez; circunstância animadora, pois que, de início, o Banco fora recebido com forte desconfiança, conforme o denota o movimento de vendas de ações.

Quando, porém, se firmou a confiança, o capital do Banco diminuiu em proporções fantásticas em relação à circulação, pois sendo de 130:000$000, em 1813, passara a 1.042:000$000, em 1814, enquanto o capital subia apenas de 397:000$000 a 502:000$000. Assim é que, em 1814, esse capital representa apenas 48% da circulação e a relação vai baixando, com leves oscilações, até que em 1827 representa apenas 17%, aproximadamente, da circulação total. Tal declínio crescente indica decréscimo cada vez maior da garantia das notas, representando verdadeira inconversibilidade, desde 1814. Mas, se atendermos ao fato de que o Banco era misto, cuidando de operações monetárias e comerciais, ainda mais grave se nos afigura o fato, pois, achando-se boa parte deste capital comprometida em operações comerciais, não poderia de modo algum garantir a emissão.

A garantia efetiva com que era possível contar consistia no fundo de reserva. Este, porém, nunca chegou a representar mais de 6% do montante da circulação.

Um balanço apresentado em junho de 1828, por uma comissão financeira especial, permitiu-nos verificar que o lastro metálico do Banco consistia em 24:471$630 em moedas de ouro, 1.768:108$594 em moedas de prata, as quais, somadas a 15:825$363 em jóias, perfaziam o total de 1.808:405$317. Admitindo que toda essa moeda metálica e jóias servissem unicamente para lastrear a moeda, a cobertura de emissão seria apenas 8,47% da emissão total, girando 91,53% das notas bancárias a descoberto.

Defeitos da emissão bancária e a liquidação do primeiro Banco do Brasil

Dois foram os principais defeitos da emissão bancária do primeiro Banco do Brasil. Em primeiro lugar, não havia limite fixado em lei, nem cobertura determinada, fato que também ocorria, aliás, na maioria dos sistemas monetários europeus, sendo um dos mais típicos o sistema francês. Esta falha decorria, entretanto, das próprias idéias monetárias da época. O princípio bancário, sustentado na ocasião, deixava a garantia da emissão, bem como o seu *quantum*, entregues à discrição dos banqueiros, a fim de se garantir o máximo de elasticidade possível ao sistema, e tal elasticidade fazia-se mais do que necessária numa época de fundas perturbações econômicas.

Nisto, porém, residia seu principal defeito, pois o inconveniente da inexistência de limite de emissão e de uma relação entre a emissão e o lastro metálico, se, de um lado, assegurava, maior elasticidade ao sistema, de outro, deixava entregue ao banqueiro o trabalho de regular as emissões, de acordo com seu critério pessoal.

Ora, tratando-se de banco misto, era natural que, levados pelo desejo de lucros, seus diretores e principais acionistas se aproveitassem das solicitações do Erário Público para emitir em proveito próprio, utilizando o dinheiro emitido em operações comerciais. Se acrescentarmos a este desejo de lucro a falta de probidade, já apontada, serão lógicas as conseqüências do funcionamento do nosso primeiro sistema monetário.

É verdade que o Banco da Inglaterra, na época, também era misto; mas o Departamento de Operações Comerciais ficava inteiramente separado do Departamento de Emissão, medida de prudência bastante aconselhável. A falta de separação entre as operações comerciais e a função emissora fizeram com que o sistema monetário se tornasse mais sensível ao movimento comercial. Uma operação comercial infeliz e, portanto, ruinosa para o Banco, diminuindo a garantia da emissão e abalando a solidez do crédito, provocaria conseqüências nocivas para a moeda e, por um natural e inevitável fenômeno de repercussão, agravaria a situação comercial do país.

A maioria dos autores reputa injusta a lei que liquidou o primeiro Banco. Calógeras, por exemplo, relatou que quando a liquidação foi votada e o balanço apresentado verificou-se como o papel-moeda em circulação não era superior, senão em ínfima soma, à dívida do Tesouro para com o Banco. Os acionistas receberam 90% de seus pagamentos, ficando saldadas todas as dívidas, o que prova a solvabilidade do estabelecimento, não obstante o descrédito disseminado pelos exageros e as acusações maldosas que lhe foram feitas.

Nosso estudo, porém, convenceu-nos de que a liquidação do Banco do Brasil resultou de sua fragilidade, porque a distribuição de dividendos que o Banco sempre proporcionou aos acionistas provinha, não de uma orientação monetária sã, mas do contínuo aumento das emissões de papel-moeda. A elevadíssima correlação entre o montante da circulação e o montante dos dividendos distribuídos (0,97) é prova indiscutível da origem dos lucros dos acionistas. E se atentarmos ainda para o fato de que as variações do montante em circulação sempre precederam de um ano as do montante dos dividendos, poderemos assegurar, sem risco de erro, que as sucessivas emissões foram a causa da aparente prosperidade do Banco, traduzida pelos dividendos anuais distribuídos.

É possível que o Banco do Brasil pudesse continuar, e devesse mesmo persistir, mas só após completa reforma. Como Banco de emissão, sua existência tornava-se quase impossível. A forte desvalorização de suas notas, a enorme desconfiança do público para com elas, dificultava-lhe a remodelação, bem como o saneamento monetário, principalmente devido à evasão das espécies metálicas, difícil de retornarem. Por outro lado, seria necessário que o Estado iniciasse rigorosa campanha de restauração das finanças para poder pagar ao Banco pelo menos uma parte de sua dívida.

Essas dívidas do Estado para com o Banco, que em 1820 se elevavam a 2.315:958$000, alcançam, no fim de 1825, 8.260:029$000 e em 1827, 19.033:476$600, reduzindo-se, na liquidação, a 18.301:097$000. Seria quase impossível ao Estado saldar sua dívida para que o estabelecimento pudesse continuar a funcionar como órgão emissor.

Daí o ter-se adotado a cômoda solução de fazer passar a emissão para o Tesouro Nacional, ficando mais à mão a fonte de recursos extraordinários, muito embora tal resolução dificultasse, no futuro, todas as tentativas de saneamento monetário e de reorganização do sistema bancário.

Se a Inglaterra, a partir de 1816, conseguiu pôr fim à inflação e restabelecer o valor de sua moeda, reconduzindo a circulação fiduciária ao estado normal, foi porque um período de calma se iniciou e as finanças públicas puderam restabelecer-se; havia, além disso, o firme propósito dos dirigentes de reconduzir o país a uma economia próspera com finanças estáveis.

O mesmo não ocorria no Brasil, por motivos de ordem tanto externa, quanto interna. As gestões para o reconhecimento de nossa Independência terminaram, como é sabido, com uma solução pouco feliz, com o empréstimo de 1 milhão e 400 mil libras esterlinas, para pagar as indenizações de propriedades e bens da Coroa. Em realidade, tratou-se apenas da transferência do empréstimo português de 1823 para a responsabilidade do Brasil. Este empréstimo, acrescido do de 1824, de 3 milhões de libras esterlinas, contraído em duas partes, a primeira de 1 milhão, ao tipo de 75, e a segunda de 2 milhões, ao tipo de 85, vinha onerar extraordinariamente a nação, o que representou mais um motivo de desequilíbrio orçamentário.

Por outro lado, a guerra da Cisplatina, que durou de 1825 a 1828, além de ser extremamente impopular, por ser considerada remanescente da política internacional portuguesa, também contribuiu para aumentar o *deficit* e dificultar uma futura restauração.

Internamente, o país atravessava um período de sérias perturbações políticas, ameaçado com a Revolução Pernambucana de 1817, que tivera a estimulá-la, em boa parte, a irritação com as sucessivas remessas de saldos da renda provincial para o Rio, sem que se atendessem reclamos de indispensáveis melhoramentos locais; aquele conflito, as lutas da Independência de 1822 a 1823, e as sucessivas revoluções do Ceará e Pará motivaram despesas e, como é natural, impediram qualquer pensamento de reforma e restauração. Mesmo no Rio de Janeiro, o ambiente estava longe de ser de tranqüilidade, com os conflitos entre brasileiros e portugueses, que, acirrados em 1828, culminaram com a abdicação de D. Pedro I.

Em tal ambiente seria difícil pensar em saneamento monetário e financeiro, de modo que a liquidação do Banco se tornou inevitável.

Em resumo, a transmigração da família real portuguesa para o Brasil se fez muito apressadamente, tornando-se difícil a adaptação do complexo aparelhamento administrativo português a uma vida econômica colonial ainda incipiente e que, por isso, não podia comportar o peso da burocracia da metrópole transplantada.

A insuficiência dos recursos normais da Receita obrigou o Governo a lançar mão de recursos extraordinários, fato que se agravou pela situação de guerra, exigindo enormes dispêndios.

Apesar do recurso às mutações da moeda, a heterogeneidade do sistema monetário, organizado exclusivamente conforme as conveniências da política colonial portuguesa, não permitiu que a moeda metálica atendesse a uma economia aberta, tornando inoperante aquele artifício.

O primeiro Banco do Brasil, com a finalidade precípua de fornecer fonte de receita extraordinária para o Estado, apenas secundariamente, promoveu incipiente desenvolvimento da economia brasileira.

Em sua atuação, foi uma instituição financeira prejudicial à vida do país, e o sistema monetário, então nascente, elaborado às pressas, não atendeu à realidade.

Um sistema monetário metálico defeituoso e uma circulação de notas que excediam às necessidades econômicas do país acarretaram o ágio da moeda metálica (principalmente do ouro), alteração de preços, falsificações, contrabando, evasão de espécies metálicas, flutuações e queda constante do câmbio, ocorrências altamente nocivas para a nossa economia.

Como resultado final, ficamos sem um aparelhamento bancário que nos pudesse trazer benefícios efetivos.

CAPÍTULO V

VIAJANTES, NATURALISTAS E ARTISTAS ESTRANGEIROS

SÓ EXCEPCIONALMENTE durante o período colonial se cogitou de uma exploração planejada do território brasileiro, comparável à que, no Nordeste, se levou a efeito no Governo de Maurício de Nassau (1637-1644) – verdadeiro "parênteses luminoso aberto pela chegada e encerrado com a partida do príncipe flamengo" – e que atraiu para o Recife sábios estrangeiros na qualidade de participantes da primeira missão científica que aportou ao Brasil (1637). Afora esta, as contribuições estrangeiras (tanto como as nacionais) à descoberta científica do país não passaram, durante o período colonial, de "manifestações esporádicas e isoladas". A respeito, comenta Fernando de Azevedo: "A colônia continuava estranha à revolução científica que se processava no Velho Mundo e mergulhada na espessa obscuridade em que, sob esse aspecto, se envolvia a metrópole, que estava, como toda a península, "fora da linha isotérmica dessa revolução".

Dado esse estado de coisas, pode-se afirmar que até o começo do século XIX o mundo não conhecia a respeito da flora, da fauna e da geografia do nosso país muito mais do que fora divulgado por João de Laet, Piso e Marcgrave, estes últimos integrantes da missão científica de Nassau e autores da obra *Historia Naturalis Brasiliae* (1648), que focalizava, com grande riqueza de dados e observações, a medicina, a flora e a fauna do país.

A vinda da Corte e a exploração planejada do território brasileiro

A data de 1808 pode ser tomada como um marco na história da cultura científica do Brasil e como de significação toda especial para o tema que ora nos ocupa. Realmente, com a vinda de D. João e sua administração (1808-1821), concretizam-se várias iniciativas suas que abrem novos horizontes à vida do país e, como parte ou como decorrência delas, inaugura-se um verdadeiro ciclo de viagens e expedições científicas, à testa das quais especialistas eminentes de várias partes do mundo põem seu saber a serviço do conhecimento da flora, da fauna, da geografia, da geologia, da paleontologia e da etnologia dessa porção do Novo Continente.

Pela primeira vez se cogita seriamente do ensino superior e das artes (quando o próprio Governo faz vir, em 1816, uma missão de artistas da França) e do estudo da flora nativa (com a fundação do Real Horto, mais tarde, em 1819, denominado Real Jardim Botânico). De Portugal atraíram-se, desde 1810, alemães que haviam sido contratados pelo Governo português – Guilherme Luís, Barão von Eschwege; Frederico Guilherme Luís Varnhagen e Guilherme Cristiano Gothelf Feldner, que aqui se dedicariam ao problema da exploração do solo e do aproveitamento do carvão e dos minérios de ferro. Feldner, natural de Goschüt (Silésia), prospeccionou as jazidas carboníferas do Rio Grande do Sul, deixando de suas viagens uma obra em dois volumes. Enquanto Varnhagen, pai do historiador Visconde de Porto Seguro e diretor da fábrica de ferro de Ipanema, nada deixou sobre suas atividades, Eschwege (natural do Aue, perto de Eschwege, no Hesse-Nassau), que foi um dos fundadores da indústria pesada no Brasil, deixou várias publicações de valor. Viajou pelo interior do Rio de Janeiro, São Paulo e Minas Gerais, do que resultou sua obra *Plauto Brasiliensis* (1833), obra que logrou grande fama. Além desta, publicou o *Journal von Brasilien* (2 vols., Weimar, 1818) e uma série de obras geológicas de alto valor científico: *Geognostisches Gemaelde von Brasilien* (1822), *Brasilien, die Neue Welt, in topographischer, geognostischer, bergmaennischer, naturhistorischer, politischer und statistischer Hinsicht* (1824) e *Beitraege zur Gebirgskunde Brasiliens* (1833). Eschwege é considerado "o fundador da geologia brasileira" pelo alto nível de seus trabalhos, a respeito dos quais, ainda em 1895, o americano Orville A. Derby podia afirmar:

> "Graças a estas diversas obras, nenhum país do Novo Mundo era, nessa época, melhor nem tão bem estudado quanto o Brasil, sob o ponto de vista da sua estrutura, quer geológica, quer tecnológica mineral. Quem tiver ocasião de seguir as pegadas de Eschwege ficará pasmado ante a minuciosidade e a exatidão de suas observações e o critério de suas deduções."

E até hoje suas obras são verdadeiras minas de dados para historiadores, sociólogos, cartógrafos etc.

Koster, Luccock, Graham, Mawe e Saint-Hilaire   Graças ao seu privilégio de livre acesso ao Brasil durante as guerras napoleônicas, foram os ingleses os primeiros a lançar publicações sobre nosso país. Henrique Koster, que durante muitos anos (1809-1820) viveu no Nordeste, publicou em 1816 *Travels in Brazil*; o comerciante João Luccock, que de 1808 a 1819 residiu no Rio de Janeiro, de onde fez diversas viagens, em 1820 retratou, tão fielmente quanto seu patrício, o Nordeste, o Rio de Janeiro e o sul do país; Maria Graham, que aqui aportou por diversas vezes de 1821 a 1823, deixou obras de grande interesse para historiadores e sociólogos; João Mawe, naturalista e geólogo, aqui esteve a fim de pesquisar as condições dos distritos das minas de ouro e diamantes. Ao lado desses ingleses, cumpre citar também o botânico francês Augusto de Saint-Hilaire, que durante os anos de 1816 a 1822 percorreu grande extensão das terras brasileiras, descrevendo minuciosamente e com grande penetração as províncias do Rio de Janeiro, Espírito Santo, Minas Gerais, Goiás, São Paulo (inclusive o Paraná), Santa Catarina, Rio Grande do Sul e a Cisplatina. Além das suas conhecidas obras de viagens, *Voyages dans l'intérieur du Brésil* (em vários volumes), que só muito mais tarde vieram a lume, publicou trabalhos científicos sobre a flora brasileira e deu algumas contribuições de valor ao estudo das línguas indígenas, apresentando, entre outras, pequenos vocabulários malali, monoxó, macuni, maxacali e coroado.

Exploradores alemães
O primeiro naturalista a receber, bem no começo do século XIX (1801), a permissão real para pisar o solo do Brasil foi o alemão Frederico Guilherme Sieber, que durante seis anos fez estudos geológicos e botânicos na bacia amazônica, de onde levou ricas coleções para a Europa. Seguiram-se, nos anos de 1813 e 1814, respectivamente, e já durante a estada do Príncipe Regente D. João, os naturalistas Jorge Guilherme Freyreiss e Frederico Sellow, ambos vindos a expensas do Cônsul-Geral, da Rússia, Jorge Henrique, Barão von Langsdorff. Natural de Woellstein, no Hesse-Renano, Langsdorff, médico formado em Goettingen, acompanhou, em 1797, o Príncipe Cristiano von Waldeck a Portugal e, entrando a serviço do czar, seguiu o Almirante russo João von Krusentern em sua viagem ao redor do mundo, de 1803 a 1807, pisando, então, pela primeira vez, o solo brasileiro em Santa Catarina. Em 1813 o czar nomeou-o cônsul-geral junto à Corte portuguesa. Do Brasil, fez ele uma eficiente propaganda visando a atrair não só cientistas e artistas, como também colonos alemães, devendo-se a ele o primeiro guia destinado a emigrantes que vieram para o Brasil. Desta forma, contribuiu tanto quanto o Major Jorge Antônio von Schaeffer para tornar o Brasil conhecido nos países de língua alemã. Além de Freyreiss e Sellow, Langsdorff conseguiu atrair também Carlos Henrique Beyrich, que daqui remeteu mais de 400 espécimes de plantas vivas para o

Jardim Botânico de Berlim. Aliás, na casa de Langsdorff, no Rio de Janeiro, muitos viajantes estrangeiros encontraram acolhida, orientação e sugestões. Mais tarde, em 1825, após uma expedição aos montes Urais, resolveu ele atravessar o Brasil Central e convidou para acompanhá-lo o botânico Luís Riedel, o zoólogo Hesse, o astrônomo Rubzoff, o desenhista Hércules Florence, o pintor Maurício Rugendas e outros.

Freyreiss   Freyreiss, natural de Francforte, veio para o Brasil em 1813, acompanhando von Langsdorff e foi logo contratado pelo Cônsul sueco, Lorenz Westin, para organizar coleções zoológicas, ornitológicas e botânicas, destinadas ao Museu de Estocolmo. Fez sua primeira viagem ao sertão da província de Minas Gerais (1814-1815) em companhia do Barão von Eschwege e apresentou um relatório das suas observações, que foi mais tarde traduzido por Alberto Loefgren, com o título *Viagem ao interior do Brasil nos anos de 1814-1815*. É também de sua autoria um trabalho geográfico *Beitraege zur naehren Kenntnis des Kaiserthums Brasilien*. De volta de Minas Gerais, e agora contratado pelo Governo brasileiro, acompanhou o Príncipe von Wied-Neuwied, de 1815 a 1817, à região do rio Mucuri para com ele estudar os índios daquela área. Freyreiss enviou material valioso para os museus de Berlim, Leide e Moscou, e faleceu, ainda jovem, em 1825, na colônia Leopoldina, que, juntamente com outros alemães, fundara no sul da Bahia.

Sellow   Sellow, que chegou um ano depois de Freyreiss, ou seja, em 1814, era natural de Potsdam e havia trabalhado em ciências naturais em Berlim, Londres e Paris, onde travou relações com Alexandre von Humboldt. Contagiado pelo entusiasmo de Langsdorff, rumou para o Brasil e foi na casa deste que veio a travar conhecimento com o Príncipe von Wied-Neuwied, com quem, ao lado de Freyreiss, seguiu para a província do Espírito Santo e o sul da Bahia. De volta, visitou, juntamente com o secretário da legação prussiana, o geólogo e etnólogo Inácio Francisco Maria von Alfers, em 1819, e em 1821, as províncias de Minas Gerais e São Paulo. De 1821 em diante, estimulado pelo Governo do Rio, percorreu durante quatro anos as províncias do Rio Grande do Sul e da Cisplatina, coletando também nesta viagem um rico e variado material relativo a todos os ramos das ciências naturais. Atravessou ainda a província de Santa Catarina e o Paraná, pretendendo chegar, através de São Paulo e Minas Gerais, a Goiás e Mato Grosso e, daí, ao norte do Brasil. Sellow morreu afogado no rio Doce, com a idade de 42 anos e após 17 anos de atividades infatigáveis de colecionador apaixonado. Suas anotações e desenhos, conservados pelos museus do Rio de Janeiro e de Berlim, são de inestimável valor e abrangem a fauna, a flora, o reino animal, a meteorologia, a astronomia e a etnologia; suas observações e seus vocabulários de tribos hoje extintas do Rio Grande do Sul e da Bahia são documentos preciosos. Colecionou 12.500 espécimes de plantas e fetos e descreveu 2.000 variedades mineralógicas; identificou milhares de plantas e animais novos e contribuiu para a famosa *Flora Brasiliensis*, embora, provavelmente, não tenha conseguido colher os frutos das suas pesquisas. A seu respeito escreveu o conhecido botânico brasileiro, C. F. Hoehne: "O seu nome brilhará sempre na botânica, e no Brasil será recordado com gratidão por todos os que tiveram ocasião de estudar a flora indígena."

Maximiliano von Wied-Neuwied — Como dissemos acima, Freyreiss e Sellow acompanharam, durante as suas explorações, o Príncipe alemão Maximiliano von Wied-Neuwied, outro pioneiro que aqui chegou com o pseudônimo de Max von Braunsberg e realizou suas viagens de 1815 a 1817. Discípulo de Blumenbach em Goettingen, dedicou-se ele a pesquisas minuciosas relativas à natureza e aos indígenas brasileiros, percorrendo o litoral das províncias do Rio de Janeiro, Espírito Santo e sul da Bahia, de onde alcançou, seguindo uma rota do interior, a cidade de Salvador. De posse de uma coleção rica de plantas, animais, insetos, objetos etnológicos e vocabulários de tribos indígenas, voltou à sua pátria, após haver escapado, por diversas vezes, de grandes perigos. Descreveu sua viagem num livro *Reise nach Brasilien*, que teve originariamente duas edições simultâneas, ambas em dois tomos, datados de 1820 e 1821, uma em formato grande e outra em pequeno. Ainda em vida do autor, saiu a lume uma edição francesa, seguida de outras em diversos idiomas, sendo que em português o livro apareceu apenas em 1940 com o título *Viagem ao Brasil*.

> Segundo Mello Leitão, "a narrativa da viagem de Maximiliano von Wied é, ainda hoje, um encanto para o naturalista, pelo colorido das paisagens, pelas notas quase sempre benévolas, pelas observações cheias de vida e de perspicácia".

Anos depois do relato de sua viagem, o Príncipe de Wied publicou *Beitraege zur Naturgeschichte von Brasilien*, onde trata, segundo critérios estritamente técnicos, dos animais por ele estudados. Essa obra, em 4 volumes, foi editada em Weimar, de 1820 a 1833; o primeiro volume trata de anfíbios e répteis, o segundo de mamíferos (dos quais identificou 600) e os dois últimos de aves (aliás, era apaixonado ornitólogo). Informa

Olivério Pinto, no Prefácio à edição brasileira da *Viagem*, que os exemplares zoológicos levados do Brasil por von Wied existem ainda na sua maioria, cuidadosamente conservados, no *American Museum of Natural History*, de Nova Iorque, que os adquiriu em 1870.

No que diz respeito à contribuição de Maximiliano à etnologia brasileira, segundo Herbert Baldus, que lhe dedicou um ensaio biobibliográfico, a descrição que ele fez dos Botocudos do rio Doce "é uma das mais importantes das numerosas informações sobre esses índios feitas por etnógrafos e leigos", além de o seu livro conter dados sobre os Coroados e Koropos da missão de São Fidélis no rio Paraíba e sobre os Puris, Patachós, Maxakaris e Kamakans, bem como vocabulários maxakari, patachó, malali, maconi, menien e mongoió.

A Princesa Leopoldina e sua proteção às ciências naturais e às artes

O Príncipe von Wied-Neuwied foi, sem dúvida, o primeiro grande cientista que não se restringiu a colecionar material, mas que conseguiu sistematizá-lo e publicá-lo. Seguiram-se-lhe, todavia, cientistas ainda de maior vulto que para aqui vieram em virtude do casamento e da vinda da Arquiduquesa Leopoldina de Habsburgo, filha do ex-imperador alemão e então imperador da Áustria. A Princesa Leopoldina que, em 1817, se casou com o herdeiro da Coroa portuguesa e futuro imperador do Brasil, revelou sempre grandes inclinações pelas ciências naturais e pelas artes. Fez-se acompanhar do naturalista e mineralogo Roque Schüch de Trübau e do pintor Frich. (Aliás, no Brasil, a arquiduquesa se transformaria em colecionadora, enviando muitos caixotes de minerais e plantas, bem como animais e aves de toda espécie à Europa, de preferência para o Museu de História Natural de Viena.) Parece que as tendências naturalistas da princesa ou, quiçá, a sua própria iniciativa geraram o projeto de trazer no seu séquito uma missão de cientistas e artistas que explorassem o país desconhecido. É natural que o fato de casar-se a filha do imperador com um príncipe que residia no Brasil atraísse a curiosidade dos povos de língua alemã, cuja atenção já fora despertada antes para outras regiões da América, principalmente em conseqüência das viagens e publicações de Alexandre von Humboldt. É interessante registrar que o próprio Metternich patrocinou a concretização da idéia, cuja execução foi confiada ao diretor do gabinete de História Natural, Karl F. A. von Schreibers. Como chefe da expedição foi nomeado o Professor João Cristian Mikan, de Praga, que era Botânico e Entomólogo, e agregados à expedição o zoólogo Johann Natterer, o Médico e naturalista João Emanuel Pohl, o Paisagista Tomás Ender, o pintor de plantas João Buchberger, o jardineiro

Henrique Guilherme Schoft e o caçador Domingos Socher. O rei da Baviera, sogro do pai de Leopoldina, aproveitando a oportunidade para realizar um velho projeto, indicou, para fazerem parte da comitiva nupcial da Princesa Leopoldina, dois cientistas bávaros, Carlos Filipe von Martius e João Batista von Spix, que chegaram ao Rio de Janeiro no dia 15 de julho de 1817. O Grão-Ducado da Toscana, então satélite da Áustria, resolveu enviar o botânico Giuseppe Raddi. A expedição, custeada pelos governos austríaco e bávaro (1817-1820), foi das mais fecundas do século XIX. Segundo Mello Leitão, foi "a maior expedição científica que jamais veio ao Brasil", e Hoechne frisa: "Quase tudo o que temos hoje devemos aos bravos fitologistas que vieram na comitiva da Arquiduquesa D. Leopoldina."

Pohl — Um dos mais ilustres cientistas do séquito de D. Leopoldina foi, sem dúvida, João Emanuel Pohl, natural de Kamnitz, na Boêmia. Apesar de aqui viver permanentemente enfermo, penetrou profundamente pelo interior do continente. De 1817-1821 percorreu as províncias do Rio de Janeiro, Minas Gerais, Goiás, Mato Grosso e Pará, mas é considerado, precipuamente, o explorador de Goiás, do qual foi o primeiro a registrar extraordinária riqueza mineralógica e faunística. Na sua *Reise im Innern von Brasilien*, editada em dois volumes nos anos de 1832 e 1837, expôs suas observações não só a respeito dos setores mencionados, como também do clima, da etnologia e da lingüística. No prefácio à versão portuguesa, José Honório Rodrigues afirma que o diário de Pohl representa "uma fonte primordial para a história social dos primeiros decênios do século XIX". Além dessa descrição de viagem, Pohl publicou trabalhos de caráter estritamente científico, entre os quais um sobre a nossa flora, *Plantarum Brasiliae, Scenes et descriptiones hactenuz ineditae* (Viena, 1827-1831, 2 vols.).

Natterer — Johann Natterer, Zoólogo, Ornitólogo e Entomólogo, natural de Luxemburgo, próximo de Viena, ficou tão entusiasmado pela nossa fauna e pela pujança da nossa natureza, que lhes dedicou grande parte de sua vida, aqui permanecendo de 1817 até o ano de 1835. Era custódio do gabinete de ciências naturais, e antes de vir ao Brasil já havia visitado os Bálcãs e a Itália. No Brasil, explorou, em primeiro lugar, as províncias do Rio de Janeiro, São Paulo (inclusive o Paraná) e Minas Gerais; em companhia de Domingos Socher, que, vítima de febres, vem a falecer em 1825 durante a viagem, Natterer trabalhou durante sete anos em Mato Grosso, de onde seguiu para o vale do Amazonas (1829). Aí permaneceu, sempre colecionando e pesquisando, no rio Negro e no rio Branco, para então descer até o Pará e voltar à sua pátria. Foi, sem dúvida, o mais notável zoólogo e ornitólogo que visitou o Brasil na época. Pesquisador incansável, colecionou mais de 12.000 pássaros, 1.146 mamíferos, 1.671 peixes, 1.878 anfíbios, quase 33.000 insetos, 1.024 moluscos, 35.000 plantas, 1.500 objetos etnológicos, 60 vocabulários indígenas e 430 espécimes minerais. Pelo volume do acervo científico colecionado e pela amplitude do território percorrido, a obra de Natterer não tem similar no Brasil. A respeito dele escreve Hermann von Ihering: "Dentre os naturalistas que exploraram o Brasil, nenhum teve maior sucesso, nenhum reuniu coleções maiores e mais valiosas do que Johann Natterer." Infelizmente, também, a este grande pioneiro das ciências naturais no Brasil, que sextuplicou as coleções do Museu de Ciências Naturais de Viena, não foi dado colher os louros de suas pesquisas. Faleceu em 1843 e, alguns anos mais tarde, durante a revolução de 1848, seus preciosos manuscritos foram queimados. Augusto von Pelzeln, O. Wagner e outros aproveitaram-se, em parte, dos diários e das anotações científicas de Natterer para escrever sobre a ornitologia, os mamíferos e a ictiologia do Brasil.

Mikan — Outro integrante da missão científica austríaca foi seu chefe, o Professor Mikan, que já em 1818 voltou com as primeiras coleções e publicou uma obra científica sobre a flora e a fauna brasileiras. As coleções que o Imperador Francisco recebeu dos naturalistas austríacos e da própria filha foram tão ricas, que ele mandou instalar em Viena um museu com 13 salas e uma biblioteca especial sobre o Brasil: o estabelecimento recebeu o nome de *Brasilianisches Naturalienkabinett* ou Museu do Brasil. Franqueado ao público, foi infelizmente incendiado durante a revolução de 1848. Esta exposição, bem como as demais, que se organizaram em outras cidades, como Berlim, Munique, São Petersburgo, Estocolmo, Bruxelas, Londres etc., com o material remetido pelos naturalistas que procuraram a nossa terra nessa época, muito contribuíram para tornar o Brasil conhecido entre os europeus.

Von Martius e von Spix — Todavia, nenhum membro da comitiva de D. Leopoldina alcançou o renome de Carlos Frederico Filipe von Martius, Médico e Botânico, e de seu inseparável companheiro, João Batista von Spix, Zoólogo. Coube a Martius explorar o rico material e os conhecimentos advindos da permanência de ambos no Brasil, porquanto Spix faleceu alguns anos após haver regressado à terra natal. Em 1817, quando chegaram ao Brasil, Martius era um jovem de apenas 23 anos de idade. Nascera na cidade de Erlangen, filho de um boticário e professor, Spix, com 36 anos, natural de Hochstedt Aisch, na Alta Francônia, já adquirira reputação pelo seu saber e ocupava, desde 1811, o cargo de conservador do Museu de Munique.

Após seu desembarque no Rio, os dois naturalistas se entregaram, em primeiro lugar, ao estudo da natureza nas vizinhanças da Corte. Em janeiro de 1818 iniciaram a sua grande expedição, dirigindo-se, antes do mais, à província de São Paulo, donde seguiram para Minas Gerais em companhia do Barão von Eschwege. Através de Ouro Preto e Diamantina, alcançaram o rio São Francisco e, pelas margens deste, o sertão da Bahia. Cruzaram, então, a zona das secas de Pernambuco, Piauí e Maranhão. De São Luís dirigiram-se de navio a Belém do Pará, ali desembarcando em meados de 1819. Durante toda a excursão, ambos os naturalistas desenvolveram notável atividade, colecionando todos os elementos cientificamente interessantes e anotando grande quantidade de observações novas. Sem se limitarem às respectivas especialidades, coligiram, também, material sobre economia, geografia, medicina, clima, condições sociais e etnológicas. De Belém do Pará subiram o Amazonas, até o Solimões, onde se separaram. Spix continuou a viagem pelo Amazonas médio, até os limites do Peru, enquanto Martius seguia o rio Japurá até a fronteira da Colômbia. Após estas excursões, reencontraram-se no rio Negro para navegar pelo rio Madeira acima, onde fizeram preciosas observações etnológicas. Do rio Madeira voltaram a Belém do Pará, embarcando, no dia 15 de junho de 1820, rumo à pátria, após 3 anos de labor infatigável e de riscos, durante os quais cobriram uma extensão de 10.000 quilômetros.

Conseguiram reunir 6.500 variedades da flora, 85 espécimes de mamíferos, 350 de aves, 130 de anfíbios, 116 de peixes e 2.700 de insetos. Uma vez na Alemanha, redigiram primeiro, juntos, a obra sobre a viagem, *Reise in Brasilien auf Befehl S. M. Maximilian Joseph I, Koenigs von Bayern in den Jahren 1817-1820 gemacht und beschrieben* (3 vols., 1823 a 1831), obra que, em virtude da morte prematura de Spix, em 1826, foi terminada por Martius. Essa *Viagem pelo Brasil*, pela sua objetividade e compreensão benévola das nossas coisas, é considerada fonte de primeira ordem para os estudiosos do Brasil da época. Spix, antes de sua morte, publicou ainda alguns livros sobre a nossa fauna; couberam, entretanto, a Martius, que com 26 anos fora nomeado titular da cadeira de Botânica na Universidade de Munique, os louros da expedição, tornando-se dos mais ilustres conhecedores de sua especialidade.

Dotado de admirável cultura geral, não é de estranhar que Martius se houvesse interessado até pelo problema "O passado e o futuro da humanidade americana" (1838) e escrevesse dois livros sobre a flora medicinal brasileira (1844). De grande relevância foi sua contribuição, ao campo etnográfico, etnológico e lingüístico, de maneira que, apesar das falhas, então inevitáveis, foi considerado o fundador da etnografia brasileira. Seu impulso foi decisivo para os estudos ulteriores dos nossos indígenas e para a sua classificação em grupos lingüísticos. Das numerosas obras neste setor, merecem referência especial as que seguem: o *Glossaria linguarum brasiliensium* (Erlangen, 1863), *Von Rechszustand unter den Ureinwohnern Brasiliens* (Munique, 1832) e *Das Naturell, die Krankheiten, das Arztthum und die Heilmittel der Urberwohner Brasiliens* (Munique, 1844), este último traduzido para o português *Natureza, doenças, medicina e remédios dos índios brasileiros*.

Todavia, as obras mais importantes de von Martius são, sem dúvida, as relativas à sua especialidade, a Botânica brasileira. Entre outras, publicou *Nova genera et species plantarum* (1824-1832, 3 vols., com 30 gravuras coloridas); *Icones selectae plantarum criptogamicarum* (76 gravuras coloridas); *Herbarium Florae brasiliensis* (1837-1840) e a famosa *Historia naturalis palmarum* (1823-50, 3 vols., com 245 gravuras coloridas). Com a descrição sistemática e com os estudos das palmeiras, Martius alcançou tal culminância que o próprio Alexandre von Humboldt afirmou categoricamente: "Enquanto se falar de palmeiras e se conhecerem palmeiras, o nome de Martius será celebrado." Martius tentou ainda a organização fitogeográfica do Brasil, isto é, esboçou a distribuição geográfica dos grupos vegetais no território brasileiro. A obra monumental a que associou seu nome é a famosa *Flora Brasiliensis*, que abrange 40 alentados volumes. Iniciada por ele em 1840 e continuada até a sua morte (1868), foi depois prosseguida por Augusto Guilherme Eichler e Inácio Urban e terminada em 1906, portanto 66 anos após Martius havê-la iniciado. Nela colaboraram 65 botânicos, na sua maioria cientistas da língua alemã, mas também alguns de outras nacionalidades, inclusive brasileiros. Trata-se de 2.253 espécies e 22.767 variedades de plantas, quase exclusivamente brasileiras. Escrita em latim, contém 20.753 páginas e 3.811 gravuras. Apesar das descobertas posteriores de milhares de plantas, a *Flora Brasiliensis* continua sendo a obra fundamental de sistemática da nossa botânica.

Von Langsdorff   Em 1825, Jorge Henrique von Langsdorff, após haver visitado a Europa e feito, em 1823, uma expedição aos montes Urais, conseguiu do czar russo Alexandre I os meios para realizar um velho sonho: atravessar, à frente de uma grande expedição científica, o nosso *hinterland*. A essa expedição deram seu concurso cientistas e artistas de renome, entre os quais o astrônomo russo Rubzoff, o pintor alemão João Maurício Rugendas (o qual, separando-se de Langsdorff, logo após a sua chegada, foi substituído pelo pintor francês Amado Adriano Taunay), o desenhista Hércules Florence, de Nice, o Zoólogo alemão Cristiano Hasse e o Botânico alemão Luís Riedel. Este último, natural de Berlim, já estivera no Brasil em 1820, comissionado pelo Governo russo, para colecionar e enviar plantas ao jardim botânico de São Petersburgo. Malograda a expedição, Riedel fixou-se no país, contribuindo, consideravelmente, como diretor da Seção de Botânica do Museu Nacional e do Jardim Botânico, para o conhecimento de nossa flora.

A expedição de Langsdorff, partindo do Rio de Janeiro e São Paulo, atravessou com grandes privações o território da província quase deserta de Mato Grosso e de lá o vale do Amazonas e a província do Pará. Todavia, ela não logrou êxito em virtude de uma série de episódios desagradáveis. Já antes da partida desavieram-se Langsdorff e o pintor Rugendas, que, como já dissemos, foi substituído por Taunay; logo no início da viagem, retirou-se o Zoólogo Hasse; chegados a Mato Grosso, Riedel e Taunay desentenderam-se com o chefe da expedição, e pouco depois Taunay morreu afogado no Guaporé. Perto de Santarém, Langsdorff e Rubzoff foram gravemente acometidos de maleita, sendo necessário transportar Rubzoff mortalmente enfermo para a sua pátria. O chefe da expedição, que já durante a viagem revelava sinais de desequilíbrio mental, perdeu completamente a memória em conseqüência da doença. Levado pelo Tenente-Coronel von Seweloh à Alemanha, ainda viveu até 1852 em Friburgo, na Brisgóvia, sem, contudo, recobrar a sanidade mental. Além de Riedel, Hércules Florence escapou ileso e escreveu, mais tarde, o relato da desastrosa expedição. Os primeiros resultados do empreendimento, constituídos de coleções e desenhos, foram remetidos em 1827 de Cuiabá ao Museu de São Petersburgo (Leningrado), onde se encontram, ao passo que as coleções posteriores, bem como os demais resultados científicos, se extraviaram. Apesar de tudo, cabe a Langsdorff a glória de haver sido o primeiro naturalista europeu a atravessar com uma expedição científica os inóspitos e extensos sertões de Mato Grosso, alcançando de lá, através de matas virgens desconhecidas, as bandas do rio-mar.

Schomburgk   A respeito da exploração do vale do Amazonas, devem ser ainda mencionados, nesta altura, os naturalistas Roberto Germano Schomburgk (1804-1865) e Eduardo Frederico Poeppig (1798-1868).

Schomburgk, natural de Friburgo, no Unstrut, apesar de comerciário de profissão, adquirira sólidos conhecimentos das ciências naturais, principalmente geográficos. Fora comissionado pela Sociedade de Geografia de Londres para levantar um mapa das Guianas. Das suas expedições pela Guiana Inglesa, penetrou também na região do rio Negro e do rio Branco, em território brasileiro, fazendo-se acompanhar por algum tempo de um irmão, o botânico e etnólogo Ricardo Schomburgk. O mapa feito por Roberto Schomburgk constitui, segundo Orville Derby, "um dos melhores trabalhos geográficos" da época sobre qualquer região sul-americana.

Poeppig   O Naturalista Poeppig, nascido em Plauen, na Saxônia, antes de pesquisar o vale do Amazonas explorou o Chile e em seguida o Peru, de onde chegou ao rio Amazonas, que percorreu, de 1831 a 1832, em toda a extensão, das nascentes até a embocadura. Durante a perigosa viagem perdeu parte de suas preciosas coleções, mas voltou, apesar desse imprevisto, com formidável acervo científico. A sua *Reise in Chile, Peru und auf dem Amazonas von 1827 bis 1832* é tida como descrição verdadeiramente magistral. Segundo Albrecht Hase, os resultados botânicos e zoológicos obtidos por Poeppig podem ser comparados aos de Alexandre von Humboldt. Em 1833, Poeppig foi nomeado professor da Universidade de Leipzig, publicando ainda a obra de caráter exclusivamente científico: *Nova genera ac species plantarum quas in regno chilensi, peruviano et in terra amazonica legit Eduardus Poeppig* (Leipzig, 1835-1844).

Linden   Durante os anos de 1835 a 1837, outro botânico, João Júlio Linden (1817-1898), nascido na cidade de Luxemburgo, visitou as províncias do Rio de Janeiro, Espírito Santo, Minas Gerais e São Paulo. Linden, que mais tarde percorreu outros países americanos, fundou posteriormente em Bruxelas um jardim para a aclimação de plantas e foi nomeado diretor do Jardim Botânico e do Jardim Zoológico daquela cidade. Como trabalhos de valor científico sobre o Brasil, deixou *Ikonographie neuer Ptlanzen* e *Ikonographie der Orchideen*.

Viajantes   Além dos naturalistas, outros viajantes escreveram sobre o nosso país, deixando, por vezes, livros de valor para o conhecimento e os estudos da época, principalmente sob o aspecto histórico e sociológico. Basta mencionar os alemães von Leithold, Rango, von Weech e os três mercenários Boesche, Schlichthorst e Seidler que, sem dúvida, em virtude do caráter mais popular de suas obras, contribuíram bastante para divulgar o conhecimento do Brasil nos países da Europa Central. Aqui estiveram também os ingleses Rev. Robert Walsh (*Notices of Brazil*, Londres, 1830) e Jorge Gardner, Superintendente dos Reais Jardins Botânicos do Ceilão, que deixou as notáveis *Travels in Brazil* (Londres, 1849) e que, durante os anos de 1836 a 1841, visitou as províncias do Norte e os distritos de ouro e diamantes. O primeiro viajante e escritor norte-americano no Brasil parece ter sido o missionário Daniel P. Kidder, que residiu por muito tempo no Rio, fazendo em seguida viagens para o sul e o norte. Escreveu o livro de viagens, ilustrado, *Sketches of Residence and Travel in Brazil*, republicado, em colaboração com J. G. Fletscher, sob o título *Brazil and the Brazilians*. Enfim, o francês Ferdinando Denis, autor de numerosas obras sobre assuntos brasileiros, escreveu um estudo intitulado *Brésil*, que foi editado em 1837, na série *L'Univers, Histoire et Description de Tous les Peuples*.

Debret   Naqueles decênios em que não existia a fotografia, não havia outro meio para fixar as plantas, os animais e as paisagens senão o desenho ou a pintura. Por esse motivo, os naturalistas geralmente eram exímios desenhistas ou se faziam acompanhar por desenhistas especializados e pintores. Na época aqui tratada, merecem menção especial, além de muitos outros (Tte. Chamberlain, Guilherme von Theremin, Charles Landeseer, Arnauld Julien Palière, Louis Buvelot etc., na maioria pintores amadores), três grandes pintores e desenhistas, que muito contribuíram para difundir noções mais exatas sobre o nosso país no exterior e cuja obra é hoje de alto valor histórico. Trata-se de João Batista Debret, de Tomás Ender e de João Maurício Rugendas. O primeiro, de nacionalidade francesa, nasceu em Paris e veio com a chamada missão artística para o Brasil. Debret era discípulo de Louis David, parente seu, aliás, com quem fez uma viagem artística à Itália para ingressar em seguida na Academia de Belas-Artes e na Escola Politécnica. Por motivos particulares, resolveu, em 1816, integrar a missão de artistas e técnicos solicitada pelo Governo de D. João VI e que deveria fundar a Academia de Belas-Artes do Rio. Debret passou 15 anos entre nossa gente, pintando e desenhando. Além de exercer as atividades de lente da Academia, retratou os diversos membros da família real e imperial, pintou quadros históricos e fez inúmeros estudos e esboços, que aproveitou em parte para confeccionar a sua obra *Voyage pitoresque et historique au Brésil*, em três volumes, ilustrados com 153 pranchas. Essa obra, publicada entre 1834 e 1839, é o resultado das observações e estudos da vida e da história brasileiras, sendo o primeiro volume dedicado aos indígenas e, os dois últimos, à vida quotidiana, cenas de rua e cenas históricas. As célebres gravuras de Debret são de valor não somente artístico, como também documental.

Tomás Ender   Obra igualmente notável, mas que não chegou a ser publicada em vida do autor, é a de Tomás Ender, da qual se conhecem apenas as poucas ilustrações que ornamentaram as descrições de viagem de Pohl e Martius e de cujo volume o público pôde ter uma idéia com a publicação de Gilberto Ferrez, *O velho Rio de Janeiro através das gravuras de Thomas Ender* (Edições Melhoramentos, 1957). Tomás Ender, irmão gêmeo de João Ender, também pintor, nasceu no subúrbio de St. Ulrich, em Viena, e já era artista de renome quando foi integrado, como pintor de paisagens, na missão que acompanhou a Arquiduquesa Leopoldina ao Rio. Entusiasmado com o ambiente exótico, apesar de haver estranhado o clima, entregou-se ao trabalho, primeiro no Rio e depois nas viagens que empreendeu para a região do Córrego Seco (Petrópolis) e, na companhia de Spix e Martius, à província de São Paulo, sendo que desta ainda não foram publicadas as suas produções. De volta, Ender levou consigo mais de 1.000 desenhos e esboços de aquarela, executados no curto espaço de dez meses. "São – diz Ferrez – paisagens, panoramas, ruas, prédios, conjuntos arquitetônicos, igrejas, chafarizes, tipos humanos brancos, mulatos, pretos, chineses, paulistas, mineiros, ricos, pobres, militares, escravos, presos, indumentária, transporte, utensílios domésticos, interiores de palacetes, casas e ranchos, flora, enfim, um mundo de coisas valiosas ao estudo da iconografia brasileira tanto em qualidade como em quantidade." Nem todos os desenhos e aquarelas estão terminados, mas todos revelam espontaneidade, atmosfera e fidelidade ao original. E Gilberto Ferrez diz a respeito da obra deste artista: "Que documentário! Aqui temos tudo vivo, palpitante, como se vivêssemos naquela época. Até hoje, nenhum historiador, pesquisador, viajante, sociólogo, teve o poder de nos mostrar o que Tomás Ender nos diz com duas dúzias de aquarelas." Ender, que continuou a gozar da proteção de Metternich após haver feito diversas viagens pela Europa, chegou a ser nomeado, em 1836, professor de pintura paisagística da Academia de Belas-Artes de Viena, onde faleceu em 1875.

Rugendas   Outro pintor de primeira grandeza foi João Maurício Rugendas. Descendente de uma família de artistas e pintores de Augsburgo, na Baviera, veio para o Brasil, como já dissemos, por iniciativa de von Langsdorff (1825). Separando-se, todavia, do cônsul-geral da Rússia, percorreu por conta própria as províncias centrais. Submeteu-se para este fim aos maiores sacrifícios, mas voltou à sua pátria com as malas repletas de documentos. Em seguida, empreendeu uma viagem à Itália e outra à América do Sul, onde permaneceu durante 16 anos. De

1846 a 1847, esteve pela segunda vez no Brasil, trabalhando, de preferência, nas províncias do Rio de Janeiro e de Pernambuco. Voltou para a Alemanha com um acervo de 3.339 esboços, desenhos e aquarelas, que entregou ao rei da Baviera em troca de uma pensão vitalícia. Todavia, poucos anos depois, faleceu em Weilheim.

Rugendas fixou, com exatidão e encantamento, as nossas coisas e a nossa gente, deixando um verdadeiro tesouro de aquarelas, quadros a óleo e desenhos, dos quais só se publicou uma parte, correspondente à sua primeira visita ao nosso país, e que ilustrava a *Malerische Reise durch Brasilien* (Paris e Mülhausen, 1827-1835), uma descrição de viagem que fornece ao estudioso da época um quadro multíplice e completo das condições do Brasil de então. Retratou ali os usos dos escravos e senhores, dos índios e mamelucos, dos estrangeiros e nativos, na sua maneira de viver, suas peculiaridades de vida no ambiente exuberante da natureza tropical. Nada escapou ao artista: nem a dureza da vida dos imigrantes, nem a desumanidade da escravidão, nem os miseráveis ranchos sob as palmeiras e os palácios dos ricos da Corte, nem a pujança da natureza brasileira – rios, mata virgem, vales etc.

As ligeiras notas que acabamos de apresentar põem em evidência o quanto as iniciativas de D. João, visando a "transformar a grande aldeia do Rio de Janeiro na nova capital do império português", foram a mola propulsora de um movimento científico e artístico, que, trazendo para dentro da órbita da nossa pátria, viajantes, cientistas e artistas estrangeiros sem-número, sem precedentes e organizados em missões com objetivos definidos, lançou as bases do desenvolvimento de vários setores da atividade científica no Brasil.

O MOVIMENTO DA INDEPENDÊNCIA

LIVRO SEGUNDO

CAPÍTULO I

A FUNDAÇÃO DE UM IMPÉRIO LIBERAL

1. AS ORIGENS

A REVOLUÇÃO liberal que se espalhou pelo Brasil em 1821 e floresceu nos anos seguintes, acrescentou aos episódios da separação de Portugal um brilho que altera a perspectiva de todo o processo da independência. Muito do que se vê apenas como independente, depois de 21, foi sobretudo liberal. Só o foi, dir-se-á, porque teve o suporte da nação soberana ou em vias de emancipar-se; e, de fato, não se concebe direito o liberalismo sem a soberania nacional. Portugal tentou em vão, justamente naquele momento, aplicar ao Brasil essa antinomia. Mas o que importa, por enquanto, é assinalar a hipótese contrária e óbvia: que uma nação pode tornar-se soberana sem adquirir garantias constitucionais.

Sem afirmar que fosse o caso do Brasil na fase joanina, o que interessa distinguir agora é como aquele brilho dos anos vinte sombreou o período anterior. Conquanto se reconheça cada vez mais que o processo da independência iniciou-se em 1808, continua-se a ver como colonial muito do que era apenas absolutismo. Muito do que, já então, e aliás também antes da transladação da Coroa, era apenas expressivo do *ancien régime*.

A colônia, mormente no seu último século, era sobretudo a servidão econômica. Quanto ao arrocho político e às mazelas administrativas, só diferiam muito de Portugal, quando se cosiam ao fisco, à polícia dos portos ou à condenação da indústria. Havia, sem dúvida, antes e depois da mudança da Corte, e sem falar nos devaneios precoces da República, queixas indiscriminadas, isto é, de ordem não só econômica, contra os agentes do poder. Falava-se, por exemplo, de províncias do tamanho de um reino entregues a sargentões, ou coisa parecida, aos quais não se confiaria em Portugal uma aldeia. Mas justamente nesse ponto não era o regime que diferia entre Portugal e o Brasil: este país, imensamente diferente, é que impunha tratamento diverso. Nessa extensão de meio continente – e ainda por muito tempo, até na República –, os governadores de territórios longínquos não haveriam de ser iguais aos das províncias mais adiantadas. Conhece-se, aliás, uma série de governantes ilustres, de São Paulo ao Pará. Mas portugueses, não brasileiros; sim, a ressalva há que ser feita. À parte esta circunstância, a situação política nas grandes cidades quase que só diferia do reino europeu enquanto perdurava a clausura econômica.

Adianta-se logo, portanto, que não podem ser esperadas durante a estada da Corte portuguesa no Brasil, e salvo a transformação do Rio de Janeiro, grandes modificações aparentes – do ponto de vista político e administrativo. A polícia, por exemplo, continuará a ser forçosamente a absolutista, nunca pior do que fora a do Pina Manique em Portugal. Pelo contrário, menos severa. E quando houver uma reação brutal, não apenas de polícia, evidentemente, como no caso da Revolução Pernambucana de 1817, não se esqueça de que no mesmo ano Lisboa assistiu estarrecida à execução numerosa de meros conspiradores. Não se esqueça também de que em 1824 a dose foi repetida por um governo brasileiro em reassomo absolutista, não por um governo português.

O que há de interessar, entretanto, será o levantamento das grandes linhas do período joanino: o lançamento da independência sobre a base da unidade monárquica. Auferida sobre uma constante histórica portuguesa, fortemente condicionada pela decadência do regime, pela contingência européia e pelo feitio do soberano – que mais parece um cúmplice, às vezes, do que um rei.

Idéia de império A peripécia de fuga, que o caráter de D. João emprestou à partida da família real, tisnou o significado do ato que, por outro lado, a pressão inglesa tende a despojar de seu sentido mais profundo.

A mudança fora lembrada desde um tempo quase tão antigo quanto o da colonização do Brasil, praticamente sob todos os reis portugueses, ora ligada a uma combinação política, ora como retirada estratégica, mas sobretudo quando exprime uma aspiração nacional: a de realizar um Portugal maior do outro lado do mar. A contradição, aliás, é apenas aparente, entre o movimento de recuo e retorno implícito na manobra estratégica, e a mudança definitiva do trono. Reflete as vicissitudes do pequeno reino. Característica é a interferência de Antônio Vieira, "realista" e iluminado, assistindo D. João IV e mais tarde a rainha-viúva, em planos que vão da simples "retirada segura" – segundo um roteiro que el-rei tinha prevenido – ao abandono de Portugal e fundação de uma nova monarquia no Atlântico.

Já no século XVIII amadurece a ambição de instalar o rei no Brasil e, ao mesmo tempo, conservar ou recuperar o berço europeu. Afirma-se então com um vigor crescente e uma crescente adequação à realidade – isto é, às possibilidades do ultramar – a "idéia" de fundar um império no Brasil. Rompe, naturalmente, do dilatado esforço e do feitio particular dos colonizadores; mas representa um objetivo novo. Perfilhada até certo ponto, truncada às vezes, e por fim aparentemente vencida pela independência da antiga colônia, essa concepção ilumina a mudança e sobretudo a permanência da Corte, e a mesma independência – como se processou, unitária e monárquica – numa faixa longitudinal que se desvestirá mais tarde do expansionismo lusitano e a que se irão acrescentando os ideais do liberalismo.

O simples enunciado de "fundar império", expresso ou implícito em inúmeros documentos quando Portugal já possuía um vasto império tropical, demonstra algo de novo e que não se trata do mesmo império cantado em prosa e verso desde o século XVI, na acepção de largas terras conquistadas ou desbravadas. A mudança do soberano para a América, por sua vez, afasta a confusão com "império colonial" no sentido inaugurado pelos castelhanos.[1] No setecentos o território da colônia tornava-se imenso; as minas tinham confirmado a opulência do Brasil; e a intervenção da Coroa absorve na América os particularismos políticos. Por outro lado, o luxo da Corte não apaga no reino a consciência da inferioridade dentro do velho continente. Portugal está cansado de ser pequeno, e, reatando a antiga vocação transmarina pela voz de alguns expoentes, toma consciência de que pode ser muito grande – não apenas no Brasil, mas às vezes por uma espécie de adesão antecipada à causa do Brasil.

É o que exprime D. Luís da Cunha, o defensor dos direitos portugueses em Utrecht, amigo de Alexandre de Gusmão – que também seria partidário desse pensamento – quando, ao propor a D. João V a mudança para a América, indaga um tanto cruamente: "Que é Portugal? Uma orelha de terra, de que um terço está por cultivar (...) outro pertence à Igreja (...)." Tantos portugueses seguiram a Corte que, dentro em pouco, não haveria diferença entre as cidades de Portugal e do Brasil. "E quanto aos Tapuias do sertão direi que em nada, senão na cor, diferem dos rústicos nas nossas

---

[1] Cf. o conceito espanhol de império, estudado recentemente por Sérgio BUARQUE DE HOLANDA no último capítulo de sua *Visão do Paraíso*.

províncias e, demais, depois de instruídos, observam os preceitos da Igreja melhor do que os nossos camponeses (...)." Haveria no espírito do fidalgo, não a idealização do selvagem que iria então se elaborar, mas uma boa vontade aparentada com as primeiras impressões dos missionários, e também uma simpatia mais efetiva, mais na linha da capacidade que os portugueses demonstraram de fundir uma nação com raças diferentes. Mas o que se verifica, sobretudo, no contexto é a concepção de uma possibilidade nova, ainda envolta num halo de imaginação desenfreada, como o próprio D. Luís confessava: "Considerei talvez visionariamente que S. M. se achava em idade de ver potentíssimo e bem povoado aquele imenso continente (...); e nele tomasse o título de imperador do Ocidente." No mesmo passo, a premonição do que iria acontecer muito depois, no tempo de um outro João, quando fosse estabelecer a sua Corte levando "todas as pessoas que o quisessem acompanhar (...) com infinitos estrangeiros, e (...) o lugar mais próprio de sua residência seria a cidade do Rio de Janeiro".

Aquela reminiscência do Império do Ocidente estampava-se sobre um fundo de utópicas remodelagens do mapa americano, imaginadas até o século XIX. No caso, sob o ângulo do ressentimento português contra a permanente ameaça espanhola. D. Luís, que em princípio sugeria apenas modestamente que as outras potências da Europa protegeriam Portugal contra a Espanha, e esta mesma se absteria com receio de perder em troca as províncias do Prata –, acrescentava mais adiante que a Espanha tremeria pela sorte do Peru e de todo o país até o istmo, "pois sabem todos como o rigor com que são tratados pelos espanhóis os míseros naturais, os torna propensos a sacudir o jugo, mal lhes dêem algum auxílio. Nem seria difícil obter o Chile e todas as terras até o Estreito, em troca do Algarve"...

Mais tarde (1786), seria a vez de o castelhano Aranda repetir – como um eco tendencioso – as divagações de D. Luís e de outros, num plano fantástico que também significaria em última análise a independência da colônia lusitana: anexar-se Portugal à Espanha e o Peru ao Brasil, transferindo-se para este a sede da Monarquia.

Já então, de conluio com Luís XV, a Espanha tinha mais uma vez atentado contra o seu vizinho. Antecipando a marcha de 1807, os franceses tinham projetado chegar a Lisboa. Atribuiu-se a Pombal o plano de uma retirada para a América e mudança da capital da Monarquia para São João del-Rei. No próprio Brasil, enquanto o antigo descontentamento com a opressão fiscal mudava-se aqui e acolá em consciência de diferenciação política, que ia encontrar estímulo na República do Norte, havia quem cogitasse de independência com a transferência da dinastia de Bragança.

Mas é na passagem do século, no Portugal acabrunhado pela Revolução e ameaçado pelo Primeiro Cônsul, logo Imperador dos franceses, que se verifica naturalmente o recrudescimento da idéia. Só no Brasil, aliás, Portugal revidava então um pouco do abatimento nacional. A retirada para o ultramar afigura-se estratégica no mais amplo sentido: para vingar e crescer. Há vários documentos. Um deles é do Marquês de Alorna, que tinha o topete de proclamar "natural" a aliança francesa, "principalmente agora depois que a França não é governada pela Casa de Bourbon", mas achava que qualquer inimigo recuaria se S. A. R. se dispusesse "a ser imperador naquele vasto território". Um outro é de D. José Maria de Sousa e Botelho, morgado de Mateus (filho do conhecido Governador de São Paulo do mesmo título). Na véspera das hostilidades de 1801, já declarada por Madri a guerra – que na península não chegou a ser tal, conquanto Portugal perdesse Olivença, mas aos luso-brasileiros deu a oportunidade de completar o Rio Grande do Sul com as Sete Missões –, D. José Maria aconselhava a iniciativa contra a Espanha, correndo o risco de ser contra a França, porque no caso da última infelicidade tinha o príncipe uma segura e bela retirada no Brasil, de onde ameaçaria todas as colônias espanholas, a Espanha mesmo, e fundaria "o maior Império do Mundo". A hipérbole também se explica pela pressão do momento, a irritação com o agachamento português, combinada com o esforço que muitos fizeram para levantar o ânimo de D. João.

"Queira V. A. R. comportar-se (...) com a energia própria do grande lugar em que o Onipotente constituiu a V. A. R." A exortação, que mais parece uma reprimenda, partia de D. João de Almeida, ministro então e depois no Brasil (Galveias). O Príncipe – que, aliás, só tolerava essas observações dos seus secretários quando envoltas nas fórmulas da cortesanice absoluta – era de uma paciência infinita com alguns estrangeiros. Agora estava sendo vítima da chantagem de Lannes, General e Embaixador de Bonaparte, que viera a Lisboa vender o reconhecimento da neutralidade.

A cupidez de corifeus da Revolução, civil ou fardada, exerce-se também a distância. Com Talleyrand entendera-se Antônio de Araújo de Azevedo, depois ministro notável no Rio, que liderava a ala "francesa" mais por inclinação da inteligência do que por prevenções extremadas contra a Inglaterra. Não era mau patriota, mas cético; por isso ia mais longe do que os "ingleses" na transigência para obter a neutralidade. A França exigia invariavelmente milhões e, quando tinha oportunidade, um pedaço da Guiana brasileira. Araújo assinou com o Diretório um tratado em que Portugal, além de outras vantagens, cederia uma faixa ao sul do Oiapoc, e que não foi ratificado por interferência de D. Rodrigo de Sousa Coutinho, o qual viria a ser o ministro mais importante de D. João no Rio de Janeiro.

Capistrano de Abreu achava que Araújo tivera razão, que melhor teria sido ceder em tempo. E é certo que ninguém logrou impedir que Bonaparte em 1801 forçasse de novo, pelo menos no papel, os limites do Pará, além de outros ganhos na Europa – o que tudo ficou sem efeito quando o Príncipe veio para o Brasil. Mas parece fora de dúvida que Napoleão sempre teria ido até à exigência da ruptura com a Inglaterra.

D. Rodrigo, agora secretário da Marinha e Ultramar, era o chefe do partido inglês e da resistência nacional. Desde 1790, coincidindo com o investimento do regente, o reino atravessava um calvário, sob pressão das idéias "modernas" – que penetravam o seu tanto – e ameaça das armas francesas, exigindo uma atividade de que D. Rodrigo dava o exemplo, muitas vezes mal correspondido. O que pode levar-nos, de passagem, a reconsiderar o famoso episódio do "tal Barão de Humboldt", que se situa justamente em 1800, primeiro ano do Consulado – e Portugal amargando a defecção castelhana – e tem origem num ofício em que D. Rodrigo, advertido por uma gazeta alemã, recomendava que se vigiasse o cientista no sertão do Grão-Pará. O sabor anedótico, tão repisado, é anacrônico: quanto ao ridículo da expressão "um tal", esquece-se que o sábio não era ainda a celebridade que começou a ser justamente depois dessa viagem à América; esquece-se também de que D. Rodrigo, epígono do despotismo iluminado, não desprezava as indagações científicas, e em Lisboa cercara-se de brasileiros estudiosos, mas temia muito a penetração política e ideológica; Humboldt percorria as colônias espanholas com um colega francês, com o qual, aliás, pouco antes quase acompanhara a Missão do Egito. Não se discute que o Brasil ainda era uma colônia cerrada. Mas que no caso confunde-se absolutismo, e nação ou regime ameaçados, com sistema colonial. Se Humboldt bordejasse o ínvio de Trás-os-Montes, a reação teria sido a mesma.

E talvez partisse do mesmo D. Rodrigo, pois o Ministro da Marinha e Ultramar aconselhava em todos os setores da administração, estudava, sugeria, metia-se em tudo. Mas onde mais revelava um caráter incomum era na flama com que incitava D. João a preparar-se para a luta. Sucediam-se aos Reais Pés as cartas, os memoriais, os votos no estilo daquele que apresentou em 1807, apenas conselheiro optando pela declaração de guerra à França – comparado por Tobias Monteiro ao "eco da coragem dos heróis lusitanos".

Seria, já então, uma coragem no vazio? O país estava mais esgotado, Napoleão no auge da força... que, no entanto, iria ser contrariada justamente na península. O poder absoluto de D. João apenas servira para conduzir uma política dúbia, tendo nos últimos anos por veículo, muitas vezes aflito, o inteligente e simpático Araújo. O Príncipe sorvera o cálice até à borra; não seria das menores humilhações a correspondência trocada com o plebeu "pouco antes desconhecido", feito Imperador da Europa: "Senhor meu irmão e primo (...) Vossa Alteza Real pela força dos acontecimentos tem de escolher entre o continente e os insulares..." E D. João: "Senhor meu irmão e primo. Não vacilei um só instante em abraçar a causa do continente..."

Poderiam os ingleses repetir o que dissera de D. José o primeiro Pitt, no Parlamento, em outro tempo de guerra: "Não digo que tomemos às costas o Rei de Portugal, e sim que o coloquemos de pé, firme nas pernas e de espada na mão!" E com mais razão poderiam dizê-lo agora do que no tempo de Pombal. Se bem que D. João não fosse um *roi fainéant*, teria lucrado em entregar-se a um intendente poderoso.

D. Rodrigo fora demitido em 1803, sob a pressão de Lannes; e nunca tivera poderes para imprimir vigor uniforme ao Governo. Daquela primeira fase, porém, ficaram muitos testemunhos do seu propósito de organizar e resistir. Entre outros, inserida num quadro geral da política européia e administração interna, uma conhecida exortação que lembra heroísmos antigos, mas também de maneira curiosa, depois de 1940, as palavras do então primeiro-ministro britânico. Era quando D. Rodrigo considerava que, se Portugal fosse devastado, ainda restaria o "irem crear hum poderozo Império no Brasil, donde se volte a reconquistar o que se possa ter perdido na Europa e donde se continue hua Guerra eterna contra o fero Inimigo..."

A Corte no Brasil   Se o governo de D. João, que acabou naturalmente empreendendo a viagem como quem enfrenta um mal menor, não chegou a criar um império muito poderoso, demonstrou que vinha imbuído daquele motivo maior – ao mesmo tempo que sofreado pela pacatez do soberano e pela decadência do regime. Nem de outro modo se compreende o estranho espetáculo dos muitos milhares de pessoas (dez a quinze mil) a atravessar o oceano, com outros tantos pertences e alfaias, e de cambulhada todo o aparelhamento do Estado. Para salvar a Coroa não era preciso tanto. No manifesto de 1º de maio (declaração do estado de guerra com a França) o Príncipe proclamaria que veio "fundar um Império"; no entanto, só muitos anos depois o Brasil será elevado oficialmente a reino. A Corte instala-se e demonstra, cada vez mais, que é para ficar; o soberano, porém, até o fim não define suas intenções. Essa dubiedade, que entretanto o define a ele, e rodeia quase tudo o que fez, não impedirá que o seu Governo comece por dar a independência de fato ao Brasil e seja fecundo sob muitos aspectos.

D. João, aliás, só era péssimo nos momentos críticos, e a Europa fora uma longa crise de quinze anos. O Brasil significou liberdade, descanso – e possibilidade de fazer, enfim, alguma coisa –, para todos os que não eram seres negativos. Aos melhores inspirou vida nova. Há uma carta de Araújo, do Recife, para o Príncipe, em que passa uma brisa da notícia de Pero Vaz de Caminha: "Fui a terra, e pelos arredores da Capital desta Capitania vi a fertilidade e requeza desta colônia; e que será tudo deste vasto Império de que se não pode fazer ideia sem o ver; tudo ha de prosperar sob o paternal cuidado de V. A. R. (...).",

Abertura dos portos

O primeiro ato régio, conquanto inevitável – e por isso muito simples, em princípio –, merece ser apreciado em certos detalhes que refletem as condições da nova empresa. Ainda na Europa, houvera pressão britânica para abertura de um porto, pelo menos, às mercadorias inglesas. Não se chegara a uma conclusão, se bem que, depois da partida, o Embaixador português em Londres adiantasse licenças de exportação, apertado pelo Ministério "e pela Massa Inteira dos Negociantes e Fabricantes destes reinos"; não se podia impedir o ímpeto do contrabando (o descaminho, aliás, sempre fora grande, tendo a nova ordem apenas corrigido, em parte, uma estúpida omissão de rendas); agora se levava tudo à decisão de S. A. R. que poderia impor as condições e direitos que entendesse. E acrescentava: "Se ha fabricas como dizem nas Minas Gerais – pode conceder-lhes premios e favores – talvez q. saião melhor do q. as prohibições escuzadas de Portugal." Por outro lado, o decreto histórico fala numa representação, patrocinada pelo Governador da Bahia, sobre os prejuízos da capitania com a interrupção do comércio. É evidente que a ocupação francesa, fechando o entreposto geral que fora até então o reino, forçava a abertura do Brasil. Era mais ou menos o que dizia o Marquês de Belas, um dos poucos conselheiros que chegaram com D. João à Bahia, porém acrescentando uma série de hipóteses contraditórias (liberdade para todos os portos, mas somente para exportação? ou para um porto? e o que dizer de um entreposto nos Açores? e... e...) – as quais encerrava com uma sugestão que dá à nota o tom do momento:

"Tudo são pontos q. se hade mister averiguar com peritos, e he incrível a utilidade q. pode resultar dos bons princípios hoje mais conhecido, por ser huma sciencia nova q. parece estava guardada para V. A. R., assim como o descobrimento da Índia para El Rey D. Manoel."

A sugestão do perito, que devia ser um alívio para o novo Rei venturoso, corporificou-se em José da Silva Lisboa ou, melhor, já nasceu provavelmente da iniciativa do futuro Cairu através de outro conselheiro real. Lisboa foi a seguir nomeado, por indicação do mesmo Belas, lente da aula de "sciencia economica" criada para o Rio de Janeiro também antes de se chegar à nova Corte. As circunstâncias indicam que seria injusto dissociar o nome de Cairu da carta régia de 28 de janeiro – a qual, no entanto, depois de tudo isso, formulava ainda uma ordem "interina e provisoriamente, enquanto não consolidado um sistema geral que efetivamente regule semelhantes matérias".

A verdade é que a própria timidez de D. João, a sua dificuldade em decidir, e agora desassistido do Conselho completo, nem instalado o Governo, deixam-lhe – e à inspiração baiana – algum mérito na assinatura do ato que rompia o sistema colonial. Ato que reflete como nenhum outro a personalidade do Príncipe, cujo oportunismo ora se assemelha à iniciativa, ou assume a dos outros, ora deixa-se estar na rotina. Muitas vezes confluindo numa hora histórica favorável ao Brasil.

Império brasileiro A libertação das fábricas, dois meses depois, seria o complemento necessário, mas de menor efeito. A indústria seria diminuta por muito tempo. A abertura dos portos é que devia redobrar os festejos com que o Príncipe fora acolhido. Os baianos não queriam deixá-lo partir, desejosos de recuperar a posição da antiga capital de vice-reis. Mas as festas foram-se estendendo, não só ao Rio, à simples notícia da chegada do soberano, com a consciência de um início de emancipação. No interior de São Paulo o inglês Mawe registrou que se considerara estabelecido o "império brasileiro".

O ânimo novo do Governo, todavia, encontra-se em outras decisões ou providências dos primeiros tempos. D. Rodrigo, no Brasil Conde de Linhares e feito ministro dos Negócios Estrangeiros e da Guerra, teve agora melhor ocasião de desenvolver sua atividade que às vezes pecava pela sofreguidão – exacerbada, como se adivinhasse que só lhe restavam quatro anos de vida –, mas que lançou vários rumos da civilização brasileira. A primeira preocupação, aliás, seria de política externa, que, além do expansionismo ancestral, trazia a necessidade do revide longamente sufocado e o propósito de aproveitar ao máximo as vantagens da nova posição. Tendo o Príncipe desembarcado no Rio a 7 de março, D. Rodrigo a 13 mandou uma intimação – malsucedida – ao Cabildo de Buenos Aires. Logo se declarou o estado de guerra com a França e começou-se a preparar a expedição de Caiena. Mas dentro desse esquema agressivo o ministro tinha oportunidade de encaixar medidas que eram ao mesmo tempo de defesa e organização do país. Ainda em maio criou-se uma Escola de Marinha, com todos os instrumentos e livros que possuía em Portugal (e em 1809 um observatório astronômico); ao mesmo tempo reorganizaram-se os arsenais e fundou-se uma fábrica de pólvora. Em 1811 abriu-se a Academia Militar, origem não só da atual como da Escola Politécnica, porque desde então lançada sobre base científica.

Na Bahia, o regente, ouvindo um outro brasileiro – mas este de sua Corte e cirurgião-mor do reino, o pernambucano José Correia Picanço, depois Barão de Goiana –, criara escola de cirurgia, futura faculdade médica. No Rio, logo começou a funcionar a Imprensa – que Antônio de Araújo trouxera e D. Rodrigo estimulou – e, mais tarde, a Biblioteca Real e o Jardim Botânico. Ainda em outubro de 1808, o primeiro Banco do Brasil.

Ao mesmo tempo a nova Corte deixou de ser meramente a capital do sul; pois é preciso lembrar que a mudança da "capital" em 1763 não significara, do ponto de vista da unidade nacional, mais do que uma transladação de honrarias. O Vice-Rei no Rio cuidava exclusivamente das capitanias meridionais. O famoso relatório do Marquês do Lavradio não contém uma só referência ao Norte do país. Este se dividia em três regiões: a baiana (de Sergipe ao Espírito Santo), a pernambucana, que centralizava o Nordeste, e a paraense-amaranhense, que abrangia a Amazônia e atraía Mato Grosso e metade de Goiás. Três cidades – Salvador, Recife e Belém (alternando ainda com São Luís) – comunicavam-se com Lisboa, sendo que a segunda também se dirigia à Relação da Bahia, e não seria só no judicial, pois sabemos como a estrita definição de poderes era coisa desconhecida. Em 1808, a Coroa avocou naturalmente para a Guanabara a justiça e administração de toda a colônia, e, aliás, de toda a Monarquia, incluindo domínios africanos e asiáticos.

No Rio, pois, tinham-se instalado os famigerados "tribunais" do reino, que era como se chamavam todos os órgãos superiores do Estado; transplantação muito criticada, e com razão, por não atender às peculiaridades da terra; contudo, iria ser uma pedra de toque quando quiseram levar a cúpula para Portugal. E desde logo identificou a Coroa com o Brasil. Estabeleceram-se no Rio não só o Desembargo do Paço, a Casa da

Suplicação, como também a Mesa da Consciência e Ordens, o Conselho da Fazenda, a Junta do Comércio – "tudo pelo Almanaque de Lisboa", dizia Hipólito José da Costa no seu *Correio Brasilienze*. E acrescentava que o necessário no Brasil era um conselho de minas, uma inspeção para abertura de estradas, uma redação de mapas, um exame da navegação dos rios.

Partindo da liberal Inglaterra, onde se refugiara o brasileiro que fez constantemente a crítica mais construtiva desse período, a observação é sobretudo válida do ponto de vista de uma reforma geral da administração obsoleta ou, melhor, do regime absolutista. No particular, Hipólito podia enganar-se. E de fato, dentro daquela atividade abrangente, característica de D. Rodrigo, criara-se ainda em abril do primeiro ano um arquivo "militar" que não seria apenas tal; destinava-se a reunir e conservar todos os mapas e cartas, do litoral e do interior, bem como de todos os domínios ultramarinos, mandando-se-lhe agregar "engenheiros" e desenhistas encarregados de cuidar do material recolhido, elaborar e publicar o novo, orientar planos de fortalezas, defesa das fronteiras, projetos de estradas, navegação de rios e portos. A preocupação de guerra aliava-se ao desígnio de abrir vastas comunicações pelo interior do país, velho sonho de D. Rodrigo, dos tempos em que, a exemplo de Pombal, pusera o irmão na capitania do Pará, onde projetara um serviço de transportes pelo Tocantins e toda uma valorização do circuito Amazonas-Mato Grosso. Agora iam ordens da Corte ao Governador de Goiás; com o fito de encurtar distâncias entre Rio e Belém, abrir estradas de 120 léguas na comarca do Norte; e a notícia da conquista de Caiena já transitou por esse caminho, que no Registro de Santa Maria entroncava na estrada de Vila Rica. Os objetivos não eram só estratégicos. Outras ordens eram para que se abrisse estrada entre o Tocantins e o Itapicuru, para que se plantassem trigo e outros cereais em Goiás, ou aprovando sociedade de comércio entre essa capitania e a do Pará. Mais uma, para que se aproveitassem as terras do rio Doce, ligando Minas ao mar pelo Espírito Santo, feito capitania independente em 1810, e onde, no meio de escaramuças com índios, efetivamente abriu-se um largo trecho...

Muito mais fez D. Rodrigo e sobretudo projetou em grande escala, onde o tempo e os meios lhe faltaram (tesouro esquálido). Havendo carência de carne no Rio, devido ao afluxo de gente, aconselhou logo: abra-se um novo caminho de São Paulo para o Rio Grande pelo país das Missões! Sem falar nos planos imperialistas, tinha outros fantásticos, como costumam ter os homens desse tipo: certa vez aludiu à possibilidade de imigração de... um milhão de chineses. Mas realizou também, e tanto, que bastará resumir com o historiador deste período, onde sugere que foi Linhares o inspirador "de muitas da maior parte das transformações a que anda associado no Brasil o nome de Dom João VI". O que é mais significativo, partindo de quem, como Oliveira Lima, empreendeu de certo modo a reabilitação da figura histórica de D. João, a quem atribui, um pouco mais do que o devido, o poder unificador da administração. Aliás, detendo a atenção sobre a obra do ministro ou talvez mais o seu espírito – e sem esquecer que foi pessoalmente um homem, de bem, apenas ambicioso de poder, e sobretudo de agir –, o que se pretende é destacar a linha histórica que ele encarnou. O sentido de lançamento de uma grande nação, cuja base já fora adquirida por portugueses e mamelucos, cimentada por negros.

D. João representa uma outra linha, a da contemporização, a do oportunismo político, que não exclui atividade a seu modo. No Brasil pôde mostrar, além de outras, uma qualidade: a de sustentar os seus ministros contra intrigas de adversários, o que não quer dizer que desse carta branca aos primeiros. Sustentou-os até demais, pois moribundos continuavam no posto. D. João era capaz de ser obstinado. Infelizmente a sua obstinação mais notável foi a de chegar ao Prata; a nação teria lucrado com outro objetivo.

O Príncipe sabia resistir, pela inércia, inclusive aos ingleses. A famosa pressão inglesa, aliás, não era tão absoluta como certos resultados fazem crer. D. João veio para o Brasil comboiado por uma esquadra britânica, que não decidira, mas contribuíra muito para a sua partida; voltou para Portugal, no entanto, muitos anos depois que uma outra esquadra viera buscá-lo. Conquistou a Guiana de sociedade com os ingleses e a Banda Oriental contra a vontade deles. A verdade é que Portugal precisava da Grã-Bretanha, mas esta precisava também – não tanto de Portugal, mas da sua independência, para manter a península dividida e ter um ponto de apoio. Por isso, insistiu tanto pela volta do soberano português.

Influência inglesa Dentro dessa margem de resistência é que se pode fazer a crítica do Tratado de Comércio de 1810, que junto ao de Paz oferece mais alguns pontos de vista a quem estuda aquela oportunidade do Brasil. O convênio mercantil, dando aos ingleses uma tarifa preferencial, afastou outros concorrentes e sobretudo abafou a esperança da indústria e de certas culturas incipientes. A Inglaterra ambicionava o mercado brasileiro, mas a abertura dos portos já lhe dera um virtual monopólio, pela forçada exclusão da Europa napoleônica. Mesmo quando viesse a paz geral, a superioridade da manufatura inglesa, apoiada em marinha igualmente superior, dispensaria proteção de alfândega para prosperar. Queria, no entanto, sempre mais, o que é o próprio do negociante – que, em geral, só não é imperialista quando não pode. Cabia ao Governo português, agora Governo no Brasil, resistir à pretensão. Entretanto, sem excluir a influência pessoal do diplomata Strangford, deve-se reportar a assinatura do instrumento à prolongada disputa de gabinete que a precedeu, emaranhada em mil intrigas, cujas raízes vinham todas da crise européia – em que a Corte se debatera e onde o reino continuava ameaçado, sem falar nos planos bélicos do novo Governo. O ministro que esposara a aliança inglesa como sinônimo de resistência nacional foi agora além do necessário – cedeu provavelmente mais do que cederiam alguns que não eram tão animosos quanto ele.

Ao mesmo tempo, o convênio revelou a nova política americana da Corte. Portugal perdeu muito mais do que o Brasil, além de já não ser entreposto, onde tivera o seu maior lucro, viu-se agora quase sem possibilidade de colocar a sua produção na antiga colônia; chegou a pagar, até 1818, uma tarifa de 1% mais elevada do que a dos ingleses. Enquanto isso, o novo reino era inundado, desde a abertura dos portos, aliás, por mercadorias de qualidade superior e preços mais baratos – inclusive devido à concorrência que entre si faziam os comissários ingleses, os quais, por outro lado, associados a negociantes da terra, favoreciam a exportação nacional.

Nessas condições, o que é de admirar é que só em 1820 tenha havido em Portugal uma revolução. A qual, montada sobre o ressentimento econômico, iria inspirar-se em idéias aparentadas com a da "singular excelência da Constituição inglesa", a que se referia agora o convênio. Com efeito, ao admitir no Brasil os juízos privativos da nação britânica, já existentes em Portugal, D. João aceitava que na Inglaterra os seus súditos tivessem apenas a proteção comum da lei, devido à "reconhecida eqüidade da jurisprudência britânica". Irônica ou humilhante a cláusula, o certo é que uma fissura no absolutismo lusitano é outro ângulo de apreciação no caminho que o Brasil percorria. O regime antigo não oferecia, nem aos nacionais de Portugal, nem agora aos brasileiros, as garantias que qualquer estrangeiro encontrava na Grã-Bretanha. Quando o Brasil tivesse adquirido ou já estivesse consolidando as prerrogativas constitucionais, ficaria livre do juiz conservador dos ingleses – como aconteceu em 1832.

As imposições econômicas, entretanto, provocavam, e continuaram provocando, a censura ou menoscabo de todos os artigos em que a Inglaterra dava lição ao seu aliado, inclusive aquele em que D. João se comprometera a não introduzir a Inquisição no Brasil, insinuando a sua extinção em Portugal. Inócuo, diriam, pois o Santo Ofício agonizava no reino europeu. Mas o que interessa é o encerramento atual – depois, aliás, de uma luta de influências em que D. João, para honra sua, acabou por escolher a melhor. Nem havia muito que Hipólito fora levado ao toro, de onde fugira para Londres – onde fazia agora livremente a crítica do poderio inglês.

Tráfico   A verdade é que, tendo a sabedoria ou a sorte de conciliar os seus lucros com as melhores causas, nem por isso deixava a Inglaterra de conduzir a civilização. Assim, na questão do tráfico de escravos, de todas as que foram tratadas então a mais importante para o Governo do Rio de Janeiro, onde se prolongaria por quarenta anos. O fato de ter o inglês agora interesse em combater a concorrência do braço gratuito não diminui o alcance do seu papel de polícia internacional dos direitos do homem. O fato, por outro lado, de no Brasil não se viver sem o escravo (e as tentativas de substituí-lo, durante este período, quase não merecem referência) tem alimentado uma justificação histórica excessiva, da resistência que no século XIX se continuava e se continuaria a opor, em nome da economia ou da soberania, à intervenção britânica.

Questão econômica e ética para os ingleses, exclusivamente econômica para o Governo de D. João, é como se coloca a disputa entre 1810 e 1820. Depois de prometer, naquele primeiro convênio brasileiro, a extinção do comércio negro, exarou o Príncipe, em 1813, providências humanitárias com relação às peças embarcadas – mas isto sob pressão do "alarido", como dizia o Embaixador em Londres, dos abolicionistas no Parlamento. Já no Congresso de Viena, e liderados pelo brilhante Palmela, os portugueses fizeram o possível para conter a "torrente" manejada pela Grã-Bretanha: a França fora coagida pelo Tratado de Paris a abolir o tráfico dentro de cinco anos (e Napoleão nos Cem Dias aboliu imediatamente); a Espanha, disposta a gesto semelhante; Rússia, Áustria e Prússia, sem interesse direto, querendo agradar a Inglaterra e fazendo a comédia do liberalismo. Depois de tentarem a troca de uma concessão parcial por todas as reivindicações que traziam ao Congresso, os portugueses foram obrigados a concordar com a extinção ao norte do equador. Uma convenção adicional, Londres, 1817, regularia a busca nos navios suspeitos e o funcionamento de três comissões mistas, no Brasil, na Costa e na Inglaterra, para decidir sobre as presas desta natureza. No ano seguinte, um alvará del-Rei estabelece penas de confisco, multa, degredo, para quem traficar ao norte da linha – e novas providências com relação à carga humana. O interesse, entretanto, que irá contaminar metade do Império, era apenas o de protelar a extinção total – pela qual forcejava o Governo britânico disposto a "empregar todos os meios (...) sem excluir mesmo os da violência", escrevia Palmela em 1819. Queria apenas advertir que seria impossível manter a situação; convinha antecipar medidas para que a extinção fosse a menos nociva possível; "o Brazil he já agora o único Paiz do mundo para onde se levão, sem ser por contrabando, novos escravos".

Com efeito, o tráfico disfarçado continuava e continuaria, nos domínios franceses, por exemplo, a par de crueldades extremas. E sujeito, note-se, ao mesmo vexame da polícia marítima britânica, por que passavam os barcos portugueses ou brasileiros.

Naturalização da Corte   Enquanto a ação ou a simples presença da Coroa se traduziam em iniciativas diversas, além das já mencionadas, e que iam de um princípio de remodelação da capital a medidas de fomento à agricultura e ao comércio, passando pelas tentativas de indústria, inclusive fundição de ferro, e enquanto, por outro lado, o povo sentia os benefícios e alguns inconvenientes da nova ordem de coisas, produtos novos espalhando-se pelo Brasil, uns começos de liberdade e de ilustração, a reorganização militar e a policial, o afluxo de gente de todas as qualidades, processava-se a "naturalização" da Corte portuguesa. Da Corte em seu conjunto, ou como instituição, o que só poderia ocorrer através de muitos dos seus membros, a começar pelo principal. De um outro grande número é sabido que maldiziam o exílio e apenas ficavam para sugar o soberano. "Nunca talvez como nesses dias", diz Oliveira Lima, "se desvendou tanto em Portugal o íntimo acordo feito de interesse e dependência, entre a realeza absoluta e as classes privilegiadas."

Entre parasitas, contudo, e elementos produtivos que foram também surgindo, não poucos ficavam cativos da natureza e da sociedade novas. Fascinados sobretudo pelo panorama do Rio, cuja sugestão, dizia Luccock em 1816, "tem contribuído para tornar a Corte portuguesa desejosa quase de alterar sua designação", mas também da sociedade mista e capitosa, em que muitos funcionários, e mesmo alguns fidalgos, não deixariam de acamaradar-se – quando o próprio Strangford, londrino e muito exigente, não se furtava ao convívio das "pretinhas".

Ao governo, entretanto, a nova sede oferecia um atrativo mais prestigioso: uma sensação de grandeza e força que havia muito a Monarquia lusitana deixara de experimentar e que no Brasil – circunstância particularmente grata a D. João – era fácil usufruir. Sentimento de tal ordem – que, além de assegurar a administração tranqüila, permitia que se forjassem planos imperialistas na direção do Prata e mesmo se reavivassem sonhos de amplitude continental – havia de prender a Coroa ao Brasil, e o Brasil à Monarquia.

À satisfação recebida correspondia a Corte, mormente o soberano, relaxando rigores, democratizando-se, tornando-se mais acessível e mesmo um pouco liberal (do ponto de vista político, pois não se trata aqui do temperamento de D. João, sempre ameníssimo), esposando enfim um pouco a índole do povo em formação – mas sobretudo permanecendo. Ficando, além de qualquer expectativa – pois se o Governo se instalara solidamente, nem por isso deixava de prometer o regresso. E Napoleão fora expulso da península... mas o Barão do Rio Seco edificava palácio no Largo dos Ciganos (Praça Tiradentes), e um outro se preparava no Andaraí para Dona Carlota. E Napoleão abdicara em Fontainebleau, os ingleses insistiam, mandavam buscar o Príncipe... mas D. João preferia indispor-se com Strangford, a solicitar a sua retirada, a partir. Enquanto em Lisboa preparava-se a Ajuda para a família real, e Canning, nomeado embaixador, aguardava impaciente –, no Rio aumentava-se São Cristóvão, os fidalgos edificavam na cidade e compravam chácaras onde hoje são os bairros residenciais; pensava-se também em São Paulo, talvez uma Corte de veraneio, pelos bons ares parecidos com os de Portugal... Bonaparte, enfim, fora para um exílio inarredável, os portugueses reclamavam cada vez mais contra o abandono, a Santa Aliança consolidava as realezas na Europa – e D. João fazia-se oficialmente o Rei do Brasil, como já era chamado no velho continente muito antes de que falecesse a rainha (1816) e de que ocorresse a Aclamação, em 1818, quando já não havia mais nenhum motivo plausível para furtar ao velho reino o esplendor da cerimônia que consagrou a sede da Monarquia.

Brasil-Reino   Gesto mais solene de adesão ao Brasil, ao longo desta demora, a elevação da antiga colônia à dignidade de reino foi, por outro lado, o reconhecimento de uma situação de fato. Não, porém, como pretendeu Varnhagen, um ato meramente diplomático, e sim um ato político no sentido amplo. Era obviamente a independência dentro da união, como dois irmãos diferentes sob o pálio do trono. E que este agora preferia o filho maior, seria mais evidente se a Coroa não empregasse ainda no Brasil agentes nascidos em Portugal.

O interesse preponderante do Brasil-Reino, contudo, é que ele configurou o sonhado império brasileiro e fixou a única Monarquia americana, dando à independência – depois de um aprendizado efetivo e em grande parte consciente nos últimos anos – o seu caráter próprio. Neste sentido seria vitoriosa a idéia de Talleyrand, ou a ele atribuída, pelos plenipotenciários portugueses em Viena, quando afirmaram ter o inefável Ministro do Exterior francês – antigo instrumento do Diretório e de Napoleão contra Portugal – aconselhado ao Governo de D. João, ainda em janeiro de 1815, aquela promoção do Brasil. A Palmela também se atribui a primeira lembrança, mas a argumentação que a acompanhou deve ter partido do irremovível gaulês. O intuito seria o de defender a presença da Europa e da realeza – então sinônimas – na América, quando as porções inglesa e espanhola já estavam em grande parte em mãos republicanas. E, com efeito, aquela dignidade – lisonjeando os súditos, conforme previra Talleyrand – arraigou no Brasil a instituição que o movimento de 1822 apenas consolidaria.

Transmitida a idéia para o Rio, e sem esperarem resposta, a designação foi logo usada no documento da aliança que iria enfrentar o retorno de Napoleão. Era evidente o prestígio que a Coroa devia auferir dessa larga base territorial. No entanto, só em dezembro, quando Bonaparte já estava em Santa Helena, foi lavrada a carta de lei que alçava o Brasil à "dignidade, preeminência e denominação de reino". Celebraram-se grandes festas. Creditou-se então a iniciativa a Antônio de Araújo, agora Conde da Barca e Ministro dos Estrangeiros; e o indubitável da conversação em Viena não impede que Barca tenha por último se esforçado para arrancar a decisão régia – sempre tão difícil.

O suave Araújo era um dos mais "naturalizados" da Corte; aproveitara bem o ostracismo; tornara-se proprietário de estâncias no sul, interessado em negócios e indústrias, sem abandonar, pelo contrário, a vida intelectual que sempre cultivara e de que resultou o patrocínio à Missão Le Breton. Quando faleceu (1817), o *Português* de Londres, jornal que tentava competir com o *Correio Brasilienze*, disse que a sua política era um "sistema pródigo de destruir Portugal para aumentar o Brasil". Já então Barca se empenhara, tanto como D. João, na aventura do Prata; mas, entre outros fatos – somados no maior que era a simples permanência da Corte –, a elevação do Brasil a reino era o que mais devia justificar a censura.

Para o ressentimento luso, fazer o Brasil reino era lesar a pátria. Ou, pelo menos, "uma imperdoável falta de senso político" – opinião do historiador bem português Fortunato de Almeida, que acrescenta: "Quando era necessário estreitar os laços políticos que uniam à metrópole aquela colônia, avivaram-lhe ambições porventura ainda longínquas." Do ponto de vista recolonizador, e salvo o eufemismo de "estreitar laços", fica perfeitamente caracterizado aquele momento.

O governo de D. João, no entanto, tendia a identificar a grandeza de Portugal com a grandeza da dinastia de Bragança. Obteve-a, por fim, mas não da forma que pretendeu. No fundo, quem ganhou foi a tese de Viena: prolongar a Monarquia e um pouco da Europa na América.

Política externa   Quanto à política externa de D. João, também praticamente absorvida no continente americano, não se pode todavia dizer que foi brasileira, justamente porque exprimiu o arranco final do expansionismo que a sua dinastia acalentara e que o Brasil não herdou. E que se concretizou, aliás, fora de tempo, quando a Banda Oriental já era uma unidade plenamente espanhola, se é que não continha todos os germes da nação uruguaia. D. Pedro apenas prolongaria o equívoco.

Na Guiana, o Governo de D. João foi modesto. De mãos dadas com a estratégia inglesa, aproveitou a ótima oportunidade de revidar um pouco as humilhações que sofrera; conservou-se depois em Caiena, bem administrada por Maciel da Costa, com o fito de trocá-la por outras reivindicações e sobretudo garantir o Oiapoc. Mas este mesmo cogitou-se de abandoná-lo em troca da Província Oriental. Pensou-se até, por um momento, em aplicar literalmente a expressão "do Amazonas ao Prata". Como não houvesse meio de conciliar a ambição francesa com as resistências platinas, os emissários portugueses no Congresso de Viena esforçaram-se por condicionar, pelo menos, a devolução da Guiana à fixação definitiva da sua fronteira. Conseguiram que a França reconhecesse mais uma vez, pelo menos aparentemente, que o Oiapoc era o limite. Mas a demarcação no terreno, o governo de D. João VI não a conseguiu, por mais que protelasse a entrega de Caiena (1817). A dúvida continuaria, sobre a identidade do já meio lendário "rio de Vicente Pinzon".

Em toda essa questão, como nas outras que a Coroa portuguesa levou agora a Viena ou a Londres – recuperação de Olivença, indenizações devidas pela França, ab-rogação do tratado comercial de 1810 –, a Inglaterra demonstrou um reconhecimento discreto pelos sacrifícios que Portugal fizera na guerra da Europa. Ingratidão do gabinete de Londres, aguçada pelas contrariedades do momento: D. João demorava-se demais na América, os ingleses achavam-se obrigados a manter a tutela direta ao reino europeu, onde o descontentamento aumentava. Wellington queixava-se da ausência do contingente português em Waterloo, atribuído à má vontade da Regência de Lisboa. A qual, por sua vez, queixava-se do Governo do Rio, que mandara buscar a flor dos veteranos portugueses para a conquista da Banda Oriental.

Nesta é que o governo de D. João concentrou, de modo mais contínuo, as energias disponíveis. Arrastou, inclusive, o agravamento daquela irritação inglesa, a ponto de ser retirada a garantia britânica da integridade de Portugal. Aproveitou cada oportunidade, todos os pretextos, as razões de Estado, os laços dinásticos, a defesa do Brasil e do regime. E nunca declarou a sua intenção.

Logo de chegada havia o ensejo de desforra, inconfessada mas justificável, contra a pérfida agressão espanhola na Europa. Em seguida, quando os súditos dos Bourbon de Madri levantaram-se "como um Vulcano", aliados aos portugueses contra a ocupação francesa – e quando, portanto, a perfídia mudaria de lado –, comboiou-se a causa de uma Bourbon, filha e irmã dos reis prisioneiros de Napoleão, e que acontecia ser a Princesa do Brasil. A pretensão de Dona Carlota Joaquina, à Regência e à sucessão de Espanha, servia de cunha aos projetos de seu marido. E de veículo para grandes sonhos que renasciam: de uma União Ibérica transatlântica, de um "império resplandecente" (no dizer de Palmela, 1809), que se espalharia pelo continente meridional ou abrangeria o conjunto latino-americano, de um Imperador da América, herdeiro de Bragança e Bourbon. Na Argentina, aliás, houve contágio: pensou-se em monarquia de um descendente dos incas casado com infanta portuguesa...

Mais tarde, quando o espírito reacionário de Dona Carlota havia assustado suficientemente os partidários de sua candidatura, abandonou-se aquele devaneio de fronteiras menos naturais e empregou-se tudo no lance pela margem do largo rio – "que parece que pôs a natureza / para servir-vos de limite e raia". Continuou-se, entretanto, alegando o interesse da Monarquia espanhola, a par do brasileiro, no combate aos caudilhos da campanha e no bloqueio às idéias modernas que grassavam em torno do estuário. Ao mesmo tempo, D. João abrigava no Rio os líderes ou dissidentes da revolução platina, e em Montevidéu o General Lecor seduzia as facções, distribuía dinheiro – e levantava o pavilhão do Reino Unido. Para este gesto, aliás, havia uma desculpa que era o *clou* da habilidade: o Brasil não poderia ocupar a Banda Oriental em nome de Fernando VII sem provocar uma guerra geral dos insurgentes que rodeavam a América portuguesa por quase todos os lados.

Em 1820, por fim, quando passaram pelo Rio três comissários espanhóis em destino ao sul, D. João VI não os recebeu. Não precisava mais disfarçar a sua indiferença pela sorte de Madri no Prata, nem o seu apego àquela banda que seria daí a pouco uma efêmera província brasileira.

Pan-americanismo   Mais do que indiferença, seria melhor dizer que o "rei do Brasil" optava pela expulsão da Espanha. Haveria mesmo agora entre os conselheiros de D. João quem prenunciasse a doutrina de Monroe (que é de 1823), conforme indicou Heitor Lyra num ensaio sobre precursores luso-brasileiros do pan-americanismo,[2] apoiado em documentação existente no Arquivo do Itamarati. A propósito, e também como ilustração deste fim do período joanino, vale a pena transcrever dessa publicação alguns trechos, às vezes hiperbólicos, de um ofício de Araújo Carneiro, ministro português na França (1818):

"Logo que S. M. Deo o passo que Deo em novembro de 1807, com que se mudou a Política da Europa, e talvez mesmo do Universo, logo que S. M. Deo assim o Tom ao Novo Mundo e Fez desaparecer o nome de Colonia, he moralmente impossível que os vizinhos do Brasil queirão até mesmo sofrer que se lhes possa dar o Nome de feudatarios de Hespanha!" A dignidade e o interesse de D. João exigiam "que os Povos limitrophes aos Seos Domínios não sejão Colonos nem Sectarios da Europa". E por fim: "os alliados natos no *Brazil* hão de ser sempre os Americanos do Sul e mesmo do Norte". (O grifo é nosso e pretende apenas ressaltar a virtualidade da "independência" brasileira, já então.)

No ano seguinte, era o Almirante Pinto Guedes quem sugeria a criação de uma "Liga Americana", sem cujo beneplácito não poderia qualquer potência européia conservar colônias na América. Antecipava-se, portanto, o pensamento de José Bonifácio, que em maio de 1822 recomendaria ao cônsul nomeado para Buenos Aires fizesse ver ao Governo portenho a identidade de interesses do Brasil e dos outros Estados americanos e falaria na necessidade de uma "Liga Offensiva e Deffensiva de quantos Estados occupamos este vastissimo Continente"... E contudo, embora saldado pela declaração da independência, o pan-americanismo de D. Pedro não iria muito além daquelas conjunturas do tempo de D. João. Tempo em que predominou o empenho pela conquista da margem platina.

A "terra incógnita"   Na vastidão do extremo Norte perdurava, entretanto, um dos problemas que poriam em risco outras fronteiras, e estas legitimamente herdadas pelo Império. O Rio, de fato, tornara-se o centro da Monarquia; mas ao Grão-Pará, a maior brevidade das

---
[2] *Ensaios Diplomáticos*, São Paulo, 1922.

comunicações com a Europa, devido à dificuldade de velejar para o sul, impusera logo em 1809 o reatamento com Lisboa. A rapidez desta viagem motivara, havia muito, o maior lusitanismo da região. Em 1811 criou-se a Relação do Maranhão, o que dispensaria uma parte do intercurso com o velho reino, que, no entanto, continuaria a comandar diretamente as capitais da "terra incógnita". A precária ligação com o Centro-Sul por terra, apesar das estradas pioneiras de D. Rodrigo, faria substituir a dúvida que foi talvez a maior da unidade na independência. Só o barco a vapor é que iria realmente eliminar aquele hiato.

1817   Outra ameaça à integridade do país, além das distâncias geográficas, era a das ideológicas e das fermentações regionalistas. Expressou-as, mais do que ao ressentimento nativista, a rebelião pernambucana de 1817 – que irá envolver em 21 e 24 e será mais bem compreendida na pauta do extremismo republicano, dentro da revolução liberal. Note-se aqui apenas que 1817 também exprimiu insatisfação com a rotina administrativa: o Capitão-General Caetano Pinto de Miranda Montenegro, êmulo de D. João – ao contrário do Conde dos Arcos na Bahia –, punha dificuldade na solução de qualquer assunto.

Últimos tempos de D. João no Brasil   A administração rotineira, no entanto, e a corrupção permitida – ou inevitável, dentro do sistema – viveram descansadamente os últimos anos da fase joanina, sob a égide do Ministro Tomás Antônio, que acumulou então praticamente todas as pastas. Velho desembargador, pessoalmente honrado, diferente, portanto, de muitos magistrados que fomentavam a descrença na justiça real, pensava em reformar abusos, mas vivia mentalmente em pleno absolutismo – paternalista, pois era uma sombra de D. João. Poucos, aliás, antes de 1820, e apesar das queixas de Portugal, deveriam pressentir o que estava para acontecer no Brasil. A Monarquia tradicional parecia consolidada: a república do Recife vencida com relativa facilidade; a anexação da Banda uruguaia, em vias de completar-se.

Ao progresso material e à circulação da riqueza que a mudança da Corte proporcionara, acrescia-se o incremento da vida intelectual que iria servir ao movimento dos anos vinte, mas por enquanto oferecia satisfação a círculos cada vez menos confinados. Para isso contribuíam os novos estabelecimentos de ensino, o funcionamento da Impressão Régia, as bibliotecas do Rio (franqueada ao público em 1814) e da Bahia (franqueada ao público desde 1811), a circulação de livros importados e, sobretudo, a dos próprios estrangeiros que chegavam em número crescente.

Comerciantes ingleses, artistas e negociantes franceses, bonapartistas emigrados, cientistas germânicos, imigrantes suíços, capitães de navios, oficiais, quase todos traziam o seu contingente de curiosidade e estímulo espiritual.

Essas influências espalhavam-se aos poucos pelo Brasil, mas a capital é que passara naturalmente por uma transformação. A população que vegetava em 1808 crescera de 60.000 para 150.000. Dispunha de mais 600 casas, 150 chácaras, o bairro da Cidade Nova (no caminho de São Cristóvão, sobre o Mangue aterrado), chalés em Botafogo e no Rio Comprido, diversos palácios ou palacetes, e sobretudo o Teatro São João, depois São Pedro, inaugurado em 1813 – muito bonito, diziam forasteiros entendidos – e que iria ser realmente o palco central dos sucessos da independência. O corpo diplomático, único então na América do Sul, ensinava alguma coisa à sociedade bisonha. A música da Capela Real ensinava outro tanto. O povo – que fora espectador do funeral de uma rainha, do desembarque de uma arquiduquesa da Áustria, participara das festas de casamento de um príncipe herdeiro, da aclamação do novo Rei, de muitas funções solenes ou marciais – ia tomando consciência do seu papel de centro político da nação. Por enquanto, ao findar-se o período de D. João, vivia-se ainda no ritmo desatado que se evoca, desde a primeira linha, no romance do *Sargento de Milícias*. Mas aqueles brasileiros, minhotos e mulatos, que gostavam do rei e riam-se dos seus *toma-larguras* (espécie de batedores encasacados), já anunciavam o espírito vivaz do carioca que iria afirmar-se na época de D. Pedro I.

2. A REVOLUÇÃO

A revolução liberal

No dia 10 de fevereiro de 1821, a tropa sediada na Bahia levantou-se em armas e, depois de enfrentar uma pequena resistência, matando um major e nove soldados, promoveu a aclamação de uma Junta de Governo. O golpe fora inspirado pela revolução do Porto, triunfante em todo Portugal desde setembro do ano anterior, e resultou na libertação dos inúmeros brasileiros trazidos do Recife em 1817, réus de republicanismo, entre os quais Antônio Carlos de Andrada e um punhado de pernambucanos mais tarde notáveis em sua província.

Essa revolução portuguesa, que começava no Brasil por libertar os liberais brasileiros, costuma ser julgada entre nós apenas pelo que teve de "hipócrita", de "apregoado liberalismo", e que não lhe foi próprio porque é ou tem sido, em maior ou menor escala, de todos os regimes liberais. Melhor dizer que todos os regimes políticos; o socialismo também tem as suas incongruências. Mencionar a Revolução de 89 já nos levaria para outra ordem de grandezas; basta apontar alguns exemplos mais modestos, se bem que não destituídos de tragédia: o da conquista da Argélia, apenas encetada pela Restauração e impavidamente realizada pela França de Luís Filipe; ou o dos brasileiros liberais convictos, e convictos adeptos da ocupação da Cisplatina, pelo menos enquanto não se chegou à guerra extrema pela conservação dessa província, para não falar nos outros ainda mais numerosos, brasileiros ou americanos do Norte, que eram ao mesmo tempo liberais e escravocratas. A revolução do Porto aproveitou, de fato, uma larga base de interesses prejudicados e também de amor-próprio ferido. Aproveitou-a para lançar-se e para consolidar-se: os líderes precisavam do apoio da burguesia e nas Cortes precisavam de ser "contra o Brasil" para serem populares – o que não é desculpa, mas também não é suficiente para colocar o seu liberalismo entre aspas. Além do ressentimento econômico pela perda do monopólio, havia um ciúme nacional, às vezes ingênuo, contra a antiga colônia arvorada em sede da Monarquia ou pretendendo, ameaçando, roubar o herdeiro da Coroa. O resultado foi uma atmosfera de prepotência e às vezes de comicidade – que não deixaria de ser um dos elementos de desdouro dessas famosas Cortes. Havia uma presunção, um grotesco que em parte será próprio de quase todas as assembléias de representantes do povo, e em parte seria especificamente português. Aos rasgos de ternura dos áulicos, que tinha exprimido a D. João a "tiranizante saudade" que lhes consumia o coração, faziam *pendant* agora os arremessos petulantes dos deputados que ordenavam ao "rapazinho" (D. Pedro) que voltasse para sua terra, e fosse fazer uma viagem de estudos; ou que ameaçavam o Brasil numa obstinação de quem está disposto ao "tudo ou nada". Quanto ao Príncipe, convém lembrar que havia um verdadeiro terror, na massa do povo, de perder novamente a sede do trono. Quanto à antiga colônia, se não era possível subjugá-la, "passe o Sr. Brasil muito bem, que nós cá cuidaremos de nossa vida", dizia o eminente Fernandes Tomás. Contudo, a revolução do Porto não foi apenas essa ganga que se fixaria como quase único depósito em nossa história escrita (o famoso prejuízo da história escrita pelos vencedores) de uma relação que na realidade foi mais complexa. É certo que um Oliveira Lima, discriminando entre soberania nacional e direitos civis, assinalou que "não havia da parte dos constituintes portugueses a menor idéia de escravizar os seus irmãos ultramarinos, criando para eles um *status* especial, inferior". Também é certo que já Armitage, tão próximo dos acontecimentos, assim como outros historiadores depois dele – inclusive e especialmente, na atualidade, Caio Prado Júnior – apontaram a influência dessa revolução exportadora para o Brasil. Mas, de modo geral, nesse capítulo do liberalismo português nossa visão restringe-se ao espetáculo das Cortes. Foi o que ficou do rancor que sucedeu à desilusão, quando os brasileiros perceberam que o movimento de 1820 não era só liberal, mas também "recolonizador"; quando a Constituinte de 1821, depois de seduzir o novo reino, pretendeu submetê-lo. Não só se esquece de que as revoluções ibéricas é que provocaram as da independência latino-americana; esquece-se também a contribuição daquela nova ordem de coisas que se inaugurara em Portugal e veio para a América portuguesa a naturalizar-se um pouco, como antes acontecera à Monarquia, nas próprias raízes do movimento de 1822 e dos anos seguintes. A prática das novas idéias, a discussão aberta, e sobretudo o exemplo, o treinamento que significou para os homens que iriam assumir os comandos políticos da nação.

A estes e em particular aos herdeiros diretos da revolução portuguesa – os que irão ocupar posições nas províncias desde 1821, bater-se pelas liberdades constitucionais em 22, 23 e 24 – também se poderia aplicar a pecha de "liberalismo de fachada". Na sua maioria, esses líderes não revelarão incompatibilidade com a escravidão, como já não a revelavam no Pernambuco de 1817. Nenhum, talvez, terá a sensibilidade social de um José Bonifácio, colocado no vértice, mas fora da corrente daquele tempo. Convém, entretanto, repisando em princípio aquelas verdades muito sabidas, apreciar esses homens e sobretudo o movimento que encarnaram dentro da mentalidade liberal típica da primeira metade do século XIX (até hoje tão encontradiça, embora muito menos justificável) que valorizava a liberdade em detrimento da igualdade, recusando muitas vezes ambos os direitos a um grande número de seres humanos. O escândalo era patente onde quer que houvesse escravatura; mas na Europa, depois de uma primeira quebra de privilégios, a revolução liberal também não se fazia em benefício do povo; o mesmo se dirá da América espanhola; em suma, ascensão democrática no sentido amplo foi fenômeno desconhecido então na história do Ocidente.

Por outro lado, se é certo que a revolução constitucionalista no Brasil resultou em grande parte na transferência de comandos para a aristocracia rural, se é certo que um prócer – perdoe-se a expressão – excelso como Frei Caneca, falava em "homens probos, constitucionais, ricos proprietários, tudo que é gente de bem", menos exato será dizer que o povo esteve ausente no processo revolucionário. Já em 17, ao articular a sua defesa perante o Tribunal de Alçada da Bahia, Antônio Carlos alegou que não poderia ter concordado com aquele "sistema que, derrubando-me da ordem da nobreza a que pertencia, me punha a par da canalha e ralé de todas as cores e me segava (...) as esperanças de (...) mores dignidades". O depoimento é sugestivo da dicotomia com que se há de contar no prognóstico da hipotética República do Nordeste. É provável que a "nobreza" predominasse; mas a "ralé" entrava fortemente na linha de conta. Fornecia sobretudo a fermentação dos seus ressentimentos nativistas, de ordem social e econômica, mas – tanto em 17 como posteriormente – também não era insensível ao facho ideológico agitado pelas camadas superiores ou, melhor, pelos elementos mais cultos da população.

Quanto a estes, o seu nativismo era em geral menos direto ou menos sincero, menos espontâneo; embora sem a carga política que lateja nos modernos "nacionalismos", quando não os corrompe, do que então vicejou no Brasil – entre a classe dirigente –, também se poderá afirmar que foi quase sempre disfarce – quando não foi eventualmente legítimo recurso – numa luta em que uns visavam ao retardamento e outros à instauração do regime liberal. Também para os reacionários, além de eventual idiossincrasia, o ódio lusófobo era uma satisfação, a única, que concediam às camadas ignaras. Para os liberais, o antilusitanismo foi às vezes o recurso com que contaram para aglutinar um suporte de população mais extensa.

A instauração do liberalismo é que foi o grande sopro do momento, por ele se purificariam muitos pecados. E em torno dele é que se situa a conquista da soberania nacional. A independência fora lançada desde 1808 com a Monarquia portuguesa: faltava apenas consolidá-la com a Monarquia brasileira e constitucional. Por isso, em princípio, mais do que o problema tantas vezes postiço das nacionalidades, o que interessa observar agora é o novo fato político introduzido no Brasil pela revolução do Porto.

Costuma-se, com efeito, datar o embarque de D. João VI para Portugal como o início da desagregação cujo último detonador seriam os decretos "recolonizadores" e cujo coroamento viria no Sete de Setembro. Na realidade, quando o rei partiu, o Brasil já entrara havia alguns meses no processo final de sua emancipação política. A autoridade absoluta já estava desmantelada e a prática da soberania popular – ainda informe e tumultuária – levaria fatalmente à soberania nacional, ainda que sujeita ao risco dos separatismos provinciais. A "regeneração" portuguesa deflagrara esperanças abafadas desde 1817 e desde antes no Norte, sonolentas ou indistintas no Sul. Em face dos pronunciamentos da tropa lusitana, em Belém do Pará, na Bahia e no Rio, o povo em grande parte ficara boquiaberto como ficaria tantas vezes em outras fases da história do Brasil. Mas os elementos mais capazes de inquietação, os intelectuais e os marginais, já estavam sendo despertados pelas notícias da Europa e acordaram agora para a possibilidade de uma mudança de regime – que só seria "português" (por quanto tempo?) se Portugal dispusesse de uma sabedoria que não ocorrera nem à própria Inglaterra, no século anterior. As Juntas, dominadas por portugueses, mas onde já se insinuavam brasileiros de nascimento ou adotivos, davam o exemplo de insubordinação. A do Pará, aclamada a 1º de janeiro de 1821, ligou-se estreitamente ao novo Governo de Lisboa, servindo de intermediários dois brasileiros: o paraense Patroni, que estudava em Coimbra e viera trazer a idéia dos novos tempos, e um baiano alferes de milícias. Para o Rio despacharam um tenente-coronel, natural de Minas Gerais, a participar a el-Rei o que ocorrera. Provavelmente não seria tão atrevida essa participação quanto a da Junta baiana:

> "(...) Eleitos pelo voto unânime do povo para governarmos esta província no real nome de Vossa Majestade, nós esperamos fazê-lo de modo que, sem faltarmos ao tremendo encargo (...) de mantermos à Coroa as justas prerrogativas que lhe competem, e não mais, e ao povo os seus direitos, e não menos, apertemos cada vez mais os laços (...) de afeição e lealdade (...) à sagrada pessoa de Vossa Majestade."

À *crânerie* misturavam-se protestos de lealdade que não seriam hipócritas: seus autores seriam sinceramente monarquistas, desde que a Monarquia fosse constitucional. Era o que dizia Antônio Carlos.

Enquanto isso, no Rio, a dignidade real desprestigiava-se dia a dia. O espetáculo das vacilações do trono agora eram as discussões intermináveis sobre quem partiria a acudir o velho reino: o rei ou o Príncipe D. Pedro. Mas o ponto crucial era sobre como enfrentar a revolução: com meias medidas, como aconselhava Tomás Antônio, ou por uma política franca de adesão aos princípios constitucionais, como preconizava Palmela, isto é, pela outorga de uma Carta que contivesse a definição clara dos direitos que os povos reclamavam. O Governo patrocinava a publicação de um folheto do francês Caille, favorável à permanência de D. João, no interesse da união luso-brasileira, e para fundar um "império de bastante peso na política do mundo"; mas, ficasse o rei ou o seu herdeiro, como enfrentariam o espírito novo que se forjava no Brasil? Desse mesmo Caille, e menos conhecido que aquele folheto, era um *Rapport sur la situation de l'opinion publique*, de novembro de 1820, quando chegara a nova fatal de Lisboa, no qual se afirmava que desde a notícia da revolução espanhola (alguns meses anterior à portuguesa) *l'esprit public se corrompait tous les jours à Rio-de-Janeiro*. Prodigiosa era a atividade com que se manifestava o espírito revolucionário, dizia esse relatório meio policial – sem dúvida exagerado, mas sobretudo valioso como depoimento sobre uma disposição de ânimos que iria tomar corpo no correr do ano seguinte. Esse espírito de rebeldia, ou de novidade por enquanto, penetrava em todas as classes: comerciantes, militares, magistrados, credores do Estado e do Banco, clientes e queixosos da justiça venal... e mesmo o Clero, e mesmo a Nobreza! Até aqui, dir-se-á, a maioria desses envenenados seria de portugueses. Mas os brasileiros não poderiam ficar livres do contágio, pelo contrário, quando viam reanimar-se em sua terra – retomemos o texto às vezes pomposo do informante de Tomás Antônio – aquele *affreux génie des Révolutions*. E quando se pregava novo credo *dans le Salon doré, dans l'humble boutique même sur la place publique*. Traduziam-se para o português as passagens "mais infectadas" das obras francesas; lisonjeavam-se a vaidade e a ambição de todo o mundo; enfim: *il ne faut, pour arriver à cette félicité générale, qu'une Constitution*. (Essa última frase vem grifada no original.)

Juramento da Constituição   Exagero haveria talvez naquela referência a logradouros públicos, onde já se conversava sobre o assunto, mas onde o movimento só explodiria a 26 de fevereiro de 1821, quando a tropa reunida no *Rossio* (hoje Praça Tiradentes) obrigou o rei e o mundo oficial a jurar a Constituição que iria ser elaborada em Lisboa. A atuação de D. Pedro nesse acontecimento foi muito discutida: se bem que sabidamente propenso às novas teorias, poucos dias antes dera um parecer favorável a Cortes meramente consultivas, contrário, portanto, ao reconhecimento do Soberano Congresso que a revolução erigira em Portugal. Seriam as dúvidas de quem preferiria sempre outorgar uma constituição, seria a sua repugnância em aceitar imposições ou talvez uma atitude caprichosa ditada pela política do ministério – ao qual ele até então não tivera acesso. Por outro lado, tudo faz crer que mantinha contatos com os conspiradores do momento, militares e civis portugueses. O certo é que na madrugada de 26 surgiu como medianeiro e acabou patrocinando o juramento e "salvando a face" da realeza contundida. O Almanaque da Corte brasileira para 1823 consignaria a respeito daquela data: "Dia em que S. M. Imperial abraçou e deu ao Brasil o sistema constitucional."

Elogio de cortesão, bem encomendado no ano da Constituinte que o Imperador dissolveria, e contudo elogio parcialmente justo: desde a sua entrada em cena D. Pedro tornou-se grande aliado e, pela sua posição, o patrono do constitucionalismo brasileiro. Patrono, no sentido de acolhida às reivindicações do liberalismo, à sua institucionalização, não de fidelidade na prática do regime. Mas o que interessa, sobretudo, é assinalar que aquela data de gala, numa fase de rompimento total com o Governo de Lisboa, marcava o ano, 1821, em que de fato o ideal das garantias constitucionais generalizou-se no país antes de nacionalizar-se. Preocupação de políticos mais esclarecidos ou até, naqueles princípios, mania do povo que vibrava pela "divinal constituição", o fato é que o postulado vem sendo servido, e servindo aos menos sinceros, há precisamente cento e quarenta anos.

Ainda longe de tornar-se efetivo e sobretudo uniforme, o novo regime tornou-se oficial para todo o Brasil, a partir do juramento à Constituição pelo Rei. Estimulados pelo exemplo, mesmo os mais tímidos brasileiros e portugueses foram procedendo àquela cerimônia nas capitanias que se transformavam em "províncias" (de Portugal) e onde se constituíam Juntas, provisórias e por aclamação a princípio, mais tarde por eleição regular conforme instruções de Lisboa. Os sucessos naturalmente variavam de acordo com as circunstâncias locais. Havia inclusive resistência e "morras" à Constituição; esboçavam-se partidos avançados e retrógrados, "brasileiros" e "portugueses"; moldava-se uma opinião política ou encontrava desafogo a que já fermentara no regime absoluto. No Arraial do Tijuco, por exemplo, dentro do famoso Distrito Diamantino, houve uma verdadeira explosão de alegria.[3] Pelo país afora muitos "coronéis" iniciaram então a sua clientela, muito voto de cabresto se terá apurado. Com efeito, já em março eram convocadas as eleições de deputados às Cortes Constituintes de Lisboa, segundo instruções de lá recebidas.

A população livre seria representada à base de um deputado por cada 30.000 cidadãos; o número destes, para esse efeito, era calculado pelo ano da chegada da Corte... cerca de 2.300.000;[4] o que dava ao Brasil uma representação aproximada de 70 deputados (uns 50 chegaram a exercer o mandato) contra 130 de Portugal. O sistema eleitoral era o de quatro

---
[3] Leiam-se, a respeito, os capítulos 34 a 38 de Joaquim FELÍCIO DOS SANTOS, *Memórias do Distrito Diamantino*. Nada mais expressivo da repercussão do movimento vintista no Brasil.

[4] Entretanto, as estimativas flutuavam enormemente e esta seria uma das mais otimistas; a maioria delas, até o fim do Primeiro Reinado, dará ao Brasil uma população total não muito superior a 3 milhões, com apenas 1/3 de homens livres ou libertos, isto é, "cidadãos".

graus: os moradores de cada freguesia elegiam compromissários, que por sua vez escolhiam os eleitos paroquiais; estes, os de comarca, os quais, na capital da província, procediam à eleição final. Os dois últimos escrutínios eram secretos. Vários dos mais notáveis líderes do Brasil independente, e diversos revoltosos de 1817, foram escolhidos nessas eleições de 1821, as primeiras a realizarem-se no país.

Voltemos, porém, ao Rio. O 26 de fevereiro terminara em festa, pelo menos depois que o Rei, trazido pelo seu filho, viera jurar a Constituição. A população atrelara-se alegremente à carruagem real e D. João, lembrando-se de Luís XVI, tivera um delíquio. Os energúmenos do constitucionalismo, dizia Maler, tinham convulsionado a cidade. Mas o grave representante diplomático de Luís XVIII não deixava de elogiar o Governo "regenerado" imposto pelos energúmenos. Desse ministério a figura principal era Silvestre Pinheiro Ferreira, homem dos mais inteligentes entre os que tinham vindo para o Brasil com o Rei, liberal moderado, mas de convicções antigas, do tempo em que vivera na França revolucionária. Que poderia fazer, no entanto, naquele momento de transição e atropelo? "O espírito de vertigem", dizia o novo Ministro dos Estrangeiros e da Guerra, "não esmorecera"; instalara-se "a mais desenfreada liberdade de falar". Discutia-se em toda parte a partida do Rei, agora decidida. Discutia-se a coisa pública até nas igrejas; a 6 de março a Princesa Real dará à luz e nas cerimônias religiosas todos os sermões foram políticos. A 12, em São Francisco de Paula, censuraram-se do púlpito os vícios da administração. "Homens inquietos e amigos de novidades", diria o prudentíssimo Cairu, "projetam reformas, inventam governos provisórios e outros delírios desta natureza."

A Convenção da Praça do Comércio   Brutalmente expressiva da nova época e da confusão reinante naquele alvorecer de liberdade, foi o extraordinário e afinal sangrento tumulto ocorrido às vésperas do retorno da Corte, na Praça do Comércio. Chamavam-se assim, então, os edifícios das Bolsas como aquele que no Rio fora pouco antes inaugurado. O que lá se passou a 21 de abril de 1821 até hoje não está plenamente esclarecido. Tudo, no entanto, desde os preparativos, foi sintomático da atmosfera que envolvera a capital e das linhas de força que iriam mais tarde articular-se. Como se desejasse prestar homenagem à soberania popular, o Governo convocara os eleitores paroquiais, a fim de que opinassem sobre o programa e os componentes do novo ministério a ser instalado sob a regência de D. Pedro. Ocultamente, presume-se, havia o intuito de obter uma definição contra a partida do Rei; nesse sentido, aliás, circulavam pasquins pela cidade e afixavam-se cartazes, contra os quais a tropa lusitana protestava; mas a idéia de Silvestre Pinheiro era de que a reunião se realizasse em local mais discreto, o consistório de uma igreja. Com o beneplácito do ouvidor da comarca, a iniciativa popular ou, no caso, da "caixeirada" portuguesa, estranha ao corpo de eleitores, transferiu a assembléia para a Praça do Comércio e transformou-a numa orgia de moções e ultimatos, aos gritos de "aqui governa o povo!" Destacou-se ("haja revolução!") um português demagogo, Duprat, pouco mais que rapazola, a quem uma das testemunhas atribuía o "poder de Robespierre"... Aclamaram a Constituição espanhola de 1812, que era então o modelo ideal. Exigiu-se que D. João ficasse no Brasil. Sabiam que a Corte estava para embarcar, levando, como quando viera, grande quantidade de valores, raspando os cofres do Banco. Ordenou-se às fortalezas da barra que impedissem a saída de qualquer embarcação. Aclamou-se uma Junta. Interpelou-se altaneiramente a autoridade militar. Os eleitores mais conspícuos eram os instrumentos aterrorizados que, escoltados por "cidadoens", pela noite adentro iam e vinham de São Cristóvão, onde o Rei anuía a tudo. Mas de onde o Príncipe, cada vez mais impaciente, acabou por mandar a tropa dissolver o comício. Houve um morto e vários feridos.

A cidade amanheceu desolada. No belo edifício projetado por Grandjean de Montigny afixaram uma placa: "Açougue dos Braganças". Os comerciantes desertaram-no; foi adaptado para servir à Alfândega. Quais os derrotados? Os agitadores portugueses que bradavam por uma Junta obediente a Lisboa? Mas seriam os mesmos que obstavam ao embarque do Rei, urgido pelas Cortes e, aqui, pela tropa lusitana? E estariam de mãos dadas com os brasileiros que então, na sua maioria, prefeririam que D. João ficasse? O que se sabe de positivo é que o povo fluminense, como então se chamavam os cariocas, participou intensamente do debate, se não pela Junta, pelo rei. Na assembléia e na rua.

> Olho vivo
> E pé ligeiro
> Vamos a bordo
> Buscar dinheiro.

D. Pedro regente

A assembléia revolucionária da Praça do Comércio terminara por uma demonstração do gênio impulsivo de D. Pedro, que sobrepôs a sua autoridade pessoal às instruções mais suasórias do Ministro da Guerra. O Príncipe queria mandar. Logo depois teve essa oportunidade, investindo-se na regência do Brasil, se bem que praticamente limitada à circunscrição fluminense – e tendo suscitado desconfianças nas províncias, onde chegariam exageradas as notícias da madrugada de 22 de abril. Continuava, entretanto, o fluxo da transformação iniciada em Portugal, confluindo agora com o vivo desejo de bem administrar, do regente que àquela vocação de mando aliava as melhores intenções de marchar ao compasso dos tempos. Encetou um Governo liberal. Apesar das enormes dificuldades financeiras ocasionadas pela retirada da Corte e retração das províncias, suprimiu impostos abusivos. Firmou regras acerca da desapropriação de bens particulares, visando "respeitar o Sagrado Direito de Propriedade", e decretou todas as garantias da liberdade individual. Seu ministro de confiança era o Conde dos Arcos, que, apesar de "chefe de partido absoluto em 1817", como ele mesmo lembrara ao Príncipe, gabava-se de ter sido o primeiro a pedir uma Carta a Sua Majestade, ainda em 1820, desde que "não me são novas quaisquer teorias constitucionais". Já se aventou que talvez ambicionasse o papel que depois tocaria a José Bonifácio. Mas não, o Conde era muito apegado a Portugal para consentir na separação dos reinos. Seria mesmo, talvez, naquele momento, por ambição política ou por capacidade de adesão sincera, o homem ideal para representar no Brasil os interesses de Lisboa, regenerada. Mas os regeneradores civis ou militares eram inflexíveis, não poderiam confiar num fidalgo, e prefeririam destituí-lo.

5 de junho Foi o que aconteceu a 5 de junho, quando mais um impulso indireto foi dado à emancipação do país por meio de novo pronunciamento da tropa, nova bernarda enfrentada com sangue-frio por D. Pedro. O juramento das bases da futura Constituição portuguesa, também pedido pela Câmara Municipal, seria talvez o pretexto, pois já houvera juramento prévio e global a 26 de fevereiro, e D. Pedro governava dentro daquela orientação. Pretexto para obter o exílio de Arcos, que aliás proporcionaria satisfação aos liberais brasileiros, e para conseguir enfim a eleição de uma Junta no Rio – cujo membro mais votado, diga-se de passagem, foi o brasileiro Mariano da Fonseca, futuro Maricá e autor das inofensivas *Máximas*, porém antigo réu de "francesismo". A eficácia "regeneradora" dessa junta, aliás, aparada imediatamente pela habilidade de D. Pedro, seria logo neutralizada pela simples presença do herdeiro da Coroa. Mas a substância do novo espetáculo, iniciado na praça e terminado, como sempre, no Teatro São João, encontra-se no diálogo entre o Príncipe e os chefes do movimento. "Eu não juro sem saber a vontade do povo que estou governando..." (Convocaram então os eleitores, ainda assustados pelo 21 de abril.) Expediente dilatório, diz um comentador; mas recurso que já reflete as nascentes possibilidades – do povo e de D. Pedro. O qual em seguida retruca ao porta-voz dos militares, o agitador Padre Narciso, que prometia apresentar em duas horas 400 assinaturas: "Bastam-me dois minutos para ter duas mil." Na jactância anunciava-se o líder ou, melhor, o aclamado, que, decorridos alguns meses, iria buscar força nas extensas representações populares, às vezes com milhares de assinaturas, como as que prepararam o Fico.

Bases   Nesta última ocasião, aliás, rebatendo protestos de oficiais portugueses, D. Pedro invocaria maliciosamente o direito de petição, que a ninguém se poderia negar, pois fora assegurado pelas bases da Constituição... Relutaria em jurá-las, devido à forma, pois que os princípios de modo geral eram justíssimos: soberania do povo; uma só câmara legislativa, isto é, ausência do contrapeso conservador de um senado (neste ponto D. Pedro não concordaria, mas não estava agora em discussão); rei inviolável com ministros responsáveis; garantias da segurança individual e da propriedade; direito de petição e liberdade da imprensa. Pelo art. 21 essas resoluções só se tornariam comuns ao ultramar quando os seus representantes declarassem ser esta a sua vontade; tal dispositivo seria depois invocado pelos deputados brasileiros nas Cortes, em defesa da autonomia nacional. Mas, no momento, não seria incongruência notável, nem seria mal recebida nas províncias, a ordem que logo se passou: fossem as bases juradas por todas as autoridades civis, militares e eclesiásticas – tal como se deu em São Paulo ainda em junho. Mesmo porque, como diria depois o próprio José Bonifácio, tratava-se de princípios de Direito Público Universal.

Províncias   As províncias mais sôfregas de liberdade ainda eram "portuguesas", entretanto, pois que de Portugal recebiam a mesma liberdade; continuavam monarquistas ou tornavam a sê-lo, pois a Monarquia tornara-se constitucional; mas desse enleio já surgia a independência como um desfecho natural de um equilíbrio instável. Assim em Pernambuco e conforme o registro de Maria Graham (3 de outubro), após uma visita à Junta de Goiana – que se opunha ao Governador português Luís do Rego porque ele não obedecera à ortodoxia de Lisboa. Os patriotas não aceitavam a alcunha de rebeldes, "já que marchavam sob a bandeira real de Portugal". Mostraram-se, no entanto, extremamente ansiosos por saber "se havia probabilidade de reconhecimento pela Inglaterra da independência do Brasil"... A claridade particular destas páginas, no diário da simpática inglesa, não vem apenas do seu encanto pela gostosa cercania do Recife, após a estação das chuvas, e apesar da mancha negra da escravidão que ela desenhara em linhas amargas. Procede também, aquela primeira impressão, dos soldados esfarrapados e alegres, dos patriotas loquazes e dignos, do secretário de Governo, um homenzinho "que falava razoavelmente o francês"... Pernambuco não atravessará a prova que o exército lusitano, mais numeroso na Bahia, vai impor a esta última. Coloca-se, no entanto, naturalmente, isto é, com naturalidade, na vanguarda da campanha nacional, onde a independência era inseparável do liberalismo.

Prenúncios   Nesse meio-tempo reabrira-se no Rio a maçonaria, fechada desde 1818. Escassa é a documentação a respeito, nessa fase. Avilez, o general da divisão portuguesa, diria em janeiro que "desde a partida de Sua Majestade (...) formou-se logo hum partido forte para desmembrar esta parte do Brasil da Monarchia Portuguesa". Aludiria provavelmente ao precoce trabalho maçônico de José Clemente, Ledo, Januário, Alves Branco e outros, a que se refere Varnhagen. O certo é que em setembro a revolução brasileira começava a florescer. Já não se ouviam apenas os "sermões constitucionais" como aquele que a 24 de agosto, aniversário da revolução do Porto, deliciara D. Pedro e fizera Mareschal, o representante da Áustria, estremecer: *un sermon où l'on prêcha la souveraineté du peuple au lieu de la morale de Jésus-Christ*. O comparecimento de brasileiros não fora grande, já se ressentiriam com os planos divisionistas das Cortes; mas aquela incessante pregação da soberania popular, não deixariam de aproveitá-la os brasileiros aprendizes da nova feitiçaria. Na outra festa portuguesa, 15 de setembro, aniversário da adesão de Lisboa, um frade *s'est permis de prêcher l'indépendance sans que cela ait excité aucune réclamation*; aliás, o púlpito citava mais freqüentemente Guilherme Tell e Washington do que os Evangelistas... Nessa mesma data surgia o batedor do movimento de 22 na imprensa, o *Revérbero Constitucional Brasileiro*, por enquanto moderado. Poucos dias depois ouve-se um grito no teatro: "Viva o Príncipe Regente Nosso Senhor!" E uma réplica: "Viva o Príncipe Constitucional!" No primeiro grito, comenta Otávio Tarquínio de Sousa, estaria menos um ressaibo absolutista do que um eco do desejo de muitos brasileiros de ligar o regente à causa da independência nacional. Mas para os portugueses "constitucionais" e ciosos da união dos reinos (ou da preponderância de Portugal) aquele primeiro brado era a voz da reação, dos "vis satélites do antigo despotismo", que armavam agora um laço aos incautos "com a sedutora oferta de um reino independente de

Portugal". Era o que dizia um dos inúmeros pasquins daqueles dias: "Recruta-se para uma Bernardinha a favor do Príncipe (...)".

Com efeito, em começos de outubro, num estranho pressentimento do ano vindouro, dizia-se por toda parte que D. Pedro seria proclamado Imperador do Brasil no dia 12, seu natalício. Os versos corriam:

> Inda que não fosse herdeiro
> Seja já Pedro Primeiro

Era cedo, o príncipe ainda não fora provocado pelas Cortes, não se dispusera a pegar o pião, e sobretudo não fora ainda cabalmente seduzido por um novo destino, ainda viveria algum tempo o drama íntimo do português conquistado pelo Brasil. Por enquanto, combatia ou fingia combater os patriotas. Lançava manifesto: "Que delírio é o vosso?"... Mandava "fazer arrumamento com Melícias (...) para que os independentes vissem q. se lhe não tem medo". Os independentes, contudo, enquanto insistiam, pois já enxergavam no príncipe um aliado natural, não deixavam de advertir:

> Seja nosso Imperador
> Com governo liberal
> De Cortes, franco e legal
> Mas nunca nosso Senhor.

O Fico — Na passagem do ano, entretanto, essa nascente vigilância constitucional afrouxaria e poderia até parecer contrariada, dentro da primeira e definitiva reação contra as Cortes de Lisboa. Ante os decretos que determinavam a retirada do Príncipe e a extinção dos tribunais superiores do Rio, ouviu-se o povo "mandar para o diabo a tal de Constituição", referindo-se evidentemente à portuguesa, mas não cogitando por enquanto de nenhuma outra. Para tornar-se brasileira, a revolução liberal apagava-se por um momento, como que mergulhava na corrente comum da nacionalidade. É claro que na onda de representações e folhetos, por fim nos discursos ao Príncipe, pedindo-lhe que fique, mas lembrando por isso mesmo o que a nação espera do futuro, não faltarão referências a um corpo legislativo e arroubos por uma constituição "estrela polar que vos guie". Mas, de modo geral, o Fico transcende qualquer cor política porque soma o passado para inaugurar a emancipação. Aglutina interesses e esperanças de indivíduos e de grupos, brasileiros que pretendem atrair

D. Pedro e portugueses que vêem nele ainda um compatriota; funcionários ameaçados nos seus proventos; monarquistas de todos os matizes e até republicanos disfarçados – que poderiam desejar a ausência do Príncipe, mas de repente vêem, ou pelo menos sentem, confusamente, o que ela significa: não só a perda de empregos, de negócios, de regalias, mas a dissolução do Brasil. Favorável às ordens de Lisboa, no Rio, só mesmo a tropa lusitana ainda poderosa – mas que vai ser desafiada por soldados brasileiros e pelo povo, sem distinção de raça ou origem, armado de cacete, facão e carabina. Por outro lado, também estão presentes São Paulo e Minas, por meio de vigorosas mensagens, além de um emissário do Rio Grande de São Pedro. Falta ainda o Norte, mas a partir dessa data é que vai ser possível incorporá-lo, com D. Pedro liberal e brasileiro. Por isso, Maria Graham, que viera por acaso assistir à eclosão do que já achara prenunciado em Pernambuco e na Bahia, escreve na manhã de 9 de janeiro: "O dia de hoje, espera-se que seja decisivo no destino do Brasil." E à noite assinala como um triunfo a cidade iluminada, os numerosos fortes figurando "castelos encantados de fogo"...

Virtualmente a Independência estava assegurada ou, melhor, arrematava-se a obra do reinado joanino; daí talvez a extraordinária solenidade daquele dia – impossível de repetir-se, diria José Clemente Pereira quase vinte anos depois, e não apenas movido pela tendência a ampliar o ato de que ele fora um dos próceres. Se não havia ainda a consciência, nem o desejo, em parte, da separação dos reinos, havia o mais importante: a noção de que se praticava um gesto da vontade nacional. Pouco importa que algumas províncias atrasem a sua adesão. Prendia-se D. Pedro ao Brasil para acabar de seduzi-lo e com ele instaurar o Império. Faltava proclamar a separação do reino europeu, faltava mesmo em parte desejar essa separação, mas a luta que tomava o nome de Independência seria sobretudo em torno das instituições que formariam o novo Estado. Em torno delas, e da tradição monárquica, se consolidaria a unidade do país.

Interessa ainda lembrar a hesitação do Príncipe – os seus diferentes rascunhos de resposta à Câmara do Rio, a própria versão primitiva do dia 9 ("demorarei a minha saída até que as Cortes e meu Augusto Pai e Senhor deliberem"...) – mas apenas para assinalar a pressão exercida pelos líderes, do momento em que em seguida arrancaram a frase definitiva e histórica: "Como é para bem de todos (...) diga ao povo que fico." Por outro lado, e por baixo dessa dúvida – dúvida de herdeiro de um trono – D. Pedro demonstrava uma crescente inclinação pelo Brasil. Ia adiantado um processo de conversão que também não interessa apenas à biografia, e cujo toque inicial vinha provavelmente de outubro – quando se falara em aclamá-lo imperador... Já em dezembro deixara-se envolver na conspiração para sua "ficada", como diria depois, e no dia seguinte ao do Ano-Novo dera um grande passo nesse sentido, mandando secretamente espalhar pela cidade a representação da Junta de São Paulo, o famoso ofício redigido por José Bonifácio, um documento-pólvora, o primeiro grande desafio lançado pelo Brasil às Cortes. Com o mesmo Andrada, com o simples fato de escolhê-lo para ministro, nos primeiros dias de janeiro, D. Pedro parece ter antecipado sua opção pela segunda pátria. Sabe-se, com efeito, que já antes do solene dia 9 fora resolvido o convite ao paulista, como se depreende de um documento que ao mesmo tempo testemunha uma outra conversão. "Os ministros vão ser mudados", escrevia Dona Leopoldina a um confidente na véspera da data marcada para o encontro com a Câmara do Rio; "Empregar-se-ão naturais do país que sejam ilustrados e o Governo será instituído à maneira dos Estados Unidos da América do Norte. Custou-me muito alcançar isto tudo (...)." Como parecia longe o tempo (havia sete meses) em que a jovem princesa da Santa Aliança escrevia ao pai num enleamento de segredo: "O meu esposo, valha-nos Deus, ama as novas idéias"...

José Bonifácio   José Bonifácio, mais do que as novas idéias, representava um interesse permanente do Brasil, muito além das cogitações de D. Pedro e do que ao ministro seria dado realizar. Muito além ou por fora do que apaixonava os corifeus liberais – que por sua vez representam mais do que o Patriarca a corrente histórica e a necessidade daquele momento. – O Andrada não só redigira o libelo paulista contra a pretensão recolonizadora das Cortes; fora pouco antes o autor, pelo menos em sua máxima parte, das instruções que sob o título de *Lembranças e Apontamentos à Junta de São Paulo* encaminhara aos deputados da província para orientá-los no Congresso de Lisboa. Nesse documento, que Otávio Tarquínio reputa tão importante "como nenhum outro talvez em toda a história de nossas sempre malogradas reformas políticas", demonstrara José Bonifácio acurado conhecimento de vários problemas do país. Dir-se-ia que a distância e a longa demora na Europa – quase dois terços de sua existência de homem já sessentão – tinham apurado sua sensibilidade nacional. Na realidade o que ele pensava da América portuguesa não dependia de um convívio continuado; assentava, é claro, na experiência da primeira mocidade e no conhecimento da natureza e do povo; mas nutria-se de convicções e reflexões sobre o homem de todos os tempos. Como demonstrou naquelas *Lembranças*, e com mais veemência em textos posteriores, era radicalmente contrário à escravidão. Em documento redigido para a Assembléia Constituinte de 1823 apontará a antinomia entre uma Constituição liberal e um país "continuamente habitado por uma multidão de escravos brutos e inimigos". Não temendo "os urros do sórdido interesse", há de propor que se dê à abolição da escravatura um sentido de "expiação de crimes e pecados velhos". Falará mesmo em "justiça social", expressão insólita naquele tempo e não só no Brasil. E dirigindo-se aos que defendiam a escravidão em nome da propriedade, dirá que "a propriedade foi sancionada para o bem de todos (...). Não é o direito de propriedade que querem defender, é o direito da força (...)". Além de revelar a superior visão do problema, quem assim se exprimia desafiava o interesse dominante na quase totalidade da população branca. Joaquim Nabuco seria mesmo de opinião que à influência dos traficantes de pretos deveram-se, pelo menos em grande parte, a queda e o prolongado exílio de José Bonifácio. De qualquer modo, na crença abolicionista como em outras opiniões menores (mudança da capital para o centro do país, por exemplo), o velho Andrada era um homem do futuro.

Por outro lado, no terreno da política realizada, o Ministro paulista foi sobretudo um homem do passado. Não pela sua fé na Monarquia como instrumento de unidade e transição, nem muito menos, é claro, pela intensa atividade do proselitismo patriótico, da defesa militar, das iniciativas diplomáticas – atividade, aliás, que cimentou em grande parte o poder unificador de D. Pedro, mas que isoladamente só alcançaria projetar esse poder num prazo curto e num âmbito restrito, desde que a nação fora destravada pela efervescência libertária. Entretanto, referimo-nos ao plano de lançamento das instituições que balizariam o Império: nesse plano, entre as campanhas pela Constituinte e pela aclamação do Imperador, e ainda mais tarde, a influência do Ministro foi quase sempre negativa ou de retardamento, em face da pressão dos que se empenhavam em não perder na Independência o impulso da revolução. Sem professar apego ao absolutismo, pelo menos teoricamente, o que seria talvez absurdo junto a idéias sociais tão avançadas, José Bonifácio desconfiava muito do rojão liberal em andamento e em particular dos seus portadores mais conspícuos no Rio de 1822. Confundia-os freqüentemente com perigosos "democratas", como então se dizia dos republicanos, sem distingui-los muito de uns supostos anarquistas ou pelo menos "furiosos" demagogos; e julgava prematura a adoção, excessiva a aplicação das novas idéias: temia que perturbassem o fortalecimento da Independência e da Monarquia, sobretudo da unidade nacional. Quem tinha razão, no entanto, eram os liberais maçons, fossem ou não republicanos no fundo do coração, mas todos acordes com a fórmula monárquica – desde que fosse constitucional. A definição constitucional imediata é que devia garantir a unidade dentro da Monarquia.

D. Pedro A primeira tarefa, contudo, no jogo de tensões que então se iniciava seria a de estimular a adesão de D. Pedro ao Brasil. Para tanto, ninguém possuiria as mesmas armas que o velho Andrada de espírito jovial: a cultura e a experiência do mundo, forçosamente apreciadas pelo Príncipe de inteligência muito acima da comum, unidas a uma série de qualidades e defeitos que os aproximaram na fase decisiva para depois afastá-los: a energia, a prontidão nas reações, o gosto pelo poder, a irreverência – às vezes saudável e simpática, às vezes grosseira e injusta. A influência do brasileiro José Bonifácio, por outro lado, veio confluir no calor do apoio popular que envolvera D. Pedro desde a campanha do Fico. O ministro, o povo e os seus líderes, tudo se conjugou para atiçar o regente e transformá-lo em poucos dias num rei. Foi dentro desse espírito que D. Pedro começou a agir, ainda usando perante os soldados portugueses a sua condição de herdeiro da Coroa, mas usando-a plenamente e quase diríamos cinicamente. Expulsou a Divisão Auxiliadora (janeiro-fevereiro), proibiu o desembarque de uma outra (março), e com a maior desenvoltura promoveu a transferência não só de praças lusitanos para as fileiras nacionais, como de uma fragata para a futura marinha brasileira. É fora de dúvida que nesses sucessos os oficiais portugueses obedeceram, não ao temor – se bem que D. Pedro se achasse fortemente apoiado pela população civil e militar do Rio –, mas ao filho do Rei de Portugal. Ao mesmo tempo, perante os fluminenses, D. Pedro investiu-se praticamente no prestígio de uma realeza nova que irá conquistar grande parte do país antes de ser proclamado o império. Sobre a tradição monárquica agirá a mensagem liberal, conjugadas na pessoa do "jovem herói", que sabia por sua vez combinar atrevimento e habilidade, seduzir as imaginações e conciliar fidelidade onde havia prevenção ou dissidência. Demonstrou-o logo na viagem a Minas (abril), como depois na excursão culminante a São Paulo, apalpando primeiro o terreno, enfrentando elementos suspeitos ou descontentes e triunfando numa onda de simpatia. Tinha o gênio da arenga política, no momento preciso. "Briosos Mineiros! Os ferros do despotismo, começados a quebrar no dia 24 de agosto de 1820 no Porto, rebentaram hoje nesta província. Sois constitucionais. Uni-vos comigo e marchareis constitucionalmente (...)." Depois estafava cavalos para chegar ao Rio e aparecia vitorioso no teatro.

Invocando a tradição revolucionária recente que os mineiros tinham oportunamente incorporado na sua própria e antiga tradição libertária, D. Pedro, por sua vez, incorporava a independência mineira no movimento nacional. Desse modo foi que obteve, em princípio, a adesão das províncias: pelo dom da sua personalidade, conhecida pela fama quando não pela presença, mas sobretudo pelos seus "sentimentos constitucionais" igualmente "bem conhecidos", como diziam os baianos numa representação dirigida ainda em abril às Cortes. No Recife, 1.º de junho deu-se uma cena com aspectos de teatro de vanguarda, tudo condicionado pela confusão alegre daquela hora e pelo caráter de quem presidia a Junta desde outubro de 21. Prisioneiro desde 17, como quase todos os figurantes de 22 a 24, Gervásio Pires Ferreira saíra do cárcere rodeado de prestígio, mas aparentemente sofrendo de uma doença da vontade. Talvez com intuito de separatismo, em todo o caso enigmático, hesitara longo tempo entre Lisboa e Rio. Acabou aceitando a autoridade brasileira, sem deixar de expender umas declarações incoerentes depois de uma sessão que reunira no paço municipal todas as autoridades civis e militares mais um emissário de José Bonifácio e "um Sr. João Estanislau de Figueiredo Lobo, desconhecido por todos, chegado a esta terra oito dias antes, talvez como emissário de um partido desorganizador, o qual disse: o povo tem assumido os seus direitos, o povo quer; é preciso obedecer". Unido ao corpo de artilharia, o povo manifestara cruamente a sua "comoção", acrescenta a ata, "porque lhe foram dizer que o Governo não quer reconhecer o príncipe". D. Pedro foi reconhecido regente do Brasil, com o poder executivo inerente ao cargo e independente do executivo de Lisboa, se bem que sujeito às Cortes e ao Rei e em união com Portugal e Algarve, "em tudo que se não encontrar com os nossos direitos".

A declaração de fraternidade luso-brasileira era de praxe: já não correspondia mais que a uma intenção falida. Nesse mesmo dia realizava-se no Rio de Janeiro uma precipitada eleição de procuradores provinciais, a qual, depois de ter sido sucessivamente sugerida e negada por José Bonifácio, improvisava-se em primeiro ato da convocação de um poder legislativo brasileiro – que seria o ponto culminante da campanha liberal e equivaleria a uma proclamação de independência, a mais séria dentre as inúmeras proclamações que antecederam a de 7 de setembro.

Os liberais do Rio   Eleição improvisada, proclamação virtual, tudo dentro do ritmo acelerado que Ledo e seus companheiros imprimiram ao processo de emancipação para que não fosse meramente antiportuguês e coincidisse com a instauração de um regime novo. Em direção a esse regime D. Pedro manifestava os melhores propósitos; José Bonifácio procurou adiá-los, apoiado por elementos que em geral pouca referência alcançam porque foram absorvidos na personalidade e na encastelada posição do ministro; o grupo de Ledo, por sua vez, envolveu e arrancou a primeira definição (Constituinte), perdeu a segunda (juramento prévio da Constituição pelo Imperador), mas ainda assim influiu favoravelmente nos sucessos da aclamação – antes de ser expulso de cena pela ira do adversário poderoso. Essa, num golpe de vista, é a história ideológica de 1822, restando acrescentar que a opinião mais esclarecida das províncias apoiou ou antecipou as iniciativas mais avançadas do Rio. O centro das deliberações foi a maçonaria, benemérita "internacional" daqueles tempos, da qual todos faziam ou vieram a fazer parte, inclusive D. Pedro e José Bonifácio, este com o intuito divisionista que procurou concretizar fundando uma outra sociedade secreta, o Apostolado. O instrumento dos liberais, além da imprensa avulsa e periódica, mais bem representada pelo *Revérbero Constitucional* de Januário e Ledo, foi a Câmara Municipal presidida por José Clemente Pereira, a quem se constituiu de certo modo em porta-voz da nação desde o Fico até outubro.

O Conselho de Procuradores

Num primeiro contato, em fevereiro, a orientação do ministro e a dos seus rivais confluíram na criação do Conselho de Procuradores das Províncias, sugerido por José Bonifácio em nome do Governo e povo de São Paulo para que se contasse com um "centro comum de união e interesse recíprocos", e apoiado pela Câmara do Rio e pelo *Revérbero*. Sem deixar de ser um esboço de assembléia geral, teria apenas funções de consulta e proposição, seria um Conselho de Estado eleito e temporário – um contra-senso para os conservadores e uma insuficiência, uma impertinência para liberais como os de Minas e do Norte. Logo José Bonifácio procurou tranquilizar os pernambucanos, aludindo à "liberdade bem entendida" que só poderia advir da "árvore preciosa da Constituição". Os intranquilos lembravam-se de que medida semelhante a este Conselho fora tentada precisamente há um ano pelo Governo de D. João VI, ansioso por evitar a decisão final às vésperas do 26 de fevereiro. No entanto, ao passo que o ministro almejava sobretudo fortalecer o Poder Executivo central por meio desse enlace com as províncias, e julgava talvez entretê-las com um experimento de democracia, para o grupo de Ledo o Conselho era um degrau no caminho da soberania popular. Ensaio de regime representativo, poderia ser também um órgão das novas opiniões, mais legítimo do que a Câmara do Rio, um instrumento, enfim, para alcançar os objetivos do momento – como eventualmente aconteceu. A proclamação do Desembargador Eusébio de Queiroz Coutinho da Silva aos habitantes de Angola, convidando-os a aderir ao Brasil, falava em "Deputação" criada pelo decreto de 16 de fevereiro. José Bonifácio também pensava em aproveitar a ocasião para ver que tipo de escolhidos surgiria agora das urnas, se não seriam perigosos demagogos, tendo em vista uma futura e inevitável assembléia deliberativa; era uma desconfiança sem cabimento, em face da bancada brasileira que se encontrava justamente em Lisboa; uma desconfiança, além do mais, que a Constituinte não justificou. Imagine-se a contrariedade do Ministro quando, por efeito mesmo de sua política dilatória, foi obrigado a aceitar a convocação de um congresso legislativo antes de instalar-se o Conselho. De fato, irritado com um arremedo de oposição ao "ministério paulista", veiculado por pasquins e simultâneo à agitação antiandradina de São Paulo, o Governo adiou a eleição dos Procuradores marcada para 18 de abril. Quis protelar até mesmo a tímida experiência. Resultado: o grupo liberal ativou a campanha pela Constituinte e arrematou-a praticamente em maio.

O momento reclamava a transigência inteligente de um Palmela, que em circunstâncias um tanto semelhantes recomendara ao Rei uma política lúcida: ir ao encontro da reivindicação inevitável, procurar moldá-la em vez de resistir apenas; enfim: não confundir conservadorismo com patriotismo. A advertência de Palmela não se aplica ao detalhe, mas ao espírito do momento que nos ocupa – como, aliás, a tantas outras conjunturas do passado e do presente, no Brasil e fora deste país. Por isso, sem serem novidade, suas palavras valem uma transcrição mais extensa:

> "Meias medidas são (...) ainda mais nocivas do que uma total inação, porque em lugar de satisfazerem irritam os ânimos e dão uma prova de falta de meios de resistência, e ao mesmo tempo de falta de vontade de conceder. E de advertir, além disso, que as concessões que ontem teriam sido suficientes, talvez, para evitar uma comoção no Rio de Janeiro, hoje ou amanhã já não o serão."

Agora, no entanto, o Monarca no Rio era o filho de D. João, em núpcias com a idéia de regime representativo e com o próprio ambiente que se formara na capital e no país, com aquela pressão irresistível, como a qualificava já em março, a modo de desculpa, em recados para Viena absolutista. Ao mesmo tempo escrevia ao pai que "a raiva" geral era só contra as facciosas Cortes portuguesas e não contra o sistema de Cortes deliberativas, pois esse "nasce com o homem que não tem alma servil". Seguindo para Minas, nomeou um secretário de Estado interino para referendar-lhe os decretos, já que desejava "em tudo mostrar o seu modo de proceder constitucional". Prodigava referências à Constituição portuguesa, para que todos considerassem "radicadas no seu Paternal Coração as raízes desta Árvore Libertadora" (resposta à Câmara de Caeté). Mas já sabia que sobre uma lei básica lusa ou americana seria necessário um legislativo brasileiro, "único açude que possa conter uma torrente tão forte" (carta a José Bonifácio, de São João del-Rei). "Sem cortes o Brasil não pode ser feliz", escrevia um pouco mais tarde a D. João; era uma necessidade e era a mania geral, a mania nacional; "uma febre", diria, enfim, o próprio Ministro. Uma febre que não se limitava mais a pedir um Congresso, exigia a Constituinte.

A convocação da Constituinte Para obtê-la, todos os liberais se mobilizavam e tudo em maio é entusiasmo e antecipação. Diferente do Fico, quando o pronunciamento nacional não tivera fronteiras ideológicas, agora é a definição política que promove a nação à independência. "Não desprezes a glória de ser o fundador de um novo Império", lança o *Revérbero* quando o Príncipe chega de Minas, num artigo altissonante em que a Constituição figura de Espírito Santo, mas colocada no segundo lugar dessa nova Trindade, entre "o Deus dos cristãos" e "Pedro". Em seguida, é o título de Defensor Perpétuo e Constitucional do Brasil que antecipa claramente o do Imperador também constitucional, é quase um sinônimo deste último; tem a mesma origem ideológica e democrática (maçonaria, Câmara do Rio etc.), e corresponde expressamente à intenção de outorgar ao regime novos poderes, de emanação popular – para que haja uma aparência de legalidade, diz Armitage, na convocação da legislatura. Nesse momento organiza-se entre a população carioca a futura Guarda de Honra do monarca. D. Pedro, cada vez mais satisfeito, escreve ao pai que a opinião sobre cortes brasileiras generaliza-se dia a dia, que o povo prepara uma representação... e é absurdo reter o Brasil "debaixo da dependência do velho hemisfério". A 23 de maio, levando por fim o requerimento redigido por Januário e Ledo, é José Clemente quem reclama em termos cominatórios o lançamento da "primeira pedra fundamental do Império" e exclama: "Está escrito no livro das Leis Eternas que o Brasil deve passar hoje (ó! grande dia!) à lista das nações livres." A ambigüidade é voluntária: convocar a Constituinte é o mesmo que declarar a soberania nacional. Antônio Carlos o dirá nas Cortes de

Lisboa, quando souber o que se está passando no Rio. O grupo de Ledo deseja, entretanto, que o Príncipe proclame oficialmente essa ambivalência. Não o consegue, mas o significado real da situação não escapa a nenhum interessado e encontrará a 3 de junho a sua expressão final, paradoxalmente nas palavras de um comparsa menos brasileiro, no discurso do cisplatino Lucas José Obes ao encerrar-se a campanha pela convocação: *De hoy a ayer que distancia! (...). Ayer no teníamos patria, ayer no teníamos soberano, hoy lo tenemos todo! (...). Está vencido el gran paso: lo que resta será obra del tiempo.*

"O grande passo", repetirá logo mais o manifesto de 1º de agosto. Para a ruptura final, contudo, D. Pedro ainda não se achava bastante esporeado pelas Cortes, nem José Bonifácio admitiria que se consagrasse desse modo a liderança do grupo liberal. Ao movimento específico pró-Constituinte, entretanto, o ministro não conseguira mais opor senão um breve prazo dilatório e uma formalidade que, por sua vez, acabou exprimindo com veemência a força de pressão dos liberais. A 23 de maio, ante a linguagem imperativa de José Clemente, D. Pedro evitou definir-se, mas fixou para 1º de junho a eleição dos fluminenses destinados ao Conselho de Procuradores, o tal conselho meio defunto e agora revivido para que se pronunciasse sobre o assunto do momento. Era dilação e terminou em *arreglo*, ao qual não faltou um espanhol na pessoa do já referido Lucas Obes, deputado da Cisplatina às Cortes de Lisboa e improvisado Procurador para que a nação não fosse representada apenas por dois fluminenses. Com efeito, à eleição destes sucedeu no dia imediato a reunião do simulacro de conselho e no dia 3 estava tudo liquidado – com discurso de Ledo, um dos procuradores do Rio, falando em integridade nacional e "salvação pública", e decreto do Príncipe determinando fosse convocada uma Assembléia Geral Constituinte e Legislativa. Ainda em junho foram expedidas instruções para a eleição dos deputados, indireta como a do ano anterior, mas apenas em dois graus. A massa dos eleitores escolheria os de paróquia e, estes, os deputados.

Independência de fato   A separação fora adiada, mas a independência tornara-se gritante. Aos gestos de rebelião, quando a autoridade portuguesa ainda era obliquamente reconhecida, sucedem-se atos de soberania. Da primeira espécie era, por exemplo, a ordem que o regente expediu a 4 de maio[5] para que os decretos de Lisboa não fossem obedecidos no Brasil sem o seu *cumpra-se*; tratava-se, aliás, de advertên-

---

[5] Outras versões dão as datas de 21 de fevereiro ou mesmo 21 de janeiro.

cia às províncias do Norte; no Sul nem teria mais sentido. De natureza mais específica, própria de um Estado soberano, é a nomeação por José Bonifácio de um cônsul em Buenos Aires, ainda em maio. Desde antes mantinha na Inglaterra um emissário oficioso, porém de alta categoria, Caldeira Brant, o futuro Barbacena, que sugere assiduamente ao Ministro tudo o que possa interessar à independência. Em agosto Brant é confirmado em Londres e outros são nomeados para Washington e Paris; pensa-se no reconhecimento do Estado. No plano interno e ainda em junho, o Príncipe estimula fortemente os baianos; no fim do mês estala a sublevação contra Madeira. No Rio, em julho, ao passo que José Bonifácio coloca na pasta da Fazenda o austero Martim Francisco, cria-se o Ministério da Justiça; embora autorizado formalmente por um decreto das Cortes, trata-se de aparelhar um governo autônomo. O caso, aliás, nem mais reponta depois que se anunciou um legislativo próprio; o mesmo se dirá da nacionalidade brasileira outorgada aos residentes na Cisplatina. Já no Brasil ainda menos se estranharia assumirem orgulhosamente essa nacionalidade os que no ano anterior eram súditos orgulhosos do "Luso Estado". A expressão encontra-se num caderno de poesias do jovem Evaristo da Veiga, ótimo exemplo do afloramento de uma consciência nacional – que, nesse caso, aliás, coincide com melhoria de qualidade literária. O rapaz, que em 1821 entoara loas ingênuas ao Soberano Congresso, em maio de 22 vibrava em tom maior pela Santa Liberdade Brasileira, isto é, pela convocação da Constituinte ("eia acabem / Da triste escravidão os grandes anos"...) e em agosto iria lançar o árdego "Brava Gente Brasileira" – cantado logo em toda parte com acompanhamento musical de D. Pedro e durante muito tempo atribuído integralmente ao Imperador.

União subsistente   A independência estava na rua, nos espíritos, nos atos oficiais, mas a separação fora adiada. Continuava-se a falar em reino unido, acima da hostilidade contra as Cortes, continuava-se a usar fórmulas de transição... que, aliás, não correspondiam a mero cálculo: eram também os últimos sinais de uma espécie de gratidão antiga, do tempo de D. João, reavivada em 1821 por motivos diferentes e que não deixara de coexistir com o ressentimento nativista. Eram, ainda, um sinal de força: a consciência de bastar-se o Brasil a si mesmo, auferida no reinado joanino e que explica em parte os protestos de união luso-brasileira: a segurança de quem não teme voltar à servidão. Cálculo, gratidão e consciência de força; contradição, se preferirem, mas é evidente que não se pode simplificar aquele momento nacional. Subsistia um espírito de conciliação com o passado, inclusive o recente; continuava-se a falar nas "bases já por nós juradas" (as portuguesas) ao pedir-se uma Constituição brasileira. Havia também o desejo e a habilidade de transigir com o sentimento filial de D. Pedro, com o seu interesse de herdeiro; escolhera-se, por exemplo, a festa natalícia de D. João, 13 de maio, para outorgar o título de Defensor Perpétuo. Havia, enfim, o interesse ou o sentimento dos portugueses, que em muitos casos mesclava-se aos dos brasileiros e atuava com maior ou menor sinceridade em todas as faixas da política nacional a par das rixas e da reação nacionalista.

A ambigüidade resultante, quando se resistia ao Congresso de Lisboa, ou já se afirmava a nação desligada, e ainda se pretextava amar "el-Rei constitucional" D. João VI, subsistiria nas províncias até depois de outubro, até nos autos de vereação de várias cidades e vilas acerca da aclamação do Imperador! Entre os elementos de proa, contudo, os que estavam promovendo a história, essa ambigüidade seria cada vez menos isenta de fingimento. À medida que se aproxima o desenlace, é claro que a união torna-se uma fórmula vazia – e esdrúxula quando vamos encontrá-la nos documentos capitais do que se poderia chamar a proclamação antecipada do Sete de Setembro. Depois do decreto de 3 de junho, quando se falara na convocação de uma assembléia "luso-brasiliense" para que o povo do Brasil pudesse "erigir a sua independência" temos os manifestos de 1º e 6 de agosto, respectivamente redigidos por Ledo e José Bonifácio, bem como a circular de 14 ao corpo diplomático. O primeiro manifesto, que acompanha um decreto da mesma data, virtual declaração do estado de guerra com Portugal, assevera que a Constituinte reconheceria como Rei o Sr. D. João VI, invoca depois a unidade – que ainda não era um chavão – "do Amazonas ao Prata", e termina: "Vinde exarar e assinar o ato de nossa emancipação." O segundo e extenso documento proclama "à face do universo" a "Independência política do Brasil", mas como reino irmão do português. Tanto esse papel como o outro que o encaminha aos representantes das nações amigas têm em vista estabelecer relações de soberania. Explica-se que o Rei se acha prisioneiro em Lisboa; para evitar "a queda da Monarquia e a confusão dos interregnos", devera-se "devolver de todo a autoridade e plenitude de ação" na pessoa do herdeiro. Explicações um tanto laboriosas, tendo apenas em vista o futuro reconhecimento pelas potências legitimistas. Nem por isso deixa a circular de ser uma súmula das afirmativas contraditórias. "Tendo o Brasil (...) sacudido o jugo da sujeição", passa a "proclamar solenemente a sua independência", salva, porém, a "devida e decorosa união" com Portugal.

Brasileiros nas Cortes

Dramático, entretanto, fora o esforço dos deputados que defendiam em Lisboa o interesse brasileiro sem renunciar à união dos reinos. Alguns ainda sentiriam na carne a dupla nacionalidade, conquanto voltados decididamente para o Brasil, como era, sobretudo, o caso de Vergueiro; outros procurariam, sem perder o tom da dignidade, evitar que se mandasse reforço armado contra a Bahia; mas para todos, afinal de contas, a união era o primeiro motivo de lá estarem nas Cortes, era a base da representação outorgada pelos brasileiros. União em pé de igualdade. Federação, alternância do trono em Portugal e na América, delegação do Poder Executivo a um membro da família real, um corpo legislativo com maior ou menor competência, tudo foi aventado e fracassou ante a resistência dos regeneradores – que não faziam a totalidade, mas sempre faziam a maioria da Assembléia – ao que eles chamavam de "independência mascarada". Tudo, aliás, seria ultrapassado pela velocidade dos acontecimentos em 1822. Mas, para quem se achava a quase dois meses de distância desses acontecimentos, as reações seriam lentas e angustiadas: com intervalos de rompimento total, pedidos de licença para abandonar o Congresso, ousadas abjurgatórias – sempre voltava uma tênue esperança de reatamento, como se verificaria ainda em 19 de setembro, numa intervenção de Antônio Carlos. Essa disposição conciliadora, apesar da firmeza de tantos e da bravura saliente de alguns (a começar pelo mesmo Andrada), contribuiria para iludir muitos portugueses a respeito do Brasil, tanto mais quanto a cegueira nas Cortes era do tipo voluntário, dessa que aproveita qualquer argueiro. No entanto, a maioria dos brasileiros procurava apenas manter a coerência de uma posição, que pareceu vantajosa ao seu país – ou, no começo, à província de cada um em particular.

O regionalismo dos brasileiros fora o pretexto mais sério para a cegueira dos deputados portugueses. Contavam com a dispersão operada em 1821 para que as províncias viessem ter em Lisboa o centro que faltara no Brasil. Sabiam da separação Norte-Sul, sem falar no isolamento de Minas e do Oeste. Quanto a Goiás, viriam a saber do ocorrido em São João das Duas Barras, quando os moradores desconfiavam de um partido "republicano" no Rio e advertiam o ouvidor da comarca, que organizava um governo provisório e seria deputado às Cortes: "Veja bem, se isto for a favor do Rio de Janeiro nós o matamos..." Menos virulento, porém mais efetivo, fora o ciúme dos baianos contra a capital que lhes tolhera a honraria do Vice-Reinado. Ao se discutir no Congresso em dezembro de 21 a extinção dos tribunais superiores, que estava acendendo tanta revolta no

Rio, Lino Coutinho declarara que nada haveria de mais justo do que nivelar a antiga Corte: "Desça do alto grau de Corte para o de província." O próprio Borges Carneiro, líder regenerador, procurou atender à comodidade dos brasileiros, sugerindo que os recursos de revista continuassem a ser julgados na Guanabara, onde ainda se achavam desembargadores do paço, os únicos revestidos dessa competência. Pois bem, os brasileiros preferiram que a única a funcionar nesses casos fosse mesmo a Casa de Suplicação de Lisboa. É verdade que ainda não chegara a bancada paulista, que a par das notícias de ultramar veio contribuir para que se aglutinasse em torno da idéia nacional grande parte dos mandatários de todas as províncias. Mas ainda em abril de 22, do próprio seio dos paulistas, e pela voz de alguém que iria mais tarde revelar-se um esteio da unidade, ouviram as Cortes estranhos conceitos a esse respeito: "Nós ainda não somos deputados da nação, a qual cessou de existir desde o momento que rompeu o antigo pacto social..." Verdade é, por outro lado, que os regeneradores não teriam muito de que alegrar-se com esse discurso de Feijó, por sinal o único que ele pronunciou nas Cortes. "Não somos deputados do Brasil (...) porque cada província se governa hoje independente." O padre afirmava a desunião momentânea das províncias – mas no sentido de desligamento total, inclusive com a antiga metrópole – e lembrava de passagem o exemplo de insubmissão do velho reino em 1820, para chegar à conclusão de que o Congresso devia reconhecer a independência de cada uma das províncias. Somente aquelas que o desejassem voltariam ao laço lusitano ou – diremos nós, mas Feijó não dizia – ao laço brasileiro. O solitário de sempre punha-se à margem dos amigos e rivais. Por conta própria, e aparentemente sem olhar o conjunto da nação, o que ele estava propondo é que se reconhecesse a Independência do Brasil.

Sem nos determos no simples convívio, que deveria, contudo, suscitar a consciência de uma pátria comum, novos fatores encaminharam entre os deputados de diferentes províncias um sentimento novo de solidariedade. Os paulistas tinham trazido essa mensagem nas suas instruções e, sobretudo, no documento candente redigido por José Bonifácio para o Fico e transmitido por D. Pedro a Lisboa. Os portugueses viram naquele papel o princípio da sedição. Baianos e pernambucanos saíram em defesa dos "treze infames", como dizia um regenerador a respeito da Junta de São Paulo. A discussão de um projeto de relações comerciais, quando os portugueses tentaram disfarçadamente restabelecer o antigo monopólio, uniu mais uma vez diversos deputados do sul e do norte. Por fim, o debate sobre o envio de tropas e a situação aflitiva da Bahia, ao passo que despertam a última esperança dos lusitanos, acabam de congregar os brasileiros – isto é, os do antigo Estado do Brasil, pois os mais significativos do Pará-Maranhão ainda se prendem a Lisboa. Os mineiros ficaram no Rio com D. Pedro, achando que não vale mais a pena ocupar um lugar no Congresso português. Agora é o levante baiano que acende os debates. Ante ofensas dos regeneradores replica o pernambucano, porém moderado, Araújo Lima que o que há de unânime no Brasil é a aversão aos regimentos portugueses; ao "cão de fila e leão tal" que Borges Carneiro recomenda contra os facciosos e rebeldes, retrucam violentamente o fluminense Vilela Barbosa (radicado em Portugal, futuro Marquês de Paranaguá e Ministro complacente de D. Pedro, mas injustamente acusado de colaboracionismo nas Cortes); o baiano Lino Coutinho, antes faceto noutras ocasiões; e Antônio Carlos com seu célebre "para cães de fila há lá em abundância pau, ferro e balas". Ao mesmo tempo opera-se o reagrupamento de opiniões: o mesmo Lino que deblaterara contra a Corte no Rio clama agora contra o desbarato dos tribunais. Ao separatismo do Bispo do Pará opõe-se o cearense Castro e Silva, falando em "mutilação da pátria" e confirmando a vocação unitária de sua província, reiterada logo mais nas palavras do Padre José Martiniano de Alencar a favor do Príncipe Regente. Em torno de D. Pedro soldara-se um bloco de representantes de diversas tendências; nada mais expressivo do que a atitude do velho rebelde baiano Cipriano Barata, "breve no corpo e resoluto de espírito" como a si mesmo se definia, sempre suspeito de republicanismo, e que desde julho manifesta sua simpatia pelo Príncipe no estilo direto e zombeteiro que lhe é peculiar. As notícias do Brasil indicam que D. Pedro pusera-se à frente da libertação nacional; enquanto em Lisboa se confirma a decisão de sujeitar a portugueses as armas provinciais, no Rio chama-se Labatut para comandar o exército que vai socorrer a Bahia; prepara-se a convocação de um legislativo brasileiro; Barata só tem motivos de contentamento. E os regeneradores ainda insistem na volta do Príncipe...

> "Minhas opiniões, Sr. Presidente, são muito diferentes: estou persuadido de que Sua Alteza só voltará por sua vontade (...) Suponhamos que o mandam vir e que ele diz: não quero. Que se lhe há de fazer? Eu não vejo remédio. (...) A Sua Alteza, Sr. Presidente, nada falta; tem soldados, tem marujos (...) dinheiro e socorro de braços fortes e ainda tem outros meios que eu de propósito não explico." Se os portugueses insistem, teremos de ir "defender a nossa pátria".

Naqueles "outros meios" que Barata não explicava havia talvez uma alusão ao que ele dirá com todas as letras, causando o maior tumulto de que houve memória nas Cortes (maior do que quando, também ele, o incorrigível, sacudira pela escada abaixo um companheiro menos patriota). Em fins de setembro, a maioria dos portugueses ainda insiste em "anular" o decreto brasileiro de convocação da Constituinte e pretende intimar D. Pedro à obediência, sob pena de perder a coroa; os brasileiros, por sua vez, insistem em renunciar ao mandato, mas discutem ainda sobre as cinzas do que fora, no dizer de Antônio Carlos, "o belo palácio da união". Foi quando Barata resolveu dar por encerrado aquele diálogo de surdos: aconselhou o Congresso a não exacerbar o príncipe do Brasil, pois ele poderia atrair contra Portugal os batalhões do sogro, Imperador da Áustria, vale dizer os regimentos da reacionária Santa Aliança. "Foi o dia do juízo" nas galerias e no plenário; houve deputados que fugiram da sala. Para quem esquecesse a rebeldia de Barata, sua resistência ao despotismo antes e depois de 22, do episódio poderia surgir a possibilidade de uma aliança entre os liberais brasileiros e as hostes do absolutismo. No entanto, além de expressão pitoresca do rompante de um jacobino original, vale apenas como indício da união que se realizará em torno do Príncipe.

Corrida final   Por esse tempo processava-se no Brasil a segunda campanha liberal do ano. D. Pedro ia ser aclamado Imperador em praça pública e já o fora no recinto da maçonaria, num dos episódios da corrida final pela proclamação e institucionalização da independência – que não excluiu naturalmente a luta paralela pela conquista ou manutenção das boas graças do novo soberano, isto é, pelo poder. Já vimos como era patente em agosto a decisão de instituir o Estado, por último na circular do dia 14, data em que o Príncipe partiu para São Paulo. Esperava-se apenas a faísca necessária para que o moço temperamental executasse o gesto. No Grande Oriente, aliás, não se esperou e decidiu-se a 20 e 23 de agosto proclamar a separação e enviar emissários às províncias para tratar da investidura do regente na realeza brasileira; neste sentido manifestou-se a Câmara do Rio a 7 de setembro, evidentemente sem saber o que estava ocorrendo em São Paulo. O título de Imperador seria por sua vez proclamado a 14 de setembro, quando se fez a aclamação maçônica de D. Pedro, iniciando-se nos dias seguintes a campanha de manifestos e circulares, pela aclamação pública com a cláusula do juramento prévio.

Ansioso por retirar aos liberais a iniciativa, ao ter notícia a 28 de agosto de novas ameaças e insultos de Lisboa, o Ministro preparou a mecha que iria espocar a 7 de setembro. Não perdeu tempo e já devia contar com a reação de Pedro. Conforme depoimento de Vasconcelos Drumond, no Conselho de Governo reunido a 29, sob a presidência e incentivo de Dona Leopoldina, "decidiu-se de se proclamar a independência". Diante da famosa recomendação do Ministro ao correio Bregaro ("arrebente uma dúzia de cavalos etc."), é lícito supor que José Bonifácio desejava para São Paulo, e legitimamente, a honra de ser o cenário do Grito: pelo tempo que decorrera desde a partida do regente era bem possível que o mensageiro já o encontrasse no caminho de volta. Por outro lado, sabemos hoje que o correio não precisaria arrebentar tantos cavalos: D. Pedro não teria pressa em deixar a brasileira Domitila de Castro, que estava acabando de prendê-lo ao Brasil.

Quanto ao juramento prévio, o Ministro impediu violentamente que os liberais levassem a cabo essa campanha; na cerimônia de 12 de outubro não se fez referência à Constituição.

CAPÍTULO II

AS NOVAS IDÉIAS

As "idéias francesas" e a reforma de Pombal

"DESDE os fins do século XVIII, dizia Sílvio Romero, o pensamento português deixou de ser nosso mestre. Fomos nos habituando a interessar-nos pelo que ia pelo mundo." De fato, já antes de nos separarmos da Metrópole, voltamo-nos para a França, cuja missão, naquela época, consistiu em "acordar, instruir e guiar as nações". Assim é que o nosso Santa Rita Durão já nos aconselhava, naquele tempo, a que tomássemos a "França por madrinha". Desde o século XVIII, pois, procuramos sacudir a tutela intelectual portuguesa e à França coube, no último quartel deste século e na primeira metade do século XIX, exercer uma ação emancipadora e educadora sobre a inteligência brasileira.

Esta influência do pensamento francês, vigente também em Portugal desde o reinado de D. João V, era veiculada sobretudo por brasileiros que iam estudar em Coimbra e nas universidades francesas. São eles, como escreve Antônio Cândido, os responsáveis por uma "bruxuleante Época das Luzes" que precede a nossa Independência. Graças à reforma da Universidade de Coimbra em 1772, inspirada nas idéias do antigo aluno dos Oratorianos, o Pe. Luís Antônio Verney, Pombal conseguira introduzir em Portugal, embora com grande atraso, o espírito moderno, oriundo do século XVII. À Congregação de S. Filipe Néri, permeável às tendências desse novo espírito, coube, desde 1725, um grande papel nessa renovação da cultura portuguesa.

Os intelectuais brasileiros que atuaram no Brasil nos primeiros anos do século XIX – e o exemplo mais perfeito deles é José Bonifácio – eram representantes das novas diretrizes intelectuais da Universidade reformada. E se há quem afirme e com alguma razão, como João Lúcio de Azevedo, que Pombal "só fizera menção de libertar as inteligências por agravo aos jesuítas" e que, com aprovação sua, a Mesa Censória proscrevia filósofos que representavam esse novo espírito do saber, cumpre todavia reconhecer que, no "báratro de fanatismo e de ignorância" em que se afundava Portugal, havia alguns homens que escapavam ao "mar de superstição" em que vivia o país, no dizer do brasileiro Alexandre de Gusmão. Se a inteligência de Pombal fora moldada "por esse mesmo ensino coimbrão que mais tarde (ele) havia de ruidosamente condenar; e inteiriçara-se nas formas rígidas que lhe impunha o ambiente intelectual da Universidade, misto de boçalidade fradesca com o pedantismo acadêmico", não menos certo é que a reforma de Pombal libertou o ensino e a cultura de Portugal da austeridade apostólica e do aristotelismo medieval.

Esta libertação fez-se, sobretudo, em virtude da influência das idéias francesas que correspondiam, no momento, a uma etapa mais decisiva da ascensão e do progresso social e político da burguesia. Burgueses eram os jovens brasileiros que iam estudar na Europa e natural era que aquelas idéias novas os marcassem.

Dessa influência das idéias francesas há uma significativa amostra na biblioteca do Cônego Luís Vieira da Silva, um dos inconfidentes mineiros. Possuía o Cônego, para o tempo, respeitável livraria que passava de oitocentos volumes. Nela, ao lado da *Suma Teológica*, de Sto. Tomás; da *Filosofia Peripatética*, de Mayr; das *Disputações Metafísicas*, de Aranha, figuravam livros de Descartes, de Montesquieu, de Voltaire, de Mably e alguns volumes da *Enciclopédia* de Diderot e de D'Alembert.

Eram correntes, pois, as idéias da *Ilustração* francesa já então no Brasil, e até suspeitas, sobretudo depois da Revolução de 1789. É o que se verifica em relação às pessoas que compunham a Sociedade Literária do Rio de Janeiro, contra as quais o Vice-Rei, Conde de Resende, ordenou em 1794 uma devassa. Entre outros acusados nessa devassa, figuravam o Professor de retórica Manuel Inácio da Silva Alvarenga, Jacinto José da Silva, médico formado pela Universidade de Montpellier, além do bacharel em filosofia pela Universidade de Coimbra, Mariano José Pereira da Fonseca – que herdara do pai o apelido de *Biscouto* ou *Biscoitinho* – e seria mais tarde Marquês de Maricá.

Estas pessoas, que se ocupavam em observar eclipses, em estudar o calor da terra e em examinar outras questões de ciência e de literatura, esqueciam-se, porém, como informavam os outros da devassa.

"da honra do nome português que até o presente consistia principalmente no amor e fidelidade aos Nossos Clementíssimos Soberanos". E reuniam-se elas "não só em casas particulares, mas ainda nos lugares públicos, com a ocasião das atuais alterações da Europa, a altercar questões sobre o governo público dos Estados e em que algumas das referidas pessoas têm escandalosamente proferido: que os reis não são necessários; que os homens são livres e podem em todo o tempo reclamar a sua liberdade; que as leis por que hoje se governa a nação francesa são justas e que o mesmo que aquela nação praticou se devia praticar neste continente."

Como se vê, as idéias de liberdade e de republicanismo ameaçavam a segurança do Estado. Não era muito fervoroso o amor, e tampouco o era a fidelidade dos súditos brasileiros aos "clementíssimos soberanos". As idéias revolucionárias começavam a fazer seu caminho entre os intelectuais.

De outro lado, a metrópole revela-se cada vez mais incapaz de satisfazer o nosso desenvolvimento econômico e funcionava apenas, sobretudo depois do Tratado de Methuen, como simples intermediária. Sua marinha mercante não atendia às necessidades de nosso comércio. Nos autos da Inconfidência Baiana, João de Deus, um dos rebelados de 1798 contra a autoridade portuguesa, dissera, no interrogatório, julgar que, graças à revolta, "este porto seria franco a todas as nações estrangeiras para nele virem negociar, trazendo fazendas e todas as mercadorias para, em troco delas, levarem açúcares, tabaco e mais gêneros da terra, sem precisão de Portugal".

O Brasil atingira, no fim do século XVIII, um desenvolvimento incompatível com a tutela portuguesa, incapaz de servir à expansão de sua colônia. De outro lado, as condições da vida política internacional da época apressavam a desintegração das colônias americanas, desencadeando novas forças que as conduziriam a transformar-se logo em comunidades nacionais autônomas.

A vinda da Corte e a euforia cultural   A vinda da Corte portuguesa para o Brasil e a abertura dos portos em 1808, conseqüência das condições da política internacional, acelerariam o progresso dessa transformação. No medíocre cenário do Rio de Janeiro que, no dizer do rabugento reinol Luís Joaquim dos Santos Marrocos (em cartas para a família, residente em Lisboa), "era de pouca extensão e mui semelhante aí ao sítio da Alfama ou, fazendo-lhe muito favor, ao Bairro Alto, nos seus distritos mais porcos e imundos" – nesse pobre cenário colonial teria lugar verdadeira febre de empreendimentos. Fundaram-se escolas: de medicina, de marinha, de guerra, de comércio; uma Imprensa Régia, que sempre nos fora recusada;

em 1814, uma livraria, que seria o núcleo de nossa biblioteca nacional; o Museu, o Jardim Botânico. Uma verdadeira euforia – é o que narra John Mawe – tomava conta da colônia. Criava-se tudo quanto até então nos havia sido recusado, tudo o que nos faltara, principalmente os utensílios, os instrumentos capazes de engendrar progressos no domínio da cultura intelectual. Era como se o Brasil despertasse de um prolongado sono e se pusesse a caminho de sua libertação. Pensou-se até em fundar um *Instituto Acadêmico*, um esboço de Universidade, que o Príncipe Regente quis confiar à direção de José Bonifácio.

O que a colônia não obtivera em três séculos obtinha agora em menos de uma década.

Silvestre Pinheiro Ferreira e o ecletismo — E foi assim, "numa sociedade que ontem só lograria distinguir-se pelo atraso, que, de um momento para outro, ouviram-se (até) conferências filosóficas!" Realizou-as, em abril de 1813, no Real Colégio de São Joaquim – de onde nascerá o Colégio Pedro II – Silvestre Pinheiro Ferreira, curiosa figura que passaria alguns anos no Brasil e da qual o mesmo Marrocos (que por ele não parecia ter grande apreço) dizia:

> "Não sei se será erro meu em dizer que Silvestre Pinheiro Ferreira é daqueles homens que têm a habilidade de infundir veneração científica: e inculcando-se corifeu enciclopédico, granjeia um partido que ouve suas palavras soltas, como vozes de oráculo. [...] O Pe. Joaquim Damasco (por ele ser seu colega Congregado) mo inculca sempre por superior a todos, nos tempos atuais, em luzes e conhecimentos: e eu, ao contrário, vejo nas suas *Preleções* impressas definições e teoremas que por sua ostentação de novidade só me causam riso ou nojo, apesar da ilustrada análise que lhes fazem os redatores do Investigador Português, elevando-as às nuvens."

Silvestre Pinheiro Ferreira, o trânsfuga da Congregação do Oratório, amigo do ilustrado Conde da Barca e de José Bonifácio, talvez participasse também da euforia geral de projetos e realizações. Em carta de maio de 1813, voltava Marrocos a escrever: "Aqui também [...] produzem-se planos e projetos literários, mas *ex tanto nihil*. Silvestre Pinheiro Ferreira está metido a projetista e suas lições reduzem-se a uma mescla científica que não se sabe o que é..."

Oriundo, como então se dizia, da classe industrial, viajado e culto, Silvestre Pinheiro Ferreira dizia-se "educado com os princípios de Aristóteles e seus continuadores, Bacon, Leibniz, Locks e Condillac" e é uma mistura das idéias desses filósofos que ele expõe nas trinta longas aulas que fez e que constituem o livro aparecido em 1813 na Imprensa Régia – creio que o primeiro livro de filosofia publicado no Brasil – as *Preleções Philosophicas sobre a theórica do Discurso e da Linguagem, a Esthetica, a Diceosyna e a Cosmologia*.

Nessa obra, Pinheiro Ferreira reflete, malgrado afirmações suas, idéias que já correspondiam aos imprecisos fundamentos dessa filosofia de *compromisso* que é o *ecletismo* e com qual a burguesia procurou justificar, racionalizar os seus interesses: os da Revolução que a levara ao poder e os da Restauração que lhe asseguraria a exclusiva posse desse poder. É significativa, sob este aspecto, a frase de Evaristo da Veiga no número da *Aurora Fluminense*, de 25 de junho de 1828: "Nada de excessos. *Queremos a Constituição. Não queremos a Revolução.*"

O ecletismo correspondia precisamente ao desejo de evitar os excessos dos revolucionários e dos reacionários. Filosofia do justo meio condizia com os ideais do liberalismo burguês. Aliás, a importância do ecletismo na história do século XIX deriva do fato de haver ele fornecido ao liberalismo as teses filosóficas de que este necessitava. Insuficientemente crítico e prudentemente progressista, ligou-se à forma monárquica, constituindo-se como filosofia das elites liberais que dirigiam os destinos do Império.

Tinha razão, pois, Clóvis Bevilacqua, quando escrevia que o ecletismo foi "a filosofia que mais extensas e profundas raízes encontrou na alma brasileira", ou, mais exatamente, na alma das nossas elites políticas.

O republicanismo   Todavia, na história das vicissitudes do curioso liberalismo colonial brasileiro, a tonalidade revolucionária, se assim podemos dizer, de quando em quando se opôs aos ideais do bom senso e do justo meio.

A Revolução de 1817 foi liberal, mas não deixou de ser também uma manifestação de republicanismo. Antônio Carlos, que aderira a ela e que mais tarde seria monarquista, declarava: "Um brasileiro liberal podia crer em 1817 ser necessário aderir a republicanos e hoje adotar as instituições monárquicas. Naquela época a realeza era contra a liberdade; agora não".

Os Estados Unidos já haviam realizado sua independência e as colônias espanholas da América empenhavam-se em sua conquista. No Brasil este exemplo também se fizera sentir. "Atraída pelos incentivos democráticos sem o ouropel da monarquia, parte da América emancipada havia adotado, na sua organização social, o governo republicano", que era o da preferência dos maçons. A Revolução de 1817 foi, assim, escreve Oliveira

Viana, "manifestação de uma combinação de impulsos em que entravam o amor exagerado, literário se quiserem, filosófico mesmo, mas em todo caso ativo, da liberdade, e uma nação jactanciosa da valia americana", que se refletia na oposição entre os nascidos no Brasil e os nascidos em Portugal.

Na transição pacífica da colônia para a Independência, os choques – que os houve entre as correntes de idéias da época – foram atenuados ou contornados graças à habilidade de José Bonifácio e aos interesses da Inglaterra. Assim, débil foi a oposição entre os representantes das diferentes doutrinas no Brasil. Somente quando se tratou de organizar a nova nação foi que surgiram as paixões políticas correspondentes ao processo ideológico que se desenvolveria desde a Revolução Francesa até a Restauração. Foi na Constituinte e nas lutas que se prolongaram até 1840 que a oposição entre as idéias filosóficas se revelaria. No Brasil expressar-se-ia também, de maneira pálida, o que na época o mundo apresentava de contraditório. Pelas suas classes dominantes, o nosso país era compelido a compor-se ao ritmo das idéias européias do tempo. Iria ser, logo – ainda que envolvido pela confusão existente nas novas e irrequietas repúblicas sul-americanas –, um império tranqüilo, modelado no estilo Luís Filipe.

O Imperador, a Constituição e a liberdade da burguesia   A Independência, simples transferência de poderes dentro de uma mesma classe, entregaria a direção da nova ação aos proprietários de terras, de engenhos e aos letrados.

Ao entusiasmo que os acontecimentos de 1822 causaram, sobretudo nos letrados, sucederia agora a hesitação quanto ao rumo a seguir.

Sérgio Buarque de Holanda observa, ao estudar Gonçalves de Magalhães, um dos intelectuais desse período de transição, que "há para os homens cultos de então uma zona onde a literatura confina com a política, sem que as separe uma linha muito nítida". Foi este fato, aliás, que levou muitos dos nossos escritores a julgar que o Romantismo era um fenômeno inerente à alma nacional quando o movimento romântico é, apenas – no seu aspecto filosófico, religioso e social –, um fenômeno característico do início do século XIX.

Um dos livros mais importantes desse momento histórico foi o de Mme. de Staël, as suas *Considérations sur les Principaux Evénements de la Révolution Française*, espécie de manifesto-prefácio do liberalismo monarquista constitucional que estaria no poder em 1830 e que iria sendo elaborado, à medida de suas vicissitudes históricas, por vários pensadores do tempo, entre eles a própria Mme. de Staël, Benjamin Constant, Royer-Collard e Victor Cousin. O liberalismo monárquico, em que se traduzem influências inglesas, encontraria no ecletismo – mistura de deísmo e de liberalismo político – a sua forma ideal.

São as idéias filosóficas subjacentes a esse monarquismo liberal as que deveriam emanar de uma "Constituição sábia" como deveria ser a que resultasse da Constituinte de 1823, conforme as palavras do primeiro Imperador:

> "Como Imperador Constitucional, e mui especialmente como Defensor Perpétuo deste Império, disse ao povo no dia 1º de dezembro do ano próximo passado, em que fui coroado e sagrado – que com a minha espada defenderia a Pátria, a Nação e a Constituição, se *fosse digna do Brasil e de mim*..., uma Constituição em que os três poderes sejam bem divididos... uma Constituição que, pondo barreiras inacessíveis ao despotismo, quer real, quer aristocrático, quer democrático, afugente a anarquia e plante a árvore daquela liberdade a cuja sombra deve crescer a união, tranqüilidade e independência deste Império, que será o assombro do mundo novo e velho."

Prosseguia D. Pedro no seu discurso de 3 de maio de 1823:

> "Todas as Constituições que, à maneira de 1791 e 1792, têm estabelecido suas bases, e se têm querido organizar, a experiência nos tem mostrado que são totalmente teóricas e metafísicas, e por isso inexeqüíveis: assim o prova a França, a Espanha e, ultimamente, Portugal. Elas não têm feito, como deviam, a felicidade geral, mas sim, depois de uma licenciosa liberdade, vemos que em uns países já aparecem, e em outros ainda não tarda a aparecer, o despotismo em um, depois de ter sido exercitado por muitos, sendo conseqüência necessária ficarem os povos reduzidos à triste situação de presenciarem e sofrerem todos os horrores da anarquia." E terminava: "Espero que a Constituição que façais mereça a minha Imperial aceitação..."

Na Constituinte, diante destas palavras, teriam início as lutas derivadas dos diferentes matizes do liberalismo da época. Já então, vários deputados se manifestavam acerca desta estranha atitude de D. Pedro I. Um deles, o Deputado Maia, observara que para evitar perda de tempo em se fazer uma Constituição que não seria aceita "seria de desejar que S. Majestade propusesse, com brevidade e sucintamente, as condições sob as quais aceitaria o pacto social".

Embora declaradamente liberal, adepto, dizia, das idéias constitucionalistas, D. Pedro I "prezava profundamente o poder pessoal e suportava dificilmente os obstáculos a ele opostos pelas leis". José Bonifácio, que adquirira grande prestígio – e que julgava conhecer o impetuoso Pedro I –, esperava poder dirigi-lo... Ainda nessa ocasião, o democrata Muniz Tavares observara que, se o Imperador desaprovasse a Constituição depois de feita, "sem dúvida acederia às sugestões de sua consciência e resignaria a autoridade imperial", o que levantou fortes protestos de Antônio Carlos e de José Bonifácio. Este, defendendo o Imperador e estigmatizando o espírito da democracia, lembrava "a condição desgraçada da América espanhola, envolvida na guerra civil; os sofrimentos da França, mitigados somente pelo regresso à forma do governo monárquico", concluindo com estas palavras: *até onde chegar a minha voz, protesto, à face da assembléia e de todo povo, que havemos de organizar uma Constituição não democrática, mas monárquica; eu serei o primeiro a conceder ao imperador aquilo que lhe é devido.* Era mister conciliar, aceitar o compromisso entre o legado dos valores da Revolução – o progresso, as exigências da ordem, impostas pela Restauração.

O Despotismo – "o férreo grilhão" –, eis o que era mister a todo custo evitar...: o fantasma da anarquia revolucionária e o arbítrio do Antigo Regime. A burguesia defendia a liberdade, a sua liberdade.

"Defendi durante quarenta anos – escrevia o liberal Benjamin Constant – o mesmo princípio, a liberdade em tudo, em filosofia, em literatura, na indústria, na política... O despotismo nenhum direito possui." E assim definia ele a liberdade: "O triunfo do indivíduo tanto sobre a autoridade que deseja governar pelo despotismo quanto sobre as massas que exigem o direito de submeter a minoria à maioria."

A Constituinte   A Constituinte nascera sob signo contraditório. Já antes dela reunida, previa-se a sua dissolução. Mareschal escrevia a Metternich: "Restava ao governo um meio, embora sempre perigoso, mas, levando em conta o espírito do povo, certamente eficaz: dissolvê-la pela força e dar uma Carta."

Assim pensavam muitos... Rio Branco, em nota à *História da Independência*, de Varnhagen, refere que Feijó, em 1832, contara ter ouvido, a um dos Andradas, em 1823, que, se a Assembléia não fizesse o que o imperador desejava, este a dissolveria, assim como outras tantas que não fossem do seu agrado.

Na noite da agonia, de 11 para 12 de novembro de 1823, a Assembléia manteve-se, por proposta de Antônio Carlos, em sessão permanente. Ao princípio da tarde do dia 12 era dissolvida por um decreto em que o Imperador declarava haver "convocado aquela Assembléia a fim de salvar o Brasil dos perigos que lhe estavam iminentes", mas, "que havendo ela perjurado na defesa da pátria e de sua dinastia, havia por bem dissolvê-la". Depois da dissolução da Assembléia, D. Pedro, arvorando no chapéu ramos de cafeeiro, percorreu, com grande séquito, as ruas da cidade, sendo aclamado por portugueses e por bando de moleques. Mas a impressão geral era realmente de tristeza. Daí em diante, até a abdicação, D. Pedro lutaria contra o partido dos brasileiros.

A história da Assembléia Constituinte tem mistérios que não foram ainda suficientemente elucidados e não cabe aqui examiná-los. Cumpre lembrar, no entanto, que Maciel da Costa, que suspendeu a sessão em 10 de novembro, foi também o primeiro signatário da Carta outorgada em 25 de março de 1824. Confirmando o que Feijó diria anos depois: – que o Imperador convocaria tantas Constituintes quantas fossem necessárias à realização de seus desígnios – no mesmo decreto de 12 de novembro em que dissolveu a primeira, o Imperador afirmava que havia "por bem convocar já uma outra que trabalharia no projeto de Constituição que ele em breve lhe havia de apresentar e que seria duplicadamente mais liberal do que a que a extinta Assembléia acabava de fazer".

A dissolvida Assembléia – diria dias depois o Imperador, com certa habilidade com que pretendia responder ao descontentamento que tal ato determinara – "trabalhava com discernimento", mas "o gênio do mal inspirara danadas tensões a espíritos inquietos e mal-intencionados". Assim, um conselho de dez membros, constituído por "homens probos e amantes da dignidade imperial e da liberdade dos povos", ficava agora incumbido de elaborar a nova Constituição que estaria terminada em quinze dias.[1]

A nova Constituição continha uma novidade: a *criação do Poder Moderador*, novidade essa atribuída a Martim Francisco, que era um entu-

---

[1] Segundo relata DRUMMOND, o projeto da nova Constituição nada mais era do que um esboço traçado por Antônio Carlos e já fora apresentado ao *Apostolado* por Martim Francisco. De fato, mais tarde, em 1840, Antônio Carlos diria que, quando se tratou de elaborar uma Constituição, alguns copiaram trechos das Constituições espanhola e portuguesa e ele (com a sem-cerimônia que o caracterizava) observara que aquilo para nada prestava. O seu projeto, segundo afirmara na mesma ocasião, derivava das Constituições francesa e norueguesa.

siasta de Benjamin Constant. Mas não é fácil esclarecer, como notava Otávio Tarquínio de Sousa, a questão da primazia da lembrança da introdução dessa medida na Constituição do Império. "Os escritos de Benjamin Constant, nesses dias de intensa curiosidade pelos temas de direito público, eram conhecidos de todos os estudiosos. D. Pedro I, é sabido, leu-os com grande interesse. *O Cours de Politique Constitutionnelle*, entre outros livros do autor de *Adolphe*, foi dos mais consultados então."

A cultura política do tempo pode ser avaliada pelo anúncio que Aureliano Leal cita, encontrado no *Diário do Governo*, de 27 de março de 1824. M. Plancher, livreiro imperial, assim anunciava: "A rica coleção das obras que trouxe oferecerá aos brasileiros conhecimentos mui vantajosos do sistema monárquico constitucional representativo. Distinguem-se na sua coleção muitos números importantes, os de M. Ferrière, de Mad. Rolland, de Riouffe, onde se podem ver os horrores produzidos pelas revoluções políticas. Igualmente se fazem recomendáveis as instituições de direito por M. Massabiau, o escritor que, com mais erudição, com uma lógica indestrutível, mostra a *impossibilidade dos estabelecimentos republicanos*, atendida a civilização dos povos."

"Com tais obras – diz ainda Aureliano Leal na sua *História Constitucional do Brasil* – e mais as obras de Rousseau e de Benjamin Constant, se era possível ter feito uma Constituição liberal, não era fácil completá-la, desdobrando-a nos seus complementos. As próprias abstrações teóricas, ainda inconsistentes e prenhes de um idealismo, não raro impraticável, faziam fácil o manejo das molas que compunham o maquinismo do supremo estatuto."

A Revolução Pernambucana de 1824

De tendência liberal, republicana e federalista, foi a Revolução Pernambucana de 1824. A 24 de julho daquele ano (complicações da política local e descontentamento em face da dissolução da Constituinte vinham-se dando desde 1823), Manuel de Carvalho Paes de Andrade proclamava a separação e a República. Seis províncias constituíam-se com Governo autônomo, incorporando o Brasil ao *sistema americano*, como dizia a proclamação. O novo Estado tomava o nome de *Confederação do Equador* e os demais brasileiros eram convidados a imitar aquele exemplo.

Pernambuco foi "o maior foco de liberalismo, de aspirações de autonomia e de tradição guerreira em todo o Brasil. Nas *Academias*, filhas do *Areópago*, fundado por Arruda Câmara, associações secretas onde desde fins do século XVIII e princípios do XIX se expandiam, como depois nas lojas maçônicas, ensinamentos políticos a pessoas de mais elevada situação, preparava-se o pessoal capaz de guiar no futuro as reivindicações emancipadoras dos brasileiros e a aplicação de idéias liberais ao governo". Já assim fora em 1817.

Os exemplos da jovem República do norte do continente, a luta que se travava nas colônias espanholas, como dissemos, entram a frutificar, criando uma atmosfera propícia aos idealistas de então, leitores das obras dos enciclopedistas e dos filósofos que lhes sucederam. O Pe. João Ribeiro, relata De Tollenare, "estava alucinado pela leitura dos nossos filósofos do século XVIII". Dominado e "arrastado pela leitura das obras de Condorcet, testemunhava a mais alta confiança no progresso do espírito humano; a sua imaginação ia mais depressa do que o seu século e sobretudo adiantava-se muito à índole dos seus compatriotas".

De fato, outras idéias que não as da monarquia liberal para a qual desde a vinda de D. João se encaminhava o Brasil não condiziam, nem com os interesses econômicos da Inglaterra, nem com a política do legitimismo da Restauração. O ramo da dinastia de Bragança instalado na enorme fachada do Atlântico Sul era uma garantia para a política européia, para os senhores de escravos que logo iriam constituir, como diz Euclides, a mais *achamboada* das aristocracias.

A Carta de 24 de março de 1824 despertou, por ter sido incompreendida, revoltas, diz ainda Euclides da Cunha. Ao pretender esclarecer as causas dessas rebeliões, o autor de *Os Sertões* julgava que, desfeita a trama "dos fatos secundários", decifrar-se-ia a "incompatibilidade dos vários grupos brasileiros para a existência autônoma e unida".

O problema, ou mais exatamente, o tema – continente-ilha que aqui aparece em Euclides – tem ocupado muitos ensaístas brasileiros. Se somos, como pensa Viana Moog, vários núcleos culturais "cuja soma forma o complexo heterogêneo da literatura brasileira" – que é, apesar de tudo, ainda a mais autêntica de todas as expressões brasileiras de cultura –, parece certo ainda que esses vários grupos brasileiros, na sua diversidade regional, apresentam também um traço, ou mais de um, que os mantêm unidos. O regionalismo não constitui divergência. Na própria proclamação da Revolução de 1824, os demais brasileiros eram, como vimos, convidados a imitar os exemplos federativo e republicano. E Frei Caneca, bairrista e liberal, dizia: "O Brasil tem todas as proporções para formar um Estado federativo."

No processo histórico das revoluções havidas no Brasil, a *meada dos fatos secundários*, a luta entre os grupos de interesses das classes que detêm o poder é o que as explica. Essa meada de fatos secundários chega, por vezes, até a se transformar em mito...

Quanto à Confederação do Equador, é mister não perder de vista que "desde a formação da primeira Junta, em agosto de 1821, após a revolução constitucional do Porto, talvez como em nenhuma outra província, o governo de Pernambuco foi de deplorável instabilidade". Paes de Andrade, que aos vinte e poucos anos tomara parte na Revolução de 1817, naquele tempo já se revelava ardente republicano. Em certa ocasião afirmara: "República e só República e morra para sempre a tirania real." Refugiado nos Estados Unidos após o malogro da Revolução, só fora anistiado em 1821. Certamente, mais sólidas ainda se lhe tornaram as convicções republicanas ao contato com as instituições norte-americanas.

É inegável, em face da imposição de um regime que se afigurava a alguns homens de então inadequado à América e às circunstâncias históricas da época, que as revoluções da primeira fase do Império tiveram "lastro [...] das tendências separatistas", pois o liame entre as várias regiões da antiga colônia não era assaz forte para que existissem verdadeiros e profundos interesses e sentimentos nacionais. É curioso, no entanto, que, ameaçando gravemente uma precária unidade, a oposição de opiniões filosóficas e políticas paradoxalmente esteve a trabalhar precisamente por essa unidade. Não é este, por certo, o único paradoxo aparente ou real de nossa contraditória história...

Mas a época e os seus interesses eram os do justo meio. Não havia atmosfera para extremismos. O mote era: *ação, reação, transação*. E o período que estamos sumariamente a descrever é um período em que se afirma, por todos os motivos, a transação.

Evaristo da Veiga e a transação

Antônio Cândido, ao estudar, na sua *Formação da Literatura Brasileira*, a figura de Evaristo da Veiga, esboça, em poucas mas exatas linhas, o perfil de alguém que vivendo num mundo de aventuras e de aventureiros não teve o gênio da aventura. Há homens, escreve Antônio Cândido, "cuja força vem da singularidade; outros, ao contrário, se destacam por encarnarem as qualidades médias em que a maioria se vê espelhada. Evaristo da Veiga pertence à segunda categoria: foi o herói das virtudes medianas, e ninguém justifica melhor o dito de Leopardi, segundo o qual a *paciência é a mais heróica das virtudes justamente por não ter aparência alguma de heroísmo*".

Evaristo da Veiga, o livreiro, redator da *Aurora Fluminense*, representa, assim, graças ao seu apego ao constitucionalismo, a forma mais adequada da *transação* – um dos segredos da unidade nacional, ameaçada em quase trinta anos de lutas. Tão perfeita é a nosso ver a caracterização do que se passa nessa época, na pena de Antônio Cândido, que não nos furtamos mais uma vez de citá-lo, para terminar estas páginas. Evaristo da Veiga

> "não via outra bússola para a nação recém-criada, nem outro meio de instituir a pauta da razão em face dos movimentos irregulares da sociedade em mudança. Daí ser um monarquista de cabeça, que não trepidou em derrubar o monarca no momento em que este pôs em perigo o funcionamento do governo representativo; e continuou não obstante apegado ao princípio da monarquia, como a um recurso de garantia constitucional. A aplicação correta da Constituição era a ordem, a unidade, o progresso, e a presença de um soberano hereditário lhe parecia favorecê-los. Evaristo aceitou, pois, a dinastia de Bragança, para conciliar a liberdade com as exigências da ordem. O seu drama foi ser, no fundo, um republicano pelo reconhecimento desta necessidade básica dum momento de crise; a sua oportunidade, poder orientar a opinião num período de quase república, como foi o regencial. Pelo que vislumbramos do seu desacordo final com Feijó, não podemos dizer que, se tivesse vivido, levaria o apego à ordem ao ponto de tornar-se um meticuloso reacionário, à maneira de Bernardo Pereira de Vasconcelos, que tinha tanta energia quanto ele, mais talento e menos pureza de caráter e convicções. O seu destino seria talvez parecido ao de Odorico Mendes, republicano íntimo, monarquista por senso do dever, dilacerado ao ponto de retirar-se completamente da política e mesmo do país, refugiando-se no pedantismo arqueológico das traduções de Homero e Virgílio".

O Constitucionalismo foi a solução encontrada para aceitar o progresso na ordem, salvar a liberdade e escapar à licença, ao fantasma do Despotismo.

Já ninguém aceitava um direito divino e o próprio cristianismo como se viu na Europa. O regime monárquico integrava-se, graças ao ecletismo e ao liberalismo, na democracia burguesa. "No Brasil tampouco poder-se-ia pensar na monarquia como forma definitiva do governo se um dia o país se emancipasse do jugo tradicional" e, de fato, durante o Império, ninguém acreditava que ela pudesse sobreviver à morte do segundo imperador.

*
* *

Tais são, em resumo, os fatos e as idéias que marcam a transição que se processou entre o fim da colônia e a abdicação de D. Pedro I. As idéias liberais sustentadas pelo ecletismo, nas suas formas liberal e constitucional, cristalizam-se em virtude dos interesses da política internacional e dos das classes que detêm o poder, na forma liberal monárquica parlamentar. Logo o Brasil seria, na América Latina, uma monarquia tranqüila, modelada, como já tivemos ocasião de dizer, no estilo burguês de Luís Filipe.

CAPÍTULO III

AÇÃO DAS SOCIEDADES SECRETAS

O ESTUDO das sociedades secretas existentes no Brasil, a partir de fins do século XVIII, requer uma análise de seu verdadeiro papel em nossos movimentos políticos. Com efeito, a própria existência da maioria dessas sociedades só é conhecida através de sua ação política. Algumas desenvolveram-se com maior ou menor rapidez em resultado dos princípios que encarnavam, da organização que assumiram e da projeção que chegariam a alcançar seus membros. Contudo, o modelo de sociedade secreta que adquiriu lugar decisivo em nossa história é fornecido pela Maçonaria.

De diversas organizações surgidas por esse tempo, sabe-se que, ora procuram alcançar o prestígio da maçonaria adotando ideologias semelhantes, dela copiadas ou herdadas,[1] ora com ideologias opostas ou não às suas buscaram combatê-la. E ainda havia as que, orientadas em sentido diverso – o caso das sociedades do tipo da Jardineira, cuja finalidade foi sobretudo filantrópica –, se desenvolveram indiferentes, por assim dizer, à *maçonaria*. Difícil se torna, de início, estabelecer quais as sociedades caracterizadamente secretas. Se o problema da natureza de tais organizações tem sido, em toda parte, motivo de discussão, entre nós a controvérsia toma características particulares. O das sociedades, por exemplo, fundadas com a sanção do Governo português – por conseguinte com aparência legal – que o mesmo Governo acaba por fechar, perseguindo seus membros e condenando-os sob suspeita de alimentarem planos e idéias subversivos.

---

[1] "... e tão certo estava José Bonifácio de que não poderia contar com a dedicação desses elementos, que resolvera opor à própria sociedade de que fazia parte e até presidira uma outra que não escapasse à sua supervisão. Daí a fundação do Apostolado da Nobre Ordem dos Cavaleiros de Santa Cruz – um arremedo da maçonaria...", OTÁVIO TARQUÍNIO DE SOUSA, *História dos Fundadores do Império do Brasil*, vol. 3, pp. 404 e segs.

Assim se deu com a *Academia Científica do Rio de Janeiro*, fundada sob os auspícios do Marquês do Lavradio, desaparecida algum tempo depois, reorganizada sob outro vice-rei, que lhe aprovou os novos estatutos, com o nome de Sociedade Literária, e suspensa, afinal, por ordem de um terceiro, o Conde de Resende.² Sob o mesmo rótulo de Academia, que faz lembrar a dos Esquecidos e a dos Renascidos, ainda irão surgir a de Suassuna, por exemplo, ou a do Paraíso. Mas além dessas haverá o Areópago de Itambé, a Universidade Secreta, de Antônio Carlos, a Escola Secreta, de Vicente Ferreira dos Guimarães Peixoto...

É extremamente difícil, sendo impossível, determinar hoje como funcionavam tais sociedades ou se tinham outros objetivos além dos que se especificavam em seus programas. Escrevendo em 1823 sobre as organizações secretas de Pernambuco, alude Frei Caneca à Maçonaria, à Jardineira, ou Keropática, ao Apostolado, à Sociedade de São José ou Beneficência. "Estas três últimas", diz, "são as mais modernas nesta província, e até há entre elas uma de poucos dias. Também destas mesmas últimas nada acho na história em que possa fundamentar os meus discursos; e o que eu disser é apanhado de conversas familiares com pessoas que julgo lhes pertencerem."³

> "A Maçonaria, a Jardineira e Beneficência inculcam propor-se a fins justos, tendendo ao melhoramento da espécie humana e sua conservação; e nenhuma envolve negócios de religião ou política. Porém, o Apostolado é todo puramente político; porque o seu fim é constituir o Império do Brasil de um modo que *eu direi*. (...) Segundo *A Sentinela de Liberdade*, de Pernambuco, número 47, é um clube de corrompidos ou estúpidos aristocratas, propagadores da malvada fé da monarquia absoluta, despotismo e tirania atroz, dirigida a conservar um ramo da dinastia de Bragança, absoluto e arbitrário, a fim de sermos açoitados com ferros e ossos dos nossos antepassados, que por fracos tanto sofreram."

Segundo ainda o próprio Frei Caneca, esta sociedade funcionava também no Rio de Janeiro: "E afirmam o conceito de que, com a mudança dos Andradas, não se fez mais do que mudar os nomes, ficando a mesma peça no Teatro."⁴

---

² Cf. *História Geral da Civilização Brasileira*, vol. II, Livro V, Cap. IV.
³ Carta escrita em 1823.
⁴ Este Apostolado era o mesmo fundado por José Bonifácio no Rio de Janeiro e teve papel relevante nas lutas internas da Independência.

A Maçonaria   Enquanto as demais sociedades, secretas ou não, funcionavam dentro do próprio país, com âmbitos regionais apenas, a Maçonaria desenvolvia-se por toda a colônia, vinda do reino, diretamente ou não, e sobretudo das Universidades francesas e inglesas.

Este caráter internacional concedia-lhe, sobretudo no Brasil, força e prestígio. Sua origem é praticamente ignorada, pois os poucos historiadores maçons que tratam do problema não concordam entre si. De todas essas discussões, o que podemos saber de mais provável é estar ela originariamente ligada às velhas confrarias de pedreiros, donde a denominação adotada. Essas confrarias tinham ritos de iniciação e segredos de construção que naturalmente permaneciam no círculo dos iniciados.

Deixando de lado o problema da origem que não nos diz respeito diretamente, vamo-nos ater ao fato inegável do grande desenvolvimento que a Maçonaria passa a ter, no século XVIII, e à importante ação que exerceu em fins desse mesmo século e princípios do XIX em todo o mundo.

Os princípios maçônicos e a ideologia burguesa do século XVIII   Entre os princípios considerados sagrados para os maçons, existe toda uma filosofia liberal individualista tomada à Ilustração do século XVIII ou resultante de uma convergência na mesma direção.[5]

Segundo o Syllabus Maçônico, a liberdade de pensamento e o racionalismo são princípios fundamentais da sociedade. A Maçonaria aceita para seus adeptos membros de qualquer religião, e sua concepção de "Grande Arquiteto do Universo" não apresenta ligação com a crença em Deus nas diferentes religiões.

Com ideais liberal-democráticos – o lema das revoluções liberal-democráticas: liberdade, igualdade, fraternidade, é de inspiração maçônica – a Maçonaria vai manter uma posição política caracterizada pelo combate aos poderes absolutos. É nesta posição que encontramos explicação para a grande difusão da Maçonaria.

A difusão e o conseqüente desenvolvimento de Lojas com fins políticos, na França e em outros países absolutistas, é uma resposta ao *status quo*. Com efeito, os princípios ideológicos maçônicos, correspondentes à ideolo-

---

[5] "Anteriormente existiram *guildas* maçônicas que se transformaram em não maçônicas para promover a sociabilidade, o convívio social e os ideais de moralidade, igualdade, fraternidade e paz. As guildas maçônicas, que se desenvolveram durante o longo período das construções de catedrais, mosteiros e abadias, desde o século XII, eram extremamente cristãs. A transformação que se verificou, passando de bases operativas para as bases especulativas, é atribuída ao declínio da construção de catedrais e ao incremento de teorias democráticas e humanitárias durante o século XVII." *Monsory Encyclopaedia of the Social Sciences*, Frank H. HANKINS, vol. V, p. 177.

gia liberal individualista, vão definir os interesses da burguesia em ascensão. Eis por que a Maçonaria é adotada e aceita por todos os que não querem passar por reacionários em fins do século XVIII e princípios do XIX.

A Maçonaria organizada ideologicamente, desta forma, assume então uma posição revolucionária definida contra os poderes absolutistas. Aliada dos movimentos liberais, a sociedade secreta também procurará marcar sua presença efetiva nos grandes acontecimentos políticos, que poderão trazer alguma transformação capaz de atingir as monarquias absolutas. Assim, não apenas irá transformar seus membros revolucionários, mas tentará atrair pessoas capacitadas a exercer poderes políticos. Desse modo, em nosso país, D. Pedro I torna-se maçom, não tanto porque faça seus os ideais maçônicos, mas porque à Maçonaria interessa fazê-lo maçom.

A Maçonaria em Portugal   Se aos ideais maçônicos correspondiam os do liberalismo democrático, natural seria que os governos despóticos absolutos rejeitassem e perseguissem a organização que os difundia. Do mesmo modo, a Igreja, conservadora e mantenedora do *status quo*, não via com bons olhos a sociedade secreta que se expandia e criava forças, adquirindo poder. Se, de um lado, a Maçonaria é perseguida pelos governos absolutos e por uma facção clerical, de outro, consegue adeptos na própria Igreja. Houve mesmo grande participação nesta sociedade, sobretudo no Brasil. Devemos lembrar também que, em conseqüência dos rumos que seguiu, tomando posição ao lado da burguesia, a Igreja Nacional, na Revolução Francesa, tendeu a apoiar-se em sociedades secretas, identificando as suas posições com as dos maçons.

Ao penetrar em Portugal, a Maçonaria foi perseguida por uma parte do clero jesuíta e pelos soberanos absolutistas. Com Pombal, Portugal toma conhecimento do Iluminismo. As idéias liberais invadem a própria Universidade de Coimbra. Os jovens estudantes participam desta transformação, adotam as novas idéias, começam a reunir-se primeiramente em Academias, depois em Sociedades, mais fechadas. De umas e outras participarão jovens brasileiros, e as novas idéias serão transportadas aos poucos para o Brasil. É, pois, com Pombal que a Maçonaria adquire um pouco de prestígio em Portugal. O Ministro de D. José dá liberdade à organização e passa a combater os jesuítas. Segundo Siebertz, Carvalho e Melo, quando Embaixador em Londres, "conviveu com a aristocracia inglesa, eivada de idéias liberais, conheceu e apreciou a filosofia dos enciclopedistas, e, em 1776, foi iniciado em uma Loja de Londres".

A partir da Revolução Francesa, as sociedades do tipo carbonário ou maçônico ganharam novo impulso. "O Grande Oriente da França, escreve o historiador português Ângelo Pereira, trabalhava de acordo com os republicanos mais exaltados e cuidava com interesse na propaganda de suas idéias. Portugal ou, antes, a Península, não ficou imune ao contágio..." "Não logrou impedir a formação de Lojas a que acorriam numerosos adeptos..." "A Maçonaria, a inglesa e a francesa, lutando pelo predomínio, espalhavam pela península os seus missionários, que se encarregavam de iniciar prosélitos." A perseguição, encetada por D. Maria e assessorada durante algum tempo pelo famoso intendente de polícia Pina Manique, só serviu para aumentar o interesse de súditos portugueses pela sociedade secreta.[6]

Depois da invasão de Junot, a Maçonaria francesa tenta substituir-se às organizações de origem inglesa. Iniciam-se as primeiras dissensões, dividindo-se em dois grupos a Maçonaria portuguesa. Durante a permanência do governo napoleônico em Portugal, expandem-se mais ainda as idéias liberal-democráticas, com o predomínio da Maçonaria francesa. A conjura de Gomes Freire, em 1817, que visava à implantação no país de um regime republicano, apresenta-se com um caráter nitidamente maçônico; e isto sobretudo em conseqüência da posição de relevo ocupada na Maçonaria pelo chefe da conspiração, Grão-Mestre do Grande Oriente. Aliás, segundo alguns historiadores, Gomes Freire fora eleito Grão-Mestre quando ainda estavam, em Portugal, as tropas napoleônicas, com grande mágoa de Junot, que desejaria ser o escolhido. Com o descobrimento da inconfidência de 1817 e com a marca maçônica que nela se imprimiu, fortaleceu-se a perseguição aos pedreiros-livres, procurando os administradores em Portugal, nessa época, lembra a D. João o perigo de tais sociedades para a manutenção da paz social.

D. João acede a estes conselhos e, em 3 de maio de 1818, assina no Brasil uma carta patente interditando a existência das sociedades secretas

---

[6] "Depois dos tempos prósperos do Marquês de Pombal, no reinado de D. José I, sofreu a Maçonaria Portuguesa a perseguição rancorosa do Intendente Pina Manique, no reinado de D. Maria I, sendo as primeiras vítimas os nossos irmãos condenados no auto-da-fé de 1788, enquanto outros foram forçados a exilar-se fugidos da perseguição. Entre eles, homens de Ciência, professores e militares. Desde 1780 até 1805, a perseguição foi ativa e rancorosa, acusados os maçons de fazerem parte de uma associação infame. Entretanto, as Lojas sempre existiram e continuaram a existir em Lisboa e em outras das maiores cidades portugueses como Porto, Coimbra, Funchal etc., sendo que nesta última cidade da ilha da Madeira a perseguição foi tal que muitos dos nossos irmãos tiveram que fugir." JAIME BARREIRO, *Da Câmara do Meio*, p. 149.

e ameaçando com pena de morte e confisco dos bens todos aqueles que, depois da interdição, continuassem filiados a elas.

A Maçonaria apresenta-se, pois, em Portugal, segundo o estilo francês: faz suas as causas do liberalismo individualista e apresenta soluções governamentais à maneira republicana, democrática; combate, assim, a tirania portuguesa, como havia combatido a francesa. Apenas como Portugal não era o berço do Iluminismo, mais demorada foi a penetração ideológica. Portugal dependia economicamente da Inglaterra, e esta não simpatizava com a excelente popularidade que os franceses iam ganhando em território luso. Sofria, além disso, o peso do poder do clero alimentado pela Inquisição.

A Maçonaria na América Adotando os mesmos princípios básicos, mas tomando formas ativas diferentes, as sociedades secretas de cunho maçônico estabeleceram-se e difundiram-se em toda a América. No continente americano, a Maçonaria é eminentemente libertadora: esta a fórmula de que se vale para combater a tirania absolutista em terras coloniais.

"O papel da Maçonaria – diz com efeito Caio Prado Júnior – foi articular uma situação própria e interna de uma colônia européia à política geral da Europa. A Maçonaria só se interessa pela colônia (Brasil) na medida em que contribui para atingir um dos redutos do absolutismo europeu, contra quem, de uma forma geral, ela se dirigia. Tratava-se, no caso, da monarquia portuguesa. Coisa semelhante se passa, aliás, com as demais colônias americanas. Daí o interesse da Maçonaria em apoderar-se e manejar uma situação que se desenhava nas colônias da América e que, de uma forma ou de outra, poderia servir aos seus propósitos."

A penetração, portanto, da Maçonaria nas Américas não vem a ser o privilégio de uma ou de outra colônia. Ela há de dar-se juntamente com a introdução nas Américas das idéias do Iluminismo. Não podemos considerar aqui o Brasil separado das demais colônias americanas. Apenas poderíamos observar diferentes modos de adoção desses ideais, naturalmente de acordo com os estímulos locais, isto é, encontramos soluções profundamente revolucionárias e libertadoras em determinados grupos, e mais brandas e conciliadoras em outros.

Não formamos uma exceção à expansão do Iluminismo no continente. Voltaire, Montesquieu, Rousseau, Raynal não foram encontrados apenas em bibliotecas de brasileiros ilustrados graças ao pombalismo. Nas demais colônias americanas houve também quem tomasse conhecimento das obras desses pensadores.

O mesmo podemos dizer das sociedades secretas e sobretudo da Maçonaria, sabida a filiação dos libertadores americanos a estas sociedades: Benjamin Franklin, Jefferson, O'Higgins, San Martin e o grande Miranda, do qual se dizia "ser mais que um homem, ser uma idéia", tal o empenho com que sujeitou Lojas maçônicas ao intento de libertar toda a América.

Os fundadores das Lojas maçônicas vieram da Espanha, de Portugal, da França, da Inglaterra e espalharam a sociedade por todo o continente. No caso das colônias latino-americanas, alimentavam os ingleses uma política favorável à difusão dessas Lojas. O interesse inglês pela penetração ali da Maçonaria estava intimamente ligado ao de sua expansão comercial.[7]

Aliás, esse interesse não deve ser encarado apenas no plano imediatista, mas também através da contribuição que a nação inglesa daria à libertação não só política, mas também econômica das colônias. É assim, pois, que grandes chefes maçônicos latino-americanos terão na Inglaterra e nas Lojas inglesas a sua iniciação, bem como o apoio externo de que necessitam para a realização dos seus fins. Apoio que não se processa de forma radical, pela posição da política inglesa, principalmente na fase de luta contra Napoleão, mas que se torna efetivo pelo fato de funcionarem livremente, na Inglaterra, organizações ocupadas em fins libertadores. É em tal situação que Francisco de Miranda consegue fundar Lojas com caráter nitidamente revolucionário e de libertação, como a dos Cavaleiros Racionais, também conhecida como Grande Reunião Americana, ou tal-

---

[7] "No debemos olvidar", escreve o historiador Juan Canter, "que los intereses comerciales de los mercadores y fabricantes de las ciudades de Liverpool y Birmingham se hallaban casi en manos de la masoneria inglesa. Además Inglaterra habrá colocado representantes en casi todos los puertos de América, mas o menos encubiertos que constituyan verdaderos agentes, a los efectos del contrabando, introducción de negros y operaciones en diversos ramos. Lo explica el centro revolucionario de Cadiz, si nos atenemos a que en dicha ciudad los ingleses habian instalado la dirección de sus relaciones mercantiles con América a base de un reglado contrabando de permisos, arribados y concesiones. Las Lojas cinden y tienen sus focos principales en los puertos; entre los mercadores y marineros prende facilmente la masoneria." RICARDO LEVENE (Dir.), *Historia de la Nación Argentina*, vol. V, p. 147. *La Revolución de Mayo hasta la Asamblea General Constituyente. Primera Sección*, Buenos Aires, 1941.

vez Loja Lautaro.⁸ Tão grande foi a influência destas sociedades nas Américas e de seu fundador, que surgiram Lojas filiadas a estas, por toda a América, fazendo com que aparecesse também o credo mirandista, onde Miranda comparece como o grande chefe precursor da independência da maioria dos países latino-americanos.

Na Loja Grande Reunião Americana foram iniciados Bolívar, O'Higgins, Mariño (Nova Granada), Montufar (Quito), Frei Servando Teresa Mier (México), San Martín, Carlos Alvear (Argentina). Nem do Brasil pode dizer-se que escapou à influência mirandista, quando se consideram as contribuições oferecidas por Hipólito José da Costa aos fins emancipadores.⁹

A Maçonaria no Brasil

A introdução da Maçonaria no Brasil apresenta-se com o mesmo caráter libertador que assumiu nas demais colônias americanas; apenas as posições revolucionárias encontradas em Lojas brasileiras parecem sofrer mais claramente a influência francesa. Tenha-se em mente que a Inglaterra é a grande aliada de Portugal e que, pelo menos aparentemente, não pode demonstrar vivo interesse pela nossa libertação e só mudará de posição no momento em que perceber a possibilidade de continuar o exercício de seu imperialismo no Brasil.

Quanto à data da penetração da Maçonaria em território brasileiro, nada pode ser dito com precisão, pois não há consenso nem mesmo entre historiadores maçons. Encontramos diferentes notícias a respeito de sua presença desde 1788, mas não se conhece documento que a confirme.

É certo, entretanto, que a Maçonaria deve ter-se introduzido juntamente com as idéias iluministas adquiridas por estudantes brasileiros na Europa, os quais, muitas vezes, ao terminarem o curso da Universidade de Coimbra, iam completar seus estudos na França e na Inglaterra. A Universidade de Montpellier, considerada um dos focos maçônicos da época, foi das mais freqüentadas por estudantes brasileiros. Por ela passaram José Joaquim da Maia, Álvares Maciel, Domingos Vidal Barbosa e outros.

Na Europa do século XVIII, a Maçonaria desenvolve-se e adquire prestígio graças à ascensão da burguesia e à difusão das idéias iluministas,

---

⁸ Talvez porque não há acordo entre os historiadores sobre se a Grande Loja Reunião Americana surgiu nas colônias como filha da primeira. Sobre o assunto, ver ANTONIO ZUÑIGA, *La Loja Lautaro y la Independencia de la América*, p. 215.
⁹ É o próprio Hipólito da Costa quem se diz mirandista. Cf. *Correio Brasilienze*, vol. XXI, pp. 372-375.

ao passo que no Brasil a inexistência de uma burguesia como classe impede um processo semelhante. O que a Maçonaria vai atingir no Brasil não é, pois, a classe que lhe é mais acessível no Velho Mundo. Aqui os privilegiados são os filhos dos senhores; os filhos daqueles *aristocratas da terra* que vão estudar em universidades européias. Só estes, por conseguinte, terão oportunidade de conhecer a filosofia da Ilustração; só estes podem fazer entrar no Brasil os livros de Voltaire, Rousseau, Montesquieu e de outros, e, dada a relação existente entre Maçonaria e Ilustração, só estes poderão ser iniciados na Maçonaria. Não nos esqueçamos também do objetivo libertador que a sociedade adquiriu nas colônias americanas. Era interessante, pois, que esses colonos, indo à Europa a ilustrar-se, conhecessem também as sociedades secretas, não só porque, de certa forma, isso lhes concedia prestígio e os colocava em dia com as transformações sociopolíticas correntes, mas também porque os tornava interessados na libertação de sua terra.

É assim que a Maçonaria vai funcionar no Brasil, especialmente depois de fundadas as primeiras Lojas, como organização de tomada de consciência para os jovens colonos. Se aparece como sociedade que, apesar de proclamar seus fins não políticos, arregimenta homens visando à libertação da colônia (e para tal faz com que esses indivíduos se encontrem, discutam e troquem entre si idéias do liberalismo burguês recém-adquiridas), passa a funcionar quase como um partido, aliás muito rígido e bem organizado. Desta forma, seus membros, que não podem de forma alguma ser considerados em termos de classe, vêm a compreender a situação de alienação em que vivem, apercebendo-se, enfim, da realidade sociopolítica e da sua condição de colonos.

É certo que não podemos admitir esta tomada de consciência como única causadora dos movimentos de emancipação. Já se aludiu acima às diferentes posições assumidas pela Maçonaria segundo as circunstâncias locais.

Mas, se a participação da Maçonaria em todas as revoluções emancipadoras frustradas (Inconfidência Mineira, Conjuração Fluminense de 1794, Sedição "dos Alfaiates") não se mostra muito nítida, é talvez por não podermos discernir até onde as idéias liberais presentes foram difundidas pela organização secreta, que nisso punha grande empenho, ou pelo próprio prestígio dessas mesmas idéias.

Assim, já a propósito da Inconfidência Mineira, surgem discussões a respeito da interferência da associação maçônica no possível levante: discute-se a questão da filiação de alguns conjurados à sociedade secreta, bem como a ausência de penetração maçônica no movimento. Neste último caso, a formulação ideológica que a Inconfidência Mineira apresenta proviria naturalmente dos princípios dominantes da Ilustração. Houve quem se ocupasse do problema, e o que corre mais comumente (não falando, é claro, nos historiadores maçônicos, para os quais todos os movimentos emancipadores foram gerados pela Maçonaria, o que, certo ou não, carece todavia de apoio documental) é apenas a afirmação de que alguns inconfidentes haviam sido iniciados. É o caso de José Álvares Maciel de quem se diz que foi pedreiro-livre.

Além de Maciel, outros inconfidentes mineiros são intitulados maçons; fala-se mesmo em Lojas fundadas na capitania de Minas, mas nada disso se confirma através de documentação. É certo que, sobretudo no reinado de D. Maria I, as sociedades secretas sofriam perseguições, de sorte que a documentação escrita se mantinha no mais estrito segredo. Não faltam, contudo, opiniões categóricas, como as de Felício dos Santos: "A Inconfidência de Minas tinha sido dirigida pela Maçonaria. Tiradentes e quase todos os conjurados eram pedreiros-livres." Ou como as de Joaquim Norberto de Sousa e Silva: "Vinha o jovem Maciel de países livres, onde adquirira rara instrução e onde fora iniciado nos mistérios da Maçonaria." Joaquim Norberto ainda tenta interpretações do termo *mazombo*, usado por Domingos de Abreu Vieira em seu depoimento, declarando ser o mesmo que maçom: "o Tiradentes, Alvarenga e Francisco de Paula libertariam a pátria, por isso que eram mazombos". No entanto, o uso do termo, na época, tinha explicação bem diversa. Felício dos Santos insiste ainda na possibilidade da penetração da Maçonaria nas Minas, referindo-se ao fato de um dos membros da família Vieira Couto, no Tijuco, aliás bastante ligado ao Padre Rolim, da Inconfidência, ter sido enterrado com as insígnias maçônicas.

De qualquer forma, se chegarmos a admitir, com a maioria dos historiadores maçons, a existência de uma Loja no Tijuco, fundada, ao que pretendem, pelo próprio Tiradentes, ou se apenas considerarmos a existência de um ou outro pedreiro-livre entre os inconfidentes, a função desses nas Minas foi, sem dúvida, disseminar os ideais da Ilustração entre os menos favorecidos que não puderam obtê-los na Europa das fontes diretas.

Formulações semelhantes são apresentadas na chamada Inconfidência Fluminense e na Baiana "dos Alfaiates". Esta última, embora tenha sido apresentada até agora como uma revolta do povo (alfaiates, artesãos, até escravos), e mesmo como "a primeira revolução social do Brasil", teve provavelmente a assessorá-la uma *intelligentzia* responsável pela ideologia liberal manifesta através da propaganda de um João de Deus, por exemplo, ao pregar a necessidade da revolução de modo que todos fossem iguais em riqueza e não houvesse mais diferença de cor. Apesar da aparência popular do movimento baiano, onde os implicados mais diretos não se achavam em condições intelectuais e econômicas para integrar-se na Maçonaria, manobravam-no aparentemente indivíduos que conseguiram escapar ao julgamento justamente pela importância de sua posição na capitania. Podemos citar como representantes deste grupo os irmãos Borges de Barros, Cipriano Barata, Francisco Muniz Barreto de Aragão, Professor de gramática, em poder de quem se encontraram as obras de Voltaire e Rousseau. A possível filiação dessas pessoas à Maçonaria pode-se ligar o fato de criar-se em 14 de julho de 1797, na povoação da Barra, na Bahia, a Sociedade dos Cavaleiros da Luz. O caráter maçônico desta sociedade, embora não se possa prová-lo, é admitido por historiadores como Brás do Amaral.

Assim sendo, apresenta-se aqui também o problema da participação direta ou não da Maçonaria no movimento, mas se esta existiu foi certamente funcionando como organização que visava à adesão a uma ideologia democrática, servindo-se da crítica da situação econômico-social vigente na colônia.

Já nos movimentos pernambucanos de 1801 e 1817, a participação da maçonaria torna-se mais facilmente aceita. Desde 1798 funda-se em Pernambuco o Areópago de Itambé, e pouco depois, em 1802, a Academia de Suassuna. Surgem depois – com a Academia do Paraíso a Universidade Secreta, de Antônio Carlos, a Escola Secreta, de Vicente Ferreira dos Guimarães Peixoto – as Lojas Patriotismo, Pernambuco do Oriente e Pernambuco do Ocidente.

O Areópago, fundado por Arruda Câmara, do qual fazem parte o Capitão André Dias de Figueiredo e os padres Antônio Félix, Velho Cardoso e José Pereira Tinoco, Antônio d'Albuquerque Montenegro e João Ribeiro Pessoa, era, segundo Maximiliano Lopes Machado,

"uma sociedade política secreta, intencionalmente colocada na raia das províncias de Pernambuco e Paraíba, freqüentada por pessoas salientes de uma e outra parte e donde saíam, como de um centro para a periferia, sem ressaltos nem arruídos, as doutrinas ensinadas".

"Tinha por fim tornar conhecido o Estado Geral da Europa, os estremecimentos e destroços dos governos absolutos, sob o influxo das idéias *democráticas*. Era uma espécie de magistério que instruía e despertava o entusiasmo pela República, mais em harmonia com a natureza e dignidade do homem, inspirando, ao mesmo tempo, ódio à tirania dos reis. Era finalmente a revolução doutrinada que traria oportunamente a independência e o governo republicano a Pernambuco."

Oliveira Lima pretende, por sua vez, que o Areópago foi uma sociedade maçônica no espírito, senão no rito.

Da conspiração de 1801, em Pernambuco, da qual foram julgados chefes os irmãos Cavalcanti de Albuquerque – Francisco de Paula (Barão do Suassuna), Luís Francisco e José Francisco – cujos objetivos, segundo as acusações, era o de formar em Pernambuco uma República sob a proteção de Napoleão, não encontramos documentação acreditada de sua ligação com o Areópago e, sim, apenas, a atribuição de fundador a Suassuna.

O Areópago oferece talvez a única base aproximadamente válida para admitir-se alguma conexão entre esse movimento e a Maçonaria. Cabe lembrar que o Areópago é extinto logo após a denúncia de 1801 e a viagem de Arruda Câmara a Lisboa, e que em seguida, frustrada a devassa, Suassuna forma, em seu engenho, a famosa Academia com o fim de "cultivar, propagar e arraigar a ciência oculta da liberdade".

Apesar de não podermos chegar neste caso a conclusões definitivas sobre interferências maçônicas aí existentes, é certo que, se existiram, foram através dessas sociedades organizadas, cujos membros figuram entre os suspeitos de participar da pretensa conjura de 1801. E as referidas sociedades funcionaram, como já foi referido, tendo como princípios básicos os do liberalismo democrata, procurando dar aos colonos a consciência de que estavam sendo explorados por um Governo absoluto e prepotente.

Durante o período que vai de 1822 até a Revolução Republicana de 1817, em Pernambuco, e a de 1820, em Portugal, muitos são os acontecimentos que precipitam esta tomada de consciência dos colonos e muitas são as maneiras pelas quais a Maçonaria e outras sociedades secretas, com fins emancipadores e republicanos, se desenvolvem no Brasil.

Com a consolidação da Revolução Francesa e o advento de Napoleão, as sociedades secretas e os "abomináveis princípios franceses" invadem totalmente a colônia. A vinda de D. João para o Brasil e seu estabelecimento no Sul parecem levar tais sociedades a afastar-se da Corte, tornando-se, portanto, o Nordeste o local mais apropriado para sua criação e desenvolvimento em maior número.

A Maçonaria, neste período, está já plenamente estabelecida na Colônia. O Norte, principalmente Pernambuco, abriga numerosas Lojas.

PRANCHA 1 – A partida da família real portuguesa para o Brasil. Quadro de autoria desconhecida. (Deferência do Dr. Camargo Aranha.)

PRANCHA 2 – Desembarque da Princesa Leopoldina no Rio de Janeiro. Desenho de J.-B. Debret in *Voyage Pittoresque et Historique au Brésil*, Paris, Firmin Didot, frères, 1834-1839, 3 vols. (Deferência da Biblioteca Municipal de São Paulo.)

PRANCHA 3 – Dom João VI com a jarreteira. Aquarela de Charles Landser. (Coleção Cândido Guinle de Paula Machado.)

PRANCHA 4 – O Paço de São Cristóvão. Desenho de J.-B. Debret in *Voyage...* (Deferência da Biblioteca Municipal de São Paulo.)

PRANCHA 5 – O Conde de Linhares. Gravura muito difundida na época.

PRANCHA 6 – O Conde da Barca. Gravura muito difundida na época.

PRANCHA 7 – Aspecto de Salvador, Bahia. Desenho de Augustus Earle in Robert Fitzroy: *Voyage of the Beagle*, Londres, 1839, vol. I. (Deferência da Diretoria do Patrimônio Histórico e Artístico Nacional, Rio de Janeiro.)

PRANCHA 8 – Cais, palácio e catedral, Rio de Janeiro. Desenho de Augustus Earle in Robert Fitzroy... (Deferência da Diretoria do Patrimônio Histórico e Artístico Nacional, Rio de Janeiro.)

PRANCHA 9 – Dom Pedro. Desenho de Sebastien August Sisson in *Galeria dos Brasileiros Ilustres*, Rio de Janeiro, S. A. Sisson, editor, 1859-1861. (Deferência da Biblioteca Municipal de São Paulo.)

PRANCHA 10 – Dona Leopoldina. Pormenor do quadro de Kreuzinger, Castelo de Luxemburgo, Viena.

PRANCHA 11 – Mosteiro dos Carmelitas em São Paulo. Desenho de Thomas Ender. (Deferência da Companhia Melhoramentos de São Paulo.)

PRANCHA 12 – Coroação de D. Pedro I, Imperador. Desenho de J.-B. Debret in *Voyage*... (Deferência da Biblioteca Municipal de São Paulo.)

PRANCHA 13 – Von Martius. Retrato de autoria desconhecida. (Deferência da Companhia Melhoramentos de São Paulo.)

PRANCHA 14 José Bonifácio de Andrade e Silva. Desenho de Sebastien August Sisson in *Galeria*... (Deferência da Biblioteca Municipal de São Paulo.)

PRANCHA 15 – Embarque de tropas para Montevidéu. Desenho de J.-B. Debret in *Voyage...* (Deferência da Biblioteca Municipal de São Paulo.)

PRANCHA 16 – Partida da Rainha D. Carlota Joaquina para Lisboa. Desenho de J.-B. Debret in *Voyage...* (Deferência da Biblioteca Municipal de São Paulo.)

No Rio de Janeiro, surgem as primeiras organizações. Em 1801 instala-se a primeira Loja Simbólica Regular sob o título de Reunião, filiada ao Grande Oriente da França. Em 1802 cria-se, na Bahia, a Loja Virtude e Razão, ambas segundo o rito francês. A notícia de sua fundação, sob a égide do Grande Oriente Francês, chega a Portugal, fazendo com que a Maçonaria portuguesa também se interesse em estabelecer-se no Brasil. É assim, pois, que em 1804 vem ao Brasil um delegado, a fim de convencer nossos maçons a aderir ao Grande Oriente Português. Mas aquelas primeiras Lojas brasileiras, de certa forma ligadas ao Grande Oriente Francês, teriam também interesse em desligar o Brasil de Portugal, não apenas no plano político-nacional, como também no âmbito da própria organização maçônica. Não alcançou êxito, à vista disso, o enviado português, que achou mais acertado deixar fundadas novas Lojas ligadas ao Grande Oriente Português. Nasceram, então, as Lojas Constância e Filantropia. Surgem desde aí desentendimentos, entre os ramos português e francês das Lojas maçônicas brasileiras, sobretudo porque defendiam princípios políticos diferentes, já que o antiabsolutismo da Maçonaria portuguesa não envolvia uma posição favorável à independência colonial.

Talvez, por isso mesmo, as Lojas portuguesas no Brasil não resistiram e "adormeceram" em 1806.

Em 1815, abre-se Comércio e Artes, existente até hoje, ligando-se a ela muitos elementos da antiga Loja Reunião. Após a partida de D. João. esta Loja toma papel ativo nos acontecimentos que antecedem a Independência.

Revolução de 1817 em Pernambuco É, portanto, neste clima de quase segurança que as Lojas se desenvolvem e pregam a emancipação do Brasil. O Norte de há muito se vinha preparando para a liberdade: a revolução de 1817 foi apenas precipitada por acontecimentos circunstanciais. Em abono desta hipótese temos, por exemplo, uma carta dirigida a Tomás Antônio de Vila Nova Portugal, por João Osório de Castro Sousa Falcão, escrivão da Alçada, enviado da Corte para tomar conhecimento do movimento em Pernambuco. Seu autor refere-se à Revolução como projeto antigo, acrescentando que a "explosão de 6 de março foi obra do momento, coisa imprevista". Poderíamos, aliás, tentar remontar os preparativos do movimento ao ensaio de 1801.

Muitas são as causas que explicam o insucesso de 1817, mas não faltou certamente à Revolução o preparo doutrinário que se realizava através de clubes e Lojas secretos.

A hipótese de que a Revolução Pernambucana foi, em grande parte, uma realização maçônica parece aceitável. Em seu favor temos as afirmações de Muniz Tavares, revolucionário de 1817, e a opinião de historiadores da envergadura de Varnhagen e Oliveira Lima.

Quanto à contestação de Hipólito José da Costa, contemporâneo dos acontecimentos, parece, ao que tudo indica, ter sido uma decorrência de sua desaprovação ao movimento, de cujo sucesso desde logo duvidara. Criticando a revolução, os ataques de Hipólito dirigem-se sobretudo a Domingos José Martins, um dos principais cabeças do movimento, que ocupava posição de alto prestígio na Maçonaria. Negando o valor de Martins e sua posição de relevo como maçom, Hipólito procura diminuir a importância da revolução. Além disso, as asserções de Hipólito podem ser explicadas também pelas suas relações pessoais pouco amistosas com Martins, o que, aliás, deixa perceber a leitura do *Correio Brasilienze*.[10]

Portanto, a opinião de Hipólito, apesar da alta posição que ocupava como representante da Maçonaria brasileira na Inglaterra, não é suficiente para nos levar a negar a participação maçônica no movimento de 1817.

Poder-se-ia ainda pensar numa possível ligação entre a Revolução de 1817 e o levante republicano que ocorreu em Lisboa, no mesmo ano. Nesta última conspiração, não apenas encontramos na chefia revolucionária um grão-mestre maçônico – Gomes Freire – como também é nitidamente maçônica a sua inspiração doutrinária.

Com o malogro de ambos os movimentos de 1817, desenvolve-se novamente uma tremenda perseguição às sociedades secretas. D. João, aterrorizado, como já vimos, e prevenido contra elas, expede, em 30 de março de 1818, um alvará que condena todas as sociedades secretas e seus membros, por considerar que conspiram contra o Estado.

Em Portugal, o levante de 1817 deixou raízes profundas. Nos "clubes maçônicos", as idéias da Revolução Francesa continuavam a ser disseminadas através de seus membros; isso tornou possível o levante do Porto, em 1820, que aproveitou, para tanto, a ida de Beresford ao Rio de Janeiro.

---

[10] Fernando SEGISMUNDO em seu artigo da *Revista Brasiliense*, nº 14, nov-dez. de 1957: – "Hipólito da Costa, Jornalista Venal" – no qual comenta a obra de MECENAS DOURADO – *Hipólito da Costa e o "Correio Brasilienze"*, procura mostrar quais foram os interesses de Hipólito da Costa; aliás, toda a posição de Hipólito na questão e a sua mudança de atitude em face da Independência, depois que se manifesta a probabilidade de o próprio Príncipe realizá-la, sugerem outro tipo de interesse que certamente não era o dos revolucionários republicanos de 1817.

A repercussão da Revolução Constitucionalista em Portugal trouxe, além das conseqüências político-administrativas, um maior incentivo às sociedades secretas, sobretudo através da participação mais ativa nos negócios políticos. Em Portugal, a Maçonaria já havia atingido parte de seu propósito, a Monarquia Constitucional. No Brasil, começam a surgir possibilidades para uma concretização da Independência. As sociedades secretas, a Maçonaria principalmente, têm de tomar conhecimento ativo dessas possibilidades. A Maçonaria passa a ser, então, "o centro mais ativo de trabalho e da propaganda emancipadora, sobretudo após a partida de D. João VI". Mais do que nunca, a Maçonaria prega a emancipação, fazendo com que os colonos sintam mais necessidade de libertar-se política e economicamente, e a certeza de poderem fazê-lo.

As Lojas tornam-se agora mais poderosas no Sul,[11] onde a proximidade da Corte propiciava melhores perspectivas para a ação. De tal modo cresce a atividade maçônica que, em maio de 1822, a Loja Comércio e Artes se desdobra em mais duas outras: União e Tranqüilidade e Esperança de Niterói, instituindo-se legalmente, dentro da Maçonaria, o Grande Oriente do Brasil.

No entanto, essa organização e esse poder alcançados pela Maçonaria não conseguem manter entre os membros um acordo sobre a fórmula pela qual se faria a Independência. Todos admitiam sua necessidade, mas divergiam sobre a maneira de realizá-la. Por isso, afirma Otávio Tarquínio de Sousa, que "da Maçonaria faziam parte todos ou quase todos os homens que lutaram pela Independência do Brasil". Uns viam nas Lojas com a sua iniciação, presa a juramentos característicos, seu ritual e seus segredos, o melhor, o mais eficaz instrumento para a campanha em que estavam empenhados; outros teriam menos fé nos seus métodos, acreditariam menos na sua ação. José Bonifácio figuraria no segundo grupo.

Percebe-se, portanto, que as Lojas não apenas procuravam atrair adeptos para a causa de emancipação, mas também que os partidários desta procuravam filiar-se a elas para melhor realizar o seu objetivo. A Maçonaria aparece, então, funcionando como verdadeiro partido, dentro do qual começam a surgir as primeiras discórdias oriundas de interesses diversos.

---

[11] É certo que, em 1821, também Pernambuco vê renascer a Maçonaria que havia desaparecido após as proibições. Vicente Ferreira dos Guimarães Peixoto, tendo recebido sua anistia, fundou uma Loja maçônica com o título de *6 de março de 1817*. Aliás, em 1821, há uma nova tentativa de conspiração chefiada por Peixoto, sendo ele e seus companheiros maçons presos e deportados. Só regressarão ao Brasil após a Independência.

Assim é que José Bonifácio e Gonçalves Ledo desentendem-se ao tratar dos caminhos que serão tomados na Independência. No dizer ainda de Otávio Tarquínio de Sousa, José Bonifácio adere à Maçonaria, por não acreditar nos seus métodos e na sua ação – pois, sendo Ministro, considerava-se mais poderoso do que ela – mas para proceder à maneira de todos os patriotas e sobretudo para saber o que lá se passava, já que não confiava em todos os seus membros. Não era essa, entretanto, a posição de Ledo, de José Clemente ou de Januário: estes acreditavam na organização e nas suas possibilidades de ação. Daí seu relativo conformismo em face do poder e do prestígio alcançados por José Bonifácio e pela grande ascendência do Ministro sobre D. Pedro.

Estas divergências entre os dois grupos chefiados, respectivamente, por Ledo e José Bonifácio, repercutem em quase todos os acontecimentos que antecederam a Independência. O grupo de Ledo procurava adquirir força, tentando atrair o Príncipe para a Maçonaria. Ao mesmo tempo, procura encarar o poder do Príncipe em termos da vontade popular. José Bonifácio, no entanto, não vê com bons olhos a penetração do Regente na organização maçônica. Apesar de sua posição de Ministro muito o favorecer, teme talvez perder algo de seu prestígio junto a D. Pedro, sobretudo porque intenta manejá-lo segundo seus próprios pontos de vista, que reputa os únicos capazes de manter a união de todas as províncias. O resultado é que a Maçonaria passa a agir muitas vezes, sem o conhecimento de José Bonifácio, que nem sempre podia comparecer às reuniões. A figura de Ledo, por sua vez, era muito mais representativa das convicções dos maçons.

É Ledo e o seu grupo que preparam e fazem com que se realize a aclamação de D. Pedro como Defensor do Brasil. No entanto, José Bonifácio já se havia manifestado contra isso. Conseguem assim, aos poucos, a participação do Príncipe nos seus intentos libertários. D. Pedro, colocando-se entre os dois grupos, isto é, sem deixar de sofrer a influência de José Bonifácio, mas ao mesmo tempo atendendo aos desejos do grupo de Ledo, mantém, de certo modo, a importância de sua figura para a Independência. Ambos os grupos tentam atraí-lo: é isso o que vai acentuar seu poder e dificultar, por conseguinte, as perspectivas de um Brasil republicano. O próprio Regente já havia sido prevenido por José Clemente a 9 de janeiro de 1822: "Será possível que S. A. R. ignore que um partido republicano, mais ou menos forte, existe semeado aqui e ali, em muitas das províncias do Brasil, por não dizer em todas elas?"

Novos desentendimentos surgem por ocasião da convocação da Constituinte que, promovida pelos esforços de Ledo e de seus companheiros maçons, é vista com simpatia pelo Príncipe. José Bonifácio, sempre mais cauteloso, temia a precipitação dos acontecimentos nessa direção, mas por fim adere à causa, ao sentir sua própria impotência.

A Maçonaria, por sua vez, procurando ganhar maior crédito, resolvera fazer do Ministro que deveria referendar o decreto de convocação seu próprio Grão-Mestre. A 28 de maio, José Bonifácio é eleito Grão-Mestre do Grande Oriente do Brasil e isso se realiza através do grupo de Ledo. Segundo Otávio Tarquínio de Sousa, "tão perfeito seria este acordo que José Bonifácio deixaria a Ledo várias iniciativas no curso dos preparativos para a convocação da Constituinte, tendo-lhe cabido, segundo versão muito divulgada, a feitura dos próprios decretos".

Todavia, à véspera da convenção, ou seja, a 2 de junho, José Bonifácio, denotando com isso um fundo de desconfiança nos novos companheiros, cria, por sua vez, uma segunda sociedade secreta: o Apostolado da Nobre Ordem dos Cavaleiros da Santa Cruz. O Príncipe foi convidado a fazer parte dela, o que mostra o empenho de todos em atrair a pessoa de D. Pedro. Logo de início viu-se Sua Alteza chamado ao posto de Arconte-Rei, onde adotou o pseudônimo de Rômulo, enquanto José Bonifácio se reserva simplesmente o título de Cônsul, com o pseudônimo de Tibiriçá. Dividiu-se a nova sociedade, semelhante à Maçonaria, e tal como o Grande Oriente com suas três lojas, em três Palestras: Independência ou Morte, União e Tranqüilidade, e Firmeza e Lealdade.

A organização foi logo considerada reacionária, pelo grupo mais ativo e radical da Maçonaria. Apesar de constituir o princípio básico da organização do Apostolado a promessa de "defender por todos os meios a integridade, categoria e independência do Brasil, como reino, e a Constituição legítima do Estado... opondo-se tanto ao despotismo que o altera como à anarquia que o dissolve", recebeu ela, após a Independência, epítetos desabonadores, como os já lembrados do *Sentinela da Liberdade*, de Pernambuco.

Com os mesmos intuitos de investigação, controle, fiscalização, com que José Bonifácio penetrou na Maçonaria, Ledo e muitos de seu grupo fizeram parte do Apostolado. Exteriormente, esta atitude nada apresentava de incongruente, uma vez que também o Apostolado se propunha defender a Independência e tinha por fundador o Grão-Mestre da Maçonaria.

O passo imediato dos maçons – que não podiam permitir que D. Pedro fizesse parte apenas do Apostolado – foi necessariamente no sentido de atrair ainda mais o Príncipe para seu grêmio. A 13 de julho de 1822, ele é recebido na sociedade, onde toma o pseudônimo de Guatemozim. D. Pedro parecia levar a sério sua participação na sociedade secreta: isso pode ser deduzido, por exemplo, de certa passagem de uma carta que enviou ao pai em 20 de julho: "O Pequeno Ocidente toma a ousadia de trazer presentes ao Grande Oriente, duas cartas da Bahia e alguns papéis periódicos da mesma terra há pouco vindas: terras a quem o Supremo Arquiteto do Universo tão pouco propício tem sido."

Após a convocação da Constituinte, pouco faltava para que o Brasil se tornasse efetivamente independente. D. Pedro participava ativamente dos movimentos organizados na Maçonaria. O grupo de Ledo, não se contentando em tê-lo apenas como membro, sobretudo após o 7 de setembro, desejava elevá-lo ao posto máximo da sociedade, ocupada, no entanto, por José Bonifácio. A mudança, do ponto de vista de muitos maçons, teria uma tríplice vantagem: lisonjearia a vaidade do Príncipe, faria eventualmente do seu Grão-Mestre o proclamador da Independência e futuro Imperador e destituiria José Bonifácio do cargo. O Grão-Mestrado do Príncipe é proposto em sua ausência e na de José Bonifácio, e assim, em 14 de setembro, ao regressar de São Paulo após a proclamação de "Independência ou Morte", D. Pedro é conduzido ao Grande Oriente para ser empossado no posto supremo da Ordem. A rigor, esta resolução de elevar D. Pedro a Grão-Mestre podia ser acionada de ilegal, mas serviria plenamente aos intentos da Maçonaria: seu Grão-Mestre era o libertador do Brasil.

Praticamente, a missão mais importante da Maçonaria estava terminada no Brasil. É bem verdade que a Independência alcançada não foi estabilizada nos moldes radicais da ideologia maçônica. Parte, portanto, de sua missão deveria continuar até a República, e depois; mas, cessado o objetivo primordial, a sociedade começa a desintegrar-se. O próprio grupo de Ledo, que tanto se batera pelo liberalismo, e só aceitou a fórmula de um Brasil Império quando sentira necessidade de aproveitar o prestígio de D. Pedro, para garantir a Independência, passa a aceitar situações inteiramente em desacordo com a sua doutrina anterior. Quando D. Pedro passa a exercer o poder com maior autoridade pessoal, é de Ledo principalmente e de seus companheiros que recebe o mais vivo apoio.

CAPÍTULO IV

A AGITAÇÃO REPUBLICANA NO NORDESTE

1. A IMPORTÂNCIA DE PERNAMBUCO NA REGIÃO NORDESTINA

A EVOLUÇÃO histórica e social do Nordeste decorre, de modo intenso, do desenvolvimento de Pernambuco, que se apresenta, assim, como verdadeiro centro de gravitação. Por contingências oriundas da colonização da capitania de Duarte Coelho, contingências que criaram condições socioeconômicas especiais, ficou a Nova Lusitânia como polarizadora dos episódios que se desenrolaram nesta região brasileira. Daí os acontecimentos históricos, na sua grande maioria, tendo como foco de irradiação Pernambuco, repercutirem em grande parte da zona nordestina.

A "ventura flamenga", conforme a chamou Capistrano de Abreu, fez despertar na capitania de Pernambuco, desde o século XVII, manifestações de sentimento nativista e autonomista que a elite atuante, a nobreza rural – cuja formação foi tão bem estudada por Gilberto Freyre –, soube expressar na expulsão de *Xumbergas* em 1666 e, principalmente, na chamada guerra dos Mascates de 1710.

O "maligno vapor pernambucano", a que se refere o anônimo autor das *Revoluções do Brasil*, ou a "ardência natural dos pernambucanos", aludida pelo Padre Dias Martins, tinha sofrido um impacto com a situação em que ficou a região. As conseqüências danosas do fracasso da inconfidência pernambucana refletiram-se na relativa apatia em que viveu, na segunda metade do século XVIII, a antiga donataria de Duarte Coelho. O seu potencial revolucionário sofreu certo freio, isso, em uma época tão fértil em agitações, sobretudo lá para as Minas Gerais.

As idéias novas   Nos fins, porém, do Século das Luzes já trepida aquele mesmo espírito que tão precocemente desabrochara nos entreveros com os flamengos, agora alicerçados por um conteúdo ideológico que a Filosofia da Ilustração espalhara e tivera a sua concretização na Revolução de 1789, com a experiência antecipada da independência norte-americana. Os "abomináveis princípios franceses" tornavam-se, no tempo, aquelas *choses secrètes et maudites* de que nos fala Jean Cassou e encontravam alta guarida nos meios pernambucanos.

O Padre Manuel Arruda da Câmara

A vinda do Padre Manuel Arruda da Câmara e o seu estabelecimento no interior da capitania, nos fins do século XVIII, vão ter uma avultada significação para a expansão das idéias libertárias. Nascera em 1752, professara no Convento carmelita de Goiana, tomando o nome de Frei Manuel do Coração de Jesus. Ingressando na Universidade de Coimbra, não lhe foi possível a continuação do curso, nessa instituição de ensino, em virtude – são palavras de Pereira da Costa – "das medidas rigorosamente empregadas contra os estudantes que se mostravam afeiçoados às doutrinas proclamadas pela Revolução Francesa", indo fazê-lo na Universidade de Montpellier, na França, onde se doutorou em medicina, juntamente com o seu irmão Francisco. Secularizando-se, por breve pontifício, em 1796 se encontrava em Pernambuco, exercendo a medicina. Este homem de alto saber, possuidor de avultada cultura para a época, elogiado por viajantes argutos como Henry Koster, que o visitou e dele teve a melhor impressão, exerceu uma ação revolucionária ainda não bem esclarecida em seu todo, revelando-se, pelo menos no terreno teórico, um líder capaz de imprimir-lhe rumos doutrinários oportunos e bastante avançados para o tempo.

A carta-legado que escreveu, em 2 de outubro de 1810, pouco antes de sua morte, a seu discípulo amado e continuador de sua obra, Padre João Ribeiro, é documento político que se poderia comparar, no domínio da filosofia política, ao célebre discurso de Lincoln em Gettysburg. O sentido igualitário das classes e das raças e o mais sadio pan-americanismo se refletem em suas páginas. Declara ele:

> "Acabem com o atraso da gente de cor, isto deve cessar para que logo seja necessário se chamar aos lugares públicos haver homens para isto, porque jamais pode progredir o Brasil sem nele intervirem coletivamente em seus negócios, não se importem com essa canalha e absurda aristocracia cabundá, que há de sempre apresentar fúteis obstáculos. Com a monarquia ou sem ela deve a gente de cor ter ingresso na prosperidade do Brasil." A missão que se propunha realizar tinha ampla expansão, como se depreende desse tópico: "A minha obra secreta manda com brevidade

para a América inglesa ao nosso amigo N. por nela conter coisas importantes que não convêm ao feroz despotismo ter dela menor conhecimento (...). Tem toda cautela na minha miscelânea, onde estão todos os apontamentos das importantíssimas minas. Se suceder algum desar em que vires perigo à tua existência, faz ciente alguém da tua família do ramo de Negreiros, ao amigo da América inglesa para prevenir tudo." A sua compreensão da solidariedade americana, do verdadeiro pan-americano, se retrata com toda a pujança: "Remete logo a minha circular aos amigos da América inglesa e espanhola, sejam unidos com esses nossos irmãos americanos, porque tempo virá de sermos todos um; e, quando não for assim, sustentem uns aos outros."

O Areópago de Itambé   Da sua situação irá surgir o Areópago de Itambé, criado, como afirma Oliveira Lima, "antes de 1800 sob a inspiração e direção do sábio Manuel Arruda da Câmara, que regressara da Europa ao findar o século XVIII".[1] O autor de *D. João VI no Brasil* considera-o como sendo "uma sociedade secreta política e maçônica no seu espírito, senão no rito, que lhe teria sido posterior". Parece, todavia, que essas sociedades, na época organizadas em forma de areópagos ou academias, não se enquadravam na estrutura das lojas maçônicas. Eram núcleos, necessariamente secretos, em face de sua finalidade emancipacionista e da opressão do aparelho repressivo colonial, mas sem apresentarem a configuração específica das organizações maçônicas; tendo uma finalidade clara e precípua, que era a da libertação nacional, a da extinção do colonialismo. Tanto isso se nos afigura real que os europeus eram expurgados de seu seio.

O Seminário de Olinda e as idéias liberais   Outro fator que veio contribuir para a propagação das idéias novas e que se entrosa com o Areópago, podendo mesmo afirmar-se a existência de uma espécie de simbiose entre os dois, foi o Seminário de Olinda, aquela "escola de heróis", da denominação do Pe. José do Carmo Barata, fundada pelo Bispo D. José da Cunha de Azevedo Coutinho em 16 de fevereiro de 1800, na antiga igreja e colégio dos Jesuítas.

---

[1] Notas à *História da Revolução em Pernambuco de 1817*, de Francisco MUNIZ TAVARES, p. 71. Oliveira Lima comete um pequeno engano: o nome do cientista pernambucano era Manuel Arruda da Câmara, conforme se vê na documentação fornecida pela Universidade de Montpellier e existente no *Inst. Arqu. Hist. e Geo. Pernambucano.*

"O melhor colégio de instrução secundária no Brasil", no conceito de Oliveira Lima, que ainda comenta sobre ele: "Os processos pedagógicos dos jesuítas, imbuídos da filosofia aristotélica, cederam aí o passo à renovação intelectual pelas doutrinas cartesianas, de que os padres do Oratório foram em Portugal os propugnadores mais audazes, seguidos de perto por membros de outras ordens religiosas, que evolucionaram no terreno filosófico antes das reformas pombalinas de ensino, baseadas no *Verdadeiro método de estudar*, do Padre Verney, crítica desapiedada ao sistema da Companhia, o qual sacrifica a inteligência à memória."

Carlos Rizzini anota com muita precisão:

"Assim como os jesuítas para salvar a Igreja, erguiam contra as letras humanas o formalismo escolástico, os padres oratorianos, com idêntico fim, procuravam, à luz da dúvida e da crítica, conciliar com a fé as mesmas letras. Nas suas classes de Lisboa e do Recife ensinavam por compêndios próprios e, em português, as humanidades enriquecidas das disciplinas experimentais, da história geral e particular e da geografia. Foram eles que introduziram em Portugal as doutrinas regeneradoras, compondo e editando, contra a esterilidade das chamadas *Lógicas* Carvalho e Barreto, a *Instrução sobre lógica*, vulgarizando Bacão (Bacon), Descartes, Gassendi e Genuense."

Estas "doutrinas regeneradoras" iriam ser os alicerces do seminário, erguido no alto do velho burgo de Duarte Coelho. Chama-o um mordaz crítico da época de Universidade e aduz que "transformam Olinda em uma nova Coimbra". Com 11 cadeiras funcionando, do seu corpo docente destacam-se vultos posteriormente salientes em movimentos libertários, como os padres João Ribeiro, Professor de Desenho; Miguel Joaquim de Almeida Castro, o célebre Padre Miguelinho, Professor de Retórica e Poética, e Frei José Laboreiro, Professor de Teologia Dogmática. O novo estabelecimento de ensino, que o irônico e contundente analista das *Revoluções no Brasil* anuncia obrigar todos os estudantes a serem "chamados a Olinda como Atenas, em que só podiam ser formados", exercerá na sociedade pernambucana um relevante papel. A ligação entre os padres Manuel Arruda da Câmara, vulto um tanto enigmático, clinicando, fazendo pesquisas no domínio das ciências naturais, exercendo indiscutível liderança em atividade política, João Ribeiro – seu discípulo dileto e herdeiro de sua filosofia política – e Frei José Laboreiro, os dois últimos professores do Seminário, é fato bem significativo. Sem esquecer a participação abnegada e heróica que o Mestre de Retórica e Poética teve no levantamento de 1817, encarando a morte, impávida e estoicamente, na cidade do Salvador.

A Conspiração dos Suassunas   Deste ambiente um tanto brumoso pela escassez de dados documentais, irá delinear-se uma insurreição que ficou na história com o nome de Conspiração dos Suassunas. "Não passou do plano das idéias, não se concretizando em atos de rebeldia. A delação atalhou o movimento ideológico com a prisão dos principais acusados", são palavras de José Honório Rodrigues. Acrescenta ainda que "foi um pensamento sem ação, e como tal pertence à História das idéias formadoras da consciência nacional (...). A inconfidência dos Suassunas é mais um elo na cadeia da conspiração nacional contra o domínio colonial". Reconhece, com muito acerto, que representou um "germe preparatório" da Revolução de 1817. Iria, certamente, essa conspiração sair do Areópago de Itambé, que, no dizer de Carlos Rizzini, seria "a nossa primeira colmeia autonomista e as suas abelhas as primeiras a empreender um vôo continental em favor da independência comum".

Ligações com Napoleão   Episódio histórico obscuro, cercado de certo halo de mistério, dele se disse haver implicações com Napoleão Bonaparte, o "protetor", como é chamado pelo Padre Dias Martins. Na época, 1º Cônsul, o herói de Marengo estava enchendo a Europa de satélites e não seria capítulo de história romanceada admitir ter vicejado, na mente abrasada de idealismo e nativismo dos participantes do Areópago, o pensamento de transformar o corso em defensor de uma nova República situada na zona equatorial. A ameaça do lançamento do peso de seus exércitos sobre Portugal impossibilitaria a remessa, pela metrópole, de forças armadas para combaterem o levantamento pernambucano. E a paz, imposta pela espada, que já tanto pesara em Campo Fórmio, forçaria o fraco Regente D. João a reconhecer o fato consumado.

Sabe-se que do Areópago participavam, além do Capitão André Dias de Figueiredo e dos padres Antônio Félix Velho Cardoso, José Pereira Tinoco, Antônio de Albuquerque Montenegro e João Ribeiro Pessoa, enumerados por Maximiliano Lopes Machado na sua *Introdução* à 2ª edição da *História da Revolução de 1817* de Muniz Tavares, os três irmãos Suassunas: Francisco de Paula, Luís Francisco de Paula e José Francisco de Paula Cavalcanti de Albuquerque, sendo o primeiro dono do engenho Suassuna, nome pelo qual ficaram sendo conhecidos e que se estendeu à própria inconfidência planejada.

A denúncia da Inconfidência Em 1801 era Pernambuco governado por uma junta composta do Bispo Azeredo Coutinho, do Intendente da Marinha Pedro Sevherin e do Desembargador José Joaquim Nabuco de Araújo. Na tarde de 21 de maio do mesmo ano, o capitão do regimento de milícias dos nobres, o comerciante recifense José da Fonseca Silva e Sampaio, denunciou ao Juiz de Fora do Recife e Olinda, Antônio Manuel Galvão, planos de uma conspiração contra o regime. A denúncia foi, incontinenti, transmitida ao Governo que, na mesma noite, se reuniu no Palácio da Soledade, onde residia o prelado, e tomou medidas severas, encarregando o aludido juiz a que, "auxiliado pelo Tenente-Coronel do Regimento de Linha do Recife, Domingos de Azeredo Coutinho, com a tropa que fosse precisa, passasse logo a fazer prender o denunciado Francisco de Paula e seu irmão Luís Francisco de Paula Cavalcanti, este Comandante da freguesia de Jaboatão, aquele Comandante da freguesia do Cabo, os quais foram presos nessa mesma noite e ficaram recolhidos na cadeia desta vila em segredo, separados", conforme reza o ofício da Junta Governativa, datada de 27 do citado mês, dirigido ao Ministro D. Rodrigo de Sousa Coutinho e consignado na devassa.

Quais as bases da denúncia que levara o poder público a agir, tão célere e violentamente, contra duas das mais representativas figuras da aristocracia rural pernambucana, o primeiro dos quais é chamado pelo Padre Dias Martins de "o grande, o nobre, o ilustríssimo Suassuna" no seu livro *Os Mártires Pernambucanos* que, no conceito de Oliveira Lima, "é o manual por excelência do Pernambuco revolucionário" e José Honório Rodrigues consagra como "O catecismo das glórias revolucionárias pernambucanas?!" E que impelira, também a Junta Governativa, a ordenar a censura rigorosa de toda a correspondência particular?! Escapou da detenção o terceiro irmão José Francisco de Paula – que Dias Martins classifica como "agente acreditado junto ao protetor" – por se encontrar em Lisboa, donde fugiu para abrigar-se na Inglaterra, receoso da inevitável prisão quando do mau sucesso dos acontecimentos no Recife.

Razões da denúncia O denunciante declara ter ouvido, por intermédio de Francisco de Paula, a leitura de duas cartas enviadas pelo irmão que se achava em Portugal e que "na primeira, depois de participar o estado das suas pretensões, dava notícias políticas da Europa e que a Espanha viria sobre Portugal, e depois de algumas idéias revolucionárias advertia ao dito seu irmão que não concorresse para o empréstimo que vinha a pedir-se a esta praça nem aqueles que pudessem entrar (dizia a carta) nos nossos projetos" e na segunda repetia as mesmas idéias revolucionárias "dizendo o dito Francisco de Paula depois daquela leitura, que era preciso procurar a liberdade, ao que respondendo o denunciante que só no caso de convir toda a América, replicara dizendo: nem havendo socorro de nação estrangeira como a França?" O acusador ratifica várias vezes a sua afirmativa, inclusive em acareações com Francisco de Paula, declarando ainda que as cartas comprometedoras foram destruídas, uma, até, em sua presença. Na busca dada na residência do principal acusado foi descoberta uma missiva de José Francisco, como se vê na devassa, "escrita ao irmão dito Luís Francisco de Paula, repetindo que não concorresse para o empréstimo como já tinha advertido a outro irmão do dito Francisco de Paula, o que mostra verdadeira a denúncia nesta parte". E na mesma carta chama-lhe encarecidamente a atenção: "Ao Fonseca recomendando que estas cartas sejam entregues da sua mão à de Vossa Mercê, e o mesmo lhe recomendo para a de Paula, pois bem vê o perigo a que me exponho." Como se explicam esses requintes de cuidados e essa alusão à existência de perigo senão como confissão tácita da gravidade das conversações?!

Sonegação de documentos　A inquirição das testemunhas não aclarou a denúncia. É compreensível o alheamento dos inquiridos, sabendo-se serem os acusados elementos de importância econômica e social na capitania e, certamente, estando implicadas outras pessoas de sua categoria. O Desembargador João Osório de Castro Sousa Falcão, escrivão da alçada encarregado de investigar sobre a revolução de 1817, diz, em sua carta de 17 de março de 1818, a Tomás Antônio da Vila Nova Portugal:

> "Segundo aqui tenho concebido, o projeto da revolução era antigo em Pernambuco, a explosão, porém, no dia 6 de março foi intempestiva e obra do acaso. As idéias revolucionárias transmitidas em 1801 por Francisco de Paula Cavalcanti e Luís Francisco de Paula, de que houve denúncia e estes dois foram presos, e depois soltos por falta de provas, porque no exame dos papéis (como dessa devassa se sabe) uma das cartas foi abafada pelo escrivão Fonseca, que em prêmio recebeu quatrocentos mil-réis. As idéias começadas pelos vigários de Santo Antônio e Recife cresceram e propagaram-se pelo estabelecimento das lojas maçônicas, nas

quais excluídos das suas sessões particulares os maçons europeus, a maior parte dos quais eram filhos do país, seduzidos desde 1814 pela chegada de Domingos José Martins, se fizeram conspiradores."

Excetuando o engano cometido quanto ao nome do escrivão, que era o Bacharel José Francisco Maciel Monteiro, sendo Fonseca o denunciante, traçou o Desembargador Osório uma boa síntese da inconfidência de 1801. Em abono da declaração do magistrado quanto a suborno de elementos da devassa, vem o Padre Dias Martins declarar "que rios de dinheiro correram pelas religiosas mãos de Frei José Laboreiro, tirando-se por fruto serem os acusados restituídos à liberdade". E acrescenta, sobre os detalhes da conspiração, que "molas reais e secretas fizeram correr sobre eles cortinas impenetráveis". Documento não identificado, escrito em Lisboa, com data de 2 de outubro de 1808, diz que "desde 1800 pouco mais ou menos estava em Lisboa algum brasileiro com correspondentes em Saint-Cloude que tratava da separação com medidas sutilíssimas". Há, também, uma declaração de Miguel Pereira Forjaz ao Marquês de Marialva, de 19 de maio de 1817, onde se afirma que Caetano Pinto procurara "sufocar a existência de um partido revolucionário que ali grassava há muito tempo".

A intelligentzia pernambucana

As oitenta testemunhas ouvidas pertenciam, na sua grande maioria, à elite social pernambucana e pelas suas declarações podemos conhecer as figuras que "freqüentavam a casa do Suassuna, figuras pertencentes ao clero – a *intelligentzia* da época – e à classe militar. Foi tão grande a participação de sacerdotes na posterior Revolução de 1817 que Oliveira Lima a chamou de "revolução de padres". E Luís do Rego, quando do levantamento da Junta de Goiana e conseqüente assédio do Recife em 1821, ordenou, como medida preventiva de segurança, clausura para os eclesiásticos, vendo neles perigosos agentes do jacobinismo.

A ação do clero, nos princípios do século XIX, na propaganda e expansão das idéias liberais pela região nordestina, é fato de suma relevância na gênese dos nossos movimentos libertários de então.

Perpétuo silêncio

Passou-se uma esponja sobre o assunto – parece não ter sido improfícuo o argumento metálico de que foi intermediário o bom Frei Laboreiro – e perpétuo silêncio foi imposto pelas autoridades a respeito do episódio que tão obscuro permanece na história pernambucana, episódio que, tudo o indica, visava a um horizonte mais amplo, tanto que Oliveira Lima alude a outro emissário – além do encarregado de entrar em contato com o protetor, nesse caso o Primeiro Cônsul de Bonaparte. Esse segundo emissário seria Francisco de Paula de Albuquerque Montenegro, incumbido de "ir aos Estados Unidos e ao Rio da Prata com o objetivo de abrir relações continentais à projetada República protegida".

Novas sociedades secretas — Foi dissolvido, em 1802, em face do mau sucesso da intentona, o Areópago, fundado em 1796.

Mas outras sociedades secretas ou academias vão surgir logo depois, dele oriundas, como as academias dos Suassunas, que funciona no engenho dos antigos inconfidentes de 1801, situado em Jaboatão, e a do Paraíso, no pátio do mesmo nome, no Recife.

O Governo de Caetano Pinto de Miranda Montenegro — Em 24 de maio de 1804 tomava posse do Governo da Capitania de Pernambuco Caetano Pinto de Miranda Montenegro. Viera transferido de Mato Grosso, onde realizara profícua e eficiente administração.

Fez a viagem por terra, percorrendo, no espaço de nove meses, 670 léguas, o que vem, algum tanto, desmentir o conceito que se lhe concedia, de indolente e apático.

Era um letrado, não um soldado. Em Coimbra doutorara-se em Direito e deixava boa reputação quanto às qualidades intelectuais.

Uma carta régia de 11 de fevereiro de 1805 mandara-o para Angola, antes de completar-se o primeiro aniversário de seu Governo em Pernambuco, mas a Câmara do Recife se manifestou, assim como vários outros municípios e pessoas gradas, no sentido de sua permanência à frente do cargo, o que foi atendido pelo Regente com o decreto de 15 de agosto de 1805.

Parece, pois, não ter total cabimento a qualificação que, posteriormente, se lhe deu de ser *Caetano* no nome, *Pinto* na falta de coragem, *Monte* na altura e *Negro* nas ações. Há injustiça quanto ao último epíteto. Oliveira Lima tacha-o de "excelente homem" e acrescenta nada ter ele de "que corar perante a posteridade pelos seus atos". É verdade que o sarcástico e contundente crítico das *Revoluções do Brasil* classifica-o de "velho sexagenário, mas cheio de presunções e travessuras de rapaz" e procura explicar a sua segunda recondução como resultado de seu servilismo e excessiva cortesanice. Celibatário, tinha um filho natural de importante dama da terra. Koster, que conheceu o magistrado, pinta-lhe um bom retrato e destaca a sua preocupação na observância escrupulosa – era um jurista e não um militar – das normas jurídicas. Chega mesmo a declarar: "Era preciso que o crime estivesse bem provado, para ele se decidir a usar de sua autoridade." Morreu pobre, como viveu, tanto que o Imperador lhe mandou pagar as dívidas, não obstante ter ocupado cargos e títulos importantes não só no período colonial, como na Regência do Príncipe D. Pedro no Primeiro Reinado.

O autor de *Travels in Brazil* ainda dele diz: "É afável; ouve com a mesma atenção as queixas do pobre camponês e do rico proprietário; é justo e raras vezes exerce o poder, que lhe está conferido de punir sem apelação." Tollenare, nas *Notas Dominicais*, acentua-lhe a formação jurídica: "O atual Governador de Pernambuco, que tem o título e a farda de general, é somente jurisconsulto."

Charles Waterton, naturalista inglês que nos visitou em 1816, embora aluda à falta de limpeza nas ruas, à ausência de higiene nas nossas artérias, declara que "o Capitão-General de Pernambuco percorre as suas ruas com a aparente gravidade e compostura com que um estadista inglês desceria Charing Cross *(the Captain-General of Pernambuco walks through the streets with as apparent content and composture as an English statesman would proceded down Charing Cross)*.

A administração de Caetano Pinto, se não primou pela eficiência e pelo zelo – Tollenare fala-nos da insegurança, proliferando os roubos e assassínios –, não foi, entretanto, despótica e atrabiliária. O fato, porém, é que ele representava o sistema colonial português; todo o mecanismo de um processo sistemático de sucção e exploração.

Situação econômica de Pernambuco

A vinda da família real trouxe gravames de ordem econômica que se refletiram na vida pernambucana. Cresciam os impostos. Fala-se que – e Tollenare assim o afirma – o Governador remetia mensalmente 30 contos de réis para o Rei, extorquidos das bolsas dos nativos. A conquista da Guiana Francesa não somente provocara desgostos, com a contribuição de filhos da terra para a expedição, como aumentara as despesas.

Os sustentáculos da economia pernambucana eram o algodão e o açúcar. O primeiro, que chegou a sobrepujar o segundo devido à guerra anglo-americana de 1812-1813, sofreu, entretanto, abalos sensíveis com a transmigração. Vejamos essas oscilações:

1805 .... 282.730 arrobas
1807 .... 324.765   "
1808 .... 88.715   "
1811 .... 99.077   "
1815 .... 186.667   "
1817 .... 242.804   "

Nas proximidades da revolução a sua produção era inferior à dos anos de 1805 e 1807.

O açúcar, sofrendo os efeitos da concorrência estrangeira, oferece o seguinte quadro:

1801 .... 756.304 arrobas
1806 .... 873.000   "
1808 .... 148.544   "
1812 .... 298.127   "

A produção de aguardente de cana mostra este decréscimo:

1811 .... 2.579 pipas
1812 .... 2.269   "
1815   791   "
1816   795   "

Acresce ainda mais ter assolado o Nordeste, no ano de 1816, uma intensa seca, fenômeno quase constante na vida da região. Oliveira Lima, em suas notas à *História* de Muniz Tavares, diz que a situação era "instável, sendo precária para a grande massa da população", sendo "o povo, o qual mais sentia o peso da carestia da vida sob a forma do aumento de valor do seu principal produto de subsistência". Koster comenta: "Os impostos da maneira por que se esclarece só pesam sobre as classes baixas; não se criam para as que mais facilmente poderiam suportá-los."

Tollenare apresenta-nos índices de aumento de exportação dos dois produtos, principalmente do algodão, resultante, certamente, do conflito anglo-americano, mas critica: "Os direitos de alfândega pesam fortemente sobre a saída de certos produtos imediatos da agricultura, principalmente o algodão, que pesa 600 rs. a arroba, ou quase 10% do seu valor ordinário." E arremata com muito acerto: "É difícil ser-se ao mesmo tempo rei de Portugal e do Brasil, e agir paternalmente para com dois povos que têm interesses tão opostos. Um não pode viver sem o monopólio; o progresso de outro exige a sua supressão."

Pereira da Costa, nos *Anais Pernambucanos*, vol. VII, traça-nos o quadro da província: "Por esse tempo eram bem más as condições financeiras de Pernambuco. O comércio lutava com sérios embaraços, as rendas da capitania haviam consideravelmente decrescido, e o povo gemia oprimido com diversos e pesados impostos, quando se viu sobrecarregado com mais outros."

A influência ideológica e o sistema colonial português

O campo era favorável à atuação dos líderes, herdeiros do Areópago, e educados nos princípios liberais propagados pelos mestres do Seminário.

A expansão das idéias, bebidas nos princípios da Revolução Francesa, idéias condensadas no espírito dos pensadores do século XVIII, fazia-se com mais impetuosidade em Pernambuco.

A rudeza e avidez do sistema colonial lusitano criavam condições favoráveis à sua proliferação. E essa expansão não se adstringia aos intelectuais, aos "clérigos", mas ia repercutir também nos meios militares, impressionando oficiais da guarnição, sobretudo os da arma de artilharia, como os capitães Domingos Teotônio Jorge, José de Barros Lima, Pedro da Silva Pedroso.

É verdade que a massa não possuía educação política – se é que possuía outra modalidade de educação, em face do descaso português –, sendo a sua politização nula e isso é acentuado por Tollenare quando lembra que "os americanos estavam preparados para o governo representativo pela educação inglesa e pela liberdade da imprensa".

A elite atuante

Era um movimento de uma elite pensante, altamente idealista, que esperava tirar proveito das condições precárias do povo.

Uma elite onde atuavam homens como o Padre João Ribeiro – que chegou a conseguir a transferência de suas aulas de desenho do Seminário para o pátio do Paraíso, em cuja academia realizava a sua pregação revolucionária – de Antônio Carlos Ribeiro de Andrada, Ouvidor-Mor de Olinda, cognominado, pela vastidão de seus conhecimentos, de "academia ambulante", do erudito Padre Miguel Joaquim d'Almeida Castro e, depois de 1814, de Domingos José Martins, espírito-santense educado na Europa e ex-comerciante em Londres, onde conheceu o lendário General venezuelano Francisco Miranda, de cujo clube revolucionário participara e onde sofreu a sua influência doutrinária.

A chegada de Domingos José Martins a Pernambuco foi de grande significação para o movimento em articulação. Enérgico, homem de ação, estava mais capacitado para dirigir os acontecimentos do que os seus companheiros, mais homens de gabinete.

Tollenare – que com ele não simpatizava – destacou-lhe essas qualidades, acrescentando encontrá-las somente nele e em Antônio Carlos.

A preparação do movimento revolucionário de 17 Reuniões eram constantemente realizadas em casa de Martins, além da atuação das academias e sociedades secretas existentes. Quase às escâncaras propagavam-se as idéias libertárias. O Governador teve conhecimento desses conciliábulos, mas infenso às soluções arbitrárias, e algum tanto cético quanto à capacidade subversiva de homens de ação meramente intelectual, não lhes deu, a princípio, grande atenção. As denúncias feitas precisavam os planos dos conjurados, cujos nomes eram citados; planos de emancipação política e de República. Mas contam que o crédulo magistrado se limitava a responder aos que o advertiam da gravidade da situação: "Os pernambucanos se divertem, nada podem fazer."

Comentava-se, à boca pequena, a realização de banquetes onde as iguarias e bebidas do reino eram proscritas, usando-se somente os produtos da terra; assim como brindes patrióticos eram erguidos, inclusive com morras a Portugal. E boatejava-se ter um oficial de artilharia saudado as mulheres pernambucanas que seriam capazes de assassinar os seus maridos portugueses. Muniz Tavares narra que "na festa de Nossa Senhora da França, festa celebrada todos os anos em comemoração à derrota dos holandeses naquele lugar, viu-se pela primeira vez um preto oficial do regimento denominado dos Henriques" – Maximiano Lopes Machado identificou-o como sendo o Alferes Roberto Francisco Cabral – "bater num português que ousava soltar palavras injuriosas contra os brasileiros". Este incidente parece ter assustado Caetano Pinto, tirando-o da posição apática em que se encontrava. Surgiu daí e de uma denúncia que lhe transmitiu o Dr. José da Cruz Ferreira a sua ordem do dia 4 de março de 1817 que, em lugar de melhorar a situação, antes a agravou. Provocou, a sua divulgação, um recrudescimento do antagonismo existente entre os nativos e reinóis, desgostando a ambas as facções.

A explosão da revolta Um negociante chamado Manuel de Carvalho Medeiros, conhecido pelo apelido de Carvalhinho, informou no dia 1º de março ao Ouvidor da Comarca do Sertão, o Dr. José da Cruz Ferreira, da conspiração que estava sendo urdida. Apressa-se

Ferreira em transmitir a denúncia ao Governador. Este, depois de ouvir várias pessoas de responsabilidade que ampliaram, com novas minúcias e pormenores, a informação dada pelo Ouvidor, expede a ordem do dia lançada em ocasião inoportuna e convoca para o dia 6 um Conselho de Guerra dos oficiais-generais aquartelados na guarnição do Recife. No mesmo ficou assente a prisão dos indigitados cabeças da conspiração, sendo o Marechal José Roberto incumbido da detenção dos civis e os comandantes de corpos da dos seus subordinados. A missão de José Roberto foi cumprida sem mais conseqüências, o mesmo não acontecendo com a dos militares. O Brigadeiro Barbosa de Castro, que participara da campanha do Roussillon, foi morto, no momento de prender os seus comandados, pelo Capitão José de Barros Lima, cognominado o *Leão Coroado*, e pelo seu genro o Tenente José Mariano de Albuquerque Cavalcanti. O mesmo aconteceu com o Tenente-Coronel Alexandre Tomás, Ajudante-de-Ordens do Governador, vítima de sua temeridade quando intentava, sozinho, ingressar no quartel do Paraíso, teatro da cena sangrenta.

Ao aturdimento inicial segue-se, graças à capacidade de liderança do Capitão Pedro Pedroso, que se patenteou, ao lado do Tenente Antônio Henriques, um homem de ação, certa estabilidade no movimento, que embora urdido secretamente – falava-se estar a sua explosão fixada para a Páscoa, coincidente, em 1817, com o mês de abril – nascera de um acontecimento imprevisto. O Capitão Pedroso era um radical completo, o único capaz de medidas extremadas, e que se revelou integrado naquele mesmo espírito que inspirou a ditadura jacobina.

Os fatos se precipitam. O Governador, "em trajes caseiros e com uma espada desembainhada em punho", segundo rezam as crônicas, acompanhado de alguns oficiais e soldados, foge do palácio e refugia-se na fortaleza do Brum. O Marechal José Roberto, encarregado da defesa do Campo do Erário, capitula e o próprio chefe do Governo, induzido pelas lábias do hábil Advogado José Luís de Mendonça ou, antes, levado pela sua própria incapacidade de resistência, cede à pressão dos rebeldes e embarca para o Rio de Janeiro.

No dia 7 o golpe de estado estava consumado: realizara-se com surpreendente rapidez e eficiência. Os seus líderes não se aproximavam nem de longe, pela habilidade e capacidade técnica, daqueles que provocaram os "dez dias que abalaram o mundo". Mas os chefes realistas se revelaram, por sua vez, incapazes, tímidos e medrosos em face da explosão revolucionária, facilitando, assim, a vitória do levante improvisado, não previsto para o momento.

A constituição do Governo Provisório — E no mesmo dia é constituído um Governo Provisório de cinco membros, à maneira do Diretório da França, em 1795. O Padre João Ribeiro, representando o clero, Domingos José Martins, o comércio, José Luís de Mendonça, a magistratura, Manuel Correio de Araújo, a agricultura, e Domingos Teotônio Jorge, as forças armadas, formam essa modalidade de colegiado. O Padre Miguelinho, ajudado por José Carlos Mayrinck da Silva Ferrão, pai do adesismo nacional, pois igual cargo ocupara junto a Caetano Pinto, ficava como secretário.

Auxiliava a ação governamental um Conselho de Estado no qual figuravam Antônio Carlos, Antônio de Morais e Silva, autor do célebre *Dicionário*, cujo comportamento se caracterizou pela dubiedade, José Pereira Caldas, o Deão Bernardo Luís Ferreira Portugal e o comerciante Gervásio Pires Ferreira.

Surge, como forma de mensagem ao povo, o *Preciso*, elaborado por José Luís de Mendonça. Documento esclarecedor dos acontecimentos e de suas finalidades, redigido de modo inflamado pelo representante da magistratura, parece ter sido uma maneira de o seu autor redimir-se da pecha de traição que lhe foi assacada, quando propôs, aos seus companheiros de intentona, uma solução moderada, conservando-se, pelo menos momentaneamente, a fidelidade à Monarquia. Proposta que quase degenera em conflito pela intervenção brusca e violenta do Capitão Pedro Pedroso, para isso insuflado por Domingos José Martins. Oliveira Lima situa o antagonismo entre Domingos José Martins e José Luís de Mendonça como a expressão de atitudes revolucionárias antagônicas: "É o conflito dos jacobinos e dos girondinos na Convenção ou, antes, dos constitucionalistas e dos republicanos na Assembléia Legislativa. A Montanha, como sempre, dominou a Planície."

Hoje figuraríamos o caso como um choque de esquerda e direita, sendo os dois chefes republicanos representantes dessas posições. A de Pedroso seria mais radical: a de extrema esquerda.

A atuação do Governo Provisório — As medidas iniciais, pelo novo Governo adotadas, relacionavam-se com a estruturação do sistema republicano que havia sido instaurado; porém tiveram antes um aspecto exterior e utópico, tais como adoção da bandeira, mudança de tratamento – imitação do que se tinha estabelecido na Revolução Francesa – nas relações entre os cidadãos, proscrevendo-se as velhas fórmulas cerimoniosas e cortesãs, pelos termos de patriota e vós. É verdade que elaboraram uma Lei Orgânica, considerada, por uns, da autoria de Frei Caneca e, por outros, de Antônio Carlos – "primeira Constituição feita no Brasil por brasileiros", no julgamento de José Honório Rodrigues – estabelecendo, nos moldes da *Declaração dos Direitos do Homem e do Cidadão*, os direitos e as garantias individuais. As liberdades eram asseguradas, dentre elas a de opinião, a religiosa, muito embora ficasse oficializada a religião católica, e a de imprensa.

Fixava a tese da soberania popular e mostrava-se bastante liberal quanto às prerrogativas concedidas aos estrangeiros que se naturalizassem. Oliveira Lima considera a Lei Orgânica, "quando muito, um esboço da Constituição a vir, uma fixação das suas bases".

A idéia de federalismo vislumbra-se na carta que João Ribeiro escreve, em 31 de março, aos patriotas paraibanos:

"Pernambuco, Paraíba, Rio Grande e Ceará devem formar uma só República, devendo-se edificar uma cidade central para capital." Repete adiante a tese de uma capital interiorana: "Vede que proponho, como condição essencial, o levantamento de uma cidade central, que pelo menos diste 30 a 40 léguas da costa do mar, para residência do Congresso, e do Governo: tomai isto em séria consideração: um obstáculo, acho eu, que é, em semelhante distância, e proporção, um local fértil, sadio, e abundante de boas águas para semelhante fundação: o certo é, que tenho viajado pouco! e cumpria que esta capital fosse na província da Paraíba."

De prático mesmo somente a tendência a expandir o movimento pelas antigas capitanias vizinhas. Esperava-se, certamente, que a repercussão se faria sentir em várias partes do país e quase certeza havia na participação ativa dos baianos.

A repercussão da revolta

Fácil foi a adesão da Paraíba. Iniciado o levantamento em Itabaiana, sob a chefia de Amaro Gomes Coutinho, logo ganhou a capital, onde vitorioso se tornou em 16 de março. Os nomes de José Peregrino Xavier de Carvalho, Padre Antônio Pereira de Albuquerque e Inácio Leopoldo de Albuquerque Maranhão juntam-se-lhe no bom sucesso da empresa e irão depois figurar na galeria dos "mártires pernambucanos" do Padre Dias Martins. O Governo Provisório que ali se estabeleceu seguiu, pouco mais ou menos, as pegadas do pernambucano.

No Rio Grande do Norte coube a iniciativa ao Coronel de milícias e rico senhor de engenho André de Albuquerque Maranhão e a 28 de março se constitui a Junta Provisória, contando com a colaboração, dentre outros, de João Ribeiro de Siqueira Aragão, Antônio Germano Cavalcanti de Albuquerque (depois um dos trânsfugas da revolta e chefe da contra-revolução) e o Padre Feliciano José Dornelas.

A missão confiada ao Subdiácono José Martiniano de Alencar de sublevar o Ceará redundou em fracasso pela sua prisão no Crato; o mesmo acontecendo a que foi entregue a José Inácio de Abreu e Lima, mais conhecido pela alcunha de "Padre Roma", que obteve a momentânea adesão de alguns elementos em Alagoas, mas detido, pela polícia do Conde dos Arcos, ao chegar a Salvador, acabou fuzilado no Campo da Pólvora.

Missão a Londres — Um certo negociante inglês chamado Kesner foi enviado à Inglaterra junto a Hipólito da Costa, já conhecido de Domingos José Martins, que, quando em Londres, sempre consultara e também o informara dos negócios do Brasil.

Mas o autor do *Correio Brasilienze* não somente se recusara a aceitar a incumbência de representar a jovem República, como até a combatera.

Missão aos Estados Unidos — Para os Estados Unidos foi com missão oficial de conseguir o apoio de seu governo outro negociante, Antônio Gonçalves da Cruz, o *Cabugá*, levando como secretário Domingos Malaquias de Aguiar Pires Ferreira. Nenhum resultado positivo obteve o *Cabugá*, a não ser o aliciamento de uns oficiais bonapartistas exilados – alguns chegaram, depois de jugulada a revolta, às plagas nordestinas, como o Conde de Pontecoulant, Latapie, Artong, Raulet – com o plano de, vitoriosa a República, realizar a libertação de Napoleão, então recluso em Santa Helena.

A Buenos Aires foi mandado Félix José Tavares de Lima para entrar em ligação com os rebeldes do Paraguai.

A contra-revolução — Mas ao otimismo inicial dos revolucionários sucedeu a realidade da repressão.

Na Bahia, o Conde dos Arcos, que a governava, organiza celeremente a reação. Contam que o conde – "que mais se dedicava aos passatempos femininos do que aos negócios de Estado", no dizer de Muniz Tavares – conhecedor da cumplicidade de inúmeros baianos, comprometidos com os planos subversivos dos pernambucanos, simulou ignorar o fato e exigiu dos próprios indiciados elementos necessários para a expedição punitiva que planejam. Há até quem afirme não serem alheios aos acontecimentos de Pernambuco, além do comandante das forças reacionárias, Marechal Cogominho de Lacerda, o próprio Governador.

Naturalmente os suspeitos iriam se mostrar mais realistas que o rei para se livrarem de complicações futuras, em face da pálida repercussão da intentona e da presteza da ação repressiva de D. Marcos de Noronha e Brito. Ao mesmo tempo em que remetia uma expedição por terra, enviava uma corveta, um brigue e uma escuna armados, sob o comando do Capitão-Tenente Rufino Pires Batista, para efetuarem o bloqueio do Recife.

A Corte, no Rio, alarma-se com a notícia do levante, levada em seus detalhes por Caetano Pinto, que imediatamente foi recolhido preso a uma fortaleza. D. João, de natural indolente e pouco ativo, transformou-se, e com a sua presença procurou aprestar os elementos necessários para reprimir a revolução.

O Vice-Almirante Rodrigo Lobo reforçou o bloqueio do Recife – já fracamente iniciado – com a fragata *Tetis*, as corvetas *Aurora* e *Benjamin* e uma escuna, enquanto se preparava, no Rio, a expedição terrestre sob o comando do General Luís do Rego Barreto.

Enquanto as forças realistas avançavam pelo sul, obtendo a pronta adesão de Alagoas, que aderira à revolução graças à atuação de Antônio José Vitoriano Borges da Fonseca, a contra-revolução ia se manifestando em várias partes de Pernambuco, tornando-se mais fortes as rebeliões das vilas de Vitória de Santo Antão e Pau-d'Alho.

A história militar da República

Repetindo Oliveira Lima, podemos dizer que foi pouco brilhante a história militar da República; a naval ficou em branco. Os chefes mostraram-se mal preparados, sobretudo pouco confiantes no bom sucesso das armas. Alguns, como o General-Chefe, Francisco de Paula Cavalcanti de Albuquerque, antigo inconfidente em 1801, temeroso do rigorismo do famigerado Livro V das Ordenações do Reino, adotavam atitudes dúbias e suspeitas que contribuíram para o fracasso das operações, chegando até a entrar em contatos secretos com os comandantes das forças reais.

O conflito, bizantino e inoportuno, de jurisdição, suscitado entre Francisco de Paula e Domingos José Martins, influíra para que este último, no intuito de evitá-lo, se afastasse do exército republicano e caísse em uma emboscada realista. Foi uma perda irreparável para a causa da revolução, pois Martins representava um dos poucos líderes capazes de dirigir os acontecimentos. Chama, também, atenção a ausência, em função importante, de comando, do Capitão Pedro Pedroso, outro homem de ação; talvez para isso tenham contribuído as suas atitudes violentas e arbitrárias, como fuzilamento de soldados – chegou mesmo a ensaiar "um arremedo do Terror" – realizados à revelia do Governo, fato reconhecido por Luís do Rego, em ofício de 23 de abril de 1818, dirigido ao Ministro Tomás Antônio de Vila Nova Portugal, quando declara, em abono da República de 17: "É alguma coisa não ter sido morto um só homem por ordem do governo rebelde, porque os únicos que foram fuzilados foi arbítrio do Pedroso, e só deu parte ao governo depois da execução."

Não foi bem-sucedido o exército republicano no engenho Utinga e no engenho Trapiche de Ipojuca, segundo Muniz Tavares, ou no Guerra, segundo Dias Martins e Pereira da Costa. Enquanto fracassavam as tentativas de repressão aos focos contra-revolucionários espalhados no interior, concentra-se o derradeiro esforço no Recife, último baluarte do espírito jacobino.

No Rio Grande do Norte já se processa a Restauração, sendo assassinado André de Albuquerque Maranhão, o grande líder local da revolta. Igual processo restaurador se manifestava também na Paraíba, com a captura do governo rebelde.

A pátria em perigo

Torna-se caótica a situação na capital pernambucana. Esvaem-se as esperanças. Com a declaração da "pátria em perigo" e os fracassos militares sofridos, organiza-se a ditadura confiada a Domingos Teotônio Jorge, "homem de uma coragem fria e intrépida", na opinião de Tollenare, mas sem "os talentos de um chefe de partido".

São formuladas duas propostas de rendição a Rodrigo Rego. Da primeira se incumbem José Carlos Mayrinck da Silva Ferrão e Henry Koster, sem obter resultado satisfatório; da segunda é portador, já instalada no Recife a ditadura de Domingos Teotônio, o Desembargador José da Cruz Ferreira, que consegue persuadir o comandante da esquadra de aceitar condições razoáveis.

Mas ao chegar à vila, com o resultado de sua missão, encontra-a abandonada. Desesperançados de bom resultado, os revolucionários, que tinham lançado por intermédio de seu ditador um *ultimatum* inócuo, abandonaram-na e seguiram desordenadamente para o engenho Paulista, onde o Padre João Ribeiro se suicida em face do desmoronamento de seus ideais.

A derrocada

Sobrevém a inevitável debandada. Para honra da revolução, devolvem os republicanos, sob guarda, os cofres públicos aos vencedores.

Entra agora em atividade o peso do aparelho repressivo. Sucedem-se as execuções, realizadas com requintes de crueldade, muito de acordo com a drástica legislação do absolutismo.

Na Bahia, para onde tinham sido enviados, são fuzilados José Luís de Mendonça, Domingos José Martins e o Padre Miguelinho.

No Recife, uma comissão militar constituída por Luís do Rego – chegado depois de debelada a revolta – manda ao patíbulo Antônio Henriques, Domingos Teotônio Jorge, José de Barros Lima e o Padre Pedro de Sousa Tenório.

Vem depois a vez dos mártires paraibanos José Peregrino de Carvalho, Francisco José da Silveira (mineiro de nascimento), Amaro Gomes Coutinho, Inácio Leopoldo de Albuquerque Maranhão e o Padre Antônio Pereira de Albuquerque.

O Tribunal da Alçada, presidido pelo Desembargador Bernardo Teixeira de Carvalho e que substituiu a comissão militar, não se mostrou mais humano.

A Alçada e Luís do Rego   Para felicidade dos implicados desavieram-se o Governador Luís do Rego e o Presidente da Alçada, tomando o primeiro o partido dos infelizes acusados e mostrando-se contrário à continuação da carnificina. Os seus inúmeros ofícios dirigidos às autoridades superiores, inclusive ao Rei, vêm reduzir bastante a má impressão com que na História figura o General-Governador. Afirma José Honório Rodrigues, na *Explicação*, ao volume CIV dos *Documentos Históricos*: "A figura de Luís do Rego sai destas páginas, como das outras que já foram publicadas nos volumes anteriores, enriquecida de virtudes, generosa, compreensiva, conciliadora. Sua luta contra o rigor e o desmando de Bernardo Teixeira bem o revela como capaz de impor-se pela compreensão aos que souberam morrer ou enfrentar a morte."

O Monarca, na data de sua coroação (6-2-1818), ordena o encerramento da devassa, libertando-se aqueles que não fossem encontrados em culpa e remetendo-se os demais à Bahia. Lançados nos cárceres baianos, alguns conseguiram o perdão real até que a revolução de 1820 veio pôr termo ao martirológio dos restantes prisioneiros. Até José Mariano e Pedro Pedroso, acusados de crimes comuns, beneficiaram-se da atitude liberal das Cortes de Lisboa.

Finis patriae   E assim termina esta revolução que Oliveira Lima considera "a mais espontânea, a menos desorganizada e a mais simpática das nossas numerosas revoluções", e José Honório Rodrigues conceitua como tendo sido a primeira a surgir "não no pensamento de uma elite, mas na própria alma popular".

É verdade que uma das causas de sua falta de bom êxito reside justamente na fragilidade revolucionária dessa "alma popular", na sua falta de politização. Os primeiros reveses amorteceram o ânimo do povo nada preparado educacionalmente – o que não aconteceu na América inglesa, orientada pelos princípios liberais britânicos, com a liberdade de imprensa e Universidade, fatores fundamentais para a criação de uma mentalidade autonomista – pela colonização portuguesa que, por meio de um aparelho repressivo violento – a "escura sujeição colonial", no dizer de Oliveira Lima – dificultava a ação ordinária daqueles que possuíam capacidade de liderança. De outro lado, chefes algum tanto ingênuos, sem audácia militar e sem a malícia adequada exigida em situações dessa ordem, vieram transformar essa experiência republicana naquela "democracia cândida" da expressão de Oliveira Lima.

O Governo de Luís do Rego   Passada a catástrofe, repatriados os antigos insurgentes, que por longo tempo sofreram nos catres baianos, volta a manifestar-se "o maligno vapor pernambucano" contra o vulto de Luís do Rego, que ficara governando a província. Executor das sentenças contra os cabeças do movimento, arbitrário nas suas medidas e acompanhado de uma corte de militares desabusados e provocadores, como o Major João Merme, o Tenente-Coronel João Antônio Patrone e outros, acusado de roubo e de dom-juanismo, sentia-se ele, em Pernambuco, numa situação de antipatia e hostilidade generalizadas: espécie de *gauleiter*, em terra conquistada.

E para coroamento não lhe faltaram os atentados.

Costumava o Governador passar dias no sobrado do Mondego, situado no lugar do atual Colégio Salesiano do Recife. De uma feita, lá chegando, defrontou-se com uma advertência escrita em um muro confronte ao edifício:

"Tem cautela Rego
Não passes no Mondego."

Levou o General a sério a advertência. E comprovou-se que, realmente, homens armados de bacamarte tocaiavam-no em um matagal próximo.

Repercussão da revolução do Porto: Sobrevindo o movimento constitucio-
a atuação da Junta de Goiana   nalista do Porto, a ele fingiu aderir, organizando – "numa palpável sofisticação", como disse Oliveira Lima – uma junta sob a sua presidência. A sua tropa de choque, o odiado batalhão do Algarve, continuava a provocar violências e gerar conflitos com os natu-

rais da terra. O velho nativismo, ainda sangrando das feridas de 17, reacende-se e explode em novo atentado que teve como autor João de Souto Maior, egresso da Bahia, cujo irmão padre, guerrilheiro de grande atividade na revolta, morrera nos calabouços do Salvador. Tudo indica não ter sido o atentado mera atitude individual, mas parte de uma conspiração de maior porte.

Escapa o Governador à tentativa frustrada do patriota pernambucano para, em seguida, deparar com um movimento subversivo, chefiado pela junta de Goiana. Recife é assediado. Uma inglesa que na época nos visitou – acompanhada do marido, comandante da fragata *Doris* – relata, no seu livro *Journal of a Voyage to Brazil*, episódios do cerco da povoação. E, ao retirar-se, declara proficticamente: "Deixamos Pernambuco na firme persuasão de que, pelo menos, esta parte do Brasil jamais se submeterá pacificamente a Portugal. Quando a energia e a conduta de Luís do Rego não conseguiram manter a capitania em obediência, será em vão tentarem-no outros governadores, particularmente enquanto o estado da metrópole for tal que não lhe permita lutar com ou em prol das suas colônias, e enquanto considerá-las apenas partes tributáveis dos seus estados, obrigadas a sustentá-la na sua impotência." A argúcia e a perspicácia de Maria Graham tinham percebido a realidade dos fatos.

A convenção de Beberibe

A 5 de outubro de 1821 assina o General-Governador, com os pernambucanos rebelados, a convenção de Beberibe, implicando isso na sua retirada para Portugal, no que é seguido, depois, pelo batalhão do Algarve. O espírito liberatório dos nativos levara Pernambuco a livrar-se da sujeição lusa, quase um ano antes do brado do Ipiranga.

O perigo das juntas

Embora o pacto firmado em Beberibe estabelecesse a jurisdição das duas juntas – a do Recife governando Recife e Olinda, e a de Goiana, a parte restante da região –, tal disposição não perdurou. Em 26 do mesmo mês nova junta foi eleita, presidida por Gervásio Pires Ferreira, um dos implicados em 17, que deixara de falar desde essa época, manifestando seu pensamento só por escrito e voltou ao uso da palavra ao ter notícia de sua investidura na presidência do Governo.

Defrontou-se Gervásio Pires com um período agitado e difícil. Os fatos processados no sul, que culminaram com o 7 de setembro de 1822, repercutiram, como era natural, na província. De um lado, o liberalismo e o constitucionalismo das Cortes; de outro, a emancipação, mas com a Monarquia bragantina, responsável pela chacina dos inconfidentes da abortada República. Não lhe era fácil guiar os acontecimentos, especialmente na posição dúbia em que ficou. O ambiente é de trepidação em face da tendência à ruptura dos laços com o colonialismo e da ação desenvolvida por Meneses de Drummond e Bernardo José da Gama, partidários da solução emancipacionista monárquica em uma província de sangrenta tradição republicana. O prudente e sagaz absenteísmo de Gervásio, talvez resultante de hábil manobra política para tirar proveito da confusão reinante, não surtiu resultado. Mesmo porque veio interferir neste clima efervescente e pré-revolucionário a espada de um caudilho de 17: o Capitão Pedro Pedroso, recém-vindo de Lisboa, onde o liberalismo das Cortes presenteara-o com a anistia. Dotado de alguma instrução, possuía certas qualidades, que não soube usar na ocasião azada. Eis o retrato que dele nos pinta Alfredo de Carvalho: "Alto e bem-apessoado, tez cor de bronze, semblante enérgico e voluntarioso, ao qual o longo cavanhaque luzidio e bastos bigodes negros davam certo cunho marcial; altivo e vaidoso da sua reputação de bravura, Pedroso, habitualmente de maneiras lhanas e afáveis, era, porém, sujeito a acessos duma cólera explosiva quando, inteiramente desvairado, se deixava impelir aos maiores desatinos." As circunstâncias iriam favorecer-lhe a brusca ascensão. Meteórica ascensão.

Em 1º de junho de 1822 um levante popular-militar abalou o Governo, forçando-o a definir-se favoravelmente pela regência de D. Pedro I. Gervásio intenta, um mês depois, contornar a situação, sugerindo um plebiscito que decidisse o problema criado com o pronunciamento. Mas não consegue deter a maré subversiva que culmina com a deposição da Junta em 17 de setembro, substituída por outra interina de cinco membros, sob a direção do astuto político Francisco de Paula Gomes dos Santos e sendo Pedroso aclamado Governador das Armas. Muito contribuiu para esta solução a atitude dos batalhões populares, como os *Intrépidos*, compostos de brancos, os *Bravos da Pátria*, de pardos, e os *Monta-Brechas*, de negros, milícias improvisadas por Gervásio Pires Ferreira na perspectiva de ataques ultramarinos. É curiosa a organização, naquele tempo, destas entidades improvisadamente militares, formadas de elementos da massa e revestidos de um radicalismo revolucionário e populista de atualidade bem patente.

Menos de uma semana transcorrida, os eleitores convocados escolhem uma Junta Provisória, com o mesmo caráter de Diretório, presidida por Afonso de Albuquerque Maranhão, figurando como vogais, entre outros, Paula Gomes e Francisco Pais Barreto, antigo insurgente de 17, que irá, porém, transformar-se em conservador reacionário. Foi alcunhado então, *Governo dos Matutos*, por ser a sua maioria formada de elementos da aristocracia rural. A sua unidade era frágil, dividida que se encontrava pela oposição de interesses dos dois mais importantes vogais.

A insurreição do Pedroso — Insuflado por Paula Gomes, que procura usá-lo como instrumento político, Pedroso, cujas tendências igualitárias se vão acentuando, pensa, no seu desvario, em repetir, com os elementos de cor, os episódios antilhanos. Os soldados chegaram mesmo a cantar trovas desta natureza:

> Marinheiros e caiados
> Todos devem se acabar,
> Porque só pardos e pretos
> O país hão de habitar.

A Junta se esgota em face da indisciplina de Pedroso – por essa época Pernambuco já se encontrava em plena integração monárquica, pois D. Pedro fora, ali, aclamado Imperador em 8 de dezembro de 1822 – e finda extinguindo-se por falta de condições de permanência. Os motins se sucedem. Vem, então, em fevereiro de 1823, a ditadura efêmera, altamente populista, de Pedroso, cuja instabilidade emocional arrasta-o à derrota. Talvez pensasse o mestiço audaz, mas que se mostrou paradoxalmente irresoluto nos momentos decisivos das desordens de 23, em imitar o exemplo de Dessalines no Haiti. A reação leva-o, porém, à queda fragorosa. Preso, é remetido para o Rio de Janeiro, terminando melancolicamente a sua revolucionária trajetória.

Retorna ao poder a Junta Provisória. Não consegue, todavia, perdurar por muito tempo. Os tumultos e as arruaças que continuam freqüentes bem retratam a sua falta de autoridade, a sua incapacidade de sobreviver. A renúncia, em 13 de dezembro, é fato inelutável.

Início do Governo de Manuel de Carvalho — Um novo Governo é eleito, sob a presidência do Intendente da Marinha, Manuel de Carvalho Pais de Andrade, republicano de 17, que escapara da pena capital foragindo-se nos Estados Unidos. Demonstrara, pouco antes, espírito de arrojo quando, ousadamente, prendera, nos motins de fevereiro, o Capitão Pedro Pedroso, pondo fim à agitação em que se encontrava o Recife.

Chegamos, neste ponto, aos pródromos da Confederação do Equador.

2. A CONFEDERAÇÃO DO EQUADOR

O panorama político brasileiro e seu reflexo no Nordeste   As condições da Província, nos fins de 1823, propendiam francamente para o ressurgimento do velho espírito republicano, agora acentuadamente impregnado da tendência federativa, já antiga, mas, na ocasião, incentivada pelas ameaças centralizadoras de Pedro I, que vinham fazer perigar o sentimento autonomista, muito arraigado na região.

A dissolução da Constituinte, em novembro, significara o término da política democrática que, por um momento, se supôs ser a diretriz orientadora do jovem monarca. Desfez-se a ilusão. O Príncipe, arrebatado, impulsivo e temperamental, saíra da fase de entusiasmo pelo liberalismo avassalador, a fase de integração com a mentalidade dominante na geração que fizera a Independência, e sentira desabrochar em si as prerrogativas majestáticas. A Vilafrancada, ensaiada pelo irmão, despertara-lhe talvez os ardores legitimistas. Passado o período de encantamento do 7 de Setembro, onde comungara com os ideais emancipacionistas e libertários dos patriotas brasileiros, e com eles se identificara, arrependeu-se do ímpeto inicial e procurou coibir as manifestações radicais dos constituintes de 23, representantes das idéias bebidas no *Contrato Social* e na conceituação da soberania popular. A visão do direito divino de seu poder parece ressurgir como uma resposta aos excessos doutrinários do constitucionalismo na Assembléia, que se considerava a integral expressão da soberania nacional.

A dissolução foi encarada no Norte do país como uma espécie de 18 Brumário. O Corso tivera o seu *simile* no dinasta bragantino. Significativamente, no mesmo dia 13 de dezembro, em que a Junta presidida por Francisco Pais Barreto, afeiçoado, no momento, à ordem monárquica demitira-se e constituíra-se outra, sob a direção do antigo líder de 17, Manuel de Carvalho Pais de Andrade, lançavam no Recife os deputados pernambucanos, cearenses e paraibanos da extinta Assembléia, retornados da Corte, uma incisiva proclamação, historiando o golpe de estado infligido ao regime nascente. Verdadeiro "apelo à rebelião", conforme pondera Ulisses Brandão, declaravam: "Obstados, pois, por força irresistível de continuar o múnus, de que a Nação os encarregou, não restava, aos abaixo-assinados, senão retirar-se."

As câmaras de Olinda e Recife – os colégios eleitorais importantes da Província – já tinham negado sanção ao arbitrário ato do Imperador, quando se recusaram a proceder a novas eleições, chegando a declarar numa altiva e honrosa franqueza – na representação dirigida ao soberano – assim agirem movidos da "desconfiança não pequena em que se acham todos os habitantes desta província pelo extraordinário acontecimento que teve lugar nessa Corte, no dia 12 de novembro do referido ano; receando com grande inquietação o restabelecimento do antigo e sempre detestável despotismo, a que estão dispostos a resistir corajosamente". Ameaça clara transcorre dessa mensagem lançada ao imperante.

O ambiente em Pernambuco era, portanto, de perfeita repulsa às medidas atrabiliárias e centralizantes emanadas do Rio. Tudo indicava que a mesma reação se manifestaria à Carta Outorgada, então em elaboração. Um fato se achava ligado ao outro, em conexão bem indicativa da mentalidade de que D. Pedro se encontrava possuído. E a resistência nordestina prenunciava-se a mesma, ampliando-se, naturalmente, com o desenrolar dos acontecimentos.

Os líderes republicanos — Em 21 de dezembro de 1822 aportara ao Recife, vindo de Falmouth, o deputado baiano às Cortes de Lisboa, o Dr. Cipriano José Barata de Almeida. Nascido no Salvador, formara-se em Medicina – possuía os diplomas de cirurgião e bacharel em Filosofia e Matemática – pela Universidade de Coimbra, mas toda a sua vida vai dedicar-se à atividade política em sua pátria. Espírito irrequieto e combativo, imbuído de um nacionalismo exaltado que o levava, naqueles tempos, a repudiar tudo o que lembrasse a metrópole, chegando ao extremo de somente usar tecidos feitos no Brasil para a sua indumentária, foi alcunhado de "o homem de todas as revoluções", tal o dinamismo que o impeliu a envolver-se nas várias agitações de sua época.

Não ficou bem clara a sua participação na inconfidência baiana de 1798, de que parece ter sido o mentor intelectual. Curiosa figura de agitador, sempre coerente nos anseios republicanos, mesclados de certa tinta de igualitarismo social, o seu vulto se projeta, com inconfundível destaque, nas Cortes lusas, revelando-se o batalhador nativista intimorato que irá ser em toda a sua atribulada e inquieta existência. O incidente, durante sua ação parlamentar em Lisboa com o Marechal Luís Paulino de França, seu companheiro de bancada, bem denota a alma combativa de que era dotado. Panfletário audaz, como depois se revelou, nada possuía de homem de gabinete, de intelectual "torre de marfim". O que se acentua na sua vida não é a ação ideológica – pouco consistente e limitada a um jornalismo agressivamente de combate – mas o seu extraordinário e gigantesco espírito de luta. Espírito de luta a contrastar com um corpo franzino e de estatura reduzida. Republicano, viveu e, numa coerência incomum, republicano morreu, sem nunca fazer maiores concessões à Coroa, poderosa e corruptamente domadora de rebeldias.

Começa, em Pernambuco – impossibilitado de alcançar a Bahia, dominada por Madeira de Melo –, a sua ação jornalística. É aí que inicia, a 9 de abril de 1823, a publicação de um tipo de periódico que recebe o nome significativo de *Sentinela da Liberdade*.[2]

Hostilizado, a princípio, por Pedroso e depois por Francisco Pais Barreto, antagonista de Manuel de Carvalho, com quem se achava ligado o panfletário baiano, é Cipriano aprisionado em 17 de novembro e recolhido à Fortaleza do Brum, onde continua a publicar o seu jornal, desta vez com o nome de *Sentinela da Liberdade na Guarita de Pernambuco, atacada e presa na Fortaleza do Brum por ordem da força armada reunida*. Prisão tão do agrado de D. Pedro – tal o receio que Cipriano Barata lhe inspirava – que valeu aos seus realizadores a outorga de recompensas: o título de Barão do Recife ao Morgado do Cabo, e a promoção a capitão ao Tenente Francisco José Martins.

Em dezembro já se encontra no Rio de Janeiro, para onde fora remetido e onde permanece, detido em fortalezas, até 1830.

Se na província nordestina tivesse ficado, grande teria sido a sua atuação no movimento de 24, tão significativa foi a sua influência pioneira – verdadeiro precursor – na Confederação do Equador. Mas um seu discípulo, o carmelita Frei Joaquim do Amor Divino Caneca, continuaria no jornal de sua direção, *O Tifis Pernambucano*, aparecido em 25 de dezembro de 1823, a mesma pregação republicana, atingindo, muitas vezes, igual diapasão de violência, embora diferenciando-se das Sentinelas pelo tom doutrinário e pela segurança intelectual, um dos mais ilustres e eruditos elementos do clero regular da época.

Participante da revolução de 17, republicano exaltado, o frade pernambucano irá ser cabeça da revolta contra os arreganhos centralizadores e absolutistas do Imperador. O seu grande ideólogo e o seu maior orientador.

Frei Caneca não se distinguiu só pelo sacrifício heróico, mas também pela vastidão dos conhecimentos intelectuais, pela grandeza da atuação ideológica e pela atualidade da cultura, que o leva a ensinar Matemática,

---

[2] O historiador HÉLIO VIANA alude, com muita razão, a certas coincidências históricas: "Em Pernambuco, onde surgia a primeira *Sentinela da Liberdade*, como indireta preparação à Confederação do Equador, também surgiu outra, em 1847-1848, que influiria na seguinte Revolução Praieira (*Contribuição à História da Imprensa Brasileira* (1812-1869), Rio de Janeiro, 1945, p. 501).

nos cárceres baianos, aos companheiros de desdita, e a escrever críticas profundas e precisas à Carta Outorgada, como a de seu voto no Senado da Câmara do Recife. Voto onde se retrata o constitucionalista, integrado nos ensinamentos do direito público que espelha como uma mensagem democrática do mais alto teor. Nas páginas do *Tifis* perpassam constantemente manifestações suas, que são documentos valiosos de filosofia política.

Manuel de Carvalho, o chefe nominal da revolta, não era um doutrinário como o carmelita, embora não lhe faltasse valor intelectual – exemplo disso temos no Projeto de Constituição da Confederação, que, tudo o indica, foi de sua lavra – em que pese a opinião em contrário de Pereira da Costa. A permanência nos Estados Unidos, quando exilado em 17, deve ter sido bastante proveitosa à sua formação revolucionária. O federalismo servira-lhe de fundamento às convicções republicanas.

Ao lado destes, um mestiço inteligente e ilustrado, bela revelação de poeta, titulado em Coimbra, Advogado e Jornalista de escol, chamado José da Natividade Saldanha, que iria ocupar o lugar de secretário do novo Governo. E que, nesse cargo, importante influência exerceria, especialmente na pregação ideológica.

A dança sobre o abismo

Enquanto em Pernambuco "o maligno vapor" atuava – Maria Graham acentua o espírito de rebeldia dos pernambucanos, quando declara, no Rio de Janeiro, a respeito de um padre lá existente: *he is a native of Pernambuco, of course a staunch independent* – e revelava-se estuante no entrechoque das idéias, procedia-se no Rio, em 25 de março de 1824, ao juramento da Carta Outorgada, que consumou, em definitivo, a ratificação da dissolução da Constituinte. A Constituição imperial, ao contrário do que o exigia a formação brasileira, impunha ao país um tipo de Estado unitário, conseqüentemente de centralização integral. Era um cartel de desafio atirado a uma região de tradição autonomista e liberal. A semente de 17 ia frutificar.

Antepusera-se o Imperador à própria promulgação da Carta Outorgada, nomeando, em 23 de fevereiro de 1824, a Francisco Pais Barreto, presidente da Província, o ex-chefe da Junta demitida em 13 de dezembro de 1823, suspeito de transigência com a orientação imperial e chefe ostensivo do movimento de adesão à política de D. Pedro.

Mantêm, todavia, os eleitores, representando as Câmaras de Olinda, Recife, Igaraçu, Pau-d'Alho, Cabo, Limoeiro e Serinhaém, os seus votos e apelam ao Monarca no sentido de aceitar a decisão anterior, quando escolheram Pais de Andrade para o Governo provincial.

Pais Barreto conseguiu, todavia, o apoio militar dos 1º e 3º batalhões de caçadores de linha, comandados pelos majores Bento José Lamenha Lins e Antônio Correia Seara, que efetuam a prisão de Pais de Andrade, em Palácio, recolhendo-o à Fortaleza do Brum. Mas um pronunciamento popular-militar, liderado pelo Coronel Barros Falcão de Lacerda, herói de Pirajá e vindo pouco antes da Bahia, com sua tropa vitoriosa, repõe Manuel de Carvalho no poder.

Nos fins de março, como demonstração de força, visando à obediência à decisão da Corte, chegaram ao Recife as fragatas *Niterói* e *Piranga*, sob o comando do Capitão-de-Mar-e-Guerra John Taylor. Vinha a divisão naval forçar a posse do Morgado, bloqueando o porto.

Nova recusa do Conselho, tendo um dos presentes bradado: "Morramos todos, arrase-se Pernambuco! Arda a guerra, mas conservemos o nosso presidente a todo transe! Conservemos a dignidade da soberania dos povos." E rezam as crônicas que essa manifestação "foi coberta de aplausos e vivas".

D. Pedro, de temperamento orgulhoso, infenso a transigir, de natural cioso de seus direitos majestáticos, sobretudo em face da situação, mais propensa à vitória da reação do que das idéias liberais, intentou, entretanto, contemporizar, nomeando um terceiro na pessoa de José Carlos Mayrinck da Silva Ferrão, bastante conhecido na província pela sua eterna política de adesismo aos poderosos do dia. Não quis o jovem soberano atender aos reclamos e às aspirações dos pernambucanos, parecendo não compreender o estado de espírito dominante na região, de modo que preferiu a norma de uma terceira força.

Mas Mayrinck, temeroso de complicações, ele que não era amante de atitudes decisivas e enérgicas, renunciou ao cargo. Não era o homem indicado para uma ocasião daquelas a exigir líderes impávidos e audazes. O exemplo do Ceará devia estar-lhe presente, quando o enviado imperial fora deposto, com apenas 15 dias de governo e recambiado para o Rio acompanhado de seus apaniguados. O dedo de Pais de Andrade estava bem visível no caso cearense. E disso, por demais, sabia o astuto mineiro.[3]

O Morgado, frustrado nos seus propósitos, concentrara-se em Barra Grande, convertida no centro do reacionarismo imperial.

O bloqueio fora suspenso, diante da ameaça de uma invasão por tropas ultramarinas. A 11 de junho, Taylor regressa ao Rio. Já Olinda se

---

[3] Mayrinck Ferrão era natural das Minas Gerais.

recusara a jurar a Carta Outorgada, sentindo-se coagida pela presença de navios de guerra.

A 2 de julho lança, então, Manuel de Carvalho, aliviado da ameaça dos canhões da divisão naval, sua histórica mensagem proclamando a Confederação do Equador.

A estrutura do novo Estado

Pretende expressamente Maria Graham que em Pernambuco havia "grande desejo de formar-se uma república federativa imitando a dos Estados Unidos".

É verdade que a Carta Magna utilizada na propaganda foi a da Colômbia, não obstante ser Manuel de Carvalho conhecedor da Constituição dos Estados Unidos. Tão grande era neste o sentimento de simpatia pela América do Norte que, de sua união com uma americana (abandonara a primeira esposa, sua prima, e filha do Barão de Itamaracá), tivera três filhas batizadas com os nomes de Carolina, Filadélfia e Pensilvânia. Curioso é observar que Manuel de Carvalho estava a par da recente doutrina firmada por Monroe, chegando mesmo a invocá-la, como se depreende de seu ofício de 25 de março de 1824, dirigido ao Secretário de Estado norte-americano:

"Tendo lido a mensagem do Presidente ao Senado e Casa dos Representantes de 2 de dezembro próximo passado, no qual ele se expressa com toda a clareza quanto à ingerência que as Potências Européias querem ter nos negócios das diversas nações do Continente Americano, e constando que uma Esquadra Francesa composta de 10 vasos de guerra se estão ajuntando no Rio de Janeiro, dando bem fundadas suspeitas de que em pouco passarão a obrar contra a liberdade da América, e vendo-se este Porto visitado freqüentemente de Navios de Guerra Ingleses, sem que se saiba até agora o motivo, eu julgo do meu dever pôr na respeitosa presença de V. Exa. para levar ao conhecimento do Senhor Presidente tudo isso, assegurando-lhe que será muito do agrado desta Província que S. Exa. ponha neste Porto uma pequena Esquadra para defender a nossa liberdade, no que fará um grande serviço à humanidade."

Seu projeto de Constituição para a Confederação, que vigoraria até o momento de a Assembléia Constituinte, convocada para 17 de agosto, determinar outra, sem fixar os direitos individuais, procurava estabelecer os órgãos e funções do Estado, admitindo a possibilidade, concedida ao Legislativo, de "alterar ou mudar o atual sistema de governo por outro mais liberal e vantajoso ao bem ser dos povos da Confederação". Estabelecia, ainda, a obrigatoriedade de concurso, perante o corpo literário, dos "lentes para cadeiras de qualquer faculdade". Perderia, de acordo com o art. 25, "os direitos de cidadão, assim como todos os empregos de honra ou proveito da Constituição", não podendo "ser mais eleito, nem empregado do Serviço Nacional da Confederação" aquele que renunciasse ao mandato de deputado. E finalizava afirmando, no seu art. 33, que "serão unicamente executadas e observadas na Confederação do Equador as Leis que decretou e mandou executar e observar a dissolvida Soberana Assembléia Constituinte do Brasil e nenhumas outras".

Quais as províncias que compunham a Confederação? O juramento de aceitação do novo sistema, exigido no Ceará, fala na "união das quatro províncias ao norte do cabo de Santo Agostinho e as demais que para o futuro se forem unindo, debaixo da forma de Governo que estabelecer a Assembléia Constituinte". Seriam elas, certamente, Pernambuco, Paraíba, Rio Grande do Norte e Ceará.

Já o manifesto de Pais de Andrade enumera: "Imitai os valentes de seis províncias do Norte que vão estabelecer seu Governo debaixo do melhor de todos os sistemas representativos." Constaria, por certo, das quatro citadas e mais, possivelmente, as do Piauí e Pará.

A repercussão nas outras províncias

Manuel de Carvalho se tinha dado pressa em espalhar emissários – desde o início da preparação da revolta – pelas províncias vizinhas, com o encargo de conseguir a sua adesão ao plano elaborado. Era Goiana o ponto de irradiação da propaganda revolucionária para essas províncias.

Na Paraíba, a situação já tensa, em face da atividade dos enviados de Pernambuco, se agrava com a nomeação de Filipe Néri Ferreira, por sinal que combatente de 17 e da luta contra Luís do Rego, para Presidente da Província.

A reação manifesta-se no interior, onde as Câmaras de Vila Real do Brejo de Areia, Vila Nova da Rainha e Vila do Pilar se insurgem contra a determinação imperial. Chega mesmo a Vila do Brejo de Areia a eleger um governo temporário que é reconhecido pelas demais, inclusive pelas de Cariri de Fora e de Mamanguape, sob a direção de Félix Antônio Ferreira de Albuquerque.

Houve choque armado em Itabaiana, contando os dois grupos com perto de 2.000 homens, e foi, segundo consta, o maior combate já havido no solo paraibano.

Parece ter sido indeciso o resultado das armas, embora os rebeldes tenham conseguido melhor sucesso com a ocupação de Pilar, quartel-general dos governistas.

Filipe Néri, desacorçoado diante do levantamento do bloqueio feito por Taylor, renuncia ao mandato, parecendo, assim, vingar a tentativa dos confederados.

Mas o mau sucesso das tropas republicanas de Pernambuco fez abortar o plano dos paraibanos. Somente alguns elementos mais destacados mantiveram o *panache* inicial, indo juntar-se às forças pernambucanas em Goiana.

No Rio Grande do Norte o movimento tem, também, o seu início nas Câmaras do interior, com S. José de Mipibu à frente. Chegam a oficiar às de Olinda e Recife, "requisitando os seus votos nesse negócio e protestando seguir a sorte de Pernambuco na paz e na guerra". Foi, ainda, favorável aos desígnios dos rebeldes, a atuação dúbia do presidente nomeado, Tomás de Araújo Pereira, mais propenso aos levantados do que aos imperiais.

A integração oficial do Rio Grande do Norte na Confederação se processou em 3 de agosto de 1824, quando Pais de Andrade ratificou o acordo assinado pelo Tenente de Artilharia Basílio Quaresma Torreão, representando Pernambuco, e pelo Padre Francisco da Costa Seixas, José Joaquim Germiniano de Morais Navarro e José Joaquim Fernandes Barros, em nome do Rio Grande do Norte.

Mas a vária sorte das armas republicanas amorteceu a ação dos potiguares.

Onde, porém, a ressonância do levantamento de Pernambuco se mostrou mais intensa e potente foi no Ceará. Lá o movimento adquiriu, pela dramaticidade dos fatos, aspectos de grandiosidade incomum. Os seus dois grandes vultos foram Tristão de Alencar Araripe e o caudilho José Pereira Filgueiras, que, em 17, atuara contra os revolucionários. Depuseram o Presidente nomeado pelo Imperador, Costa Barros, e formaram novo Governo chefiado por Tristão de Alencar, ficando Filgueiras como Comandante das armas.

Quando da derrocada em Pernambuco, permaneceram fiéis ao seu ideal: morreu Alencar Araripe de armas nas mãos em Santa Rosa, depois de recusar a anistia concedida por Lorde Cochrane, e foi aprisionado Filgueiras, que faleceu, ao ser enviado para o sul, na Vila S. Romão, em Minas Gerais. O Piauí teve, também, a sua participação ativa. Abdias Neves assim o mostra no seu ensaio, *O Piauí na Confederação do Equador*. Agitações se processaram em Parnaíba e Campo Maior, com adesão destas localidades ao Projeto de Constituição de Manuel de Carvalho. É sintomático acentuar ter sido o célebre Padre Mororó o líder do movimento em Campo Maior.

No Piauí foi menor a ressonância, mas mesmo assim alguns implicados sofreram prisão e processo, como o Cônego Batista Campos e Manuel Ferreira do Nascimento, além de outros.

Todos, porém, foram absolvidos no Rio, para onde tinham sido remetidos, pelo Tribunal da Relação.

História militar da Confederação   Não foi auspiciosa a história militar da Confederação. Improfícuos se tornaram os esforços iniciais da pequena esquadra enviada para bloquear Barra Grande, até que a chegada da divisão de Cochrane anulou esses esforços.

O Exército, comandado por Lima e Silva, encontrou apoio não somente nas forças do Morgado, como também na nobreza açucareira.

Em verdade, os senhores de engenho, as grandes famílias do canavial, representando o conservadorismo rural, com o seu tabu da autoridade, receosos da repetição dos episódios da época de Pedroso, não viam com bons olhos a demagogia citadina, onde se acastelavam exaltados e republicanos – os "pedreiros-livres", ameaçadores da ordem e, principalmente, da segurança de seus latifúndios – prestes a provocarem desordens que insuflavam os instintos anárquicos da massa. O incidente de 22 de junho é bem significativo do estado de ânimo das classes baixas e bastante alarmante para os "ordeiros". Resultou da atitude do Major de pardos Emiliano Mundurucu que, com seus homens, intentou, como represália, as medidas violentas de forçar o bloqueio, saquear as casas dos adversários e trucidá-los. O chefe mestiço tinha feito distribuir pela sua tropa a seguinte quadrinha:

Qual eu imito Cristóvão
Esse imortal Haitiano,
Eia! imitai ao seu povo,
Ó meu povo Soberano!

Foi burlado em seus intuitos graças à reação do Major dos pretos Agostinho Bezerra Cavalcanti que, mobilizando os seus soldados, frustrou os propósitos de Mundurucu, detendo-o na Rua Nova e forçando-o a retornar ao quartel com seus turbulentos subordinados.

Enquanto perdurou a revolta, o abnegado Agostinho Bezerra policiou a cidade, evitando que excessos e desatinos fossem praticados contra os adversários, com que se fez merecedor de seu respeito e de admiração.

Maria Graham – era sina da inglesa visitar o Recife sitiado –, ao desembarcar no burgo, numa tentativa de obter um acordo razoável entre os litigantes, conta a conversa que teve com Pais de Andrade em Palácio, num ambiente de Convenção Nacional, com as dependências ocupadas por elementos populares – verdadeiros *sans-culottes* – de olhos arregalados e ouvidos à escuta, no pressuposto de traições e ciladas. E o próprio chefe confederado confessou a sua impossibilidade de discutir uma solução satisfatória, devido à pressão que estava sofrendo do jacobinismo radical que o cercava acintosamente, muito embora considerasse a situação insustentável e perdida, tanto que pediu à inglesa proteção para suas filhas.

Os lances militares desenvolvidos pelo avanço dos imperiais cifraram-se em combates no engenho Santa Ana, na ponte dos Carvalhos e nos Afogados, concentrando-se a luta na ponte do Motocolombó, onde foram batidas as forças confederadas, ocupando Lima e Silva, a 12 de setembro, os bairros da Boa Vista e Santo Antônio. Depois de forte resistência oriunda do bairro do Recife, conseguiu o Comandante imperial dominar completamente a situação no dia 17.

Os remanescentes da *Divisão Constitucional da Confederação do Equador*, com Frei Caneca, rumam ao Norte, intentando ligação com os cearenses ainda em luta. Mas a notícia do desastre das forças de Tristão de Alencar e Filgueiras e o desânimo inevitável diante de fracassos sucessivos levaram-nos à capitulação da fazenda do Juiz.

Dies irae   Abate-se sobre os vencidos o peso da majestade ofendida. Começa o tribunal militar a sua missão.

Alguns dos implicados tinham encontrado na fuga a salvação, como Pais de Andrade (abrigado na corveta inglesa *Tweed*,[4] donde rumou para a Inglaterra), Falcão de Lacerda e Natividade Saldanha. Este encontrará fim trágico na Nova Granada.

As execuções – D. Pedro mostrou-se inexorável – vêm aumentar o quadro do martirológio nordestino na luta pela liberdade. Não houve apelo a que o monarca atendesse, mostrando-se até mesmo irritado com a sua repetição.

No Recife foram sacrificados Frei Caneca, condenado à forca, mas fuzilado em Cinco Pontas diante da recusa do carrasco e de prisioneiros em levá-lo ao patíbulo, apesar de promessas e ameaças; Lázaro de Sousa Fontes; Antônio Macário; o Major de pretos Agostinho Bezerra Cavalcanti, objeto de pedidos de clemência de seus próprios adversários, como

---

[4] Afirma o cônsul britânico John Parkinson, em ofício de 19-9-1824, com injustiça e certa ponta de antipatia: "In his fall the Ex President had shown as much pulsillanimity, as during prosperity he exhibited arrogance."

elementos do comércio e portugueses, cujas vidas e bens tinha garantido; Antônio do Monte Oliveira; Nicolau Martins Pereira e o americano James Rodgers.

No Rio igual destino foi dado aos comandantes da esquadrilha confederada, o português João Guilherme Ratcliff – homem ilustrado e espírito altamente liberal –, o maltês João Metrowich e o pernambucano Joaquim Loureiro.

Em Fortaleza sofreram "morte paternal", como reza o decreto de D. Pedro, João de Andrade Pessoa Anta e o bravo Padre Gonçalo de Albuquerque Mororó.

E assim findou mais um ousado projeto libertário na velha capitania de Duarte Coelho. Projeto que continuava o de 17, porque, enquanto Arruda da Câmara se afirmou como o doutrinário da democracia e do liberalismo, Manuel de Carvalho faz-se o arauto do federalismo e das reivindicações autonomistas dentro da República liberal sonhada pelos patriotas de 1801 e de 1817.

CAPÍTULO V

A FUNDAÇÃO DE UM IMPÉRIO LIBERAL: DISCUSSÃO DE PRINCÍPIOS

Imperador

O TÍTULO que se outorgou ao Príncipe tem sido objeto de várias conjecturas e uma anedota. Conta-se que José Bonifácio, avesso a qualquer pompa, teria justificado a suposta novidade com a observação de que o povo já se acostumara com o Imperador da folia do Divino Espírito Santo. O gracejo encontraria talvez boa acolhida, embora de riso amargo, aos olhos de um eminente historiador, que se refere à aclamação de D. Pedro como a uma "caricatura" da elevação do sogro Francisco I.[1] Para Toynbee, aliás, a promoção da Áustria fora por sua vez inspirada na usurpação napoleônica do título, e todas essas coroas ilustram – não tanto a degradação de uma dignidade primitiva, como se poderia apressadamente concluir –, mas um pernicioso processo muito antigo e muito atual de divinização do Estado. Não acompanharemos, entretanto, esse menos pragmático dos ingleses num vôo excessivamente largo para estas páginas. Lembremos apenas que o mesmo Toynbee numa outra passagem de sua obra compara a colonização do Brasil, bem como outras empresas do gênero, à conquista romana. Lembre-se também o que foi dito no princípio do capítulo anterior sobre a idéia de império brasileiro alimentada pelos portugueses. A sugestão continuou, incessante, através do reinado brasileiro de D. João VI. A independência monárquica,

---

[1] Francisco I da Áustria ou II da Alemanha. Diz Arnold TOYNBEE, A *Study of History*, vol. IX, p. 11: "(...) Francis II's self-metamorphosis from a "Roman Emperor" into an "Hereditary Emperor of Austria" (...) was caricatured, on the 12th October, 1822, in the proclamation of Don Pedro I as Emperor of Brazil. Yet this *reductio ad absurdum* of the value of a political coinage which a Napoleon I had debased did not deter a Napoleon III from assuming" etc. Note-se que o "absurdo" no caso será devido, pelo menos em parte, a uma superestimação do foco civilizatório europeu, em desacordo com outras idéias do próprio Toynbee.

destinada a realizar essa idéia, não poderia ter outro título; era uma imposição do território extenso e do ideal de unidade – mais a confirmar-se, essa unidade, do que a fazer-se; era também sugerido por um sonho de grandeza não só territorial, que vinha de longe e continuaria no tempo até os nossos dias.

O título, portanto, era pacífico. Não visaria apenas a "delir a denominação do antecedente governo despótico", como diria mais tarde Bernardo de Vasconcelos. O que não exclui, no espírito dos que fizeram a campanha pela aclamação, o propósito de acrescentar ao tradicional o moderno, a saber, o colorido democrático que Napoleão emprestara à Coroa. Inevitável a aproximação entre D. Pedro I e Bonaparte, mas é possível que os liberais do Rio não pensassem no imperador dos franceses apenas sob as espécies de *révolution bottée* e do autor do Código Civil, e conhecessem algo daquela porção hoje meio submersa na história dos Cem Dias, quando se verificou a surpreendente aproximação entre Bonaparte e o grande teórico do liberalismo no século XIX, Benjamin Constant, muito conhecido no Brasil daquela época. Foi sob o patrocínio de Napoleão que o escritor extremamente lúcido, e às vezes não menos arrivista, publicou esse roteiro ideal do constitucionalismo a que deu o nome de *Principes de Politique*. O mesmo Constant lançava suas reflexões num diário íntimo em que o Imperador acaba figurando, às vésperas e logo depois de Waterloo, como um paladino da liberdade.

Percebe-se, no entanto, que acima de tudo Constant queria acreditar em Napoleão; por interesse próprio e também porque se deixou envolver momentaneamente pelo fascínio do homem *étonnant*. Quando se detivesse numa releitura daquele registro de esperanças loucas e desastres iminentes, talvez se encontrasse melhor numa frase dos primeiros entre os Cem Dias, frase, aliás, que se ajusta como luva ao nosso D. Pedro: *Les intentions sont libérales: la pratique sera despotique*. Sem incorrer em comparações descabidas, pode-se dizer que esse também seria o estado de espírito do grupo de José Clemente em face das intenções liberais de D. Pedro, contrariadas pelo seu temperamento e pela orientação de José Bonifácio. A aclamação conteria mais esse aspecto: entre os propósitos dos maçons estaria o de lisonjear o Príncipe para melhor prendê-lo, para tentar prendê-lo numa cláusula de ortodoxia democrática. A cláusula do juramento prévio.

A questão do juramento prévio — Em princípio, o que mais importava, no entanto, era a orientação ideológica, embora matizada pela realidade brasileira. Ao tornar-se imperador, D. Pedro devia jurar a Constituição a ser elaborada pela Assembléia porque somente os representantes eleitos da soberania popular é que teriam o direito de estruturar o Estado. O que fizessem teria de ser obedecido por todos, inclusive pelo Monarca. Uma única e óbvia restrição sofreria o novo Congresso, mas imposta por uma espécie de "prévia" da vontade nacional: a fórmula de conciliação, centralizada na dinastia de Bragança. O Brasil devia continuar a ser monarquia, tornar-se constitucional e instaurar com D. Pedro I uma dinastia brasileira. A nação, entretanto, ia aclamar o seu Imperador ao mesmo tempo que elegia os seus deputados constituintes (no Rio essa eleição realizou-se precisamente em setembro). Era justo que o Monarca manifestasse desde logo o seu acordo com a vontade da nação, que lhe estava confirmando em princípio uma dignidade e só lhe estava delegando a rigor o Poder Executivo para que fosse regulado pela Constituinte.

A essa corrente opunha-se aquela que considerava a delegação da soberania popular igualmente dividida entre a Assembléia e o Imperador: nesse caso ele teria o direito de opinar sobre a Constituição antes de jurá-la. O próprio D. Pedro ainda flutuava entre as duas tendências; não assim José Bonifácio, que defendia tenazmente a paridade entre o aclamado e os eleitos ou, se possível, a preeminência do primeiro. A posição do Ministro, aliás, era pragmática, não se apoiava em teorias: o importante era firmar a Independência, afastar os perigos que a rondavam, tornar a pátria livre. Também os historiadores que perfilham esse critério, alegando que em torno do regente se fizera a Independência, acrescentam que a discussão teórica era secundária e versava sobre pontos apenas aparentemente importantes – quando ainda se jogava a libertação nacional. É, notadamente, o ponto de vista de Otávio Tarquínio de Sousa.

Ora, antes de abordar os fatos que justificaram a ação dos liberais, será lícito observar que aquele era justamente o momento para se discutirem teorias políticas. A verdade é que a Independência estava feita; o bolsão português na Bahia e o ilhamento do Pará representavam dificuldades, sem dúvida, mas de solução agora virtualmente garantida; agora, dizemos, porque, depois que as Cortes tinham revelado uma política insensata, o *élan* luso-brasileiro de 1821 nunca mais se recomporia. Por outro lado, quando se mudasse o regime em Portugal, e de fato mudou em 1823, suas *chances* não melhorariam aos olhos dos brasileiros mais desconfiados senão justamente na medida em que D. Pedro ficasse livre de peias constitucionais, aquelas precisamente que eram reclamadas pelos "teóricos". Quanto à possibilidade de domínio português pela força, era irrisória.

Internamente, e desde que a questão social, pelo menos de modo específico, nem se colocava no tablado das discussões, dois assuntos mereceriam prioridade sobre a "arquitetura" jurídica do Estado: a vigência da Monarquia, em princípio, e a da unidade nacional. Mas o sentimento monárquico era praticamente unânime no país, salvo nalguns centros mais avançados; e se nestes a idéia republicana era prestigiosa, se nalgumas províncias aliava-se à idéia separatista, reduziam-se as duas a uma veleidade em face da Monarquia liberal. Reduziam-se precisamente na medida em que o poder central afirmasse de modo claro as garantias e as liberdades políticas. Esse o anseio nacional, quer dizer, o das minorias de brancos e mestiços capazes de agitar e de agir, as que faziam o papel de "povo". As mesmas que nos levam a concluir que naquele momento, mais do que noutro qualquer de nossa história, a indagação do estilo político não era "de figurino" porque era, pelo contrário, a questão primordial.

Outro plano em que se defrontaram teorias e contingências em torno da aclamação foi o da política externa com vistas ao reconhecimento do Império e à boa vontade das casas reinantes na Europa. Doutrinas sobre a origem do poder e a legitimidade da sua transmissão, evolução dos regimes monárquicos, interesse sobretudo dos governos – tudo se entrelaçava. É possível, no entanto, distinguir dois problemas: o da legitimidade e o da definição propriamente constitucional. Quanto ao primeiro, não seria difícil achar, como se acharam, fórmulas de compromisso com alusões aos direitos hereditários de D. Pedro. Quanto ao segundo, que no momento se consubstanciava na cláusula do juramento prévio, a conciliação era talvez menos fácil, mas o Governo também a obteria, se quisesse. O reconhecimento que mais interessava era, aliás, o da Inglaterra, que justamente não formava no núcleo reacionário da Santa Aliança. Um dos objetivos principais de Londres era a extinção do tráfico, que o Império, no entanto, protelou o mais possível. Antes, o que poderia interessar aos ingleses e em particular aos seus banqueiros era sobretudo que no Brasil houvesse um Executivo forte ou, melhor, um regime de ordem.

Este, e no plano interno ainda mais do que no externo, é que foi o grande e falaz argumento contra a submissão do Imperador à Assembléia. O Brasil precisava de um "poderoso e independente Executivo". Nada, contudo, indicava que os liberais de 22, como os constituintes de 23, desejassem um Executivo fraco ou desaparelhado; nada, a não ser a descrença de José Bonifácio em relação aos "demagogos" e às assembléias. Julgava o Ministro que a Constituinte tomaria o caminho do fracassado radicalismo francês ou o recente exemplo do irrealismo português, que estava fazendo para D. João VI uma Constituição praticamente republicana. Entretanto, além de serem muito diferentes as circunstâncias históricas, devia-se atentar para o diverso tipo dos homens que nelas se inseriam: entre os liberais brasileiros o equilíbrio primava sobre a exaltação; esta, pelo menos entre os mais capazes de conduzir os acontecimentos, era muito mais de arroubos do que de objetivos. De outro lado, coroando o contraste com outras terras de revolução, quem se anunciava no punho do Executivo brasileiro era um jovem ardido, pleno de boas intenções, mas recheado de pendores despóticos – por enquanto aprendendo a lição da violência com o seu Ministro para depois agir por conta própria. Quem tinha motivos mais sérios para desconfiar, em suma, eram os liberais e não o Governo ou os conservadores, que depois se revezaram ao lado de D. Pedro. Pouco importa que entre estes últimos formasse algum dos democratas da primeira hora – caso de José Clemente – ou que Ledo afrouxasse depois do exílio: em 22 os ativistas fluminenses é que estavam certos. Os fatos provaram-no daí por diante, quase sem parar, até 1830.

Reação   A solenidade barroca da coroação (1.º de dezembro) já se engasta sobre um rol de medidas despóticas iniciadas com a repressão à campanha pelo juramento prévio e firmadas a partir de 30 de outubro, quando os Andradas voltam ao poder depois de uma efêmera renúncia e com a condição de que sejam deportados os adversários. A 2 de novembro, do esconderijo onde se encontra, o recém-eleito deputado Joaquim Gonçalves Ledo escreve ao Imperador pedindo abertura de um inquérito regular, num documento de grande lucidez política. Não esquece a unidade nacional: os riscos que ela ainda poderá correr serão conjurados se o Governo abraçar quanto antes a prática do liberalismo. O ano de 1824 lhe dará razão. A devassa irregular concluída em meados de 1823, com José Bonifácio ainda no poder, não provará nada contra os "republicanos" e "facciosos" do Rio e de São Paulo. Em novembro de 22, já começa a declinar a popularidade do Governo, o mesmo, no entanto, que ainda assistirá à instauração da Assembléia em maio de 23. De julho a novembro desse ano há um interlúdio de pacificação: o ministério é chefiado por José Joaquim Carneiro de Campos, futuro Marquês de Caravelas, tipo de conservador esclarecido e sereno, que exerce benéfica influência sobre D. Pedro. Com a dissolução da Constituinte, reabre-se a reação policial, e o Imperador enveda definitivamente por um caminho de erros e desastres: outorga uma Constituição, desobedece à mesma e sobretudo ao espírito da Monarquia constitucional; manda julgar discricionariamente, isto é, matar os inconformados do Norte; governa muitas vezes ao sabor de caprichos e desmandos. Ao cabo do reinado, que também oferece naturalmente um ativo de realizações, D. Pedro terá acumulado uma série de enganos. O maior terá sido justamente o primeiro, pelo menos o primeiro que o Imperador assumiu plenamente: o golpe contra a Assembléia Nacional. Projetado sobre a história da Constituinte, é o episódio mais significativo desta época.

A Assembléia de 1823   A Constituinte era a pátria, a casa comum de tudo o que se forjara de melhor no país e não só nos idos de 21 e 22. Coroava, por outro lado, esse interregno de luta e confiança. Inaugurou-se, contudo, sob o signo da incerteza. Ser-lhe-ia permitido trabalhar? Seriam aqueles deputados dignos representantes do grande império ou, melhor, seriam capazes de estruturar o futuro império com que os patriotas sonhavam? A maioria da nação não duvidava dos seus procuradores, mas uma boa parte receava pela sorte do Congresso. Falava-se em dissolução desde que a Constituinte começara a tornar-se realidade e continuou-se a falar – sem nenhum motivo justo – depois de instalada a Assembléia. Tal como nascera, viveria: prestigiada por muitos, desmoralizada por alguns. Anos depois, quando ficara provado o desconcerto de D. Pedro, ainda aquela campanha de desmoralização refletia-se nos conceitos, em geral criteriosos, de um Armitage.

A Assembléia teria de trabalhar na sua tarefa e ao mesmo tempo enfrentar a renitente ameaça; demonstrou, no entanto, constante dedicação e dignidade. O Imperador, por seu turno, hesitou longamente entre a legítima fé liberal e as "razões" dos que não acreditavam no liberalismo, a incensarem os impulsos de sua tara absolutista. Esta é que o terá levado por fim a dissolver a Constituinte; mas, como ele não podia expor o verdadeiro motivo, enveredou por um amontoado de desculpas envolvendo a Assembléia nos "projetos criminosos" de dois ou três deputados. Por isso, ao cabo, para quem se atenha apenas ao último ato desse drama, a dissolução parece absolutamente irracional.

Mas é preciso começar pelo princípio. O país inteiro, pode-se dizer, depois de dois anos de agitada esperança e de alguns meses de expectativa meio turva, presenciou a solenidade de 3 de maio, quando D. Pedro I declarou aos "dignos representantes da nação" reunidos no Rio: "É hoje o dia maior que o Brasil tem tido; dia em que ele pela primeira vez começa a mostrar ao mundo que é Império, e Império livre". As ruas atapetadas de folhagens e flores, os balcões e janelas ostentando colchas de damasco e cetim demonstravam a alegria da população.

Tecia-se, no entanto, uma absurda teia de desconfiança. Absurda, da parte do Governo. O povo em geral talvez não soubesse que a Assembléia congregava o que havia de melhor e sobretudo de mais representativo do Brasil. Confiava por instinto. Mas o Governo devia ter a noção de que aqueles magistrados, legistas, altos funcionários, professores, oficiais superiores, proprietários abastados, se eram na maioria liberais – alguns menos sinceros e alguns um pouco exaltados –, eram na quase totalidade representantes da ordem e do centro. De propósito colocamos o problema de maneira aparentemente simplista; com base no "realismo" já se criticou a "teoria" democrática encarnada na Constituinte; não é demais que se exponha a causa da Assembléia sobre a base da realidade nacional. Não se podia adivinhar que os cem deputados a serem eleitos, ou cerca de oitenta que tomaram posse, forneceriam mais tarde 33 senadores, 28 ministros, 7 conselheiros de Estado, 4 regentes do Império, 18 presidentes de província (a estatística é de Homem de Melo); mas sabia-se, pelo menos em relação ao maior número, que eram cidadãos instruídos, capazes e equilibrados. Ciosos apenas, e às vezes ingenuamente, da nova condição de mandatários da soberania popular. Por que, pergunta-se então, aquela incessante advertência de D. Pedro desde o momento da coroação e agora na fala de abertura (por outro lado tão construtiva e agradável) e ainda noutras ocasiões particulares: de que só aceitaria a Constituição a ser elaborada "se fosse digna" dele Imperador, e do Brasil?

À prevenção revelada por essas "palavras ambíguas", no dizer de um constituinte, respondeu o Congresso com outras prevenções de mais fundamento e também com suscetibilidade de novo-rico, que já se manifestaram nas sessões preparatórias, quando se discutiu se o Monarca devia conservar a coroa sobre a cabeça no augusto recinto (votou-se que não) – mas que também seriam de puro adolescente e que perduraram corajosamente até o fim, quando se tentou objetar ao porte de espada pelo Ministro que vinha dar a última satisfação à Assembléia.

Sobravam, contudo, os motivos para preocupações mais sérias, e o Congresso enfrentou-as. A reação policial estava de pé, como assinalou o Padre Alencar apoiando um projeto de anistia (vencido) apresentado por Martins Bastos, deputado do Rio Grande do Sul: "O Governo tem tomado medidas violentas e anticonstitucionais, têm-se prendido homens sem culpa formada; têm-se deportado outros (...); a liberdade de imprensa está quase acabada (...)." Também dentro de sua missão precípua, o Congresso trabalharia sobre o terreno móvel, de que o debate sobre as "palavras ambíguas" de D. Pedro fora o primeiro sinal. Tais palavras, aliás, nada tinham de equívoco: o propósito do governo era sujeitar ao seu arbítrio, isto é, ao veto do Imperador, a Carta que tivesse passado pelo crivo da Constituinte. Esta, no entanto, além da posição teórica a defender, antevia um perigo de ordem prática: o critério constitucional de D. Pedro, mormente depois do seu convívio com José Bonifácio, não podia inspirar confiança aos deputados. Nem se disfarçavam os objetivos retrógrados ou inadequados ao Brasil: os jornais oficiosos bradavam pela outorga do veto absoluto ao Monarca. Tratava-se aqui de norma a ser inserida na Lei Magna com vistas ao futuro mecanismo legislativo ordinário, e de acordo, aliás, com doutrina ilustre, patrocinada no Brasil pelo Apostolado, mas, desde que era certo o seu não acolhimento pela Constituinte, que optaria – como a própria Constituição de 1824 – pelo veto suspensivo, a campanha oficiosa assumia ares de provocação. O fito imediato, aliás, era o de sujeitar ao veto imperial a própria Carta Básica.

Para sustentar propósito contrário, a Constituinte, que também era legislativa, jogou a malha longe e acabaria por aprovar um projeto apresentado a 12 de junho, pelo qual as leis de sua autoria dispensavam a sanção do Imperador. Embora os diplomas afinal promulgados fossem de natureza constitucional, outros, de caráter ordinário, foram discutidos. Em princípio, a decisão representava um desafio que só há de ser entendido em face da tensão do momento. Menos crua do que em outubro de 22, o que prosseguia era a luta encetada na campanha pelo juramento prévio, a luta pelo reconhecimento da soberania popular. Seus adeptos contavam, aliás, agora com um aliado do porte de Antônio Carlos, ainda com os irmãos no ministério e apesar de ter defendido no Apostolado, ao que consta, a doutrina do veto absoluto. No Congresso, enquanto Carneiro de Campos sustentava a tese razoável de que pelo menos as leis administrativas e regulamentares não deveriam ser subtraídas à sanção do Monarca, o Andrada mais moço, assim como representantes de tendências diversas, "firmavam-se no ponto de vista mais geral de que não competia ao Poder Executivo a sanção das leis de uma Assembléia constituinte". Posição evidentemente de combate, ponta-de-lança para garantir a integridade da futura Constituição.

Ainda haveria, no entanto, oportunidade para um armistício – porque nem tudo era dissídio nas relações entre Assembléia e Governo. A par do conflito apontado e de outros venenos, inclusive o da exploração de melindres nativistas, houve quase até ao fim uma patética possibilidade de conciliação, ilustrada justamente pela ação dos referidos Antônio Carlos e Carneiro de Campos, o primeiro enquanto ligado ao ministério fraterno, o segundo quando, por sua vez, se tornou Secretário de Estado. O

Congresso, aliás, não contava com maioria ou minoria arregimentadas, nem mesmo com feixes rígidos de opinião; essa fluidez que esbatia arestas dentro do próprio diálogo parlamentar e deu ao primeiro legislativo brasileiro um caráter particular de espelho homogêneo da nação, isto é, das classes representadas, facilitava por outro lado as relações com o poder rival. Antônio Carlos ora apoiava os irmãos ainda ministros e também deputados, ora se lhes opunha; deste último modo procederia, como já vimos, no caso maior dos decretos legislativos; assim também procedeu no caso menor do Padre Henriques de Resende, pernambucano inclinado a reincidir no crime de 1817 e cujo diploma a Câmara de Olinda se recusara a expedir. Martim Francisco foi dos que vetaram Henriques, Antônio Carlos contribuiu para que fosse aceito.

Outro padre pernambucano de 1817, Muniz Tavares, sujeito a um acesso de esclerose reacionária, serviu o nacionalismo dos Andradas, desta vez os três, ou a sua política menos clara no momento, apresentando um projeto para expulsão dos portugueses "cuja conduta" em relação à independência "fosse suspeita". A grande maioria da Assembléia repeliu o alvitre; além de Carneiro de Campos, salientaram-se os liberais mais notáveis, no que demonstravam suas convicções e ao mesmo tempo apaziguavam D. Pedro, já que o próprio Imperador se vira envolvido na perspectiva mesquinha.

Esse entendimento, por assim dizer lateral, entre a Assembléia e o Monarca, acharia, contudo, melhor vazão no plano específico em que os deputados de 1823 realizaram uma tarefa apreciável. Além de debater os assuntos e projetos já referidos e de estudar e responder a inúmeras reclamações e súplicas, que chegavam de todo o país e eram, conforme o caso, encaminhadas aos poderes competentes, a Constituinte votou ou apenas discutiu leis que ficaram e outras que foram mais tarde aproveitadas. Discutiu, por exemplo, a criação de universidades e sua localização; escolhendo São Paulo e Pernambuco, anunciou os futuros cursos jurídicos. Quanto ao projeto de Constituição – verdadeiro anteprojeto da Carta de 1824 e substancialmente não mais defeituoso do que esta –, por enquanto diremos apenas que não é muito justo falar em demora na tramitação do esboço; é verdade que ainda se examinavam os primeiros artigos quando a Constituinte foi fechada; mas o regime era novo, inúmeros os problemas e as solicitações, e os homens novatos no ofício. Assinale-se também que a comissão de sete deputados incumbida de redigir o projeto era integrada por maioria conservadora: francamente liberais, senão constantemente, apenas talvez Antônio Carlos, o relator, e Muniz Tavares.

A obra, no entanto, refletia, quase toda ela, a posição ao mesmo tempo avançada e central, liberal e monárquica, que caracterizava a Assembléia no seu conjunto.

A promulgação das leis "sem sanção", solenemente levadas ao Imperador, mas apenas para que ele as assinasse e fizesse publicar, marca o ponto crucial na história da Assembléia. À primeira vista, essa espécie de imposição seria a última gota sobre a impaciência de D. Pedro ou, pelo menos, a irritação mais convincente, já que a crise militar de novembro parece demasiado estúpida para constituir motivo real da dissolução. De outro ponto de vista, todavia, a promulgação dos decretos legislativos indicava a possibilidade máxima da linha conciliadora que se afirmara sob o ministério Carneiro de Campos.

A queda dos Andradas já aconteceu sobre um terreno de acordo entre a maioria dos deputados e o Monarca. Não se sabe de ciência certa o que teria provocado o rompimento entre D. Pedro e José Bonifácio: intrigas da política paulista, sem dúvida, mas não só essas e outras cargas a trabalharem sobre a vaidade do moço ansioso por libertar-se de qualquer tutela; talvez, como já se referiu, manobras de interessados no tráfico; talvez o projeto chauvinista Muniz Tavares-Andrada, cuja origem ou cujo propósito, aliás, ninguém conseguiu explicar direito; o mais provável é que esses fatores se tenham conjugado com um efêmero processo de esclarecimento que teria levado D. Pedro a renunciar por algum tempo às prevenções antiliberais. É o que se depreende das narrativas do rompimento e de uma proclamação do Imperador. O que se sabe, entretanto, é que os liberais do Congresso aproximaram-se do Monarca e dos elementos de centro, conservadores ou simples áulicos, para derrubar o velho Ministro.

Tornava-se viável agora a colaboração entre os dois poderes. A Assembléia continuou a discutir o formulário de promulgação que tanto irritava D. Pedro e certos meios reacionários (a guarnição de Porto Alegre pronunciou-se a esse tempo em praça pública pela adoção do veto absoluto), mas os deputados conduziram-se em sua quase totalidade com prudência constante e discernimento perfeito, distinguindo entre a pretensão que a maioria considerava uma pedra de toque de suas prerrogativas, e as demonstrações de respeito pela pessoa do Imperador. Por sua vez, o novo Ministro do Império, ao ver aprovado o projeto que sempre combatera, procurou negociar uma solução de compromisso. Sabia-se que D. Pedro estava disposto a só publicar as leis que aprovasse, isto é, a não acatar a decisão da Constituinte. Recrudesciam os rumores de dissolução. Carneiro de Campos pediu uma sessão secreta para acertarem medidas "a fim de não perigar a salvação da pátria". Combinou-se, então, a 20 e 21 de agosto, aguardar, para a remessa do formulário de promulgação e das outras leis que estavam sendo discutidas, o aparecimento do projeto de Constituição. "Quando este fosse publicado, o Imperador verificaria que ele consagrava o seu direito de sanção" às futuras leis ordinárias. Verificaria que o propósito da Assembléia era simplesmente o de garantir a autonomia da tarefa que a nação lhe confiara. Verificaria que a Constituinte não pretendia cercear os poderes inerentes a um "Executivo forte" – salvo apenas, adiantemos, o arbítrio de dissolver uma Casa legislativa.

O projeto de Constituição foi lido a 1º de setembro. Deixou-se passar mais tempo, com certeza necessário para que Carneiro de Campos completasse o amaciamento da imperial suscetibilidade. A 20 de outubro, D. Pedro acolheu a deputação designada para o ato, declarando que recebia "com sumo prazer" as leis que a Assembléia lhe enviava. Talvez fosse sincero naquele momento, mas o que mais nos interessa é alcançar a qualidade daquela produção legislativa, que o imperador evidentemente estava farto de conhecer, pois vinha de longe a discussão dos projetos no Congresso.

Não era má essa legislação. Sem falar numa lei de imprensa ainda em preparo e que foi transformada em decreto por D. Pedro depois do golpe, correspondiam quase todas as leis agora promulgadas à necessidade de esclarecer situações de fato ou consolidar conquistas do movimento liberal. Extinguiu-se o já inútil Conselho de Procuradores das Províncias: revogou-se o alvará de 1818 relativo às sociedades secretas; proibiu-se aos deputados a acumulação de qualquer outro emprego; determinou-se qual a legislação anterior que ainda subsistiria. Mais importante, porém, foi a lei que organizou os governos provinciais, até então regulados pelo decreto português de 29 de setembro de 1821. As Cortes de Lisboa tinham procurado consolidar através das Juntas a tendência regionalista e centrífuga; a Assembléia sancionou, ao contrário, a obra centralizadora encetada pela revolução brasileira. Firmou-a nesta lei que atribuiu ao Imperador a nomeação dos presidentes de província e confirmou-a no projeto de Carta Magna que, aliás, era mais rigidamente unitário do que a própria Constituição do Império, sem falar na atenuação "federalista" do Ato Adicional. Não se discute a sabedoria da orientação posterior; assinala-se apenas que a Constituinte refletiu um anseio maior do seu momento e pôs nas mãos do Governo as armas que neste campo ele podia reclamar.

Não eram más as tão discutidas leis "sem sanção" e nada poderiam objetar os partidários do "Executivo forte"; nem se duvida que a objeção era ao princípio democrático, isto é, era uma dessas "objeções de princípio" que tantas vezes disfarçaram preconceitos pessoais ou tendências de temperamento. Em D. Pedro coexistiam os princípios liberais e os antidemocráticos; os primeiros, que para honra de um rebento do absolutismo estavam longe de ser insignificantes, iriam agora ceder aos mais fortes. Influências alheias? Sem dúvida o Imperador também as sofreu; infelizmente a mais poderosa não tinha sido afinal a mais benéfica; José Bonifácio, que poderia ter estimulado o que havia de melhor no Príncipe, estimulara sobretudo a veia despótica e o preconceito antidemocrático do filho de Dona Carlota Joaquina.

O ressentimento nativista agiria também à rédea solta depois da demissão dos Andradas, mas os desagravos desse ressentimento, que acabariam forçosamente por irritar D. Pedro, só podem ter funcionado como pretexto mais ou menos consciente para a dissolução da Constituinte. A verdade é que muito poucos deputados nutriam aquele ódio nativista; tão poucos quanto os que eventualmente emitiram declarações que pudessem ferir pessoalmente o Imperador. Já se viu como a grande maioria reagira ao Projeto Muniz Tavares–Andrada. Quanto ao incidente com os emissários de D. João VI chegados ao Rio em setembro, foi mais uma ocasião para que se ilustrasse a linha conciliadora entre Governo e Assembléia. Esta, naturalmente, colocou-se de sobreaviso, mas não contra brasileiros adotivos, sim contra possíveis manejos da antiga metrópole, agora restituída ao absolutismo. O Governo, por sua vez, na pessoa de Carneiro de Campos e antes de tudo na do próprio D. Pedro, agiu com firmeza, evitando qualquer contato que não partisse do reconhecimento da Independência do Brasil. Houve, mesmo, excessiva intransigência, sem a qual talvez se tivesse encaminhado um rápido reconhecimento da soberania brasileira; mas essa rigidez seria devida, mais do que à atitude da maioria da Assembléia, à atoarda que já então faziam os poucos andradistas e o jornal de sua inspiração direta, O *Tamoio*, bem como um outro de inspiração menos clara ou mais indireta, *A Sentinela da Liberdade à beira do mar da Praia Grande* (que se deve ter o cuidado de não confundir com as *Sentinelas* do valoroso Cipriano Barata).

Destes veículos de paixão desatinada, e não da grande maioria da Assembléia é que partiram também as abjurgatórias do estilo nacionalista ("traidores" etc.) contra o ministério que mandara incorporar ao Exército brasileiro uns prisioneiros lusitanos, produto da refrega recém-terminada na Bahia. O mesmo se fizera nos primeiros meses de 1822, e em relação a número infinitamente maior, com a soldadesca das Divisões Auxiliadoras.

Mas naquela ocasião, alega-se, o Brasil ainda não se separara de Portugal; o que antes fora habilidade era imprudência agora, era impolítico. Era, sobretudo, imprudência diante de uma oposição – reduzidíssima no seio da Assembléia, convém insistir –, mas disposta a não perdoar nada e a quase tudo interpretar sob o calor de má-fé do Governo.

Quase tudo, dissemos, pois não incluiremos na linha da oposição sistemática as restrições levantadas por Antônio Carlos e Montezuma ao título de Marquês do Maranhão outorgado pelo Imperador a Lorde Cochrane, o qual, aliás, diga-se de passagem, prestara valiosos serviços, mas tinha apenas contribuído para o arremate da luta na província que já encontrara praticamente dominada pelos imperiais. A Ordem do Cruzeiro criada no dia da coroação já fora distribuída fartamente, provocando, como é natural em tais casos, inúmeras censuras de excessos e preterições. Agora, com a Assembléia em funcionamento, Antônio Carlos desejava que o Governo aguardasse a regulamentação da matéria antes de conceder novos títulos ou honrarias.

A dissolução   Chegamos, entretanto, ao incidente final, aquele que marcou simultaneamente o auge do desatino oposicionista e a serenidade exemplar da grande maioria do Congresso, nela incluída por sua vez a grande maioria dos liberais. Convém retraçar rapidamente o histórico da última crise. Dois oficiais do Exército brasileiro, portugueses de nascimento, foram encarregados de vigiar um dos emissários de D. João VI, autorizado a desembarcar no Rio por achar-se gravemente enfermo. Tratava-se do baiano Marechal Luís Paulino, o mesmo infeliz que fora sacudido escadas abaixo, nas Cortes, pelo seu explosivo conterrâneo Barata. Ao serem rendidos, os oficiais declararam ser inútil fiscalizar um doente desenganado; e com efeito Luís Paulino morreu pouco depois, no mar, ao ser recambiado para Lisboa. *A Sentinela*, entretanto, agrediu incontinenti os oficiais, acusando-os de traidores em artigo assinado por "Um Brasileiro Resoluto". Considerando-se injuriados, esses brasileiros adotivos, sobretudo um deles que já se batera pela independência, e julgando que o "Resoluto" fosse o boticário Pamplona, deram-lhe uma surra. Pamplona, que, aliás, não era brasileiro de nascimento (enquanto o "Resoluto" era de fato um agitador pernambucano), dirigiu-se à Assembléia – onde Antônio Carlos e Martim Francisco começaram a bradar por "vingança!" – ao passo que *O Tamoio* e *A Sentinela* redobravam de furor patriótico e despejavam torrentes de insultos sobre os brasileiros de origem lusa e sobre o ministério, não deixando de insinuar violências contra o próprio Imperador.

A Constituinte, por esmagadora maioria, procedeu impecavelmente.[2] A comissão encarregada de examinar a queixa de Pamplona opinou, como aliás de curial bom senso, pela entrega do caso ao Judiciário. Não se tratava de ofensa à nação, advertiu um deputado pelo Ceará. "Quem não vê o esmero que há em empenhar a nação no fato, figurando-se que o cidadão fora ofendido por ser brasileiro, e em sua pessoa a nação inteira, apesar de se declarar no requerimento que as pancadas eram para o cidadão autor das cartas" e não simplesmente para um "Brasileiro Resoluto"? Nem o caso era tão grave, acrescentou, apoiado por um liberal paraibano, quanto o do atentado contra o jornalista May, redator da *Malagueta*, ocorrido ainda no Governo de José Bonifácio e cuja repercussão fora circunscrita na Assembléia devido aos esforços do ministério e dos seus amigos. Este debate, no entanto, já é de 11 de novembro, segundo dia da crise. Na véspera, a sessão fora suspensa devido ao tumulto provocado pela excessiva afluência de povo, excitado com a oratória de Antônio Carlos e Martim Francisco. Pouco antes, porém, o ministério conciliador fora demitido e para a pasta do Império D. Pedro nomeara Vilela Barbosa, tido como elemento conveniente para o golpe de estado que se tramava. Quando o Imperador foi para as janelas do Paço, vizinho à Assembléia, assistir à saída de Antônio Carlos e Martim Francisco carregados nos ombros do populacho, parecia buscar um excitante para a execução final. As tropas começaram a mover-se e a congregar-se em torno do Imperador; a população entrou a alarmar-se. A 11, quando os constituintes se reuniram de novo, já deviam sentir-se definitivamente envoltos naquela "nuvem que os ares escurece", do verso camoniano que logo serviria de epígrafe ao intrépido jornal de Frei Caneca. Nuvem que pairava já de longe, nuvem alegórica porém menos fantasiosa do que o "vulcão" e do que o "solo poluído" pelos "monstros", a que se referia a oposição desabrida; menos fantasiosa também do que o "horroroso abismo" em que "os desatinos de homens alucinados pela soberba ambição nos iam precipitando", conforme proclamaria por sua vez D. Pedro no dia seguinte ao golpe. "Se a Assembléia não fosse dissolvida, seria destruída a nossa santa religião, e nossas vestes seriam tintas de sangue." Velhos chavões de descontentes apaixonados e de governos que fazem do medo arma para a opressão.

---

[2] Ao leitor que quiser inteirar-se melhor deste episódio, recomendam-se as atas das sessões de 10 e 11 de novembro, que além de se encontrarem naturalmente nos *Anais da Constituinte* acham-se reproduzidas na obra do Barão HOMEM DE MELO, "A Constituinte perante a história", *in Escritos históricos e literários*, Rio, 1868.

Dir-se-ia que a Constituinte se imolou afinal à fúria dos Andradas menores (José Bonifácio manteve a posição discreta que fora sua constante na Assembléia; colaborou num dos pareceres conciliadores das últimas horas; reagiu apenas, com altivez, quando citado nominalmente num ofício do Governo). Mas, para quem observe de perto e se lembre dos antecedentes, o que sobreleva é o caráter de pretexto que D. Pedro encontrou nesse episódio para executar aquilo que fora objeto de longa e remoída hesitação. No fim encontra-se o pretexto a cada passo; evoca-se a fábula do lobo e do cordeiro. O que se poderá acrescentar é que a Constituinte não ignorava o perigo e o enfrentou mesmo na solidariedade aos Andradas.

> Alegou-se mais tarde, muito mais tarde, que o ministério Carneiro de Campos foi demitido "a fim de demonstrar ao país que não contra os responsáveis do Poder Executivo, mas sim contra o chefe irresponsável do mesmo poder, se levantava na Assembléia Constituinte a mais anárquica oposição dirigida pelos Andradas, desde que dois deles deixaram de ser ministros". (Carta dirigida em 1876 a Varnhagen pelo Conde de Baependi, filho do marquês do mesmo título, ministro demissionário a 10 de novembro de 1823. Transcrita em nota de Rio Branco ao mesmo Varnhagen.)

Não se duvida que a oposição andradina era contra D. Pedro. O que não parece evidente é que o golpe de estado fosse o único "recurso para salvar as instituições políticas", conforme asseverou o missivista. "Obteve-se do país essa convicção", acrescenta ainda o correspondente do Visconde de Porto Seguro. Ora, o país não teve tempo para formar convicção nenhuma, a não ser sobre a mesma antiga suspeita, agora certeza, de que D. Pedro desejava dissolver a Assembléia. E isso pelo simples motivo de que a Constituinte não dispôs de prazo para deliberar e fazer prevalecer – como era evidente que prevaleceria – a serenidade da grande maioria dos seus membros.

A Assembléia declarou-se em sessão permanente por iniciativa de Antônio Carlos, mas devido à situação de evidente anormalidade da Corte, e enquanto aguardava informações solicitadas ao Governo, ofereceu ao mesmo Governo "a mais fraca e eficaz cooperação" para "as medidas legislativas e extraordinárias que julgar necessárias". Quando, porém, o Executivo respondeu que os militares melindrados apontavam *A Sentinela* e *O Tamoio*, bem como os três Andradas, como responsáveis pelos "partidos incendiários", a Assembléia recusou-se nobremente a aceitar a insinuação que logo se confirmaria pela boca do Ministro: os militares desejavam que os Andradas fossem expulsos do Congresso. A Assembléia não tomou conhecimento da exigência. Mas não foi essa atitude de nobre resistência que determinou a dissolução. Quando muito poderá dizer-se que forneceu a D. Pedro mais uma desculpa – usada, por exemplo, nas memórias do seu conselheiro privado Francisco Gomes da Silva. Não se estranhe a inclusão desse nome; nem só de chalaças vivia o servo e amigo fiel de D. Pedro I. Ocupou-se seriamente com a apologia do amo, e nessas *Memórias oferecidas à nação brasileira* encontra-se o reflexo não menos fiel do pensamento que serviu à dissolução: identificar incessantemente o Congresso, onde se reconhece que reinava uma "grande e muito grande maioria (...) de homens moderados e bons patriotas", com a minoria "de três ou quatro indivíduos". A contradição era muito forte; tentou-se transpô-la por meio de um dilema que se teria oferecido a D. Pedro; já que a Assembléia não eliminava aqueles três ou quatro facciosos, o Imperador é que devia resolver: ou expulsá-los (o que seria o "verdadeiro despotismo") ou dissolver a Constituinte. O Imperador resolveu proceder "legalmente": dissolveu a Assembléia e, ato contínuo, deportou os Andradas...

O dispositivo militar e o ministerial, anteriores àquele ultimo, já indicavam a intenção definida. Nem a Assembléia teve tempo para deliberar, nem havia motivo para duvidar da dignidade dos deputados. Concederiam que se estabelecessem restrições à liberdade de imprensa, como foi aventado e era justo, mas não cederiam a uma imposição daquela ordem. Nem os maiores adversários dos Andradas deixariam de ver que esses sacerdotes da expiação se tinham transformado em bodes expiatórios. É o que se verifica exatamente com Frei Caneca, que irá escalpelar os pretextos do golpe minuciosa e magistralmente, logo nos primeiros números do *Tifis Pernambucano* (25 dez., 1.º e 8 jan.).

D. Pedro aprendera a lição e perdera a paciência. Durante dois anos ele encarna em sua natureza dual a disputa que se travara em todo o país entre as forças liberais e as retrógradas. As primeiras tinham progredido quase constantemente, agora seria a vez das segundas.

O golpe de estado, entretanto, violentara a consciência nacional. O povo carioca assistira à chamada "noite de agonia" da Assembléia e, no dia seguinte, 12 de novembro, presenciara o aparato militar, a artilharia de morrões acesos, o Imperador à frente das tropas e mandando com o decreto de dissolução um recado aos deputados: que a força estava ali para garantir-lhes a segurança. Não se julgue de plano que a mensagem fosse de escárnio: talvez exprimisse a contenda interior de quem continuaria sempre desejando professar o liberalismo e de quem sabia o que devia aos liberais brasileiros. D. Pedro teria consciência da "má ação" que estava praticando, e se não conhecia ainda as palavras, devia pressentir o pensamento que poucas horas antes um nordestino da cepa de 1817 expressara na Assembléia: "Que quer dizer chamarem-se a um lugar todas as tropas, até as milícias, e serem chamadas por aquele que mereceu o voto unânime da nação para seu chefe?" Como tantos outros que foram vigilantes na crítica, mas amigos na apreciação do Imperador, esse deputado anunciava a queixa – digamos assim sentimentalmente – que se estenderia por todas as áreas onde a revolução vicejara: a queixa das ilusões desfeitas. A expressão quase sinônima vem num ofício da Bahia, dando conta da "mágoa" com que a província recebera a notícia da dissolução. Os baianos, porém, não se limitaram ao registro melancólico; a cidade conheceu três dias de anarquia. Outros nortistas iriam além em 1824. No Rio houve quem desse vivas ao Imperador no teatro, mas é de supor que não fossem brasileiros: nenhum destes compareceu ao beija-mão no dia 15 de novembro, aniversário da Imperatriz. Com efeito, em vez de amenizá-lo como desejava, D. Pedro agravara o dissídio das nacionalidades ou, melhor, das naturalidades (brasileiros natos e adotivos).

A outorga da Constituição Tudo, portanto, conduzia o Imperador a agir rapidamente numa tentativa de cicatrização imediata da ferida. Não se deixaria abater pelo vaticínio (um tanto atrasado) de José Bonifácio: que tratasse de salvar o trono para os seus descendentes, pois para si já o perdera. Procurou, aliás, aplicar o remédio simultaneamente ao golpe: no próprio decreto de dissolução convocou nova Constituinte, para "trabalhar sobre o projeto de Constituição que eu lhe hei de em breve apresentar, que será duplicadamente mais liberal" do que o da extinta Assembléia. Seria o mesmo que dizer: os "facciosos" não tinham sido bastante liberais... Nem se poderia fugir à incoerência ditada justamente pelo intuito de atenuar as ofensas: pelo decreto fatal, a Assembléia tinha "perjurado" a promessa de defender a integridade do Império, a Independência e a nova dinastia brasileira; poucos dias depois já se reconhece que a Constituinte "mostrava discernimento e atividade", apenas os "ilustres, honrados e dignos deputados" achavam-se sob o terror de uma facção e dos seus "sequazes" armados de "punhais e pistolas"; não se trataria então de um caso de polícia?

Mas D. Pedro não se embaraçaria com essas contradições. A ordem era esquecer o passado, o importante era elaborar quanto antes o projeto de Constituição prometido no instante do golpe; dessa tarefa foi incumbido o Conselho de Estado criado imediatamente a 13 de novembro e composto de seis ministros de Sua Majestade e de mais quatro membros, todos brasileiros natos. Entre eles o nosso conhecido Carneiro de Campos, a quem se atribui a principal autoria da Lei Magna. Na mesma ocasião, por outro lado, já se esboçava o propósito de dispensar afinal a audiência da nova Constituinte convocada na véspera; o projeto seria antes remetido às câmaras municipais para "sobre ele fazerem as observações que lhes parecerem justas". A 11 de dezembro, o Conselho, que se reunira assiduamente sob a presidência de D. Pedro, dava por terminado o seu trabalho; publicado a 20, entrou logo a receber os sufrágios das câmaras; pouquíssimas ousariam agora apresentar "observações"; já um decreto de 26 de dezembro suspendeu as eleições de novos constituintes, em atenção à edilidade da Corte, que pedira fosse o projeto adotado e a Constituição jurada logo a 9 de janeiro para comemorar o segundo aniversário do Fico. Prolongou-se, no entanto, a comédia do assentimento popular; aguardou-se que outras câmaras opinassem na esteira da fluminense; a 25 de março de 1824 a Constituição do Império foi solenemente jurada na Catedral do Rio de Janeiro.

A Constituição   Marcada por um pecado original, a nova carta demonstrou, entretanto, que não fora inútil o movimento que se desenrolara no país entre 21 e 23. Nem seriam de todo perdidos os sacrifícios dos que lutaram remota ou recentemente, sobretudo em Minas e no Nordeste, ou dos que ainda nesse ano de 24, num levante aparentemente inoportuno, iriam continuar protestando contra qualquer tirania; nem se deixaria de contar já agora com uma nova e extensa base – a própria lei fundamental do Império – para muitas das futuras etapas de aperfeiçoamento do liberalismo no Brasil. De fato, se a Constituição outorgada por D. Pedro I refletia o seu amor ao poder pessoal, por outro lado, continha algumas das melhores possibilidades da revolução liberal que andava então pelo Ocidente – as que iriam frutificar, embora imperfeitamente, no reinado de D. Pedro II.

Para começar, não se perdera o trabalho esboçado pela Constituinte. Não é justo comparar o projeto de 1823 com a Carta de 24, como já se fez, apenas para ressaltar a superioridade desta última; o projeto seria fatalmente expungido de boa parte dos seus defeitos, não só do ponto de vista formal, como já se verificava, aliás, na votação dos primeiros artigos; e foi essa precisamente, em grande parte, a tarefa dos redatores da Constituição outorgada ou do seu redator principal, trabalhando em regime de urgência, mas na tranqüilidade do gabinete. O que se pode todavia verificar, em princípio, é que a Constituição é mais liberal do que o projeto em determinados assuntos, e menos explícita, digamos, sob outros pontos de vista. O censo eleitoral, por exemplo, não deixando de obedecer ao crivo econômico que era da melhor doutrina corrente, foi mais largo do que o previsto no trabalho de Antônio Carlos. O mesmo se dirá do critério que restringia a elegibilidade dos cidadãos: a Constituição não excluiu os portugueses de origem, agora brasileiros adotivos, que tivessem menos de doze anos de domicílio no país e não fossem casados com brasileira nativa. Era este, aliás, um daqueles itens que, com toda a certeza, a Assembléia teria eliminado na discussão.

Do ponto de vista social, além de medidas de assistência a toda casta de desamparados, o projeto augurava a "emancipação lenta dos negros"; em seguida, reconhecia "os contratos entre os senhores e os escravos"... A Constituição, menos idealista neste particular e também menos eufemista, preferiu emudecer a respeito. Apenas, enquanto o projeto declarara que "são brasileiros (...) todos os homens livres habitantes no Brasil, e nele nascidos", a Constituição dizia: "são cidadãos brasileiros (...) os que no Brasil tiverem nascido, quer sejam ingênuos ou libertos". Parecia insinuar, portanto, ainda que inocuamente, que também os escravos seriam brasileiros, conquanto não merecessem a ampla proteção que a lei pretendeu assegurar aos "cidadãos".

Para estes construía-se uma fortaleza, tanto no projeto como na Carta que documentou as aspirações da época. Assim no capítulo referente aos "direitos individuais dos brasileiros", como se disse em 1823; assim no seu equivalente de 1824, onde se falava nos "direitos civis e políticos dos cidadãos brasileiros". Neste ponto, o redator da Constituinte fora mais correto; não se tratava aqui de direitos propriamente "políticos" e sim de regalias individuais ou civis. Quanto a estas, os trinta e cinco parágrafos do artigo 179, e alguns outros artigos espalhados pela grande lei, abrangiam não menos do que todas as liberdades que as Constituições republicanas viriam a enumerar, salvo apenas a liberdade religiosa no tocante ao culto público. Feita a ressalva, e relembrados mais uma vez os negros que não eram cidadãos, pode-se afirmar que a Constituição de 1824 consagrava tudo o que de melhor se formulara em matéria de garantias individuais, na linhagem direta da Declaração dos Direitos do Homem exarada pela Revolução Francesa. Restava agora o problema de saber quem ou quais os órgãos do Estado que garantiriam o uso daquela fortaleza das prerrogativas civis, bem como o exercício dos direitos mais estritamente políticos, isto é, restava saber como funcionaria no Brasil o regime representativo, segundo alvo e penhor da revolução constitucionalista.

O leitor há de estar lembrado que até o século XVIII não se conhecia, pelo menos teoricamente, a divisão política hoje clássica dos três poderes: Executivo, Legislativo e Judiciário. Na prática ela já se esboçara havia muito, mas era freqüentemente atropelada, sobretudo fora da Inglaterra; nesta última, aliás, já se delineava um quarto poder que iria servir a uma nova doutrina. No resto do Ocidente, se é verdade que pertencia ao passado longínquo a imagem de um rei-juiz a condenar pessoalmente os malfeitores, tal o amoroso e cru Pedro I de Portugal, nem por isso se tinha noção de esferas discriminadas da soberania nacional; tinha-se mesmo a respeito uma noção muito confusa, conforme o delineio cabal de Caio Prado Júnior ao tratar do Brasil Colônia, isto é, da época em que vigorou entre nós o regime absoluto. Com o esvair-se do absolutismo, a Europa começou a conhecer, e a América inglesa a praticar, regularmente, a tripartição dos órgãos estatais, já familiar apenas aos interessados e aos curiosos leitores de Montesquieu e dos enciclopedistas. Essa divisão trina, contudo, obtida muitas vezes da convulsão revolucionária, logo se revelou – fora dos Estados Unidos – pouco apta a garantir o equilíbrio e a harmonia dos poderes: ora tornava-se ensejo de radicalismo demagógico, quando os legislativos republicanos com a sua força de eclosão nova absorviam demasiada autoridade, ora confundia-se na reação mais ou menos disfarçada do absolutismo em transe, quando os monarcas – por enquanto sinônimos do Poder Executivo – logravam empunhar de novo uma energia pouco contrastada. Este último era e continuaria a ser o caso mais freqüente, tanto nas monarquias, aliás, quanto nas repúblicas, onde os presidentes se substituiriam aos reis.

Da convulsão, entretanto, que simultaneamente libertara e dominara a França ao findar-se o século XVIII e iniciar-se o XIX, a própria necessidade de integrar e superar os contrastes entre o novo que se impunha e o antigo que subsistia, da necessidade, enfim, de atenuar erros e conciliar acertos exacerbados, de tudo isso e também da observação da velha e fecunda experiência inglesa, brotara uma teoria que iria encontrar na Constituição brasileira um terreno aparentemente de eleição, no capítulo da organização política do Estado. O seu autor era aquele mesmo Benjamin Constant a que já nos referimos como assiduamente manuseado no Brasil daqueles dias, o que não quer dizer que fosse plenamente aceito ou compreendido. Suas idéias naturalmente se confundiam em parte com doutrinas de curso forçado; sublimando-as, contudo, na teoria do poder neutro, concepção menos acessível do que as outras ou, melhor, menos aceitável àquele tempo, Constant tornou-se um autor ao mesmo tempo fascinante e difícil. Um precursor de futura evolução, mais do que um mestre daquele momento.

O seu prestígio, aliás, ou o prestígio às vezes de algumas idéias que não eram apenas suas, mas às quais emprestou o brilho de sua exposição, poderia ser constatado em passagens menores, dentro e fora do texto constitucional que vigorou no Império. Já no projeto da comissão de 1823 existem dispositivos que parecem diretamente inspirados em trechos dos *Principes de Politique* ou do *Cours de Politique Constitutionnelle*. (Esta última é que seria a obra mais conhecida de Constant. Era vendida, por exemplo, "por preços cômodos" na livraria de João Pedro e seu irmão Evaristo da Veiga, cf. anúncio inserido no *Diário do Rio de Janeiro* em outubro de 23.) Assim no artigo 35 do projeto – "(...) é dever do brasileiro negar-se a ser o executor da lei injusta" – ou no artigo 229: "O exército de linha é destinado a manter a segurança externa, e será por isso estacionado nas fronteiras." Ainda menos aplicável ao Brasil seria, no entanto, a doutrina do veto absoluto, que Antônio Carlos e Martim Francisco (dado como fanático de Constant) defenderam no Apostolado, quando José Bonifácio e o mano Martim ainda se achavam firmes no Governo. Escudavam-se, a propósito de esboços de Constituição, nos "melhores publicistas" que discorreram sobre aquela matéria, mas nas suas considerações é particularmente visível a marca do *Cours de Politique*. O mesmo se dirá a respeito de outras discussões no Apostolado ou na Assembléia. Por fim, em face do próprio episódio da dissolução do Congresso de 23, não será ilícito supor que D. Pedro ou seus conselheiros buscassem amparo na argumentação com que Benjamin Constant justificava, apoiado, aliás, em casos muito diferentes do brasileiro, a dissolução das assembléias legislativas e até mesmo das constituintes.

Por esses exemplos verifica-se que a obra política de Constant fornecia munição às duas correntes que proclamaram a Independência do Brasil. E munição nem sempre lícita, desde que transportada para um país cujas circunstâncias de ordem social e política, sem falar nas de ordem geográfica, diferiam grandemente das européias; um país onde evidentemente subsistiam apenas algumas, não todas, as tradições históricas da Europa. Tratava-se, contudo, nos casos apontados, de meros detalhes de construção ou de capítulos mais significativos para os franceses do que para os brasileiros. Para estes o importante seria captar o espírito dessa obra porventura inigualável na lucidez com que visionou a solução dos conflitos entre o poder público e a liberdade. O importante seria não olvidar que naquela construção o poder é reforçado para ser dividido, sempre dentro de um pensamento de equilíbrio, sem desconhecer as fraquezas nem as excelências da natureza humana, mas pretendendo apenas em última análise e em última síntese servir à liberdade. O importante, enfim, seria fixar aquele pensamento central e original, pois sob esse ponto de vista a contribuição de Benjamin Constant poderia ser, ainda que parcial, fecundamente aproveitada no Brasil. Foi, aliás, o que aconteceu, muito depois de D. Pedro I, quando o poder neutro, embora imperfeitamente compreendido e enquadrado, chegou a encarnar-se na vida política brasileira. Se isso, no entanto, aconteceu, deve-se à evolução da prática parlamentar e ao caráter magnânimo de D. Pedro II, mais do que à Constituição de 1824, em cujo texto encontra-se a sugestão do título "Poder Moderador", mas – ao contrário do que se julga habitualmente – não se encontra senão desfigurada a doutrina de Benjamin Constant.

A doutrina do Poder Moderador   A essência dessa doutrina reside na divisão do poder monárquico, isto é, na separação entre uma autoridade régia novamente conceituada e um Poder Executivo também reformulado. Apenas na medida em que este Executivo se destaque da Coroa tradicionalmente abrangente, tanto quanto o Legislativo e o Judiciário já se tinham destacado no início do século XIX, é que toma importância a novidade do Poder Neutro ou Moderador. Apenas à medida que o monarca renuncia ao exercício do Executivo é que a teoria de Constant se configura e deixa de ser mera sugestão, embora fecunda como aquele "germe" que o mesmo Benjamin encontrara nos escritos de Clermont-Tonnerre. Este último teria distinguido *dans le pouvoir monarchique (...) le pouvoir exécutif, investi de prérogatives positives, et le pouvoir royal, qui est soutenu par des souvenirs et par des traditions religieuses.* O autor de *Cours de Politique*, em cujo primeiro capítulo se encontra a referência transcrita, foi adiante e preconizou a separação e o perfeito regulamento daqueles dois poderes que o seu inspirador vislumbrara ainda unidos na pessoa do monarca e que, aliás, o próprio Constant observara já virtualmente separados na Inglaterra. O Poder Executivo ou "ativo" será, pois, exercido pelos ministros e não mais apenas através deles; por isso, e somente por isso, os ministros serão responsáveis pelo governo. Constant, aliás, usa freqüentemente a expressão "Poder Ministerial" em lugar de "Executivo". Quanto às prerrogativas do poder régio, podem-se resumir em dois itens que se completam: 1º nomear e 2º destituir os representantes dos outros poderes. Excetuam-se naturalmente do primeiro item as assembléias eletivas, que, no entanto, poderão ser dissolvidas pelo monarca; e do segundo item excetuam-se o Senado e os magistrados vitalícios. A sanção das leis e o veto apenas completam aquelas atribuições positiva e negativa.

Contrariando, como fica evidente, o preconceito até hoje comum de que neutralidade quer dizer fraqueza, o poder neutro terá, portanto, atribuições fortes. Será uma espécie de "Grande Eleitor", imaginado por Sieyès, outro possível germe da teoria de Constant. Terá atribuições fortes, porém constantemente elevadas ou pelo menos isentas, sempre acima ou por fora do que constitui o objeto particular das atividades legislativa, judiciária e executiva propriamente ditas (ou de administração no sentido amplo). Justamente por se não envolver o poder régio nestas esferas particulares de compromisso é que se poderá manter a ficção de que o rei é inviolável, ficção útil à tranqüilidade da tradição nacional. Neutralidade forte, portanto, neutralidade de juiz que é indiferente às facções, conciliador dos conflitos entre os outros poderes, grande recurso para os momentos de crise, mas neutralidade que só existirá se for mantida diante do Legislativo, do Judiciário e do Executivo.

Como o Judiciário e o Legislativo já se achavam separados, como apenas o Executivo é que se achava mais ou menos intimamente unido ao poder monárquico, isto é, à pessoa do rei, era necessário estatuir claramente o seu afastamento para que o quarto e supremo poder se tornasse uma realidade acima de qualquer suspeita. Benjamin Constant sentia naturalmente a dificuldade de levar a bom termo a operação decisiva: tratava-se de retirar aos monarcas, não a faculdade elevada de escolher em última instância, como intérpretes da vontade ou do interesse nacionais, os instrumentos do governo, mas o uso quotidiano do poder pessoal. E ele sabia que os homens em geral e os reis em particular, pelo menos naquela época de absolutismo recente, haviam de preferir as atribuições do mando imediato, com todas as satisfações que ele proporciona. Daí a sua insistência na separação dos poderes régio e executivo; percorra-se a sua obra de doutrina constitucional, sobretudo os textos básicos relativos ao poder neutro, e há de se encontrar como um *leitmotiv* aquela separação, aquela diferença "essencial e fundamental", aquela "distinção", enfim, que é "a chave de toda a organização política".[3]

A doutrina truncada Não se negará que essa última definição seria aplicável também ao poder régio, neutro e árbitro dos demais poderes, mas apenas seria aplicável desde que o soberano se confinasse na

---

[3] Capítulo II dos *Principes* e também Cap. I do *Cours de Politique*.

majestade daquele arbítrio. Quando, porém, a Constituição de 1824 se apropria da frase textual de Constant e abre o título V, relativo ao imperante, dizendo no artigo 98 que "*o Poder Moderador* é a chave de toda a organização política", nada mais faz do que inaugurar o desvirtuamento da doutrina. Como não se estabelece, em seguida, a estrita separação dos poderes, o que se comete em relação à teoria e ao texto de Constant é uma simples apropriação indébita. Não importa que a criação nominal de um quarto poder, com o rótulo de "moderador" (que também se pode encontrar na obra do francês) e várias das atribuições enumeradas por ele, dê à lei básica da independência brasileira a reputação de ter sido a primeira a incorporar expressamente a nova teoria; nem importa que a Carta outorgada por D. Pedro a Portugal, dois anos depois, repetisse o rótulo etc. Nem mesmo importa que nessa última ocasião, ao abrir-se a contenda sucessória portuguesa, o próprio Benjamin Constant visse em D. Pedro uma extraordinária promessa, a possibilidade de tornar-se "o homem da liberdade constitucional européia"; tratava-se agora de contrapô-lo ao absolutista D. Miguel e aos rançosos gabinetes do Velho Continente; e nunca se negaria que as Cartas outorgadas por D. Pedro fossem, a seu modo, liberais. Apesar de tudo isso, a verdade é que os historiadores e publicistas que se referem desde então a essas duas Constituições como sendo as únicas que se filiariam textualmente ao teórico do poder neutro laboram inconscientemente no mesmo erro em que incorreram – é provável que mais conscientemente – os redatores da Constituição de 1824.

Diria o Visconde de Uruguai que, se não fosse a parte doutrinal do texto, o artigo 98 não suscitaria tantas apreensões. O que se deveria lamentar, entretanto, é que a parte doutrinal levasse endereço errado, isto é, não constasse de um artigo estatuindo expressamente a separação entre os poderes Executivo e Moderador. Para que este existisse efetivamente, era indispensável que a pessoa a encarná-lo renunciasse ao exercício de qualquer dos outros poderes, sobretudo renunciasse ao poder "ativo" por excelência. Eis o que seria impossível na prática, dado o caráter de D. Pedro I, e eis o que também não foi exarado no texto constitucional. Dizia o artigo 102: "O Imperador é o chefe do Poder Executivo e o exercita pelos seus ministros de Estado." Sem oportunidade para nos determos no "tema de gramática" sugerido por uma ponta de humor por João Camilo de Oliveira Torres ou na "discriminação embrionária" a que se refere o mesmo autor em comentários aos artigos 98 e 102[4], diremos ape-

---

[4] *A Democracia Coroada*, Rio, 1957, pp. 153 e 199.

nas que o texto ambíguo determinou a assistência ou a mediação dos ministros em vez de revesti-los diretamente do poder ativo, como deles se exigiu mais adiante a referenda ou a assinatura de todos os atos do executivo (art. 132), quando no *Cours de Politique* se enunciara taxativamente. "Os ministros assinam em seu nome", isto é, sozinhos, "todos os atos do Poder Executivo." Em seguida estatuiu-se a responsabilidade dos ministros (art. 133), esquecendo-se, no entanto, da lição de Constant: "A responsabilidade é a mais insolúvel de todas as questões constitucionais se não se distingue cuidadosamente o poder régio do Poder Executivo." Quanto à propositura das Leis, a Constituição parecia ter tomado o caminho certo no artigo 53: "O Poder Executivo exerce por qualquer dos ministros de Estado a proposição (...)"; mas já no art. 56 – "Se não puder adotar a proposição, participará ao Imperador (...)" – nota-se que o intuito era realmente o de acumular no imperante atribuições inconciliáveis. Não diremos, aliás, que esse intuito fosse devido unicamente à influência inegável do próprio D. Pedro; o esquecimento da necessidade de vincar expressamente a separação entre os poderes parece ter sido geral entre os conselheiros do Imperador, a começar pelo emérito Carneiro de Campos.

O Imperador exerceria efetivamente o Executivo, apenas com a assistência obrigatória dos ministros. Como estes é que seriam os responsáveis, entende-se que poderiam recusar-se a acompanhar o monarca. Poderiam ou deveriam demitir-se, nesse caso, e não seriam, portanto, meros agentes passivos, dizem os comentaristas. Sem dúvida, mas também não seriam os representantes do "poder ministerial", que deveria surgir emanado, mas desligado do poder régio, isto é, da pessoa do monarca – para que este pudesse de fato encarnar a neutralidade e a vigilância de um moderador. *Il ne faut jamais envisager dans l'action du pouvoir que les ministres (...) Le monarque est dans une enceinte à part et sacrée; vos regards ne doivent jamais l'atteindre. Il n'a point d'intentions, point de faiblesses...*

O Primeiro Reinado não conheceria, portanto, uma autoridade suma e venerável (não pelos anos, mas pelas atribuições) que se distinguisse do Poder Executivo ou do poder *tout court* como em épocas clássicas diferençaram-se a *auctoritas* e a *potestas*[5] e como ainda no século XIX viriam a dessemelhar-se o *reinar* e o *governar*, nas monarquias constitucionais, ou as funções de chefe do Estado e de chefe do governo em qualquer sistema parlamentarista. A Constituição de 1824 era, com efeito, "presidencialista", sobretudo na medida em que fora infiel à doutrina de Benjamin

---

[5] Cf. Carl SCHMIDT, *La defensa de la Constitución*, Labor, 1931, pp. 116 e 168.

Constant, a qual, embora ainda não sujeitasse o governo diretamente ao Congresso, seria a fonte principal do parlamentarismo, a fonte, aliás, onde ainda poderá buscar corretivo para eventual deterioração ou insuficiência.

"Benjamin Constant", diz Barthélemy, citado por Carl Schmidt, "foi o verdadeiro paladino do parlamentarismo liberal." Na sua teoria, acrescentaremos, é que se encontra o deslocamento decisivo do poder de governar, transferido do "chefe do Estado" (expressão freqüente em Constant) para o ministério, o que viria a ser uma característica cardeal do parlamentarismo. Não se falava ainda em "chefe do governo", mas parece evidente que o admirador das instituições políticas inglesas que nelas encontrara um paradigma para o seu ideário, também não recusaria a figura do primeiro-ministro. Na Inglaterra, de fato, forjava-se o governo de gabinete havia mais de século e desde antes que Pombal dissesse: "Aqui há duas definições: prerrogativas da Coroa e liberdade do Parlamento." Na Inglaterra observara Constant o critério amplo com que se atribuía aos ministros a responsabilidade do governo, admitindo a sua acusação sobre bases de grande latitude, isto é, sem que a lei discriminasse os crimes ou as faltas pelos quais responderiam – perante o Parlamento – e ao mesmo tempo facultando ao rei um direito amplo de perdoar aos mesmos ministros –, o que tudo iria desaguar no moderno voto de desconfiança. O importante, dizia Constant, não é o castigo penal e sim o vexame da acusação e o afastamento do governo.

Na Inglaterra, por fim, onde a Coroa ainda poderia dispor das prerrogativas a que aludira Pombal no século anterior, encontrar-se-ia *in fieri* o quarto poder (*moderateur*, diz Constant referindo-se ao monarca britânico), neutro mas não fraco, e sobretudo capaz nos momentos de crise; mais vigoroso, aliás, do ponto de vista da ação exterior, numa época em que o país ainda não atingira a cristalização ideal que viria mais tarde dispensar qualquer intervenção suprema e retificadora. Esta intervenção, no entanto, que seria o forte do quarto poder, continuaria a encontrar na doutrina de origem as armas adequadas para sua aplicação nos países menos evoluídos ou mais precisados de uma autoridade superior ao corriqueiro Poder Executivo. Pois, assim como D. Pedro I errou em pretender-se Moderador sem renunciar ao Executivo, assim errariam os que pretendessem subtrair o Executivo ao chefe do Estado sem conferir a este último um quarto e supremo poder – uma autoridade e uma primazia que só haveriam de parecer dessoradas aos olhos de quem fosse excessivamente glutão de mando ou de vantagens ilícitas. Aos olhos de quem não apreciasse a honra de ter atingido "a sublimação do poder".

Desse ponto de vista, a teoria de Constant encontraria afinal no Brasil uma oportunidade particularmente feliz. A Constituição de 1824 era menos parlamentarista do que o próprio projeto de Antônio Carlos, que dava pelo menos ao Legislativo maiores recursos para fiscalização e controle do Governo. A criação, entretanto, do Poder Moderador, embora simples rótulo errado no contexto da Lei Magna, contribuiu muito para que funcionasse mais tarde um regime aparentado com o ideal dos quatro poderes e que daria ao Império uma posição de ilustre companhia, ao lado do leão britânico. Para tanto contribuiria também a personalidade de D. Pedro II, tão venerado que, tendo começado a reinar muito moço, recebe apenas em geral, inclusive dos historiadores e às vezes descabidamente, a reverência que se faz a um ancião. Mas dessa personalidade o melhor que se poderá dizer é que a ela se ajustavam como luva as atribuições do poder neutro – o qual, por outro lado, acabou encontrando, no país atrasado que era o Brasil, um excepcional campo de teste. O que se viu no Segundo Reinado foi a magnanimidade do Imperador e o amadurecimento do fruto constitucional suprirem o que faltava ao texto da lei em matéria de isenção do monarca; e, em matéria de eficiência do Poder Moderador, o que se viu foi o seu funcionamento em condições especialmente adversas, e justamente no sentido de enfrentar e corrigir essas condições. O próprio Constant significaria que sem eleições livres era inútil imaginar contrapesos ao desregramento dos poderes; D. Pedro II aperfeiçoou o mestre e usou as prerrogativas de nomear ministério e dissolver a Câmara precisamente para retificar a distorção das eleições "preparadas". Quer dizer que, desprezando aparentemente a soberania popular, o que fez foi procurar servi-la na realidade.

Com D. Pedro II tendia-se naturalmente para a separação dos poderes, na prática; e em tese poder-se-ia tender afinal para a compreensão da verdadeira natureza do poder neutro. É o que se nota em comentaristas da fase áurea do Segundo Reinado e é o que irá depreender-se mais tarde das considerações de um Oliveira Viana em *O Ocaso do Império*, embora sem referência a Constant, a respeito do Moderador e do regime parlamentar conforme inspiração inglesa. A análise restrita da Constituição de 1824, sem o cotejo com as lições do publicista romântico, pode-se, entretanto, atribuir a inexatidão de historiadores que até os nossos dias ligam a Constant o caráter "absorvente", como diz Oliveira Lima, das funções imperiais, ou que não distinguem o que houve de traição à doutrina naquele "germe de governo pessoal" a que se refere Otávio Tarquínio de Sousa. O texto constitucional abria-se de fato à condenação, neste particular, e se é verdade que a crítica dos partidos, no Segundo Reinado, deverá ser atribuída sobretudo à malícia de oposição descontente, o mesmo não se poderá dizer da apóstrofe apaixonada de Frei Caneca, arremedando, no rescaldo da Constituinte dissolvida e da Constituição mandada jurar, o texto que por sua vez arremedara e subvertera a frase perfeita de Constant: "O poder moderador da nova invenção maquiavélica é a chave mestra da opressão da nação brasileira..."

A consolidação do império liberal só teria início de fato com a abdicação de D. Pedro I.

LUTAS EXTERNAS

LIVRO TERCEIRO

CAPÍTULO I

A ORGANIZAÇÃO DO EXÉRCITO BRASILEIRO

1. O PERÍODO COLONIAL

A PRIMEIRA tropa regular do Brasil deve ter sido a que chegou com Tomé de Sousa. Nada sabemos sobre a sua organização, nem possuímos dados exatos sobre os contingentes que auxiliaram Mém de Sá e Estácio de Sá na sua luta para expulsarem os franceses da Guanabara.

Portugal procurou defender da melhor maneira possível as costas do Brasil, construindo para isso alguns fortes, artilhando-os e guarnecendo-os com tropas metropolitanas e alguns artilheiros mercenários, como aconteceu com o alemão Hans Staden no forte da Bertioga.

No século XVII começaram a aparecer as primeiras tropas organizadas de que temos notícia na nossa história. Portugal procura fortalecer sua colônia e aparecem os terços[1] de brancos, índios e pretos. O terço era então a unidade tática por excelência, vencedora que fora das hostes e mesnadas medievais na Península Ibérica. Esse terço, criado pelo espanhol Gonçalo de Córdoba, granjeou-lhe grande fama como capitão. Constava de 10 companhias de 100 homens cada uma, comandadas por um capitão. Dirigia o terço um mestre-de-campo secundado por um sargento-mor e um ajudante. As primeiras companhias usavam chuços e chifarotes, as últimas carregavam mosquetes. Os oficiais tinham espadas e os sargentos e cabos, piques ou alabardas.

---

[1] O terço aparece ainda nas tropas espanholas estacionadas em Marrocos, precisamente na famosa Legião Estrangeira que teve papel tão destacado na Guerra Civil Espanhola. Cf. os diversos aspectos do presente capítulo com as obras de GUSTAVO BARROSO, indicadas na Bibliografia final, que largamente se ocupou de nossa história militar.

As "companhias de assalto"   Na guerra contra os holandeses, para defender as capitanias ameaçadas, foi necessário constituírem-se tropas com os elementos locais: daí surgiram as "companhias de assalto", principalmente os terços de pretos de Henrique Dias e de índios de Filipe Camarão. Por essa razão, desde sempre, e por mais dois séculos ainda, existiram, no Brasil, primeiramente terços e mais tarde regimentos de pretos Henriques em Pernambuco e Bahia; e no Rio de Janeiro caçadores a pé, das milícias, com fardas brancas paramentadas de vermelho.

Brito Freire e a reorganização da capitania de Pernambuco   Depois da luta contra os holandeses, dá-se a reorganização da capitania de Pernambuco pelo Governador Brito Freire. Determinou este que cada comarca fornecesse um terço de soldados, cabendo a cada freguesia uma companhia, recrutando-se os oficiais entre os habitantes mais ricos e capazes. Essa organização era muito fraca e geralmente permanecia apenas no papel, pois os homens deviam ser armados, municiados e mantidos muitas vezes pelos seus próprios comandantes que não dispunham de numerário suficiente para tal empresa.

A reforma do Conde de Óbidos   Em 1663, o Conde de Óbidos reformou o sistema militar de Brito Freire e reduziu as forças armadas a apenas dois terços. Posteriormente, o Governador Henrique Luís Freire criou o Regimento de Dragões Auxiliares a Pé, formando 2 batalhões de 10 companhias cada um, com o efetivo de 1.200 homens entre soldados e oficiais, repartidos pelos distritos de Olinda, Recife, Beberibe, Cabo e Iguaraçu. Havia também 2 regimentos de cavalaria ligeira de ordenanças (milícias); o primeiro com o efetivo de 600 homens nos distritos de Itamaracá e Goiana e o outro com 500 homens divididos por Alagoas, Porto Calvo e Serinhaém. Esse conjunto era complementado por 2 regimentos de infantaria paga, tropa da ativa, não territorial, como as acima mencionadas. Cada regimento constava de 10 companhias, uma das quais formada de 150 soldados de artilharia, e de granadeiros. Cada companhia compunha-se de 44 soldados, 4 cabos, 2 sargentos, 1 alferes, 1 tenente, 1 capitão e 1 tambor. A Companhia de Granadeiros abrangia um efetivo maior: 55 soldados, os mesmos inferiores e oficiais, mas além do tambor havia também um pífaro ou pífano.

O terço dos pretos, os Henriques, foi mantido com o mesmo efetivo e organização primitiva. Seu primeiro comandante, Henrique Dias, recebera patente de Primeiro Governador e Cabo dos Negros e Mulatos do Brasil, do Conde da Torre, a 4 de setembro de 1639.

Completavam essas tropas mais 13 companhias de ordenanças (cavalaria) e quatro terços de cavalaria, força territorial distribuída por freguesias e comarcas na base do recrutamento local, que prosseguirá no século seguinte, como se pode verificar nos arquivos paulistas, nos chamados "maços de população", que são nada menos do que censos militares. Estes foram realizados tendo em vista a defesa das capitanias contra os invasores estrangeiros, e que aliás funcionaram também, em parte, no recrutamento das tropas auxiliares para as campanhas do sul. Essas tropas eram mal armadas e mal fardadas. O soldo, tanto das tropas de linha como das territoriais quando convocadas para o serviço ativo, era pago com verbas extraordinárias e esporádicas. A manutenção das forças armadas e das fortalezas muitas vezes dependia do estanco das mercadorias, cujo monopólio o Estado possuía, e que era quase sempre arrancado a particulares.

Com a mesma organização de tropa territorial e de precária eficiência, existiam no Ceará e no Rio Grande do Norte 2 terços de infantaria e 1 Regimento de Ordenanças. Para os fortes, como força de guarnição, havia, além dos artilheiros, 1 ou 2 companhias de infantaria, chamadas "companhias fixas" ou "pés de castelo". Nas outras capitanias a organização militar era a mesma, baseada sempre no recrutamento local e com uma eficiência nem sempre muito grande.

Os Dragões de Minas Gerais

No começo do século XVIII, de 1718 a 1720, Minas Gerais, por ter adquirido grande importância devido à mineração, recebeu de Portugal, para impedir o contrabando e policiar os distritos mineradores da capitania, as 2 famosas companhias dos Dragões Reais de Minas, com 60 homens cada uma.

As forças armadas na Bahia

Mas o grosso das forças armadas ficou concentrado na Bahia, por ser ela, até 1763, o centro político e administrativo da colônia. Havia ali 8 regimentos de ordenanças que, todavia, foram suprimidos em 1739, e em seu lugar apareceram 4 terços auxiliares com seus capitães-mores e 1 batalhão de artilharia com 6 companhias comandado por 1 tenente-general tendo como oficiais 1 condestável, 1 ajudante, 5 capitães e tenentes. Além dessas unidades, existiam ainda 2 regimentos de infantaria com um efetivo de 1.500 homens. Essas tropas estavam distribuídas pelas principais vilas da capitania baiana e participaram de diversas campanhas, como a restauração de Mombaça e as lutas da colônia do Sacramento. Nessa época, a maioria dos soldados e da oficialidade das tropas auxiliares era composta de naturais do Brasil, assim como a terça parte da tropa de linha.

A unidade tática de então, em Portugal como no Brasil, era o regimento de tipo francês. O terço, que vinha do século anterior, subsistia apenas nas unidades territoriais. Havia ainda na Bahia 4 terços: o da "cidade", o da Torre, o de Pirajá e o de Itaparica. O da "cidade" tinha 12 e não 10 companhias como os outros. Além disso, havia em Salvador um terço de ordenanças com 23 companhias, formadas pelos estudantes, letrados, moedeiros, gente da justiça e negócios, calafates, familiares e empregados das arrecadações, num total de cerca de 1.742 homens. Em Itaparica existia ainda 1 companhia de ordenanças. Na capitania subsistia o tradicional terço dos Henriques e as companhias de ordenanças de cada cidade ou vila.

Formações de Infantaria e Cavalaria

Distribuídas pelas diversas capitanias havia algumas formações de Infantaria e Cavalaria. Em São Paulo o território da capitania estava dividido em 2 circunscrições militares: São Paulo e Vilas do Norte e Curitiba e Vilas do Sul. Nessa época eram centros militares de relativa importância São Paulo, Taubaté e Guaratinguetá. No interior da capitania havia formações de dragões a pé e a cavalo, além de cavalaria auxiliar. No litoral existiam tropas guarnecendo as principais vilas e fortalezas, constituindo as chamadas tropas de infantaria de marinha.

As reorganizações do Conde da Cunha e do Marquês do Lavradio

O Conde da Cunha (1763-1767), com a transferência da sede do Governo da Bahia para o Rio Janeiro, reorganizou a guarnição da nova capital, criando, além de 3 regimentos – 1 de artilharia e 2 de infantaria –, a 1.ª Companhia de Cavalaria da Guarda dos Vice-Reis.[2]

Na capitania de São Pedro do Rio Grande do Sul, organizaram-se diversas unidades: companhias avulsas de infantaria e artilharia, regimentos de dragões (1773), cavalaria auxiliar, cavalaria ligeira do Viamão, regimentos da praça da Colônia e da ilha de Santa Catarina.

O Vice-Rei, Marquês do Lavradio (1769-1779), reorganizou as tropas do Brasil, preparando-as para as campanhas do Sul. Em 1776 quase todas as unidades do Rio de Janeiro estavam concentradas nas fronteiras meridionais. Chegaram também do reino o 1.º Regimento de Infantaria do Porto, os regimentos de Moura e de Beja. Além disso, os regimentos da Bahia vieram também para o sul. Em Minas Gerais mobilizaram-se 6 regi-

---

[2] A 2.ª companhia foi criada pelo Conde de Azambuja, sucessor do Conde da Cunha. Essas companhias mais tarde foram transformadas pelo Príncipe Regente D. João no 1.º Regimento de Cavalaria do Rio de Janeiro, o nosso Regimento de Dragões da Independência, o corpo de tropa mais antigo do Brasil na época atual.

mentos de cavalaria, vários terços e 40 companhias de negros e pardos. Em São Paulo prepararam-se a infantaria local, a Legião dos Voluntários Reais e os célebres "aventureiros paulistas", tropa irregular. Do reino, chegavam continuamente levas de recrutas que completavam os claros dos regimentos de linha, mal fardados e armados, principalmente o regimento de Estremoz. As milícias arregimentadas para a guerra não tinham organização uniforme e estavam armando-se e fardando-se de maneira disparatada e exótica.

João Henrique Boehm   O Marquês de Pombal, querendo defender o Brasil da cobiça dos espanhóis, enviou para a Colônia, que no momento se tornara o alvo das atenções da Coroa de Portugal, o Marechal-de-Campo João Henrique Boehm, que se distinguira sob o comando do Conde de Lippe na Guerra dos Sete Anos e na reorganização do exército português. Aqui chegando, Boehm encontrou tropas sem muita disciplina, e em geral mal armadas e mal pagas. Começou por introduzir os regulamentos prussianos, principalmente o célebre regulamento do Conde de Lippe que vigorou no Brasil até 1895 e nos deu uma verdadeira estrutura militar. Pouco a pouco conseguiu Boehm elevar o moral da tropa e restabelecer a disciplina, tanto nas unidades portuguesas como nas nacionais. Preocupava-se, sobremaneira, com o bem-estar dos comandados. E assim, paulatinamente, captou a confiança de soldados e oficiais. Não é, pois, sem razão que, entre tantos estudiosos, João Henrique Boehm seja considerado como o verdadeiro fundador do Exército Brasileiro, pois, inegavelmente, foi quem deu organicidade aos corpos de tropa com a aplicação dos princípios preconizados pelo Conde de Lippe, considerado, sem favor, no século XVIII, como a maior autoridade em organização militar.

2. A MIGRAÇÃO DA FAMÍLIA REAL PARA O BRASIL

A reorganização militar do Príncipe Regente   Com a vinda da família real portuguesa, o Príncipe Regente, instalado no Rio de Janeiro, procurou reorganizar as forças da Colônia, elevada pouco depois à categoria de reino. Assim, a 13 de maio de 1808, D. João, servindo-se dos 2 esquadrões de cavalaria da guarda dos vice-reis, criou o 1º Regimento de Cavalaria, que viria a ser, com o tempo, o nosso Regimento de Dragões da Independência. Deu-lhe a mesma organização dos regimentos de cavalaria de Portugal: oito companhias. Criou simultaneamente a Guarda Real do Príncipe e os Arqueiros da Guarda Real, para o serviço do Paço e serviço pessoal do Monarca, e deu o comando ao Marquês de Belas, que, como capitão, já exercia essa incumbência no reino. Reorganizou o Corpo de Brigada Real da Marinha, transformando-o num regimento de artilharia de marinha, com 3 batalhões de 8 companhias cada um. Desse regimento origina-se o nosso Corpo de Fuzileiros Navais, que conserva no fardamento traços de influência escocesa em virtude da influência britânica sobre a política de Portugal.[3]

O Príncipe Regente desdobrou ainda a Brigada Real de Cavalaria de Milícias em 2 regimentos e aumentou o batalhão de caçadores Henriques, transformando-o num regimento. Em Pernambuco, criou o Corpo de Voluntários Reais com o efetivo de 1.000 homens. Deu nova organização à legião (fundada em São Paulo pelo Capitão-General Martim Lopes Lobo Aires de Saldanha, por carta de 1775) que, no Sul, sempre combateu contra os espanhóis, com um efetivo de 2.500 homens: 2 batalhões de infantaria, 3 esquadrões de cavalaria e 3 companhias de artilharia. Com a nova organização, a Legião de S. Paulo passou a ter 3 batalhões de infantaria, 4 esquadrões de cavalaria, 2 baterias de artilharia a cavalo e 1 companhia de artilheiros-cavaleiros. O regimento independente que existia anexo à Legião foi transformado em 2 batalhões de caçadores. Organizaram-se também 1 regimento de cavalaria de milícias com estado-maior e 4 esquadrões formados por destacamentos dos 3 regimentos de cavalaria de milícias da capitania. Santos passou a contar ainda com o seu regimento de caçadores, cuja origem datava de 1766.

As milícias paulistas contavam então com 11 regimentos, distribuídos por cidades e vilas, sendo 6 de infantaria, 3 de cavalaria e 2 de artilharia. Os de cavalaria tinham sido organizados pelo Capitão-General Antônio Manuel de Melo Castro e Mendonça. Dessas tropas tirou D. João os soldados que formaram o Regimento de Milícias a Cavalo.

Em 1809, o Príncipe Regente procurou desenvolver a artilharia, criando 1 Corpo de Artilharia a Cavalo, 1 Corpo de Artífices no Arsenal do

---

[3] O Corpo de Fuzileiros Navais tem sua origem na Brigada Real de Marinha, criada em Lisboa em 1797, que chegou ao Brasil acompanhando o Príncipe Regente em 7 de março de 1808. Combateu em Caiena em 1809. Na Independência, lutou sob a denominação de Batalhão de Artilharia de Marinha do Rio de Janeiro. D. Pedro I fez dessa unidade, em 1826, a Imperial Brigada de Artilharia de Marinha, com 1.753 homens no efetivo. Na revolução de Pernambuco também teve boa atuação, assim mesmo nas guerras do Prata. Recebeu no Império e na República 8 denominações diferentes: Imperial Brigada de Artilharia de Marinha (1826), Corpo de Artilharia de Marinha (1827), Infantaria de Marinha (1847), Batalhão Naval (1852), Corpo de Infantaria de Marinha (1895), Batalhão Naval (1908), Regimento Naval (1924) e atualmente Corpo de Fuzileiros Navais (1932).

Rio de Janeiro. Formou, também, a Guarda Real de Polícia, da qual se originou a atual Polícia Militar do Estado da Guanabara.

D. João separou a Capitania de São Pedro do Rio Grande do Sul da Capitania de Santa Catarina, reorganizando a tropa aí existente. Nessas condições criou 1 regimento de dragões com 956 homens e 1 batalhão de caçadores com um efetivo de 610 homens. Na Bahia também transformou o 2º regimento de infantaria numa legião de caçadores com 3 batalhões e 2 esquadrões de cavalaria, com o efetivo de 2.296 homens.

Na época em que a Corte se achava instalada no Rio de Janeiro, o recrutamento das praças abrangia recrutas alistados à força, que serviam 16 anos; voluntários, que prestavam 8 anos de serviço e semestreiros, geralmente filhos de lavradores ou de gente abastada, que serviam 6 meses no primeiro ano em que sentasse praça e três meses em cada ano do setênio imediato. Os milicianos, terminado o serviço, deviam conservar o uniforme e o armamento do tempo que passassem na tropa, pois podiam a qualquer momento ser convocados. Depois de 25 anos de permanência na ativa e na reserva, ficava o miliciano com direito ao armamento e às peças do uniforme recebidos do Governo.

O Príncipe Regente não se preocupou apenas com a reorganização das tropas existentes no Brasil, mas procurou também criar escolas militares e arsenais para que o exército dependesse o mínimo possível do exterior. Assim, datam do período real a instituição no Brasil da Real Academia Militar, a inauguração de novas oficinas de armas na fortaleza de Santa Cruz, erigida em 1765 pelo Conde da Cunha; a instalação de várias fábricas de espingardas em Minas e a organização das divisões dessa província; a criação de tropas de pedestres, dragões, pretos, pardos, polícias e milícias na Bahia, no Rio Grande do Sul, no Ceará, em Goiás, Mariana e Ouro Preto, e a fundação do Regimento dos Guaranis, composto de índios das Missões. Em 1813 ainda se preparavam tropas no Rio Pardo e no Ceará. Em 1815 foram criados corpos de artilharia no Maranhão e o corpo de veteranos para os inválidos.

Um fato notável do Governo do Príncipe Regente foi a vinda para o Brasil de uma divisão portuguesa, a Divisão Auxiliadora. Compunha-se de 2 batalhões de caçadores intitulados Voluntários Reais do Príncipe e depois del-Rei; 3 esquadrões de cavalaria, 1 companhia de artilharia, tudo com o efetivo de 4.831 homens.

Em 1816 baixou-se um decreto real pelo qual o Exército Brasileiro, agora organizado, recebeu fardamento e distintivos novos, conservando-se, todavia, alguns corpos que a tradição fez manter, como o dos Henriques.

Conseqüências militares da revolução de 1817

A revolução de 1817 fez com que D. João VI destacasse do Rio de Janeiro para o Nordeste várias unidades: o 1º Regimento de Cavalaria, o parque de artilharia, os Voluntários del-Rei e 4 batalhões de infantaria. Da Bahia seguiu um novo regimento criado para debelar a revolta, o 2º da Restauração de Pernambuco. No Rio de Janeiro ficou apenas a polícia, além de 1 esquadrão de cavalaria, vindo de Minas. Como as tropas enviadas ao Recife para jugular a revolta não fossem suficientes e como era necessário tornar a guarnecer as praças desfalcadas, mandou D. João VI vir de Portugal mais soldados. Em agosto de 1817 chegou ao Recife o 2º Regimento de Fuzileiros, na Bahia desembarcou o 12º da mesma arma, e para São Cristóvão, no Rio de Janeiro, vieram em outubro do mesmo ano o 3º de caçadores, o 15º de fuzileiros, 1 companhia de artífices-engenheiros e 1 brigada de artilheiros-condutores.

São estas as tropas que, sob o comando de Jorge de Avilez, passarão do Rio de Janeiro para a Praia Grande, de onde, em virtude dos sucessos que antecederam a Independência, hão de voltar a Portugal. O 12º de fuzileiros, com o General Madeira, vai resistir na Bahia ao assédio e ao ataque de Labatut. Caçadores e um pequeno contingente de artilharia irão manter-se por algum tempo no Maranhão e no Piauí. Em 1821, cerca de 600 homens da divisão naval que vêm buscar o Príncipe ficam espontaneamente no Brasil.

Em 1818 voltara para o Rio a força que estivera em Pernambuco. O Governo de D. João deu-lhe, então, organização mais eficaz. Os regimentos 1º de granadeiros, 2º de caçadores e 3º e 4º de fuzileiros foram transformados em 1º de granadeiros, 1º de caçadores, e os 2º regimentos de fuzileiros em 1º, 2º e 3º de fuzileiros. Criaram-se, também, uma Legião em Mato Grosso e o 9º de artilharia de Montevidéu.

Em 1820 mandou el-Rei criar tropas no Norte – Piauí, Rio Grande do Norte, Rio Negro, Maranhão e Sergipe – e depois também no Espírito Santo; em Minas foram organizados a divisão do Rio Doce e, em São Paulo, 1º esquadrão de cavalaria.

O regresso a Portugal de D. João VI

Com a volta de D. João VI para Portugal, precipitaram-se os acontecimentos, pois a idéia de Independência já estava no espírito de muita gente no Brasil. O Príncipe D. Pedro, necessitando de soldados, decretou que os voluntários serviriam apenas 3 anos. Organizou também a Guarda Cívica para a defesa da costa, com 4 batalhões de infantaria e 2 esquadrões de cavalaria. Em São Paulo armou-se uma corporação semelhante à do Rio de Janeiro, que foi chamada de "sustentáculo da Independência brasileira".

3. A INDEPENDÊNCIA

Depois do 7 de Setembro, o primeiro cuidado de D. Pedro I foi diferençar os soldados brasileiros dos seus camaradas portugueses. Daí a adoção do tope verde-amarelo que se tornou obrigatório em todos os corpos de tropa nacionais.

A 2 de outubro de 1822 organizaram-se, no Rio de Janeiro, o batalhão dos Henriques da Corte e 1 corpo de artilharia com um efetivo de 398 homens, recrutados entre os negros forros, que deveriam seguir para o Norte com Lorde Cochrane. D. Pedro reforçou também os batalhões de caçadores, dando a cada um o efetivo de 714 homens, distribuídos entre 6 companhias. Com esse tipo de batalhão foram criadas 4 unidades.

A Guarda de Honra   De algumas províncias recebeu o Imperador grande auxílio. Destaca-se, em primeiro lugar, o esquadrão de cavalaria, composto de voluntários milicianos de São Paulo, que servirá de base à formação da "célebre, brilhante e aristocrática" Guarda de Honra, criada por decreto de 1º de dezembro de 1822. A Guarda de Honra será composta de estado-maior e 3 esquadrões de 158 homens cada um, sendo que o 1º ficou estacionado em Taubaté, o 2º na Corte e o 3º em São João del-Rei. Em 1832 foi dissolvida a Guarda, porque se mantivera fiel à memória do primeiro Imperador. O curioso é que, em sua maioria, os simples soldados da Guarda tinham sido oficiais de milícia pertencentes a famílias tradicionais do vale do Paraíba.

O batalhão do Imperador   A 13 de janeiro de 1823, para expulsar os portugueses do General Madeira, foi organizado um corpo de voluntários – o célebre batalhão do Imperador – compreendendo estado-maior e 6 companhias, com um efetivo de 735 homens. Combateu na Bahia e deu, muitas vezes, guarda de honra no Paço imperial.

Os mercenários   Carecendo de tropas, D. Pedro foi obrigado a apelar para o recrutamento de mercenários estrangeiros, a fim de completar os efetivos de que tinha necessidade para fazer face à política imperial no Prata. Assim, a 8 de janeiro de 1823, criou-se o 1º Regimento de Estrangeiros, com estado-maior e 3 batalhões de 834 homens cada um, sendo 1 de granadeiros (o 1º) e 2 de caçadores (1º e 2º). A 13 de novembro de 1824, foi criado outro batalhão de granadeiros (o 2º) que, assim como o 1º, só em 1825 foi armado de caçadores. O número desses batalhões foi posteriormente mudado para 2º e 3º de granadeiros de 1ª linha, para 27º e 28º de caçadores.

Os soldados estrangeiros foram recrutados, na sua maioria, por Shaeffer na Alemanha entre elementos das mais variadas classes sociais, desde nobres decaídos e desocupados até criminosos. Esses soldados não alcançaram muita popularidade entre os seus camaradas brasileiros e eram malvistos pela população civil, circunstância que motivou as numerosas rixas e conflitos que ocorreram no Rio de Janeiro. Quando da guerra da Cisplatina, o Coronel Crotter trouxe da Irlanda 2.000 mercenários; alguns vieram enganados com a perspectiva de que se destinariam à agricultura e outros chegaram em lastimável estado de saúde. Isso aumentou ainda mais o mal-estar reinante entre os soldados estrangeiros, estimulando o motim que, em junho de 1828, estourou nos quartéis de São Cristóvão. De fato, o 2º Batalhão de Granadeiros revoltou-se. A população aterrorizada pedia socorro. A repressão contra os alemães foi rápida e violenta; batalhões nacionais cercaram os rebeldes, que se viram obrigados à rendição. Muitos foram presos e embarcados em transportes de guerra e outros, justamente os irlandeses, voltaram para sua terra e para o Canadá. Os batalhões que não tomaram parte na revolta foram reorganizados. O 28º de Caçadores não se revoltara e o 27º fez a campanha de Buenos Aires. Quando, em 1830, D. Pedro dissolveu esses batalhões de mercenários – que até então eram considerados tropas de elite e por tal motivo davam guarda ao Paço Imperial –, o 2º de Granadeiros de 1ª linha estava na Praia Vermelha, o 3º e o 27º de Caçadores na Ilha de Santa Catarina e o 28º em Porto Alegre, onde também se achava aboletado um esquadrão de lanceiros alemães.

Jagunços e couraças Durante a guerra da Independência na Bahia, surgiram tropas irregulares recrutadas no interior baiano: os jagunços e os couraças, vestidos de couro como os *sertanejos*. Essas tropas combateram muito bem contra os portugueses do General Madeira e chamaram a atenção não só pelo traje exótico, como também pela prática da guerrilha.

Primeira tentativa de organicidade do Exército O mais importante documento militar do 1º Reinado foi o decreto de 1º de dezembro de 1824, pelo qual as forças brasileiras de terra se organizaram como exército de 1ª e 2ª linhas, acabando-se, assim, as formações irregulares, fragmentárias, que vinham da época colonial e do Brasil Reino. As unidades receberam nova organização e nova denominação, com exceção do Batalhão do Imperador e da Guarda de Honra, que ficaram com a antiga estrutura. Dessa reorganização, que é a primeira tentativa de organicidade do nosso Exército, saíram as seguintes unidades: o 1º Batalhão de Granadeiros da Corte transformou-se no 1º de Granadeiros de 1ª linha; o 1º de Estrangeiros, no 2º de 1ª linha, ambos aquartelados no Rio de Janeiro, assim como os Batalhões de Caçadores nºs 1, 2, 3 e 4; o 1º de Caçadores de São Paulo passou para o Rio de Janeiro, como 5º Batalhão de Caçadores, permanecendo em São Paulo o 2º como o 6º de Caçadores; a infantaria da Legião de São Paulo constituiu-se no 7º Batalhão de Caçadores; o Batalhão de Caçadores de Santa Catarina, no 8º de Caçadores; o Batalhão de Infantaria e Artilharia de Curitiba, como o 9º de Caçadores; do 1º Batalhão de Libertos de Montevidéu, surgiu o 10º e, do 2º, o 11º Batalhão de Caçadores; a companhia de infantaria e o corpo de pedestres do Espírito Santo formaram o 12º Batalhão de Caçadores; na Bahia, os 1º, 2º e 3º Batalhões de Caçadores da Província tiveram os seus números alterados para 13º, 14º e 15º; o Batalhão de Alagoas recebeu o nº 16; o 1º, 2º e 3º Batalhões de Pernambuco foram reduzidos ao 17º e 18º de Caçadores; o da Paraíba recebeu o nº 19 e os Batalhões de Infantaria do Piauí, Rio Grande do Norte, Ceará e Maranhão receberam, respectivamente, os nºs 20, 21, 22 e 23; o do Pará ficou sendo o 24º e o 25º e os Caçadores Estrangeiros, o 27º e 28º até 1825; quando se criou em Sergipe o 26º de Estrangeiros, passaram a ter então a denominação de 27º e 28º Batalhões de Caçadores.

A cavalaria também foi transformada: o 1º Regimento de Cavalaria da Corte, fundado por D. João VI, permaneceu no Rio de Janeiro; o 2º foi formado pelo antigo Regimento de Minas Gerais; o 3º pela cavalaria da Legião de São Paulo e o esquadrão de cavalaria da capital da Província; o 4º foi formado pelo esquadrão de cavalaria da Província de São Pedro do Rio Grande do Sul; o 5º pelo Regimento de Dragões do Rio Pardo; o 6º pelo Regimento de Dragões de Montevidéu e o 7º pelo Regimento de Dragões da União.

A artilharia sofreu idêntica transformação: o Regimento de Artilharia do Rio de Janeiro transformou-se no 1º Corpo de Artilharia de Posição; o Batalhão de Posição do Rio de Janeiro, no 2º Corpo de Artilharia de Posição; o de Santos, no 3º Corpo; o de Santa Catarina, no 4º; o de Montevidéu, no 6º, a artilharia do Espírito Santo, no 6º; o da Bahia, no 7º; o de Pernambuco, no 8º; e as unidades de artilharia do Piauí, Ceará, Maranhão e Pará, nos 9º, 10º, 11º e 12º Corpos de Artilharia de Posição. Organizaram-se também 5 corpos de artilharia montada: o 1º com a Brigada de Artilharia da Corte; o 2º com a artilharia da Legião de São Paulo; o 3º com a artilharia da Província de São Pedro do Rio Grande do Sul; o 4º com a artilharia montada de Alagoas, e o 5º com a da Paraíba do Norte.

A 2ª linha foi organizada com 4 regimentos de infantaria, 89 batalhões de caçadores, 38 regimentos de cavalaria e algumas unidades de artilharia. A maior parte dessas unidades tinha nomes exóticos: libertos do ouro, libertos de Paracatu, pardos do Icó, artilharia de Henriques da Corte, sertanejos de Itu, guaranis das Missões, infantaria de marinha do Ceará, infantaria de marinha de Camocim. Como se vê, as tropas de reserva guardavam ainda a tradição vigente nos seus locais de recrutamento, conservando muitas vezes nomes que vinham das tropas de milícias e das irregulares do período colonial.

4. A REGÊNCIA

A Regência, tendo governado o Brasil num período tumultuado, foi obrigada a dar nova feição ao Exército, porque, com a abdicação de D. Pedro I, muitos corpos de tropa tinham desaparecido, bem como a Imperial Guarda de Honra e o Batalhão do Imperador, além do 2º e 3º Batalhões de Granadeiros e o 1º, 11º, 27º e 28º de Caçadores. Além disso, das unidades ainda existentes muitas se achavam com os efetivos bastante reduzidos.

Impunha-se a reorganização. Assim, pelo decreto de 4 de maio de 1831, conservou a Regência o estado-maior general, os estados-maiores de 1ª e 2ª classes, os engenheiros, os oficiais burocráticos, e mais 16 batalhões de caçadores com 572 homens de efetivo, divididos em 8 companhias – 5 corpos de artilharia de posição, com 492 homens de efetivo cada um, e 1 de artilharia a cavalo com 354. Os 5 primeiros batalhões de caçadores passaram a denominar-se 1º, 2º, 3º, 4º e 5º Batalhões de Caçadores da Corte, o 6º e o 7º formaram o 6º de São Paulo; o 8º transformou-se no 7º de Santa Catarina; o 9º ficou sendo o 8º do Rio Grande do Sul; o 10º, 11º e 12º desapareceram; o 13º e 14º transformaram-se nos 9º e 10º da Bahia; o 15º e o 16º fundiram-se no 11º de Alagoas; o 17º e 18º desdobraram-se nos 12º, 13º e 14º de Pernambuco; os 19º, 20º, 21º e 22º Batalhões foram abolidos; o 23º ficou sendo o 15º do Maranhão; o 24º, o 16º Batalhão do Pará. Os batalhões 25º, 26º, 27º e 28º foram extintos. Os regimentos de cavalaria foram assim redistribuídos: o 1º permaneceu no Rio de Janeiro, o 2º ficou em Santa Catarina, o 3º na Bahia, o 4º em Pernambuco e o 5º no Pará. A artilharia a cavalo continuou no Rio Grande do Sul e os corpos de posição tiveram o seguinte destino: 1º e 2º na Corte, 3º na Bahia, 4º em Pernambuco e 5º no Pará.

Com a dissolução dessas diversas unidades, sobrou um grande número de oficiais sem comando que, curiosamente, se agruparam num batalhão de oficiais-soldados que muito se distinguiu em um assalto a amotinados na ilha das Cobras.

A Guarda Nacional   Mas de todos os atos militares da Regência nenhum teve a importância e a repercussão daquele que criou a Guarda Nacional que tão assinalados serviços prestou durante o Segundo Reinado, principalmente na guerra do Paraguai, e que na República auxiliará a debelação da Revolta da Armada. Ao menos nos primeiros tempos substituiu com vantagem alguns dos disparatados corpos de milícia que formavam o nosso exército territorial e que vinham do período colonial. Assim, puderam desaparecer as milícias, ordenanças, guardas cívicas e municipais.

A Guarda Nacional foi estruturada pela lei de 18 de agosto de 1831 e compreendia unidades das três armas. Seus batalhões de infantaria podiam ter duas companhias de caçadores, que nunca foram organizadas.

Redução dos efetivos   Em 1834 a Regência diminuiu ainda mais os efetivos do Exército, provavelmente pela pouca confiança que inspiravam diversas unidades, pois alguns corpos de tropa aderiram às contínuas revoltas que perturbaram esse período da nossa história. Assim, os batalhões de caçadores foram reduzidos de 16 para 8. O 1º e o 2º ficaram no Rio de Janeiro e formaram-se com o casco dos antigos 3º e 4º; o 3º ficou na Bahia e foi originado do 9º; o 4º no Pará, tirado do antigo 15º; o 5º foi organizado no Pará, servindo de núcleo o 16º; o 6º, 7º e 8º conservaram os mesmos números e permaneceram respectivamente em São Paulo, Santa Catarina e Rio Grande do Sul. Foram suprimidos os batalhões nºs 1, 2, 5, 10, 11, 12, 13 e 14. Na cavalaria apenas houve a dissolução do 5º regimento.

A revolta dos Farrapos   Em 1836, com a revolta dos Farrapos já deflagrada, as tropas disponíveis concentraram-se no Rio Grande do Sul e algumas unidades, que tinham mostrado simpatia pela causa dos revoltosos, estiveram a pique de ser dissolvidas. Em 1838 reorganizaram-se na Bahia o 3º Batalhão de Caçadores e o 3º de Artilharia de Posição. Em 1839 criou-se, também no Sul, um corpo de voluntários alemães.

O decreto de 22 de fevereiro de 1839   Por decreto de 22 de fevereiro de 1839, o Exército brasileiro foi mais uma vez reorganizado, tendo aumentado para 12 o número de batalhões de caçadores. O batalhão provisório de Santa Catarina recebeu o nº 1; no Rio de Janeiro o 1º e o 2º passaram a denominar-se 2º e 3º; no Pará foi criado o 4º batalhão; o antigo 1º foi reorganizado como o 6º; os 7º, 4º e 5º transformaram-se nos 6º, 7º e 8º; reorganizou-se também no Pará o 9º; os 6º e 8º batalhões foram renumerados como o 10º e 11º; e em Santa Catarina criou-se mais o 12º Batalhão de Caçadores. A cavalaria teve um regimento suprimido (o 4º) e, em seu lugar, foram criados 4 esquadrões avulsos; os 3 regimentos restantes ficaram como cavalaria ligeira. Na artilharia houve troca de número: o 3º passou a ser o 2º; o 4º transformou-se no 3º; o 5º, no 4º e o 2º no 5º. Criou-se também um corpo de pontoneiros, mineiros e sapadores que, entretanto, não foi mantido por não se encontrar gente capacitada para tais misteres. Outro fato notável da Regência foi a abolição de unidades de granadeiros e fuzileiros, dando-se nítida preferência aos caçadores, no que, aliás, acompanhava-se a tendência dos exércitos europeus.

Concluindo, podemos dizer que, com a Regência, o Exército Brasileiro já estava realmente estruturado e pôde assim ser instrumento da política imperial do Segundo Reinado, quando, apesar do seu pequeno efetivo, soube desempenhar seu papel.

CAPÍTULO II

A OCUPAÇÃO DE CAIENA

AS RELAÇÕES entre luso-brasileiros e franceses, no decorrer do processo de formação territorial do Brasil, período colonial, foram relações muito pouco cordiais. Os franceses, agarrados ao propósito de criar, na América do Sul, como estavam fazendo na América do Norte, uma base física para o seu império ultramarino, por mais de uma vez, como já se viu em capítulos anteriores desta História, tentaram fixar-se em colônias que lhes assegurassem o espaço, interessante àqueles propósitos imperiais. A disputa do Brasil, como lembra André Julien (*Les français en Amérique au XVII siècle*), constituiu o verdadeiro problema do Atlântico, no século XVI. No Extremo Norte, o burgo fortificado de São Luís valeu como uma demonstração positiva da intenção, provocando o aceleramento da façanha de incorporação da costa leste-oeste ao patrimônio territorial que a Ibéria procurava elaborar buscando atingir a bacia amazônica.

A colonização da Guiana — Concessões feitas pelo Rei Luís XIII a companhias de comércio e de colonização, como sejam a Companhia Normanda do Cabo Norte, a Companhia da França Equinocial, importaram um aspecto daquele esforço colonial que, embora resultando na montagem, em 1626, da feitoria de Caiena, nem por isso permitiu que fosse possível a manutenção de uma base mais permanente na parte sul do continente. O que se veio a chamar de Guiana Francesa, começando pelo pequeno núcleo estabelecido na ilha daquele nome, não alcançou, no entanto, o progresso do tipo do que os franceses estavam alcançando na empresa da Acádia, no Canadá, e posteriormente na Luisiana e nas Antilhas. Nessa primeira fase de sua história, a Guiana experimentou alguma vitalidade com a presença de um grupo de holandeses e judeus, emigrados de Pernambuco depois da restauração portuguesa, vitalidade representada no açúcar que foi produzido na acomodação dos colonos à terra tropical. Como empreendimento colonial, a Guiana constituía, para a França, um tremendo logro. Os colonos não conseguiram fixar-se senão depois de 1664, e isso graças à atividade de M. de la Barre, vencendo o meio hostil. A gentilidade local, em especial os Callibis, resistiu à ação evangelizadora dos missionários, jesuítas à frente. Os esforços do Estado, sob Choiseul, quando se procurou efetuar a colonização intensiva, com a remessa de casais para a conquista da terra ou com a tentativa de elaboração de uma sociedade mestiça, como sucedia, com tanto sucesso, no Brasil, também não alcançaram o rendimento previsto. Ao contrário, redundaram em desastre ou em fracasso como experiência de política social e de política colonial. Os esforços para conquistar a Guiana, através da elaboração de uma família francesa, composta dos colonos que haviam chegado para a aventura e órfãs solicitadas por eles mesmos ao Monarca, produziram frutos igualmente muito pobres. Choiseul, o homem de Estado que mais se afeiçoara à idéia de criar na Guiana uma área progressista do império ultramarino francês, tentando compensar a perda do Canadá com o domínio exercido sobre a Guiana, não logrou ver-se bem-sucedido na iniciativa. A agressividade do meio, a selvageria do gentio local, as chamadas doenças tropicais, conjugadas aos erros cometidos pelos que vieram dirigir, sem a necessária preparação, a empresa, superariam as esperanças e propósitos do êxito, comprometendo a experiência. A mortalidade registrada causou tremenda sensação em França.

Em fins do século XVIII, todavia, começara a verificar-se algum sucesso: a terra parecia que, afinal, ia cedendo na sua agressividade, permitindo a permanência de um pequeno núcleo de colonos, empenhados em produzir açúcar, rum, café, algodão e gêneros tropicais, inclusive aqueles que a própria natureza se encarregava de proporcionar sem a necessidade do esforço humano. Em 1788, a população representava-se em 1.307 brancos, 400 mestiços livres e 10.678 escravos. A importação somava 670.000 libras e a exportação, 530.000.

Resistência luso-brasileira à penetração francesa No decorrer dessa aventura para amansar a terra criando a vida permanente de uma sociedade que se lhe afeiçoasse e a tivesse podido possuir fisicamente, os franceses haviam procurado dominar não apenas aquele espaço difícil, mas, descendo pela costa, ao longo do Atlântico, apoderar-se do que é presentemente o Território do Amapá. Seja pela infiltração de mercadores, de missionários, pela sedução das populações indígenas que viviam sob a soberania portuguesa, nucleada pelos franciscanos de Santo Antônio e pelos jesuítas, ou ainda pela presença de elementos militares que tentavam criar posições, os franceses manifestaram o propósito de que não desistiam, apesar dos fracassos que lhes marcavam a atuação na sua Guiana. Em 1697, numa demonstração maior de ousadia, haviam-se apoderado de pequena e primitiva fortificação do Macapá, de onde foram expulsos por contingentes de tropa regular, expedidos de Belém.

É de registrar aqui que os luso-brasileiros em nenhum momento haviam permitido que se consumassem os propósitos dos vizinhos incômodos, barrando-lhes o passo por todos os meios e em todas as oportunidades. Todo um vasto e permanente trabalho de presença e de domínio foi exercido por Portugal, numa ininterrupta exteriorização da consciência que possuía de seus direitos, de que não se mostrava disposto a abrir mão. Colonos, missionários, mercadores, militares estavam em constante exercício de suas atividades peculiares. Tropas de guerra, guarnições de estabelecimentos militares, forças de observação sobre a fronteira moviam-se continuamente para cumprir as determinações expedidas de Lisboa ou dos próprios governantes do Estado do Maranhão e Grão-Pará. Levantamentos geográficos e cartográficos foram efetuados. Descritivos, pormenorizando as características do meio e a possibilidade de sua utilização. Como sucedera na Guiana Francesa, também ali houve desencantos. A ocupação com o rendimento imediato e sensível não foi possível. O meio era hostil. Os colonos não conseguiram sucesso. Sob Pombal, procedeu-se a uma experiência mais enérgica com a montagem de uma colônia de casais açorianos e a construção de uma fortaleza de proporções respeitáveis, ao mesmo tempo em que se intensificavam os trabalhos de segurança ao longo da fronteira, no Oiapoc.

As relações comerciais, que os de Caiena pretendiam manter com os moradores do Pará, não se efetuaram com a intensidade ou com a continuidade proposta. Havia ordens positivas de Lisboa para que não se processassem. Ocorreram, é certo, mas com um certo ar de clandestinidade. Uma vez ou outra, esses contatos se operaram oficialmente. E foi no decorrer de um deles que Francisco Xavier Brotero pôde obter as pevides de café que viriam dar origem às lavouras paraenses na espécie, mais tarde transferidas ao sul do país.

Expansionismo contra expansionismo — Criara-se, no Pará, a idéia de que Caiena era o inimigo em perspectiva, o que autorizava toda uma ação governamental visando a acautelar a soberania de Portugal. Assim, além dos destacamentos em constante vigilância, destacamentos ora fixos em pontos nevrálgicos, ora em movimentação, em embarcações que fiscalizavam o litoral até o Oiapoc e compunham, na terminologia militar local, as flotilhas guarda-costas, cujos comandantes recebiam instruções especiais, além de atividade colonizadora em franco desenvolvimento, criara-se um governo militar, confiado aos melhores soldados que Portugal vinha expedindo para a região. As ilhas, localizadas ao longo da costa do Macapá, povoaram-se. O núcleo urbano do Macapá, onde sediava o governo militar, era assistido continuadamente para que se ampliasse e progredisse, assegurando a permanência do domínio. A pequena posição fortificada, convenientemente reconstruída em moldes modernos e sob técnica avançada, transformou-se na mais notável e potente praça-forte de todo o Brasil. Estava artilhada com 107 peças de artilharia. Na sua construção haviam trabalhado especialistas nacionais e estrangeiros sob a direção de Henrique Antônio Galuzio, que viera para a Amazônia servir nos trabalhos de demarcação das fronteiras com os territórios espanhóis. O estado de alerta era, em conseqüência, um estado de espírito permanente. Só os franceses não abandonavam a idéia de instalar-se além do Oiapoc, tentando a montagem de feitorias e de destacamentos militares...

Na primeira fase dos incidentes, ainda no século XVII, o Governador Antônio de Albuquerque Coelho de Carvalho visitara a região fortificada. Sob Pombal, o irmão deste, Francisco Xavier de Mendonça Furtado, esteve em Macapá. Posteriormente, os Capitães-Generais Manuel Bernardo de Melo e Castro, João Pereira Caldas e Martinho de Sousa e Albuquerque também lá chegaram, tomando providências para evitar surpresas. Os acontecimentos que perturbavam a paz na Europa podiam ecoar repentinamente na Amazônia. Era preciso, portanto, ter a atenção mantida para a fronteira. Forças devidamente preparadas estavam constantemente prontas, em Belém, para entrar em ação. Barcos de guerra foram construídos nos estaleiros da capital paraense para a fiscalização e para o transporte de tropas em caso de operação. Havia estado de espírito preparado para uma solução militar que poderia explodir a qualquer momento. Convém registrar logo que se fora elaborando, na região, a idéia de que essa solução importaria não apenas num choque pelas armas, mas na conquista da Guiana como meio efetivo de criar tranqüilidade, pondo fim aos perigos que vinham do Norte. Contra um expansionismo, outro expansionismo.

Conseqüência da "Revolução" na Guiana — A Grande Revolução que pôs fim ao absolutismo refletiu-se na Guiana com a violência por que se refletira nos demais territórios do império francês. Soldados da guarnição de Caiena e negros e mestiços começaram a insubordinar-se, reclamando melhoria em suas condições de vida. Negros e mestiços, como sucederá depois no Haiti, destruíram plantações e mataram os senhores na região do Approuague. A repressão foi violenta. Posteriormente, passando a Colônia a experimentar as transformações políticas e sociais da Revolução, os escravos foram declarados livres. Abandonaram o trabalho. Houve necessidade de declará-lo obrigatório, anunciando-se a pena de morte a quem se negasse executá-lo. Nem assim conseguiu-se restabelecer o equilíbrio social, com seus graves reflexos na situação econômica. Para aumentar as dificuldades, o "Diretório" deportou para Caiena os adversários do Governo. Trezentos e vinte e oito proscritos, dos quais duzentos e cinqüenta e dois eram padres, chegaram em 1797, sob maltratos incríveis. A liberdade concedida aos escravos foi revogada. Proprietários rurais que se sentiam sem segurança fugiram para o território brasileiro, atravessando o Oiapoc, onde estacionavam uma guarnição para fazer frente a qualquer violação da fronteira, pedindo a proteção das autoridades do Pará. Recebidos e agasalhados pelo Capitão-General Sousa Coutinho, prestaram informações acerca do momento que vivia a colônia, ao mesmo tempo em que alguns deles davam a sua colaboração ao progresso local com as técnicas e conhecimentos especializados que trouxeram, em especial sobre agricultura tropical. É dessa fase, com a atuação efetiva de dois desses franceses, a organização do Jardim Botânico de Belém.

Precaução dos brasileiros ante a novidade revolucionária Do lado brasileiro, conhecidas as circunstâncias que atravessava a colônia francesa, Sousa Coutinho tomou uma série de precauções. De Lisboa, vinham-lhe advertências para que impedisse, a qualquer preço, a entrada da novidade revolucionária, evitando o contato perigoso com Caiena. Entre outras soluções, o capitão-general imaginara uma ofensiva-relâmpago. Organizou a tropa de terra e mar, renovando as unidades militares de que dispunha, fazendo construir, nos estaleiros da cidade ou restaurando as que não se mostravam em bom estado, embarcações de guerra para a condução de tropa em operações e para os ataques a serem realizados.

E em ofícios dirigidos ao irmão, o Conde de Linhares apresentou as suas "Reflexões sobre o modo por que se deve atacar a Guiana Francesa, sobre as forças que são necessárias para se intentar o ataque, sobre as que tem o Pará para concorrer para esta empresa", logo seguidas de "Relação dos socorros que se precisam para se intentar a conquista da Guiana Francesa além dos que se pediam das capitanias do Brasil".

A surtida militar não se realizou. O Governo de Lisboa não achou conveniente agravar, no momento, a já difícil conjuntura que se criava na

Europa. O estado de alerta, no entanto, não foi abandonado. Ao contrário, as cautelas aumentaram. E, com elas, o esforço para a obtenção de informações acerca do que se estava passando no território vizinho.

Ainda em 1794, o piloto José Lopes dos Santos, que freqüentava a costa, obtinha elementos esclarecedores que valiam como verdadeiro inquérito político. Soubera o que devia saber, particularmente os aspectos defensivos e ofensivos da praça e o clima social e econômico existente – havia bateria de 28 peças defendendo a cidade, uma companhia de artilharia, um regimento de alemães, três companhias de tropa regular e uma de milicianos locais: 6.800 homens estavam em condições de atuar em corpos de tropa. Na fronteira com a Guiana Holandesa, estacionavam contingentes atentos ao perigo que podiam vir da vizinhança de potência em conflito com a França.

Em 1798, o furriel Florentino José da Costa, tendo ido a Caiena, apresentou um relato do que viu: barcos de guerra, tropa de terra em manobras constantes, integrada inclusive por soldados negros, artilharia distribuída por vários sítios, na cidade de Caiena ou nos sítios da costa e da fronteira com o Brasil, onde sediavam pequenos destacamentos. Amigos e parentes do emigrado Grenoulier mandavam notícias, que eram recebidas com a devida cautela.

Desaprovada a sugestão do ataque a Caiena, nem por isso Portugal deixou de considerar a situação. E, em 1803, o Regimento de Estremoz, composto de dois batalhões, força experimentada, veio do Rio para Belém. O regimento de Macapá, de cujas filas saíam os destacamentos de observação da vasta fronteira, foi posto em estado de alerta, acantonando na fortaleza histórica. D. Francisco de Sousa Coutinho, baixando instruções à divisão de lanchas artilhadas, previu os mais variados aspectos de uma possível ação militar dos franceses, inclusive uma incursão sobre Marajó. Essa ação, todavia, não ocorreu. Ao contrário, pretenderam os franceses, através de quatro tratados, celebrados na Europa, assentar em definitivo os extremos das duas colônias, evidentemente com a mudança dos limites anteriores, fixados em Utrecht. O primeiro tratado, o de Paris, assinado a 10 de agosto de 1797, descia a fronteira para o Calçoene; o segundo, o de Badajoz, de 6 de junho de 1801, estabelecia-a no Araguari; o terceiro, o de Madri, de 29 de setembro de 1801, marcava-a no Garapanatuba; o quarto, o de Amiens, voltava-a ao Araguari. Esse último fora assinado sem que Portugal estivesse presente à reunião de potências onde o celebraram. Por várias vezes, os franceses tentaram promover a demarcação, sem que o Capitão-General Sousa Coutinho concordasse com a iniciativa.

D. Marcos de Noronha e Brito, Conde dos Arcos e José Narciso de Magalhães e Meneses, que sucederam a Sousa Coutinho, mantiveram-se atentos à situação, vigiando a entrada de estrangeiros e impedindo que a fronteira se visse violada pelos vizinhos. No particular dos estrangeiros, franceses e norte-americanos eram os mais visados. Através deles, poderia penetrar na colônia a novidade revolucionária. Aquela providência contra o Barão de Humboldt era uma das muitas que se expediam de Lisboa, na conjuntura, visando a evitar a expansão do processo revolucionário que abalava monarquias e punha fim a um sistema político.

Portugal alarmara-se com o curso dos acontecimentos em França. A política adotada fora uma política, no primeiro momento, de franca desaprovação ao que lá ocorria. O mal-estar aumentara com o advento de Napoleão e com o projeto que esboçara para dar um novo vigor ao império ultramarino. D. Rodrigo de Sousa Coutinho, Conde de Linhares, "o amigo dos ingleses", como se dizia nos meios palacianos, mostrava-se apreensivo com o pensamento do "corso". Em carta de 29 de dezembro de 1801, ao Príncipe Regente, comunicava as suas inquietações: o Pará parecia-lhe em perigo se os projetos napoleônicos de valorização intensificada da Guiana fossem adiante.

A invasão do reino e os preparativos para a destruição de Caiena

Com a vinda da família real para o Brasil, conseqüência da invasão francesa em Portugal e execução do velho projeto reinol, criava-se o problema de como proceder no tocante à Guiana, território do país agressor. Seriam convenientes e urgentes o ataque e a conquista, desse modo pondo-se em execução o que D. Francisco já planejara em fins do século XVIII? Ou devia permanecer-se apenas em observação, pronta a guarnição do Pará para uma eventual ação defensiva? A declaração de guerra à França não podia reduzir-se a um ato platônico. Era forçosa uma ação militar que o materializasse.

A nova sensacional da invasão francesa do reino, chegando ao Pará, provocou, com a expectativa de operações de maior alcance, os preparativos para evitar qualquer surpresa. O Capitão-General D. José Narciso de Magalhães e Meneses, Tenente-General dos Reais Exércitos e Comendador da Ordem Militar de São Bento de Avis, que assumira, a 10 de março de 1806, o Governo da Amazônia, convocou a Colônia. Lançou proclamação a 1.º de outubro de 1808 sobre a necessidade imediata de assegurar a fronteira, mediante a remessa de um corpo de tropa que estacionasse no Oiapoc. Magalhães e Meneses já vinha cuidando do preparo da guarnição do Pará: fardara-a com novos uniformes, dera-lhe nova classificação, fizera a infantaria exercitar-se continuamente no manejo das armas, e na arte de guerra, preparara campo próprio para que o corpo de artilharia se instruísse nas táticas novas, aumentara o efetivo dos "corpos de ligeiros" para 2.540 homens, mandara proceder a reparos nas fortificações de Belém e construir muralhas entre as baterias de defesa da capital. Promovera, à notícia de que D. João chegara em salvamento ao Rio de Janeiro, iluminação festiva do Palácio Governamental, no que fora seguido pelos habitantes em suas residências, fazendo celebrar solene *Te Deum* na catedral. E enviara à presença do Regente uma delegação para apresentar-lhe o júbilo da Amazônia por sua presença no Brasil.

No particular da partilha militar, apelou para o comércio, a fim de que cooperasse com recursos em dinheiro. O erário local não dispunha do suficiente para as despesas que surgiram. De seu próprio bolso, pagou várias dessas despesas. Foi organizado um primeiro núcleo de forças, o "Corpo de Vanguarda", logo conhecido pela denominação de "Voluntários Paraenses", de seiscentos homens, fardados de "jaqueta e calça de pano de algodão tinto de negro", esclarece Baena no *Compêndio das Eras*, uniforme cosido gratuitamente pelas matronas paraenses, suas filhas e escravas.

A guarnição do Estado era composta de sete regimentos de infantaria, um regimento de artilharia e quatro corpos de ligeiros. D. João, por intermédio do Conde de Linhares declarando a guerra à França, ordenara (22 de março de 1808) que o capitão-general iniciasse a ação:

"Desejando S. A. R. que V. Ex.ª possa nas críticas circunstâncias atuais não só defender essa capitania, mas mesmo procurar obrar ofensivamente, logo que aí cheguem as Forças Navais Portuguesas, que creio vão daqui expedir-se, ou Inglesas, que possam mover-se dos Portos de Surinam, Demerari e Essequibo, é S. A. R. servido mandar participar a V. Ex.ª os Avisos que ora se expedem aos governadores de Pernambuco e do Maranhão; ao 1.º para que lhe remeta um corpo de oitocentos ou mil homens de gente voluntária, e escolhida, ao 2.º para que ponha as Forças Militares da capitania à disposição de V. Ex.ª, a que por este modo V. Ex.ª possa servir-se deles se for possível, o que muito S. A. R. deseja, pois espera que V. Ex.ª possa obrar desse lado ofensivamente, para reintegrar primeiramente as nossas Fronteiras ao que eram antes do infeliz Tratado de Paz de Badajoz e de Madri e para destruir Caiena com o socorro dos ingleses, se por uma feliz combinação puder ter lugar tão desejado resultado. A ruína total de Caiena seria para os Reais Interesses um objeto de grande valor; dela só S. A. R. desejaria que V. Ex.ª conservasse e transplantasse para o Pará a Árvore da Noz-Moscada, que ali existe e nunca se pôde conseguir."

A essa ordem, seguiu-se a comunicação de 7 de abril sobre os entendimentos havidos em Londres, entre o enviado do Regente e o Governo inglês, para a cooperação que pudesse assegurar o ataque à Guiana. Sabedor das dificuldades que o Capitão-General enfrentava, dizia-lhe que o comandante das forças navais inglesas poderia dar-lhe ajuda substancial.

Portugal, é preciso registrar logo, estava no propósito, como já vimos nas instruções a Magalhães e Meneses, de destruir Caiena. Na exposição apresentada em Londres, em 20 de janeiro de 1808, o Ministro português pedia que ficasse assentada entre as duas nações a decisão de arrasar Caiena – *ne rien laisser à la France dans Guyane en cas de restitution à la prochaine paix*. A França, se voltasse a possuir aquele território colonial, deveria encontrar tudo, novamente, por fazer, o que a levaria a desistir da Guiana. A solução de conquista imediata, a fim de que Napoleão não viesse em socorro de Caiena, aparelhando-a para a defesa, era, portanto, um ponto de honra e uma decisão firme. Para alguns outros, fora sugerida, durante a viagem para o Brasil, ao Príncipe D. João, pelo Almirante britânico Sir Sidney Smith. Ora, pelo ofício de 20 de janeiro de 1808, atrás referido, verifica-se que essa operação já estava nos propósitos oficiais portugueses antes da viagem. Mais: era solução proposta da Colônia desde os últimos dias do século XVIII.

A expedição Duas naus de guerra, os bergantins *Voador* e *Infante D. Pedro*, foram mandadas do Rio para o patrulhamento da costa e serviços complementares da expedição. A tropa de terra, de Pernambuco e do Maranhão, não apareceu. A força de invasão marchou, em conseqüência, constituída na base dos recursos locais. Em Marajó, recebeu a contribuição dos "ligeiros" da ilha. Além dos "voluntários", agregou-se-lhe o Regimento de Estremoz. A vanguarda partiu de Belém a 8 de outubro sob o comando do Tenente-Coronel Manuel Marques, experimentado cabo-de-guerra dos campos europeus e organizador, na capital paraense, do Corpo de Artilharia. Devia alcançar o Oiapoc e resguardar a fronteira. Depois, prosseguir no avanço, com as demais unidades expedidas, penetrando no território inimigo. A expedição viajou numa escuna de 12 peças, a *General Magalhães*, dois *cutters*, *Vingança* e *Leão*, de 8 peças cada um; três barcas canhoneiras, uma sumaca, a *Ninfa*, uma lancha e um iate. As instruções foram cumpridas à risca – a 12 de novembro de 1808, foi atingido o cabo do Norte. Prosseguindo viagem, a expedição alcançou o Oiapoc, onde deu desembarque. A 1º de dezembro, foi içado o pavilhão português em terra. Os brigues *Infante D. Pedro* e *Voador*, juntamente com a corveta britânica *Confiance*, haviam chegado trazendo, de Belém, o segundo contingente, de 300 peças. Comandava o barco inglês o Capitão James Lucas Yeo, que entrou em contato com o Tenente-Coronel Manuel Marques, assentando a marcha da expedição nos seus novos lances. Trouxera instruções do Capitão-General Magalhães e Meneses no sentido de fazer-se a conquista sem mais demora. Foi deliberado, entre os dois chefes, que a direção das forças de terra permaneceria com Manuel Marques, e a naval, com Yeo. A 12, os moradores da margem francesa do Oiapoc prestaram juramento de fidelidade a Portugal.

A 15, James Lucas Yeo, vanguardeando a expedição, dirigiu-se ao Approuague, a fim de tomar um maior contato com as disposições dos franceses. Naquele rio, intimou a primeira guarnição inimiga, dando-lhe um prazo de três minutos para rendição. Recusada, atacou-a, efetuando desembarque. Em pouco, o Governador do Cantão, M. Grimarde, rendeu-se. Mais acima, no lugar denominado Colégio, havia outra posição francesa, artilharia. Foi atacada e tomada pela infantaria brasileira e marujada inglesa. Duas escunas caíram em poder da expedição: rebatizadas, passaram a chamar-se *D. Carlos* (da marinha portuguesa e tio do Príncipe Regente) e *Sidney Smith*. Um ilhéu, que foi fortificado, recebeu o nome de "Dona Carlota". Obtidas informações dos habitantes e autoridades acerca da região e das possibilidades militares francesas para a luta maior que se avizinhava, Yeo comunicou a boa nova a Manuel Marques, que chegou a 24 e a 25 de dezembro e recebeu as posições conquistadas.

A 5 de janeiro a expedição continuou sua avançada. Além dos pequenos obstáculos já relatados, encontrara barcos franceses, todos capturados, que informaram que o Governo em Caiena já estava ciente da invasão e preparava a reação. O Capitão Yeo, com 200 granadeiros e 100 marinheiros, em pequenas embarcações, a 6 de janeiro, deu o ataque à posição fortificada de Diamant, à margem do rio Maiori. Travou-se combate. Venceram os atacantes: o comandante francês morreu. Uma parte da guarnição rendeu-se: a outra, fugiu. Morreu também um dos oficiais britânicos. Adiante, era Degrad de Canes, que, atacada, rendeu-se, perdendo a vida o comandante da praça. O fortim Trió apresentava melhor defesa, e o espírito de combatividade da respectiva guarnição manteve-se melhor. Situado à margem do canal de Criquefuille, à entrada da ilha de Caiena, nem por tal pôde escapar ao ataque bem-sucedido das forças brasileiras e inglesas. A luta foi áspera. Em certo momento faltou munição. O capelão da tropa pôs às costas um cunhete de cartuchos, levou-o à zona de operações, permitindo o reabastecimento. Manuel Marques e Yeo combateram à frente de seus comandados. Os franceses se haviam dividido em duas colunas, mas em meio à escuridão perturbaram-se, ficando entre os fogos da força invasora, em vez de surpreendê-la como projetaram. O Governador da Colônia, Victor Hugues, possuía ali uma grande fazenda, considerada modelar. Estava defendida por um destacamento de sessenta soldados, que tentaram resistir. Yeo, dela se apoderando, saqueou-a, incendiando-a. A 8 de janeiro, a expedição penetrou mais profundamente na ilha, aproximando-se da capital. Marchou por terra. Relatou Manuel Marques:

> "Nesta marcha de quase duas léguas, feita debaixo de um sol ardentíssimo, eu me enchi de prazer e ternura vendo o valor, a constância e a obediência da nossa tropa levada ao último grau; o soldado, extenuado de fadiga, coberto de suor, carregado com sua espingarda e com 50 cartuchos embalados, trazia ainda às costas as munições de artilharia e puxava pelas peças; e isto admira tanto mais, que eles não tinham largado as armas e cessado de trabalhar os dias antecedentes, tomando sempre à pressa a nutrição necessária."

A rendição

A força naval procurou o porto da cidade para bloqueá-lo. Intimado à rendição, o Governador pediu armistício, o que lhe foi concedido. Desejava ajustar condições para a entrega da Colônia. Estava chegando, vindo da França, a fragata *Sarpon*, que trazia munição e 200 praças para aumentar a defesa da praça. Surpresa com a superioridade numérica da frota anglo-brasileira, abandonou o porto. Victor Hugues assinou a rendição a 12 de janeiro:

> "1.ª A guarnição sairá da praça com as armas, bagagem e todas as honras de guerra.
>
> Os oficiais conservarão as suas espadas, e os oficiais superiores, os seus cavalos; ela deporá as armas e se obriga a não servir por espaço de ano contra S. A. R. o Príncipe Regente e seus aliados.
>
> 2.ª Dar-se-ão embarcações à custa de S. A. R. o Príncipe Regente para transportar diretamente à França a guarnição, os oficiais civis e militares, todos os empregados no serviço, com suas famílias e efetivos, o mais depressa possível.

3ª Dar-se-á igualmente uma embarcação cômoda para transportar à França o comissário do imperador, comandante-em-chefe, sua família, seus oficiais, seu séquito e efeitos, o chefe da administração ordenador, o comandante das tropas, o inspetor e o comandante da artilharia com as suas famílias.

4ª Será concedida uma demora conveniente aos srs. oficiais que têm propriedade na Colônia para terminar os seus negócios.

5ª Os arsenais, baterias e todos os objetos de artilharia, sala de armas, armazém de pólvora, armazém de víveres serão entregues por inventário e no estado em que atualmente se acham e indicar-se-á onde estão todos os objetos.

6ª Todos os negros escravos de uma e de outra parte serão desarmados e remetidos para as suas habitações.

Os negros franceses, que os comandantes de terra e mar de S. A. R. o Príncipe Regente admitiram ao serviço durante a guerra, e a quem deram a liberdade em virtude das suas ordens, serão mandados para fora da Colônia por não poderem ser para o futuro mais que um objeto de perturbação e discórdia.

Os comandantes se obrigam, segundo as suas promessas, a solicitar de S. A. R. o Príncipe Regente a substituição de outros tantos escravos ou uma indenização a fazer dos habitantes a quem pertencem.

7ª Os papéis, planos e outras coisas pertencentes à engenharia serão igualmente entregues.

8ª Os doentes e feridos obrigados a ficar na colônia, poderão sair dela com tudo quanto lhes pertencer, quando estiverem em estado de o fazer e entretanto serão tratados como até aqui.

9ª Serão respeitadas as propriedades particulares de qualquer espécie e natureza que sejam: os habitantes poderão dispor delas como até aqui.

10ª Os habitantes da Colônia conservarão as suas propriedades e poderão residir nelas, conformando-se às ordens e formas estabelecidas pela soberania debaixo de que ficam. Terão liberdade para vender as suas propriedades, a retirar-se na época que lhes convier sem que a isso se lhes ponha obstáculo.

11ª As leis civis, conhecidas em França pelo nome de Código Napoleão, e que estão em vigor nesta Colônia, serão seguidas e executadas até a paz entre as duas nações. Os magistrados não poderão decidir sobre os interesses entre os particulares que não seja em virtude das ditas leis.

12ª As dívidas reconhecidas pelos particulares durante ou antes do tempo determinado pelo artigo precedente serão exigidas conforme as bases estabelecidas por esse mesmo artigo.

13.ª Os papéis concernentes ao governo e matrícula da tropa serão levados pelo quartel-mestre.

14.ª Desejando conservar a plantação de especiarias, chamada la Gabrielle em todo o seu esplendor e agricultura, fica estipulado que não se destruirá nenhum edifício nem plantação, árvores ou plantas; mas conservar-se-á no estado presente tal qual se entrega aos comandantes de S. A. R. o Príncipe Regente.

15.ª Todos os papéis dos armazéns, de inspeção, de domínio, toda e qualquer responsabilidade, se deporá no cartório ou noutro lugar ajustado para se recorrer a eles quando for preciso. Tudo ficará debaixo do selo dos dois governos e à disposição e S. M. I. e Real."

A 14, brasileiros e ingleses, reduzidos a menos de 400 homens pelas baixas havidas em mortos, feridos e enfermos e pelo desfalque resultante da necessidade de deixar pequenas guarnições na retaguarda, entraram em Caiena, cuja guarnição, somando mais de 500 praças, se achava postada em linha e a seguir desfilou, entregando as armas, recolhendo-se a pontões, de onde embarcou para a França. Posteriormente, Victor Hugues partiu com seus auxiliares e familiares. Dias depois, chegaram de Belém novos contingentes, que elevaram a força expedicionária para 1.300 soldados.

Variam as opiniões a respeito do comportamento do Governador francês: para uns, teria revelado incapacidade ou covardia; para outros, pouco poderia ter feito, com a soldadesca enferma e descontente pelo estado de abandono a que se via relegada. Bom administrador, a colônia estava em franca restauração como conseqüência de sua política de fomento, afirmam terceiros. Homem sem escrúpulos, que aproveitou o poder para enriquecer, concluem alguns. O certo é que, submetido a julgamento, em França, foi condenado à prisão perpétua.

Os problemas da conquista

Comunicada a Belém a conquista, Magalhães e Meneses fez, à margem dos textos da capitulação, algumas observações que lhe pareceram essenciais para evitar interpretações prejudiciais aos interesses do Príncipe Regente, da soberania e do bom nome de Portugal; reflexões que, em forma de aditivo ao texto da capitulação, deviam ser impostas aos vencidos. Assim, para exemplificar, nos artigos 11 e 12 devia ser entendida que a legislação francesa mantida não tirava aos processos e julgamentos o caráter de executá-los em nome do Príncipe. Da mesma forma, quanto ao 14 e ao 15, nada na antiga Colônia podia ter existência, daí por diante, independentemente da vontade real portuguesa, ficasse bem claro. A partida de Victor Hugues impediu, porém, o cumprimento da disposição, pois que era necessária a sua assinatura no documento.

Um próprio, o furriel de granadeiros do regimento de infantaria 2, de nome Joaquim Antônio de Macedo, que gastou mais de noventa dias de viagem, levou ao Rio de Janeiro, por terra, através de Goiás e Minas Gerais, a comunicação do Capitão-General sobre o bom êxito da empresa militar. Como em Belém, houve as reflexões restritivas ao texto da rendição. D. João de Almeida, Conde das Galveias, ofereceu ao Monarca uma série de observações, condenando alguns artigos. A parte referente à condição dos escravos incorporados à tropa luso-brasileira causou a maior excitação, provocando, inclusive, uma circular aos governos amigos.

O Príncipe Regente, não obstante, encheu-se de júbilo pelo sucesso da expedição. Pela mão do Conde de Linhares, fez ciente a Magalhães e Meneses do contentamento de que estava possuído. Mais, promovera-o a "Marechal do Exército", com soldo de duzentos mil-réis por mês, e concedera-lhe a Grã-Cruz das Três Ordens Militares. Quanto a Manuel Marques, promovera-o a Brigadeiro, dando a cada oficial, cadetes e porta-bandeiras, participantes das operações, um posto acima do que possuía no momento da campanha. A todos os soldados, conferira um distintivo fixo, à manga direita da farda, constante de um círculo vermelho com a palavra Caiena no centro. Posteriormente, foi mandada cunhar medalha de prata, comemorativa da façanha, a ser concedida a oficiais e praças.

Linhares, em instrução a Magalhães e Meneses, dizia-lhe que o Regente estava preocupado com o problema que se criava com a conquista – era preciso fortificá-la convenientemente para evitar sua recuperação pelo inimigo; sua reorganização impunha-se, para ajustá-la ao sistema português, em particular no tocante à vida econômico-financeira. A conquista devia pagar as próprias despesas; os colonos que manifestassem simpatia pelo regime revolucionário francês fossem mandados sair. Insistia na transplantação das espécies vegetais.

Pela manutenção da "conquista" Completada a ação militar, Manuel Marques assumira a direção da coisa pública, de acordo com as ordens de Magalhães e Meneses, confirmado no cargo de Governador militar pelo Príncipe. Ia começar agora uma vida nova na Guiana, de minguada população branca, francesa na sua totalidade, e de negros africanos sobre os quais repousava todo o trabalho criador, mesmo na rudimentaridade por ele mostrada.

Nas instruções expedidas a Magalhães e Meneses a 18 de maio de 1809, o Conde de Linhares dissera-lhe que D. João insistia no propósito de despovoar a Guiana, arrasá-la, desse modo levando os franceses a desistir de restaurá-la. Mas já a 7 de junho ordenava que dela cuidasse, através de "prontas medidas para promover à sua conservação, e aumento", o que revelava mudança de posição – não mais a idéia inicial de devolvê-la, mas a de sua posse permanente, de acordo com o pensamento dominante no Pará. Uma nova força de ocupação, de 800 homens, era mandada de Pernambuco para cooperar na manutenção da "Conquista". O Conde de Linhares, será conveniente recordar, era irmão de D. Francisco de Sousa Coutinho, que formulara o plano de conquista nos fins do século XVIII. E tanto era assim agora que, além do governador militar, o Príncipe deliberara enviar um funcionário civil, categorizado, no cargo de Intendente, encarregado das tarefas da justiça e dos demais serviços de uma administração civil da colônia, "tendentes à segurança pública e prosperidade daquelas Províncias que S. A. R. deseja tanto mais promover, quanto seria lisonjeiro fazer sentir àqueles colonos franceses a fortuna que tinham alcançado, passando a um doce e suave Domínio, diferente daquele que caracteriza o do Usurpador, e serão as vantagens do seu comércio, que V. Ex.ª facilitará para o Brasil, Portugal, e ainda para a Inglaterra quem lhes faça melhor conhecer os bens de que há tanto tempo estão privados".

O Intendente não era cargo ou função nova nos quadros da sistemática portuguesa. Havia intendentes, na área de mineração, havia intendentes para o fomento da agricultura, comércio e manufatura, em várias capitanias da colônia sul-americana. Não se tratava, portanto, de uma inovação, modelada pelo francês, como sucedeu em Espanha e seu império ultramarino. O Intendente para a Guiana, sob a denominação de Intendente-Geral da Polícia de Caiena, trazia, senão um regimento a que se ativesse, instruções positivas expedidas no ato de nomeação, a 10 de junho de 1800:

> "Fui Servido Nomear-vos com a graduação que consta pelo Decreto da data desta, que baixa à Mesa do Desembargo do Paço, para Intendente-Geral da Colônia de Caiena e Guiana Francesa, a fim de que transportando-vos logo ali, e considerando-vos como Chefe da Magistratura, fixeis o exercício que podeis ter na Administração da Justiça segundo foi estipulado pela Capitulação, e que igualmente de acordo com o Governador e Capitão-General do Pará e com o Governador que Fui Servido Nomear para a Mesma Colônia, procureis dirigir a sua Fazenda, e a sua Polícia de modo que resultem a tranqüilidade e felicidade dela, e

os meios de sustentar Força Armada – que a fica guarnecendo; e que possais concorrer com o Governador e Capitão-General do Pará e com o Governador da Colônia, a tomar todas as providências, a fim de que a sua defesa contra o Inimigo da Minha Real Coroa seja tão efetiva como espero da fidelidade do Comandante e da vossa, zelando vós todos os Direitos da Soberania, que Me pertencem pelo Direito da Conquista, e impedindo que possa haver maquinações contra a segurança e tranqüilidade da mesma Colônia. Será vosso dever informar-vos de tudo o que achardes, do que principiardes a estabelecer, e do que julgardes se possa fazer para o futuro, tendo todo o cuidado de nada praticardes, que possa produzir movimento, ou inquietação alguma, sem primeiro Me dardes conta, e esperardes a Minha resolução. Quanto ao exercício do Poder Judiciário de que os constituo Chefe, procedereis com a maior moderação e não fareis senão as alterações que julgardes indispensáveis e úteis ao Meu Real Serviço. Não perdendo, porém, de vista o conhecimento particular dos Juízes, e se será conveniente introduzir, ou em todo, ou em parte, novos Juízes Portugueses, que poderei chamar do Pará, e do Maranhão; mas não vos esquecereis de primeiro conhecer a opinião pública, e se convém aos interesses da Minha Real Coroa uma tal mudança. Igualmente Me informareis da forma dos Tribunais estabelecidos, e se haveria inconveniente em se adotar o sistema, que se pratica nos Meus Estados, ou se essa mudança seria desagradável. Também Me dareis conta das Rendas e Despesas da mesma Colônia, se elas são suscetíveis de maior aumento, e se é possível que se lance alguma Imposição extraordinária.

Não vos esquecereis de fazer subir à Minha Real Presença o Sistema com que ali se distribuem as terras, e todo o Cadastro, e Carta Tipográfica que se haja levantado da mesma Colônia, pois semelhantes objetos muito interessarão até para comparação com o que aqui se acha estabelecido. Sobre tudo zelareis o sistema da Política, que deveis estabelecer na Colônia, não só para segurar a sua tranqüilidade interior, e a subordinação dos Negros, mas muito essencialmente para evitar toda a correspondência dos habitantes com o Governo Francês e para que no caso de ataque exterior possa o Governador ocupar-se exclusivamente da defesa da Colônia, sem se ver distribuído pelos mal-intencionados, que possam existir dentro dela. Com o Governador e Capitão-General do Pará combinareis o livre Sistema de Exportação e Importação, que se deve estabelecer de Caiena, com todos os Meus Estados, e Domínios do Brasil e Portugal, e até com a Inglaterra, para o que lhe facilitareis toda a exportação em Navios Portugueses, pois que por meio de um semelhante

Sistema os Colonos Franceses melhorarão muito de fortuna e se afeiçoarão ao Meu Paternal Governo, de que Desejo sintam com o favor do Céu os mais saudáveis efeitos. Assim o cumprireis, e farei executar como por Mim vos achais autorizado – não obstante quaisquer Leis, e ordens em contrário, que todas Hei por derrogadas, como se delas fizesse aqui expressa e especial Menção."

O primeiro Governo de Manuel Marques   Seguindo a decisão do Príncipe, o Governador militar cuida exclusivamente do "Ramo Militar". Para o cargo civil fora escolhido um servidor capaz, João Severiano Maciel da Costa, magistrado mineiro, de consciência reta, que tanto na Guiana como posteriormente no exercício da pasta ministerial revelaria altas qualidades cívicas, merecendo ser agraciado com o título de Marquês de Queluz.

Manuel Marques foi, no entanto, o primeiro dirigente da "Conquista". Com a chegada de Maciel da Costa, divididas as atribuições, caminharam em perfeita unidade de vista, de que resultou a esplêndida presença luso-brasileira, marcada por seriedade de governo, trato compreensivo dos colonos franceses e desenvolvimento econômico da região, que experimentou, então, aquela ventura a que se referia, em nome do Príncipe, o Conde de Linhares.

Enquanto só no Governo, o brigadeiro praticou atos tendentes a criar o clima de segurança e de simpatia entre os franceses. Dando um balanço no que era a colônia, balanço que registrou em extenso e interessante relatório de agosto de 1809, intitulado "População e Administração Provisória da Colônia de Caiena", e se guarda inédito na Biblioteca Nacional do Rio de Janeiro, ficou ciente dos problemas que tinha pela frente. A população indígena estava desaparecendo e em nada contribuía para qualquer esforço construtivo, social e econômico. Os negros escravos somavam 13.300 indivíduos; a gente de cor, livre, 1.340; os brancos reduziam-se a 930. Em Caiena, viviam 365 brancos, 765 mestiços e 1.585 escravos negros. Havia, portanto, um total de 15.500 habitantes. Os estabelecimentos agrários somavam 234.

A administração francesa era integrada por um Comissário do Imperador, um Comissário Ordenador e um da Marinha. O primeiro tinha a seu cargo o comando das forças e a ordem pública; o segundo dirigia as coisas civis; o terceiro, além dos assuntos navais, devia cuidar dos tribunais. Um pagador-geral, um recebedor dos domínios, com alçada na alfândega, completavam o quadro.

Em face da situação nova, Manuel Marques criou uma Junta Provisória, sob sua presidência, espécie de conselho encarregado de organizar os diversos ramos de administração e do serviço civil, e constituída de oito habitantes franceses, escolhidos entre os mais notáveis. As deliberações da Junta só entravam em execução depois de promulgadas pelo brigadeiro. Entre outras medidas, regulou o valor da moeda portuguesa em face da francesa, facilitando o giro mercantil, e lançou imposto de patente sobre as casas de negócio, visando a obter recursos destinados ao pagamento da guarnição, que não recebia desde outubro de 1808. Estabeleceu mais dois tribunais – o de contabilidade e o de tesoureiro e recebedor do domínio. Com o primeiro, orçamentaram-se a receita e a despesa, contabilizando-as: com o segundo, tinha a Colônia o seu órgão de arrecadação dos recursos. A Junta Provisória devia funcionar como uma espécie de tribunal de contas. Seus membros nada recebiam dos cofres públicos.

No particular da justiça, no regime francês contavam-se um Tribunal de Primeira Instância e uma Corte de Apelação, aquele funcionando para os casos civis, comerciais e criminais, e composto de juiz, procurador e escrivão. A Corte era composta de cinco conselheiros, um vice-presidente e um procurador-geral do rei, além de escrivão. No campo espiritual, além do Prefeito Apostólico, um cura. A interferência do poder público nas coisas religiosas era vigorosa, o que lhes acarretou a perda de substância. Não existia, praticamente, clero regular. A produção da "Conquista" reduzia-se a algodão, urucu, cacau, girofle, café, aguardente, canela, madeiras, açúcar. O valor dessa produção, em francos, não ia além de 1.671.000, que em mil-réis eram 190:971$428. A importação compreendia toda espécie de artigos. Os simulares estrangeiros de produção local estavam proibidos.

Manuel Marques em pouco enamorava-se da "Conquista" e lhe via um futuro admirável – auto-abastecível, inclusive podendo criar rebanhos cavalares e vacum. Área complementar da Amazônia, sua integração definitiva ao mundo português parecia-lhe da maior importância para a própria segurança do Estado do Brasil. Porque em mãos de potência inimiga seria como que uma cabeça-de-ponte para a expansão sobre o Norte. A ocupação permanente, definitiva, afigurava-se-lhe fundamental para a política realística que a Corte pretendesse promover no sentido do progresso do Brasil. Ademais, em face do que ele considerava o perigo britânico, isto é, o crescimento desmedido da Inglaterra como nação imperial, impunha-se essa conduta – os ingleses, senhores da Guiana, teriam facilmente em suas mãos a vida econômica do Pará e, a seguir, a do próprio

Brasil. Em *Descripção abreviada das vantagens, e recursos que offerecem a projeção da Guyana antigamente Francesa, e suas produções rellativamente aos Estados do Pará, e do Brasil*, que elaborou em março de 1810, propôs os ângulos mais diversos e interessantes da colônia agora na posse de Portugal.

Manuel Marques, todavia, estava no índex dos que o acusavam de adepto da ideologia francesa. Foi mandado pôr sob vigilância. Magalhães e Meneses recebera instruções especiais do Conde de Linhares, datadas de 14 de junho de 1809, a respeito. E pouco depois, à sua solicitação, inconformado com a remessa, para a tropa de guarnição, de elementos de péssimos antecedentes, deram-lhe substituto (outubro de 1809) na pessoa do Coronel Pedro Alexandrino Pinto de Sousa, velho soldado das expedições de limites com as colônias espanholas, o que estava longe de significar credencial para um posto administrativo. Entrando em função, o novo Governador militar, bastante idoso e incapaz de uma ação pessoal incisiva, não alterou as disposições ditadas pelo bom senso de Manuel Marques. Balanceou a "Conquista", oferecendo relatório que confirmava as reflexões e informações do brigadeiro, ao mesmo tempo que trazia outros esclarecimentos, principalmente no que dizia respeito à defesa do novo território.

Pedro Alexandrino, em 1812, passou o cargo a Manuel Marques, que fora reconduzido e mereceu recepção calorosa na Colônia, onde o estimavam pela retidão, bondade e espírito público. Os franceses votavam-lhe grande simpatia, pois revelava, no trato com eles, habilidade e compreensão. Chamavam-lhe, por isso, "Papa Marquis".

Segunda fase do Governo de Manuel Marques   O problema mais grave que teve pela frente constou de pronunciamento da guarnição, ocorrido em junho de 1809. A tropa andava descontente. Fora-lhe prometido que, finda a campanha, seria substituída por novos soldados. As febres de mau caráter abriam claros constantes em suas fileiras. A alimentação não era aquela a que estava habituada no Pará – o que lhe davam vinha dos Estados Unidos e constava de carnes e pão de trigo, quando desejavam a farinha amarela, os peixes e mais integrantes da dieta paraense. Por fim, o Major Manuel Xavier Palmeirim, que se revelou de ambições e passava por integrante perigoso, imiscuindo-se no seio da soldadesca, anunciara que, se fosse governador, daria solução ao mal-estar. Manuel Marques, formando a tropa sob o comando de Palmeirim, enfrentou a solução corajosamente. Intimou-a a voltar aos quartéis, numa fala enérgica, que foi ouvida em silêncio e obedecida. Palmeirim, perdendo o comando, foi sucedido pelo Tenente-Coronel Francisco José Rodrigues Barata.

Outro pronunciamento esteve a pique de estalar em 5 de março de 1811, quando se descobriu que mais elementos haviam envenenado os soldados, induzindo-os ao ataque aos oficiais e ao saque da cidade. Tendo feito deflagrar o movimento, não o puderam, no entanto, ver vitorioso. A reação dos elementos fiéis fez-se rápida, desanuviando-se a situação. Os quatro maiores culpados foram submetidos a conselho de guerra e sumariamente fuzilados em praça pública. Franceses e homens de cor congratularam-se com as autoridades, propondo-se cooperar na manutenção da ordem se lhes fizessem entrega de armas.

Manuel Marques, na segunda fase de seu Governo militar, endereçou ao Conde de Funchal (1º de outubro de 1812) extensa "Memória sobre a Defesa da Vila, e Costa da Ilha de Caiena", em que indicava os perigos a que estava exposta a colônia em face de qualquer aventura do inimigo, e todo o planejamento que elaborara, com as respectivas execuções que dele já vinha fazendo para tornar a "Conquista" capaz de resistir e permanecer sob o domínio de Portugal.

Maciel da Costa e a administração civil A administração civil, a cargo de Maciel da Costa, realizou-se plenamente, abrindo um grande crédito à ação política luso-brasileira. A Guiana estava, por decisão real, subordinada ao Capitão-General do Grão-Pará e Rio Negro. Maciel da Costa, como já vimos, trouxera instruções, contidas no próprio ato de sua designação. Ao passar por Belém, avistou-se com Magalhães e Meneses, deste recebendo esclarecimentos e novas atribuições para a rotina de Governo. Em janeiro de 1810 empossou-se em Caiena, na Intendência: lançou manifesto à população, expondo os propósitos do Regente e a missão de que estava incumbido. Pediu, na oportunidade, a cooperação dos habitantes. Estes se mantinham ainda sob certas reservas. É que Napoleão ameaçara com duras penas os que colaborassem com o invasor. Maciel da Costa, maneiroso, atento às coisas, revelando-se um administrador sereno, mas que ia ao fundo dos problemas, em breve conquistou a confiança coletiva, impondo-se à estima e ao respeito de todos. Governou bem.

Todos os pontos que haviam sido fixados nas instruções do Príncipe, ele os examinou, expondo o que apurava e sugerindo soluções quando havia problemas a exigir maiores reflexões. Sua correspondência com Magalhães e Meneses, guardada na seção de Manuscritos da Biblioteca e Arquivos do Pará e em muitas peças no Arquivo Nacional, revela o Governante que não desprezou um ângulo sequer dos muitos assuntos sobre que se pronunciou ou sobre o que teve de interferir. Falando sem rebuços, disse ao capitão-general o que foi observando e o que lhe pareceu necessário indicar – homens e fatos passaram por sua análise, nos defeitos, nas virtudes, no que significaram.

Maciel da Costa, na execução de seus encargos, mostrou-se diligente, generoso, hábil, sem deixar de ser enérgico sempre que preciso. Encontrou abusos no exercício da causa pública. Corrigiu-os. Havia fraudes e dissipações. Acabou com elas. O curador das sucessões, Jean Aufray, por exemplo, baseado nos termos da capitulação, não queria submeter suas contas ao Intendente. Maciel da Costa, sem violência, obrigou-o à submissão legal, perante as autoridades graduadas que convocou para o ato. O gesto revelador do magistrado, que não permitia menosprezo da justiça, valeu como lição. Todos passaram a ver nele a autoridade em quem deviam confiar, respeitando-a e cumprindo suas determinações. No caso da moralidade pública, por que lhe cabia zelar como encarregado da polícia, mostrou-se o mesmo homem digno. Puniu os faltosos, mesmo graduados, como o Major José Antônio Nunes, conteve a insubordinação de negros que se recusavam a trabalhar nos serviços de lavoura. Em proclamação que lançou, para que melhor se soubesse dos atos que praticava em bem da ordem administrativa, regulou a vida econômica, conseguindo, sem impostos aviltantes, mas com arrecadações em dia, em um ano, que as rendas locais fossem suficientes para o pagamento de todas as despesas com os serviços públicos e com a tropa de ocupação. Antes, fazia-se um suprimento em dinheiro pelo Maranhão. Estabelecendo normas para a colheita dos gêneros nativos, incentivou a produção. O comércio exercitou-se em crescimento constante.

O Governo francês possuía uma propriedade de grande expressão, *La Gabrielle*, a que já nos referimos. Nesse estabelecimento faziam-se experiências agrícolas, ao mesmo tempo em que se intensificava a lavoura das melhores espécies indígenas e alienígenas. Maciel da Costa, apesar da madraçaria dos escravos que nela trabalhavam, conseguiu desenvolvê-la, ampliando-a e enriquecendo-a.

Entre as suas instruções, havia aquela da transladação das espécies vegetais que se consideravam interessantes no cultivo que fosse possível promover em terras brasileiras, em particular a noz-moscada. Cumpriu-a. Várias vezes, remeteu, para Belém, carregamentos de caramboleiras, groselheiras, sapotilheiras, fruta-pão, cana do Otariti, além de frutas européias que haviam sido aclimadas em Caiena. Cuidando da cidade, acabou com os pântanos que a enfeavam e a tornavam insalubre, transformando-os em passeios.

O problema do abastecimento de Caiena era, como ainda é, de difícil solução. Não fora possível criar os plantéis que garantissem carne à população. Providenciando para que a situação se corrigisse, fez incessante importação de gado de Marajó, da ilha da Caviana e de Macapá, assegurando, assim, o bem-estar de uma dieta a que a colônia não estava habituada. Do mesmo modo, restaurou os postos de pesca que haviam sido abandonados e constituíam focos de suprimento alimentício ponderável. Como importou, em larga escala, do Pará, a farinha, alimento de importância capital na região. Aproveitando a visita constante de navios mercantes ingleses e norte-americanos e mesmo franceses, deles se valeu para trazer à colônia, senão em fartura, pelo menos sem a fome que provocaria inquietação e má vontade para conosco. Organizou os serviços alfandegários, fixando as taxas que passou a cobrar às embarcações estrangeiras que freqüentavam o porto. Estabeleceu um pequeno corpo de polícia para os serviços urbanos e da alfândega. Cada guarda, que devia ser probo e saber ler e escrever, vencia 40$000 anuais e 220 réis diários quando em trabalho a bordo, tendo ainda uma parte proporcional nas confiscações; quanto aos chefes, em número de dois, recebiam 80$000 anuais, tendo também parte nos confiscos feitos. Não confiando nos funcionários franceses, dispensou os que pareceram madraços ou hostis, substituindo-os por luso-brasileiros. Dos que ficaram, exigia, todavia, constantes contas.

Por uma ordenança que lançou, estabeleceu os limites e a forma de jurisdição dos funcionários de justiça. Defendendo os interesses dos negociantes da Guiana em face da competição que lhes faziam os do Brasil, estabeleceu igualdade de tratamento, dispensando-os do pagamento do que exportassem com destino ao Pará e de lá importassem.

Maciel da Costa participava do grupo que entendia do maior interesse para Portugal a incorporação definitiva da "Conquista" ao patrimônio ultramarino de Portugal. Mas, além de Caiena, entendia que era conveniente agregar a outra Guiana, isto é, a holandesa. A propósito, apresentou, a 30 de outubro de 1812, um conjunto de reflexões sobre a união das três Guianas – Portuguesa Francesa e Holandesa – para formarem um reino anexo ao Império do Brasil.

Começava lembrando que "a conquista da Guiana Francesa não é de tão pouca importância para o Império do Brasil, como sei que pareceu, no princípio, a muita gente mesmo de classe instruída. É provável que esta opinião tenha por fundamento o ser já o Brasil um território vastíssimo, e esta parte da Guiana muito mal reputada, mesmo entre os seus nacionais". Mostrava, a seguir, que, reunidas as três grandes áreas, poderiam compor ou um principado ou um reino, em qualquer hipótese vassalo de D. João, que ele chamava de futuro Imperador do Brasil. A Inglaterra apoderara-se da Guiana Holandesa. Poderia desistir em favor de Portugal que em troca lhe passaria às mãos alguns territórios no Oriente, que não poderiam, pela marcha dos acontecimentos, permanecer sob o domínio de Portugal. Formar-se-ia um Estado poderoso, entre o Brasil e os Estados Unidos, que o Intendente antevia forte e a formar com o Brasil uma força de equilíbrio no mundo.

Maciel da Costa, nem porque administrasse com amor pela coisa pública, fiel ao que lhe fora mandado fazer, deixou de sofrer a acusação de arbitrário e desonesto. O *Correio Brasilienze*, de Londres, divulgou cartas que lhe tinham sido mandadas de Caiena, acusando o Intendente de, sem meter as mãos na arca do tesouro, enriquecer com a manobra do recebimento de ordenados em especiaria e não em dinheiro. Fazia vender a especiaria no exterior, desse modo obtendo lucros bastante elevados, muito acima dos vencimentos que lhe eram pagos.

A queda de Bonaparte e a devolução de Caiena   A queda de Napoleão provocou a assembléia de Paris, em que o Rei Luís XVIII, a Áustria, a Prússia, a Rússia, a Inglaterra, a Espanha e Portugal se reuniram para as providências iniciais, tendentes a criar a nova ordem política internacional. Nessa assembléia, estipulou-se, a 30 de maio de 1814, num tratado firmado por todos, a propósito do domínio em Caiena e da fronteira entre a Guiana e o Brasil, que Portugal devolveria a "Conquista" à França, assegurando-se-lhe, porém, o direito de sustentar como fronteira o Oiapoc. O representante de Portugal, D. Domingos de Sousa Coutinho, Conde do Funchal, não tivera oportunidade de participar dos debates relacionados com o tratado. D. João VI, em conseqüência, negou-se a aceitar a solução que lhe parecia profundamente desinteressante e prejudicial às razões de Estado do Reino Unido. Desejava, para concordar com a devolução, que lhe fizessem voltar ao patrimônio a vila de Olivença e concordassem em que permanecesse sob domínio português a região do Uruguai.

Instruções foram então expedidas a Caiena, ao brigadeiro e ao Intendente, para que estivessem atentos, não devendo consentir em que os franceses, sem ordem expressa do Rio, retornassem à "Conquista". Em todo caso, o Intendente procedesse ao levantamento do seqüestro dos bens dos franceses, que haviam deixado a Guiana, por ocasião de sua ocupação, e fizesse um inventário pormenorizado que permitisse comparação fiel das condições da Guiana ao tempo dos franceses e das atuais, resultantes da ação civilizadora luso-brasileira.

A assembléia de Paris não decidiu em definitivo todos os problemas internacionais, tendo ficado assentado que as potências se reunissem em Viena. Para essa nova conferência, D. João designou o Conde de Palmela, Antônio de Saldanha da Gama e D. Joaquim Lobo da Silveira. E como, na época em que lhes fez participar as instruções, não conhecia ainda o texto do Tratado de Paris, ordenou-lhe que não admitissem qualquer discussão sobre a devolução de Caiena. Essa atitude provocou, em Viena, mal-estar entre os plenipotenciários estrangeiros. As negociações não produziram bons resultados. Talleyrand reagiu às exigências portuguesas. Lorde Castlereagh, que chefiava a delegação britânica, recusou qualquer apoio à tese portuguesa – "a Inglaterra só se poderia obrigar efetivamente no que dela dependia, porém não no que dependia dos outros".

Sem apoio, a delegação portuguesa viu-se na contingência de aceitar o que se poderia considerar o fato consumado, apenas conseguindo que o problema não fosse posto em termos de perdas maiores. Uma indenização que pleiteou, pelas despesas efetuadas na Guiana, foi recebida por Talleyrand sob chacota: "Isso então é com a Inglaterra: se conseguirdes que vos dê dinheiro, estimá-lo-ei muito; e ainda mais estimarei que mostreis a seu respeito a vossa independência." A Inglaterra concordou, a propósito, em dar sua mediação no sentido de conseguir que os limites permanecessem os que haviam sido fixados no Tratado de Utrecht, de 1713.

Pelo artigo 107, da Ata Final do Congresso de Viena, de 9 de junho de 1815, ampliado no tratado de 28 de agosto de 1817, Caiena devia voltar mesmo às mãos francesas, que se obrigavam a transportar, para Belém e Recife, a guarnição luso-brasileira que ocupava a "Conquista". O Brigadeiro Manuel Marques, em nova memória sobre ela, datada de novembro de 1810, sustentara a necessidade de sua manutenção. Essa memória fora transmitida em 15 de março de 1816, pelo Marquês de Aguiar, ao Ministro de Portugal em Paris, Francisco José Maria de Brito, talvez numa tentativa de obter algum resultado nos negócios que se efetuavam. Fora em vão todo o esforço para manter sob o domínio venturoso de Portugal aquele pedaço da América do Sul.

A 5 de agosto de 1816, o Marquês de Aguiar comunicava a Manuel Marques a decisão real de cumprir a resolução de Viena, devendo o Brigadeiro e o Intendente ajustarem os assuntos locais de modo a proceder à entrega da "Conquista" às autoridades francesas. Essa entrega estava condicionada, porém, à ordem expressa que seria expedida do Rio, em momento oportuno e depois de concluídas as negociações que se faziam entre os governos francês e português. Tais negociações encerraram-se, em Paris, a 28 de agosto de 1817. A 7 de novembro de 1817, Manuel Marques e o Tenente-General Conde Carra-Saint-Cyr, Comissário de Sua Majestade Cristianíssima, que chegara à frente de forças francesas para recuperar a Guiana, assentaram as bases da entrega que deveria ocorrer a 8, entre nove e dez horas da manhã, tomando por modelo o protocolo que havia para o Senegal. As forças luso-brasileiras constavam, então, apenas de um major, dois ajudantes, um capitão, um ajudante de cirurgião, sete capitães, sete tenentes, doze alferes, oitenta e três oficiais inferiores e seiscentas e duas praças.

Às dez horas de 8 de novembro de 1817, procedeu-se à entrega dos fortes e mais estabelecimentos. Os destacamentos francês e luso-brasileiro postaram-se, frente a frente, no Largo da Savana. As bandeiras das duas nações foram içadas. Uma ao lado da outra, sob salva de artilharia de terra e da bateria das forças navais surtas no porto e a seguir arriadas. Por fim, a bandeira francesa foi novamente hasteada, sob novas salvas, passando a guarnição francesa a ocupar as posições entregues.

A população assistiu ao ato. Ocorreu, então, o imprevisto: os colonos franceses, que assistiam à cerimônia, choravam de pesar com a nossa retirada. Carra-Saint-Cyr, pasmado, dirigiu-se ao Tenente Mafra. E lhe disse:

"É espantoso, Senhor Secretário, que franceses, vendo drapejar as obras nacionais, signo da dominação francesa, vertam lágrimas de saudades pela dominação anterior. Faço votos por que, ao término de minha administração, receba demonstrações semelhantes."

A dominação luso-brasileira da Guiana revestiu-se do caráter de empresa civilizadora. E ninguém melhor para defini-la que o depoimento de um colono, de nome Vidal, registrado em Paul Gaffarel:

"Lordre, l'économie et le désintéressement présidèrent à la conduite des agents du gouvernement portugais. Ils encouragèrent le commerce par des opérations toujours combinées dans l'intérêt local, en accordant cependant au commerce étranger toute la protection nécessaire pour étendre les relations de la colonie et assurer le débouché de ses denrées. Ils conservèrent les impôts qu'ils avaient trouvés établis, mais n'en créèrent pas de nouveaux. L'exaction ne fut jamais rigoureuse, le cultivateur ne vit jamais sa propriété menacée d'envahissement... Le chef d'administration professait qú'il était de l'essence du régime colonial que l'avantage du prince fut sacrifié à celui du particulier."

CAPÍTULO III

O BRASIL E O PRATA ATÉ 1828

Missão secreta do Marechal Curado   D. DOMINGOS Antônio de Sousa Coutinho, ao saber em Londres, onde representava Portugal, que a sua comunicação de novembro de 1807 chegara a tempo de salvar o trono dos Braganças, com a transladação do Governo português para o Brasil, exultou em carta que, a 17 de janeiro de 1808, escreveu ao Príncipe Regente. Esta carta seguiu imediatamente para o seu destino, na fragata inglesa *Surveillant*, que trouxe Mr. Hill, o primeiro diplomata a representar a Grã-Bretanha no Brasil.[1] Mas não se limitou D. Domingos, nas muitas páginas escritas sobre um sem-número de negócios e informações importantes, às questões ligadas a seu cargo: foi um pouco além ao rogar "muito encarecidamente a V. A. R. – como dizia ele – que nestas matérias de comércio, de tratado e de finanças se digne de ouvir e consultar D. Rodrigo de Sousa Coutinho". E isso, acrescentava, "porque sei que ele entende estas matérias como poucos as entendem entre nós".

Dias depois de chegar ao Rio de Janeiro, ainda em março de 1808, escolheu D. João, o futuro Conde de Linhares, para o cargo de Ministro dos Negócios Estrangeiros e da Guerra, no intuito de modificar a política francófila de Antônio de Araújo, da qual não surtiram os efeitos desejados, por mais consentânea com os últimos acontecimentos, enlaçada inteiramente à política britânica. É possível que o conselho de D. Domingos tivesse chegado antes da escolha, e, assim, ao interesse político da nomeação, aliasse o Príncipe o desejo de atender o seu representante em Londres

---

[1] Lorde Strangford, por doente, teve adiada a sua partida, seguindo na fragata apenas Mr. Hill, Secretário da Legação Britânica, com parte do empréstimo solicitado por D. João, e o portador da carta de D. Domingos. (Carta citada, de 17/1/1808, *in* Arquivo Histórico do Itamarati, "Correspondência do Conde de Funchal", 338/1/1.)

que o salvara das garras de Napoleão, avisando-o a tempo do destino que lhe reservara o francês.[2]

Nesta mesma carta reavivava D. Domingos, jeitosamente, a velha ambição dos portugueses do Brasil, de se espraiarem até o Rio da Prata. Reportando-se à conversa, que tivera com Strangford, em que lhe dissera o Lorde não ter D. João "levado consigo animosidade contra os espanhóis", prosseguia o diplomata, por conta própria:

> "Esta disposição do Real Ânimo, bem pouco circunstanciada na informação de Milorde, parece-me que quadra assaz com o conselho de súplica secreta que me foi feita de parte de alguns espanhóis de Buenos Aires e é que se rogue à Grã-Bretanha de não mandar navio, nem de guerra nem mercante, ao Rio da Prata, por não aumentar a animosidade excitada contra os ingleses pelos últimos sucessos naquele Rio, mas que se rogue a V. A. R. que mande bloquear, em seu nome e por navio somente português, o dito Rio da Prata, na inteligência e esperança bem fundada que, sendo este bloqueio nominal, V. A. R. permitirá aos navios espanhóis do Rio da Prata de vir com bandeira portuguesa traficar ao porto ou portos, que for servido determinar no Brasil, e por este modo as fazendas inglesas teriam venda e V. A. R. acostumaria aqueles vizinhos a reconhecer a proteção e talvez a vassalagem."

As últimas palavras de D. Domingos, ainda que demasiadamente otimistas, deviam ter inspirado ao Governo de D. João, que acabava de instalar-se, novo lance no Rio da Prata, que seria o primeiro de uma longa série, depois dos anos de sossego, que se seguiram à Paz de Badajoz. Assim é que cinco dias depois de desembarcar no Rio de Janeiro e três de aí formar o seu primeiro ministério, já decidia o Príncipe Regente impor aos platinos a sua proteção.

A 13 de março de 1808, em nota que dirige ao *Cabildo* de Buenos Aires, oferece D. Rodrigo de Sousa, em nome do Monarca português, a proteção real aos povos do Rio da Prata, pretextando para isso o total abandono em que a Espanha, dominada inteiramente pela França, deixara os seus domínios da América. Assegura a maneira por que se efetivaria esta proteção, com a promessa de lhes conservar "todas as isenções e jurisdi-

---

[2] Mr. Hill já se achava no Brasil nos primeiros dias de março, assinando o seu Ofício n.º 4, a Canning, a 6/3/1808. Assim, a carta de D. Domingos, vinda na fragata que conduziu Hill, devia ter chegado antes da nomeação de D. Rodrigo.

ção"; de não os gravar com novos impostos; de lhes garantir o comércio e lhes evitar a vingança e hostilidade de outra nação aliada, que tenha guardado "qualquer lembrança do passado" não muito agradável. Afirma ainda o Ministro que, aceitando o *Cabildo* o oferecimento que lhe fazia, evitaria não só "a ruína do seu comércio", mas ainda "as fatais catástrofes", a que exporia o Rio da Prata, se quisesse o Regente obrigá-lo com "toda a força de suas armas e com as dos seus aliados" a aceitar-lhes a proteção. Depois dessas ameaças e promessas, termina D. Rodrigo a sua nota, pedindo ao *Cabildo* tomasse "na mais séria consideração" as proposições que transmitia, e, no caso de se submeter à "Proteção e Vassalagem de S. A. R.", propusesse "as condições e meios", julgados convenientes "para a reunião destes países debaixo do domínio de um tão grande Príncipe".

Era esta nota, como muito bem salientou Walter Alexander de Azevedo, um verdadeiro ultimato, pois a proteção oferecida, desde que não fosse aceita, seria imposta pelas armas. Mas não bastou este ultimato. Enviou-se também um emissário ao Rio da Prata, para apressar a solução da nota, com minuciosas instruções, assinadas por D. Rodrigo de Sousa a 15 de março, isto é, dois dias depois de endereçar a nota ao *Cabildo*. O emissário escolhido foi o Brigadeiro Joaquim Xavier Curado, pouco depois marechal e um dos mais ilustres militares brasileiros da época.[3]

De acordo com as suas instruções, partiu o Brigadeiro imediatamente para o Rio Grande do Sul, para daí se dirigir a Montevidéu, onde se iniciariam as negociações, e, em seguida, a Buenos Aires. O principal objetivo da missão, dizia-lhe, sem ambages, o Ministro: "É tentar os Governadores para o fim de unir aqueles países ao Real Domínio, o que seria muito feliz, pois evitaria toda outra ulterior contenda." Tanto numa quanto noutra cidade, teria o emissário de sondar se era a opinião pública favorável ou não à entrega do Vice-Reinado à proteção portuguesa, e de examinar o estado de suas forças militares: soldados, oficiais e munições, "pois", esclarecia D. Rodrigo, "é muito essencial, se, desgraçadamente, se houver de chegar a vias de fato, que se conheça a força real dos espanhóis sobre todos os portos do Rio da Prata". A outro objetivo ainda visava a missão, que vinha a ser de assegurar a continuação do comércio entre o Rio de Janeiro e o Rio da Prata, "na forma que se está praticando com bandeiras simuladas das duas Nações".

---

[3] Barão e Conde de São João das Duas Barras, cf. Alfredo PRETEXTATO DA SILVA, *Os Generais do Exército Brasileiro, de 1822 a 1899*, t. I, pp. 192 e segs., Rio de Janeiro, M. Orosco & Cia., 1906.

A missão do Brigadeiro Curado estava, assim, intimamente ligada à política que se iniciara com a nota de 13 de março. A ação do emissário, no Rio da Prata, deveria ser no sentido de consolidar a proteção oferecida e ampliá-la, transmudando-a em união "daqueles países ao Domínio Real". Dependia, portanto, da solução que desse o *Cabildo* à nota de D. Rodrigo. Esta solução não se fez esperar. A 29 de abril, antes de Curado cruzar a fronteira, rechaçava o *Cabildo*, com altivez, as propostas de proteção e vassalagem, consideradas como afronta, na resposta, e tratadas como tal.

Ao chegar a Montevidéu, já o emissário português encontrou prejudicado o objetivo principal de sua missão, com a repulsa portenha. Apenas pôde entabular conversações com o Governador Elío e isso mesmo em termos vagos, pois não levara credenciais. Por este motivo – escrevia Curado a D. Rodrigo – não o queria receber em Buenos Aires o Vice-Rei Liniers. Respondeu-lhe o Ministro a 26 de julho, enviando-lhe uma carta para ser entregue a Liniers, na qual lhe pedia ouvisse o já então Marechal Curado, que estava autorizado a fazer-lhe proposições vantajosas aos dois países. E ao militar ordenou que, no caso de recusa do espanhol, voltasse ao Rio Grande do Sul, depois de notificar a Liniers "que S. A. R. não ficará responsável diante de Deus das tristes conseqüências de uma negação tão alheia de toda boa razão".

Liniers persistiu na sua recusa, denegando a permissão solicitada pelo Marechal Curado. Este, cumprindo ordens, enviou-lhe de Montevidéu, a 2 de setembro, a notificação encomendada por D. Rodrigo e retirou-se para o Rio Grande, onde, convencido de que o Vice-Rei tramava uma invasão por Cerro Largo, tratou de alertar o Marechal Manuel Marques de Sousa, advertindo-o da necessidade de fortificar as fronteiras da capitania, com reforços de S. Paulo e Santa Catarina.

As relações de Portugal e Espanha, na América, dependeram sempre das tricas européias. Não havia uma política externa americana autônoma, senão o reflexo dos sucessos da Europa. A política agressiva da nota de 13 de março e da missão Curado prendia-se à fase que precedera e da qual resultara a transladação do Governo português para o Brasil, com a invasão de Portugal pelos franceses aliados aos espanhóis. Tentava-se na América o revide de insulto recebido na Europa. Em agosto de 1808, porém, chegou ao Rio de Janeiro a notícia da reação espanhola contra Napoleão. Com isso se modificava, na emaranhada política européia, a situação da Espanha, que passava de inimiga a possível aliada de Portugal. Os motivos que ensejaram a política agressiva da primeira quinzena de março já não podiam subsistir em agosto. Assim, em despacho de 22 deste mês, reajustou D. Rodrigo à nova situação política da península as instruções do Marechal Curado, na suposição de que este seu despacho ainda o fosse encontrar em Montevidéu. De início se referia o Ministro à mudança que se processava na política da Europa, aventando a hipótese provável da aliança de Portugal com Espanha, pois esta, "segundo as últimas notícias", vinha "de sacudir o jugo francês e de fazer reviver a sua Monarquia". Devia, portanto, Curado entregar nova carta ao Vice-Rei, assinado pelo próprio D. Rodrigo, em que este lhe assegurava a desistência do Príncipe Regente "das suas justas pretensões"; mas esperava que ele, Liniers, se mostrasse "fiel aos seus soberanos e que, reconhecendo os direitos de Suas Altezas Reais a Princesa Nossa Senhora e o Sereníssimo Senhor D. Pedro Carlos de Bourbon e Bragança", concorresse com os mesmos para a conservação da Monarquia espanhola. Por este despacho, deveria o Marechal Curado demorar-se no Rio da Prata, desde que julgasse de utilidade a sua permanência; porém que se retirasse, se visse "que os que dirigem esses Povos procuram induzi-los a declararem uma independência, que não poderão sustentar e que, necessariamente, obrigará a S. A. R. a opor-se com o mais decidido vigor".

Curado, no entanto, já se encontrava de volta ao Rio Grande do Sul. A sua missão estava virtualmente terminada e frustrado o objetivo a que visara.

D. Carlota Joaquina A Princesa Nossa Senhora, a quem se referia D. Rodrigo de Sousa, no seu despacho de 22 de agosto, era D. Carlota Joaquina, mulher de D. João com quem se desaviera havia muito tempo, a ponto de pretender, em 1806, substituí-lo na regência, dando-o por louco, numa intriga palaciana. Pandiá Calógeras, que lhe admirava a máscula atividade, retratava-a com esta série de qualificativos: "feia, despótica, escandalosa, libidinosa, inteligente e entusiasta", acrescentando, em seguida: "foi a grande vítima do fato, de que não tinha culpa, de se encerrar uma alma forte masculina num corpo, pouco favorecido embora, de mulher". Não nos podemos deter diante dessa interessante personagem, senão para incluí-la em nossa síntese, como um dos principais protagonistas dos sucessos que nos conduzirão à Cisplatina.

Carlos IV, rei da Espanha, pai de Carlota Joaquina, subordinara inteiramente o seu país à França, fiado na habilidade política do Ministro Godoy, Príncipe da Paz. Como apaniguado de Napoleão, negociava Godoy o Tratado de Fontainebleau, na esperança de abocanhar o sul de Portugal. Com este tratado, porém, não pretendeu o francês apenas riscar Portugal do mapa da Europa, senão também efetivar, por conta própria e não dos seus satélites, em toda a Península Ibérica, o bloqueio continental das ilhas Britânicas, que decretara desde novembro de 1806. Assim, a pretexto de reforçar o exército que invadira Portugal, Napoleão fez entrar na Espanha 80.000 homens, sob o comando de Murat. Era patente a intenção de se apossar da ingênua aliada de Fontainebleau. O Príncipe das Astúrias, o futuro Fernando VII, reage, então, contra o Governo de Godoy. Este manda prendê-lo e seus partidários. Em Aranjuez, o povo revolta-se e consegue afastar do poder não só o ambicioso Ministro, mas ainda o Rei, que se vê obrigado a abdicar em favor de seu filho Fernando. Semelhante resultado não podia agradar a Bonaparte, que, engulhado das rixas dos Bourbons, acaba por se constituir em árbitro na contenda dos dois. Em Baiona, para onde os atrai, força Fernando VII a restituir a coroa a Carlos IV e este a entregá-la, imediatamente, a ele, Napoleão, que, por sua vez, a transfere a seu irmão José. O povo espanhol, zeloso de sua independência, não se deixa enganar e, a 2 de maio, diante das trapaças de Baiona, mais uma vez se revolta.

As notícias destes últimos sucessos chegaram ao Rio de Janeiro em agosto de 1808 e modificaram, desde logo, os planos de D. Rodrigo de Sousa, de proteção que pretendera impor aos povos do Rio da Prata. No seu despacho ao Marechal Curado, de agosto, e na última carta dirigida ao Vice-Rei Liniers, já se encontra esta modificação, determinada pela transformação política, que se verificou em conseqüência da prisão dos dois Bourbons e da revolução que se lhe seguiu. D. Carlota Joaquina, como filha e irmã dos dois ludibriados em Baiona, dirige, a 19 de agosto, ao Príncipe Regente, seu marido, dramático apelo.

Neste apelo, a que se deu o nome de *Justa Reclamação*,[4] assinado também pelo Infante D. Pedro Carlos de Bourbon e Bragança, descrevem os dois representantes da Casa Real da Espanha, felizes por se encontrarem do lado de cá do Atlântico, "a irregular conduta do Imperador dos Franceses", em Baiona, e imploram, em seguida, o auxílio do Príncipe Regente, a fim de impedir que os exércitos de Bonaparte praticassem na América as mesmas violações e usurpações cometidas na Europa. Entre

---

[4] Tanto a *Justa Reclamación*, quanto a *Respuesta* e o *manifiesto*, datados de 19/8/1808, e o Manifesto do Infante D. Pedro Carlos, de 10/6/1808, se encontram publicados, em espanhol, por José Paulo de FIGUEIROA NABUCO DE ARAÚJO, in *Legislação Brasileira, ou Collecção Chronologica das Leis, Decretos, Resoluções de Consulta, Provisões etc., do Império do Brazil desde o anno de 1808 até 1830, inclusive*, t. I, pp. 57 a 61, Rio de Janeiro, Typ. Imp. e Const. de J. Villeneuve e Comp., 1836.

lamentações e queixas, que as infelicidades e desgraças da família lhes inspiram, prosseguem a esmiuçar a situação política até o final, em que convidam o Regente a uma "aliança com os vassalos do rei da Espanha existentes na América", para, juntos, se oporem às investidas francesas contra os americanos do sul. A esta reclamação respondeu D. João, assegurando não só o seu apoio aos alegados direitos dos infantes, mas também o seu desejo de efetuar a aliança proposta.

Ainda no mesmo dia da troca desses dois documentos, 19 de agosto, dirige Carlota Joaquina um manifesto aos fiéis vassalos do Rei Católico, em que dá, aos acontecimentos de Baiona, uma versão não muito favorável a Carlos IV e Fernando VII, pois, ali, os apresenta como incapazes, uma vez que se deixaram levar e arrastar por Napoleão e, naquela cidade francesa, violentados e obrigados à dupla abdicação. Esta maneira passiva por que se repintam os dois Bourbons em Baiona, diante do Imperador, é a que sintetiza André Furgier nestas poucas palavras: *Sottement, les Bourbons se laissèrent manoeuvrer, vinrent en terre française, à Bayone, recontrer leur trop puissant allié...*" Porém, o principal manifesto é a explicação das conseqüências de tais acontecimentos, senão uma delas a que obrigava a Infanta Carlota Joaquina, como legítima representante na América, a fazer as vezes do rei, seu pai, enquanto ele se achasse preso, e a declarar nula a abdicação de Baiona. Com isso reclama o direito de exercer a autoridade paterna nos domínios espanhóis da América e concita as autoridades, às quais se dirige, a prosseguirem na reta administração da justiça, na manutenção da tranqüilidade pública e na defesa dos domínios espanhóis, até que ela lhes mandasse D. Pedro Carlos, "autorizado interinamente a regular os assuntos de governo desses domínios". Esta fala já era a de regente do trono, ao menos na América, por se alinhar a Princesa entre os seus augustos antecessores como a detentora atual do cargo. O Infante D. Pedro Carlos aproveitou-se do momento para, em outros manifestos aos fiéis e vassalos do tio, reforçar as pretensões da prima.

Estes documentos foram impressos[5] e difundidos em profusão pelas autoridades coloniais espanholas. D. Rodrigo de Sousa remeteu-os, oficialmente, a 22 de agosto, ao *Cabildo* de Buenos Aires e ao Vice-Rei Liniers. Porém, desse lance, não surtiram os desejados efeitos. Nas respostas, ambas de 13 de setembro, tanto o *Cabildo* quanto Liniers afastaram

---

[5] Há, no Arquivo Histórico do Itamarati, entre os papéis de João Rademaker (181/3/18), exemplar impresso da *Justa Reclamação*: "Rio de Janeiro – Na Impressão Régia, 1808", e outra da *Resposta*, também da época, com nota: "Traducido del original portugués".

toda a possibilidade de ingerência da princesa no Governo do Vice-Reinado, comunicando-lhe que já haviam jurado fidelidade a Fernando VII e reconhecido a Suprema Junta, instituída na Espanha, como capaz legalmente de governar, durante a ausência do rei, não só a Espanha, senão também os seus domínios.

A Princesa, porém, não desiste do seu intento. Sir Sidney Smith, comandante da esquadra inglesa que protegera a viagem da Corte portuguesa para o Brasil, dá-lhe o seu inteiro apoio. A atividade que desenvolve então Carlota Joaquina, carteando-se com um sem-número de personagens influentes, é digna de admiração. Dos Bourbons da Espanha, que aparecem na história pela mão de Bonaparte, era a única capaz de realizar, politicamente, alguma coisa. Faltou-lhe a força, pois inteligência e astúcia ela as tinha de sobra. Hoje, a sua atividade se nos afigura frenética, como a qualificou Carlos A. Pueyrredon, justamente por não se apoiar na força capaz de efetivar os seus planos ou ambições. É que os seus interesses não coincidiam, nem com os do marido, nem com os do poderoso aliado. E isso se verificaria ainda em 1808. Em novembro aportou na Guanabara uma fragata de guerra espanhola, *La Prueba*. Imediatamente, à vista da embarcação, engendra Carlota Joaquina, de acordo com Sir Sidney Smith, um plano que consistia em ser transportada ao Rio da Prata, na fragata, e ali instalar a regência, protegida pelo Almirante inglês. Ao expor o plano, a 19 de novembro, a D. João, dizia que as críticas circunstâncias em que se achavam Montevidéu e Buenos Aires a obrigavam a partir e para tanto lhe pedia o consentimento.

Em geral se tem escrito que, no primeiro momento, D. João deu à esposa o consentimento pedido. Era natural que quisesse desvencilhar-se de tão incômoda personagem, que se transmudara, com os anos, da menina piolhenta e bexigosa, que chegara a Lisboa em 1785, na megera que desembarcou no Rio de Janeiro em 1808. Assim, se assentiu no pedido, o fez não como um ato político, mas, simplesmente, doméstico. D. Rodrigo, porém, era eminentemente político e, como tal, tratou o caso, evitando a partida da Princesa. Por outro lado, Lorde Strangford, que, desde julho, assumira o cargo de Ministro britânico junto à Corte portuguesa, se opôs também aos planos de Carlota Joaquina; e, procurado pelo Comandante Somoza, aconselhou-o a partir imediatamente, o que fez o espanhol, a 29 de novembro, sem a real passageira. Em notas a Strangford e a Smith, explicou D. Rodrigo de Sousa o ocorrido, declarando que o Príncipe Regente "jamais se propôs, nem se proporá de obrar contra os espanhóis da América Meridional, sem ir de acordo com Sua Majestade Britânica e com o governo espanhol da Europa". A questão se limitara a saber se seria ou não conveniente às três potências "o evitar uma revolução" que ameaçava as províncias do Rio da Prata "segundo o entender de muita gente honrada" com a presença do Infante D. Pedro Carlos, levando plenos poderes da Princesa. Mas, convencido de que o Governo britânico não apoiaria "semelhante resolução", fez o Regente saber à sua esposa "os princípios que se propõe seguir e que tem prescrito à mesma Augusta Senhora", em nota de que se juntava uma cópia.

Estes princípios, determinados na aludida nota, datada de 28 de novembro, consistiam, principalmente, na afirmação de que nada decidiria o Regente, no tocante ao Rio da Prata, que não estivesse de acordo com o Governo inglês ou lhe comprometesse os interesses da própria Coroa. Dizia ainda D. João a sua esposa que o plano proposto "de aparição no Rio da Prata", além de lhe fazer sofrer o coração pela idéia, que lhe despertava, da separação, tinha contra si o Ministro britânico. Era, também, inadmissível, não só porque a situação daquelas províncias não exigia, por ora, "uma resolução tão decidida", mas ainda porque se lhes atribuiriam vistas e planos ambiciosos, "tão alheios dos princípios que animam os nossos sensíveis corações".

Não agradou a Carlota Joaquina a resposta do marido. Nas vésperas da resolução, já bastante desiludida, contava apenas com a ajuda do Almirante inglês. Ao seu secretário Presas, confidenciava: *Presas, el almirante me había dicho que la única duda que había era lo que dirían, porque lo demás había aprobado...* Esta aprovação, se é que deu o Príncipe ao Almirante inglês, como este passo faz crer, não a confirmou à infanta, que o achou *muy despropositado*, quando discutiram os dois o assunto, *Yo voy viendo el caso perdido*, continuava ela a segregar a José Presas, *si Sir Sidney Smith afloja. Va todo de cabeza abajo: y aqui quedaré odiada, y si puede ser, aun mas infeliz que hasta aqui... avisa a Sir Sidney Smith para que no deje su empresa; y dile siempre que el príncipe en estos negocios tiene dos caras.*

Com isso se manteve a princesa no Rio de Janeiro. O seu dinamismo político, porém, continuou infrutiferamente, porque a única pessoa capaz de ajudá-la, com a força que lhe faltava, para o êxito da empresa, Sir Sidney Smith, no ano seguinte, a pedido de D. João e a conselho do próprio Strangford, foi substituído no comando da esquadra com ordem de regressar à Inglaterra.

A revolução de "Mayo" Em 1809, partidários de Carlota Joaquina ainda esperavam vê-la no Rio da Prata como regente. O

General Belgrano, na sua *Autobiografia*, afirmou: "Solicitei, pois, a vinda da Infanta Carlota, e seguiu minha correspondência desde 1808 até 1809..." Felipe Contucci, que representava então em Buenos Aires os interesses da Princesa, ao mesmo tempo que se constituía precioso informante do Conde de Linhares, avisava o Ministro da partida de D. Juan Martín Pueyrredon, para o Rio de Janeiro, como comissionado junto a "S. A. R. a Princesa Nossa Senhora". Mas tanto Belgrano quanto Pueyrredon, em breve, se desiludiriam da infanta, reconhecendo que ela não cederia coisa alguma do conceito que se formara de governo, baseado unicamente no direito divino, para uma acomodação com as idéias liberais dos emissários portenhos. Saturnino Rodrigues Peña, que desde 1806 se encontrava no Rio de Janeiro, desistira também da infanta, e, em 1809, em estirada carta ao Conde de Linhares, dizia:

> "... em minha opinião, para evitar a perda absoluta da América espanhola ou, quando menos, a mais dolorosa revolução, será preciso que S. A. R. o Príncipe Regente tome sobre seus dignos ombros a proteção que, com tão ternas súplicas, lhe pedem aqueles infelizes, rodeados de horrores de uma insurreição ou de uma tirania."

A situação política do Rio da Prata modifica-se com rapidez. Os acontecimentos, que se sucedem, enfraquecem dia a dia as pretensões de Carlota Joaquina. Em julho chega a Buenos Aires novo Vice-Rei, D. Baltazar Idalgo Cisneros, com instruções positivas do Governo espanhol no sentido de afastar não só a intromissão portuguesa, mas também a ingerência da infanta nos negócios do Rio da Prata. No mês seguinte, desembarca no Rio de Janeiro o Marquês da Casa Yrujo, Ministro Plenipotenciário do mesmo Governo, com a incumbência de sossegar os ímpetos políticos da irrequieta Princesa.

A revolução argentina, no entanto, não pára. A sua evolução se processa cada vez mais rápida e desassombradamente. No Rio de Janeiro, algumas das suas personagens mais representativas se haviam albergado – umas, na Gamboa, na ponta da Saúde, outras, na Rua de São Pedro, ao lado da igreja, Rua dos Pescadores, numa casa pintada de amarelo, e nas ruas de São Joaquim e Direita – e, aqui, cochicharam, conversaram e se carteavam com a Infanta Carlota, com o Conde de Linhares e com Lorde Strangford. Este se achava perfeitamente informado das vistas políticas dos próceres da revolução. "As informações que continuamente recebo das colônias espanholas", afirmava o Ministro inglês, "demonstram-me que a queda da Casa espanhola na Europa será o sinal de um esforço geral destas colônias para se separarem da Mãe-Pátria."

Foi, justamente, o que aconteceu. Napoleão não desistira da ocupação da Espanha. Dos fins de 1809 aos primeiros meses de 1810, poderoso exército francês conseguiu apossar-se de quase todo o território espanhol. Cádiz e a ilha de Leon foram os únicos pontos que escaparam. As notícias desses acontecimentos chegaram ao Rio da Prata em maio de 1810. A 18 deste mês Cisneros revelou-as à população. As conseqüências foram imediatas. Convocou-se um *cabildo abierto*. A 22 reuniu-se a assembléia. Cisneros, no dia seguinte, foi deposto. E a 25 de maio, nova assembléia escolheu a Junta que deveria governar o Vice-Reinado, que se desmoronava. Ainda que, na proclamação de 26, os membros da Junta presidida por Cornélio Saavedra afirmassem "a mais constante fidelidade e adesão ao nosso muito amado Rei e Senhor D. Fernando VII", data deste momento a independência argentina, pois, desde então, se desligou completamente da tutela da Espanha. Porém o centro do Vice-Reinado, que era Buenos Aires, e de onde partira todo o movimento revolucionário, não teve força, neste passo decisivo, de atrair a si as províncias do Paraguai e Uruguai, que esgarraram definitivamente.

Não comunicou a Junta de Buenos Aires, imediatamente, a sua instalação, ao Governo português. Fê-lo, no entanto, a Lorde Strangford. E somente depois de informar o inglês, na sua resposta, ter aquele Governo estranhado o fato, é que a comunicação foi feita a 12 de julho. Mas, antes que tal comunicação chegasse ao Rio de Janeiro, já havia o Conde de Linhares enviado o italiano Carlos José Guezzi a Buenos Aires, na qualidade de agente secreto, com o encargo de oferecer a mediação portuguesa na contenda da Junta com o Governador de Montevidéu. Guezzi manteve com Linhares assídua correspondência, contando-lhe as suas atividades diplomáticas numa extensa memória, intitulada: *Exposição de quanto me ocorreu durante a demora que fiz em Buenos Aires, desde 17 de julho até 20 de dezembro de 1810*, onde deixou consignadas as conversações que manteve com o presidente e diversos membros da Junta.[6] A missão não teve o menor êxito, pois fora o italiano, anteriormente, espião em Buenos

---

[6] Os originais da correspondência de Guezzi, *in Arquivo Histórico do Itamarati* 175/4/6. Julián María RUBIO Y ESTEBAN, no minucioso trabalho sobre a missão Guezzi, com o título: *La Primera Negociación Diplomática Entablada con la Junta Revolucionária de Buenos Aires*, transcreve, na íntegra, a correspondência de Guezzi. (*The Hispanic American Historical Review*, vol. IV, n.º 3, agosto, 1921, pp. 367 e segs.)

Aires. E a chegada do ex-espia, travestido em diplomata, causou surpresa aos governantes portenhos, que, por lhe conhecerem as atividades anteriores, não o tomaram muito a sério. Contudo, as apreciações de Guezzi sobre os rumos políticos da revolução, cujo conhecimento nos parece ter sido o principal objetivo da sua missão, foram acertadas, pois escrevia ao Conde de Linhares: "A total e perpétua separação da união e dependência da Metrópole é, creio, um artigo decidido, tanto para a Junta como para os deputados... Todos juntos pretendem fundar uma república. Entre os seus projetos se conta o de levar a revolução ao Brasil..."

No Paraguai, não se apressou o Governador D. Bernardo Velasco em responder à participação da Junta de Buenos Aires. Convocou, de acordo com o *Cabildo*, os notáveis da terra, que se reuniram em assembléia e deliberaram, a 24 de julho de 1810: 1º) reconhecer imediatamente o Supremo Conselho da Regência, por legítimo representante do Rei D. Fernando VII; 2º) guardar a harmonia e fraternal amizade em relação à Junta de Buenos Aires, sem lhe reconhecer a pretendida superioridade, e, 3º) organizar, com brevidade, a defesa militar do próprio Paraguai.[7] Com esta decisão não se conforma a Junta, que resolve submeter pelas armas a Província, que se mantivera fiel à Espanha. Os paraguaios não se intimidam e enfrentam o exército portenho invasor, comandado pelo General Belgrano, vencendo-o em Paraguari, em janeiro, e em Tacuari, em março de 1811. A invasão de Belgrano, porém, enseja o entendimento do Governador com D. Diogo de Sousa, Capitão-General do Rio Grande do Sul. O então Tenente José de Abreu é enviado a Assunção, por D. Diogo, com a incumbência de oferecer ao espanhol o auxílio português. Velasco aceita o oferecimento e afirma, em conversa com o futuro Barão do Cerro Largo, que o seu empenho "era pôr-se aos pés da Sereníssima Senhora D. Carlota", por não reconhecer outro sucessor à Coroa espanhola.

Esse passo de Velasco, no entanto, apressou-lhe a queda e a dos realistas, bem como a emancipação da Província. As negociações de Abreu são interrompidas pelos novos dirigentes. E longe da aliança, já quase concluída, volta o emissário com uma nota dirigida a D. Diogo de Sousa, em que o novo Governo esclarece a situação do Paraguai em relação à Junta de Buenos Aires, enviando cópia da capitulação de Belgrano. Acrescenta que o Paraguai tem meios de se defender por si, necessitando apenas de 600 fuzis. São corteses os termos dessa nota, mas claros quanto ao intuito dos signatários de não admitirem a intromissão de outro qualquer governo

---

[7] Coleção Visconde do Rio Branco, doc. 1/29/22, nos 1 e 2, *in* Biblioteca Nacional.

nos seus negócios peculiares. D. Diogo foi também explícito na sua resposta, pois dizia que, somente depois de o Governo paraguaio provar a sua adesão a Fernando VII e aos seus sucessores e de restabelecer Velasco no cargo de Governador, é que forneceria o auxílio, não só dos 600 fuzis solicitados, mas ainda de tropas do Rio Grande do Sul e de Mato Grosso. Velasco foi deposto em junho de 1811 e, daí em diante, o Dr. José Gaspar de Francia iniciava a sua ascensão à ditadura perpétua, que obteve em 1816, firmando definitivamente a independência da Província.

A primeira invasão portuguesa

Não se opera no Uruguai a transformação política, de que resultaria a independência da Província, tanto da Espanha quanto de Buenos Aires, com a rapidez e facilidade verificadas no Paraguai. Nos últimos dias de maio de 1810 chega a Montevidéu a participação da Junta de Buenos Aires das ocorrências que acabavam de modificar o panorama político do Vice-Reinado, com a constituição da Junta Governativa e a deposição de Cisneros. Reúne-se o *cabildo abierto* e este não se manifesta favorável ao movimento portenho, mesmo depois da chegada do Dr. Paso, Secretário da Junta encarregado de tentar um acordo com as autoridades de Montevidéu. Pouco depois, D. Gaspar Vigodet é investido do cargo, ocupado anteriormente por D. Francisco Xavier Elío, de Governador de Montevidéu, e este último, em janeiro de 1811, volta da Espanha, nomeado Vice-Rei. A Junta de Buenos Aires, porém, não reconhece a autoridade do novo vice-rei, nem, tampouco, das Cortes Gerais da Espanha que o nomearam. Elío não desiste e procura uma composição com a Junta que, de novo, lhe desconhece a autoridade. Somente então é que Elío se prepara para enfrentar Buenos Aires, bloqueando-lhe o porto e autorizando o corso.

É frustrada a reação do Vice-Rei. A sua posição cada dia se torna mais precária. Do vastíssimo território do Vice-Reinado apenas Montevidéu e Colônia lhe obedecem. Como figura principal na luta contra os espanhóis no Uruguai, aparece, então, D. José Artigas. Reconhece a Junta de Buenos Aires e arregimenta, na campanha, os soldados de que necessita para combater Elío. A Junta de Buenos Aires, no entanto, não lhe dá o comando, mas, sim, a Belgrano, que, de volta do Paraguai, recebe ordem de transpor o Uruguai. É Artigas, no entanto, quem investe com a vanguarda do exército de Rondeau, que substituíra Belgrano no comando, e vence os espanhóis em Las Piedras, em maio de 1811. Insulado Elío em Montevidéu, inicia-se o primeiro sítio da cidade.

Esse movimento de tropas "em torno do Rio Grande", como pondera Calógeras, não podia deixar de inquietar o Governo português, sabendo-se, principalmente, "que a reconquista das Missões era idéia fixa em Artigas". Por duas vezes oferecera o Conde de Linhares a mediação portuguesa, rejeitada pela Junta de Buenos Aires. Por outro lado, solicitava Elío a ajuda de D. João. Em 17 de novembro de 1810, comunicava Linhares a D. Diogo de Sousa a seguinte:

> "Havendo recorrido a S. A. R., Príncipe Nosso Senhor, o Governador de Montevidéu, para efeito de ser socorrido com armas e dinheiro, e com tropas da Capitania do Rio Grande, contra a invasão de que está ameaçado pelos Revolucionários de Buenos Aires: é S. A. R., servido que Vossa Senhoria, depois de pôr na devida segurança a fronteira do País de Missões, em conseqüência das Reais Ordens que já lhe foram expedidas, proceda a socorrer com a maior eficácia e com o maior número de Tropas de Linha e Milícias, que lhe ficar disponível, ao Governador de Montevidéu, e que lhe dê todos os auxílios que puder, para evitar a invasão de que está ameaçado..."[8]

Strangford, porém, embargava a ação dos portugueses, opondo-se à prestação de auxílio solicitado, não tanto, como ostensivamente se declarava, por sossegar possíveis ambições do Regente, senão por interesse na emancipação das colônias espanholas. A indústria inglesa necessitava de novos mercados, pois, segundo Paul Mantoux, a sua história cessara de ser inglesa, para se tornar européia e, em seguida, universal. Strangford acabava de obter pelo art. 15 do Tratado de 19 de fevereiro de 1810 um regime privilegiado para as mercadorias inglesas entradas no Brasil. Era de se estender pela América do Sul o mesmo privilégio. Ao industrialismo inglês tanto quanto ao liberalismo francês se deve a independência das colônias americanas. Assim se opunha o Ministro britânico a qualquer auxílio que redundasse em reação, ainda que indireta, a Buenos Aires.

Com toda a oposição de Strangford, foi concedido o socorro solicitado por D. Francisco Xavier Elío, agora, na qualidade de Vice-Rei. A vitória de Artigas, em Las Piedras, ocorrera a 18 de maio de 1811; em julho as tropas portuguesas, estacionadas em Cerro Largo, marchavam em direção a Montevidéu, sob o comando de D. Diogo de Sousa. O Marquês de Casa Yrujo, que apoiava a princípio o socorro português, transmuda-se em acérrimo crítico não só de Linhares, senão do próprio Regente. A carta, em que ele desancava os dois, endereçada a Cisneros, é entregue, por

---

[8] Arquivo da Casa Imperial, Maço XIII, Documento n.º 496, *in* Museu Imperial, Petrópolis.

engano, à Junta de Buenos Aires, que remete cópia ao Ministro português. A posição do espanhol se torna insustentável, depois de conhecida a carta, na qual afirmava, entre outras coisas, ser desejo de D. João a posse da margem esquerda do Rio da Prata. No entanto, mais ou menos na data em que formulara a sua crítica ao Governo português, dirigia Casa Yrujo a Linhares uma nota sobre os revolucionários de Buenos Aires e o bloqueio ordenado pelo Vice-Rei Elío. A resposta de Linhares versou principalmente sobre a política do Príncipe Regente, que consistia em não se envolver "de modo algum nas dissensões internas da América espanhola", a não ser que os portenhos viessem a inquietar o território de Montevidéu aquém do Paraná e do Paraguai, antes de chegar uma resposta decisiva dos governos da Espanha e da Inglaterra. Mas, já a 7 de junho de 1811, comunicava Linhares a Casa Yrujo a resolução do Regente de fazer entrar em território uruguaio tropas portuguesas, não só pelo fato de a guerra civil, existente entre os vassalos do rei da Espanha, ter produzido "uma anarquia na fronteira de seus Estados", mas ainda "em virtude do socorro pedido pelo Vice-Rei Elío". Porém acrescentava que as mesmas tropas não se demorariam, "senão o tempo absolutamente necessário, para que se efetue a desejada pacificação e que imediatamente depois se retirarão aos Estados de S. A. R., sem que de nenhum modo retenham parte alguma do território de S. M. Católica".

D. Diogo de Sousa entrou em território uruguaio e, com facilidade, o atravessou até Maldonado, que ocupou. Elío, porém, recuou, já no final, do seu primitivo intento, de se apoiar nas tropas portuguesas, e iniciou negociações com Buenos Aires. Esta, por sua vez, facilitou o acordo, por se ver ameaçada pelo exército espanhol, comandado por Goyeneche, que vinha do Alto Peru. Um armistício foi assinado a 20 de outubro de 1811, retirando-se, em conseqüência, Rondeau para Buenos Aires e Artigas para o Salto no rio Uruguai, livrando-se, desta forma, Montevidéu do seu primeiro sítio. Mas, nesse armistício, os signatários dispuseram das tropas portuguesas como se fossem suas, determinando-lhes o regresso imediato ao Rio Grande do Sul. "De fato", comenta Calógeras, "o convênio de 20 de outubro era um ato de má-fé por parte de Elío. Tendo pedido e recebido o auxílio do Governo do Rio, transigia ele sem ouvir o aliado e ainda firmando por este obrigações e deveres". Este acordo se explica, somente, pelo receio de Elío de se entregar aos portugueses, por desconfiar de suas intenções.

D. Diogo de Sousa não cumpriu o armistício de que não fora parte. Porém a sua ação seria anulada pouco depois. O Governo de Buenos

Aires mandou Manuel Sarratea em missão confidencial ao Rio de Janeiro, mais para confabular com Lorde Strangford do que para tratar com o Governo português. Em janeiro de 1812, morria o Conde de Linhares, desaparecendo da cena o Ministro, que, embora ligado ao inglês, a este se contrapunha nas questões do Rio da Prata. Das confabulações de Sarratea e Strangford surgiu a missão a Buenos Aires do Tenente-Coronel João Rademaker, que exercera o cargo de Encarregado de Negócios na Dinamarca e era, então, preceptor dos príncipes.

Rademaker foi nomeado a 18 de abril. Nesta mesma data, assinou o Conde de Galveias as instruções, determinando-lhe negociasse a cessação das hostilidades, mas de acordo com D. Diogo de Sousa, a quem devia, preliminarmente, ouvir. Tanto dessas instruções, quanto das credenciais, assinadas pelo próprio Príncipe Regente, se verifica ter sido a missão exigida pela Inglaterra. Mas, segundo se depreende das instruções, à habilidade do negociador português, cabia espaçar quanto lhe fosse possível, a pretexto de se corresponder com D. Diogo, o final da sua negociação. Rademaker, porém, estava longe de ser o diplomata indicado, já para compreender as instruções, já para cumpri-las. Em fins de abril devia ter partido do Rio de Janeiro. A viagem foi tormentosa, "havendo sofrido", escrevia ele a Galveias, substituto de Linhares, "uma navegação trabalhosa, de vinte e cinco dias de tempestades tremendas e ventos contrários". Esteve, de passagem, em Montevidéu, de onde seguiu para Buenos Aires. Aí chegou a 26 de maio. Esperava-lhe uma carruagem do Governo, que o conduziu à antiga residência dos Vice-Reis, acompanhado de dois ajudantes, postos à sua disposição. Em palácio, aguardava-lhe um "cômodo aposento" e um "esplêndido jantar".

Empanzinou-se Rademaker com as iguarias portenhas, em amistoso ágape compartilhado pelos seus hóspedes argentinos. À sobremesa, todos, de pé, beberam à saúde do Príncipe Regente e dos "Senhores do Governo", como denominava ele os dirigentes buenairenses. Mal acabaram os brindes, entra na sala o Secretário do Governo, D. Nicolas de Herrera, e avisa o diplomata da audiência que lhe concediam os membros do triunvirato, imediatamente. Esta audiência foi rápida. Rademaker, recebido com gravidade, cortesia e decência, como ele mesmo notou, apresentou as suas credenciais, com as falas de estilo. Tudo estava de antemão preparado. Neste mesmo anoitecer de 26 de maio de 1812, a sorte das tropas de D. Diogo seria decidida. Assim, ainda não refeito das tormentas da viagem, nem dos brindes do esplêndido jantar, se viu Rademaker obrigado a enfrentar, de novo, os "Senhores do Governo", por lhe marcarem uma segunda audiência.

"Às oito horas", contava Rademaker, "recebi segundo recado, havendo por bem os Senhores do Governo conceder-me segunda sessão. Nesta se discutiram os pontos que poderiam servir de obstáculo, e com grandíssima satisfação tenho a honra de participar que, na mesma tarde de 26 de maio próximo passado, se ajustou o armistício ilimitado em nome de S. A. R."

Assim, na mesma tarde em que chegou a Buenos Aires, se hospedou Rademaker num "cômodo aposento" da residência dos Vice-Reis, onde se deliciou com um "esplêndido jantar"; apresentou as credenciais; discutiu com os "Senhores do Governo" o armistício e o assinou com o representante portenho, D. Nicolas de Herrera, fazendo cessar as hostilidades. A 2 de junho escreveu a Galveias, comunicando-lhe o armistício-relâmpago que acabara de concluir e, somente, a 22 de agosto lhe remeteu os documentos originais referentes às negociações.

O resultado, porém, não agradou ao Governo português. A 21 de julho já afirmava o Conde de Aguiar, em carta dirigida a D. João, sobre Rademaker: "Aquele Negociador foi encarregado de tratar com o Governo de Buenos Aires de um Armistício; porém, pela sua breve correspondência com a Secretaria de Estado dos Negócios Estrangeiros e da Guerra, se vê que não observou as suas instruções." A pressa, com que foi concluído o armistício, principalmente, espantou o Conde de Galveias, que em longo despacho, reprochou ao diplomata, não só a maneira leviana por que tratou um negócio de tanta relevância, mas ainda ao fato de não ter observado as suas instruções.

"A celeridade desta negociação", observava-lhe o ministro, "quando se tratava de um objeto que devia oferecer grandes discussões, suposta o pé, em que Vossa Mercê tinha de propor, na conformidade de suas Instruções, contra as quais obras Vossa Mercê quando prescindir de prévias comunicações com o General D. Diogo de Sousa não podia deixar de causar grande surpresa."

A verdade é que Rademaker seguiu à risca o pensamento de Lorde Strangford, externado em ofício de 13 e abril ao Conde de Galveias, do qual levara cópia entre os seus papéis. Neste ofício indagara o inglês: "Não seria, assim, possível, por via de simples negociação, se firmar um armistício, em que se tomassem por base o afastamento das tropas de Buenos Aires da fronteira portuguesa e o retorno do exército de S. A. R.

ao seu próprio território?" Isso, mais ou menos, foi o que consubstanciou o armistício. D. Diogo de Sousa protestou contra semelhante resultado "e mostrou as vantagens que, para a defesa e a integridade do Rio Grande, haveria em continuar a ocupação dos seguintes pontos da Banda Oriental: fortaleza de Santa Teresa, Cerro Largo, margem do Uruguai, desde o Salto para o norte".

A segunda invasão portuguesa   Não durou muito tempo o armistício de 20 de outubro de 1811, entre os espanhóis de Montevidéu e o Governo de Buenos Aires. Manuel Sarratea, que estivera no Brasil, em missão confidencial, é nomeado General-Chefe e reúne-se a Artigas para o reinício das hostilidades. Em 1812 já se distinguem nessas lutas dos principais auxiliares de Artigas: Fernando Ortogues e Frutuoso Rivera. Mas, somente em 20 de junho de 1814, capitulam os espanhóis de Montevidéu, depois de atacados pela esquadrilha do Almirante Brown.

Os portenhos, porém, não se entendem com Artigas. Desde o começo havia entre eles a semente da discórdia. Artigas lutava pela liberdade da Província, enquanto os portenhos pela supremacia de Buenos Aires. Em breve se desentendem completamente. E a luta contra os espanhóis substitui Artigas por outra, contra Buenos Aires, no intuito de derrocar os centralistas portenhos. A federação, com a autonomia das províncias, afigurava-se-lhe a forma ideal de governo. No princípio da luta conseguem os portenhos algumas vantagens sobre o inimigo. Este, no entanto, se multiplica e se fortalece, enfrentando Buenos Aires de igual para igual. Em 1815, Rivera consegue, em Guaybo, uma das suas esplêndidas vitórias sobre Dorrego, e Otogues entra em Montevidéu, afastando do Governo Vedia, representante de Buenos Aires. O prestígio de Artigas cresce dia a dia, não só no Uruguai, mas ainda nas províncias de Santa Fé, Entre Rios e Corrientes. O título que lhe outorgam: *Chefe dos Orientais e Protetor dos Povos Livres* é a comprovação deste prestígio.

Em Buenos Aires as mudanças de Governo se sucedem. Pensam os portenhos em encomendar um rei na Europa que lhes viesse recompor territorialmente o antigo Vice-Reinado. Belgrano e Rivadavia, em 1814, partem para o Velho Mundo com esta incumbência. Neste mesmo ano chega ao Rio de Janeiro D. Manuel José Garcia, encarregado principalmente de sondar Strangford sobre a possibilidade de as províncias do Prata pertencerem à Grã-Bretanha. Ainda que se desiludisse do inglês, por não lhe aceitar a proposta, permaneceu Garcia no Rio de Janeiro em constantes segredos com Paulo Fernandes Viana, Intendente-Geral da Polícia, que, em várias confidências, se reportava não só a conversas com o diplomata argentino, mas ainda a notícias que este lhe fornecia sobre o Prata. Deu-se muito bem Garcia com o Governo português a ponto de lembrar a possibilidade da união das províncias do Rio da Prata à monarquia portuguesa.

Na Europa as modificações ocorridas de 1812 a 1816 foram radicais. Napoleão caíra e, em conseqüência de sua queda, se refez a política européia, principalmente, de acordo com o modelo estabelecido pelo Congresso de Viena. Portugal, no entanto, não conseguira, como no começo do século anterior, em Utrecht, o havia conseguido, a completa vitória de suas pretensões. Ou o seu poderoso aliado, o Rei da Inglaterra, ou a sua atilada diplomacia, tão decantada, lhe faltou em Viena, não somente na delimitação do Brasil com a Guiana Francesa, senão também na restituição de Olivença, que os espanhóis retiveram definitivamente. Como em 1808, buscou D. João na América a compensação da injustiça sofrida na Europa. A posse indevida de Olivença justificava a expansão portuguesa até o Rio da Prata. A situação de Artigas em luta contra os portenhos ensejava a intervenção, pela necessidade de afastar do Rio Grande do Sul a anarquia nascida dos choques entre os caudilhos, que, seguindo de Pascual, levavam *su demasía hasta al punto de querer apoderarse de territórios ocupados por tropas y autoridades portuguesas.*

A 30 de março de 1816, dez dias depois da morte de D. Maria I, chegou ao Rio de Janeiro uma divisão de *voluntários reais*, comandada pelo Tenente-General Carlos Frederico Lecor. O destino desta divisão não ficou em segredo. Em carta daquela data, escrevia Marrocos a seu pai: "Agora está entrando o comboio que traz a última tropa de Lisboa, que me dizem ser de 10 embarcações; e todos esperam que eles se portem bem, como os outros. Foi admirável o pretexto, com que se mandou vir este socorro do nosso Exército de Portugal, que todos julgavam ser o destino da guerra do Sul." Assim todos julgavam se tratasse de um reforço para a guerra do Sul, porém, ele, Marrocos, presumia saber o verdadeiro destino que seria fortificar a ilha de Santa Catarina. Marrocos enganara-se, pois o principal objetivo da divisão era, como todos sabiam, a "guerra do sul". A fortificação de Santa Catarina seria uma conseqüência principal. O argentino D. Manuel José Garcia estava a par da expedição e neste sentido escreveu ao seu Governo avisando-o da próxima partida de Lecor e pedindo a nomeação de um agente que se entendesse com o general português, mas que fosse *manso, callado y negociador.*

Em uma das gravuras de Debret, vemos D. João, já rei do Reino Unido de Portugal, Brasil e Algarves, em companhia de seus dois filhos e de várias personagens da Corte, assistindo na Praia Grande ao desfile dos *caçadores*, que constituíam parte das tropas que, em breve, seguiriam para o Rio Grande. Isso ocorreu em maio de 1816. Lecor partiu no dia 12 de junho. A 4 deste mesmo mês, expedira-lhe o Marquês de Aguiar as instruções, uma vez que D. João VI fora servido "mandar ocupar a Praça de Montevidéu com o território aquém do Uruguai, e formar dele uma capitania com o Governo separado e interino, enquanto convier à segurança de suas fronteiras". Lecor devia dirigir-se a Santa Catarina e daí a reunir-se com o resto das tropas, "na Boca do Rio da Prata", no ponto de Maldonado, ou em algum outro da Costa do Rio da Prata, que escolhesse, ou, ainda, no Bruceo, na praia de Santa Rosa.[9] No dia 5 de junho foi Lecor nomeado Governador e Capitão-General de Montevidéu, dizendo-lhe D. João:

> "Tendo-vos encarregado do Comando das Tropas, que mandei marchar para o sul e dirigir-se à Praça de Montevidéu, e devendo aquela praça e capitania, logo que for ocupada pelas minhas Tropas, ser governada no meu Real Nome, por pessoa por Mim autorizada, para esse efeito, fui servido por decreto da data desta nomear-vos Governador e Capitão-General da sobredita Praça e Capitania de Montevidéu, que assim formará uma capitania com governo separado..."

Do Rio de Janeiro partiu Lecor para Santa Catarina, onde a 30 de agosto ainda se achava. Em setembro já estava em Porto Alegre, concertando o plano de operações com o Marquês de Alegrete, substituto de D. Diogo de Sousa, na Capitania do Rio Grande do Sul. Artigas, no entanto, não deixou a iniciativa das ações aos portugueses. A 26 de janeiro de 1816, escrevia a Andrecito, um dos seus auxiliares. *No hay que vivir descuidados, cuando los portugueses no se duermen. Sus movimientos son muy sospechos y nunca debemos esperar a que nos surprendan.* E para isso ideou também os seus planos que objetivavam uma dupla invasão do território rio-grandense, tentando não só reconquistar Missões, mas ainda atacar o Marquês de Alegrete no seu próprio acampamento. Ainda que bem delineados, os planos artiguistas não conseguiram deter os portugue-

---

[9] Cod., I-4, 4, 68, *in* Biblioteca Nacional (cópia, autenticada por J. D. Attaide Moncorvo, Oficial-Maior da Secretaria dos Negócios Estrangeiros, de 1840 a 43, mais ou menos). No Arquivo Histórico do Itamarati, 171/1, existe uma cópia em espanhol, bem anterior. Andrés Lamas transcreve as Instruções, *in Collección de Memoria y Documentos para la Historia y Geografía de los Pueblos del Rio de la Plata*, t. I, pp. 494 e 495, Montevidéu, 1849.

ses. Estes entraram em território uruguaio. Lecor, com cerca de 6.000 homens, seguiu pelo litoral. A 19 de novembro de 1816, a sua vanguarda, sob o comando do General Sebastião Pinto de Araújo Correia, destroçou em India Muerta a Frutuoso Rivera, deixando livre o caminho de Montevidéu. Enquanto isso acontecia, o Tenente-Coronel José de Abreu, que estivera em 1810 em Assunção, partiu para Missões, a fim de contra-arrestar a invasão efetuada pelo artiguista Andrecito. A 3 de outubro, Abreu desbaratou o inimigo, fazendo levantar o sítio de S. Borja, onde se defendia o Brigadeiro Chagas dos Santos. Em Ibirocaí, a 19 do mesmo mês, o Brigadeiro João de Deus Mena Barreto venceu o Coronel Verdum. E, ainda em outubro, 27, o Brigadeiro Joaquim de Oliveira Alvares triunfou de uma coluna dirigida pelo próprio Artigas.

Contornando o litoral, prosseguiu Lecor na sua marcha. A 27 de novembro se achava no Passo de S. Miguel; a 1.º de janeiro de 1817, em Angostura, e a 18 deste mês acampava a umas duas léguas de Montevidéu. No dia seguinte, uma deputação, composta de D. Benito Blanco, D. Luís de la Rosa Britos e D. Dámaso Larrañaga, vigário apostólico, vinda de Montevidéu, apresentou-se ao acampamento de Lecor, entregando-lhe a chave da cidade e oferecendo-lhe a mais completa adesão ao Governo português. No dia 20 de janeiro, entrou Lecor em Montevidéu, à frente de suas tropas.

A luta na campanha continuou por mais alguns anos. A 2 de janeiro de 1817, o Tenente-Coronel José de Abreu destruiu o acampamento de Artigas no Arapeí. A 4 do mesmo mês, a divisão do General Curado, "acidentalmente às ordens do Capitão-General Marquês de Alegrete", como escreveu Varnhagen, rechaçou as forças artiguistas, comandadas por La Torre, às margens do Catalán, aniquilando-as. Artigas, porém, refazia-se com presteza de cada derrota sofrida e até o começo de 1820 ainda encontrou elementos para disputar palmo a palmo o território conquistado. A última batalha, em que foi definitivamente derrotado pelos portugueses, travou-se em Taquarembó, a 22 de janeiro de 1820, vencendo-a o Conde da Figueira, Capitão-General do Rio Grande do Sul. Pouco depois, derrotado também em Entre Rios pelo seu antigo subordinado Ramírez, refugiou-se Artigas no Paraguai, onde o acolheu o Dr. Francia, concedendo-lhe o soldo mensal de 32 pesos, correspondente ao que tivera como tenente do exército espanhol.

O remanescente das tropas artiguistas que permaneceram no Uruguai acabou por desaparecer completamente, com a prisão dos seus chefes, como aconteceu a Andrecito, ou com a incorporação ao exército português, como foi o caso de Rivera. A 30 de março de 1820, contava Lecor, já Barão de Laguna, a D. João:

> "Ontem voltei de Canelones para onde saí no dia 18 do corrente a fim de ultimar o que convinha com Frutuoso Rivera. Este havia feito proposições bastante árduas, foi porém amigavelmente persuadido e convencido a que aderisse a partidos mais conformes com as circunstâncias e natureza das coisas, e no dia 28 fui recebê-lo em parada, trazendo a força de 400 homens bem montados, bem armados, medianamente vestidos, e que desfilaram pela minha frente e se postaram no lugar que lhes foi indicado, de um modo muito militar e desembaraçado."

Com o reconhecimento por parte de Frutuoso Rivera do governo de Montevidéu, "*como autoridad del país*", se concretizava a conquista. O próprio Lecor assim o considerou, ao declarar o seguinte, logo depois de se referir a Rivera: "Esta Província, pois, está pacificada, ao longo do Uruguai acham-se destacamentos que vigiam e embaraçarão qualquer tentativa do inimigo."

Lecor, no Governo   Fora hábil a ação de Lecor nos três anos decorridos desde a sua entrada em Montevidéu até o final da luta. As instruções que lhe dera o Marquês de Aguiar previram todos os casos ocorrentes, facilitando-lhe a tarefa. Ocupada a praça, como se verificou, pela livre entrega de seus dirigentes, prescreviam-lhe as instruções que, neste caso, garantisse a "segurança de pessoas e propriedades a todos os habitantes, sem distinção, a conservação das patentes e soldos da Tarifa Portuguesa aos governadores, oficiais da praça e tropas". Desta forma preliminar passavam a determinar a maneira pela qual Lecor deveria administrar a cidade: "V. Ex.ª conservará o *Cabildo* com o número de empregados que é do costume, assim como os alcaides, com as mesmas incumbências, que sempre tiveram." A conversação dos *cabildos* era regra a ser observada não só em Montevidéu, mas ainda em todos os povos em que esta corporação existisse. Resguardavam e protegiam as instituições e liberdades locais como meio seguro de Governo. A política a ser observada também a apontara Aguiar, com visível intuito de apaziguar e não exacerbar as dissensões partidárias. "As questões ou princípios políticos", escreveu o Ministro, "que cada um dos moradores de capitania teve até agora devem ser indiferentes a V. Ex.ª".

Lecor cumpriu as suas instruções. Tratou de captar simpatias e de interferir nos *cabildos*, para firmar a dominação portuguesa, mais pela habilidade e promessas do que pela força, de que não usou para governar. Em 1819, informava ao Rei a maneira por que procedia, afirmando: "Nesta coalizão, achei que o melhor plano da minha conduta era a liberdade de consciência política, tratar igualmente a todos bem... Este sistema que invariavelmente tenho seguido está em vésperas de sazonar o fruto que dele espero..."

Somente com Artigas a diplomacia de Lecor falhou. Pelas suas instruções, em capítulo à parte, estava autorizado a ter para com o chefe dos orientais deferências todas especiais, desde que ele aceitasse as condições.

> "Ainda que V. Ex.ª tenha toda força", recomendava-lhe Aguiar, "para bater ao déspota Artigas e reduzi-lo à última extremidade, sem necessidade de lhe dar quartel, assim como ao seu corpo, convindo contudo dar sempre provas de humanidade nos casos em que não prejudicam o sossego público, V. Ex.ª poderá tratar com Artigas, se ele pretender, debaixo das condições seguintes: que se dissolverá o corpo de que é chefe; que virá residir ao Rio de Janeiro ou àquele lugar que S. M. o permitir; que entregará as armas, munições que tiver; e com essas condições poderá V. Ex.ª afiançar-lhe um soldo que não excederá ao de coronel de Infantaria Portuguesa, com permissão de poder vender propriedades e bens que forem legitimamente seus."

Lecor tentara uma composição com Artigas, por intermédio de um irmão, D. Manuel Artigas, a quem detivera em Montevidéu, pagando-lhe o soldo de coronel. Mas enganara-se, não conseguindo, como esperava, "abrir com José Artigas algum modo conveniente para acabar com a pacificação da Província".

No tocante às relações com Buenos Aires, ordenara o Marquês de Aguiar conservasse Lecor a mais estrita neutralidade, não se imiscuindo nos negócios internos da Província. No caso de lhe pedirem explicações, deveria dá-las Lecor "com reserva e delicadeza", assegurando que não passaria "à outra margem do Rio da Prata". Esta segurança deu Lecor ao agente portenho, Vedia, que lhe enviara Pueyrredon, então diretor, em novembro de 1816. Da carta de Pueyrredon a Lecor, de 30 de abril de 1817, ligado à missão de Vedia, vemos que as relações entre os dois eram as melhores.

"Mi conducta", escrevia o Diretor, *"toda es dirigida no solo a conservar la buena harmonía de ambos Estados, sino a procurar estudiar las relaciones en términos que sean recíprocamente útilles y honoríficos. Si las contestaciones de su Corte no pueden llegar en el plazo de dos meses que fizé a V. Exa. no tendré inconveniente en esperar algun tiempo más para evitar en cuanto estubiere a mi alcance una ruptura tan prejudicial a nuestros comuns intereses. Yo confío que S. M. F. estima racionales las pretenciones de estos Pueblos, y que sin resistir a las bases que he establecido encontramos el medio de conciliar el honor y la utilidad en los nuevos convenios que se pacten."*

Ainda que com divergências, que não podiam deixar de existir diante da conquista da Banda Oriental, conseguiu Lecor manter com o Governo de Buenos Aires as relações amistosas, recomendadas em suas instruções.

Não foi menos hábil à ação da diplomacia portuguesa na Europa, quando a Espanha pretendeu opor-se à conquista do Uruguai, procurando a mediação das potências que constituíam a Santa Aliança. No Rio de Janeiro, o representante espanhol protestou também. Foi o Ministro dos Negócios Estrangeiros e da Guerra, João Paulo Bezerra, quem lhe respondeu, estranhando a pretensão da Espanha, quando o seu Governo nada fizera para manter a ordem nos territórios fronteiros ao Brasil. A discussão prolongou-se por alguns anos, como a própria conquista. Em 1819 várias propostas foram feitas pela Espanha, inclusive a da restituição de Olivença. Estas propostas objetivavam a protelação do negócio, a fim de aprontar a expedição com que pretendia recuperar as províncias do Rio da Prata. As potências mediadoras, pelos seus plenipotenciários, acabaram por reconhecer que o Governo português tinha feito o possível para um acordo, no sentido de entregar o território conquistado, mediante o pagamento de 7.500 francos, a título de indenização, e a celebração de um tratado de limites. Preferiu o Governo espanhol o alvitre da expedição ao Rio da Prata, que reuniu em Cádiz. Esta expedição, porém, não chegou a partir. As suas forças, na maioria, se revoltaram e proclamaram a Constituição de 1812.

Assim, em 1820, se firmava Portugal no território do Uruguai, já se livrando de Artigas, que o defendera com bravura, já se desvencilhando da diplomacia espanhola, que pretendera enredar o Governo português nas tricas da Santa Aliança. O Barão de Laguna, no entanto, vinha, desde que se instalara em Montevidéu, desenvolvendo ação inteligente e constante no sentido de encontrar forma definitiva de governo que legalizasse a conquista. Em carta ao Rei, de 5 de setembro de 1819, deixava perceber que já havia encontrado a forma adequada, ainda que duvidasse, no momento, de poder efetivá-la. Por isso tratou apenas de ajustar com o Rio Grande do Sul os limites, lembrados também nas instruções. Deparou-se-lhe a ocasião propícia para o ajuste, quando o *Cabildo* de Montevidéu, na necessidade de construir um farol na ilha das Flores, lhe propôs a cessão de uma faixa de terreno na fronteira, em compensação das despesas que fizesse o Governo português com a construção do farol. Das atas reservadas das sessões de 15 e 30 de janeiro de 1819 consta a resolução do *Cabildo*, autorizando a fixação dos limites por uma linha reta que, partindo do mar, a uma légua SO-NO do Forte de Santa Teresa, se dirigisse ao NO do Forte de S. Miguel, até a confluência do Arroio S. Luís, incluindo-se os Cerros de S. Miguel, *según la antigua demarcación*; continuasse pelo rio Jaraguão até as nascentes do Jaguarão Chico e, daí, por uma reta, ao Passo de Lecano, no rio Negro, mais além da confluência com o Piraí; rumasse, em seguida, pela antiga divisória até Itaquatiá, costeando ao NO, em direção às nascentes do Arapeí, e, por este rio, até o Uruguai.

Somente em junho deu o Barão de Laguna instruções a D. Prudencio Murguiondo, encarregado pelo *Cabildo* de o representar no ajuste a ser firmado em Porto Alegre. Nestas instruções assinalou o Barão os pontos por onde deveria passar a linha divisória, como lhe fora proposta. E, na mesma data, 23 de junho, avisou o Conde da Figueira da partida, no brigue *Real Pedro*, de Murguiondo, bem como a natureza da comissão, de que ia encarregado, solicitando brevidade para o acordo, "muito principalmente à vista das notícias que vogam da próxima vinda de uma expedição espanhola".

O Conde da Figueira nomeou José Feliciano Fernandes Pinheiro para tratar com Murguiondo. Ao menos, em 1843, Fernandes Pinheiro, já Visconde de S. Leopoldo, afirmaria:

> "Talvez fosse eu o mais habilitado atualmente no Brasil para esclarecer a respeito da convenção de limites de 1819, porque fui eu quem, por comissão do Conde da Figueira, Governador e Capitão-General da Província de S. Pedro, nomeado Plenipotenciário para esse arranjo, o tratei e negociei com D. Prudencio Murguiondo, plenipotenciário pelo *Cabildo* de Montevidéu, em Porto Alegre."

Acordado o ajuste entre os plenipotenciários, foram encarregados de assinalar a linha divisória "e assentar solenemente os postes, pro interim, de madeira", o Coronel João Batista Alves Porto e o mesmo D. Prudencio. Esse assentamento foi realizado de setembro a outubro e a convenção assinada pelos comissários a 3 de novembro de 1819, e, afinal, ratificada a 26 do mesmo mês de novembro, em Porto Alegre, pelo Conde de Figueira, e a 17 de outubro de 1820, em Montevidéu, pelo *Cabildo*.

A Cisplatina   Em 1821, D. João VI, por motivos de política interna, foi obrigado a voltar a Portugal. Pouco antes nomeara Ministro Silvestre Pinheiro Ferreira, espírito liberal, que subia ao poder depois da sublevação de 26 de fevereiro. Em 1808, ao chegar ao Rio de Janeiro, um dos primeiros atos do então Príncipe Regente fora a tentativa de se apossar, senão de todas as Províncias do Prata, ao menos da Banda Oriental, a pretexto de proteção. Agora, antes de deixar a Guanabara, será um dos seus últimos atos, ainda, sobre o Rio da Prata. A impressão que nos fica de tudo quanto se fez então é que, movido talvez pelo seu Ministro liberal, pretendesse D. João descartar-se daquela conquista por que tanto ansiara, mas que, no momento de retornar a Lisboa, o embaraçava.

Para levar ao Barão de Laguna as novas ordens, escolheu Silvestre Pinheiro o diplomata que seguia para Buenos Aires, enviado em caráter de agente político e comercial, com o encargo de reconhecer a independência de fato das Províncias do Rio da Prata. Este agente era João Manuel de Figueiredo, já conhecido em Buenos Aires, onde vivera por alguns anos e constituíra família. Em abril de 1821 foi confirmado no cargo, para o qual no ano anterior havia sido nomeado, e a 16 do mesmo mês recebeu suas instruções e credenciais. Nas instruções lhe recomendava Silvestre Pinheiro: "Partindo desta Corte para o Rio da Prata é Vossa Mercê portador de um ofício para o General Barão de Laguna e da sua credencial... O objeto de ambos os ofícios é reconhecer de fato a independência das Províncias do Rio da Prata que se acham debaixo da obediência dos seus respectivos governos..." Não ocultou o Ministro a parte mais importante do ofício dirigido a Laguna, esclarecendo a Figueiredo, neste particular: "Como porém aquela parte da Banda Oriental que se acha ocupada pelas Tropas Portuguesas tem de fato perdido a sua independência, é S. M. servido que esta lhe seja mui solenemente restituída à face do Universo".[10]

Figueiredo devia ter chegado a Montevidéu em junho. A 16 deste mês, escrevia informando da sua próxima partida para Buenos Aires, depois de cumprida a missão junto ao General Lecor. Recebido com muita cortesia

---

[10] Cópias das instruções e ofícios de Silvestre Pinheiro Ferreira, citados, *in* Arquivo do Visconde do Uruguai e no Arquivo Histórico do Itamarati, 174/6 e 172/3.

pelo Governo portenho, reconheceu Figueiredo, a 28 de julho, solenemente, a independência das Províncias do Rio da Prata. Foi rápida, no entanto, a missão. O seu desfecho trágico contou-o com minúcias o diplomata americano, John Murray Forbes. Na manhã de 21 de agosto de 1821, enquanto passeava no salão, à espera do almoço, Figueiredo "caiu repentinamente morto". O Governo mandou proceder à autópsia por um cirurgião, que concluiu ter sido a morte conseqüência de "um ataque apoplético".[11]

Em Montevidéu, antes mesmo da partida de Figueiredo, já o Barão de Laguna dera cumprimento às ordens do Ministro, constantes de ofício que lhe entregara o diplomata. Neste ofício, datado de 16 de abril, dizia Silvestre Pinheiro que, tendo D. João resolvido regressar a Portugal, não o quis fazer sem antes lhe determinar a execução do plano que ideara para a Banda Oriental.

"Sendo uma verdade de primeira intuição – escrevia o ministro – que as coisas não podem nem devem ficar aí no estado e andamento em que atualmente se acham, três são unicamente as hipóteses que é lícito assentar sobre o futuro estado do país que hoje se acha ocupado pelas Armas Portuguesas. Porquanto, ou ele se une de uma vez cordial e francamente ao Reino do Brasil; ou prefere incorporar-se a alguma das outras províncias vizinhas, ou enfim se constitui em estado independente. S. M., absolutamente disposto a fazer tudo quanto possa assegurar a felicidade desses povos, tem assentado tomar por base da sua conduta para com ele, nesta ocasião, deixar-lhe a escolha da sua futura sorte, proporcionando-lhes os meios de deliberarem em plena liberdade, debaixo da proteção das Armas Portuguesas, mas sem a menor sombra de constrangimento, nem sugestão, a forma de governo e as pessoas que, por meio de seus representantes regularmente congregados, entenderem que são as mais apropriadas às suas particulares circunstâncias."

Era "pouco provável" para o Ministro que a primeira hipótese prevalecesse. Por isso dava instruções sobre os limites que teria Laguna de obter do futuro Governo do Uruguai. Mas, no caso improvável, porém possível, "de união ao Reino do Brasil", ficava, por ser do "Real Agrado", "desde

---

[11] Felipe A. Espil, *Once años en Buenos Aires, 1820-1831. Las crónicas diplomáticas de John Murray Forbes*, pp. 129 e 130 (Emecé Editores, Buenos Aires). O Ministro Rivadavia comunicou a morte de Figueiredo em 4 de setembro. Respondeu-lhe Francisco José Vieira, do Palácio do Rio de Janeiro, a 4 de outubro de 1821.

logo e por esse simples fato", o Barão de Laguna investido no cargo de Governador e Capitão-General.

Em 15 de junho, comunicou Laguna ao Intendente de Polícia, Juan José Durán, o desejo do Rei de Portugal de mandar que se fizessem eleições dos representantes que decidiriam, reunidos em congresso, da sorte da Província, e marcou a reunião para o dia 15 de julho. Expediu Durán instruções, a 18 de junho, a todos os *cabildos, alcaides, juices de las ciudades, vilas y pueblos* e indicou-lhes a maneira de se realizarem as eleições. A 16 de julho, o mesmo Durán, já na qualidade de Presidente do Congresso, e Llambi, na de Secretário, participavam ao Barão que o Congresso se achava reunido. Respondeu-lhes Laguna, no dia seguinte, com uma nota sobre a natureza da reunião. A 18 submeteu o Presidente à discussão a proposição seguinte: conviria à Província incorporar-se à Monarquia portuguesa, ou seria mais vantajosa a incorporação a outra Província, ou, ainda, se constituir num Estado independente? Bianqui, Llambi e Larrañaga, cada um com suas razões, defenderam a incorporação ao Reino Unido de Portugal, Brasil e Algarves. No final da discussão, "por uma aclamação os senhores deputados disseram: este é o único meio de salvar a Província". A sessão do dia 18 terminou com a resolução de se incorporar à Monarquia portuguesa. A 31 de julho foi assinado o ato de incorporação da Província, como um Estado diverso, com o nome de "Cisplatina, aliás Oriental".

As condições, em que se daria a incorporação, eram responsáveis pela constituição da Cisplatina num Estado diverso, pois Portugal não poderia introduzir seu idioma, suas leis e costumes, nem impor contribuições ou julgar os orientais senão pelos seus próprios administradores e magistrados. Os limites com o Rio Grande seriam retificados, corrigindo-se a raia de 1819, pela forma seguinte: o rio Quaraim até a Cochila de Sant'Ana e por esta ao arroio Taquarembó, seguindo daí às cabeceiras do Jaguarão, lagoa Mirim, pontal de S. Miguel e o arroio Chuí até o oceano.

D. João VI, porém, não ratificou a incorporação. Embora assinasse o ato o Barão de Laguna, este não tinha autoridade para ratificá-lo. Silvestre Pinheiro Ferreira, ainda no ministério, em despacho de 3 de dezembro de 1821, reprochando a Lecor o fato de não ter comunicado, até então, o resultado das ordens que lhe expedira em abril, foi quem expendeu as razões da não ratificação.

"A ignorância – escrevia ele – em que tem estado e se acha esta Corte do modo, por que V. Ex.ª deu execução às ordens que, em nome de S. M., lhe transmiti na data de 16 de abril próximo passado, acaba de acarretar sobre a nossa já tão melindrosa situação o extraordinário embaraço de passarmos aos olhos de uma potência, com que hoje mais que nunca nos importa manter a mais leal e estreita amizade, qual é a Nação Espanhola, por um Governo refalsado, que, debaixo da aparência de querermos respeitar os direitos imprescritíveis dos Povos deixando-lhes a liberdade de escolherem o Governo e Constituição, por que se querem reger, havemos induzido a Banda Oriental a unir-se ao Brasil engrossando-nos astuciosamente com as perdas, que, não podendo deixar de ser em si mesmas mui sensíveis ao nosso Aliado, o ficam sendo agora muito mais pela falta e boa-fé, com que se figura, termo-nos nós comportado com todo este negócio. Com efeito, pelas notícias que dessas partes têm chegado à Europa, por diferentes vias, ninguém duvida hoje em Espanha que V. Ex.ª, ajuntando um simulacro de Assembléia Nacional, composta não de deputados livremente eleitos por esse povo, mas escolhidos e convocados por V. Ex.ª, lhes fez declarar como vontade e desejo universal de toda a Banda Oriental o voto unânime de ficarem unidos ao Reino do Brasil, debaixo da denominação de Província Cisplatina".[12]

Repisou o ministro estes mesmos motivos em despacho, também de 3 de dezembro, ao Governador do Rio Grande, João Carlos de Saldanha, determinando-lhe a revisão dos limites, de acordo com o parecer que lhe enviava, e queixando-se do procedimento de Lecor, que chegara ao extremo de permitir, por ato seu, entrasse em exercício a um cônsul americano. No tocante à Banda Oriental, dizia que a união, da forma por que ocorrera, escolhendo Laguna

"pessoas justamente suspeitas de afeição anteriormente angariada aos nossos interesses", motivada "a natural suspeita de má-fé, como se, ao mesmo tempo que se expediram as mencionadas instruções, fundadas em princípios de liberdade, ao General-em-Chefe, para serem publicadas, se lhe remetessem outras secretas, para obrar como na verdade praticou".

As instruções secretas nunca existiram. Do contrário, a reação do Ministro, que assinou as ordens de 16 de abril, não se justificaria. O ato

---

[12] Cópias existentes no Arquivo do Visconde do Uruguai e no Arquivo Histórico do Itamarati, 174/6 e 172/3.

de incorporação não foi ratificado por D. João, "que tem deferido", esclarecia Silvestre Pinheiro, "ao conhecimento e decisão das Cortes Gerais e Extraordinárias da Nação Portuguesa toda esta delicada transação".

Sublevação e independência da Cisplatina — Com a independência do Brasil e os sucessos que a antecederam, não teve Laguna de justificar a sua conduta, como esperava Silvestre Pinheiro que o fizesse, junto ao Rei. Em carta a D. Pedro, afirmou apenas que a incorporação se verificara de ordem de D. João, emanada do ministro competente, sem dizer, no entanto, a data do despacho e as condições prescritas para que os orientais escolhessem, em plena liberdade, o futuro da província. "Eu não tenho o mais pequeno receio de haver errado", dizia ele a D. Pedro, "mas o que temo à vista da carta, a que aludo, é que passe por erro o que de certo o não foi".

O Barão de Laguna, com parte de suas tropas, apoiou D. Pedro e a Independência do Brasil, enquanto D. Álvaro da Costa, com os voluntários reais, permaneceu fiel a D. João e a Portugal dominando a cidade de Montevidéu, de onde teve Laguna de fugir em setembro de 1822. Os orientais, porém, não foram indiferentes à luta que se iniciava entre os dois generais portugueses. O Regimento dos Dragões da União, comandado por D. Frutuoso Rivera, foi o primeiro a declarar-se, em 17 de outubro, a favor de D. Pedro. A esta declaração se seguiram outras. O Barão de Laguna, que se vira obrigado a refugiar-se em Canelones, pôde, assim, com o reforço das tropas orientais, sitiar a praça de Montevidéu. Às aclamações dos militares vieram juntar-se as dos *ayuntamientos y cabildos* de S. José, Nossa Senhora de Guadalupe, Colônia, Maldonado, Paissandu, Cerro Largo, Durazno e de outros povos, todos unânimes em afirmar, como ocorreu na vila de Soriano, que "está nos interesses e deveres deste Estado entrar na grande confederação do Brasil e aclamar por Imperador ao Sr. D. Pedro de Alcântara".

Em Montevidéu, onde continuava D. Álvaro da Costa, o *cabildo*, influenciado pela política portenha, orientada habilmente pelo Ministro D. Bernardino Rivadavia, declarou, a 20 de outubro de 1823, não só a província sob a proteção de Buenos Aires, mas ainda a nulidade do ato de incorporação de 1821. Essa declaração não chegou a impressionar Lecor, que iniciou o ataque a Montevidéu, fortalecido pelas tropas orientais e, principalmente, por Frutuoso Rivera, que fora promovido em maio a brigadeiro. Dias depois, a 18 de novembro, firmou-se um acordo sobre a capitulação de Montevidéu. D. Álvaro da Costa e sua divisão de volunrios reais embarcaram para Portugal, enquanto o Barão de Laguna ocupava a cidade pela segunda vez.

A Cisplatina passou, então, a figurar entre as províncias que formaram o Império Brasileiro. A Constituição foi jurada e eleitos os deputados à primeira legislatura da Assembléia Geral. Os escolhidos foram D. Lucas José Obes e D. Francisco Llambi, substituídos por D. Nicolas de Herrera e D. Dámaso Larrañaga, sendo este, pouco depois, nomeado senador do Império. Esta união, porém, era apenas de fachada. A base em que se assentava a conquista não unia, senão afastava todo o entendimento possível. Não passou despercebida a fragilidade da união ao Governo de Buenos Aires, que tratou de rompê-la, definitivamente, em proveito próprio. Em fins de 1823 chegou ao Rio de Janeiro o agente portenho D. José Valentín Gómez, encarregado da missão de definir a posição, até então indecisa, do seu Governo. A 15 de setembro enviou Gómez ao Ministro brasileiro Luís José de Carvalho e Melo um memorando protestando contra a incorporação da Cisplatina ao Brasil. A este memorando se seguiu a nota de 26 de novembro, exigindo, em nome do seu Governo, a entrega às Províncias Unidas do Rio da Prata de Montevidéu e sua campanha. A negativa de tal exigência, alertava o portenho, *va a tener consecuencias muy graves, en las que nadie será responsable, sino el gobierno del Brasil*.[13] A 27 de janeiro do ano seguinte solicitava resposta e a 5 de fevereiro insistia por uma contestação. O Governo brasileiro contemporizava a resposta, dando tempo a que se firmasse a situação de Lecor em Montevidéu. Mas, no dia seguinte à última nota de Gómez, respondeu-lhe o futuro Visconde de Cachoeira, com uma extensa exposição dos fatos ocorridos na Banda Oriental, em que determinava a posição do Brasil na questão, declarando que o Governo imperial não podia entrar em negociações com o de Buenos Aires que tivessem por base a entrega de Cisplatina. Gómez, com esta resposta, partiu a 13 de fevereiro num bergantim inglês, que naufragou ao entrar no Rio da Prata. Gómez conseguiu escapar, porém o seu Secretário Estéban de Luca foi uma das vítimas do naufrágio.

Era de presumir que a guerra fosse imediatamente declarada, à vista da arrogância das notas de Gómez e da negativa brasileira. Não se apressou, porém, o Governo portenho. Preferiu contemporizar, por sua vez. Em janeiro de 1825, chegou a Buenos Aires, como agente comercial do Brasil,

---

[13] A. D. PASCUAL, *Apuntos para la Historia de la República Oriental del Uruguay*, p. 131. Nesta importante obra se encontram documentos referentes não só à missão de Gómez, mas ainda à estada do cônsul Sodré em Buenos Aires.

Sinfrônio Maria Pereira Sodré, recebido pelo Governo do General Las Heras, que substituíra Martín Rodriguez. Aparentemente tudo se processava calma e cordialmente. A realidade era outra. A 18 de março já comunicava Sodré ao Governador de Colônia que, às dez horas da noite de 17, o avisaram da passagem para a Banda Oriental, havia uns três ou quatro dias, de Lavalleja, Oribe, Alemán e mais uns 20 ou 30 soldados, com armas e dinheiro. Eram os Trinta e Três orientais que entraram no Uruguai, para pouco depois, reunidos a Rivera, ocuparem todo o território da Cisplatina, com exceção de Montevidéu e Colônia, depois das batalhas de Rincón e Sarandi, em que saíram vitoriosos Rivera e Lavalleja.

Em junho já o Cônsul Sodré comunicava a existência de corsários que contavam sair de Buenos Aires, na esperança de se apoderarem da corveta brasileira *Liberal*. Sodré protestou e o mesmo fez o Chefe da Esquadra Brasileira Rodrigo José Ferreira Lobo, em vão. As respostas do Ministro D. Manuel José García espaçavam apenas a solução do conflito que já existia.

Não foi mais feliz o substituto de Sodré, o agente comercial Antônio José Falcão da Frota. As manifestações em Buenos Aires contra o Império se multiplicavam. No dia de S. Pedro arrancaram da porta do consulado as armas imperiais. Até o americano Forbes se viu envolvido nestas manifestações. A 25 de agosto, na Flórida, reuniu-se um congresso e decidiu a reincorporação da Banda Oriental às Províncias Unidas. Os acontecimentos seguiam agora num ritmo mais acelerado. O Império, porém, vacilava em declarar a guerra. Tanto o protesto de Francisco Vilela Barbosa, dirigido ao Ministro Manuel José García, em 10 de outubro, quanto as instruções enviadas a Falcão, de 14 do mesmo mês, se referiam à guerra como uma eventualidade possível de ser evitada. Estes dois atos já encontraram a situação definida. A 21 de outubro Falcão pediu os seus passaportes e retirou-se para Montevidéu. E a 4 de novembro o mesmo Ministro Manuel José García, em nota a Carvalho e Melo, definiu a posição do seu governo, afirmando que, tendo o Congresso da Flórida reconhecido a reincorporação da província oriental às Províncias Unidas, o Governo geral estava resolvido a defendê-la *por quantos medios estén a su alcance*. Somente então, depois desta nota, é que o Governo imperial declarou a guerra. A 10 de dezembro foi publicado o decreto, referendado pelo então Visconde de Santo Amaro, acompanhado de longo manifesto, em que se arrolavam os motivos que obrigavam o Império a declarar a guerra.

Esta guerra não foi favorável ao Brasil. Foi uma guerra impopular que se arrastou até 1827. Em fins de 1826 esteve D. Pedro no Rio Grande do

Sul e aí nomeou o Marquês de Barbacena para o comando do exército. Não conseguiu Barbacena modificar a situação. Em Passo do Rosário, no rio Santa Maria, encontrou-se com o Exército argentino, comandado pelo General Alvear. Ainda que os brasileiros se retirassem, nem por isso a batalha foi decisiva ou mesmo completa. E o objetivo a que visava o Exército contrário, que era a invasão do Rio Grande, ficou inteiramente frustrado. Não teve a menor influência na conclusão da guerra. Esta continuou com alternativas. De um lado o bloqueio de Buenos Aires molestava o comércio portenho, do outro, os corsários, espalhados pelas costas brasileiras, danificavam a nossa economia, pela insegurança da navegação de cabotagem.

A oposição no Brasil contra a guerra crescia de ano para ano. A paz, no entanto, partiu de Buenos Aires. A situação em que se encontrava talvez fosse pior do que a do Império. O Plenipotenciário, enviado pelo Governo portenho, para negociar a paz, Manuel José García, na sua *Sucinta Exposición*, dizia o seguinte sobre o objetivo de sua missão: "Era a paz ou a cessação imediata das hostilidades." García tratou, no Rio de Janeiro, onde chegou a 7 de maio, com os plenipotenciários brasileiros Marquês de Queluz, Visconde de S. Leopoldo e Marquês de Maceió. O memento não era favorável à paz, pois García veio encontrar a Corte, como escreveu Calógeras, "em plena explosão de patriotismo guerreiro". García teve que ceder diante da firmeza dos brasileiros, em não abandonar a Cisplatina. Ouviu o portenho ao Ministro inglês Gordon, que o aconselhou a que tomasse um partido definitivo. García viu-se diante do dilema: ou cumprir as suas instruções, ou ultrapassá-las, aceitando uma base que "desse à República a paz de que tanto precisava". Esta paz, assinou-a ele no dia 24 de maio de 1827, renunciando as Províncias Unidas todos os direitos que pudessem pretender, à Cisplatina, que continuava como parte do Império. Este tratado não foi ratificado pelo Governo argentino.

Somente no ano seguinte, sob a mediação de Lorde Ponsomby, Ministro inglês transferido então para o Brasil, é que a paz se faria definitivamente. Manuel Dorrego, então no Governo de Buenos Aires, enviou ao Brasil, como negociadores, D. Manuel Balcarce e o General D. Tomaz Guido. A belicosidade no Rio de Janeiro se arrefecera. No voto de graça diziam os deputados: "A paz, senhor, é, depois da Constituição, a primeira necessidade do Brasil." Os plenipotenciários brasileiros Marquês de Aracati, José Clemente Pereira, Joaquim de Oliveira Alves, com os dois portenhos, chegaram, em breve, a um acordo. A 9 de agosto de 1828 haviam desembarcado Balcarce e Guido na Corte. A 27 do mesmo mês já assinavam o tratado de paz. Pelo artigo 1º declarava o Imperador do Brasil a Cisplatina separada do Império, para que pudesse "constituir-se em Estado livre e independente de toda e qualquer nação". O Governo da República das Províncias Unidas concordava, no art. 2º, em declarar a independência "da província de Montevidéu, chamada hoje Cisplatina". Com isso se encerrava mais um capítulo da longa história, iniciada em 1680 com o estabelecimento de uma "nova colônia", nas proximidades da ilha de São Gabriel.

O PRIMEIRO REINADO

LIVRO QUARTO

CAPÍTULO I

O RECONHECIMENTO DO IMPÉRIO

1. MEDIAÇÃO INGLESA

JÁ NA FASE inicial do movimento de Independência sentira o Governo brasileiro a necessidade de pôr as nações ao corrente das injustiças praticadas pelas Cortes de Lisboa. Para isso lançou-se, a 6 de agosto de 1822, o manifesto às potências, esclarecendo a posição do Príncipe Regente D. Pedro. E a fim de melhor informar os governos da situação, foram ainda enviados encarregados de negócios a diferentes capitais. Para a Corte britânica, nomeou-se Felisberto Caldeira Brant Pontes, que já se achava, aliás, em Londres. Nas instruções mandadas a Brant em 12 de agosto indicavam-se os interesses do Brasil no momento: manter sua autonomia política dentro do Reino Unido, continuando-se a reconhecer como rei S. M. Fidelíssima, desde que se mantivesse o ato de 1815, por onde o Brasil fora feito "reino irmão, tão livre quanto Portugal"; obter da Inglaterra o reconhecimento dessa situação e, enquanto perdurassem as condições criadas em Portugal pelas Cortes, e D. João não estivesse livre para agir, o da "absoluta regência de S. A. R.", o Príncipe D. Pedro. Em apoio da posição brasileira, Brant deveria indicar que todas as medidas tomadas pelo Príncipe atendiam à vontade do povo do Brasil, que defendia com firmeza sua justa causa; mostraria, além disso, que interessava à Inglaterra o pretendido reconhecimento, por causa de seu comércio.

Munido dessas instruções, Caldeira Brant entrou em entendimentos com George Canning, então Secretário das Relações Exteriores. Estabeleciam-se os primeiros contatos anglo-brasileiros para discussão de questões relacionadas com a vida política no Brasil.

A aclamação e o problema do reconhecimento inglês

Entre Brant e Canning, várias entrevistas foram realizadas e as possibilidades do reconhecimento pedido pelo Brasil começaram a ser discutidas. Entretanto, em fins de novembro, a chegada a Londres da notícia da aclamação de D. Pedro como imperador criou embaraços. Canning, em 30 de novembro de 1822, interpelava Brant sobre o acontecimento, fazendo-lhe ver que a notícia da aclamação estava em contradição não somente com os manifestos de agosto, como também com todas as suas palavras. Brant, também surpreendido pela notícia, desconhecendo oficialmente o acontecimento, só pôde apresentar como explicação o fato de que o Príncipe Regente, no estado de fermentação em que se achavam os espíritos, nem sempre podia fazer o que entendia, sendo obrigado às vezes a ceder à pressão da opinião. Mas concordava com Canning a respeito da contradição apontada, como se vê no despacho dirigido a José Bonifácio, em 30 de novembro, no qual ainda afirmava que a aclamação vinha "sem necessidade suscitar embaraços ao reconhecimento da independência".

Realmente, a partir daí, o problema do reconhecimento se punha em bases diferentes. Tratar-se-ia agora de obter o reconhecimento da independência total do Brasil, como nação soberana, sem nenhum laço que a prendesse a Portugal. A isto tinha levado a política inábil das Cortes portuguesas.

No reconhecimento da nossa independência teve a Inglaterra papel preponderante, de modo que isto lhe assegurou a manutenção, no Brasil independente, da posição que ocupava aqui desde a vinda da família real. Estabelecia-se, assim, através das necessidades criadas pela independência, a continuidade da presença inglesa no Brasil.

A questão do reconhecimento apresentava problemas importantes. De um lado, as outras nações levariam naturalmente em conta, ao considerarem a possibilidade de reconhecimento, a organização do país, a estabilidade do seu Governo e das suas instituições. Além de que a instituição do Império, com a aclamação de D. Pedro como Imperador, em outubro de 1822, podia criar dificuldades para o reconhecimento, justamente pelas implicações políticas que trazia. Daí a necessidade de o Governo dominar completamente o cenário interno para poder pretender o reconhecimento. Por isso, somente em janeiro de 1824 pôde D. Pedro cuidar da questão, enviando a diversos países representantes com plenos poderes. Era tão importante o problema interno nas considerações das potências para a aceitação da independência, que a revolução de julho de 1824 causou apreensão quanto à segurança do Governo que pretendia o reconhecimento e sua capacidade de dominar totalmente o território.

Por outro lado, havia a considerar os problemas que as posições dos diferentes países suscitariam. Neste particular, era importante, em primeiro lugar, a posição de Portugal: era necessário que se pudesse contar com sua boa vontade, mas, dada a intransigência do Governo, apresentava-se difícil o entendimento. Difícil mostrava-se também o acordo com as nações européias ligadas ao grupo da Santa Aliança: defendendo o princípio da legitimidade na sua política internacional, elas dificilmente reconheceriam a independência do Brasil, a não ser que aquele princípio fosse de qualquer modo salvaguardado. Condição essencial para o reconhecimento seria, então, que Portugal reconhecesse primeiro a independência da sua antiga colônia. A Grã-Bretanha, que já havia, nas conversações mantidas por Caldeira Brant, mostrado simpatia pela causa brasileira, aparecia como capaz de apoiar as pretensões do Brasil. Mas ela também indicava preferir que Portugal fosse o primeiro a reconhecer a independência. Desse modo tornava-se necessário obter, o mais depressa possível, o reconhecimento do Governo português.

Negociadores brasileiros em Londres; auxílio de Canning

A partir do começo de janeiro de 1824, representantes brasileiros foram enviados à Europa – a Viena, Paris e Londres – para cuidar do caso. Londres, contudo, acabou tornando-se o centro das negociações. Os negócios brasileiros estavam a cargo de Felisberto Caldeira Brant Pontes e de Manuel Rodrigues Gameiro Pessoa, munidos de plenos poderes para tratar do reconhecimento com Portugal, diretamente ou por intermédio de outra potência, com a Grã-Bretanha e outras nações européias. Considerava o Brasil importante para sua posição o apoio da Inglaterra. Como dizia Brant, o exemplo da Inglaterra reconhecendo a independência seria imediatamente seguido pelas outras potências. Daí a importância dada à representação enviada a Londres.

Teve o Brasil, em Londres, o apoio precioso de George Canning, Secretário das Relações Exteriores no Governo britânico, sob cuja orientação foram feitas todas as negociações. Canning mostrava-se favorável ao reconhecimento dos novos países latino-americanos, e a política britânica nesse particular foi totalmente dirigida por ele. O Rei e o Gabinete não tinham a mesma disposição; daí não ter podido ele agir tão depressa como gostaria. Compreendeu logo as vantagens que adviriam para a Grã-Bretanha do estabelecimento e da manutenção de relações com os novos países latino-americanos. Por isso, o reconhecimento desses países foi um dos pontos essenciais da sua atividade no Foreign Office. No caso do Brasil, seu papel foi preponderante no encaminhamento do processo de reconhecimento. Não só recebeu os plenipotenciários brasileiros em Londres e interessou-se em negociar com eles, como procurou também manter-se constantemente a par dos acontecimentos no Brasil. O Cônsul britânico no Rio de Janeiro, Henry Chamberlain, mantido no seu cargo durante o período da elaboração da independência, apesar das incertezas da situação, desempenhou papel relevante nesse particular. Além das suas atribuições consulares, usadas na defesa dos interesses dos comerciantes ingleses e do comércio britânico em geral, teve todas as atribuições de um verdadeiro agente político. Mantinha Canning informado a respeito do que se passava no Brasil e, até julho de 1825, serviu de elemento de ligação entre o Gabinete britânico e o Governo brasileiro. Suas informações serviram muito para orientar a ação de Canning. Dando-lhe notícia da real situação no Rio de Janeiro e no país em geral, que conhecia bem, permitiu-lhe dispor de dados importantes para as conversações que se desenrolaram em Londres. Muitas vezes informações de Chamberlain deram a Canning um balanço exato da situação, de modo que este pôde traçar por elas as linhas da sua ação nas negociações. É interessante notar que pontos de vista de Canning foram de certa maneira modificados por informações daquele cônsul. Muito freqüentemente as informações corroboraram o que diziam os plenipotenciários brasileiros. Assim, por exemplo, as considerações de Chamberlain mostraram as dificuldades e a insegurança da posição do Príncipe Regente e o estado de fermentação dos espíritos, que obrigavam o Governo brasileiro a manter certa linha de conduta e impediam a adoção de medidas julgadas indispensáveis por Canning. Tal a situação no caso das hostilidades contra Portugal, que não podiam ser suspensas sem graves riscos para o Príncipe e o regime, ou o problema do tráfico de escravos, cuja suspensão imediata, como a queriam os ingleses, era muito difícil. Essas informações deram a Canning a medida da situação e permitiram muitas vezes que abrandasse suas exigências, como se vê na mudança de tom a respeito da suspensão de hostilidade, ou que reformasse seu modo de pensar sobre certos problemas brasileiros. Não pode, portanto, ser esquecido o papel de Henry Chamberlain, Cônsul e espécie de agente político inglês no Rio de Janeiro, no desenrolar das negociações. Também se verifica, através dos despachos de Canning, o notável conhecimento que ele possuía dos negociadores e homens do Governo brasileiro.

Sempre ao corrente da situação no Brasil e dos problemas internos do país, Canning pôde encaminhar com segurança o processo do reconhecimento. Deu aos enviados brasileiros todo o seu apoio e pôs à disposição deles a sua experiência política. Considerando ser essencial para o Brasil a aceitação da independência e do Império por Portugal, empenhou-se em obtê-la, participando ativa e intensamente das negociações. Primeiro, discutindo com os enviados brasileiros diretamente, depois, aceitando a mediação entre Portugal e Brasil, quando as negociações diretas entre as duas partes se tornaram impossíveis. Nessa mediação, a Grã-Bretanha uniu-se à Áustria. Mas, na realidade, a mediação foi exercida essencialmente pela Grã-Bretanha, com Canning no papel preponderante.

Oposição da Santa Aliança ao reconhecimento; ação diplomática de Canning

Compreendeu logo o Ministro inglês que a independência do Brasil era coisa definitiva: impossível era que os brasileiras voltassem atrás, difícil seria a Portugal, na crise política que atravessava, reconquistar sua posição. Interessava, pois, à Grã-Bretanha defender sua situação no novo país. Considerando, contudo, a antiga aliança anglo-portuguesa, preferia que fosse primeiro obtido o reconhecimento por Portugal, ponto de vista que manteve até o começo de 1825. Essa foi, aliás, a orientação que pretendeu seguir relativamente ao reconhecimento dos novos países da América Latina: esperar a decisão das metrópoles para depois conceder seu reconhecimento. Mas tanto no caso das antigas colônias da Espanha, como no do Brasil, acabou precipitando o reconhecimento. Demorando os dois países a sua decisão, a Grã-Bretanha não podia esperar indefinidamente pelo entendimento entre elas e suas antigas colônias, pois corria o risco de ver seus interesses prejudicados irremediavelmente, sobretudo pela possibilidade de concorrência francesa ou norte-americana. Por isso, acabou reconhecendo países hispano-americanos – México, Colômbia, Buenos Aires – antes da Espanha, cuja atitude se mostrava intransigente para com suas velhas possessões. E também forçou Portugal a tomar uma decisão, fazendo-o saber, no começo de 1825, que a Grã-Bretanha estava disposta a reconhecer o Império Brasileiro, mesmo que o Governo português continuasse na sua atitude negativa. Desse modo, levado pela consideração aos interesses do seu país, Canning, mudando de orientação, adiantava-se às metrópoles no reconhecimento dos países latino-americanos.

O reconhecimento da independência do Brasil pôs uma série de problemas que obrigaram Canning a desenvolver uma ação diplomática importante e pôr à prova toda a sua habilidade política. Na opinião de Webster (*Britain and the Independence of Latin America*, vol. I, p. 62), as instruções de Canning aos agentes e representantes ingleses no período, referentes ao problema brasileiro, são as mais hábeis por ele escritas e "não foram ultrapassadas nos anais da diplomacia britânica". Destaca Webster, especialmente, suas instruções de 12 de janeiro de 1825, a Henry Chamberlain, e de 14 de março de 1825 a Sir Charles Stuart, esta considerada clássica, pelo sentido de previsão, pela clareza e precisão, pela orientação do resultado que pretendia obter.

Durante as negociações, problemas de ordem internacional apresentaram-se. A Santa Aliança, seguindo uma política de orientação legitimista e intervencionista, defendia os direitos das metrópoles contra as colônias. Incentivou, tanto na Espanha como em Portugal, a resistência aos movimentos de independência na América. Canning, em toda a linha da sua política externa, mostrara-se contrário à orientação e à política daquele grupo de potências, sobretudo no que dizia respeito à intervenção na vida interna dos países. Colocando-se ao lado dos sul-americanos, precisava contrabalançar na Europa a ação da Santa Aliança. Mas uma vez recusou participar de congressos e conferências, como a que foi proposta no começo de 1824 para ser realizada em Paris, com o fito de tratar dos problemas postos pelos movimentos de independência na América. A política de Canning opunha-se também a qualquer intervenção armada das nações européias na América: sua oposição tornava difícil, senão impossível, todo envio de tropas à América, pois a Grã-Bretanha detinha o domínio do mar. As negociações relativas ao reconhecimento do Brasil transformaram Portugal num campo de ação para a Santa Aliança. Isso reconhecia Canning, quando dizia que a Aliança Continental parecia ter escolhido Portugal como o campo onde fazer frente à Grã-Bretanha, que deveria estar preparada para enfrentá-la em quaisquer condições em que a luta se desenvolvesse. Também Caldeira Brant, escrevendo a Carvalho e Melo, em 15 de dezembro de 1824, notava que a recusa de Portugal em reconhecer a independência do Brasil era mantida pela ação da Santa Aliança. De fato, ministros de Estados-membros da Aliança trabalhavam no sentido de levar Portugal a adiar o reconhecimento, na esperança de que a América Latina voltasse a sua situação de obediência às metrópoles européias. Era conhecida, desde 1823, a posição da Inglaterra, favorável aos novos países. Aqueles ministros aconselhavam Portugal e Espanha a resistirem ao reconhecimento, o que acabaria por levar o Governo inglês a mudar de decisão e a abandonar as antigas colônias americanas ao seu destino. Tal a situação, segundo Canning, que devia ser combatida. Rússia e França dirigiam essa política. A Rússia mostrava-se a mais intransigente das potências estrangeiras quanto à concessão do reconhecimento e propunha a Portugal o uso da força para submeter o Brasil; nesse sentido, trabalhava seu representante em Paris, Pozzo di Borgo, desenvolvendo grande atividade. Sobre a política do representante russo, relativamente aos negócios de Portugal, Metternich chamava a atenção do representante inglês em Viena, em novembro de 1824, advertindo-o de que o ministro russo vinha aconselhando o Governo português a romper as negociações com o Brasil e a enviar uma expedição militar contra ele. A posição da França era mais perigosa para a política britânica. Além de estar ligada, politicamente à Santa Aliança, tinha interesses seus, próprios, na questão da independência das colônias americanas e em especial na do Brasil. Em Portugal, a França procurava contrabalançar a política inglesa e desenvolver a sua influência. A detenção do poder pelo partido francês em Lisboa, com o Conde de Subserra à frente, e a ação do hábil embaixador francês Hyde de Neuville deram à França em certo momento predominância na Corte portuguesa. Neuville aproveitou para influir nos negócios internos de Portugal. A situação de D. João VI e a insegurança que reinava no país facilitaram-lhe a ação. Canning não podia deixar os franceses nessa posição em Lisboa. Mas lutar contra a influência francesa em Lisboa exigia intervir na vida interna do país. Partidário da política de não-intervenção, hesitava em agir. Acabou, entretanto, por decidir-se. Em fins de 1824, quando era negociado o reconhecimento da independência em Londres, sob a mediação inglesa, a atitude dos ministros portugueses dirigindo-se aos poderes continentais – França, Espanha, Prússia e Rússia – em busca de apoio e o envio por Subserra de um emissário especial ao Brasil levaram Canning a intervir. Substituíra primeiro o Ministro inglês em Lisboa, Thornton, que não se mostrara à altura das necessidades do momento, por Sir William A. Court, diplomata mais experimentado e mais hábil. Depois, conseguiu o afastamento de Hyde de Neuville e finalmente obteve de D. João VI a demissão de Subserra. Em janeiro de 1825, o horizonte clareava em Lisboa: a influência britânica restabelecia-se, com grande vantagem para o Brasil. Enquanto Neuville em Portugal fazia uma política contrária aos interesses brasílicos, no Rio de Janeiro, o representante francês, Conde de Gestas, procurava convencer o Governo brasileiro da possibilidade de reconhecimento do Império por parte da França, se os seus interesses comerciais fossem colocados na mesma situação dos da Inglaterra. E ao ser determinada a vinda do enviado britânico Sir Charles Stuart para negociar, propôs Gestas ao Imperador o reconhecimento e a assinatura de um tratado de comércio. Mas D. Pedro recusou-se a tratar com a França antes da chegada de Stuart. Parece ter havido, entretanto, em certos meios governamentais, no Rio de Janeiro, a intenção de usar a França contra a Inglaterra para obter condições favoráveis nas negociações anglo-brasileiras, mas a idéia foi abandonada: melhor seria agir com franqueza e, aliás, não havia nenhuma certeza de poder o representante francês negociar o reconhecimento da independência, além de que negociar com ele poderia trazer dificuldades aos entendimentos com Portugal e Inglaterra. Tal atitude francesa correspondia a uma verdadeira intriga: usava duas linguagens, uma em Lisboa, outra no Rio de Janeiro, o que não justificava mesmo para defender uma causa legítima, como eram seus interesses comerciais. O fato é que a atitude da França levou Canning a despender bastante energia para defender o interesse britânico, inclusive mandando que o enviado inglês em Paris apresentasse reclamações ao Governo francês pelo que se passava no Rio de Janeiro.

Rivalidade entre a Grã-Bretanha e os Estados Unidos

A questão da independência das colônias da América Latina suscitara também o aparecimento de uma rivalidade entre a Grã-Bretanha e os Estados Unidos, no campo econômico e no campo político. No campo econômico, o principal interesse de um e outro dos contendores era assegurar vantagens comerciais aos novos países. Isso não provocou, contudo, rivalidade maior, pois a posição da Grã-Bretanha, sobretudo no Brasil, estava assegurada por sua atividade anterior e também pelo fato de que ela podia oferecer muito mais, como mercadoria ou como investimento.

No campo político, entretanto, divergências importantes surgiram. É verdade que Adams, Ministro americano, e Canning concordavam plenamente em que a Santa Aliança devia ser afastada da América; à Espanha não se permitiria que voltasse a dominar suas colônias, que se deveriam manter livres das restrições coloniais. Mas, em outros pontos, Adams e Canning colocaram-se em campos diferentes. Enquanto os Estados Unidos faziam a defesa da forma republicana de governo, incluindo nela a transmissão da liberdade que possuíam, regime que deveria diferençar a América da Europa, Canning preferia a forma monárquica, mais ligada às tradições européias. O Governo americano defendia ainda a idéia da formação de um agrupamento americano separado da Europa, dando lugar a duas esferas de influência: tal o conteúdo da mensagem de Monroe. Para Canning não se justificava essa separação, de modo que desenvolveu na América do Sul um grande esforço para impedir a formação de "um sistema americano, oposto a um sistema europeu". Posta momentaneamente em xeque com a declaração de Monroe, essa política logrou predominar, e a Grã-Bretanha, no fim de 1825, era considerada "a potência mais importante para a segurança e prosperidade da América Latina". O reconhecimento da independência dos países latino-americanos pela Grã-Bretanha foi recebido sempre como um acontecimento mais importante do que o reconhecimento pelos Estados Unidos, pois ela estava em condições de atender melhor às necessidades dos novos países, econômica e politicamente falando. É preciso considerar que os Estados Unidos não dispunham de corpo diplomático experiente, de modo que seus agentes na América Latina, com raras exceções, não estavam à altura das necessidades do momento. Ao contrário, a Grã-Bretanha, embora não lhe fosse fácil encontrar sempre bons elementos, possuía melhor representação, e nos postos mais importantes colocava homens experientes, superiores aos melhores agentes dos Estados Unidos, capazes de dominar a situação nos países latino-americanos, pelo conhecimento das suas condições ou por sua habilidade. No caso especial do Brasil, a Canning interessava impedir que os Estados Unidos pudessem participar da mediação entre Portugal e o novo país. O Brasil, por suas instituições monárquicas, poderia ligar-se mais à Europa do que aos Estados Unidos. Reconhecendo o Império Brasileiro, Canning faria o Brasil aproximar-se da Europa, diminuindo-lhe a possibilidade de pertencer, no momento, a um bloco americano. Aliás, isso percebeu o Governo brasileiro. O Ministro Carvalho e Melo, em instruções a Brant e Gameiro, em 3 de janeiro de 1824, escrevia que seria conveniente à Grã-Bretanha e demais potências européias que na América existisse uma potência monárquica, capaz de contrabalançar a influência particular dos Estados Unidos, a fim de que "para o futuro não prevaleça a política americana à européia". Era apresentar o Governo brasileiro uma boa compreensão da situação. O reconhecimento da independência brasileira pelos Estados Unidos, em 1824, antes que Canning pudesse fazê-lo, preocupou o Ministro inglês, mas o ato do Governo americano não trouxe conseqüência prejudicial à Inglaterra nem teve maior repercussão internacional.

O problema das tradicionais relações anglo-portuguesas
Outros fatos, de certo modo relacionados com a política externa da Grã-Bretanha, tiveram também de ser levados em consideração. Referem-se à questão das tradicionais relações com Portugal e ao problema da sucessão ao trono português.

Já deixamos dito que Canning preferia que Portugal fosse o primeiro a reconhecer a independência do Brasil. Ligava-se essa orientação à posição de Portugal como velho aliado da Inglaterra. Considerava Canning (como se lê no despacho de 12 de janeiro de 1825, dirigido a Chamberlain) que a velha amizade entre os dois países – Portugal e Grã-Bretanha – criava para o Governo inglês o dever de fazer todo o possível para tornar a transformação ocorrida na Monarquia portuguesa menos prejudicial para os interesses e a honra do antigo aliado. Havia na Inglaterra certa benevolência para com Portugal, dizia Canning, "como uma velha relação da Grã-Bretanha e como um reino recentemente redimido do cativeiro estrangeiro ao preço de tanto tesouro e tanto sangue inglês", de modo que o Governo se via inclinado a ajudar o Reino Português na delicada situação criada pela independência brasileira. Daí o interesse tomado por Canning em obter um acordo entre Portugal e o Brasil, que, ajustando os pontos em disputa de modo a satisfazer a conveniência da Casa de Bragança, permitisse o reconhecimento do Império Brasileiro, de boa vontade por Portugal. De nada adiantava precipitar as coisas, levando a uma ruptura total entre pai e filho, com evidente descortesia para com o mais velho aliado de S. M. Britânica. Por isso, Canning preferia não reconhecer a independência antes de Portugal. Naturalmente, não manteria essa mesma atitude se Portugal se recusasse indefinidamente a entender-se com o Brasil. Havia um limite imposto pelos interesses britânicos.

Por outro lado, em virtude dos velhos tratados, obrigava-se a Inglaterra a defender Portugal contra o ataque de qualquer potência estrangeira – era a cláusula da garantia da Monarquia lusa. O Governo de Lisboa pretendeu que tal cláusula fosse aplicada contra o Brasil revoltado, com o que não concordou o Governo inglês. Realmente, a cláusula não podia aplicar-se ao caso, que era um acontecimento interno, ocorrido entre partes da Monarquia portuguesa. Se Portugal desejava que a Grã-Bretanha continuasse a tratar o Brasil como uma colônia, não podia ao mesmo tempo pretender o emprego contra ele de uma cláusula referente à defesa contra ataques estrangeiros. Mas, contra a pretensão brasileira de obter desde logo o reconhecimento inglês, Canning acabou invocando o citado dispositivo. No caso de a Inglaterra reconhecer o Império do Brasil, por esse ato, passaria a ser em relação a Portugal um país estrangeiro e então o Governo inglês seria obrigado, pelos seus tratados, a tomar o partido do Reino Português, apoiando-o contra os brasileiros se a guerra prosseguisse. Tal afirmação devia predispor o Brasil a resolver primeiro sua pendência com Portugal, munindo-se de paciência para isso. Entretanto, considerando como coisa definitiva a independência do Brasil, Canning, junto de Portugal, tomava posição favorável ao Brasil. Contra a pretensão portuguesa, em grande parte instigada pela Santa Aliança, de tentar a reconquista da antiga colônia pela força, mostrava o caráter definitivo da atitude do Brasil e a impossibilidade de impor-lhe a submissão pelas armas: seria mais fácil e mais rápido o aparecimento no Tejo de navios da marinha brasileira, dizia ele. E se a Grã-Bretanha retirasse dali suas forças, um ataque brasileiro poderia ser realizado com êxito. A atitude de Canning concorreu para que as duas partes buscassem uma solução pacífica: nenhuma delas teria o auxílio da Inglaterra contra a outra.

O problema da sucessão ao trono português   A questão da sucessão ao trono português era primordial no caso em discussão. D. Pedro era o herdeiro legítimo de Portugal e era o Imperador do Brasil. Com a morte de D. João VI haveria perigo de se unirem as duas coroas numa mesma cabeça. Isso não agradava nem a Portugal nem ao Brasil: temia o primeiro ficar outra vez em posição secundária na Monarquia; temia o segundo prejuízo à sua independência. Do ponto de vista da política européia, não interessava a Canning, de modo algum, que o trono, por uma desistência de D. Pedro, ficasse nas mãos de D. Miguel, cujas tendências absolutistas e cuja inclinação para o grupo da Santa Aliança eram conhecidas. Politicamente convinha que D. Pedro mantivesse seus direitos. E moralmente, também, porque se ele perdesse sua posição, sempre insegura no Brasil, poderia conservar o lugar a que tinha direito por herança. Para resolver esse problema, era necessária uma solução pacífica para as dissensões entre Portugal e Brasil. O entendimento com aquele, como procurou mostrar aos enviados brasileiros, asseguraria os direitos de D. Pedro ao trono de seus antepassados. O Imperador e o Governo brasileiro deveriam evitar qualquer ato que pudesse levar D. João VI ou as Cortes a tomar medidas privando D. Pedro dos seus direitos hereditários. Vários projetos para a solução da questão foram estudados. De Canning partiu a proposta de que a sucessão se mantivesse sempre no primogênito, morando os reis alternadamente no Brasil e em Portugal, isto é, um no Brasil, o seguinte em Portugal, e assim por diante, conservando-se as duas coroas na mesma cabeça. A proposta foi abandonada por não satisfazer as partes. Outra solução, de que um dos filhos do Imperador herdasse a coroa portuguesa, foi aventada. Afinal, diante da dificuldade de se encontrar solução satisfatória, a questão da sucessão foi deixada de lado, e, como nos acordos finais, não se tratou dela, D. Pedro conservou seus direitos intactos. Somente com a morte de D. João VI se poria o problema.

O interesse britânico em manter o tratado de 1810   Outros fatores, mais ligados a interesses internos da Inglaterra, também orientaram a política britânica na manutenção da independência do Brasil e acabaram por apressar o reconhecimento.

Interessava à Inglaterra manter as vantagens que possuía no mercado brasileiro, manter, portanto, o tratado de 1810.

Nas condições políticas criadas pelas Cortes em Portugal e na ameaça que fizeram ao estatuto do Brasil reino, estava latente o perigo de que diminuíssem ou acabassem aquelas vantagens comerciais no caso de ficar o Brasil unido a Portugal. Justamente no momento, enquanto o Brasil continuava a observar o tratado de 1810, Portugal havia aumentado, contrariando o acordo, as tarifas sobre as lãs inglesas. Isso dava a Canning elementos para defender sua política. Ao Gabinete, não tão inclinado quanto ele para o reconhecimento, lembrava Canning, em novembro de 1822, que o "interesse mercantil do Reino Unido" estranharia se o Governo tomasse o partido de Portugal na pendência luso-brasileira, pois, enquanto o Brasil continuava observando o tratado de 1810, mantinha os direitos de 15% nele previstos, Portugal havia elevado as taxas sobre as lãs inglesas para 30%. Argumento de peso num país onde o interesse mercantil era tão considerado.

A manutenção do tratado de 1810 fora deliberadamente tomada pelo Governo do Brasil. Era um meio de atrair o interesse e o apoio da Grã-Bretanha para a causa brasileira. A respeito do problema, escrevia José Bonifácio ao Cônsul Chamberlain, em 20 de dezembro de 1822, que o Brasil respeitava suas relações com a Grã-Bretanha, "a quem muito preza", e a prova disso estava em que continuava "sem reserva e discussões a observar o tratado, que qualquer outro Governo acharia razões para considerar caduco", depois de se ter o Brasil separado de Portugal. No mesmo sentido, manifestava-se D. Pedro ao cônsul, em fevereiro de 1825, dizendo que o tratado de 1810 "vinha sendo religiosamente cumprido e que assim continuaria a ser porque o Imperador o desejava e não porque fosse a isso obrigado". E embora não se julgasse ligado a qualquer acordo assinado por Portugal, "tinha escolhido por sua própria vontade observar e manter o tratado", enquanto Portugal havia já deixado de observá-lo, aumentando as taxas de entrada sobre mercadorias britânicas. O Imperador não suspenderia o acordo e continuaria a "mantê-lo com todas as vantagens para o comércio da Grã-Bretanha, embora houvesse nele alguns artigos que requeriam modificação". Se bem que, algum tempo depois, D. Pedro ameaçasse suspender as tarifas se a Inglaterra não reconhecesse a independência até a data em que o tratado de 1810 completasse 15 anos, e alguns políticos pensassem também em usar dessa medida para obrigar a Inglaterra a tomar uma decisão, prevaleceu a política de manutenção do tratado, como a mais conveniente para os interesses políticos do Brasil. Mas, como D. Pedro assinalava, havia interesse nosso em modificar alguns dos artigos do tratado. E havia mesmo preferência a substituí-los por outro acordo que, conservando, embora, as vantagens britânicas, fosse assinado pela nova nação. Ao Governo de Londres, a continuidade da observância do tratado de 1810 pelo Brasil constituía garantia suficiente para as atividades comerciais de seus nacionais. Mas a continuidade das cláusulas do tratado corria o risco de ser interrompida, em junho de 1825, quando, atingindo 15 anos, o acordo poderia ser revisto. Havia necessidade de garantir, então, a renovação do tratado ou a colaboração na sua revisão. E somente o reconhecimento da independência brasileira poderia assegurar uma discussão em torno da questão pelas duas partes interessadas. De modo que o problema do tratado de 1810 teve lugar importante nas deliberações para o reconhecimento da independência do Brasil. A importância do tratado para a política britânica aparece indicada claramente no despacho de 9 de outubro de 1824, de Canning a Sir William A. Court, representante inglês em Lisboa, sobre a questão da independência do Brasil e a posição de Portugal e Inglaterra. Indicava ele que a Grã-Bretanha, ao contrário do que pretendia o Ministro português Palmela, não podia deixar de tratar com o Brasil, se este propusesse acordo sobre os artigos do tratado que lhe diziam respeito somente porque Portugal recusava reconhecer a independência da antiga colônia. Tal sacrifício não se poderia esperar do país, "nenhum governo da Inglaterra poderia fazê-lo", dizia Canning. E Portugal não tinha mais autoridade para tratar em nome do Brasil. Considerando que Palmela opinava que não deveria entrar em transações diplomáticas com o Brasil por causa da ilegitimidade do Governo brasileiro, Canning ponderava se poderia permitir que "um tratado proveitoso para a Grã-Bretanha fosse posto de lado", apenas porque não devesse conceder ao Governo do Brasil o benefício do reconhecimento.

Assim, o problema do tratado de comércio de 1810 e da manutenção das vantagens concedidas aos comerciantes ingleses contou muito nas decisões de Canning. À aproximação do tempo fatal para a revisão do acordo decidiu o ministro inglês: o malogro das negociações em Londres levou-o a procurar resolver a questão rapidamente, com o envio de um ministro plenipotenciário ao Rio de Janeiro. Portugal foi advertido de que o reconhecimento pela Grã-Bretanha far-se-ia, com ou sem a sua própria aceitação da independência do Brasil. Canning, realmente muito ligado aos interesses comerciais da City, não poderia agir de outra maneira, de modo que a necessidade de conservar as vantagens inglesas no comércio com o Brasil foi decisiva na orientação da sua política.

A abolição do tráfico de africanos — Também muito importante na determinação da política inglesa em relação ao Brasil foi a questão da abolição do tráfico. Vinha o Governo inglês interessando-se pelo problema da abolição total do tráfico de africanos desde 1808. Antes, tornara proibido a seus vassalos britânicos tal comércio: isso era o resultado de uma campanha iniciada ainda na segunda metade do século XVIII e que havia conquistado a opinião pública inglesa. A partir de 1808, tornara-se norma de sua política externa lutar pela extinção geral do tráfico. Empenhou-se especialmente em obter de Portugal a abolição, por ser muito grande a participação daquele país no comércio de escravos. Em 1810, pelo art. 10 do Tratado de Aliança e Amizade, conseguira que os portugueses somente retirassem escravos das regiões africanas pertencentes a Portugal. Em 1815, em Viena, os representantes ingleses desenvolveram grande atividade junto dos congressistas para obter deles apoio para a abolição total do tráfico. De Portugal, por meio de novo tratado, obteve outra concessão parcial: a abolição ao norte do equador e a sua continuação apenas entre os territórios afro-portugueses do sul do equador e o Brasil; o transporte dos negros era proibido para países estrangeiros. D. João obrigava-se a negociar mais tarde um novo tratado, para estabelecer o prazo para a completa extinção do tráfico. Os negociadores ingleses haviam concordado com esses termos por causa da situação do Governo português e das necessidades do Brasil, mas isso fazia de Portugal a única nação européia a manter o tráfico. Em 1817, os ingleses propuseram novo acordo, como estava previsto, sem conseguirem, porém, obter a abolição completa do tráfico por Portugal. Este acordo mantinha para o comércio dos portugueses o limite determinado em 1815. Instituía o direito de visita e busca aos navios suspeitos de tráfico ilícito, estabelecendo, contudo (e isso era a parte fraca do acordo), que a apreensão da embarcação só poderia ser feita se nela se encontrasse o carregamento humano, o que determinou depois a cruel medida de jogar os escravos ao mar quando o navio era surpreendido na sua atividade ilegal. Estabelecia, ainda, o tratado a organização de comissões mistas para julgamento dos casos de apresamento. Estas estipulações foram o máximo que o Governo inglês pôde obter de Portugal. Embora conseguisse o direito de visita e busca de navios mercantes em tempo de paz, não obteve de Portugal o que realmente desejava: a abolição total do tráfico e a indicação de um prazo-limite para a sua validade. De modo que, proclamada a independência do Brasil, o tráfico de escravos entre a África e o Brasil ainda era feito com grande intensidade. As medidas tomadas em conseqüência dos tratados de 1810, 1815 e 1817 não desencorajaram os traficantes: correndo o risco de apresamento, eles aumentaram ainda mais suas importações, desobedecendo freqüentemente os limites estabelecidos para seu comércio. Por outro lado, foram comuns os apresamentos ilegais feitos pelos ingleses, de modo que queixas e discussões eram freqüentes desde 1810. Em 1815, pela convenção de 21 de janeiro, a Grã-Bretanha comprometia-se a pagar indenizações estipuladas por apresamentos injustos de navios negreiros.

Quando o Brasil proclamou a independência, no que diz respeito ao tráfico, portanto, a situação estava neste pé: Portugal conservava o direito do tráfico, por causa das necessidades do Brasil, mas fizera convenções limitando seu campo de ação na África; um sistema de repressão ao tráfico ilícito estava organizado pelos ingleses, sem contudo ter-se conseguido diminuir a intensidade do comércio. Ao contrário, a importação de escravos aumentara no Brasil depois de 1815.

A independência do Brasil trazia à Grã-Bretanha a possibilidade de novamente tentar obter a abolição total do tráfico. Por isso, desde os primeiros encontros entre Caldeira Brant e Canning, o problema foi levantado e a abolição ligada ao reconhecimento da independência. Canning, tratando do assunto em diferentes ocasiões, deixava bem clara a posição da Inglaterra. Havia no Reino Unido um interesse humanitário pela abolição do tráfico. Longa propaganda e intensa educação haviam tornado a opinião pública extremamente favorável à abolição do tráfico de escravos e essa opinião não podia ser menosprezada pelo Governo. Por influência dela, o exercício do tráfico havia sido proibido aos ingleses, e o Governo britânico precisara adotar a linha de conduta que vinha sendo observada desde 1808, para obtenção da abolição geral do comércio de africanos. Não poderia fazer concessão ao Brasil, reconhecendo-lhe a independência sem que o tráfico fosse abolido. Tal concessão seria malvista pela opinião pública inglesa. Considerando essa opinião, talvez nem mesmo pudesse concordar numa abolição gradual do tráfico. E ainda o Brasil seria colocado numa posição única, diferente da dos outros países e especialmente da de Portugal, sobre quem o Governo inglês vinha exercendo pressão e indicando o dever de abolir o tráfico. Mas, orientando a política do Governo inglês no caso não havia apenas a pressão da opinião pública ou a sua linha de conduta internacional; havia também um interesse econômico importante que o próprio Canning mencionava num dos seus despachos. As leis inglesas haviam abolido o tráfico para as possessões do país nas Antilhas, todas elas dedicadas à produção do açúcar. Em conseqüência disso, previam-se uma diminuição da mão-de-obra e um encarecimento da produção. A conservação do tráfico pelo Brasil permitiria ao açúcar brasileiro ter preços mais baixos e isso poderia dar-lhe superioridade no mercado europeu. As colônias açucareiras britânicas seriam então prejudicadas. Os interesses ligados às Índias Ocidentais, de plantadores, exportadores, armadores de navios, eram grandes na Inglaterra e não podiam ser desconhecidos ou esquecidos pelo governo. Todos eles perderiam com o declínio da indústria do açúcar nas Antilhas. A solução seria levar o Brasil a renunciar ao tráfico de escravos, colocando, assim, seu açúcar nas mesmas condições que os das Índias Ocidentais Britânicas, quanto à mão-de-obra. Assim, Canning não podia reconhecer a independência do Brasil sem que fosse resolvido o problema do tráfico. Ao Gabinete, não inclinado como ele a uma política favorável ao Brasil, indicava em 15 de novembro de 1822, como motivo para reconhecer a independência brasileira, a possibilidade de abolir o tráfico de escravos, e propunha a negociação de um tratado entre o Brasil e a Grã-Bretanha, pelo qual essa concederia o reconhecimento do "governo separado e independente do Brasil", e o Governo brasileiro comprometer-se-ia a abolir totalmente o tráfico dentro de um prazo indicado. A mesma proposta fez ao Brasil, indicando-lhe desde logo, como condição para o reconhecimento, o abandono do comércio de escravos.

Mas o Brasil não estava em condições de abolir o tráfico imediatamente. Embora os ministros e o próprio Imperador mostrassem disposição pessoal para abolir o comércio negreiro, havia condições no país que não lhes permitiam agir. Havia necessidades econômicas. Os africanos forneciam os braços para a lavoura e também para outros trabalhos. A cessação do fornecimento dessa mão-de-bra prejudicaria a produção, podendo mesmo haver um colapso. Somente depois de obter outros braços, através da imigração, poder-se-ia pensar em interromper o fornecimento de escravos africanos. Por outro lado, a opinião pública não estava preparada para a cessação do tráfico. Acostumados sempre com o trabalho escravo, não viam os brasileiros possibilidade de dispensá-lo. O tráfico aparecia-lhes como um comércio que deveria continuar enquanto necessário e lucrativo. Era necessário que se pudesse dispor de um certo prazo para preparar os espíritos para a extinção do tráfico, como havia sido feito na Inglaterra, onde a abolição fora precedida de intensa educação da população. Neste particular, cumpre notar que o Governo inglês pretendia impor imediatamente ao povo brasileiro uma medida que na Inglaterra só fora adotada depois de estar a opinião pública preparada para recebê-la e para desejá-la. Outro problema grave impedia a abolição imediata pelo Brasil. A medida afetaria, logicamente, a classe dos agricultores e senhores de engenho, cuja produção dependia do trabalho escravo. Ora, justamente era essa a classe mais importante do Império, sobre a qual se apoiava o regime. A abolição, atingindo-a, afetaria a popularidade e a estabilidade do Governo, que seriam abaladas, embora em menor escala, também nos meios comerciantes interessados no tráfico. Nas condições do país, com a independência recentemente adquirida, com uma situação interna ainda não muito segura, o Governo não poderia correr o risco de experimentar a estabilidade do trono. Também, argumentava o Governo brasileiro, a reação de algumas províncias mais afetadas pela abolição do tráfico poderia trazer dificuldades e perigos de desagregação. Tal o caso da Bahia, que se tinha mostrado descontente com as medidas abolicionistas anteriormente adotadas (em 1815 e 1817) e que, no momento, apenas ligada ao regime, poderia romper os laços com o Império, se a abolição total fosse adotada imediatamente. Ainda havia dois outros pontos a considerar: aos interessados no transporte dos negros seria necessário conceder uma oportunidade para retirar seus capitais do negócio; e o Governo perderia uma fonte de renda importante, os direitos sobre a importação de escravos, o que lhe traria desequilíbrio financeiro. Esta questão levou mesmo o Governo brasileiro, nas instruções enviadas aos negociadores Brant e Gameiro, a determinar que, se não fosse conseguido o prazo de oito anos para a abolição do tráfico, poderiam aceitar o limite mínimo de quatro anos, mediante o pagamento pelo Governo inglês de uma indenização de 800 contos de réis por ano reduzido, indenização "pelos prejuízos que se seguem da falta de direitos de importação de escravos e outros danos". Todas essas dificuldades impediram o Governo brasileiro de abolir o tráfico imediatamente e o levaram a propor a abolição gradual, dentro de um prazo razoável, estabelecido em oito anos, e depois, em projeto da Câmara dos Deputados, em seis anos.

Toda a argumentação brasileira, entretanto, não surtiu o efeito desejado. A Grã-Bretanha ficou firme na sua exigência de obter do Brasil a extinção do tráfico. Contudo, num ponto cedeu: não impor a abolição como condição primeira para o reconhecimento e dar ao Brasil um prazo, embora pequeno, para acabar com o comércio de escravos. A nosso ver, um dos problemas apontados pelos brasileiros influiu sobre Canning: o perigo que a abolição traria para a estabilidade do regime monárquico que ele desejava fosse conservado. Assim, quando Sir Charles Stuart foi enviado ao Brasil, suas instruções lhe indicavam que o acordo sobre o tráfico, bem como o tratado de comércio, deviam ser mencionados e tratados somente depois de terminadas as negociações impostas pela mediação entre Portugal e Brasil, e depois de resolvidos os problemas relativos ao estabelecimento do novo país. Mas ele não abriu mão da abolição.

Na resolução de Canning de apressar o reconhecimento, além da questão do tratado de comércio, problemas ligados ao tráfico influíram. Primeiro, constituindo-se o Brasil em pais independente, Portugal perderia o direito de fazer o tráfico, uma vez que os acordos de 1815 e 1817 lhe permitiam transportar escravos da África para o Brasil, como território da Monarquia portuguesa, e lhe proibiam o transporte para países estrangeiros. Por outro lado, independente, o Brasil perderia seu centro abastecedor, pois os africanos lhe vinham das colônias portuguesas, que se fechariam para ele a partir do momento em que fosse reconhecido como nação separada de Portugal. Valia a pena, então, reconhecer a independência do Brasil: o fechamento da África a traficantes brasileiros e portugueses se seguiria. Depois, havia sempre a possibilidade de vir outra nação a reconhecer a independência do Brasil, apoiando-lhe o tráfico, perdendo então a Grã-Bretanha, ou tendo dificultada a possibilidade de conseguir a abolição.

Um ponto merece ser ainda mencionado relativamente à questão. Durante as negociações, uma das condições indicadas por Portugal e apoiada pela Inglaterra foi a de que o Brasil se abstivesse de ocupar qualquer colônia portuguesa, mesmo que lhe fosse por ela pedido. Da parte da Inglaterra, a oposição a um tal ato ligava-se ao temor de que o Brasil viesse a ocupar colônias portuguesas na África Ocidental, adquirindo então uma fonte de abastecimento de escravos. Com a condição concordou o Brasil.

Assim, interesses comerciais e problemas do tráfico de escravos orientaram a política britânica relativamente ao reconhecimento da independência do Brasil. Nas negociações, Canning teve presentes esses interesses e esses problemas. Mas não somente esses: outros problemas influíram também na sua orientação.

O interesse de Canning em salvaguardar a Monarquia no Brasil

Aclamado D. Pedro como Imperador, os brasileiros haviam escolhido o regime monárquico. O Brasil ficava sendo, num continente americano inteiramente republicano (tentativas e planos de estabelecimento de monarquias em algumas das antigas colônias espanholas haviam fracassado), o único país a manter a monarquia. Isso interessava de modo particular a Canning que mostrava especial interesse pela forma monárquica de governo e que achava ser de vital importância para o Velho Mundo a conservação da monarquia, pelo menos em uma parte do continente americano. Considerava, pois, a preservação do Governo monárquico no Brasil como poderoso motivo para o reconhecimento da sua independência. A adoção da Monarquia pelo Brasil aproximava-o da Europa, onde essa forma de governo era ainda predominante, permitindo o estabelecimento de laços estreitos entre o Novo e o Velho Mundo. No entender de Canning, isto era essencial: manter uma ligação estreita entre a América independente e a Europa. E o fato de ter o Brasil um imperador ligado, pelo nascimento e pelo casamento, às Casas de Portugal e da Áustria facilitaria a aproximação já proporcionada pelas instituições monárquicas.

Salvaguardar a monarquia no Brasil foi então um dos objetivos do diplomata inglês nas negociações. Manter a Coroa na Casa de Bragança foi outro objetivo. Isto era necessário: representava uma satisfação à família real portuguesa, uma espécie de compensação pela perda da imensa terra brasileira por Portugal, e era condição para a manutenção da monarquia no Brasil e para a conservação da integridade do território nacional. A fermentação existente nas províncias facilmente poderia levar à fragmentação do Brasil em várias pequenas repúblicas, a exemplo do que se passava na América espanhola. A revolução de 1824 deu bem uma mostra dessa possibilidade. Daí a necessidade de se manter D. Pedro no trono do Brasil. Isso ele fez ver a Portugal: a oposição prolongada deste país à independência, da qual os brasileiros não abriram mão, e sua idéia de fazer o Brasil retornar à antiga união acabariam por provocar a perda de uma posição importante para a Casa de Bragança e por facilitar a instalação da república na América portuguesa. É interessante notar que também Metternich ponderava que a atitude de Portugal e o envio por ele de expedição militar ao Brasil causariam "conseqüências fatais à causa da monarquia naquele país". Portanto, era preciso apoiar o estatuto político e o monarca escolhidos pelo povo brasileiro.

Esses elementos todos explicam a orientação de Canning no desenvolvimento da política pelo reconhecimento do Brasil.

Fracasso das negociações diretas entre Portugal e Brasil   Negociações diretas entre Portugal e Brasil não tiveram êxito. A missão do Conde do Rio Maior ao Rio de Janeiro fracassara totalmente; nem sequer foram ouvidos os enviados portugueses por não trazerem poderes para reconhecer a independência. Diante das dificuldades que se apresentavam, para resolver o problema criado com a independência, o Governo português, embora a princípio tivesse evitado fazê-lo, acabou por pedir a mediação da Inglaterra. Em fins de 1823, Canning aceitou exercer, em conjunto com a Áustria, a difícil tarefa de mediador, as negociações se realizando em Londres. O Brasil foi representado pelos plenipotenciários já indicados, Caldeira Brant e Gameiro Pessoa, e Portugal, pelo Conde de Vila Real. Em 12 de julho de 1824 tiveram início as conferências. As discussões foram lentas e difíceis. O Governo português obstinava-se em não reconhecer a independência, pretendendo reviver o estatuto do Reino Unido. Aos brasileiros só interessava negociar na base da aceitação da independência por Portugal. Canning teve de usar de grande habilidade na sua mediação para que as negociações prosseguissem. Os problemas eram numerosos. Chegou-se a formular uma proposta de acordo, substituído por Portugal por uma contraproposta, que não podia satisfazer os brasileiros. Na impossibilidade de chegarem portugueses e brasileiros a um ajuste, as negociações foram interrompidas em 10 de fevereiro de 1825. Mas, antes disso, o diplomata inglês já resolvera suspender as conversações em Londres e enviar um representante ao Rio para negociar. Atos praticados pelo Governo português, além de interesses ingleses, contribuíram para tanto. Em setembro de 1824, José Antônio Soares Leal chegara ao Rio de Janeiro, mandado pelo Conde Subserra para tratar da reconciliação entre Brasil e Portugal. Leal não foi ouvido, foi preso e depois mandado de volta a Portugal. Em seguida, ainda sob a orientação do mesmo Subserra, o Governo português recorria às potências do continente europeu para obter-lhe o apoio na questão com o Brasil, como já dissemos acima. A circular então preparada pelo Governo de Lisboa e mandada àquelas potências indicava o seu ponto de vista a respeito da matéria, mais detalhadamente do que as instruções até então dadas a Vila Real. Essas duas medidas do Governo português irritaram o ministro inglês e o convenceram da inutilidade de continuar sua ação mediadora. Constituía a atitude do Governo português uma afronta aos dois poderes mediadores. Isso, unido ao fato de que os plenipotenciários brasileiros não podiam aceitar as proposições apresentadas por Vila Real por terem sido rejeitadas no Brasil, levou Canning a agir energicamente. Agindo em Paris e Lisboa, como vimos, conseguiu modificar o panorama político na capital portuguesa, tornando-o mais favorável aos ingleses e mais favorável a novas conversações sobre o problema do Brasil. E decidiu tratar diretamente da questão enviando um representante especial a Lisboa e ao Brasil. A demora em se resolverem os problemas entre Portugal e Brasil impacientava Canning: o prazo para a revisão do tratado de 1810 aproximava-se rapidamente e a Inglaterra não podia mais esperar. Já havia feito saber a Portugal que não deixaria chegar o vencimento do prazo para a revisão daquele tratado para reconhecer a independência do Brasil. Além de que a demora punha em perigo a própria existência da monarquia no Brasil. A continuação das negociações em Londres podia ser prejudicial aos interesses de todos, pela demora que podia trazer para o reconhecimento. Não só as dificuldades de entendimento eram grandes, como havia também o entrave das dificuldades de comunicação: um espaço de tempo de 5 a 6 meses decorria entre o envio de uma consulta pelos plenipotenciários brasileiros ao Rio de Janeiro e a chegada da resposta do Governo brasileiro a Londres; e de 5 a 6 semanas e às vezes o dobro desse tempo demoravam as respostas de Lisboa às consultas da missão portuguesa em Londres. Não era conveniente prosseguir, assim, nas conversações na capital inglesa.

A Inglaterra reconhece a independência dos países hispano-americanos

Ao mesmo tempo que assim agia no caso dos entendimentos luso-brasileiros, Canning tomava medidas tendentes a reconhecer a independência de três novos países hispano-americanos – Colômbia, México e Argentina – cuja situação interna fazia confiar na estabilidade dos seus governos. Tal decisão visava garantir a posição comercial da Grã-Bretanha na América espanhola e defender os interesses dos seus comerciantes, que podiam ser ameaçados pela política dos Estados Unidos e da França. Os acontecimentos deram a Canning o necessário apoio do Gabinete, e tratados de comércio foram negociados com aqueles novos países. Desse modo, antigas colônias espanholas ganhavam o reconhecimento da independência. Isso chocou muito os plenipotenciários brasileiros, a quem prometera Canning reconhecer primeiro a independência do Brasil, antes de reconhecer a das antigas colônias espanholas, e as razões indicadas pelo ministro inglês para justificar sua política pareciam-lhes inaceitáveis. As justificações de Canning aparecem nos despachos de 12 de janeiro, a Chamberlain, e de 5 de maio de 1825, a Brant e Gameiro, e se baseiam sobretudo nas diferenças existentes nas relações da Grã-Bretanha com Portugal e com a Espanha e nas relações com o Brasil e América espanhola. O fato de ter a Grã-Bretanha tratados com Portugal, e de ser mediadora entre ele e o Brasil, tirava-lhe muito a liberdade de agir, enquanto que nenhum tratado a ligava à Espanha. Podia reconhecer as colônias espanholas sem levar em consideração a posição do Governo de Madri, mas não podia deixar de considerar os interesses do Governo lisboeta e de procurar um entendimento amigável entre Portugal e Brasil. Demorando muito as negociações entre brasileiros e portugueses, a Grã-

Bretanha não podia esperar indefinidamente para reconhecer os outros novos países da América, arriscando os interesses ingleses. A inexistência de garantias para o comércio com a América espanhola e a falta de agentes lá para cuidarem dos interesses britânicos tinham apressado aquele reconhecimento. Essas condições, garantia de comércio e agentes, existiam no Brasil, de modo que, com a assinatura dos tratados de comércio, aqueles países eram colocados no mesmo pé em que se achava o Brasil, no tocante às suas relações com a Inglaterra. É verdadeira essa afirmativa quanto aos dois aspectos mencionados, mas de fato a assinatura dos tratados significava o reconhecimento da independência.

Um dos argumentos de Canning a respeito do caso parece-nos merecer destaque: o de que o reconhecimento dos países hispano-americanos poderia influir na modificação das disposições do Governo português para com o Brasil. Vendo que o reconhecimento daqueles países pela Grã-Bretanha era fato consumado, Portugal seria levado a considerar que o Governo inglês acabaria também reconhecendo o Império brasileiro. Tornava-se bem clara a posição da Inglaterra com relação aos novos países da América, afastava-se a possibilidade de voltarem eles à obediência às suas antigas metrópoles e perdia a Santa Aliança seu argumento para continuar a apoiar a resistência de Portugal em reconhecer a nossa independência. Com um pouco mais de paciência, o Brasil teria solução satisfatória para sua pendência com Portugal.

Missão de Stuart em Portugal   Logo, aliás, os ministros plenipotenciários brasileiros foram informados de que um representante inglês seria enviado ao Rio de Janeiro com poderes para tratar. Essa a solução acatada por Canning diante do malogro das negociações em Londres: o envio de um ministro plenipotenciário inglês encarregado de retomar as discussões no Rio de Janeiro e assinar um tratado com o Brasil. A missão foi entregue a Sir Charles Stuart, diplomata experiente. No seu caminho para o Brasil, deveria passar por Lisboa e dar a conhecer a D. João VI as disposições do Governo britânico e oferecer-lhe seus bons ofícios para negociar em seu nome. Ao Governo de Portugal deveria ser comunicado que Stuart não voltaria do Rio de Janeiro sem "ter chegado a um entendimento com o Governo brasileiro a respeito do tratado de 1810". Um acordo com o Brasil sobre o referido tratado equivaleria ao reconhecimento pela Grã-Bretanha. Em Portugal, uma vez aceita a proposta de ser Stuart encarregado de representar o Governo português, o ministro inglês discutiria com D. João VI os pontos que deveriam ser considerados nas negociações com o Brasil. Aceitaria sua nomeação como ministro plenipotenciário de Portugal, mas era-lhe vedado por Canning ser acompanhado por plenipotenciário português. No Brasil, Stuart discutiria primeiro o problema do reconhecimento do Império por Portugal e depois cuidaria da questão do tratado de comércio e da abolição do tráfico. As duas coisas, os interesses de Portugal e os da Inglaterra, deveriam ser bem separadas. A mistura do problema do comércio inglês com as discussões para o entendimento entre Portugal e Brasil poderia provocar efeitos desastrosos e levantar suspeitas nos dois países. Deixando o tratado sobre o comércio e o tráfico para o final dos entendimentos, eles não poderiam ser usados como pretexto para dificuldades por nenhuma das duas partes e seria reservada "à possibilidade de negociar um tratado de comércio com o Brasil, mesmo se Portugal recusasse reconhecer a independência".

Em 14 de março de 1825, Canning enviava a Sir Charles Stuart as instruções para orientar seu trabalho. Tratando longamente da questão, Canning dava a Stuart todos os elementos necessários para o conhecimento da situação, para entendimento da posição da Grã-Bretanha e para o desenvolvimento da negociação. O documento, escrito com vigor e precisão, pode, como já dissemos, ser considerado uma peça clássica da diplomacia inglesa. Canning, numa parte do documento, punha o problema geral do reconhecimento da independência dos novos países da América Latina, fato definitivo e que não podia ser ignorado, e expunha a posição da Grã-Bretanha relativamente às colônias da Espanha e ao Brasil. Indicava a situação do Brasil e seu desenvolvimento a partir de 1808, detalhando os atos pelos quais o soberano havia transformado o estatuto do Brasil, elevando-o de simples colônia à posição de reino. Justificava a atitude do Príncipe Regente D. Pedro no movimento que terminara com a independência. E dava a orientação da sua política. Alguns pontos podem ser destacados. O problema essencial nas negociações, no pé em que estavam as coisas, não era se o "Brasil deveria ou não voltar à sua antiga subordinação a Portugal"; mas era "como a monarquia será salva na América", e como serão preservadas as "Coroas do Brasil e de Portugal na Cabeça da Dinastia de Bragança". A Portugal, Stuart devia fazer ver a dificuldade que existia em submeter o Brasil, sendo mais provável o aparecimento de uma frota brasileira no Tejo do que o desembarque de um exército no Rio de Janeiro, no caso de as hostilidades recomeçarem. E se Portugal conseguira manter sua independência contra a Espanha, o Brasil, separado da metrópole pelo oceano, seria capaz também de conservar a sua, contra qualquer força portuguesa. "A determinação de Portugal em impedir o reconhecimento da independência do Brasil", dizia Canning, "não alterava a realidade daquela independência", só podendo provocar reação violenta de D. Pedro, resistência armada a seu pai ou sua abdicação, e em conseqüência a guerra civil e a república sacrificando a possibilidade de a Casa de Bragança manter a sua posição no Brasil. De modo que o reconhecimento era coisa inevitável, a que Portugal não poderia fugir. Analisa o documento as pretensões do rei de Portugal de receber o título de imperador, de conservar o direito de negociar tratados de comércio para o Brasil, de manter uma diplomacia e um exército comuns aos dois países, julgando-as inexeqüíveis e limitadoras da independência. Também dava a linha de conduta que Stuart deveria seguir em Portugal e indicava os pontos que deveriam ser discutidos e firmados. Ao Governo de S. M. Fidelíssima indicaria claramente: que as concessões que fossem feitas ao Brasil deveriam ser através do edito real; que seria inútil qualquer concessão que não fosse a independência total; que seria vão querer conservar o exercício de qualquer direito de soberania sobre o Brasil. Stuart deveria indicar ao Governo português que o Governo britânico trataria separadamente com o Brasil a revisão do tratado de 1810 se o acordo luso-brasileiro demorasse ou não fosse conseguido. Stuart seguiria para o Brasil, terminadas as conversas em Lisboa. Poderia ser o portador da carta real com as concessões feitas ao Brasil, ou poderia seguir como ministro plenipotenciário de S. M. Fidelíssima. No caso de, depois de estabelecidas as bases de entendimento, preferir o Governo português mandar negociador português ao Brasil, Stuart deveria dar-lhe todo o auxílio para o progresso das conversações. Essas instruções foram completadas posteriormente por novas indicações, entre elas, a indicação da posição da Grã-Bretanha relativamente à continuação das hostilidades entre proibição de Stuart opinar sobre negócios internos brasileiros, pois à Grã-Bretanha interessava a conservação de D. Pedro no trono brasileiro, não importando a forma de governo monárquico adotada; e ainda a afirmação de que o Governo da Grã-Bretanha não se oporia a que Portugal recebesse concessões especiais no comércio com o Brasil, mesmo que fossem tarifas alfandegárias inferiores às concedidas às mercadorias inglesas.

Em 25 de março de 1825, Stuart chegava a Portugal e logo depois se iniciavam as conversações, o ministro inglês tendo posto o Governo português ao corrente da posição inglesa. Stuart encontrou ambiente mais propício para entabular negociações.

Portugal reconhece a Independência do Brasil Isso advinha não somente da pressão inglesa para reconhecimento, como também do fato de estar Portugal atravessando dificuldades econômicas por causa da suspensão do seu comércio com o Brasil. Stuart seguiu nas conversações as instruções de Canning e revelou habilidade e energia na discussão dos problemas. Em maio, sua missão estava cumprida em Lisboa. Tinha em mão os pontos de vista do Governo português e de D. João VI para resolução dos problemas ligados ao reconhecimento que ele ajudara a estabelecer; conhecia as exigências e condições que o Governo português apresentaria ao Brasil ao concordar com a sua separação e recebera credenciais para tratar com o Rio de Janeiro como ministro plenipotenciário de Portugal. Encerrados os trabalhos, saiu de Lisboa, em maio, e chegou ao Brasil em 18 de julho de 1825. Aqui a notícia da sua vinda o precedera e ele era ansiosamente aguardado. Foi logo recebido pelo Imperador, com o qual manteve várias entrevistas. As negociações oficiais começaram alguns dias depois da sua chegada, tendo D. Pedro nomeado como negociadores Carvalho e Melo, Ministro das Relações Exteriores, Vilela Barbosa (futuro Marquês de Paranaguá) e o Visconde de Santo Amaro. Caldeira Brant, que já se achava no Rio, não foi incluído entre os negociadores, o que privou o Governo da colaboração, naquele momento, de elementos bem familiarizados com o problema e suas dificuldades e com a política britânica.

As negociações não se prolongaram muito, mas foram difíceis, havendo grande desconfiança dos representantes brasileiros relativamente ao ministro inglês. As questões mais difíceis de resolver foram a sucessão ao trono português e a fórmula de admissão da independência por D. João VI e sua exigência de receber para sua pessoa o título imperial. Esta pretensão de D. João VI que Canning julgara desnecessária causou sérios embaraços e quase provocou o fracasso dos entendimentos. Na discussão dessas questões, Stuart tomou uma posição de tendência muito legitimista, o que trouxe alguma dificuldade. Mas acabaram os negociadores encontrando solução para os problemas. A questão da sucessão portuguesa foi deixada de lado e não figurou no tratado final, o que desapontou a opinião pública brasileira, que preferiria ver D. Pedro abandonar formalmente seus direitos ao trono luso. Mas não tendo isso acontecido, D. Pedro guardava seus direitos hereditários. A questão da fórmula de reconhecimento foi decidida segundo a proposta brasileira, não tendo sido aceita nenhuma das propostas portuguesas trazidas por Stuart: D. João VI reconhecia a independência, e D. Pedro, como imperador, assumia em seguida o título imperial para si mesmo e transferia para seu filho os direitos de soberania sobre o Império. D. Pedro anuía a que seu pai tomasse o título de imperador. Ficava patente, assim, que a independência decorrera dos esforços do povo brasileiro, mas não se excluía a concessão do direito de soberania a D. Pedro, por D. João VI. Discutidos os outros pontos contidos nas exigências portuguesas, inclusive as reclamações pecuniárias, foram eles resolvidos e enfeixados no tratado assinado no dia 29 de agosto de 1825 e ratificado logo no dia seguinte pelo Imperador. De um modo geral, o Brasil atendia às reclamações de Portugal, pagando-lhe o preço exigido pelo reconhecimento. O tratado foi enviado a Lisboa e por intermédio do representante inglês Willliam A. Court apresentado a D. João VI, que o ratificou em novembro do mesmo ano. O tratado não foi bem aceito nem no Brasil nem em Portugal, houve muitas críticas ao seu conteúdo. Mas o essencial para o Brasil era que o reconhecimento por Portugal estava garantido e que a ele se seguiria imediatamente o reconhecimento pela Inglaterra. E como Brant previra, o caminho foi aberto para a aceitação da independência por outras nações.

Assim se fez o reconhecimento da independência com o auxílio do Governo britânico e a orientação de George Canning, que prestou serviço inestimável à causa do Brasil.

O tratado de comércio anglo-brasileiro Terminada a primeira parte da sua missão, Charles Stuart tratou de cumprir o que se referia ao tratado de comércio e à abolição do tráfico – o preço da intervenção inglesa.

Segundo as instruções de Canning, Stuart deveria negociar a prorrogação do tratado de 1810 e a inclusão nele de cláusulas referentes à abolição do tráfico. Deveria Stuart obter a prorrogação por um período de três ou mais anos, nunca inferior a dois anos. Não convinha fazer um tratado permanente com o Brasil, que apenas começava sua vida de nação independente e não era possível ter-se base firme para negociar com ele. Além do mais, modificações haviam sido estabelecidas pelo Parlamento no sistema de comércio da Inglaterra, tanto com suas colônias como com países da Europa e da América; sendo recente a nova experiência, não se podia ainda ter indicação sobre o que se podia pretender de um tratado com o novo Estado do Brasil. A revisão do tratado iria depender das decisões sobre outros acordos em vias de negociação com os Estados da América e da Europa, e Canning não podia dar já as instruções necessárias à assinatura do tratado com o Brasil. Era ainda do interesse da Grã-Bretanha que um novo tratado de comércio com o Brasil não fosse assinado antes do tratado com Portugal. No caso do Brasil, poder-se-ia pensar em diminuir as vantagens exclusivas atribuídas no país aos comerciantes ingleses pelo tratado de 1810. No caso de Portugal, as pretensões inglesas, considerando a situação do momento, poderiam ser mais severas. Não valia a pena, pois, que o tratado com o Governo brasileiro fosse assinado primeiro, dando a Portugal o direito de reclamar contra a liberalidade usada para com o Brasil. O prazo durante o qual o tratado de 1810 seria prorrogado daria tempo para se discutir e assinar um acordo novo com Portugal. Permitiria também preparar o campo na Inglaterra, entre os comerciantes interessados no Brasil, para uma possível diminuição das "vantagens exclusivas de que gozam no comércio brasileiro". E permitiria estudar novas condições para o tratado com o Brasil, ouvindo os interessados. A prorrogação daria ao Brasil, por outro lado, prazo para preparar a abolição do tráfico, prevista no artigo a incluir no tratado prorrogado.

Entretanto, no caso de aparecerem circunstâncias especiais, Stuart poderia negociar logo depois de assinar o acordo sobre o reconhecimento, o tratado de comércio e a abolição do tráfico. Procuraria nesse caso tomar como base das discussões o tratado de 1810, introduzindo-lhe modificações que o tornassem mais "condizente com os interesses dos dois países". Alguns pontos que deveriam, contudo, ser observados eram indicados por Canning. Merece destaque a indicação a respeito dos direitos de 15%. Previa Canning que seria difícil ao Brasil consentir em conservar os direitos de 15% *ad valorem* sobre as mercadorias importadas, pois a Inglaterra não lhe poderia conceder vantagem equivalente. Nesse caso, poderia ser proposta a concessão de direitos preferenciais para dois ou três produtos, o que seria muito importante obter. Seria a instituição de estipulação semelhante à do velho Tratado de Methuen. Os produtos escolhidos por Canning eram o peixe salgado e as manufaturas de lã pura ou misturada com algodão e seda, que deveriam pagar 15% *ad valorem*, ou, no caso de o Brasil preferir, um quinto menos do que se cobraria de produtos iguais pertencentes a outros países. Em troca, a Grã-Bretanha concederia ao Brasil o direito de comerciar na Índia britânica. A mesma idéia expressava Caldeira Brant, que se mostrava favorável à concessão de vantagens aos produtos ingleses, cobrando-lhes tarifas inferiores às pagas pelos outros países, sem ligar-se o Governo brasileiro a uma taxa fixa.

Deveria prevalecer, entretanto, a prorrogação do tratado de 1810, e disto haviam sido notificados os representantes brasileiros em Londres. Entretanto, Sir Charles Stuart, terminados os entendimentos para o reconhecimento da independência por Portugal, propôs ao Governo brasileiro a negociação de um tratado de comércio e uma convenção para a abolição do tráfico. Tal decisão causou estranheza aos ministros brasileiros, que esperavam uma proposta de prorrogação do tratado de 1810. Consideravam eles o "negócio mui sério e grave" para ser tratado tão rapidamente, mas prevaleceu no ministério a consideração de que as circunstâncias não eram favoráveis para repelir a proposta, por causa do papel desempenhado pela Grã-Bretanha no reconhecimento da independência, em troca do quê, ela parecia "exigir favores especiais ao seu comércio". Também como a Inglaterra não reconheceria a independência numa convenção formal, um novo tratado de comércio poderia conter no preâmbulo uma fórmula de reconhecimento. Apesar da oposição que encontrou, a proposta de Stuart acabou sendo aceita e as negociações se entabularam. O Imperador nomeou como seus ministros para negociarem Carvalho e Melo, Santo Amaro e Vilela Barbosa. Os entendimentos não foram fáceis. Enquanto Stuart desejava manter todas as vantagens concedidas pelo tratado de 1810, os negociadores brasileiros pretendiam conseguir um acordo mais favorável ao Brasil. Incidentes durante a discussão do tratado determinaram a demissão do Ministro Carvalho e Melo, que foi interinamente substituído por Vilela Barbosa. Os entendimentos prosseguiram, e em 18 de outubro foram assinados o tratado de comércio e a convenção para a abolição do tráfico de escravos. Em 20 de outubro eram os acordos ratificados por D. Pedro I; em seguida, foram enviados para Londres a fim de receber a ratificação do Rei da Inglaterra.

Em Londres os tratados foram, entretanto, mal recebidos por Canning: Stuart fora além das suas instruções e os tratados não satisfaziam. Acabou por negar-lhes a ratificação. Um incidente desagradável, a publicação do tratado no Rio de Janeiro no *Diário Fluminense*, de 14 de novembro de 1825 e depois em Londres, por ter colocado o Governo britânico em posição difícil, concorreu também para a rejeição integral do acordo. Será interessante conhecermos os pontos do tratado contestados por Canning: eles nos dão uma idéia da orientação da política inglesa.

A primeira objeção refere-se ao preâmbulo do tratado, com cujas expressões Canning não concordava, por serem não somente desnecessárias como contrárias à política inglesa. Pensava Canning não ser necessária uma expressão de reconhecimento formal. O fato de serem assinados tratados e de serem indicados os plenipotenciários dos dois países contratantes equivalia a um reconhecimento. Canning considerava isso vantajoso para o novo Estado, porque "a independência era dessa maneira admitida, não criada", e porque facilitaria também o reconhecimento por outras nações, que poderiam seguir o exemplo da Grã-Bretanha sem encontrarem obstáculos em fórmulas de reconhecimento. Foi, aliás, regra de sua política reconhecer os novos países da América através da assinatura de tratados de comércio sem outros formalismos.

Outras objeções referiam-se a alguns artigos do tratado. Manifestou-se contra o artigo 8º que suprimia o lugar de Juiz Conservador da Nação Inglesa. O ponto de vista do Brasil nesse particular era de que a concessão era incompatível com a Constituição do Império, que havia abolido todos os privilégios pessoais e juízes privativos. E as coisas poderiam ser resolvidas rapidamente pelo Tribunal de Arbitração, também criado pela Constituição. A defesa de Stuart quanto à supressão baseava-se no fato de que a conservadoria não era necessária diante da abolição dos privilégios e que os comerciantes britânicos no Brasil haviam aceito bem a sua extinção porque os livrara das despesas com uma organização meramente nominal. Mesmo em Portugal, dizia ele, a instituição não era tão valiosa para os negociantes ingleses, e também, como lá não se fizera a abolição de jurisdições particulares, não era provável que o Governo reivindicasse a mesma concessão feita ao Brasil. Era, entretanto, neste ponto que se baseava a oposição de Canning à supressão das vantagens: em Portugal, por causa dos "existentes privilégios de estabelecimentos, famílias e pessoas", tornava-se indispensável a instituição do juiz conservador, e assim pensavam os comerciantes britânicos em Lisboa. Podia ser verdade que no Brasil não houvesse real necessidade dele, mas a concessão feita aqui levaria Portugal a reclamá-la para si; donde concluía que, se a concessão devia ser feita ao Brasil, o tratado de comércio com Portugal precisava ser assinado primeiro. De fato, Palmela aproveitara o conhecimento do tratado com o Brasil para apresentar a pretensão da extinção do juiz conservador em Portugal.

Outro ponto objetado por Canning referia-se às estipulações sobre o tratamento que seria dispensado aos navios de uma nação nos portos da outra. Os artigos 14 e 15 do novo tratado determinavam que os navios brasileiros pagariam nos portos britânicos os mesmos direitos que pagavam os navios britânicos e que as embarcações inglesas pagariam nos portos do Brasil direitos iguais aos da nação mais favorecida. Havia aí uma falta de reciprocidade, a concessão da Grã-Bretanha sendo bem maior que a do Brasil, pois era uma coisa certa enquanto do Brasil não sabia o Governo inglês o que viria a receber. Para o Brasil, segundo a opinião proferida na época, a reciprocidade no caso corresponderia a perdas grandes, pois, se ao Brasil vinham cerca de mil navios ingleses anualmente, à Inglaterra iriam quando muito dez navios brasileiros; de modo que a falta de reciprocidade correspondia aos interesses do Brasil.

Um terceiro ponto de divergência foi o artigo 17, que tratava da apreensão de mercadorias do inimigo de uma das partes contratantes achada a bordo dos navios da outra parte. A estipulação contida neste artigo era contrária aos princípios da política inglesa sobre a matéria. Até o momento, a Grã-Bretanha não quisera aceder às propostas dos Estados Unidos e de outras potências para rever tal política. O tratado com o México não havia sido ratificado por causa de artigo semelhante ao do tratado brasileiro. Como poderia a Grã-Bretanha manter seu ponto de vista, se uma modificação era introduzida com relação ao Brasil?

Ainda Canning mostrava que a concessão da posição de nação mais favorecida era vantajosa para o Brasil, mas não para a Inglaterra: o Brasil saberia imediatamente o que podia receber enquanto a Grã-Bretanha não tinha idéia do que poderia vir a receber, pois não havia ainda outras concessões feitas pelo Brasil.

E, finalmente, não podia ser aceito o artigo no qual se recusava o direito de asilo, e segundo o qual as partes contratantes negariam asilo a indivíduos acusados de "alta traição e tornava obrigatória sua expulsão a pedido de qualquer das partes interessadas". Essa determinação quebrava "velha tradição inglesa de acolhimento e amparo a todos os perseguidos políticos, sustentada ininterruptamente pelos governos ingleses". Para o Brasil, a inclusão do artigo ligava-se ao caso do asilo concedido pelo navio inglês *Tweed* a Manuel de Carvalho Pais de Andrade, cabeça dos acontecimentos de 1824 em Pernambuco. O artigo provocou ataques ao tratado no Parlamento inglês. O embaixador russo, por sua vez, diante da concessão ao Brasil, apresentou o pedido de extradição de um indivíduo envolvido em conspiração em São Petersburgo, pois o czar merecia o mesmo direito concedido à nação sul-americana.

Os artigos criticados deveriam ser reformados.

Também a convenção sobre o tráfico foi rejeitada, sob a alegação de que tudo o que continha além dos quatro primeiros artigos era supérfluo: bastava que ela indicasse o prazo para a abolição do tráfico (marcada para daí a quatro anos) e reconhecesse as estipulações contidas nos acordos feitos com Portugal em 1815 e 1817.

A publicação prematura do tratado, criando situação delicada para o Governo inglês diante das outras nações, só podia ter uma conseqüência: a não-ratificação seguida da desaprovação dos atos de Sir Charles Stuart, que agira fora das suas instruções específicas.

Stuart defendeu a negociação e assinatura do tratado, dizendo que verificara que o Brasil preferia não renovar o tratado concluído por Portugal, achando mais conveniente negociar um novo acordo. Também os agentes da França mostravam-se ativos e tinham proposto ao Governo brasileiro a negociação de um tratado de comércio, o que poderia prejudicar os interesses ingleses.

A rejeição do tratado pela Grã-Bretanha foi aceita por Gameiro Pessoa, representante do Brasil em Londres, que via aí uma oportunidade de obter melhores condições para o Brasil. Também no Rio de Janeiro não houve dificuldade em aceitá-la. A rejeição não impediu que o embaixador brasileiro em Londres fosse logo recebido, o que correspondia a uma forma de reconhecimento da independência. Aliás, no caso do México, a mesma coisa sucedera: o tratado fora rejeitado, mas seu agente diplomático não deixou de ser recebido.

Sir Charles Stuart, que descontentara muito Canning, com sua atitude no caso do tratado de comércio, foi substituído por Robert Gordon, que veio munido de plenos poderes para negociar o tratado de comércio e a convenção sobre a abolição do tráfico. Trazia ele instruções detalhadas. Mas Canning deixava ainda ao Brasil o direito de optar pela prorrogação do tratado de 1810, pelo espaço de tempo "indicado para a abolição do tráfico de escravos". Na opinião de Gameiro, essa seria a melhor solução, pois haveria maiores possibilidades, depois, de obter um acordo mais favorável. Mas o Gabinete do Rio de Janeiro e o Imperador optaram pela assinatura de um novo tratado, preferindo acabar com o tratado de 1810, que o Governo tolerava, mas ao qual não se considerava ligado.

Gordon pôde levar a bom termo a sua negociação. Ateve-se às instruções que havia recebido de Canning. Conseguiu a assinatura de um tratado de comércio inteiramente favorável à Inglaterra e da convenção para a abolição do tráfico. Algumas dificuldades surgiram no decorrer das negociações, mas, apesar da oposição brasileira, Gordon conseguiu manter o ponto de vista inglês.

A convenção sobre o tráfico ficou pronta primeiro: foi assinada em 23 de novembro de 1826 e ratificada em 13 de março de 1827. Sua discussão levantou logo uma dificuldade: como a Assembléia Geral devia tratar do assunto, prevendo-se a votação de uma lei pela qual a abolição seria marcada para daí a seis anos, alegavam os ministros brasileiros não poderem negociar. Contra essa alegação, Gordon objetou que na realidade o tráfico já estava proibido, pois, estando independente, o Brasil não podia mais comerciar com as colônias portuguesas da África, de onde vinham os escravos, de vez que os acordos de 1815 e 1817 entre Inglaterra e Portugal proibiam o tráfico entre aquelas colônias e países estrangeiros. Também a Grã-Bretanha, em virtude de tratados com Portugal, podia reforçar a repressão ao tráfico. Resistindo, embora, os ministros brasileiros acabaram por concordar com as propostas de Gordon. Foi estabelecido o prazo de três anos para a abolição do tráfico, a contar da data da ratificação do acordo. O comércio negreiro duraria, pois, até 13 de março de 1830. Foi reconhecida pelo Brasil a validade das convenções anglo-portuguesas de 1815 e 1817. O Governo brasileiro abriu mão da indenização pedida pela perda de rendas alfandegárias, Gordon tendo-a firmemente recusado.

O tratado de comércio determinou discussões mais demoradas. Foi assinado em 18 de agosto de 1827 e ratificado em Londres em 10 de novembro do mesmo ano. Tinha a duração de 15 anos a partir da data da sua ratificação, mas somente teria fim se a parte interessada na sua extinção notificasse a outra da sua deliberação. Feita a notificação, o tratado expiraria dois anos depois dela.

O tratado de 1827 era muito semelhante ao de 1810. Repetia estipulações deste, com poucas modificações. Os vassalos e comerciantes ingleses conservavam para suas pessoas e atividades as vantagens garantidas em 1810. Gozariam de liberdade de religião, de inviolabilidade do seu domicílio; consideravam-se abolidos os monopólios, excetuados os da Coroa e as companhias de comércio; reexportação e armazenagem de mercadorias eram garantidas mediante o pagamento de taxa de trânsito e isenção de impostos de consumo. Também era determinado que os ingleses teriam nas alfândegas as mesmas facilidades de pagamento reservadas aos brasileiros. Mas as grandes concessões feitas aos ingleses referiam-se ao juiz conservador da nação britânica, à determinação da nacionalidade dos navios, à especificação dos artigos considerados contrabando de guerra e aos direitos de importação. O juiz conservador era mantido. Deveria existir até que o Brasil pudesse oferecer "substituto satisfatório" para ele, de modo que ficasse garantida às pessoas e propriedades dos ingleses proteção igual à dada por aquele juiz especial. Na verdade, embora o Código de Processo Criminal fosse promulgado em 1832, a conservadoria existiu até o fim do tratado, em 1844.

A nacionalidade do navio brasileiro ou britânico era estabelecida do mesmo modo previsto no tratado de 1810: era dada pela propriedade, pela construção no país e pela nacionalidade do mestre e de três quartos da tripulação. Isso reduzia muito o número de navios brasileiros que podiam gozar das vantagens concedidas pelo tratado, uma vez que o Brasil não possuía nem estaleiros para construção de seus navios, tendo de comprá-los no estrangeiro, e nem tripulação nacional suficiente.

Os artigos considerados contrabando de guerra foram indicados segundo o ponto de vista inglês, apesar dos esforços dos brasileiros para reduzir o seu número.

As mercadorias britânicas continuariam a pagar direitos de importação de 15% *ad valorem*, o Brasil obrigando-se a não cobrar direitos inferiores a esses das outras nações, Portugal excetuado. O Brasil não recebia compensação exata: seus produtos de exportação eram iguais aos das Índias Ocidentais Britânicas, o que os excluía do mercado de consumo interno na Inglaterra ou os colocava em posição de inferioridade diante dos direitos preferenciais de que gozavam os produtos coloniais ingleses. Esta estipulação foi a mais prejudicial no tratado. Em virtude dela, o Brasil foi obrigado a conceder a outros países a mesma vantagem. Primeiro a concessão foi feita por tratados de comércio, depois, para não precisar mais concedê-la por esse processo, o Governo decretou, em 1828, que as mercadorias de qualquer nação pagariam taxa de importação de 15% *ad valorem*. A existência de tal taxa de importação durou até 1844, com grande prejuízo para a nação, que se viu despojada de importantes rendas alfandegárias e teve sua indústria incapaz de se desenvolver.

Assim, apesar das boas disposições em conceder melhores condições ao Brasil, mostradas por Canning quando se começou a falar em negociar um tratado de comércio, o acordo de 1827 reeditava o de 1810 nas concessões enormes feitas à Grã-Bretanha. Parece-nos que vários fatores concorreram para isso: a atitude de Stuart apressando a negociação do tratado e a do Governo brasileiro optando também por essa solução, por desejar dar por findo o tratado de 1810. O Governo brasileiro aceitou as propostas inglesas por causas políticas e por certa consideração pela ajuda britânica no reconhecimento, sem opor-lhes suficiente resistência. Pela segunda vez considerações não econômicas presidiam a assinatura de tratado de comércio, levando a concessão de vantagens extensas no campo comercial. Ainda, faltaram aos negociadores brasileiros mais experiência e energia para a defesa dos nossos interesses. Por outro lado, os negociantes ingleses devem ter feito pressão sobre o negociador britânico e a prova disso é que o representante americano no Rio de Janeiro, Condy Raguet, escrevia em 30 de julho de 1825 que "os comerciantes ingleses esperavam, com grande confiança, a continuação da taxa de 15% sobre seus produtos..." Uma vez obtida a concessão no primeiro tratado negociado por Stuart, Canning não podia mais abrir mão dela, sem correr o risco de sérios ataques dos comerciantes interessados no Brasil. As pretensões do Brasil não foram atendidas: o preço pago pela ajuda inglesa, se se juntar a abolição do tráfico dentro de um prazo pequeno, foi bem alto.

O tratado de comércio e a convenção sobre o tráfico não foram bem recebidos no Brasil. A convenção provocou mesmo grande agitação na Assembléia Geral e ataques sérios ao Governo, apesar das explicações apresentadas. Esses acordos contribuíram para aumentar as dificuldades de D. Pedro I, que viu afastar-se dele uma parte do grupo que o apoiava, e influíram, como diz A. K. Manchester no seu livro *British Preeminence in Brazil* (p. 219), na perda de popularidade do Imperador e na sua abdicação em 1831; o próprio Canning teria assim contribuído, ao exigir a abolição do tráfico, para a queda do soberano, cuja manutenção no trono fora um dos objetivos da sua política.

Estavam, então, em 1827, completamente resolvidos os problemas levantados pelo reconhecimento da independência.

A revolta da Província Cisplatina — Mas não estava ele ainda assegurado, quando o Governo brasileiro viu-se embaraçado por uma importante questão: a revolta da Província Cisplatina, em 1825. Reabria-se, assim, em plena crise brasileira da independência o problema do Prata. Punha-se para a diplomacia inglesa novo campo de ação. A questão pelas implicações que trazia interessou logo a Canning, cuja primeira intenção no caso foi impedir uma guerra entre o Brasil e a Argentina. Não conseguiu, porém. A união da Cisplatina revoltada a Buenos Aires provocou o rompimento entre os dois países sul-americanos. Brasil e Argentina herdavam a questão das suas antigas metrópoles. A Argentina reivindicava a Cisplatina como parte do antigo Vice-Reino da Prata; o Brasil o reivindicara como um território a ele anexado por Portugal, com o consentimento dos seus habitantes, e cuja ocupação era necessária para a garantia e defesa das províncias do Sul. Além do mais, no momento, a perda da Cisplatina pelo Brasil poderia representar um sério golpe para o regime e para a estabilidade do Imperador. Mas o problema interessava à Grã-Bretanha; daí a movimentação diplomática de Canning desde que se abriram a questão e sua intervenção na disputa. A questão envolvia os dois maiores compradores da Grã-Bretanha na América do Sul; um estado de guerra prolongado poderia ser prejudicial aos interesses comerciais e aos investimentos dos ingleses. Imprescindível era também que a navegação no Prata se mantivesse aberta. E ainda havia muitos ingleses residentes na Argentina, cuja situação era preciso defender. A Canning preocupava também o perigo que poderiam representar para o regime monárquico no Brasil as hostilidades no Rio da Prata: haveria sempre a possibilidade de ser preparada uma ação conjunta das repúblicas americanas contra o Império, havia o perigo de ser fomentada uma revolta dentro do país, pondo em jogo a sua unidade e sua estabilidade. E assim se perderia o trabalho que Canning desenvolvia relativamente à defesa da Monarquia no Brasil. Os ministros ingleses em Buenos Aires e no Rio de Janeiro sugeriram aos governos dos dois países interessados a mediação da Inglaterra, que foi por eles aceita. A mediação, no caso, tinha uma importância grande na política de Canning. Interessava-lhe impedir, por uma ação pronta, que os contendores, ou pelo menos a Argentina, se voltassem para os Estados Unidos em busca dos seus bons ofícios. A mediação inglesa representaria uma vitória da política de Canning na América e significaria uma aproximação entre o Velho e o Novo Mundo, contrariando a política americana de duas esferas de influência. Aliás, na crise platina sentiu-se a existência de uma rivalidade anglo-americana. Mas a posição já conquistada pela Grã-Bretanha através do seu comércio nos dois países em contenda, a superioridade dos seus representantes diplomáticos sobre os enviados americanos, especialmente em Buenos Aires, e enfim a mediação conseguida deram ao país europeu vantagem nítida sobre os Estados Unidos. Estes obtiveram vantagem razoável sobre a Inglaterra num setor e em certo momento: no comércio em Buenos Aires, quando o bloqueio brasileiro no Prata se fez sentir. O bloqueio, estando dentro dos princípios defendidos pelo Governo inglês sobre o direito dos beligerantes, Canning não podia e não quis opor-se a ele. Os comerciantes ingleses sofreram em conseqüência, com evidente diminuição dos seus negócios em Buenos Aires. Ao contrário, os Estados Unidos reclamaram contra o bloqueio junto ao Governo brasileiro e assim tiveram possibilidades de continuar seu comércio com Buenos Aires.

A mediação inglesa, na realidade, coube aos representantes britânicos no Rio de Janeiro e em Buenos Aires – Robert Gordon, Lorde Ponsonby e Woodbine Parish: a demora das comunicações com Londres tornava difícil a Canning o controle de uma situação que mudava rapidamente, de modo que a ação imediata na mediação muitas vezes dependeu desses representantes ingleses, da sua habilidade da interpretação e da adaptação das idéias de Canning.

Apesar dos esforços dos mediadores, a guerra prolongou-se durante três anos, sem resultados definitivos para nenhum dos lados, e com grandes perdas para os dois países em luta. A posição inglesa não era fácil. Medidas sugeridas deviam ser bem pesadas para evitar fosse a Grã-Bretanha acusada de procurar apenas seus interesses. A primeira sugestão de Canning para a solução da pendência foi a de que o Brasil cedesse a Cisplatina a Buenos Aires mediante o pagamento de indenização pelos argentinos. A proposta não foi aceita e deu a impressão ao Brasil de que Canning tomava partido a favor de Buenos Aires. Uma segunda solução, que também não se mostrou viável, consistia em fazer de Montevidéu um Estado livre, conservando-se o Rio da Prata neutro sob a garantia da Inglaterra. Afinal, chegou-se à única solução aceitável: a independência da Cisplatina, que passaria a constituir um Estado separado do Brasil e da Argentina. Tal solução já fora apontada por Charles Stuart, em dezembro de 1825 (e fora rejeitada por Canning), e depois adotada por Parish e Ponsonby, que nesse sentido começaram a trabalhar.

Em junho de 1827, tentativa de paz feita pelo agente argentino García falhou, não tendo sido aceitos em Buenos Aires os termos do tratado por ele negociado com o Brasil.

A necessidade de acabar a guerra impunha-se à Grã-Bretanha. De um lado corriam rumores de que se preparava uma cruzada republicana contra o Império brasileiro, o próprio Bolívar parecendo interessado. Por outro lado, a guerra que se desenvolvia no mar era uma guerra entre ingleses: os oficiais das duas marinhas em luta eram ingleses e a tripulação dos navios brasileiros era na maior parte inglesa: 1.200 marinheiros, muitos deles tendo abandonado seus navios nos portos do Brasil. E ainda as perdas do comércio inglês começavam a inquietar. A situação dos dois países em luta era péssima, especialmente do ponto de vista financeiro. A ação diplomática inglesa, extremamente hábil, intensificou-se: agindo junto de Lavalleja, conseguiu Ponsonby que se reforçasse o partido nacional uruguaio, que, em 1828, mostrava-se bastante forte para fazer suas reivindicações. Gordon e depois Ponsonby agiram junto do Governo brasileiro. Argentina e Brasil acabaram por consentir na formação de um novo Estado. Um projeto de tratado foi preparado, segundo o qual a Província Cisplatina era transformada em Estado independente. Canning não concordou com a proposta de Buenos Aires de que o novo Estado fosse garantido pela Grã-Bretanha. Diante da ação desenvolvida pelos mediadores ingleses e dos resultados obtidos, não parece justa a afirmação do ministro norte-americano em Buenos Aires de que a política da Inglaterra visava formar na Cisplatina uma colônia disfarçada, embora se possa concordar em que havia ali interesses ingleses a defender.

Afinal, o tratado foi assinado em 1828: a Cisplatina tinha sua independência reconhecida pelo Brasil e pela Argentina, formando a República do Uruguai. Em 4 de outubro de 1828, o tratado foi ratificado em Montevidéu. Através da mediação inglesa, resolvia-se então o problema da Cisplatina, mas Canning morreu em agosto de 1827, sem ver os resultados da política inglesa no Prata. Durante toda a crise brasilo-argentina, sua preocupação mais importante tinha sido a preservação da Monarquia no Brasil, tendo chegado mesmo a comunicar isso ao Governo argentino.

A morte de D. João VI e a sucessão ao trono de Portugal — Um último problema ligou a política inglesa ao Brasil no período que nos interessa: a sucessão de Portugal, posta em causa com a morte de D. João VI, em 1826. O problema deixado suspenso por ocasião do reconhecimento da independência punha-se agora. Assim que teve conhecimento da morte do Rei português, Canning movimentou-se: interessava à política inglesa a solução do problema. Sua sugestão, que Ponsonby deveria levar ao Rio de Janeiro, coincidiu com a decisão tomada por D. Pedro: cessão da Coroa de Portugal por D. Pedro à sua filha mais velha e casamento da futura rainha com D. Miguel, seu tio. No caso da sucessão, preocupavam Canning os problemas da manutenção da Monarquia no Brasil e da posição política que Portugal poderia vir a ter: a solução sugerida por ele visava a conservar D. Pedro no trono do Brasil como necessária para a estabilidade da Monarquia e visava que D. Miguel ficasse fora do trono português. Mas a situação complicou-se em Portugal e o grande ministro inglês morreu sem ter visto a questão solucionada. E a linha de conduta dos ministérios que o sucederam foi diferente da sua, de modo que D. Pedro I não contou com o apoio da Inglaterra para a solução final da questão, que só se resolveu quando ele foi a Portugal defender a causa da sua filha.

Presença política e econômica dos ingleses no Brasil — A predominância tomada pelo problema político, nas relações anglo-brasileiras, depois de 1822, não impediu que as trocas comerciais continuassem sem interrupção e mesmo intensamente, e que interesses financeiros se desenvolvessem. O comércio brasileiro continuava importante. Em 1825, as exportações inglesas para o Brasil atingiram quase metade do valor das exportações para os Estados Unidos e foram pouco menos importantes do que os envios para as Índias Ocidentais Britânicas. E recebeu o Brasil quase metade daquilo que foi enviado para a América Latina, México inclusive. Em 1828, a Inglaterra exportou para o Brasil £ 2.200.000 (o segundo lugar coube à França, com o valor de £ 350.000). Mas as exportações do Brasil para a Inglaterra foram de muito menor valor, conservando a situação já notada para o período de D. João VI com a balança do comércio favorável à Inglaterra. Muito importantes eram também os proveitos tirados pela navegação inglesa das relações com o Brasil. Além do transporte das mercadorias brasileiras para o seu país, os ingleses encarregaram-se também do transporte de produtos para a Europa, em quantidade muito maior do que aquela que consumiam. E, como as transações brasileiras tinham aumentado muito desde 1815, esse comércio de transporte, que supria a insuficiência da marinha mercante brasileira, era muito importante.

Não foi, contudo, somente no campo do comércio que os ingleses desenvolveram suas atividades. O país ofereceu-lhes campo interessante para investimentos. Os primeiros feitos por súditos britânicos no Brasil deram-se em 1824-1825. Nesse momento houve na Inglaterra uma grande febre de especulação: começavam os investimentos em países estrangeiros, e a América Latina foi um centro importante de atração para os capitais ingleses. Houve a fundação de numerosas companhias, interessadas nas mais diferentes atividades, para agirem na América Latina. O resultado da febre de especulação que se instalou e das aventuras foi, no final, desastroso: pouquíssimos, e somente os bem fundamentados, foram os empreendimentos que sobreviveram.

O Brasil teve sua parte nesse movimento: interessaram-se os ingleses pelos empréstimos governamentais e pela atividade mineira. Empréstimos dos governos dos países latino-americanos interessaram os ingleses, que neles colocaram grandes somas. Ao serem nomeados ministros plenipotenciários em Londres, Brant e Gameiro, por ato de 3 de janeiro de 1824, receberam a incumbência de negociar um empréstimo de £ 3.000.000 "para ocorrer às despesas urgentes e extraordinárias que exigem a fundação, segurança e estabilidade do Império". O empréstimo ultrapassou um pouco a quantia primeiro indicada e foi lançado em duas parcelas – £ 1.200.000, em 1824, e £ 2.000.000, em 1825 – em condições muito favoráveis, e foi totalmente coberto.

Outro empreendimento que atraiu os capitais ingleses foram as companhias; 4 foram organizadas para operar no Brasil. De uma delas dão-nos notícia Brant e Gameiro, que, em dezembro de 1824, comunicavam a Carvalho e Melo que negociantes de Londres – entre eles Reid, Irving & Cia., Fairlie, Boham & Cia., Robert T. Farquhar e Richard Hart Davis – propunham criar uma companhia de mineração no Brasil, para operar nas Províncias de Goiás e Minas Gerais especialmente, ou em outras províncias com o capital de £ 1.500.000.

O Brasil foi, na América do Sul, no século XIX, o campo preferido para os investimentos ingleses. Isso decorreu da sua maior estabilidade política e também da sua maior pontualidade nos pagamentos. Em 1827-1828, o

Governo brasileiro suspendeu os pagamentos dos empréstimos, mas em 1829 retomou os seus compromissos, enquanto as outras nações sul-americanas começaram a pagar em 1840 e 1850, sem continuidade. Isso naturalmente favorecia o Brasil.

Toda essa penetração inglesa não se fez, contudo, sem contraste. Já em 1814, Strangford falava dessa oposição. Encontraram os ingleses primeiro a dos negociantes portugueses, que tinham seus interesses prejudicados com a concorrência dos comerciantes britânicos e que criticavam amargamente as concessões a eles dadas pelo Governo de D. João. Fonte de oposição foi o tráfico de escravos: o combate a esse comércio desgostava muito os traficantes, principalmente os da Bahia. Daí a impopularidade dos ingleses em certos momentos e em certos meios. Outra causa das resistências estava no patriotismo brasileiro, sempre firme na condenação das vantagens exageradas obtidas pelos ingleses.

Mas a oposição não impediu o desenvolvimento das atividades britânicas.

No período de 1808 a 1830, segundo o que já ficou dito, os ingleses penetraram no Brasil e estabeleceram aqui sua predominância através de iniciativas econômicas e de ações políticas importantes. Foram circunstâncias políticas que condicionaram o estabelecimento e a continuidade de vantagens comerciais. Sob D. João, a necessidade de defesa de Portugal, que dependia da Inglaterra; depois da independência, a necessidade do apoio inglês para a obtenção do reconhecimento. O resultado foi a presença política e econômica constante dos ingleses de 1808 a 1830.

2. O RECONHECIMENTO POR OUTROS PAÍSES

O reconhecimento da independência brasileira pelos portugueses, permitindo ao país estabelecer relações normais com os outros povos, dera lugar a um complicado processo diplomático que acabamos de ver. Neste processo, a despeito da participação austríaca ou francesa, o principal personagem, além das partes diretamente envolvidas – Brasil e Portugal –, fora a Grã-Bretanha,

> "tradicional guardiã dos negócios portugueses, esforçando-se por solucionar o conflito familiar dos Braganças com o devido respeito às complexidades internacionais do momento e com as maiores vantagens para Rio, Lisboa e Londres (...). Em 29 de agosto de 1825, Portugal, atra-

vés de seu mediador britânico, curvava-se ao inevitável. Pelo seu reconhecimento do óbvio fato da independência brasileira, abria-se a porta da família de nações européias à única monarquia do Novo Mundo e preparava-se o caminho para a normalização das relações internacionais, especialmente no campo do comércio, do qual dependia a estabilidade das instituições sociais e econômicas do Império" (A. K. Manchester, "The Recognition of Brazilian Independence", *in The Hispanic American Historical Review*, vol. XXXI, n.º 1, fevereiro, 1951, p. 80).

Sem sombra de dúvida, o mais relevante episódio do reconhecimento da independência consistira na submissão de Portugal ao fato consumado. Se os lusos desde logo aceitassem o desligamento do Brasil em relação ao Reino Unido constituído em 1815, certamente não teria havido qualquer problema a exigir as manobras diplomáticas acima descritas. O legitimismo, tão acerrimamente defendido pela Santa Aliança, não seria ofendido, nem haveria margem para sugerir-se – como se sugeriu de fato de parte dos russos[1] – uma intervenção para reconduzir o Brasil à obediência. Nestas condições, o problema propriamente do reconhecimento, este se solucionara com a mudança de atitude lusitana, acedendo em assinar o tratado de 1825. O reconhecimento por parte das outras nações viria normalmente, após esta data, não importando, para o caso em si, nem mesmo o retardamento da ratificação do tratado com os britânicos, conforme vimos antes.

Lembremos, porém, que nem todo o mundo de então era constituído de potências preocupadas em resguardar o princípio da legitimidade. Na América já existiam diversos países independentes, quando se verificaram os acontecimentos de 1822, a começar pelos próprios Estados Unidos. Punham-se estes Estados à política da Santa Aliança, inclinando-se, portanto, a reconhecer a existência de mais uma nação livre no hemisfério ocidental, mesmo antes de concedido o beneplácito português. Daí a diferença com que devemos encarar a questão do reconhecimento por outros países que não a Grã-Bretanha e Portugal: os motivos, as razões que condicionavam a atitude das grandes potências européias do Ocidente não coincidiam com os que determinam a maneira de proceder das repúblicas

---

[1] É verdade que, na Europa, não se acreditava nesta intervenção, como se infere das palavras de Gentz, conselheiro áulico da Corte austríaca, a Teles da Silva: "Se Portugal vos mandar alguma expedição, *chassez-la, il n'enverra pas une seconde*. Quanto às outras potências, mesmo a que está mais contra vós (Rússia), não vos farão, senão guerra de língua" (*Arq. Dipl. da Indep.*, IV, p. 171).

americanas; se encararmos o assunto do ponto de vista político apenas, é verdade. Ora, o aspecto político foi realmente importante até 1825, ou seja, até a conclusão do tratado com Portugal. Decorre daí, certamente, o relevo que merece o estabelecimento de relações normais com os Estados Unidos, especialmente antes daquela data. Após agosto de 1825, o lado político passa para um plano secundário, e o reconhecimento, visto do ângulo dos países europeus, assume, antes de tudo, a coloração dos interesses comerciais. Não é de admirar, assim, que se efetue, muitas vezes, sob a forma de um tratado de comércio.

Já vimos, em capítulo anterior, a importância atribuída pelos europeus ao comércio com o Brasil, nos começos do século XIX. Os viajantes britânicos que para cá se dirigiam, a fim de sondar as possibilidades mercantis da terra, dedicavam seus relatos aos comerciantes de seu país, e sabemos que Canning muito esperava das vantagens que pudesse conseguir para a Grã-Bretanha, com as facilidades que fossem conferidas aos produtos britânicos em portos brasileiros. Na França, certamente De Pradt não era o único a supor tão enormes e imediatas possibilidades para o comércio com o Brasil, a ponto de sonhar com a América Latina – o Brasil, principalmente – como um trunfo para abater a preponderância britânica nos mares. Na Alemanha, as cidades hanseáticas encaravam com otimismo o desenvolvimento das relações mercantis com o Império nascente. Interesses semelhantes não eram estranhos aos Estados Unidos: primeiramente, as guerras napoleônicas haviam dificultado o comércio com a Europa, e os norte-americanos procuravam tirar proveito dos países latino-americanos, em busca de uma compensação para a queda do movimento com o outro lado do Atlântico; em segundo lugar, animava-se também o intuito de quebrar a supremacia então indiscutivelmente exercida pelos britânicos. O monopólio britânico tornara-se odioso aos norte-americanos.

"Esse monopólio – escrevia Robert Smith ao General John Armstrong, ministro dos Estados Unidos na França, em 1º de novembro de 1810 – não só proporciona à Grã-Bretanha os meios de abastecer completamente os povos desses países com os produtos manufaturados britânicos, mas ainda a habilita a manter sobre eles uma predominante ascendência política, a qual já se evidenciou, contra o comércio neutral dos Estados Unidos, no último ajuste comercial do agente britânico em Caracas" (W. R. Manning, *Diplomatic Correspondence of the United-States Concerning the Independence of the Latin-American Nations*, I, pp. 7-8, ap. H. Accioly, *O Reconhecimento do Brasil pelos Estados Unidos da América*, pp. 15).

Distinguimos, assim, entre norte-americanos e europeus, diferenciados no aspecto político, um traço comum: os interesses comerciais, não raro fundamentados mais na imaginação do que em fatos concretos. Para estas nações, o reconhecimento do Brasil era uma questão a lhes falar de perto. Evidentemente, seu comportamento é mais ativo do que o das outras nações, daquelas que não são impulsionadas por móveis concretos a defender, como a Rússia ou a Espanha, para as quais o reconhecimento pouco mais representa, além de um fato de ordem puramente diplomática. Constituem-se estas últimas, portanto, num terceiro grupo de nações, diante dos acontecimentos verificados no Brasil; correspondem ao grupo mais distante, menos interessado.

Por fim, há o caso particular da Santa Sé, dado o matiz religioso fatalmente assumido pelas relações de um país católico com a sede pontifícia. Examinaremos um a um estes grupos, a começar pelos países americanos.

Estados Unidos   Desnecessário será afirmar que os norte-americanos, desde o início do movimento de emancipação da América Latina, tiveram suas atenções voltadas para o importante processo então iniciado no hemisfério. Nos primeiros meses de 1822, sendo presidente da república James Monroe, agitava-se nas esferas governamentais a questão do reconhecimento das repúblicas hispano-americanas, baixando-se, a 4 de maio, a lei pela qual se decidia o envio de agentes diplomáticos para o México, Colômbia, Buenos Aires, Peru e Chile. O reconhecimento fazia-se, desta forma, quando ainda na Europa a Santa Aliança, particularmente por intermédio da Rússia, cogitava de uma intervenção legitimista no continente americano. Para o Brasil quando aqui se instalara a sede da Monarquia lusitana, fora enviado, como representante norte-americano, Thomas Sumter Junior, que acompanhara de perto o evoluir das relações luso-brasileiras e atribuíra grande significado à elevação do Brasil a reino, em 1815. Os sucessores de Sumter – John Graham e John James Appleton –, bem como os agentes consulares no Rio de Janeiro, sempre puseram o governo de Washington ao corrente da marcha do país para a independência, tanto mais quando eram os Estados Unidos o primeiro país a que os brasileiros pensavam em recorrer, se houvesse necessidade de auxílio estrangeiro na iminente luta pela emancipação política. José Bonifácio, aliás, procurou sondar as disposições do Governo norte-americano neste sentido, através do Cônsul P. Sartoris, em fevereiro de 1822 (cf. Accioly, *op. cit.*, p. 65).

Em plena crise da independência, em janeiro de 1823, baixou-se um decreto nos seguintes termos:

> "Sendo conveniente ao progresso das relações comerciais entre o Brasil e os Estados Unidos da América que se proceda à nomeação de um Cônsul privativo deste Império nos mesmos Estados, inteiramente independente do Cônsul-geral português, que ali existe, e cujas funções não devem de modo algum ser mais aplicáveis ao Brasil, depois que este Império tem-se solenemente separado dos Reinos de Portugal e Algarve; e tendo em consideração o patriotismo e mais qualidades que concorrem na pessoa de Antônio Gonçalves da Cruz: Hei por bem nomeá-lo para Cônsul-Geral do Império do Brasil nos Estados Unidos da América, com ordenado e vencimentos competentes (...)" (*Arq. Dipl. da Indep.*, V, pp. 5-6).

Gonçalves da Cruz, que participara do movimento revolucionário pernambucano de 1817, já se achava nos Estados Unidos, residindo em Filadélfia, donde mantinha correspondência com José Bonifácio. Numa de suas cartas, em 31 de julho de 1823, diz ele que o "Sr. Monroe é muito inclinado a reconhecer todo novo governo que prognostica duração e é natural que, sabendo assinalada sua administração com o tratado das Flóridas e reconhecimento de várias independências, tenha a ambição de fazer outro tanto com o Brasil antes de expirar sua Presidência".

Às vésperas de enunciar-se a Doutrina de Monroe, assim já era clara a tendência norte-americana em favor do reconhecimento do Império brasileiro, embora Gonçalves da Cruz não visse nisso manifestação de liberalidade, mas, simplesmente, de um "cego interesse" (*Arq. Dipl. da Indep.*, V. p. 73), confirmando o que acima dissemos acerca dos móveis comerciais da política internacional em relação ao Brasil. Não estava na esfera de competência de Gonçalves da Cruz, porém, tratar do reconhecimento. Para este fim teria de ser designado outro representante do Governo imperial, e isto só se deu em janeiro de 1824, com a nomeação de José Silvestre Rebelo para exercer as funções de Encarregado de Negócios do Brasil nos Estados Unidos.

Dentre as "Instruções para servirem de regulamento ao Sr. José Silvestre Rebelo na Comissão em que parte desta Corte para a América setentrional", destacava-se o § 3, assim redigido:

"Logo que estiver instalado nas suas funções, cuidará, e como principal objetivo de sua missão, em promover o Reconhecimento, solene e formal por parte dos Estados Unidos, da Independência, Integridade e Dinastia do Império do Brasil no atual Imperante e seus Sucessores, perpetuamente e sem reserva do Título de Imperador." Detalhavam-se, a seguir, as razões pelas quais se esperava uma breve satisfação das pretensões brasileiras, e que levavam à conclusão contida no § 8: "... fica evidente que o Governo dos Estados Unidos deve reconhecer a Independência política do Império do Brasil, tanto por ele em si conforme os princípios proclamados e seguidos por esse Governo; como por assim o pedirem os seus próprios interesses comerciais e políticos". Situavam-se as instruções, em poucas palavras, dentro da linha da Doutrina de Monroe, dada a público em dezembro de 1823, e chamavam a atenção para "a vantagem que ganharia o comércio dos Estados Unidos (...) que avultaria à proposição do entusiasmo que motivaria no Brasil um pronto reconhecimento" (§ 5).

Pontos interessantes destas instruções continham-se, ainda, nos §§ 10 e 15. Tratava o primeiro da delicada questão do tráfico de escravos, tão importante para as negociações com a Grã-Bretanha, como foi visto acima. O desenvolvimento da vaga abolicionista nos Estados Unidos (onde, já em 1774, Benjamin Franklin presidira um Congresso abolicionista) fazia prever-se a resistência do Governo norte-americano ao reconhecimento de um país ainda envolvido no tráfico negreiro. Daí o tom do § 10, como se vê:

"Podendo ser que esse Governo se queixe de ainda continuar o tráfico de escravos neste Império, tráfico que os Estados Unidos consideram como uma pirataria, segundo as instruções que deram aos seus ministros nas diferentes Cortes; fica V. M. autorizado para declarar que S. M. I. é assaz liberal, e Generoso, para deixar de reconhecer quanto este tráfico é desumano e até heterogêneo aos princípios constituintes de um Governo Representativo, a fazê-lo cessar em todo o Império, apenas lhe seja possível para o que vai tomando as necessárias medidas."

O § 15 era concernente à possibilidade de uma aliança ofensiva e defensiva do Brasil com os Estados Unidos, tal como já entrara nas cogitações de José Bonifácio em começos de 1822.

Em 28 de março de 1824, aportou Silvestre Rebelo em Baltimore, chegando a Washington em 3 de abril, dando logo início às negociações com o

Secretário de Estado, John Quincy Adams. Embora tratado da melhor maneira possível – "São tantos os obséquios que aqui se me tem feito...", escreve ele a Carvalho e Melo, em 26 de abril – não conseguiu imediato êxito em sua missão. Deveras, umas tantas razões foram apresentadas pelos americanos, como óbices ao reconhecimento, razões estas que, consideradas como "certamente justas" por Silvestre Rebelo, viram-se, contudo, aplainadas em pouco tempo. Uma delas, aliás, era já inexistente, pois consistia em ser o Brasil um país "que não tem governo organizado, uma vez que não tem ainda uma Constituição", quando esta já fora jurada em 25 de março; a notícia, porém, não chegara aos Estados Unidos, segundo se depreende de carta de Silvestre Rebelo a Carvalho e Melo em 26 de maio.

Prejudicial aos interesses brasileiros, ainda, era a circunstância de terem os americanos certas desconfianças relativas à posição do Brasil frente à Santa Aliança. Comentava-se, por exemplo, a crescente influência dos franceses na Corte brasileira, a ponto de terem navios franceses colaborado na supressão do movimento republicano de Pernambuco em plena época de intervenção francesa na Espanha. Aumentaram as suspeitas, quando o jornal brasileiro *Estrella* – defensor dos interesses da França – afirmou que as monarquias européias consideravam o Monarca do Brasil como equilibrando as democracias das Américas do Norte e Sul.

> "Não era D. Pedro, no fim de contas, um instrumento da Santa Aliança? (...) Por outro lado, se havia alguma esperança de tirar à reação européia a possibilidade de empregar o jovem soberano como seu *point d'appui*, residia ela no reconhecimento de seu governo" (L. F. Hill, *Diplomatic Relations between the United States and Brazil*, pp. 29-30).

Assim sendo, apesar da "antipatia horrorosa contra as dinastias reinantes" e que, "criada pela revolução da França, enxertou-se neste país, e pegou",[2] o diplomata brasileiro pôde comunicar, em julho de 1824, sua audiência com o Presidente Monroe, nos auspiciosos termos que seguem: "Tenho a honra de dizer a V. E. que havendo eu sido apresentado a S. E. o Presidente destes Estados Unidos, no dia 26 do mês passado, como Encarregado de Negócios de S. M. o Imperador, foi por este ato reconhecida a Independência, e o Império do Brasil, e para tanto tenho preenchi-

---

[2] "... hum Rei he hoje muito mal visto ao por ser Rei e os Governos Monarquicos não prestão na opinião desta gente", diz Silvestre Rebelo na mesma carta.

do a minha obrigação, me parece, relativamente aos primeiros 9 artigos das excelentes instruções que V. E. me deu."

No ano seguinte, apenas, decidiu o Congresso americano instituir um agente diplomático no Brasil, com a categoria de Encarregado de Negócios; recaiu a escolha em Condy Raguet, que já exercia as funções de Cônsul no Rio de Janeiro e que foi recebido por D. Pedro I em 29 de outubro de 1825.

Malogrou Rebelo, contudo, no tocante à proposta da aliança defensiva e ofensiva, daí sua afirmativa em carta de 26 de agosto de 1825: "Este Governo quer com todos os Governos americanos, o que já fez com a Colômbia, comércio e não alianças que o possam comprometer, este é o seu alvo único e favorito."

América espanhola Dentre os Estados hispano-americanos, o México não esperou que Portugal normalizasse suas relações com o Brasil para aceitar a nova nação independente: deu seu reconhecimento em 9 de março de 1825. Dos outros países, ainda em fase de profunda instabilidade política, merecem atenção especial os da região platina, em virtude de suas relações bem mais estreitas com o Brasil do que acontecia com as Repúblicas Andinas. Para Buenos Aires fora designado, ainda nos tempos do Reino Unido (maio de 1822), Antônio Manuel Corrêa da Câmara para exercer as funções de Cônsul-Agente comercial, mas também com credencial para agir como representante político e diplomático, desde que os governos platinos decidissem também enviar seus representantes para o Rio. Não era fácil configurar em termos claros a questão do reconhecimento, não só por estar o Brasil então ligado a Portugal, mas também pela própria situação anárquica no Prata, o que motivava a referência de José Bonifácio a "ignorarmos quais sejam as Autoridades, a quem na forma atual do governo de Buenos Aires se devem dirigir semelhantes cartas" (*Arq. Dipl. da Indep.*, V, pp. 235 236). Contribuía este fato, certamente, para o tom das instruções a Corrêa da Câmara, onde se notam mesmo certas veleidades de superioridade da posição do Brasil no continente sul-americano, como se vê:

"Procurará por meios indiretos adquirir partido no Governo de Buenos Aires e principalmente no do Paraguai (...). Para atraí-los V. Mce. não se esquecerá de exaltar em suas conversações a grandeza e recursos do Brasil, o interesse que as Nações comerciantes da Europa têm em apoiá-lo, e a preponderância de que ele vai jogar sobre Estados da América, sendo por isso de muita conveniência aos povos limítrofes o obterem a sua poderosa aliança; V. Mce. demonstrará que é impossível ser o Brasil recolonizado, mas, se fora crível que se visse retalhado por internas divisões, este exemplo seria fatal ao resto da América, e os outros Estados que a compõem se arrependeriam debalde por não o terem coadjuvado; porém que uma vez consolidada a reunião e independência do Brasil, então a Europa perderá de uma vez toda a esperança de restabelecer o antigo domínio sobre as suas colônias" (*idem*, p. 236).

Distingue-se bem a diferença de tom entre estas palavras e as que se dirigiram a Silvestre Rabelo, em circunstâncias semelhantes, para agir nos Estados Unidos. Aqui, ainda antes de ter sido proclamada a independência, como que se impõe o seu reconhecimento aos governos platinos, e a questão das alianças contra a Europa, apresenta-se em termos de reciprocidade ou, até, de vantagem para os Estados do Prata, aos quais se prometiam "o reconhecimento da independência política" e "utilidades incalculáveis que podem resultar de fazerem uma Confederação ou Tratado ofensivo e defensivo com o Brasil (...); finalmente, nenhum destes governos poderá ganhar amigo mais leal e pronto do que o Governo Brasiliense; além de grandes vantagens que lhes dá de prover as relações que poderão ter reciprocamente com este reino" (*idem*, p. 236).

Não haveriam de ser as jovens e confusas repúblicas hispano-americanas, é claro, que oporiam obstáculos ao reconhecimento do Brasil independente, a despeito das desconfianças despertadas pela forma de governo monárquico. Assim foi que, nomeado pelo Governo de Buenos Aires para tratar *en esta Corte del Brasil sobre negocios de la mayor importancia para ambos Estados*, Valentín Gómez dirigiu-se nos seguintes termos ao Ministro do Exterior, Carneiro de Campos, em 28 de agosto de 1823: *El gobierno de Buenos Ayres reconoce como sagrado el principio de que es legítimo todo el Gobierno establecido por la voluntad libre, y general de los Pueblos sea qual fuera la forma, y como tal considera al del Brasil* (*Arq. Dipl. da Indep.*, V, pp. 335 e 337). No caso, o problema não era o reconhecimento, pois este era tido como evidente; e os *negocios de la mayor importancia* diziam respeito, não às relações com Portugal ou a alguma representação diplomática, mas à Cisplatina, que tanto conturbou o panorama político do Prata, como é sabido e como já foi antes referido.

Áustria Passando-se ao grupo das potências européias mais ligadas ao Brasil, encontramos a Áustria, em primeiro lugar. Seu reconhecimento era relevante, por diversas razões, entre as quais avulta a própria posição ocupada pelo país na paisagem política da época, em que

Metternich desempenhava papel cuja importância dificilmente pode ser exagerada. Havia, além disso, o parentesco de casas reinantes, por intermédio de D. Leopoldina, circunstância esta que não estivera alheia às intenções austríacas de mediação entre o Brasil e Portugal em concorrência à Grã-Bretanha. Discernimos, ainda, o normal interesse pelo legitimismo e pela forma de governo a ser implantada no Brasil; à Áustria cabia defender os princípios da Santa Aliança, mesmo num "Estado que não tem civilização total, como o vosso", segundo a expressão de Metternich, dirigindo-se a Teles da Silva, Enviado Extraordinário à Corte de Viena.

Em geral, a atitude austríaca fora simpática ao Brasil, nos anos críticos da independência. Conforme nota Oliveira Lima, foram "contínuas as relações de Teles da Silva com o Chanceler Metternich, e a embaixada austríaca em Londres dispensou sempre aos nossos enviados a máxima gentileza. O intercurso entre Esterhazy e Neumann, e Brant e Gameiro foi invariavelmente não só amável conforme cumpria entre gente de boa sociedade, como até afetuoso". De qualquer forma, entretanto, nada podia ser esperado da Áustria, a menos que fosse preservado o respeito à metrópole lusitana, pois, como expressamente dizia Metternich, *dans tous les cas, l'issue favorable de l'affaire dépend de Lisbonne et du Brésil* (Arq. Dipl. da Indep., IV, p. 35). Nestas condições, só se pôde obter o reconhecimento de Viena em fins de 1825, após a ratificação do tratado luso-brasileiro por Lisboa, e Teles da Silva – já usando seu título de Visconde de Resende – podia relatar, em carta dirigida a Carvalho e Melo em 7 de janeiro de 1826, a audiência com o Imperador Francisco I e com Metternich, na sua qualidade de ministro plenipotenciário do Brasil junto à Corte vienense. O corolário do reconhecimento, isto é, o tratado de comércio entre as duas nações, assinou-se apenas em 16 de junho de 1827, segundo o projeto transmitido pelo encarregado de Negócios da Áustria no Rio de Janeiro, Barão Venceslau de Mareschal, ao Visconde de Inhambupe, em 12 de maio de 1826. Garantiam-se à Áustria condições comerciais semelhantes às que haviam caracterizado o tratado comercial com a Grã-Bretanha e que – aliás – assinalaram as convenções do mesmo tipo assinadas com outros países, entre 1826 e 1830.

Estados alemães Relações de ordem comercial – em particular com as cidades hanseáticas – e a emigração alemã para o Brasil são os pontos a conferir um certo interesse ao reconhecimento do Império pelos Estados alemães. Na realidade, as instruções de José Bonifácio a Jorge Antônio Schaeffer, enviado do Brasil à Alemanha, em agosto de 1822, além de seu aspecto político, consagram diversos parágrafos à questão dos emigrantes tanto militares quanto camponeses (cf. *Arq. Dipl. da Indep.*, IV, pp. 285 e segs.). Por outro lado, já em novembro de 1824, comunicava Teles da Silva a Carvalho e Melo ter sido procurado pelo encarregado de Negócios de Hamburgo, que lhe dissera "que seu governo não punha o menor obstáculo à continuação da reunião dos colonos que devem partir para o Brasil e muito menos se oporia à saída das expedições" (*Arq. Dipl. da Indep.*, IV, p. 174).

Além de Schaeffer, o Governo brasileiro designou outro representante de seus interesses na Alemanha, em correspondência com a vinda para o Rio de Janeiro de um cônsul nomeado pelo Grão-Duque de Mecklemburgo-Schwerin; tratava-se de Eustáquio Adolfo de Melo Matos, já na Europa há vários anos e que se dirigiu para a cidade de Schwerin em abril de 1825. Evidentemente, e isto era afirmado pelo próprio Schaeffer, os Estados alemães não se abalançariam a dar seu reconhecimento ao Brasil antes de terem as grandes potências resolvido o assunto, fazendo-o sem qualquer reserva, porém, após a assinatura do tratado luso-brasileiro. As cidades hanseáticas e o Hanôver – cujo monarca era o mesmo Rei Jorge IV da Grã-Bretanha – em fevereiro, a Prússia em março e o Mecklemburgo-Schwerin em maio de 1826, cumpriram a formalidade do reconhecimento nos demais Estados da Alemanha.

A propósito das cidades hanseáticas, essencialmente interessadas na conclusão de acordos comerciais, pois que do comércio viviam, merece menção o tratado de 1827, para cujas conversações preliminares foram enviados ao Rio de Janeiro um representante de Hamburgo e outro de Brêmen. Desde 1826 discutiam as duas cidades a melhor maneira de proceder, resolvendo, por fim, agir em conjunto, mediante os esforços coordenados de seus prepostos, respectivamente Sieveking e Gildemeister; como auxiliar do primeiro vinha também o comerciante Adolfo Schramm, necessário especialmente por conhecer a língua portuguesa.

Curiosa documentação da estada destes emissários na Corte brasileira foi-nos legada pelas cartas do Dr. Karl Sieveking, publicadas por P. E. Schramm, em 1949 (*Kaufleute zu Haus und ueber See. Hamburgische Zeugnisse des 17., 18. und 19. Johrhunderts*, pp. 298-324). Durante a travessia do Atlântico prepararam-se os alemães para sua missão, exercitando-se no idioma luso, o que não deveria ser muito difícil para o Dr. Sieveking, conhecedor de italiano e de espanhol. Auxiliado por Schramm, tratou ele de ler Camões, para poder, assim, passar ao português, e o fez durante a viagem. Não nos diz, é verdade, se esta leitura lhe foi de real utilidade, quando chegou ao Rio e precisou familiarizar-se com a nova língua.

As referências à natureza carioca sugerem-nos o entusiasmo dos hanseatas pelos trópicos, e o tom geral das cartas indica-nos terem sido agradáveis os tempos passados na Guanabara, algo assim como pitorescas férias em terras exóticas. No que dizia respeito à missão de que estavam incumbidos, não ignoravam eles que as maiores dificuldades poderiam surgir do lado britânico, e não tanto dos próprios brasileiros, daí as atenções com que se dirigiam ao representante de Jorge IV; Gordon era seu nome. As conversações relativas ao tratado comercial parecem ter sido bastante lentas, deixando tempo bastante para as ocupações que o Rio de então pudesse proporcionar: "quanto tempo duraria – esta era a grande questão – até a assinatura final? Conhecedores do país opinavam dois a três anos, pois predominava ainda a morosidade dos tempos coloniais", lemos numa das cartas. Tendo chegado ao Rio em 1.º de junho, apenas conseguiram realizar a primeira conferência em 1.º de setembro.

O principal objetivo dos hanseatas era concernente à tarifa preferencial de 15% sobre as mercadorias exportadas para o Brasil e que já fora concedida a outras potências, além de Portugal e Grã-Bretanha; desejavam os emisssários, porém, a mesma tarifa para as mercadorias estrangeiras transportadas em navios hanseáticos. Não eram otimistas os alemães, que se colocariam como defensores da liberdade comercial contra qualquer espécie de restrição, contando, no caso, com a decidida oposição britânica, pois, segundo a expressão do representante inglês, o êxito dos hanseatas corresponderia à anulação das vantagens concedidas à Grã-Bretanha.

A lentidão das negociações e a pobreza de distrações levaram Sieveking a interessar-se pela sorte dos imigrantes alemães vivendo nos arredores da cidade, após ter travado contato com as tropas constituídas por alemães a serviço de D. Pedro I, as únicas, aliás, "nas quais o Imperador depositava completa confiança". Decidido partidário da emigração alemã, caberia a Sieveking, bem mais tarde, em 1846, contribuir para organizá-la em sua cidade de Hamburgo.

As mudanças políticas no Rio ameaçavam retardar ainda mais a conclusão do tratado, acrescentando-se às dificuldades que os britânicos não cessavam de criar. Achada a fórmula conciliadora, por fim – as cláusulas a cujo respeito havia divergência somente entrariam em vigor após o consentimento da Grã-Bretanha e da França –, foi o tratado assinado em fins de 1827.

"Conseguimos mais do que esperávamos" – escreve Sieveking. – "Embora uma parte das concessões dependesse do consentimento de outras potências e o princípio aí estabelecido só possa dar reais resultados no futuro, podemos nos vangloriar de, à custa de nosso sacrifício pessoal, ter prestado alguns serviços às cidades hanseáticas e – por seu intermédio – à nossa pátria e ao mundo comerciante. Todos são unânimes em concordar em que um Encarregado de Negócios jamais conseguiria levar as negociações aos termos em que as concluímos."

Em fevereiro de 1828 foi o tratado aceito em Hamburgo, com a adesão de Brêmen e Luebeck, as duas outras cidades hanseáticas.

França   Não deixaria de apresentar certa semelhança com a da Áustria a posição assumida pela França durante os anos críticos de 1822-1825. Como a Áustria, tentara a França servir de mediadora entre Portugal e o Brasil; mas como a Áustria, também se entrincheirara por trás da barreira legitimista, sendo sua "base inabalável" sintetizada na frase do Ministro Villèle, reproduzida por Borges de Barros em seu relatório secretíssimo de 28 de janeiro de 1825 ao Ministro Carvalho e Melo: "Sem que Portugal dê o primeiro passo, nós não reconheceremos o Imperador, porque não saímos da linha da legitimidade." A verdade, porém, era reconhecida no mesmo relatório pelo enviado brasileiro em Paris, como se vê: "Convém atender a que este Governo está ligado por juramento aos aliados, que tem ao seu lado um Comitê dos Aliados que não deixa obrar livremente, obstáculos que por quase invencíveis desanimam."

Certamente havia interesse, por parte da França, em ser a primeira a reconhecer a independência; certamente, ainda, isto não seria desfavorável ao Brasil, pois serviria para "evitar-lhe a decidida influência da única nação poderosa (Grã-Bretanha), que equivale a cativeiro, o que somente se alcançará concorrendo mais de uma na preferência do reconhecimento", conforme se expressava Borges de Barros em carta de 2 de fevereiro de 1825 (*Arq. Dipl. da Indep.*, III, p. 221). A situação política internacional, entretanto, dificilmente permitiria à França adiantar-se à Grã-Bretanha e seria preciso esperar pelo tratado luso-brasileiro, isto é, pelo êxito da mediação britânica, para se efetivar o reconhecimento francês. O próprio Carvalho e Melo, de seu lado, não tinha dúvidas quanto ao fato de ser a Grã-Bretanha a "potência que mais propendia na Europa a seu favor, a mais interessada na independência do continente americano e a que podia prestar ao Império mais prontos e eficazes auxílios", não se devendo praticar ato algum que a desagradasse, tal fosse o caso de um prematuro reconhecimento por parte da França.

Nestas condições, foi após a assinatura do tratado de agosto de 1825 que o encarregado de Negócios da França no Rio, Conde de Gestas, tomou as medidas para anunciar o reconhecimento francês, o que foi feito pela nota de 26 de outubro, ao mesmo tempo que se enviava ao ministro brasileiro, Visconde de Paranaguá, a cópia de plenos poderes assinada pelo Rei Carlos X. Segundo este documento,

> *le désir que nous avons de faciliter et d'étendre le commerce et la navigation de nos sujets, ainsi que les relations déjà subsistantes entre la France et le Brésil, nous à déterminés à negocier et à conclure une convention de commerce dont les stipulations respectivement avantageuses aux deux pays, ne pourront qu'accroître leur prospérité.*

O tratado de amizade, navegação e comércio, assinado a 8 de janeiro de 1826, confirmava o reconhecimento da independência, regulava a representação diplomática e fixava as bases de transações comerciais de acordo com as cláusulas do tratado britânico.

Outros países europeus   Com maior ou menor rapidez, os demais países europeus deram seu reconhecimento à independência brasileira, inclusive a Rússia, apesar de rumores relatados por Borges de Barros no seu citado ofício de 28 de janeiro de 1825, segundo os quais "a Rússia quer que, mesmo quando Portugal reconheça, os mais o não façam".

A Suécia, por intermédio de Stivuseld, seu ministro em Londres, participava, em 5 de janeiro de 1826, da nomeação de um cônsul-geral encarregado de negócios interino no Rio de Janeiro e, a 7 de fevereiro, tomava as medidas para a conclusão de um tratado comercial. Podemos supor ter havido alguma boa vontade dos suecos em relação ao Brasil, pois já em meados de 1823 Jorge Antônio Schaeffer pretendera ir até Estocolmo, conforme sua carta a José Bonifácio, em data de 1º de maio:

> *Il me flatte pouvoir disposer le Gouvernement Suédois à reconnaître le prémier d'une manière officielle, l'Empire du Brésil, et si, comme j'ai tout lieu de l'espérer je réussis dant cette entreprise, il y aura alors beaucoup gagné sous tous les rapports tant politiques que commerciaux.*

Possivelmente as esperanças de Schaeffer estivessem associadas a propostas suecas visando à emigração para o Brasil de sentenciados então vivendo nas prisões daquele país escandinavo. Melo Matos, em carta de 28 de outubro de 1825, aliás, comunicou formalmente tais propostas a Carvalho e Melo, tecendo considerações diversas acerca da conveniência de se aceitar tal sugestão.

> Houve algumas dificuldades relativamente à Espanha, pois o "Governo espanhol (...) julgava o reconhecimento da independência do Brasil contrário às pretensões, que ainda mantinha, de reaver suas colônias da América, e não simpatizava com a causa de D. Pedro em Portugal (...). Além dos motivos de ordem política que a Espanha tinha, para persistir em não reconhecer por nada a independência do Brasil, acrescia a circunstância de estar a ilha de Cuba a produzir de sobejo café, açúcar, cacau e quase todos os produtos da exportação brasileira" (Mário de Vasconcellos, *Arq. Dipl. da Indep.*, III, p. XCV).

O reconhecimento russo, em fins de 1827, fez com que, inclusive, os encarregados da Grã-Bretanha e de Portugal continuassem a "instigar o Governo de Sua Majestade Católica para que reconheça a dignidade Imperial e a Independência do Império do Brasil" (carta de Ponte Ribeiro, Cônsul-Geral do Brasil em Madri, ao Marquês de Aracati, 15 de fevereiro de 1828, *in Arq. Dipl. da Indep.*, III, p. 395). Ao contrário, o que se verificou pouco depois foi o total rompimento das negociações e relações com a Espanha, somente se verificando o reconhecimento espanhol em fins de 1834.

A presença de suíços no Brasil deu margem a referências à sorte destes imigrantes na nota pela qual o Governo federal suíço comunicou seu reconhecimento, em janeiro de 1826. A 15 de fevereiro ocorreu o reconhecimento por parte dos Países Baixos (Oliveira Lima, *O Reconhecimento do Império*, pp. 301-303).

A Santa Sé   Em 28 de agosto de 1824, Monsenhor Francisco Correia Vidal foi nomeado por D. Pedro I como Plenipotenciário em Roma,

> "para que, conferindo com o Plenipotenciário ou Plenipotenciários, que forem nomeados pelo Muito Santo em Cristo Padre e muito Bem-Aventurado Senhor Papa Leão XII possa estipular, concluir, firmar e assinar até ao ponto de Ratificação qualquer tratado, convenção ou concordata, ten-

dentes não só ao Reconhecimento da Independência, Integridade e Dinastia Imperante no Império do Brasil, como também ao estabelecimento e sistema regular dos negócios eclesiásticos deste Império, e bem espiritual dos Meus fiéis súditos."

A julgarmos pelas instruções recebidas por Mons. Vidigal, atribuía o Governo brasileiro grande significado à missão em Roma, "não só porque aquela Corte é considerada entre os Estados europeus como uma das principais, mas também, e mormente, porque pela parte eclesiástica são as suas relações de sumo e particular interesse..." (*Arq. Dipl. da Indep.*, III, p. 300). Não parece ter sido correspondida, entretanto, esta importância por parte da Corte pontifical, tanto assim que, segundo Vidigal, "Sua Santidade tem medo, não quer se comprometer com Portugal" e sua própria residência era simplesmente tolerada em Roma; mais tarde (em 12 de agosto) refere-se Vidigal à "indiferença com que o Papa olha para aquela parte da Cristandade, importando-se mais com a condescendência de negócios políticos do que com a dos da Igreja que recebeu de Deus para reger, com imparcialidade", pois deixava-se levar pelas manobras do embaixador luso, Conde de Funchal, empenhado em opor obstáculos ao êxito da missão brasileira.

Ao ter notícia do tratado luso-brasileiro de agosto de 1825, deu Vidigal plena expansão ao seu desgosto e desapontamento, em carta datada de 19 de novembro, como se vê:

> "Não tenho expressões com as quais exagere a alegria que me causou esta notícia, não só pelas vantagens que dela resultam em geral, como pelo estado de opressão em que aqui tenho vivido por espaço de onze meses. Posso afirmar a V. Ex.ª que tenho sido um prisioneiro do Estado, servindo-me de cárcere a casa em que habito, sem comunicação ou relação alguma, à exceção de duas famílias que se não têm desdenhado de comunicar-me. Tal a situação a que me reduziu a miserável e mesquinha política desta Corte..."

Após dificuldades várias, que não cessaram sequer com a referida notícia, Mons. Vidigal conseguiu, enfim, em 23 de janeiro de 1826, ser admitido à presença do Pontífice, a quem entregou suas credenciais; reconhecia a Santa Sé, por este ato, a Independência e o Império do Brasil.

CAPÍTULO II

A FUNDAÇÃO DE UM IMPÉRIO LIBERAL: PRIMEIRO REINADO, REAÇÃO E REVOLUÇÃO

A CONSTITUIÇÃO DE 1824, embora outorgada ou imposta, aplacou a chama liberal, circunscrevendo-a enfim ao Nordeste e baralhando mesmo nessa área o desapontamento e o inconformismo. "A nação", disse Vergueiro a respeito da nova Carta, "recebeu-a como uma capitulação depois de uma derrota." O golpe de 12 de novembro produzira um choque paralisador sobre os sentimentos que havia três anos abriam caminho no Brasil. O Rio de Janeiro seria espelho expressivo: sua famosa Câmara Municipal, irreconhecível, aliás, desde a pancada andradina de outubro de 1822, inaugurou um espetáculo ao sabor dos regimes autoritários do século XX: abriu dois livros destinados a receber assinatura pró e contra o projeto da nova lei. O segundo ficou em branco. O incêndio do teatro a 25 de março, mas depois que D. Pedro se retirara, não merece mais do que a nota de estranha coincidência. Quanto ao resto das províncias do Sul, consigna-se a exceção de uma comunidade cuja consciência política era a mais esclarecida em São Paulo: a Câmara de Itu, sob inspiração de Feijó, ousou apresentar emendas que dariam ao Legislativo prerrogativas aliás exageradas. Sintoma da prevenção generalizada contra a Coroa, mas que só da Bahia para o Norte desafogou-se em expressões e atitudes violentas.

Não só a distância, que não se há de negar favorecia tal desafogo, também a tradição guerreira, a sensibilidade liberal e nativista fariam com que D. Pedro, principalmente daquelas bandas, temesse contradita. Delas é que se arreceara José Bonifácio, o qual, aliás, o Monarca acusara em julho de 23 como culpado de se haverem perdido "as simpatias de todo o norte". No Apostolado, a única voz discordante do veto absoluto fora a do pernambucano Cavalcanti de Lacerda, depois Barão de Pirapama. Na

Constituinte, ao apagar das luzes, o cearense Alencar vaticinara que se acontecesse a "desgraça" da dissolução "desmembravam-se as províncias, o Império não seria mais Império e o Imperador deixaria de ser Imperador". Logo em janeiro a cearense vila de Campo Maior de Quixeramobim foi às do cabo: declarou o imperante e sua dinastia excluídos do trono e convidou o caudilho Figueiras a organizar um governo republicano. A quixotada não faria mossa a D. Pedro, mas não seria tão sem importância quando o mesmo Padre Alencar escrevesse a Manuel de Carvalho, o "presidente intruso" de Pernambuco, como o chamavam na Corte: "Fácil me tem sido aqui plantar no povo as idéias de liberdade que nós desejamos semear." De retorno a terra, os deputados nortistas em geral tinham falado no que havia de "vacilante e contraditório" nas proclamações do Imperador. A Bahia, entretanto, acabou por submeter-se à voz dos elementos moderados, manifestando-se pela aprovação da nova Carta no próprio aniversário do pronunciamento de 1821, 10 de fevereiro. Arrematava, bem ou mal, três anos de campanha. Caldeira Brant, a quem se destinava mais brilhante papel liberal alguns anos depois, contribuiu para a conciliação baiana, e de Salvador, de passagem para Londres, escreveu a Muniz Tavares, concitando-o a trabalhar no mesmo sentido "contra esses senhores do Recife que se deixam seduzir com teorias do belo ideal".

1824 O belo ideal vinha, contudo, agora sopeado pelo empuxo das facções, que por outro lado encontravam na Constituição matéria para divergência. Entre os senhores do Recife não se reataria a bela unidade de 1817, quando, irmanados aos paraibanos, praticamente todos os elementos expressivos das duas províncias tinham ido parar nos cárceres baianos del-rei absoluto. O ano de 1821 libertara o instinto político manifestado em 17 e permitira desde logo a configuração de grupos e clãs. Do amorfo anterior, mas sobretudo do feixe liberal de 1817, tinham surgido os chefes de clã pernambucanos, como das lutas pelo império constitucional surgiram do Ceará ao Maranhão os heróis da independência, caudilhos do sertão. Todos se julgavam agora com direito a conservar o poder local e a escolher os presidentes de província como antes escolhiam as Juntas, nos "concelhos" que desde 21 proliferavam. Quem fora nomeado pelo Imperador, de acordo com a lei da Assembléia Constituinte e numa lista, aliás, de elementos em geral bons, agora designados para todas as províncias? Personagens de 17 para Pernambuco e Paraíba, e para o Ceará o liberal Costa Barros, de boa tradição pelo menos até 22. Vinham, no entanto, eivados pelo contágio da Corte, réus de "corcundismo" (neo-absolutismo) perante as facções instaladas, tachados como incapazes ou tiranos. Tais fatores, aduzidos ao ressentimento nativista, motivo agora menos ponderável, mas lastro freqüentemente aproveitado, geraram a confusão e a indeterminação que caracterizam o levante nordestino de 24 e refletem-se particularmente no seu separatismo incoerente, aos arrancos. Nesse terreno Frei Caneca é uma flor patética.

Procurava-se poupar o Imperador, atacando o ministério; mas chegou-se a acusar D. Pedro de ter desamparado o Norte, ao mandar buscar a esquadra que bloqueava o Recife, "a fim de defender somente a sua pessoa" contra uma anunciada expedição portuguesa. O argumento infeliz voltou-se contra os que desuniam a nação diante do perigo externo. Menos irrisória não seria talvez essa ameaça de Lisboa do que a "traição" do Imperador, mas serviu para fortalecer os imperiais. Não menos infeliz seria Carvalho quando apelou para a recentíssima doutrina de Monroe, pedindo aos Estados Unidos uma esquadra que viesse estacionar no Recife. D. Pedro, impecável no seu liberalismo para uso externo, já mandara pedir aos americanos do Norte o reconhecimento do Império e invocara a necessidade de unirem-se aos do Sul "para opor uma barreira às injustas tentativas da velha e ambiciosa Europa". Europa como a entendem muitas vezes os ingleses, isto é, sem a Inglaterra. De Londres chegaram ao Rio £ 300.000 no mesmo 2 de agosto em que o Almirante Cochrane partiu levando a expedição comandada por Francisco de Lima e Silva. Em setembro, sufocou-se o afogueado Recife. Instalou-se uma das comissões militares com que D. Pedro começava a acutilar o artigo 179 da Constituição.

"A causa dos rebeldes", entretanto, conforme mandou dizer Lima e Silva para o Rio, "tinha tomado maior incremento do que se julgava, e os republicanos não eram poucos." Republicanos de ocasião exprimiam sobretudo uma desgarrada revolta, um protesto de fidelidade à revolução traída na Corte. O mesmo Lima e Silva pleiteou indulgência para com os oficiais jovens: tinham-se deixado possuir "pela mania revolucionária que tanto se generalizou não só entre os pernambucanos como entre os habitantes das outras províncias do norte". De fato, motivos locais tinham acionado o movimento pelo Nordeste afora, mas o que uniu a Confederação do Equador foi uma inspiração liberal. O próprio Carvalho, representante menos preclaro do ideal que alguns outros consagraram pelo sacrifício, alteou-se – e agora não importa se menos sinceramente – nos momentos em que figurou de porta-voz dos "federativos"; por exemplo, quando disse a Maria Graham, enviada por Cochrane a parlamentar, que nada concederia a não ser sob condição de reunir-se de novo a Assembléia dissolvida. No detalhe predominaram interesses curtos, no conjunto sobressaiu a flama ideológica que envolveu numerosos holocaustos. Só essa flama, e não obstante a retração momentânea de algumas vítimas – o mesmo Caneca ou o Padre Mororó, no Ceará – poderia levá-las à tranqüilidade com que enfrentaram afinal a morte. Reuniram-se agora aos mártires de 17. Havia muito que o processo da independência bipartira-se; na frente ou na cola da soberania nacional caminhava a implantação do liberalismo. Nesta última é que se encontram os feros julgamentos, as execuções cruéis, e em geral os mortos que se elevam acima da contingência.

Nada mais eloqüente, nesse plano, do que o procedimento dos portugueses que se engajaram na revolução de 24 e por ela deram a vida. Tal o caso de João Soares Lisboa que, depois de acirrada campanha liberal através do *Correio do Rio de Janeiro*, foi redigir em Recife o *Desengano Brasileiro* e morreu no combate do Couro d'Anta – "animando os seus amigos", diz o Barão do Rio Branco, "a perseverarem na defesa da causa da Confederação". O Barão não perdoou, entretanto, a um outro português, João Guilherme Ratcliff, nem mesmo uns versos latinos que escreveu na parede do cárcere pouco antes de ser enforcado. Prosseguindo na correção incidentalmente pedante iniciada por Armitage, o emérito anotador de Varnhagen demonstra que aquela poesia-testamento era de inspiração alheia. Tobias Monteiro é menos severo quanto aos talentos, mas apenas quanto aos talentos do "aventureiro" Ratcliff – aventureiro, aliás, como Byron e outros que andaram então pelo mundo lutando, não tanto pelas nações novas ou rejuvenescidas, como por idéias supranacionais. Otávio Tarquínio enquadrou acertadamente o caso de Ratcliff na querela universal entre Ordem e Aventura. O ilustre historiador que foi Tobias Monteiro dedica, no entanto, ao segundo comandante do brigue *Constituição ou Morte* algumas páginas que representam um modelo de incompreensão do assunto. Ratcliff amava a sua pátria e fora partidário entusiasta das Cortes, diz Tobias; como compreender, portanto, a sua adesão a um partido que gritava pelas ruas do Recife o terrível "mata-marinheiro"? Um partido que justamente naquele momento separava-se de D. Pedro, "por supô-lo aliado a Portugal, com o fim de entregar-lhe o Brasil"? A matéria, no sucessivo aspecto de confronto brasilo-portugueses e de situação do Imperador dentro do problema, terá de ser abordada mais extensamente a seguir, num desenvolvimento que nos levará ao fim do Primeiro Reinado; por enquanto lembremos apenas o que já se disse a propósito de nativismo agressivo: ele era mais ou menos espontâneo entre a massa popular, menos sincero entre a classe dirigente. Com esta é que tinha de haver-se um homem como Ratcliff. Mas principalmente um homem que na hora extrema pôde dizer: "Morro pela liberdade." A luta sustentada por Carvalho era intestina, assevera Tobias, concluindo gravemente que os filhos de outras nações não deveriam nela intervir. Mas para Ratcliff, luso filho de polonês, essa guerra civil era apenas uma das frentes legadas pela Revolução de 1789.

Nativismo e nacionalismo — Não nos temos referido senão de passagem ao dissídio entre brasileiros e portugueses porque, como já o apontamos, quando não encobriu apenas o conflito estritamente político que nos tem ocupado, foi-lhe muitas vezes acessório, apoio ou recurso tático dos mesmos brasileiros. O conflito dos regimes, com efeito, quase sempre o mais importante, freqüentemente não aparece nesse lugar porque data da própria época da revolução liberal, uma confusão deliberadamente fomentada pelos protagonistas da história, e, mais tarde, quase sempre inconscientemente, acolhida por muitos historiadores: a identificação entre os objetivos precípuos de cada ator, ou de cada grupo, e a causa da nacionalidade verídica ou supostamente ameaçada. É o que se enxerga, começando pelo menor, em muitas disputas de política local; é o que se vê, espetacularmente, na histeria xenófoba dos Andradas mais moços em sua fase de declínio após os grandes dias de 1822; é por fim e sobretudo o que se verifica nas campanhas liberais – mas apenas quando os liberais estão por baixo.

Havia, sem dúvida, um extenso sentimento ou ressentimento nativista, mais consistente entre a massa do povo do que entre os líderes, e que no entanto a estes deveria alcançar e em alguns ancorou fortemente. Tratava-se de uma oposição de interesses e de estilos de vida – que, aliás, como tantas vezes ocorre, não excluía a interdependência – e que transbordava do clássico confronto entre aristocracia rural perdulária, endividada, e o comércio morigerado e acumulador de capitais. O brasileiro em geral já era mais gastador do que o reinol e não lhe perdoava muitas vezes a mesquinhez ou a fortuna, eventualmente a arrogância. Contra umas e outras fermentava o amargor nativista que em seguida reagiria, eventualmente em nível mais elevado, patriótico, ao setor irredutível do nacionalismo lusitano presente nas manobras da reação ou da Regeneração e dos seus aliados, senhores de boa parte do comércio nas cidades maiores do litoral. Na Bahia, por exemplo, em novembro de 1821, a tensão entre nativos e europeus crescia para o auge: os primeiros "falavam claramente em independência", diz uma testemunha de vista, e queriam que ao menos metade da Junta fosse de brasileiros natos. Por isso mesmo o Governo das

Cortes, não obstante pôr em liberdade os baianos que a Junta remetera para Lisboa, preferiu para o comando militar o luso Madeira – "revolucionário à força", conforme Oliveira Lima – ao brasileiro Manuel Pedro, sincero adepto da Regeneração desde a primeira hora. A perfídia daria impulso à explosão do ano seguinte e a muitos rancores que iriam desabafar pelo tempo adiante. Como no Recife ou no Pará.

A par desse litígio, que logo tenderia a extrapolar-se, vigoravam entretanto fatores de congraçamento ou, melhor, de fusão das nacionalidades. Antigo era o estilo peculiar da colonização lusitana, que tanto arrancara riqueza como transfundira sangue, edificara patrimônios. Nesse antigo vinha embebida a maneira absolutamente original pela qual se processaram a Independência e a instauração da Monarquia brasileira, com a mudança e naturalização da Corte, com D. João VI Rei do Brasil, com Tomás Antônio voltado para um Portugal americano e pensando em chamar José Bonifácio aos conselhos do Governo. Por fim, a revolução do Porto viera igualmente naturalizar-se, confluindo no anseio de muitos brasileiros, admitida e a princípio efetivamente favorecida pelo herdeiro da Coroa, acolhida por nativos e portugueses, mesmo depois, de plenamente nacionalizar-se, num torneio de fidelidade ao fundador do Império. Muito citada é a rivalidade implícita nesse torneio; menos referido é o fato de que a maioria dos portugueses que mantinham o seu lugar na Corte, ou na praça, aderira ao Brasil para sempre. Mesmo entre o elemento militar, menos arraigado à nova terra, foi considerável o número dos que optaram pelo Império. Difícil, por algum tempo, foi a situação desses adotivos. Mas Cochrane exagerava as dificuldades quando escrevia a José Bonifácio que "metade da esquadra precisava estar de guarda à outra metade". Parecera-lhe estranho que D. Pedro falasse em "atacar a força parlamentar portuguesa": então não se fazia guerra ao Rei de Portugal, ou à nação lusitana, mas às Cortes somente? O almirante custou a entender o caráter singular daquela contenda. Tobias Monteiro, a quem, entretanto, não faltou de modo geral a lucidez da opinião (não se julgue a sua obra para passagens que somos obrigados a citar), também não entendeu as "palavras incongruentes" de D. Pedro quando dissera, participando a D. João o ato de 12 de outubro, "assim ter a nação portuguesa um asilo certo nas adversidades iminentes". O que isso tudo exprimia, além do "negócio entre pai e filho", rei e imperador, Portugal e Brasil, era a traição que buscava ser menos dolorosa. E tinha onde buscá-lo. Fosse D. Pedro liberal constante, os brasileiros não estariam longe de fraternizar com Portugal logo após a ruptura.

Nada mais falso do que o critério que reduz as lutas do Primeiro Reinado a uma porfia entre "partido nacional" e "partido português". Se é verdade que este último rótulo não corresponde unicamente a uma figura de retórica, menos verdade não é que os brasileiros natos utilizaram-no sobretudo como espantalho ou provocação. No âmago mesmo de 1821-22, quando irrompe a definição das nacionalidades, é difícil isolar um grupo lusitano a não ser incidentalmente. Na "convenção" da Praça do Comércio, por exemplo, oficialmente dominada pelos reinícolas, Silvestre Pinheiro distinguira três "partidos": o primeiro, "receoso sobretudo do despotismo europeu", optava por uma junta (de inspiração lisbonense); o segundo era pelo Conde dos Arcos (fiel português, mas aspirante a condestável do Brasil-Reino); o terceiro, "inimigo do conde" (como os liberais nativos) "e de tudo quanto era brasileiro" – seria o dos energúmenos da futura recolonização? Mas não contava com a tropa lusitana, que, no entanto, promovera o constitucionalismo português, o que quer dizer que aquele "partido" seria nulo. Embora já então virtualmente frustradas pela dinâmica interna da revolução, persistiriam absurdas esperanças de recolonizar. Mas iriam diluir-se através da regência de D. Pedro, iriam transmudar-se e em grande parte unir a corrente dos brasileiros não-liberais. O que ficou praticamente daquele esboço de 21 foi a corrente dos liberais brasileiros e a dos brasileiros "corcundas". No Rio a facção portuguesa foi em grande parte absorvida no episódio do Fico, nem esperou pelo embarque da Divisão Auxiliadora; nas províncias do Norte subsistiu eminente enquanto permaneceu a tropa lusitana. A tropa, afinal de contas, é que seria o "partido" de Portugal...

Em 22 o negociante Mariscal renovou um esquema trinário já mais próximo do Primeiro Reinado e que sugere, sem querer, o encaixe do português. Partidos: europeu (lusitano) aristocrata e democrata. Os senhores de engenho e apaniguados serviam-se do povo ("que nada tinha a perder") para alcançar um objetivo antes comum: o "transtorno geral" para "despojar os europeus de suas riquezas". Os brasileiros detestavam o português que chegava pobre e atingia a opulência e até a casar em família rica e de nome, pois no Brasil só havia uma categoria: a do dinheiro. Através do aranzel simplista enxergam-se várias meias verdades. Os motivos de pecúnia não estiveram ausentes, sem dúvida, no processo de emancipação. A revolução da independência foi de fato subtraída aos elementos mais avançados que a promoveram, e o fator econômico também não foi estranho a esse deslocamento. A divisão entre constitucionalistas e absolutistas ou "corcundas" (reacionários, dir-se-ia hoje) muito mais profunda do que aquela que há de opor os partidos do Segundo Reinado. Falar em liberal da época de D. Pedro I é referir-se a um tipo de mentalidade em cuja formação o fator econômico não será talvez decisivo, mas é importante. Essa mentalidade e não o patriotismo é que distingue o liberal. Trata-se de um amigo da propriedade e da ordem, amante, porém, da liberdade e da Constituição que deve garanti-la; amante, portanto, de *novidades*, capaz dessa grande novidade que é estar em oposição ao governo e ao próprio monarca. O absolutista é o inverso, pretende apenas, feita a independência, conservar cabedais e posição, é sobretudo amigo da segurança, não lhe fazem mossa os excessos de quem detém o poder, desde que conserve privilégios e tranqüilidade. Aqui, engasta-se o chamado "partido português", que não é mais do que uma ala do absolutismo disfarçado ou não, isto é, do partido de D. Pedro do "governismo", no qual apenas se destacará quando provocado.

Absurdo, portanto, será o critério histórico que atribui a um partido recolonizador mais ou menos mascarado a assunção do poder após a queda dos Andradas. Ou mesmo uma influência menos confessável do ponto de vista da soberania nacional, o que não quer dizer que não fosse maléfica do ponto de vista do interesse nacional, ligado ao aperfeiçoamento político do país, a influência tanto de áulicos portugueses quanto de cortesãos brasileiros. A arma da oposição era confundir aqueles amplos interesses, e também às vezes empenhos de caráter mais pessoal, com soberania ameaçada ou ultrajada. Essa arma, usam-na os Andradas em 23, os liberais a partir do fim desse ano (ou mesmo antes, nas províncias onde se antecipa o descontentamento). A distância, contudo, entre os Andradas e os seus adversários liberais, do ponto de vista estritamente político, é talvez a mesma, talvez maior do que aquela que separa os Andradas e os "chumbeiros", sobretudo se alargarmos o último epíteto ao imenso rol de gente que naquela época era nele incluída. Mais tarde os Andradas serão "caramurus", isto é, adeptos do retorno do Imperador "português". No momento da dissolução da Constituinte, entretanto, todas as vítimas aparecem unidas, pelo menos aos olhos de muitos historiadores, porque do outro lado estavam os portugueses "exultantes", conforme a expressão de Armitage. Exultavam porque tinham sido antes agredidos ferozmente por Antônio Carlos e Martim Francisco, que pareciam tomar conta da Assembléia. A dissolução seria considerada um primeiro passo para a recolonização "que era afinal o objetivo último dos absolutistas", diz Caio Prado Júnior. Só, no entanto, a paixão acesa daquele momento deveria ver as coisas desse modo. Sem nos referirmos ao fato de que a maioria do exército que "reclamava" a dissolução era agora de brasileiros, como brasileiro o general que comandava a tropa (instrumentos da recolonização, dirá sobranceira a tese nacionalista), bastaria lembrar os nomes dos ministros e conselheiros de novembro de 1823, futuros marqueses de Paranaguá, Queluz, Caravelas, Baependi, Maricá etc., etc. Deles se dirá, e dos futuros colegas com quem hão de revezar-se através do Primeiro Reinado: elementos dúcteis, pois não, elementos dúcteis ao Imperador. Neste último, aliás, é que se há de polarizar o equívoco. Boa cepa de conservadores – não menos boa cepa de brasileiros. Inclusive Vilela Barbosa, o primeiro daqueles marqueses, que vivera em Portugal tanto tempo quanto José Bonifácio. Tão brasileiro, em última análise, quanto os baianos que entre ministério e conselho faziam "turma compacta", no dizer de Varnhagen. E tão brasileiros, afinal, quanto os outros baianos que em janeiro de 24 suscitavam o comentário acre de um correspondente de Frei Caneca, desiludido com a submissão da Bahia ao novo arranjo constitucional: "(... reina a maior apatia (...) egoísmo (...) anarquia (...) não há senão um ódio desatinado contra Portugueses, e uma ansiedade para lhes abarcar todo seu comércio (...)."

No Recife a equação seria menos simples. Haveria talvez uma quota menor dessa espécie de nativismo desmoralizado que se denunciava na vazante das esperanças baianas. Numa crise de natureza mais positiva, os líderes também apelavam para o ataque ao reinol, mas nos postos de responsabilidade ou nas fases de euforia procurava-se a conciliação. Em 17 o povo gritara "morram todos os marinheiros!", mas a proclamação do Padre Miguelinho dizia que "já não há distinção entre brasileiros e europeus, todos se conhecem irmãos". Euclides da Cunha resumiu aquele levante falando em "tendências nativistas sob disfarce republicano"; poderia inverter os termos, referindo-se às cabeças pensantes, e teria razão sem dúvida quando disse que os deputados brasileiros às Cortes eram homens "mais do seu tempo que do seu país". Em janeiro de 22, plena ruptura das hostilidades porém momento de alegria nacional e de esperança constitucionalista, Frei Caneca escrevera a Dissertação "sobre o que se deve entender por pátria do cidadão", toda no sentido de reconciliar nativos e adventícios. Já em 24 essa inclinação seria quebrantada pela angústia de atacar a "alcatéia unitária e matilha absoluta". Grande arma, geminar chumbistas e corcundas; falar em "cáfila portuguesa" que teria promovido a dissolução da Assembléia e remetia a Constituição para as províncias como quem expede um alvará; falar mesmo em trama da Corte com hipotéticas expedições do no entanto "impotente Portugal", expressão que o *Tifis Pernambucano* deixou escapar. Pais Barreto, nomeado presidente pelo Imperador, teria sido escolhido pelo ministério "despótico" para servir ao "partido português". Por isso era preciso sustentar o Exmo. Carvalho. Rompidas as amarras, o mesmo Carvalho não fazia discriminação de berços. Velhos ou novos reinóis, como um antigo oficial do procônsul de 1817, Luís do Rego, ou os já referidos Lisboa e Ratcliff, receberam postos de extrema confiança. Fraternidade de idéias, mas também novas possibilidades. O bombardeio do Recife pela esquadra imperial acendeu, no entanto, cegas represálias contra os europeus. E por fim muita gente talvez chegasse a acreditar numa fantástica versão do golpe contra a Constituinte: que fora aquele o primeiro ato de um conluio de D. Pedro com o pai, já então novamente rei absoluto. Nos últimos meses da insurreição recrudesciam as alusões ao regime republicano e à "traição" do antigo herdeiro da Coroa portuguesa.

A questão portuguesa centralizara-se em D. Pedro I. À medida que crescesse a irritação com o Monarca turbulento e anticonstitucional, cresceria também a grita contra o "tirano estrangeiro". As críticas ao tratado de 1825 (reconhecimento da independência por Portugal) e ao envolvimento do Imperador na sucessão de D. João VI, o próprio ciúme em relação aos portugueses da Corte, seriam muito diferentes se não fossem paralelos a uma série de ações e omissões do imperante que se resumem em incompatibilidade com o regime representativo e com o respeito pela opinião pública. Aquela mesma opinião a que o Príncipe se referira como a "rainha do mundo". A mesma de que ele se divorciava com o golpe da dissolução. A opinião liberal e o simples espírito de oposição tenderiam a colocar o problema do brasileirismo de D. Pedro em bases falsas. E chegar-se-ia mais tarde ao extremo de supor que a aliança do Príncipe com os brasileiros resultara apenas do ódio comum às Cortes. A esquecer que esse ódio foi um condimento de ocasião e que D. Pedro converteu-se ao Brasil, acima de tudo, por ambição de glória, seu traço mais característico – seu traço final. Ambição de fundar um império e de possuí-lo; capacidade também de amá-lo, a seu modo. Pelo nascimento, e não obstante prezar-se muito de "ser homem", mais do que príncipe, não há dúvida que D. Pedro achava-se de certo modo acima do sentimento patriótico comum, de ordem filial ou fraterna. Mas pelo mesmo nascimento, e pela sua natureza pessoal e profunda, não lhe faltava imensa capacidade de amar o Brasil paternalmente, e até o fim, sem tinta do que se pudesse chamar de traição ou abandono.

O dissentimento, contudo, instalara-se no país depois de 1823, sob a forma de marasmo ou protesto. De má vontade, em todo o caso, contra o

Imperador que tudo fazia para concentrar censuras, absorvendo praticamente todo o Poder Executivo. O Tratado de 1825, patrocinado pela Inglaterra, seria um desses casos de crítica fácil – menos fácil, porém, o agir de maneira diferente. Contornando mais uma vez a extinção do tráfico, D. Pedro satisfez o mínimo das "exigências" inglesas, isto é, portuguesas, mas defendidas pelo britânico Stuart: uma indenização e o título de imperador que "o pateta do velho rei de Portugal pretendia", conforme expressão de Canning. A Inglaterra estava impaciente com a demora desse arranjo, e D. Pedro, embora demonstrasse sincera repugnância por qualquer concessão menos justa, também estava ansioso pela conclusão do negócio, passo primordial no sentido do reconhecimento do Império pelas demais nações européias, geralmente assustadas com o caráter "democrata" dessa monarquia americana. A irritação brasileira redobrou quando Londres reconheceu a independência de fato do México, Colômbia e Buenos Aires. "Não temos mais nada a esperar da Europa", escreveu Caldeira Brant ao Imperador. Em Portugal, todavia, considerou-se o evento um "terrível golpe", destinado a "exaltar as esperanças e pretensões do Brasil". Canning mesmo dizia tratar-se de "um aviso ao governo português". A pressão inglesa, portanto, que não desprezava a consolidação da Monarquia no Brasil, mas desejava sobretudo "reatar a América à Europa" – conciliando nisso tudo, mais uma vez, sabedoria e interesse –, a pressão inglesa exerceu-se primeiro em Lisboa e depois no Rio. O Imperador, exorbitando como sempre do seu papel, conduziu as conversações com Stuart e resistiu este mais do que os brasileiros natos, salvo no particular de basear-se a indenização na cobertura de um empréstimo contraído por Portugal em Londres e levantado sobretudo para se guerrear o Império. Falta de "delicadeza patriótica", diz o próprio Otávio Tarquínio. Mas sobretudo desprezo pela pura aparência das coisas, que, no entanto, era objeto de muitas preocupações e melindres. Nem todos viam, por exemplo, na figuração da independência como dádiva ou "cessão" de Sua Majestade Fidelíssima, que por outro lado "tomava" aquele título de imperador, uma fórmula sobretudo ridícula para Portugal. Um prêmio de consolação, outorgado, aliás, tanto ao velho reino quanto às potências legitimistas preocupadas com essa formalidade.

 O tratado teria de desagradar a muitos brasileiros e a muitos portugueses. O Ministro Subserra escrevia a D. João: "O desenlace (...) tem-me enchido de amargura." O Governo de Lisboa, contudo, e paradoxalmente, conseguira que o Imperador não renunciasse à Coroa portuguesa. No vaivém de uma ambição que em nada pretendia diminuir o Brasil, mas que seria pretexto para muita desconfiança nativista, D. Pedro achava-se agora em maré de renúncia. Em 23 e 24 preferia deixar a porta aberta – a uma herança que, aliás, não excitava apenas prevenções entre os brasileiros, também despertava otimistas veleidades de acréscimo. Agora mesmo o baiano Pereira da Cunha, logo Marquês de Inhambupe, dizia que "por falecimento del-rei (...) pode S. M. Imperial (visto não poder para lá ir por causa da Constituição) abdicar em um filho, reservar para si as ilhas dos Açores ou Madeira e seus domínios da Ásia, África etc.". (Não foram poucos os que por essa época pensaram em unir Angola ao Brasil.) Ao contrário do projeto de 23, que vedara a acumulação das coroas, a Constituição de 24 apenas proibia ao Imperador o ausentar-se do país sem o consentimento da Assembléia Geral. Incoerência, diriam os que se lembrassem apenas do grito de 22 "De Portugal, nada!" sem querer distinguir entre o adversário da véspera, temível pelo menos por hipótese, e o derrotado Portugal que o Imperador poderia herdar. Viam apenas uma perigosa perspectiva de união, como se o reino europeu não fosse agora a panela de barro, naquilo que para o partido dominante em Lisboa passara a significar uma garantia de liberdade interna. Pois em 25, ao passo que o próprio e irritado D. Pedro preferia não assegurar os seus direitos de herdeiro, junto a D. João e, portanto, junto ao enviado Stuart predominavam, com Palmela à frente, os novos liberais, muito diferentes dos regeneradores de 20, mas que também tinham horror a D. Miguel. Prefeririam, por morte do rei, o príncipe que até aí tinham combatido como usurpador do Império brasileiro. Príncipe menos lusitano que o irmão, porém menos truculento também, e até mesmo esplêndido liberal a distância ou no arranque de um movimento constitucionalista.

O liberalismo seria o ingrediente mais significativo da contenda a princípio disfarçada, mas que teve início de fato em Portugal desde a morte de D. João VI, março de 1826. É claro que de um ponto de vista primariamente patriótico, e apesar de toda a argumentação legitimista, o Imperador do Brasil estaria desclassificado. Só do ponto de vista da dinastia, vivido sobretudo pelo próprio dinasta, e que se distingue da pátria porque a Coroa é "propriedade" hereditária de uma família, independente de elemento estranho que se enxerte ou que a aliene, ou de um segundo e afinal mais válido ponto de vista nacional (a nação pode outorgar a Coroa a quem lhe apraz) é que vigorava a causa de D. Pedro. O último fator, embora revestido pela aludida argumentação legitimista, é que seria o efetivo. E enlaçava-se no empenho liberal, o mesmo que no Brasil, entretanto, levantava os adversários do Imperador. No Brasil ninguém mais acreditava na retidão ideológica de D. Pedro, e um número decrescente acreditava na sua capacidade de idealismo. Daí para a injustiça faltava um passo freqüentemente transposto.

A camarilha portuguesa, o gabinete secreto, a alienação do Império... Já se murmurava a respeito muito antes de 26, desde a Constituinte, enquanto o Imperador tivera para com a pátria de origem sobretudo uma atitude: Portugal que se cuidasse. E atitude não muito diferente em relação à maioria dos portugueses do Brasil. D. Pedro pessoalmente fazia questão de cuidar era dos seus amigos de infância e adolescência. Os seus – para usar um termo desagradável, mas que retrata a situação – cupinchas. Fâmulos de maior ou menor tomo, todos eram seus criados, conforme a tradição vigorante – pois a Corte era a tradição, abarrocada, mas nada liberalizada e que de francês teria apenas certos usos do regime antigo, os criados – nobres, enobrecidos ou candidatos a algum título – senão para mudar a camisa para o copo d'água de Sua Majestade. Que certa vez, aborrecido com a Marquesa de Santos, escreveu-lhe que tomasse tento: devia respeitá-lo como "súdita e principalmente criada". Não quis humilhar, quis apenas lembrar benefícios e obediência. Cuidava de Domitila e dos seus criados; entre estes predominava o elemento português que tinha ficado com o Príncipe e pelo menos apostado no Brasil, *amicus certus in re incerta* (gostava de latim fácil). Não eram tão dignos de gratidão esses fiéis quanto os nacionais que o tinham aclamado para se libertarem? Excomunhão para quem dissesse tal.

Havia interesses, mas também dedicação e capacidade de servir, inclusive em cargos elevados. Experiência. Abstraía-se o corcundismo, nada demais havia em ter no ministério adotivos ao lado de naturais da terra (15x30, no Primeiro Reinado). O que acontecia, no entanto, é que era impossível abstrair o corcundismo; ele servia incessantemente o Imperador. Daí a grita contra o pé-de-chumbo, pouco mais que tradução da corcunda, mas de muito melhor efeito. Entre os presidentes de comissões militares aparece, por exemplo, em 25, na Bahia, onde houvera antes um motim de interesse menos geral, o português Gordilho de Barbuda, íntimo do Imperador, que ainda nesse ano o fez Barão de Pati do Alferes e depois Marquês de Jacarepaguá. Conhecia bem a província, mas tinha péssima reputação, ao contrário dos brasileiros que por essa mesma época, às vezes compungidos, cumpriam ordens cruéis em Pernambuco e Ceará. Barbuda, todavia, era apoiado por Caldeira Brant, logo feito visconde e depois Marquês de Barbacena, e por Maciel da Costa, logo Queluz e agora presidente da província. O que ambos não suportavam era a insubmissão de um Barata, por exemplo. Maciel ainda escreveria a D. Pedro: "Barata é baiano e casado com mulher de família aqui conhecida e contudo a notícia de que escapa ao patíbulo tem afetado os homens ricos e sossegados." A frase é perfeita e completamente expressiva. Só a contra-reação diria que entre aqueles ricaços havia maior número de lusitanos ou de ânimos antinacionais.

Depois de 26 os sentimentos "portugueses" de D. Pedro complicaram-se de interesse dinástico, afeição paterna e aquele amor à glória que era a sua maneira de ser idealista. Ao saber da morte do pai, ouviu alguns conselheiros e preferiu o voto de Barbacena ao de cortesãos menos inteligentes: abdicou logo na primogênita Maria da Glória, com condição de que D. Miguel se casasse com a sobrinha e jurasse a Constituição que D. Pedro IV outorgava a Portugal. O trânsito invertera-se: do Brasil é que partia a lei. Tudo foi resolvido em menos de uma semana. Havia pressa em esclarecer a situação: a Assembléia Legislativa ia reunir-se pela primeira vez dentro de alguns dias, e a maioria dos brasileiros, dizia Barbacena, "confundem de boa-fé a reunião das coroas com a união das nações, e então podem ser surpreendidos pelos democratas, que não deixam de clamar (...) fingindo sincera persuasão de que voltamos ao tempo do Senhor D. João VI". Em 28, D. Pedro abdicou definitivamente em Dona Maria II. Através dessas renúncias, continuou a exercer intensa atividade em relação a Portugal. A queixa dos brasileiros aumentava e tornava-se inclusive contraditória: diziam-no distraído pela causa da filha; ora, o mal de D. Pedro em relação ao Brasil não era o de ausência, era, ao contrário, o de hipertrofia do seu Poder Executivo, já errado na origem. Sua capacidade de intrometer-se em tudo era imensa.

Quando Barbacena partiu para a Europa a procurar noiva para o segundo casamento do Imperador, levando ao mesmo tempo consigo Dona Maria II e plenos poderes para tratar de sua instalação no trono, muitos brasileiros estranharam o encarregar-se desta última empresa um senador do Império, e seu primeiro diplomata, "que poderia envolver o Brasil nos azares dessas negociações". Viam o problema estreitamente porque já estavam mais do que prevenidos contra D. Pedro. Se este fosse liberal constante, teriam visto naquela reivindicação um motivo de orgulho para o país – virtual patrono da rainha e da Carta que, embora adaptada a algumas tradições européias, era um documento dos novos tempos. A causa de Maria da Glória era bem vista pelas potências legitimistas, que apenas queriam evitar intervenção ostensiva; o juramento da Carta é que complicava o assunto, mas sobretudo depois da morte de Canning (outubro de 1827) e antes do acesso de Luís Filipe. Sob este aspecto o Imperador do Brasil era um herege aos olhos dos absolutistas europeus; não lhe faltava, ainda uma vez, a auréola napoleônica que fora perigosa, mas simpática aos liberais brasileiros. Barbacena e Resende (o bom Manuel Teles da Silva, português e também fino diplomata, amigo de infância do Monarca) receavam que o avô de Maria da Glória ou o Gabinete de Viena, ambos conduzidos por Metternich, quisessem reter a menina como o tinham feito com o Duque de Reichstadt, o *Aiglon* a caminho da lenda. Logo mais, com ares de desafio às Cortes da Santa Aliança, D. Pedro expressaria a Mareschal o seu contentamento por desposar uma filha de Eugênio de Beauharnais. No Brasil, contudo, a associação de idéias entre D. Pedro e o imperador dos franceses era coisa do passado.

De regresso à Corte, com a nova imperatriz e a pequena Maria da Glória ainda sem trono, Barbacena reencontrou os mesmos senão agravados venenos. Agravados, sem dúvida, devido à perene incompatibilidade de D. Pedro I com o regime representativo, ao passo que a opinião liberal aprendia a enfrentar o Imperador na Câmara e na imprensa. O ministério estava dividido entre "clementistas" e "calmonistas". Questão de natos e adotivos, diriam depois, referindo-se ao baiano Miguel Calmon e a José Clemente. Ninguém, entretanto, lembrara a origem deste último quando fora líder de 22 e merecera a honra do exílio, antes de virar a casaca e passar a ministro "absolutista", tão absoluto quanto Queluz e muitos outros brasileiros. Ao contrário de Vergueiro, tão adotivo quanto José Clemente, porém liberal fiel, o mais querido talvez dos chefes da oposição, o único senador a subscrever o "ultimato" de 17 de março de 1831. Exceção honrosa, diriam também, desse que era talvez mais idealista do que todos os senadores nativos. Mas a prova de que o conflito das naturalidades, quando não mascarava o problema do regime, era principalmente um subproduto, temo-la ainda em 29 e 30 no breve interregno do Gabinete formado por Barbacena. E por ele "formado", porque se tratou de um ensaio de sistema parlamentarista. Por sinal que apoiado em José Bonifácio, de volta do exílio e menos avesso a um regime de freios sobre o executivo. Caldeira Brant, porventura o mais inteligente dos cortesãos que serviram D. Pedro I, teve a idéia e por algum tempo a chance de aprumar o Governo pela simples prática do regime, isto é, pelo único expediente compatível, no fim das contas, com a Monarquia constitucional: o de dar satisfações ao Parlamento. E sobretudo à Câmara, que era quem as reclamava. Persistisse o Imperador nesse caminho, poderia voltar a agradar particularmente os seus amigos portugueses e providenciar sobre o destino da filha em clima de receptividade muito diverso.

É verdade que Barbacena, preocupado com a instalação do Governo em condições de dignidade ou, melhor, de simples bom senso – de respeito pelo Congresso e pelos membros do próprio Executivo –, atacou logo o "gabinete secreto" cuja legitimidade antes reconhecia, nas cartas da Europa para o Chalaça, e que fora, aliás, necessário para agenciar a sucessão de Dona Maria II sem usar os ministros do Império. Ministros que D. Pedro destratava freqüentemente, fossem natos ou adotivos; fazia questão de escolhê-los sem ouvir a Câmara, em seguida hostilizava-os com ojeriza quase igual àquela que nutria pelos deputados; e enquanto isso agradava os amigos cujo serviço estendia-se à alcovitice tanto como "à copa e à cozinha" (expressão de Tobias Monteiro). O novo ministro da Fazenda, arvorado em *premier*, conseguira o afastamento dos validos Gomes e Rocha, enviados a passear na Europa. Mas não se tratava apenas de reeditar uma sugestão de Cochrane em 23, no sentido de distrair ardores nativistas. Tratava-se de um programa: tornar D. Pedro constitucional. E Barbacena parecia ter começado bem, conseguindo que o próprio Imperador se dispusesse a "separar de si certas pessoas, não escrever para as gazetas e proibir que no Paço e na sua presença se falasse contra o Ministério".

Pensava-se em governar de acordo com a opinião pública, a melhor parcela dessa opinião, menos importante do que as congêneres de países mais velhos ou mais felizes, menos insignificante do que fazem crer os que reduzem os problemas daquele e de outros tempos a um fatalismo de atraso. A abdicação e a Regência indicariam perspectiva menos fúnebre. A opinião estava sendo tomada por um Vasconcelos na Câmara, um Evaristo na *Aurora Fluminense*, muitos outros aqui e acolá. Dois ou três expoentes apenas, ou uma dúzia deles, não explicam o que então se passou no Brasil.

Um sinal do que essa corrente positiva exigia, encontramo-lo em certo número da *Astréia*, órgão da oposição liberal, apontado por Otávio Tarquínio como índice do prestígio que cercou o Ministério de Barbacena. O jornal que fora muitas vezes chamado a júri por excessos contra a liberdade de imprensa defendia agora o Governo e também a José Bonifácio, envolvido numa intriga de elementos decaídos que atribuíam ao "velho de Paquetá" incríveis projetos republicanos. Inaugurando uma espécie de harmonia que só em D. Pedro e não pelo portuguesismo do Imperador teve agora o seu maior obstáculo, a *Astréia* salientava o absurdo daquela intriga. O que havia de novo no país era uma administração limpa e diferente das anteriores. O Imperador, bem-casado, gozava das "delícias da vida doméstica" (no que era possível insinuar-se que renunciara não só à marquesa como à excessiva ingerência na administração pública); o Ministério era "circunspecto, amigo da lei, da Pátria, do Monarca"; estancava a ladroagem e geria as finanças "com honra e probidade": combatia, inclusive pela mudança de alguns presidentes de província, todos os arreganhos do neo-absolutismo; velava, enfim, pela glória do Imperador, queria "salvá-la do naufrágio em que a precipitou o ministério transacto com os negócios de Portugal". O jornalista dividira a matéria de regozijo público em nove itens; é claro que muitos lusitanos de origem não escaparam, ao lado de muitos brasileiros natos, à pecha da roubalheira e do corcundismo; no último parágrafo, contudo, denunciava-se a questão portuguesa.

Caldeira Brant, com efeito, depois de conduzir ou acolitar na Europa a causa de Dona Maria, procurava agora satisfazer a corrente que não tolerava tais negociações. "O Imperador", dizia um português miguelista residente no Rio e muito satisfeito com a novidade, "levado agora por Barbacena tem dito que arranjem os negócios de Portugal a aprazimento do Brasil que ele não quer mais críticos." O Marquês de Santo Amaro fora encarregado de interpretar junto às velhas potências, a começar pela Inglaterra agora dirigida pelo ultraconservador Wellington, aquela disposição de alheamento. D. Pedro deixava "à discrição dos soberanos da Europa" a decisão dos negócios da filha. Limitava-se a protestar, na qualidade de tutor, contra a usurpação da Coroa de sua Augusta Pupila. Por essa época seriam com certeza reforçadas as queixas que circulavam lá fora entre os adeptos de Dona Maria; seu pai tinha abandonado a pátria de origem; "ser Imperador do Brasil valia bem mais do que ser rei do pobre, do decapitado Portugal". A censura tornara-se descabida, no sentido de que a equação nem mais se colocava para D. Pedro; restava apenas garantir a Coroa para a menina. Mas não há dúvida de que justamente como pai amoroso, além de dinasta convencido, ele sentiria uma dor na consciência: deixar de bater-se contra a traição do "monstruoso" Miguel, o Caracala, o Calígula! Assim era qualificado o rei interino de Portugal em panfletos e correspondências, inclusive da própria lavra imperial.

Quanto ao aspecto mais idealista da luta, D. Pedro resignara-se a nem mencionar a Carta Constitucional de 1826. Em compensação incumbiu Santo Amaro de trabalhar na Europa pelo lançamento de monarquias constitucionais na América espanhola, onde o "nascente orgulho nacional" devia ser respeitado, não se esquecendo de que "as idéias propaladas e os princípios adquiridos no curso de 20 anos de revolução obstam a que a geração presente se submeta de bom grado à forma do governo absoluto". A tirada, tão incoerente com a prática anterior de quem a subscreveu, mas tão expressiva do Brasil daqueles dias, era naquele momento inócua. No tablado europeu D. Pedro achava-se sozinho, tal como ficaria dentro em pouco no Rio de Janeiro, e aquele fato não terá sido estranho à complacência que revelou no ausentar-se momentaneamente da questão portuguesa. Cansara-se de brigar, por algum tempo, pelo bem e pelo mal. Logo, no entanto, ficaria radiante com a queda de Carlos X na França, seguida pela queda do Ministério de Barbacena. Recomeçava o impossível no Império, o futuro no antigo reino. Talvez não percebesse a antinomia que iria contribuir para jogá-lo em terra. O liberalismo ganhava um ponto na Europa, D. Pedro demitia o liberalismo no Brasil. A queda de Barbacena, aliás, não seria mera contribuição, porque foi decisiva para o término do Primeiro Reinado.

Aquele gabinete foi a última oportunidade de D. Pedro, e a mais importante que ele tivera depois de 23. Continuasse a manter a nova linha de Governo e teria realizado a conciliação que fora apunhalada na Constituinte. Não a reconciliação de todos os brasileiros, natos e adotivos, avançados e retrógrados, mas a dos melhores elementos, os mais aproveitáveis em cada setor da atividade nacional. Quem, entretanto, em matéria de poder não perdoava qualquer competidor acabou por ser particularmente cruel com Barbacena. A comparação com os antigos ministérios, favorável a Caldeira Brant, era desfavorável a quem na realidade tinha gerido os anteriores. D. Pedro despediu afrontosamente o velho amigo, responsável por um governo que fora afinal uma visita da saúde na história do Reinado. E Barbacena foi engrossar as fileiras da oposição liberal e do nativismo apaixonado.

Escreveu, então, ao Imperador, de partida para uma última visita a Minas Gerais (dezembro, 1830), uma famosa e sintomática carta, modelo de atrevimento senão de coragem, sinal também do arrasamento em que se achava D. Pedro, e que será, por outro lado, um índice da visão deformada, ou deformadora, parcial característica daqueles momentos finais. O Imperador não devia viajar, "talvez nunca mais voltasse", pois estava-se nas vésperas de uma revolução que ele poderia, no entanto, evitar se se identificasse com os brasileiros. (Os brasileiros? Os nativos retrógrados ou conformados que continuavam a servi-lo? Não, os que pretendiam representar a nação e de fato representam a aspiração nacional.) Mas, prosseguia Caldeira Brant, depois de evocar o caso de um rei português demente e encarcerado: "V. M. I. poderá acabar os seus dias em alguma prisão de Minas a título de doido, e realmente só um doido sacrifica os interesses de uma nação, de sua família e da realeza em geral, aos caprichos e seduções de criados caixeiros portugueses." Mais uma vez os criados serviam de alvo, evidentemente para espicaçar o amor-próprio de Sua Majestade. Barbacena sabia que o seu antigo amo não sacrificava aqueles valores a nenhum favorito, que a única favorita real fora sacrificada a uma razão de Estado. Mas também sabia que acima de tudo, mais forte do que o interesse verídico da Monarquia, estava o egocentrismo de D. Pedro, capaz de sublimar-se em glória, mas no Brasil preso a um inacreditável capricho: o de governar sozinho.

A invectiva do ministro grosseiramente demitido e precipitadamente acusado de venal não teria maior importância se não refletisse um estado de espírito que se generalizava. Através de portugueses atacava-se o Imperador, disfarçando, ou já agora reforçando, as baterias contra o despotismo em transe. O resultado seria um equívoco contagiante. Não há dúvida de que, assim como o ciúme nativista reforçara a causa liberal, o instinto de defesa dos adotivos aglutinava-os numa disposição pretoriana. Por temerem o nativismo, por se apegarem a favores e patrimônios, por serem atacados incessantemente; mas não, salvo casos excepcionais, por estarem "ainda inconformados com a libertação do Brasil", como se diria mais tarde. A pendência, aliás, continuaria muito além da abdicação. Agora se apegavam a D. Pedro, um protetor, que o tinha sido apenas de quem apoiava o seu absolutismo; e que via agora naqueles lusitanos um resto de gente no deserto à sua volta. Apegavam-se ao "imperador dos marinheiros" que voltava de Minas. Rodearam-no, iluminaram as próprias casas, provocaram brasileiros, mas sobretudo contraprovocaram; não mais de possíveis pretorianos, mas sobretudo como desespero e revide entendem-se as arruaças de março de 1831, quando o Exército já estava sendo trabalhado intensamente e ia aderir em massa à oposição. Silvaram pedras de brasileiros contra as luminárias: recorreram os portugueses aos cacos e às garrafadas.

O Exército aderia aos liberais, D. Pedro ia ficar sozinho. Chamava brasileiros natos para o ministério; de nada adiantava, pois que não eram liberais. D. Pedro iria às últimas – para não se dobrar a um regime representativo. "Tudo farei para o povo, nada pelo povo." Fincava pé, desafiava o liberalismo através do seu já agora homônimo nativismo. No dia 4 de abril mandou convocar os súditos da filha, alguns cortesãos para beija-mão no palácio habitado pela rainha de Portugal. A contaminação do nacionalismo atingira a *Aurora*. O sereno Evaristo, que em 1828 ainda louvara a proclamação do tutor de Dona Maria II, julgando-a "um monumento de constitucionalidade", lançava a 6 de abril a "cólera do povo" contra o partido "que tem gozado da especial confiança de quem governa". E referindo-se diretamente ao Imperador: suas ações, suas menores palavras, tudo nele "é antinacional, tudo revela o desprezo e a aversão por esta terra que se rebelou". Suas palavras? "Tudo farei para o povo"... Mas o povo escolhera uma outra orientação, a do Benjamin Constant supostamente admirado pelo Imperador, e que tinha escrito havia já cerca de dez anos: *Le temps est passé où l'on disait qu'il fallait tout faire pour le peuple et non par le peuple*. O povo miúdo não seria o principal beneficiário daquela orientação (e por quanto tempo ainda não o seria?), mas escolheu um caminho que representava um passo à frente.

O problema postiço iria culminar, entretanto, nos julgamentos finais sobre D. Pedro I, que partem, aliás, de uma apreciação do próprio Imperador a respeito dos adversários: "Não me querem porque nasci em Portugal..." É claro que não podia dizer: "Não me querem porque não fui fiel ao liberalismo." Mas a escapatória fez fortuna. Muitos autores repetiram que o germe da última crise foi aquele "pecado original": não ter o Monarca nascido em Macacu, conforme o gracejo de um interlocutor que mesmo na hora da despedida foi exímio cortesão. Estava fornecendo ou repetindo ao abdicante a melhor desculpa que ele poderia desejar. D. Pedro teria replicado que quando expeliu as tropas portuguesas, quando pacificou Minas e São Paulo, quando proclamou a Independência, quando deu uma Constituição, quando abdicou a Coroa de Portugal, não se tinha feito questão do seu país de origem. É raro ver-se de tal modo contida, na própria formulação de uma queixa, a sua resposta. O povo não se lembrara de que o Imperador era português quando ele agia como brasileiro e liberal. Tivesse D. Pedro nascido no Brasil e praticado os erros que praticou, o seu fim teria sido o mesmo. Usasse apenas brasileiros natos como agentes do seu desenfreado poder pessoal – tão incapaz de conduzir a política do país como de enfrentar os problemas de ordem administrativa e econômica, a crescente dificuldade financeira –, o fim acabaria por ser o mesmo. Afirmar o contrário será desconhecer a força de expansão das idéias que adquiriam consistência naqueles últimos vinte anos, como dissera o próprio Imperador num dos seus momentos inspirados. Desses momentos que não mais ocorriam em relação ao Brasil e não porque D. Pedro se tivesse tornado menos brasileiro, mas porque o seu liberalismo era teórico e sobretudo imaginativo, feito de distâncias como um binóculo, próprio para ver ao longe. E o Brasil estava cada vez mais perto, apresentava-lhe um desafio cada vez mais premente. O Brasil onde a revolução prosseguia o seu curso.

Dentro deste ponto de vista e não na estrita clave nacionalista, estaria certa a afirmativa de Armitage: que o mal maior de D. Pedro fora o de não ter sabido ser o homem do seu povo. Menos razão teria Armitage ao dizer que a ligação do Imperador com os conterrâneos e com a terra de origem tinha sido o motivo de sua queda; "foi isto que fez considerar a sua política como anticonstitucional". Como se o irredutível fosse a lusofobia. O irredutível era o liberalismo; e o que voltou contra D. Pedro uma oposição cada vez mais aguerrida não foram tanto as supostas preferências do Imperador, foram principalmente as suas ojerizas. O golpe de 1823, a reação policial, a política constantemente antiparlamentar só não eram mais importantes do que a questão portuguesa, ou nela se confundiam, aos olhos do nativismo primário. Quem, no entanto, conduzia a opinião pública agora era a Câmara e a imprensa, capazes de usar o nativismo, mas que não partiam dele.

Os instrumentos da revolução   A Câmara e a imprensa é que foram as personagens mais importantes dos últimos anos do Reinado. Sobre elas deve incidir a atenção que pretendia desvelar afinal o sentido desta época e do Sete de Abril. Por elas é que se verteu a segunda vaga da revolução de 21 e 22.

Outros fatores de impopularidade do Governo tinham alimentado o fenômeno novo que era o da oposição cada vez mais segura de si. Fatores que sempre se relacionavam, porém, com a prática do regime ou contrastavam com a dignidade do Parlamento e da opinião mais austera. A morte de Dona Leopoldina, pranteada por todo o mundo, mas principalmente pelos humildes, pusera um laivo tenebroso no escândalo da marquesa que antes se ligara sobretudo à proteção de apaniguados e às comissões ou propinas pelos despachos oficiais. O Imperador chegou do Sul protestando luto, mas demitindo logo os ministros que tinham desagradado Titila na antecâmara da agonizante. Misturando exéquias com ardores renovados, fez surgirem lendas como a do envenenamento da Imperatriz. Os protegidos da marquesa também funcionavam naquela guerra que o monarca fora inutilmente inspecionar. Escrevera de Porto Alegre à Dona Leopoldina: "A desordem na administração é enorme, mas hei de pôr tudo direito." Impossível, e inútil. O irredentismo platino, que não conseguira unir as províncias do Prata, vigorou perfeitamente para repelir a antiga colônia portuguesa. A Cisplatina viera de um anseio lusitano;

depois agradou aos brasileiros e foi mantida tenazmente por José Bonifácio; mas agora a guerra era apenas impopular. O recrutamento irritava mormente o Norte do país. D. Pedro mandou vir mercenários germânicos e irlandeses, porém aliciados na Europa como colonos e que iriam purgar a ilusão com maus-tratos e um levante terminado em massacre, no Rio de 1828. Nesse mesmo ano a Corte foi palco de outra cena que, aliás, descontentou, mais do que a primeira, os seus habitantes: a entrada de uma esquadrilha francesa a exigir indenizações e devolução de presas, fruto do bloqueio decretado pelo Império no estuário do Sul. A Câmara pronunciou-se contra, mas D. Pedro mandou receber o Almirante Roussins, que, aliás, vinha disposto a penetrar na Guanabara de qualquer modo e saiu atendido e satisfeito. Foi esse o mais rude dos incidentes diplomáticos; houve outros, com Inglaterra e Estados Unidos. Juntando-se às perdas navais e mercantis, o resultado era que o corso decretado pelo Brasil trazia-lhe sobretudo prejuízos, numa época de constante *deficit* nacional.

A guerra levara os ministérios militares a ocuparem mais de metade do Orçamento. Mas a crise vinha de longe. Já em 1821, o Regente D. Pedro lamentava a sorte do Banco que marchava "para a cova aberta pelos seus dilapidadores". O Imperador, todavia, não soube impedir que o mesmo e o então único Banco do Brasil fosse liquidado em 1829. Instalara-se a polêmica entre os financistas clássicos daquele tempo, contrários a empréstimos externos – "abismo das nações", dizia Martim Francisco –, e os ministros mais afoitos. Baependi afirmava em 1826 que o Brasil devia sujeitar-se a despesas extraordinárias, "inevitáveis na formação de um Império, onde é necessário tudo criar e animar com mão larga e generosa". O Brasil devia ocupar sua posição entre as nações de primeira ordem; portanto, "arredem-se para longe a indecisão e o receio a respeito destes embaraços!" A ação do Governo, entretanto, não era coerente e não incutia amor ao sacrifício. Não tanto talvez pelo "esplendor da Corte" que insultava a "miséria pública", como chegaria a dizer Evaristo, mas pelo contínuo e mais geral agravo à opinião que se abroquelava no Parlamento. Perante o qual, por outro lado, a Fala do Trono vinha periodicamente referir-se ao "estado miserável do Tesouro". Enquanto isso, o preço dos gêneros subia com a inflação que ainda não tinha esse nome, mas algo parecido, pois Bernardo de Vasconcelos falava em "inchação" do meio circulante. O deputado mineiro votara pela extinção do Banco; preferia que fossem indenizados os acionistas, mas advertia que de qualquer modo "Vasconcelos não tem prejuízo algum senão aquele que têm todos os cidadãos". Dessa maneira referia-se a si próprio, esse que se tornara um soberano entre os seus companheiros.

Depois de protelada na ressaca de 24 e no marasmo de 25, a Assembléia Legislativa fora convocada em 26 para atender ao Tesouro exausto e ao rompimento das hostilidades no Sul. O Governo precisava de cobertura popular para conseguir impostos, empréstimos e tropas. Não se concertaria afinal com os deputados, mas também não teria mais forças para fechar o Parlamento, nem acharia pretexto de salvação pública para dissolver a Câmara. Essa tensão constante dominou os últimos anos do Reinado e abriu uma segunda frente para o que se poderia chamar alegria da independência.

Na realidade, as cores escuras aparentemente predominaram no quadro que até aqui se traçou. Nem a claridade dessa época naturalmente se limitara aos episódios felizes da revolução liberal ou ao contraponto de resistência cívica contido nos episódios menos felizes. A vida continuava. A consciência da autonomia nacional refletia-se em muitas iniciativas públicas e particulares. Não se ouvira precisamente o voto de Caldeira Brant em 22: que o Brasil necessitava de militares, banqueiros e "maquinistas", estes últimos para valorizarem os recursos do país. Instalavam-se, porém, novas indústrias. Trabalhava-se, nas províncias e na Corte. E nesta acentuava-se a influência estimulante dos estrangeiros, mais notável agora a dos franceses. Tanto eles como os ingleses tinham o seu jornal, cada um no respectivo idioma.

Mas o funcionamento da Câmara, a sua obra e o seu corolário de garantia às liberdades civis é que desenhariam a face positiva do Reinado, e dariam ao Sete de Abril um sentido, independentemente da reação nativista. Mais afortunada que a Constituinte, a Câmara venceu a sua dupla e contraditória tarefa: legislar para um governo rebelde, detentor do poder mais rebelde, e aprender a combatê-lo incansavelmente, a disciplina-lo, enfim, pela expulsão. A sabotagem do Legislativo, cujo concurso o Imperador não podia por outro lado dispensar, era de tal ordem que fazia crer nos planos aliás verídicos de golpe absolutista, de constituição "puramente monárquica", como se aventava em secretas conferências palacianas e no meio dos Colunas do Trono. "Cortam-nos as pernas", dizia Vasconcelos, "e acusam-nos perante o Brasil de não corrermos." Nessas condições era difícil votar os simples orçamentos (problema exaustivo, a repetir-se em cada exercício) e praticamente impossível enfrentar a crise financeira, para cuja solução havia entre os legisladores gente muito capaz. Dentro do possível, contudo – e sem trabalhar de graça, mas demonstrando pudor mesmo em relação aos subsídios ("aqui ninguém vem por dinheiro", diziam) –, a Câmara produziu em quantidade e qualidade excelentes. Sem falar em centenas de leis menos expressivas, deu vida a uma série de dispositivos constitucionais que aguardavam regulamento, criou o Supremo Tribunal de Justiça, a Caixa de Amortização, os cursos jurídicos; definiu a responsabilidade dos ministros e Conselheiros de Estado; instruiu sobre eleição e atribuições dos juízes de paz; votou por fim o Código Criminal, um dos melhores da época, elaborado por Vasconcelos desde 1827 e promulgado em 30.

O "desembargador" mineiro, tão diferente dos colegas cuja desídia ou venalidade contribuíra para o clima revolucionário dos anos 20, não foi, de longe, o único a destacar-se entre os eleitos de 26 e de 30. Encarnou, porém, a força da soberania popular porque lutou desde o início pela fiscalização dos atos do Governo e, dirigida em grande parte por ele, é que a Câmara levou essa atitude às últimas conseqüências. "Qual de nós se curvará a um ministro de Estado?" – lançava já em 26 perante uma Casa ainda tímida e sabedora de que falar em "ministro" era o mesmo que dizer "Imperador". Era preciso, entretanto, repetia Vasconcelos, que os membros do Executivo comparecessem às sessões, fossem argüidos e, conforme o caso, refutados. Conforme o caso, responsabilizados, dirá em 29 uma facção parlamentar que não obstante ainda minoritária será a mais importante, pois anuncia o sistema de governo que há de prevalecer no Império.

D. Pedro só pensava em conter "o soberano", como dizia entre irônico e despeitado, referindo-se ao Parlamento. A Câmara, porém, aprendeu a conter o Imperador e soube canalizar a oposição aos seus desmandos. Em 26 protestava contra o recrutamento, em 27 rejeitava propostas do Executivo para fixação de forças navais, em 28 alterava a proposição orçamentária, em 29 discutia frontalmente com os ministros menos constitucionais. Comparece o General Oliveira Álvares a dar explicações sobre verbas para o Exército; adverte que os seus "constituintes", os soldados, "são bastante fogosos". E Paula Sousa: "O Sr. Ministro comete um atrevimento que muito prova a sua ignorância." E Ledo, não obstante uma sombra do Ledo de 22: "A Câmara não teme ameaças dessa natureza (...) ela tem o seu juízo como incompetente." A oposição censura ministros e agentes diplomáticos do Império, a propósito da questão portuguesa. E por fim chama à barra do julgamento parlamentar os secretários de Estado implicados no último crime do Governo: a "comissão militar", a justiça de exceção expedida para Pernambuco sob pretextos frívolos enquanto se fecham os olhos às sociedades secretas absolutistas. O réu a ser julgado por fim é o Ministro da Guerra, mas o réu de verdade é o

Imperador, neste como noutros casos, e neste em grau de reincidência. Vasconcelos declara que tais comissões são apenas "um modo de assassinar os cidadãos". A discussão dura alguns dias; as galerias enchem-se de militares; D. Pedro empenha-se, cabala votos, vai novamente para as janelas do Paço da cidade fronteiro à Câmara; pensa-se em nova dissolução. Na hora do julgamento Feijó declara que "é sem dúvida este o primeiro dia constitucional que o Brasil vai presenciar". Instala-se o tumulto, o ministro da Justiça pede silêncio "em nome de Sua Majestade". O ministro é que deve ser chamado à ordem, declara Paula Cavalcanti. E Vasconcelos: "Eu não me temo de nada e hei de dar o meu voto mui imparcialmente."

O Governo ganhou a partida por uma diferença de sete votos (39 x 32). Continuaram, no entanto, a despontar os sinais de que a oposição prosperava e a reação cedia. Barbacena foi convocado e empreendeu a sua experiência parlamentarista. O grupo liberal veio reforçado para a segunda legislatura (1830). D. Pedro entregou-se por algum tempo ao Gabinete de Caldeira Brant, mas não se conformava: esses ministros "tinham medo do Papão (Câmaras)"... Continuou a trocar de ministério sem ouvir os deputados, até abdicar. Já devia pressentir a sua derrota quando, numa curiosa demonstração de picuinha, pronunciou o célebre discurso de quatro palavras na cerimônia de encerramento da Assembléia de 29: "Augustos e Digníssimos Senhores Representantes da Nação Brasileira: está fechada a sessão." Por alguns meses ficaria livre de fiscalização oficial, mas não escaparia de uma outra censura quotidiana. No dia seguinte à Fala do Trono malcriada já encontraria na *Astréia* um comentário oportuno: "É superior a toda a admiração a sublimidade que se encontra no laconismo da Imperial Fala"... O Imperador ainda teria pouco de que se queixar. O humorismo dos periódicos tomaria formas cada vez mais atrevidas.

A "revolução brasílica" não se centralizara "para sempre" num "executivo forte", como queria José Bonifácio, e sim no Parlamento que ia salvá-la; acompanhado, no entanto, ou precedido às vezes, pela imprensa dia a dia mais vigorosa. O golpe de 23 suprimira a liberdade de expressão do pensamento; em 25 o francês Chapuis fora expulso por ter criticado no *Verdadeiro Liberal* os termos do ajuste de paz com Lisboa; em 26 a instalação da Assembléia acarretou o reaparecimento dos jornais oposicionistas. Suas páginas de pequeno formato passaram a comprimir e veicular todos os temas, todos os assuntos de interesse público debatidos no Congresso. Em 1830 já havia no Brasil mais de 40 órgãos da ideologia do século ou pelo menos capazes de censurar o Governo, num total de 54 periódicos. A maioria exercia influência local; a *Aurora Fluminense*, entretanto, deu ao seu redator uma cadeira de deputado por Minas Gerais, província que ele antes não visitara. Pelo país afora editavam-se alguns outros jornais serenos e "intelectuais"; e ainda outros frenéticos e emotivos; polidos ou vulgares. Não obstante o de Evaristo ser um paradigma de tudo o que havia de melhor na política daquela época, a *Gazeta do Brasil* qualificava-o de "fedorenta sentinela da demagogia e do jacobinismo". Além da *Gazeta*, o Governo financiava diversas publicações oficiosas, ou meros pasquins, mas também de outras maneiras pouco ortodoxas, rendia homenagem à imprensa: o próprio Imperador redigia verrinas anônimas contra os deputados. "Sr. Redator, sempre é bom que mostremos ao Respeitável Público certos fatos (...) a fim de que o Povo seja mais cauteloso quando eleger os seus representantes." Onde, no entanto, se tornava mais visível o amolecimento da reação, nesse campo, era na tolerância do Governo às críticas desabridas. Nem parecia a mesma de 1823 ou 24, a engrenagem que suportava agora as invectivas de um *Républico*: "O Brasil quer ser monárquico-constitucional e jamais sofrerá que um ladrão coroado se sente no trono (...)"

A injúria e o galicismo foram perpetrados em dezembro de 1830, quando praticamente a disposição revolucionária *battait son plein*. A sugestão francesa já tradicional reforçara-se pela notícia das barricadas de Paris. Mas a rebeldia brasileira vinha adquirindo feição própria desde longas raízes e agora rompia por todos os lados. "O povo miúdo está atrevido", dizia-se em 28. Os mulatos entravam cada vez mais na política. O júri absolvia sempre os acusados de crime de imprensa. A par dos "clubes" – simples pontos de reunião, mas de fecunda reunião, como aquele que Evaristo mantinha na sua livraria. A Maçonaria revigorada e outras sociedades secretas contrapunham-se aos Colunas e a todos os que desejavam "o Imperador sem trambolho", isto é, sem Câmaras. Em 29 esse rumor se acentuara. "O nosso adorado Imperador" estaria "coacto", maliciava a *Astréia*; estaria em vésperas de ser obrigado a tornar-se absoluto... mas nesse caso não haveria brasileiro que não "corresse às armas" para o reintegrar na posse de sua autoridade constitucional... Não seria preciso tanto. A oposição consolidava-se. Os colégios eleitorais que formaram a segunda legislatura, escrevia o diplomata americano Tudor, demonstravam "séria atenção às responsabilidades e notável firmeza no resistirem a qualquer influência indébita". E nos conselhos do trono reconhecia-se que "a força moral de S. M. tem diminuído" ao passo que "a força moral da Câmara dos Deputados tem aumentado". Desiludida por completo com a demissão de Barbacena, a Câmara enfrenta e afronta o Governo. Retira ao Imperador terras que ele acrescentara, porventura irregularmente, à fazenda de Santa Cruz. E encerra a sessão legislativa de 30 obrigando o Senado a concordar com a reunião das duas Casas, de acordo, aliás, com a Constituição, para juntos discutirem e votarem os cortes impostos ao orçamento pela mesma Câmara e rejeitados pelos senadores áulicos. O povo acompanha o incidente com entusiasmo, sabendo que os seus representantes vitalícios ficarão em minoria, festeja os deputados, acompanha-os na rua, atira flores. E a D. Pedro, que o cortejo cruza por acaso, dirigem-se apenas alguns gritos que irão tornar-se o estribilho da abdicação: "Viva o Imperador constitucional!"

Balanço   O clarim de 22, que agora é de advertência e logo será mais explícito no "viva o Imperador enquanto constitucional", volta, entretanto, para iluminar este fim de época. Dá ensejo a um balanço e a uma interpretação eventualmente retificadora de outros textos. Trata-se do penúltimo estágio de um processo revolucionário que se esgotará durante a Regência e que se contém, no essencial, dentro do binômio: liberalismo nacionalizado e monarquismo brasileiro. Os dois conceitos se esclarecem reciprocamente. A realeza também se nacionalizara, adquirindo na passagem algumas virtudes democráticas; e o liberalismo vicejava sobre um terreno que lhe seria reconhecido propício, no Segundo Reinado, mas que já se oferecia quando surgiu o contraditório Pedro I. No entanto, se é certo e pacífico que o liberalismo cresceu com e contra o primeiro Imperador – aliado de um domingo de sol, adversário do resto da semana –, menos certo aparece às vezes o fenômeno paralelo: que o monarquismo também se manteve, e portanto cresceu, apesar do Monarca. Afirma-se que os "moderados", quer dizer, os liberais realmente adeptos da Monarquia, tomaram a dianteira a 7 de abril. A verdade é que eles então apenas assumiram o poder; porque na dianteira já se achavam desde os últimos anos do Reinado, à frente da oposição que naquele momento se confundia com a vontade nacional. Como à frente da vontade nacional, porém de conluio com o Príncipe achavam-se os liberais de 22 – tão pouco republicanos de fato, salvo casos excepcionais, quanto os de 26 e de 30. Tão poucos republicanos, aliás, uns e outros quanto o sentimento generalizado no país os habilitaria a ser.

A verdade é que a aclamação de D. Pedro, mais do que a "transação" entre o elemento nacional avançado e o reacionário luso a que se referem Oliveira Lima e outros, constituiu uma resposta política à realidade brasileira daquela época. Uma resultante, se preferirem, dessa realidade. E se houve então "oportunismo genial", como disse um autor a respeito da atuação estimulante de um José Bonifácio sobre o Príncipe, tratou-se, sobretudo, do senso de oportunidade que é inseparável de qualquer política eficaz. A Monarquia já se naturalizara, alterando-se, é claro, antes mesmo de vir a Coroa arraigá-la. Sem concluir por qualquer tendenciosa "lusitanidade" transatlântica, pode-se repetir o que foi explanado anteriormente: que o Império anunciava-se de longe. A colonização portuguesa tendia para uma "mudança" antecipada à da Corte, uma translação de valores que vinham modificar-se no Brasil mestiço – traduzindo aristocracia, por exemplo, em "nobreza" nativa – mas dos quais não seria lícito excluir a lusitana fidelidade ao Monarca patenteada em 1808 na Europa, em 1820/21 de ambos os lados do Atlântico e em 1822 no Brasil.

E se D. Pedro faltasse? Já em 22 dizia-se que, se o Príncipe partisse, o Brasil seria República. Quem o dizia, no entanto, eram os que desejavam que ele ficasse. A verdade é que não sabemos o que aconteceria. Provavelmente não haveria Império. Talvez não houvesse Brasil. Mas não será no domínio das hipóteses catastróficas, ou pelo menos desagradáveis, que se há de indagar o passado. No domínio da realidade, o que sabemos é que a idéia republicana no percurso da independência, pelo menos depois de 1821, foi um devaneio de poucos. E que o perigo republicano existiu principalmente na imaginação de absolutistas assustados, ou feito espantalho pelo Governo desejoso de abater os liberais sob capa de combater o extremismo.

Extremismo existia, de fato, quando um Vasconcelos subia à tribuna. Era um monarquista espartano, mas de idéias atenienses àquele tempo. "Eu persuadirei o povo que resista em massa" em defesa "de suas liberdades e dos seus direitos e também para derribar as cabeças que ainda tentarem sujeitá-lo à escravidão." O arremesso era exclusivamente contra o absolutismo. O extremismo ponderável resumia-se em geral e alteava-se, na pura convicção constitucionalista, a qual, partindo da "mania" de 1821/22 e passando pela difusão que se operou antes de 30, tendia constantemente para a Monarquia liberal. O caráter truncado do Poder Moderador, aglutinado ao Executivo na Constituição de 24, nem seria percebido: bastava desejar que o Monarca respeitasse de fato as garantias exaradas na Carta. Bastava por enquanto apreciar o inegável e extenso conteúdo positivo da nova lei, cuja aura penetrava um pouco por todas as camadas da população, em todas as zonas relativamente densas do país. A Monarquia liberal não seria mera obra de gabinete, nem os seus frutos um simples arremedo do sistema inglês.

A federação também era usada como espantalho, mas por ambos os lados, Governo e oposição. Entre as 200 pessoas que no Rio de Janeiro saudavam o redator do *Repúblico* acusado de federalismo e absolvido pelo júri de imprensa, a maioria não teria interesse tanto em federação, saudava apenas a liberdade. Predominava o interesse liberal, mais ou menos unido ao fundo da Monarquia. A liga de defesa pan-americana aventada por Evaristo contra os "testas coroadas" da Europa visava apenas à Santa Aliança. As notícias da Monarquia de Julho, o novo rei da França, foram acolhidas com o maior entusiasmo. Não se conhecia o seu burguesismo, conhecia-se e desejava-se a depuração da Monarquia. Por isso o Imperador era recebido com hostilidade em Minas, seu candidato à deputação derrotado, por toda parte dobravam os sinos pela morte de um jornalista liberal em São Paulo. Onde os estudantes e Líbero Badaró tinham elevado a província de chofre, ao coro da revolução nacional.

É certo que Evaristo dissera: "Queremos a Constituição, não queremos a Revolução." Mas que outro nome se daria à luta que o país travara durante dez anos, pela mudança do regime? O povo que em março e abril de 31 vivava o imperador "enquanto constitucional", oferecia ao mesmo tempo uma alternativa conciliadora no "Viva D. Pedro II!" Não deixava de ouvir, entretanto, a palavra de Vasconcelos, e era essa a melhor maneira de cumpri-la. "Eu persuadirei o povo que resista..." A liberdade constitucional foi realmente a revolução daquele tempo, que se consumaria na legalidade do Império.

Este livro foi impresso no
Sistema Digital Instant Duplex da Divisão Gráfica da
DISTRIBUIDORA RECORD DE SERVIÇOS DE IMPRENSA S.A.
Rua Argentina, 171 - Rio de Janeiro/RJ - Tel.: 2585-2000